马克思恩格斯列宁
经典著作选编

杨仁忠◎主编

经济管理出版社

ECONOMY & MANAGEMENT PUBLISHING HOUSE

图书在版编目（CIP）数据

马克思恩格斯列宁经典著作选编/杨仁忠主编 . —北京：经济管理出版社，2024. 1
ISBN 978-7-5096-9185-4

Ⅰ. ①马…　Ⅱ. ①杨…　Ⅲ. ①马列著作—思想政治教育—教材　Ⅳ. ①A564

中国图家版本馆 CIP 数据核字（2023）第 162685 号

组稿编辑：申桂萍
责任编辑：申桂萍
责任印制：黄章平
责任校对：王纪慧

出版发行：经济管理出版社
　　　　　（北京市海淀区北蜂窝 8 号中雅大厦 A 座 11 层　100038）
网　　址：www. E-mp. com. cn
电　　话：（010）51915602
印　　刷：唐山昊达印刷有限公司
经　　销：新华书店
开　　本：787mm×1092mm/16
印　　张：23. 75
字　　数：563 千字
版　　次：2024 年 1 月第 1 版　　2024 年 1 月第 1 次印刷
书　　号：ISBN 978-7-5096-9185-4
定　　价：68. 00 元

目　录

第三部分　马克思恩格斯合著著作

第四部分　列宁著作

第一部分　马克思著作

一、《科隆日报》第179号的社论（节选）

  哲学，尤其是德国哲学，爱好宁静孤寂，追求体系的完满，喜欢冷静的自我审视；所有这些，一开始就使哲学同报纸那种反应敏捷、纵论时事、仅仅热衷于新闻报道的性质形成鲜明对照。哲学，从其体系的发展来看，不是通俗易懂的；它在自身内部进行的隐秘活动在普通人看来是一种超出常规的、不切实际的行为；就像一个巫师，煞有介事地念着咒语，谁也不懂得他在念叨什么。

  哲学就其性质来说，从未打算把禁欲主义的教士长袍换成报纸的轻便服装。然而，哲学家并不像蘑菇那样是从地里冒出来的，他们是自己的时代、自己的人民的产物，人民的最美好、最珍贵、最隐蔽的精髓都汇集在哲学思想里。正是那种用工人的双手建筑铁路的精神，在哲学家的头脑中建立哲学体系。哲学不是在世界之外，就如同人脑虽然不在胃里，但也不在人体之外一样。当然，哲学在用双脚立地以前，先是用头脑立于世界的；而人类的其他许多领域在想到究竟是"头脑"也属于这个世界，还是这个世界是头脑的世界以前，早就用双脚扎根大地，并用双手采摘世界的果实了。

  任何真正的哲学都是自己时代的精神上的精华，因此，必然会出现这样的时代：那时哲学不仅在内部通过自己的内容，而且在外部通过自己的表现，同自己时代的现实世界接触并相互作用。那时，哲学不再是同其他各特定体系相对的特定体系，而变成面对世界的一般哲学，变成当代世界的哲学。各种外部表现证明，哲学正获得这样的意义，哲学正变成文化的活的灵魂，哲学正在世界化，而世界正在哲学化，——这样的外部表现在一切时代里曾经是相同的。人们可以查阅任何一本历史书，他们将会发现，最简单的外部形式都一成不变地重复着，而这些外部形式很清楚地说明，哲学已进入沙龙、教士的书房、报纸的编辑室和朝廷的候见厅，进入同时代人的爱与憎。哲学是被它的敌人的叫喊声引进世界的；哲学的敌人发出了要求扑灭思想烈火的呼救的狂叫，这就暴露了他们的内心也受到了哲学的感染。对于哲学来说，敌人的这种叫喊声就如同初生婴儿的第一声啼哭对于一个焦急地谛听孩子哭声的母亲一样；这是哲学思想的第一声喊叫，哲学思想冲破了令人费解的、正规的体系外壳，以世界公民的姿态出现在世界上。用大声喧嚷向世界宣告宙斯诞生的柯利班们和卡比尔们，首先反对的是研究宗教问题的那部分哲学家；其所以如此，一方面是因为宗教裁判官的本能善于最准确地抓住公众的这种温情的一面，另一方面是因为，公众（包括哲学的敌人在内）只有用自己观念的触角才能够触及哲学的观念领域，而在公众的眼里，和物质需要的体系几乎具有同等价值的唯一的思想领域，就是宗教思想领域，最后还因为，宗教不是反对哲学的某一特定体系，而是反对包括各特定体系的一般哲学。

当代的真正哲学并不因为自己的这种命运而与过去的真正哲学有所不同。相反，这种命运是历史必然要提出的证明哲学真理性的证据。

（选自《马克思恩格斯全集》第 1 卷，人民出版社 1995 年版，第 219-221 页。）

二、《黑格尔法哲学批判》导言¹

就德国来说，**对宗教的批判**基本上已经结束；而对宗教的批判是其他一切批判的前提。

谬误在**天国**为神祇所作的雄辩 ［oratio pro aris et focis^①］ 一经驳倒，它在**人间的**存在就声誉扫地了。一个人，如果曾在天国的幻想现实性中寻找超人，而找到的只是他自身的**反映**，他就再也不想在他正在寻找和应当寻找自己的真正现实性的地方，只去寻找他自身的**假象**，只去寻找非人了。

反宗教的批判的根据是：**人创造了宗教**，而不是宗教创造人。就是说，宗教是还没有获得自身或已经再度丧失自身的人的自我意识和自我感觉。但是，**人**不是抽象的蛰居于世界之外的存在物。人就是**人的世界**，就是国家，社会。这个国家、这个社会产生了宗教，一种**颠倒的世界意识**，因为它们就是**颠倒的世界**。宗教是这个世界的总理论，是它的包罗万象的纲要，它的具有通俗形式的逻辑，它的唯灵论的荣誉问题［Point-d'honneur］，它的狂热，它的道德约束，它的庄严补充，它借以求得慰藉和辩护的总根据。宗教是人的本质**在幻想中的实现**，因为**人的本质**不具有真正的现实性。因此，反宗教的斗争间接地就是反对以宗教为精神**抚慰**的**那个世界**的斗争。

宗教里的苦难既是现实的苦难的**表现**，又是对这种现实的苦难的**抗议**。宗教是被压迫生灵的叹息，是无情世界的情感，正像它是无精神活力的制度的精神一样。宗教是人民的**鸦片**。

废除作为人民的**虚幻**幸福的宗教，就是要求人民的**现实**幸福。要求抛弃关于人民处境的幻觉，就是**要求抛弃那需要幻觉的处境**。因此，对宗教的批判就是对**苦难尘世**——宗教是它的**神圣光环**——的批判的胚芽。

这种批判撕碎锁链上那些虚幻的花朵，不是要人依旧戴上没有幻想没有慰藉的锁链，而是要人扔掉它，采摘新鲜的花朵。对宗教的批判使人不抱幻想，使人能够作为不抱幻想而具有理智的人来思考，来行动，来建立自己的现实；使他能够围绕着自身和自己现实的太阳转动。宗教只是虚幻的太阳，当人没有围绕自身转动的时候，它总是围绕着人转动。

因此，**真理的彼岸世界**消逝以后，**历史的任务**就是确立**此岸世界的真理**。人的自

---

① 见西塞罗《论神之本性》。直译是：为保卫祭坛和炉灶所作的雄辩；转义是：为保卫社稷和家园所作的雄辩。——编者注

我异化的**神圣形象**被揭穿以后，**揭露**具有非神圣形象的自我异化，就成了为历史服务的**哲学**的迫切任务。于是，对天国的批判变成对尘世的批判，**对宗教的批判变成对法的批判**，**对神学的批判变成对政治的批判**。

随导言之后将要作的探讨²——这是为这项工作尽的一份力——首先不是联系原本，而是联系副本即联系德国的国家**哲学**和法**哲学**来进行的。其所以如此，正是因为这一探讨是联系**德国**进行的。

如果想从德国的现状［status quo］本身出发，即使采取唯一适当的方式，就是说采取否定的方式，结果依然是**时代错乱**。即使对我国当代政治状况的否定，也已经是现代各国的历史废旧物品堆藏室中布满灰尘的史实。即使我否定了敷粉的发辫，我还是要同没有敷粉的发辫打交道。即使我否定了1843年的德国制度，但是按照法国的纪年，我也不会处在1789年①，更不会是处在当代的焦点。

不错，德国历史自夸有过一个运动，在历史的长空中，没有一个国家曾经是这个运动的先行者，将来也不会是这个运动的模仿者。我们没有同现代各国一起经历革命，却同它们一起经历复辟。我们经历了复辟，首先是因为其他国家敢于进行革命，其次是因为其他国家受到反革命的危害；在第一种情形下，是因为我们的统治者们害怕了，在第二种情形下，是因为我们的统治者们并没有害怕。我们，在我们的那些牧羊人带领下，总是只有一次与自由为伍，那就是**在自由被埋葬的那一天**。

有个学派以昨天的卑鄙行为来说明今天的卑鄙行为是合法的，有个学派把农奴反抗鞭子——只要鞭子是陈旧的、祖传的、历史的鞭子——的每一声呐喊都宣布为叛乱；正像以色列人的上帝对他的奴仆摩西一样，历史对这一学派也只是显示了自己的后背［a posteriori］②，因此，这个**历史法学派**³本身如果不是德国历史的杜撰，那就是它杜撰了德国历史。这个夏洛克，却是奴才夏洛克，他发誓要凭他所持的借据，即历史的借据、基督教日耳曼的借据来索取从人民胸口割下的每一磅肉。

相反，那些好心的狂热者，那些具有德意志狂的血统并有自由思想的人，却到我们史前的条顿原始森林去寻找我们的自由历史。但是，如果我们的自由历史只能到森林中去找，那么我们的自由历史和野猪的自由历史又有什么区别呢？况且谁都知道，在森林中叫唤什么，森林就发出什么回声。还是让条顿原始森林保持宁静吧！

向德国制度**开火**！一定要开火！这种制度虽然**低于历史水平，低于任何批判**，但依然是批判的对象，正像一个低于做人的水平的罪犯，依然是**刽子手**的对象一样。在同这种制度进行的斗争中，批判不是头脑的激情，它是激情的头脑。它不是解剖刀，它是武器。它的对象是自己的**敌人**，它不是要驳倒这个敌人，而是要**消灭**这个敌人。因为这种制度的精神已经被驳倒。这种制度本身不是**值得重视**的对象，而是既应当受到鄙视同时又已经受到鄙视的**存在状态**。对于这一对象，批判本身不用自己表明什么了，因为它对这一对象已经清清楚楚。批判已经不再是**目的本身**，而只是一种**手段**。它的主要情感是**愤怒**，它的主要工作是**揭露**。

---

① 1789年是法国资产阶级革命（1789—1794年）开始的年份。——编者注

② 《旧约全书·出埃及记》第33章第23节。——编者注

这是指描述各个社会领域相互施加的无形压力，描述普遍无所事事的沉闷情绪，描述既表现为自大又表现为自卑的狭隘性，而且要在政府制度的范围内加以描述，政府制度是靠维护一切卑劣事物为生的，它本身无非是**以政府的形式表现出来的卑劣事物**。

这是一幅什么景象呵！社会无止境地继续分成各色人等，这些心胸狭窄、心地不良、粗鲁平庸之辈处于互相对立的状态，这些人正因为相互采取暧昧的猜疑的态度而被自己的**统治者**一律——虽然形式有所不同——视为**特予恩准的存在物**。甚至他们还必须承认和首肯自己之**被支配、被统治、被占有**全是**上天的恩准**！而另一方面，是那些统治者本人，他们的身价与他们的人数则成反比！

涉及这个内容的批判是**搏斗式**的批判；而在搏斗中，问题不在于敌人是否高尚，是否旗鼓相当，是否**有趣**，问题在于给敌人以**打击**。问题在于不让德国人有一时片刻去自欺欺人和俯首听命。应当让受现实压迫的人意识到压迫，从而使现实的压迫更加沉重；应当公开耻辱，从而使耻辱更加耻辱。应当把德国社会的每个领域作为德国社会的羞耻部分〔partie honteuse〕加以描述，应当对这些僵化了的关系唱一唱它们自己的曲调，迫使它们跳起舞来！为了激起人民的**勇气**，必须使他们对自己**大吃一惊**。这样才能实现德国人民的不可抗拒的要求，而各国人民的要求本身则是能使这些要求得到满足的决定性原因。

甚至对**现代**各国来说，这种反对德国现状的狭隘内容的斗争，也不会是没有意义的，因为德国现状是旧制度〔ancien régime〕的**公开的完成**，而旧制度是**现代国家的隐蔽的缺陷**。对当代德国政治状况作斗争就是对现代各国的过去作斗争，而对过去的回忆依然困扰着这些国家。这些国家如果看到，在它们那里经历过自己的**悲剧**的旧制度，现在又作为德国的幽灵在演自己的**喜剧**，那是很有教益的。当旧制度还是有史以来就存在的世界权力，自由反而是个人突然产生的想法的时候，简言之，当旧制度本身还相信而且也必定相信自己的合理性的时候，它的历史是**悲剧性的**。当旧制度作为现存的世界制度同新生的世界进行斗争的时候，旧制度犯的是世界历史性的错误，而不是个人的错误。因而旧制度的灭亡也是悲剧性的。

相反，现代德国制度是时代错乱，它公然违反普遍承认的公理，它向全世界展示旧制度毫不中用；它只是想象自己有自信，并且要求世界也这样想象。如果它真的相信自己的**本质**，难道它还会用一个异己本质的**假象**来掩盖自己的本质，并且求助于伪善和诡辩吗？现代的旧制度不过是**真正主角**已经死去的那种世界制度的**丑角**。历史是认真的，经过许多阶段才把陈旧的形态送进坟墓。世界历史形态的最后一个阶段是它的**喜剧**[4]。在埃斯库罗斯的《被缚的普罗米修斯》中已经悲剧性地因伤致死的希腊诸神，还要在琉善的《对话》中喜剧性地重死一次。为什么会出现这样的历史进程呢？这是为了人类能够**愉快地**同自己的过去诀别。我们现在为德国政治力量争取的也正是这样一个**愉快的**历史结局。

可是，一旦**现代的**政治社会现实本身受到批判，即批判一旦提高到真正的人的问题，批判就超出了德国现状，不然的话，批判就会认为自己的对象所处的水平**低于**这个对象的实际水平。下面就是一个例子！工业以至于整个财富领域对政治领域的关系，是现代主要问题之一。这个问题开始是以何种形式引起德国人的关注的呢？以**保护关税、禁止性关税制度、国民经济学**⁵的形式。德意志狂从人转到物质，因此，我们的棉花骑士和钢铁英雄也就在某个早晨一变而成爱国志士了。所以在德国，人们是通过给垄断以**对外的统治权**，开始承认垄断有对内的统治权的。可见，在法国和英国行将完结的事物，在德国现在才刚刚开始。这些国家在理论上激烈反对的、然而却又像戴着锁链一样不得不忍受的陈旧腐朽的制度，在德国却被当做美好未来的初升朝霞而受到欢迎，这个美好的未来好不容易才敢于从**狡猾的理论**①向最无情的实践过渡。在法国和英国，问题是**政治经济学**，或社会对财富的统治；在德国，问题却是**国民经济学**，或**私有财产对国民的统治**。因此，在法国和英国是要消灭已经发展到终极的垄断；在德国却要把垄断发展到终极。那里，正涉及解决问题；这里，才涉及冲突。这个例子充分说明了**德国式的**现代问题，说明我们的历史就像一个不谙操练的新兵一样，到现在为止只承担着一项任务，那就是补习操练陈旧的历史。因此，假如德国的**整个**发展没有超出德国的**政治**发展，那么德国人对当代问题的参与程度顶多也只能像**俄国人**一样。但是，既然单个人不受国界的限制，那么整个国家就不会因为个人获得解放而获得解放。希腊哲学家中间有一个是西徐亚人⁶，但西徐亚人并没有因此而向希腊文化迈进一步。

我们德国人幸而不是西徐亚人。

正像古代各民族是在想象中、在**神话**中经历了自己的史前时期一样，我们德国人在思想中、在**哲学**中经历了自己的未来的历史。我们是当代的**哲学**同时代人，而不是当代的**历史**同时代人。德国的哲学是德国历史**在观念上的延续**。因此，当我们不去批判我们现实历史的未完成的著作［œuvres incomplètes］，而来批判我们观念历史的遗著［œuvres posthumes］——**哲学**的时候，我们的批判恰恰接触到了当代所谓的问题之所在［that is the question②］的那些问题的中心。在先进国家，是同现代国家制度**实际分裂**，在甚至不存在这种制度的德国，却首先是同这种制度的哲学反映**批判地分裂**。

德国的法哲学和国家哲学是唯一与**正式的**当代现实保持在同等水平上［al pari］的**德国历史**。因此，德国人民必须把自己这种梦想的历史一并归入自己的现存制度，不仅批判这种现存制度，而且同时还要批判这种制度的抽象继续。他们的未来既不能**局限于**对他们现实的国家和法的制度的直接否定，也不能**局限于**他们观念上的国家和法的制度的直接实现，因为他们观念上的制度就具有对他们现实的制度的直接否定，而他们观念上的制度的直接实现，他们在观察邻近各国的生活的时候几乎已经**经历过**了。因此，德国的**实践政治派**要求**对哲学的否定**是正当的。该派的错误不在于提出了这个要求，而在于停留于这个要求——没有认真实现它，也不可能实现它。该派以为，只要背对着哲学，并且扭过头去对哲学嘟囔几句陈腐的气话，对哲学的否定就实现了。该派眼界的狭隘性就表现在没有把哲学归入**德国的**现实范围，或者甚至以为哲学**低于**德国的实践和为实践服务的理论。你们要求人们必须从**现实的生活胚芽**出发，可是你

---

① 德文 *listige* Theorie（**狡猾的理论**）在这里是双关语，暗示弗·李斯特的保护关税宣传，特别是指他的《政治经济学的国民体系》一书。listige（狡猾的）和 List（李斯特）读音相近。编者注

② 莎士比亚《哈姆雷特》第3幕第1场。——编者注

们忘记了德国人民现实的生活胚芽一向都只是在他们的**脑壳**里萌生的。一句话，**你们不使哲学成为现实，就不能够消灭哲学**。

起源于哲学的**理论**政治派犯了同样的错误，只不过错误的因素是**相反的**。

该派认为目前的斗争**只是**哲学同德国世界的批判性斗争，它没有想到**迄今为止的哲学**本身就属于这个世界，而且是这个世界的**补充**，虽然只是观念的**补充**。该派对敌手采取批判的态度，对自己本身却采取非批判的态度，因为它从哲学的**前提**出发，要么停留于哲学提供的结论，要么就把从别处得来的要求和结论冒充为哲学的直接要求和结论，尽管这些要求和结论——假定是正确的——相反地只有借助于**对迄今为止的哲学的否定**、对作为哲学的哲学的否定，才能得到。关于这一派，我们留待以后作更详细的叙述。该派的根本缺陷可以归结如下：**它以为，不消灭哲学，就能够使哲学成为现实**。[7]

德国的国家哲学和法哲学在黑格尔的著作中得到了最系统、最丰富和最终的表述[8]；对这种哲学的批判既是对现代国家以及同它相联系的现实所作的批判性分析，又是对迄今为止的**德国政治意识和法意识**的整个**形式**的坚决否定，而这种意识的最主要、最普遍、上升为**科学**的表现正是**思辨的法哲学**本身。如果思辨的法哲学，这种关于现代国家——它的现实仍然是彼岸世界，虽然这个彼岸世界也只在莱茵河彼岸——的抽象而不切实际的**思维**，只是在德国才有可能产生，那么反过来说，**德国人那种置现实的人**于不顾的关于现代国家的思想形象之所以可能产生，也只是因为现代国家本身置**现实的人**于不顾，或者只凭虚构的方式满足**整个的人**。德国人在政治上**思考**其他国家**做过**的事情。德国是这些国家的**理论良心**。它的思维的抽象和自大总是同它的现实的片面和低下保持同步。因此，如果**德国国家制度**的现状表现了旧制度的**完成**，即表现了现代国家机体中这个肉中刺的完成，那么**德国的国家学说**的现状就表现了**现代国家的未完成**，表现了现代国家的机体本身的缺陷。

对思辨的法哲学的批判既然是对**德国**迄今为止政治意识形式的坚决反抗，它就不会专注于自身，而会专注于**课题**，这种课题只有一个解决办法：**实践**。

试问：德国能不能实现有原则高度的［à la hauteur des principes］实践，即实现一个不但能把德国提高到现代各国的**正式水准**，而且提高到这些国家最近的将来要达到的**人的高度的革命**呢？

批判的武器当然不能代替武器的批判，物质力量只能用物质力量来摧毁；但是理论一经掌握群众，也会变成物质力量。理论只要说服人［ad hominem］，就能掌握群众；而理论只要彻底，就能说服人［ad hominem］。所谓彻底，就是抓住事物的根本。而人的根本就是人本身。德国理论的彻底性的明证，亦即它的实践能力的明证，就在于德国理论是从坚决**积极**废除宗教出发的。对宗教的批判最后归结为**人是人的最高本质**这样一个学说，从而也归结为这样的**绝对命令：必须推翻**使人成为被侮辱、被奴役、被遗弃和被蔑视的东西的**一切关系**，一个法国人对草拟中的养犬税发出的呼声，再恰当不过地刻画了这种关系，他说："可怜的狗啊！人家要把你们当人看哪！"

即使从历史的观点来看，理论的解放对德国也有特殊的实践意义。德国的**革命的**过去就是理论性的，这就是**宗教改革**[9]。正像当时的革命是从**僧侣**的头脑开始一样，现在的革命则从**哲学家**的头脑开始。

的确，**路德**战胜了**虔信**造成的奴役制，是因为他用**信念**造成的奴役制代替了它。他破除了对权威的信仰，是因为他恢复了信仰的权威。他把僧侣变成了世俗人，是因为他把世俗人变成了僧侣。他把人从外在的宗教笃诚解放出来，是因为他把宗教笃诚变成了人的内在世界。他把肉体从锁链中解放出来，是因为他给人的心灵套上了锁链。

但是，新教即使没有正确解决问题，毕竟正确地提出了问题。现在问题已经不再是世俗人同**世俗人以外的僧侣**进行斗争，而是同他**自己内心的僧侣**进行斗争，同他自己的**僧侣本性**进行斗争。如果说新教把德国世俗人转变为僧侣，就是解放了世俗教皇即**王公**，以及他们的同伙即特权者和**庸人**，那么哲学把受僧侣精神影响的德国人转变为人，就是解放**人民**。但是，正像解放不应停留于王公的解放，财产的**收归俗用**[10]也不应停留于**剥夺教会财产**，而这种剥夺是由伪善的普鲁士最先实行的。当时，农民战争，这个德国历史上最彻底的事件，因碰到神学而失败了。今天，神学本身遭到失败，德国历史上最不自由的实际状况——我们的现状——也会因碰到哲学而土崩瓦解。宗教改革之前，官方德国是罗马最忠顺的奴仆。而在德国发生革命之前，它则是小于罗马的普鲁士和奥地利的忠顺奴仆，是土容克和庸人的忠顺奴仆。

可是，**彻底的**德国革命看来面临着一个重大的困难。

就是说，革命需要**被动**因素，需要**物质**基础。理论在一个国家实现的程度，总是取决于理论满足这个国家的需要的程度。但是，德国思想的要求和德国现实对这些要求的回答之间有惊人的不一致，与此相应，市民社会和国家之间以及和市民社会[11]本身之间是否会有同样的不一致呢？理论需要是否会直接成为实践需要呢？光是思想力求成为现实是不够的，现实本身应当力求趋向思想。

但是，德国不是和现代各国在同一个时候登上政治解放的中间阶梯的。甚至它在理论上已经超越的阶梯，它在实践上却还没有达到。它怎么能够一个筋斗［salto mortale］就不仅越过自己本身的障碍，而且同时越过现代各国面临的障碍呢？现代各国面临的障碍，对德国来说实际上应该看做摆脱自己实际障碍的一种解放，而且应该作为目标来争取。彻底的革命只能是彻底需要的革命，而这些彻底需要所应有的前提和基础，看来恰好都不具备。

但是，如果说德国只是用抽象的思维活动伴随现代各国的发展，而没有积极参加这种发展的实际斗争，那么从另一方面看，它分担了这一发展的**痛苦**，而没有分享这一发展的欢乐和局部的满足。一方面的抽象痛苦同另一方面的抽象活动相适应。因此，有朝一日，德国会在还没有处于欧洲解放的水平以前就处于欧洲瓦解的水平。德国可以比做染上基督教病症而日渐衰弱的**偶像崇拜者**。

如果我们先看一下**德国各邦政府**，那么我们就会看到，这些政府由于现代各种关系，由于德国的形势，由于德国教育的立足点，最后，由于自己本身的良好本能，不得不把**现代政治领域**（它的长处我们不具备）的**文明缺陷**同旧制度（这种制度我们完整地保存着）的**野蛮缺陷**结合在一起。因此，德国就得越来越多地分担那些超出它的现状之上的国家制度的某些方面，即使不是合理的方面，至少也是不合理的方面。例如，世界上有没有一个国家，像所谓立宪德国这样，天真地分享了立宪国家制度的一切幻想，而未分享它的现实呢？而德国政府突发奇想，要把书报检查制度的折磨和以新闻出版自由为前提的法国九月法令[12]的折磨结合在一起，岂不是在所难免！正像在罗马的万神庙可以看到一切民族的**神**一样，在德意志神圣罗马帝国[13]可以看到一切国家形式的**罪恶**。这种折中主义将达到迄今没有料到的高度，而一位德国国王①在**政治上、审美上的贪欲**将为此提供特别的保证，这个国王想扮演王权的一切角色——封建的和官僚的，专制的和立宪的，独裁的和民主的；他想，这样做如果不是以人民的名义，便是以他**本人**的名义，如果不是为了人民，便是为**他自己本身**。**德国这个形成一种特殊领域的当代政治的缺陷**，如果不摧毁当代政治的普遍障碍，就不可能摧毁德国特有的障碍。

对德国来说，**彻底的革命、普遍的人的解放**，不是乌托邦式的梦想，相反，局部的**纯政治的革命**，毫不触犯大厦支柱的革命，才是乌托邦式的梦想。局部的纯政治的革命的基础是什么呢？就是**市民社会的一部分**解放自己，取得**普遍统治**，就是一定的阶级从自己的**特殊地位**出发，从事社会的普遍解放。只有在这样的前提下，即整个社会都处于这个阶级的地位，也就是说，例如既有钱又有文化知识，或者可以随意获得它们，这个阶级才能解放整个社会。

在市民社会，任何一个阶级要能够扮演这个角色，就必须在自身和群众中激起瞬间的狂热。在这瞬间，这个阶级与整个社会亲如兄弟，汇合起来，与整个社会混为一体并且被看做和被认为是社会的**总代表**；在这瞬间，这个阶级的要求和权利真正成了社会本身的权利和要求，它真正是社会的头脑和社会的心脏。只有为了社会的普遍权利，特殊阶级才能要求普遍统治。要夺取这种解放者的地位，从而在政治上利用一切社会领域来为自己的领域服务，光凭革命精力和精神上的自信是不够的。要使**人民革命**同市民社会**特殊阶级的解放**完全一致，要使一个等级被承认为整个社会的等级，社会的一切缺陷就必定相反地集中于另一个阶级，一定的等级就必定成为引起普遍不满的等级，成为普遍障碍的体现；一种特殊的社会领域就必定被看做是整个社会中**昭彰的罪恶**，因此，从这个领域解放出来就表现为普遍的自我解放。要使**一个**等级真正[par excellence]成为解放者等级，另一个等级就必定相反地成为公开的奴役者等级。法国贵族和法国僧侣的消极普遍意义决定了同他们最接近却又截然对立的阶级即**资产阶级**的积极普遍意义。

但是，在德国，任何一个特殊阶级所缺乏的不仅是能标明自己是社会消极代表的那种坚毅、尖锐、胆识、无情。同样，任何一个等级也还缺乏和人民魂魄相同的，哪怕是瞬间相同的那种开阔胸怀，缺乏鼓舞物质力量去实行政治暴力的天赋，缺乏革命的大无畏精神，对敌人振振有辞地宣称：**我没有任何地位，但我必须成为一切**[14]。德国的道德和忠诚——不仅是个别人的而且也是各个阶级的道德和忠诚——的基础，反而是**有节制的利己主义**；这种利己主义表现出自己的狭隘性，并用这种狭隘性来束缚自己。因此，德国社会各个领域之间的关系就不是戏剧性的，而是叙事式的。每个领域不是在受到压力的时候，而是当现代各种关系在没有得到它的支持的情况下确立了一

---

① 弗里德里希-威廉四世。——编者注

种社会基础，而且它又能够对这种基础施加压力的时候，它才开始意识到自己，才开始带着自己的特殊要求同其他各种社会领域靠拢在一起。就连**德国中等阶级道德上的自信**也只以自己是其他一切阶级的平庸习性的总代表这种意识为依据。因此，不仅德国国王们登基不逢其时〔mal-à-propos〕，而且市民社会每个领域也是未等庆祝胜利，就遭到了失败，未等克服面前的障碍，就有了自己的障碍，未等表现出自己的宽宏大度的本质，就表现了自己心胸狭隘的本质，以致连扮演一个重要角色的机遇，也是未等它到手往往就失之交臂，以致一个阶级刚刚开始同高于自己的阶级进行斗争，就卷入了同低于自己的阶级的斗争。因此，当诸侯同君王斗争，官僚同贵族斗争，资产者同所有这些人斗争的时候，无产者已经开始了反对资产者的斗争。中等阶级还不敢按自己的观点来表达解放的思想，而社会形势的发展以及政治理论的进步已经说明这种观点本身陈旧过时了，或者至少是成问题了。

在法国，一个人只要有一点地位，就足以使他希望成为一切。在德国，一个人如果不想放弃一切，就必须没有任何地位。在法国，部分解放是普遍解放的基础。在德国，普遍解放是任何部分解放的必要条件〔conditio sine qua non〕。在法国，全部自由必须由逐步解放的现实性产生；而在德国，却必须由这种逐步解放的不可能性产生。在法国，人民中的每个阶级都是**政治上的理想主义者**，它首先并不感到自己是个特殊阶级，而感到自己是整个社会需要的代表。因此，**解放者**的角色在戏剧性的运动中依次由法国人民的各个不同阶级担任，直到最后由这样一个阶级担任，这个阶级在实现社会自由时，已不再以在人之外的但仍然由人类社会造成的一定条件为前提，而是从社会自由这一前提出发，创造人类存在的一切条件。在德国则相反，这里实际生活缺乏精神活力，精神生活也无实际内容，市民社会任何一个阶级，如果不是由于自己的**直接**地位、由于**物质**需要、由于自己的**锁链本身**的强迫，是不会有普遍解放的需要和能力的。

那么，德国解放的**实际**可能性到底在哪里呢？

答：就在于形成一个被戴上**彻底的锁链**的阶级，一个并非市民社会阶级的市民社会阶级，形成一个表明一切等级解体的等级，形成一个由于自己遭受普遍苦难而具有普遍性质的领域，这个领域不要求享有任何**特殊的权利**，因为威胁着这个领域的不是**特殊的不公正**，而是**普遍的不公正**，它不能再求助于**历史的**权利，而只能求助于**人的**权利，它不是同德国国家制度的后果处于片面的对立，而是同这种制度的前提处于全面的对立，最后，在于形成一个若不从其他一切社会领域解放出来从而解放其他一切社会领域就不能解放自己的领域，总之，形成这样一个领域，它表明人的**完全丧失**，并因而只有通过**人的完全回复**才能回复自己本身。社会解体的这个结果，就是**无产阶级**这个特殊等级。

德国无产阶级只是通过兴起的**工业**运动才开始形成；因为组成无产阶级的不是**自然形成的而是人为造成的**贫民，不是在社会的重担下机械地压出来的而是由于社会的**急剧解体**、特别是由于中间等级的解体而产生的群众，虽然不言而喻，自然形成的贫民和基督教日耳曼的农奴也正在逐渐跨入无产阶级的行列。

无产阶级宣告**迄今为止的世界制度的解体**，只不过是揭示**自己本身的存在的秘密**，因为它就**是**这个世界制度的**实际**解体。无产阶级要求**否定私有财产**，只不过是把社会已经提升为**无产阶级**的原则的东西，把未经无产阶级的协助就已作为社会的否定结果而体现在**它身上**的东西提升为**社会的原则**。这样一来，无产者对正在生成的世界所享有的权利就同**德国国王**对已经生成的世界所享有的权利一样了。德国国王把人民称为**自己的**人民，正像他把马叫做自己的马一样。国王宣布人民是他的私有财产，只不过表明私有者就是国王。

哲学把无产阶级当做自己的**物质**武器，同样，无产阶级也把哲学当做自己的**精神**武器；思想的闪电一旦彻底击中这块素朴的人民园地，**德国人**就会解放成为人。

我们可以作出如下的结论：

德国唯一**实际**可能的解放是以宣布人是人的最高本质**这个**理论为立足点的解放。在德国，只有同时从对中世纪的**部分胜利**解放出来，才能从**中世纪**得到解放。在德国，不摧毁**一切奴役制**，任何一种奴役制都不可能被摧毁。**彻底的**德国不从**根本**上进行革命，就不可能完成革命。**德国人的解放**就是**人的解放**。这个解放的头脑是**哲学**，它的**心脏**是无产阶级。哲学不消灭无产阶级，就不能成为现实；无产阶级不把哲学变成现实，就不可能消灭自身。

一切内在条件一旦成熟，**德国的复活日**就会由**高卢雄鸡的高鸣**来宣布。[15]

卡·马克思大约写于 1843 年 10 月
中—12 月中
载于 1844 年 2 月《德法年鉴》

原文是德文
中文根据《马克思恩格斯全集》历史考证版第 1 部分第 2 卷并参考《马克思恩格斯全集》德文版第 1 卷翻译

（选自《马克思恩格斯文集》第 1 卷，人民出版社 2009 年版，第 3—18 页。）

注　释

1　《（黑格尔法哲学批判）导言》是马克思从唯心主义向唯物主义、从革命民主主义向共产主义转变过程中的重要著作。马克思在这篇导言中从唯物主义和无神论的立场出发，揭示了宗教的社会根源和本质，指出宗教是"颠倒的世界"产生的一种"颠倒的世界意识"（见本卷第 3 页），"宗教是人民的鸦片"（见本卷第 4 页），论述了对宗教的批判同对现实世界的批判的关系，阐明了"对宗教的批判就是对苦难尘世——宗教是它的神圣光环——的批判的胚芽"（见本卷第 4 页）。马克思揭示了德国资产阶级的国家哲学和法哲学维护德国现存制度的本质，指出这种哲学在黑格尔的著作中得到了最系统的表现，论述了对黑格尔法哲学的批判同对德国现实社会的批判的关系，提出了"向德国制度开火"的革命任务（见本卷第 6 页）。马克思阐释了革命理论同革命实践相统一的思想，指出"批判的武器当然不能代替武器的批判，物质力量只能用物质力量来摧毁；但是理论一经掌握群众，也会变成物质力量。理论只要说服人，就能掌握群众；而理论只要彻底，就能说服人。"（见本卷第 11 页）这篇著作首次阐明了无产阶级的历史使命，指出无产阶级是唯一能够消灭任何奴役、实现人的解放的阶级，并论述了无产阶级和哲学的关系，指出"哲学把无产阶级当做自己的物质武器，同样，无产阶级也把哲学当做自己的精神武器"（见本卷第 17 页）。

马克思在 1843 年 3 月中—9 月底撰写了《黑格尔法哲学批判》这部手稿（见《马克思恩格斯全集》中文第 2 版第 3 卷），用唯物主义观点对黑格尔《法哲学原理》中阐述国家问题的部分作了全面分析，特别是对黑格尔在国家和市民社会关系问题上的唯心主义观点进行了深刻批判，指出：不是国家决定市民社会，而是市民社会决定国家。随后马克思离开德国前往巴黎。他在那里考察了法国的工人运动，研究了当时进步思想界的先进政治思想，在 1843 年 10 月中—12 月中这一期间撰写了《〈黑格尔法哲学批判〉导言》，并于 1844 年 2 月在《德法年鉴》公开发表。

列宁认为，这篇《导言》和同时发表在《德法年鉴》上的《论犹太人问题》标志着马克思从唯心主义向唯物主义、从革命民主主义向共产主义的转变"彻底完成"（见《列宁全集》中文第 2 版第 26 卷第 83 页）。

1850 年，《导言》的法译文以节选的形式收入海·艾韦贝克的著作《从最新的德国哲学看什么是宗教》；1887 年，《导言》的俄文版在日内瓦出版；1890 年 12 月 2—10 日，《柏林人民报》再次发表了这篇导言。

《导言》的中译文最早发表在 1935 年上海辛垦书店出版的《黑格尔哲学批判》一书，译者是柳若水。——3。

2   指《黑格尔法哲学批判》这部著作。马克思本来计划在《德法年鉴》上发表这篇《导言》之后，接着完成在 1843 年已着手撰写的《黑格尔法哲学批判》并将其付印。《德法年鉴》停刊后，马克思逐渐放弃了这一计划。他在《1844 年经济学哲学手稿》的序言中曾说明了放弃这一计划的原因（见本卷第 111 页）。

1844 年 5—6 月以后，马克思已经忙于其他工作，并把经济学研究提到了首位。从 1844 年 9 月起，由于需要对青年黑格尔派进行反击，马克思开始把阐述新的革命的唯物主义世界观同批判青年黑格尔派结合起来，同批判德国资产阶级和小资产阶级的唯心主义世界观结合起来。马克思和恩格斯合著的《神圣家族》和《德意志意识形态》完成了这项任务。——4、111。

3   历史法学派是 18 世纪末在德国兴起的一个法学流派。其特征是反对古典自然法学派，强调法律应体现民族精神和历史传统；反对 1789 年法国资产阶级革命中的资产阶级民主主义思想；重视习惯法；反对制定普遍适用的法典。该派的代表人物是古·胡果、弗·卡·萨维尼等人。他们借口保持历史传统的稳定性，极力维护贵族和封建制度的各种特权。该派以后逐步演变成 19 世纪资产阶级法学中的一个重要流派。1842 年，萨维尼被任命为修订普鲁士法律的大臣，这样，历史法学派的理论和方法就成了修订普鲁士法律的依据。

历史法学派的主张同黑格尔法哲学的观点相对立。早在 1836—1838 年，马克思就开始研究历史法学派与黑格尔法哲学之间的分歧和论争。1841 年底，马克思着手批判黑格尔的法哲学，同时继续研究历史法学派。对这一流派的批判，见马克思《历史法学派的哲学宣言》（《马克思恩格斯全集》中文第 2 版第 1 卷）。——5。

4　马克思后来在《路易·波拿巴的雾月十八日》中，也作过类似的阐述，他写道："黑格尔在某个地方说过，一切伟大的世界历史事变和人物，可以说都出现两次。他忘记补充一点：第一次是作为伟大的悲剧出现，第二次是作为卑劣的笑剧出现。"（见《马克思恩格斯文集》第 2 卷第 470 页）——7。

5　国民经济学是当时德国人对英国人和法国人称做政治经济学的资产阶级政治经济学采用的概念。德国人认为政治经济学是一门系统地研究国家应该采取哪些措施和手段来管理、影响、限制和安排工业、商业和手工业，从而使人民获得最大福利的科学。因此，政治经济学也被等同于国家学（Staatswissenschaft）。英国经济学家亚·斯密认为，政治经济学是关于物质财富的生产、分配和消费的规律的科学。随着斯密主要著作的问世及其德译本的出版，在德国开始了一个改变思想的过程。有人认为可以把斯密提出的原理纳入德国人界定为国家学的政治经济学。另一派人则竭力主张把两者分开。路·亨·冯·雅科布和尤·冯·索登在 1805 年曾作了两种不同的尝试，但都试图以一门独立的学科形式来表述一般的经济学原理，并都称其为"国民经济学"。——8、56、88、111、143、171、268。

6　指哲学家阿那卡雪斯，西徐亚人。

西徐亚人亦称斯基泰人，是古代黑海北岸古国西徐亚王国的居民，最早属于中亚细亚北部的游牧部落。约公元前 7 世纪，伊朗族的西徐亚人由东方迁入并征略小亚细亚等地。西徐亚人生性强悍，善于骑射；他们以氏族部落为其社会基础，没有自己的文字。——9。

7　马克思按照当时反对德国半封建状况的政治反对派对哲学的作用所持的态度，根据他在《莱茵报》从事编辑活动的一般体会，把这些政治反对派区分为"实践政治派"和"起源于哲学的理论政治派"。

这里所说的实践政治派包括一部分自由资产阶级和知识分子以及民主派的代表。他们提出实践政治的要求，要么是为争取立宪君主制而奋斗，要么是为争取民主主义共和制而奋斗。

这里所说的理论政治派带有整个青年黑格尔运动的特征。他们从黑格尔哲学得出彻底的无神论结论，但同时又使哲学脱离现实，从而在事实上日益脱离实际革命斗争。——10。

8　1818—1819 年黑格尔第一次讲授法哲学（在柏林大学）。他于 1817 年出版的《哲学全书纲要》一书已经包括了他的法哲学的基本概念。1821 年，黑格尔发表了《法哲学原理》，该书的副标题是：《自然法和国家学纲要。供授课用》。自 1821 年至 1825 年，黑格尔按照他自称为"教科书"的《法哲学原理》多次讲授法哲学。1831 年，即在他逝世前不久，他又开始讲授法哲学。1833 年，爱·甘斯在柏林出版了黑格尔的《法哲学原理，或自然法和国家学纲要》。随着这个新版本的出版，对黑格尔法哲学的研究深入展开，出现了不同的理解和阐释。黑格尔的国家观曾是青年黑格尔派探讨的中心议题之一。对于马克思来说，如何对待黑格尔的国家学说，一直是个重要的问题。——10。

9　指 16 世纪德国新教创始人马丁·路德领导的要求摆脱教皇控制、改革封建关系的宗教改革运动。1517 年 10 月 31 日，路德在维滕贝格教堂门前张贴了《九十五条论纲》，抗议教皇滥用特权，派教廷大员以敛财为目的向各地教徒兜售赎罪券，并要求对此展开辩论。随着《九十五条论纲》的传播，掀起了宗教改革运动。关于这一运动的情况，可参看恩格斯《德国农民战争》第二章（《马克思恩格斯文集》第 2 卷）。——12。

10　教会财产的收归俗用，在德国是随着宗教改革开始的。教会地产首先转为诸侯地产，只有极小部分低等贵族和市民阶层的成员（城市新贵）从中获利。在法国大资产阶级的直接影响下，1803 年的帝国代表会议的决议决定，教会诸侯领地收归俗用。普鲁士和南德意志的中等邦国首先能够获得最大的土地利润。随着 1810 年 10 月 10 日颁布的敕令，普鲁士境内教会财产的收归俗用遂告结束。——12。

11　市民社会（bürgerliche Gesellschaft）这一术语出自黑格尔《法哲学原理》第 182 节（见《黑格尔全集》1833 年柏林版第 8 卷）。在马克思的早期著作中，这一术语有两重含义。广义地说，是指社会发展各历史时期的经济制度，即决定政治制度和意识形态的物质关系总和；狭义地说，是指资产阶级社会的物质关系。因此，应按照上下文作不同的理解。——13、30、124、214、308、502、540。

12　九月法令是法国政府利用路易－菲力浦 1835 年 7 月 28 日遭谋刺这一事件于当年 9 月 9 日颁布的法令。这项法令限制了陪审人员的权利，对新闻出版业采取了多项严厉措施，增加了定期刊物的保证金；规定对发表反对私有制和现行政治体制言论的人以政治犯罪论处并课以高额罚款。

马克思在这里讲的"德国政府突发奇想"，是指 1843 年 1 月 31 日德国政府颁发的"书报检查令"、1843 年 2 月 23 日颁发的《关于书报检查机关的组织的规定》、1843 年 6 月 30 日发布的《指令，包括对 1843 年 2 月 23 日的规定所作的有关新闻出版和书报检查条例的若干必要补充》。——14。

13　神圣罗马帝国（962—1806 年）是欧洲封建帝国。公元 962 年，德意志国王奥托一世在罗马由教皇加冕，成为帝国的最高统治者。1034 年帝国正式称为罗马帝国。1157 年称神圣帝国，1254 年称神圣罗马帝国。到 1474 年，神圣罗马帝国被称为德意志民族神圣罗马帝国。帝国在不同时期包括德意志、意大利北部和中部、法国东部、捷克、奥地利、匈牙利、荷兰和瑞士，是具有不同政治制度、法律和传统的封建王国和公国以及教会领地和自由城市组成的松散的联盟。1806 年，对法战争失败后，弗兰茨二世被迫放弃神圣罗马帝国皇帝的称号，这一帝国便不复存在了。——14。

14 参看艾·约·西哀士《第三等级是什么?》1789 年巴黎第 2 版第 3 页："本文的计划甚为简单，我们要向自己提三个问题。

　　1. 第三等级是什么？是一切。

　　2. 迄今为止，第三等级在政治秩序中的地位是什么？什么也不是。

　　3. 第三等级要求什么？要求取得某种地位。"——15。

15 高卢是法国古称。高卢雄鸡是法国第一共和国时代国旗上的标志，是当时法国人民的革命意识的象征。马克思在这里借用了海涅在《加里多尔夫就贵族问题致穆·冯·莫里加特伯爵书》序言中的形象比喻："高卢雄鸡如今再次啼叫，而德意志境内也已破晓"。——18。

三、论犹太人问题[16]

（1）布鲁诺·鲍威尔：《犹太人问题》1843年不伦瑞克版。

（2）布鲁诺·鲍威尔：《现代犹太人和基督徒获得自由的能力》。格奥尔格·海尔维格1843年在苏黎世—温特图尔出版的《来自瑞士的二十一印张》第56—71页。

— 一 —

布鲁诺·鲍威尔：《犹太人问题》
1843年不伦瑞克版

德国的犹太人渴望解放。他们渴望什么样的解放？**公民**的解放，**政治**解放。

布鲁诺·鲍威尔回答他们说：在德国，没有人在政治上得到解放。我们自己没有自由。我们怎么可以使你们自由呢？你们犹太人，要是为自己即为犹太人要求一种特殊的解放，你们就是**利己主义者**。作为德国人，你们应该为德国的政治解放而奋斗；作为人，你们应该为人的解放而奋斗。而你们所受的特种压迫和耻辱，不应该看成是通则的例外，相反，应该看成是通则的证实。

或者，犹太人是要求同**信奉基督教的臣民**享有平等权利？如果是这样，他们就承认**基督教国家**是无可非议的，也就承认普遍奴役制度。既然他们满意普遍奴役，为什么又不满意自己所受的特殊奴役呢？既然犹太人不关心德国人的解放，为什么德国人该关心犹太人的解放呢？

基督教国家只知道**特权**。犹太人在这个国家享有做犹太人的特权。作为犹太人，他享有基督徒所没有的权利。那他何必渴望他所没有而为基督徒所享有的权利！

如果犹太人想从基督教国家解放出来，他就是要求基督教国家放弃自己的**宗教**偏见。而他，犹太人，会放弃**自己的**宗教偏见吗？就是说，他有什么权利要求别人放弃宗教呢？

基督教国家，按**其本质**来看，是不会解放犹太人的；但是，鲍威尔补充说，犹太人按其本质来看，也不会得到解放。只要国家还是基督教国家，犹太人还是犹太人，这两者中的一方就不可能解放另一方，另一方也不可能得到解放。

基督教国家对待犹太人，只能按照基督教国家的方式即给予特权的方式：允许犹太人同其他臣民分离开来，但也让犹太人受到分离开来的其他领域的压迫，何况犹太人同占统治地位的宗教处于**宗教**对立的地位，所受的压迫也更厉害。可是，犹太人对待国家也只能按照犹太人的方式即把国家看成一种异己的东西：把自己想象中的民族跟现实的民族对立起来，把自己幻想的法律跟现实的法律对立起来，以为自己有权从人类分离出来，决不参加历史运动，期待着一种同人的一般未来毫无共同点的未来，认为自己是犹太民族的一员，犹太民族是神拣选的民族。

那么你们犹太人有什么理由渴望解放呢？为了你们的宗教？你们的宗教是国教的死敌。因为你们是公民？德国根本没有公民。因为你们是人？你们不是人，正像你们诉求的对象不是人一样。

鲍威尔批判了迄今为止关于犹太人的解放问题的提法和解决方案以后，又以新的方式提出了这个问题。他问道：应当得到解放的犹太人和应该解放犹太人的基督教国家，二者的**特性**是什么？他通过对犹太人的**宗教**的批判回答了这个问题，他分析了犹太教和基督教的宗教对立，他说明了基督教国家的本质，——他把这一切都做得大胆、尖锐、机智、透彻，而且文笔贴切、洗练和雄健有力。

那么，鲍威尔是怎样解决犹太人问题的？结论是什么？他对问题的表述就是对问题的解决。对犹太人问题的批判就是对犹太人问题的回答。总之，可简述如下：

我们必须先解放自己，才能解放别人。

犹太人和基督徒之间最顽固的对立形式是**宗教**对立。怎样才能消除对立？使它不能成立。怎样才能使**宗教**对立不能成立？**废除宗教**。只要犹太人和基督徒把他们互相对立的宗教只看做**人的精神的不同发展阶段**，看做历史撕去的不同的蛇皮，把人本身只看做蜕皮的蛇，只要这样，他们的关系就不再是宗教的关系，而只是批判的、**科学的**关系，人的关系。那时**科学**就是他们的统一。而科学上的对立会由科学本身消除。

德国的犹太人首先碰到的问题是没有得到政治解放和国家具有鲜明的基督教性质。但是，在鲍威尔看来，犹太人问题是一个不以德国的特殊状况为转移的、具有普遍意义的问题。这就是宗教对国家的关系问题、**宗教束缚和政治解放的矛盾**问题。他认为从宗教中解放出来，这是一个条件，无论对于想要得到政治解放的犹太人，还是对于应该解放别人从而使自己得到解放的国家，都是一样。

"有人说，而且犹太人自己也说：很对，犹太人获得解放，不应当是作为犹太人，不应当是因为他身为犹太人，不应当是因为他具有什么高超的普遍的人的伦理原则；相反，犹太人自己将退居公民之后，而且也将成为公民，尽管他是而且应当始终是犹太人；这就是说，他是而且始终是犹太人，尽管他是公民，并生活在普遍的人的关系中：他那犹太人的和狭隘的本质最终总要战胜他的人的义务和政治的义务。偏见始终存在，尽管普遍的原则胜过它。但是，既然它始终存在，那么它就会反过来胜过其他的一切。""只有按照诡辩，即从外观来看，犹太人在国家生活中才能始终是犹太人；因此，如果他想始终是犹太人，那么单纯的外观就会成为本质的东西并且取得胜利，就是说，他在国家中的生活只会是一种外观，或者只是违反本质和通则的一种暂时的例外。"（《现代犹太人和基督徒获得自由的能力》。《二十一印张》第57页）

另一方面，我们看看鲍威尔是怎样提出国家的任务的。他写道：

"不久以前〈众议院 1840 年 12 月 26 日的辩论[17]〉，法国在犹太人问题上，就像经常①在其他一切政治问题上一样，向我们展示了一种生活的情景，这种生活是自由的，但又通过法律取消了自己的自由，因此，它宣布这种自由是一种外观，另一方面，又在行动上推翻了自己的自由法律。"（《犹太人问题》第 64 页）

"在法国，普遍自由还未成为法律，犹太人问题也还没有得到解决，因为法律上的自由——公民一律平等——在生活中受到限制，生活仍然遭到宗教特权的控制和割裂，生活的这种不自由对法律起反作用，迫使它认可：本身自由的公民区分为被压迫者和压迫者。"（［同上］，第 65 页）

那么，在法国，犹太人问题什么时候才能得到解决呢？

"比如说，犹太教徒不让自己的戒律阻止自己履行对国家和对同胞的义务，就是说，例如在犹太教的安息日去众议院并参加公开会议，那他必定不会再是犹太教徒了。任何宗教特权，从而还有特权教会的垄断，必定会被消灭，即使有些人，或者是许多人，甚至是绝大多数人，还认为自己必须履行宗教义务，那也应该看成是纯粹的私事而听其自便。"（第 65 页）"如果不再存在享有特权的宗教，那就不再有什么宗教。使宗教丧失其专有的势力，宗教就不再存在。"（第 66 页）"正像马丁·迪诺尔先生把反对在法律中提到礼拜日的建议看成是宣布基督教已经不复存在的提案一样，根据同样的理由（并且这种理由是完全有根据的），如果宣告安息日戒律对犹太人不再具有约束力，那就等于宣布取消犹太教。"（第 71 页）

可见，一方面，鲍威尔要求犹太人放弃犹太教，要求一般人放弃宗教，以便作为**公民**得到解放。另一方面，鲍威尔坚决认为宗教在**政治上的**废除就是宗教的完全废除。以宗教为前提的国家，还不是真正的、现实的国家。

"当然，宗教观念给国家提供保证。可是，给什么样的国家？给哪一类国家？"（第 97 页）。

这一点暴露了他对犹太人问题的**片面**理解。

只是探讨谁应当是解放者、谁应当得到解放，这无论如何是不够的。批判还应当做到第三点。它必须提出问题：这里指的是**哪一类解放**？人们所要求的解放的本质要有哪些条件？只有对**政治解放**本身的批判，才是对犹太人问题的最终批判，也才能使这个问题真正变成"**当代的普遍问题**"。②

鲍威尔并没有把问题提到这样的高度，因此陷入了矛盾。他提供了一些条件，这些条件并不是**政治**解放本身的本质引起的。他提出的是一些不包括在他的课题以内的问题，他解决的是一些没有回答他的问题的课题。鲍威尔在谈到那些对犹太人的解放持反对意见的人时说："他们的错误只在于：他们把基督教国家假设为唯一真正的国家，而没有像批判犹太教那样给以批判。"（第 3 页）我们认为，鲍威尔的错误在于：他批判的**只是**"基督教国家"，而不是"国家本身"，他没有探讨**政治解放对人的解放的**

---

① 布·鲍威尔原著中写的是："就像七月革命以来经常……"——编者注
② 布·鲍威尔《犹太人问题》1843 年不伦瑞克版第 3 页和第 61 页。——编者注

关系，因此，他提供的条件只能表明他毫无批判地把政治解放和普遍的人的解放混为一谈。如果鲍威尔问犹太人：根据你们的观点，你们就有权利要求**政治解放**？① 那我们要反问：**政治**解放的观点有权利要求犹太人废除犹太教，要求一般人废除宗教吗？

犹太人问题依据犹太人所居住的国家而有不同的表述。在德国，不存在政治国家，不存在作为国家的国家，犹太人问题就是纯粹**神学**的问题。犹太人同承认基督教为自己基础的国家处于**宗教**对立之中。这个国家是职业神学家。在这里，批判是对神学的批判，是双刃的批判——既是对基督教神学的批判，又是对犹太教神学的批判。不管我们在神学中**批判起来**可以多么游刃有余，我们毕竟是在神学中移动。

在法国这个**立宪**国家中，犹太人问题是立宪制的问题，是**政治解放不彻底**的问题。因为这里还保存着国教的**外观**，——虽然这是毫无意义而且自相矛盾的形式，并且以**多数人的宗教**的形式保存着，——所以犹太人对国家的关系也保持着宗教对立、神学对立的**外观**。

只有在实行共和制的北美各州——至少在其中一部分——犹太人问题才失去其**神学**的意义而成为真正**世俗**的问题。只有在政治国家十分发达的地方，犹太教徒和一般宗教信徒对政治国家的关系，就是说，宗教对国家的关系，才呈现其本来的、纯粹的形式。一旦国家不再**从神学的角度**对待宗教，一旦国家是作为国家即从**政治的角度**来对待宗教，对这种关系的批判就不再是对神学的批判了。这样，批判就成了**政治国家的批判**。在问题不再是**神学**问题的地方，鲍威尔的批判就不再是批判的批判了。

> "美国既没有国教，又没有大多数人公认的宗教，也没有一种礼拜对另一种礼拜的优势，国家与一切礼拜无关。"（古·德·博蒙《玛丽或美国的奴隶制》1835年巴黎版第214页）北美有些州，"宪法没有把宗教信仰和某种礼拜作为取得政治特权的条件"（同上，第225页）。尽管这样，"在美国也并不认为一个不信教的人是诚实的人"（同上，第224页）。

尽管如此，正像博蒙、托克维尔和英国人汉密尔顿异口同声保证的那样②，北美主要还是一个笃信宗教的国家。不过，在我们看来，北美各州只是一个例子。问题在于：**完成了的政治解放怎样对待宗教？**既然我们看到，甚至在政治解放已经完成了的国家，宗教不仅仅**存在**，而且是**生气勃勃的、富有生命力的**存在，那么这就证明，宗教的定在和国家的完成是不矛盾的。但是，因为宗教的定在是一种缺陷的定在，那么这种缺陷的根源就只能到国家自身的**本质**中去寻找。在我们看来，宗教已经不是世俗局限性的**原因**，而只是它的**现象**。因此，我们用自由公民的世俗束缚来说明他们的宗教束缚。我们并不宣称：他们必须消除他们的宗教局限性，才能消除他们的世俗限制。我们宣称：他们一旦消除了世俗限制，就能消除他们的宗教局限性。我们不把世俗问

---

① 布·鲍威尔《犹太人问题》1843年不伦瑞克版第19—21页。并见本卷第38页。——编者注

② 古·德·博蒙《玛丽或美国的奴隶制》1835年巴黎版第1卷第218—221页，亚·德·托克维尔《美国的民主制》1835年巴黎第2版第2卷第209—234页，托·汉密尔顿《美国人和美国风俗习惯》1834年曼海姆版第2卷第241—244页。——编者注

题化为**神学**问题。我们要把神学问题化为世俗问题。相当长的时期以来，人们一直用迷信来说明历史，而我们现在是用历史来说明迷信。在我们看来，**政治解放对宗教的关系**问题已经成了**政治解放对人的解放的关系**问题。我们**撇开**政治国家在宗教上的软弱无能，而去批判政治国家的**世俗**结构，这样也就批判了它在宗教上的软弱无能。我们从人的角度来看，国家和某一**特定宗教**例如和**犹太教**的矛盾，就是国家和**特定世俗**要素的矛盾；而国家和**一般宗教**的矛盾，也就是国家和它的一般**前提**的矛盾。

犹太教徒、基督徒、一般**宗教**信徒的**政治解放**，是**国家**从犹太教、基督教和一般**宗教中解放出来**。当国家从**国教**中解放出来，就是说，当国家作为一个**国家**，不信奉任何宗教，确切地说，信奉作为国家的自身时，国家才以自己的形式，以自己本质所固有的方式，作为**一个国家**，从宗教中解放出来。摆脱了宗教的**政治解放**，不是彻头彻尾、没有矛盾地摆脱了宗教的解放，因为政治解放不是彻头彻尾、没有矛盾的**人的**解放方式。

政治解放的限度一开始就表现在：即使人还没有**真正摆脱某种限制**，**国家**也可以摆脱这种限制，即使人还不是**自由人**，国家也可以成为**自由国家**①。鲍威尔自己默认了这一点，他提出了如下的政治解放条件：

"任何宗教特权，从而还有特权教会的垄断，必定会被消灭，即使有些人，或者是许多人，甚至是绝大多数人，还认为自己必须履行宗教义务，那也应该看成是纯粹的私事而听其自便。"②

由此可见，甚至在**绝大多数人**还信奉宗教的情况下，**国家**也是可以从宗教中解放出来的。绝大多数人并不因为自己是私下信奉宗教就不再是宗教信徒。

不过，国家，特别是**共和国**对宗教的态度，毕竟是组成国家的**人**对宗教的态度。由此可以得出结论：人通过**国家**这个中介得到解放，他**在政治上**从某种限制中解放出来，就是在与自身的矛盾中超越这种限制，就是以**抽象的**、**有限的**、局部的方式超越这种限制。其次，可以得出这样的结论：人在政治上得到解放，就是用**间接的方法**，通过一个**中介**，尽管是一个**必不可少的中介**而使自己得到解放。最后，还可以得出这样的结论：人即使已经通过国家的中介作用宣布自己是无神论者，就是说，他宣布国家是无神论者，这时他总还是受到宗教的束缚，这正是因为他仅仅以间接的方法承认自己，仅仅通过中介承认自己。宗教正是以间接的方法承认人。通过一个**中介者**。国家是人和人的自由之间的中介者。正像基督是中介者，人把自己的全部神性、自己的全部**宗教束缚**都加在他身上一样，国家也是中介者，人把自己的全部非神性、自己的全部**人的自由**寄托在它身上。

人对宗教的超越，具有一般政治超越所具有的一切缺点和优点。例如，像北美许多州所发生的情形那样，一旦国家取消了选举权和被选举权的**财产资格限制**，国家作

---

① 德文原文是"Freistaat"，原义为"共和国"。在这句话中，这个词在字面上也含有"自由国家"的意思。——编者注

② 布·鲍威尔《犹太人问题》1843年不伦瑞克版第65页。——编者注

为国家就宣布**私有财产**无效，人就以政治方式宣布私有财产已被**废除**。**汉密尔顿**从政治观点出发，对这个事实作了完全正确的解释：

"广大群众战胜了财产所有者和金钱财富。"①

既然非占有者已经成了占有者的立法者，那么私有财产岂不是在观念上被废除了吗？**财产资格限制**是承认私有财产的最后一个政治形式。

尽管如此，从政治上宣布私有财产无效不仅没有废除私有财产，反而以私有财产为前提。当国家宣布出身、等级、文化程度、职业为**非政治的**差别，当它不考虑这些差别而宣告人民的每一成员都是人民主权的**平等**享有者，当它从国家的观点来观察人民现实生活的一切要素的时候，国家是以自己的方式废除了**出身**、**等级**、**文化程度**、**职业**的差别。尽管如此，国家还是让私有财产、文化程度、职业以**它们固有的**方式，即作为私有财产、作为文化程度、作为职业来**发挥作用**并表现出它们的**特殊**本质。国家根本没有废除这些**实际**差别，相反，只有以这些差别为前提，它才存在，只有同自己的这些要素处于对立的状态，它才感到自己是**政治国家**，才会实现自己的**普遍性**。因此，**黑格尔**确定的**政治国家**对宗教的关系是完全正确的，他说：

"要使国家作为精神的**认识着自身的**伦理现实而获得存在，就必须把国家同权威形式和信仰形式区别开来；但这种区别只有当教会方面在自身内部达到分裂的时候才会出现；只有这样超越特殊教会，国家才会获得和实现思想的**普遍性**，即自己形式的原则。"（黑格尔《法哲学［原理］》第2版第346页）

当然！只有这样**超越特殊**要素，国家才使自身成为普遍性。

完成了的政治国家，按其本质来说，是人的同自己物质生活**相对立的类生活**。这种利己生活的一切前提继续存在于国家范围**以外**，存在于**市民社会**之中，然而是作为市民社会的特性存在的。在政治国家真正形成的地方，人不仅在思想中，在意识中，而且在**现实**中，在**生活**中，都过着双重的生活——天国的生活和尘世的生活。前一种是**政治共同体**中的生活，在这个共同体中，人把自己看做**社会存在物**；后一种是**市民社会**[11]中的生活，在这个社会中，人作为**私人**进行活动，把他人看做工具，把自己也降为工具，并成为异己力量的玩物。政治国家对市民社会的关系，正像天国对尘世的关系一样，也是唯灵论的。政治国家与市民社会也处于同样的对立之中，它用以克服后者的方式也同宗教克服尘世局限性的方式相同，即它同样不得不重新承认市民社会，恢复市民社会，服从市民社会的统治。人在**其最直接的**现实中，在市民社会中，是尘世存在物。在这里，即在人把自己并把别人看做是现实的个人的地方，人是一种**不真实的**现象。相反，在国家中，即在人被看做是类存在物的地方，人是想象的主权中虚构的成员；在这里，他被剥夺了自己现实的个人生活，却充满了非现实的普遍性。

---

① 托·汉密尔顿《美国人和美国风俗习惯》1834年曼海姆版第1卷第146页。——编者注

人作为**特殊**宗教的信徒，同自己的公民身份，同作为共同体成员的他人所发生的冲突，归结为**政治国家**和**市民社会**之间的**世俗**分裂。对于作为 bourgeois ［市民社会的成员］的人来说："在国家中的生活只是一种外观，或者是违反本质和通则的一种暂时的例外。"① 的确，bourgeois，像犹太人一样，只是按照诡辩始终存在于国家生活中，正像 citoyen ［公民］只是按照诡辩始终是犹太人或 bourgeois 一样。可是，这种诡辩不是个人性质的。它是**政治国家本身的诡辩**。宗教信徒和公民之间的差别，是商人和公民、短工和公民、土地占有者和公民、**活生生的个人和公民**之间的差别。宗教信徒和政治人之间的矛盾，是 bourgeois 和 citoyen 之间、是市民社会的成员和他的**政治狮皮**[18]之间的同样的矛盾。

犹太人问题最终归结成的这种世俗冲突，政治国家对自己的前提——无论这些前提是像私有财产等等这样的物质要素，还是像教育、宗教这样的精神要素——的关系，**普遍利益**和**私人利益**之间的冲突，**政治国家**和**市民社会**之间的分裂，鲍威尔在抨击这些世俗对立**在宗教上**的表现的时候，竟听任这些世俗对立持续存在。

> "正是市民社会的基础，即保证市民社会的持续存在和保障市民社会的必然性的那种需要，使它的持续存在经常受到威胁，保持了它的不稳固要素，产生了那种处于经常更迭中的贫穷和富有、困顿和繁荣的混合物，总之产生了更迭。"（［《犹太人问题》］第 8 页）

我们不妨再读一读根据黑格尔法哲学的基本要点写成的《市民社会》整个一节（［《犹太人问题》］第 8—9 页）的内容[19]。鲍威尔承认同政治国家对立的市民社会是必然的，因为他承认政治国家是必然的。

政治解放当然是一大进步；尽管它不是普遍的人的解放的最后形式，但**在**迄今为止的世界制度**内**，它是人的解放的最后形式。不言而喻，我们这里指的是现实的、实际的解放。

人把宗教从公法领域驱逐到私法领域中去，这样人就在**政治**上从宗教中解放出来。宗教不再是**国家**的精神；因为在国家中，人——虽然是以有限的方式，以特殊的形式，在特殊的领域内——是作为类存在物和他人共同行动的；宗教成了**市民社会**的、利己主义领域的、**一切人反对一切人的战争**[20]的精神。它已经不再是**共同性**的本质，而是**差别**的本质。它成了人同自己的**共同体**、同自身并同他人**分离**的表现——它**最初**就是这样的。它只不过是特殊的颠倒、**私人的奇想**和任意行为的抽象教义。例如，宗教在北美的不断分裂，使宗教**在表面上**具有纯粹个人事务的形式。它被推到许多私人利益中去，并且被逐出作为共同体的共同体。但是，我们不要对政治解放的限度产生错觉。人分为**公人和私人**，宗教从国家向市民社会的**转移**，这不是政治解放的一个阶段，这是它的**完成**；因此，政治解放并没有消除人的**实际**的宗教笃诚，也不力求消除这种宗教笃诚。

人**分解**为犹太教徒和公民、新教徒和公民、宗教信徒和公民，这种分解不是**针对**

---

① 布·鲍威尔《现代犹太人和基督徒获得自由的能力》，见《来自瑞士的二十一印张》1843 年苏黎世—温特图尔版第 1 卷第 57 页。——编者注

公民身份而制造的谎言，不是对政治解放的回避，这种分解**是政治解放本身**，是使自己从宗教中解放出来的**政治**方式。当然，在政治国家作为政治国家通过暴力从市民社会内部产生的时期，在人的自我解放力求以政治自我解放的形式进行的时期，国家是能够而且必定会做到**废除宗教**、**根除宗教**的。但是，这只有通过废除私有财产、限定财产最高额、没收财产、实行累进税，通过消灭生命、通过**断头台**，才能做到。当政治生活感到特别自信的时候，它试图压制自己的前提——市民社会及其要素，使自己成为人的现实的、没有矛盾的类生活。但是，它只有同自己的生活条件发生暴力矛盾，只有宣布革命是**不间断的**，才能做到这一点，因此，正像战争以和平告终一样，政治剧必然要以宗教、私有财产和市民社会一切要素的恢复而告终。

的确，那种把基督教当做自己的基础、国教，因而对其他宗教抱排斥态度的所谓**基督教**国家，并不就是完成了的基督教国家，相反，**无神论国家**、**民主制**国家，即把宗教归为市民社会的其他要素的国家，才是这样的国家。那种仍旧持神学家观点、仍旧正式声明自己信奉基督教、仍旧不敢宣布自己**成为国家**的国家，在其作为国家这一**现实性**中，还没有做到以**世俗的**、**人的**形式来反映人的基础，而基督教是这种基础的过分的表现。所谓基督教国家只不过是**非国家**，因为通过现实的人的创作所实现的，并不是作为宗教的基督教，而只是基督教的**人的背景**。

所谓基督教国家，就是通过基督教来否定国家，而决不是通过国家来实现基督教。仍然以宗教形式信奉基督教的国家，还不是以国家形式信奉基督教，因为它仍然从宗教的角度对待宗教，就是说，它不是宗教的人的基础的**真正实现**，因为它还诉诸**非现实性**，诉诸这种人的实质的**虚构**形象。所谓基督教国家，就是**不完善**的国家，而且基督教对它来说是它的不完善性的**补充和神圣化**。因此，宗教对基督教国家来说必然成为**手段**，基督教国家是**伪善的**国家。**完成了的**国家由于国家的一般**本质**所固有的缺陷而把宗教列入自己的**前提**，**未完成**的国家则由于自己作为有缺陷的国家的**特殊存在**所固有的缺陷而声称宗教是自己的**基础**，二者之间是有很大差别的。在后一种情况下，宗教成了**不完善的政治**。在前一种情况下，甚至完成了的**政治**具有的那种不完善性也在宗教中显露出来。所谓基督教国家需要基督教，是为了充实自己而**成为国家**。民主制国家，真正的国家则不需要宗教从政治上充实自己。确切地说，它可以撇开宗教，因为它已经用世俗方式实现了宗教的人的基础。而所谓基督教国家则相反，既从政治的角度对待宗教，又从宗教的角度对待政治。当它把国家形式降为外观时，也就同样把宗教降为外观。

为了阐明这一对立，我们来看一下鲍威尔根据对基督教日耳曼国家的观察所得出的有关基督教国家的构思。鲍威尔说：

> "近来有些人为了证明基督教国家的不可能性或非存在，常常引证福音书①中的一些箴言，这些箴言，[当前的]国家不仅不遵循而且也不可能遵循，如果国家不想使自己[作为国家]完全解体的话。""但是，问题的解决并不那么容易。那么，福音书的那些箴言到底

---

① 指《新约全书》中的《马太福音》、《马可福音》、《路加福音》、《约翰福音》。——编者注

要求些什么呢？要求超自然的自我否定、服从启示的权威、背弃国家、废除世俗关系。这一切也正是基督教国家所要求和实行的。它领悟了福音书的精神，即使它不用福音书借以表现这种精神的那些词语来复制这种精神，那也只是因为它用种种国家形式来表现这种精神，就是说，它所用的这些形式虽然来自这个世界的国家制度，但它们经过一定要经历的宗教再生过程，已经降为单纯的外观。基督教国家是对国家的背弃，而这种背弃是利用国家形式实现的。"（第55页）

鲍威尔接着阐明：基督教国家的人民只是一种非人民，他们已经不再有自己的意志，他们的真实存在体现于他们所隶属的首脑，但首脑按其起源及本性来说是与他们相异的，就是说，他是上帝所赐，他降临于人民面前并没有得到他们本身的帮助；这样的人民的法律并不是他们的创作，而是实际的启示；他们的元首需要在自己和本来意义上的人民即群众之间有一些享有特权的中介人；这些群众本身分成许多偶然形成并确定的特殊集团，这些特殊集团是按各自利益、特殊爱好和偏见区分的，并且获准享有彼此不相往来的特权，等等（第56页）。

但是，鲍威尔自己却说：

"如果政治只应当成为宗教，那么它就不再可能是政治了，正像把刷锅洗碗的事看做宗教事务，这种事就不再可能是家务事一样。"（第108页）

但是，要知道，在基督教日耳曼国家，宗教是"家务事"，就像"家务事"是宗教一样。在基督教日耳曼国家，宗教的统治就是统治的宗教。

把"福音书的精神"和"福音书的词语"分割开来，是**不信宗教的**行为。国家迫使福音书使用政治词语，即与圣灵的词语不同的词语，这是亵渎行为，即使从人的眼光来看不是这样，但从国家自身的宗教眼光来看就是这样。应该用圣经的**字句**来反驳把基督教奉为自己的最高规范、把圣经奉为自己的**宪章**的国家，因为圣经的每个字都是神圣的。这个国家，就像它所依靠的**庸碌无用之辈**一样，陷入了痛苦的、从宗教意识的观点来看是不可克服的矛盾：有人要它注意福音书中的一些箴言，这些箴言，国家"不仅不遵循而且**也不可能遵循，如果国家不想使自己作为国家完全解体的话**"。那么，国家究竟为什么不想使自己完全解体呢？对这个问题，它本身既不能给自己也不能给别人作出答复。由于自己**固有的意识**，正式的基督教国家是个不可实现的**应有**；这个国家知道只有通过对自身扯谎来肯定自己存在的现实性。因此，它对自身来说，始终是一个可疑的对象，一个不可靠的、有问题的对象。可见，批判做得完全正确，它迫使以圣经为依据的国家陷于神志不清，连国家自己也不再知道自己是**幻想**还是**实在**，国家的**世俗**目的——宗教是这些目的的掩盖物——的卑鄙性，也同它的**宗教**意识——对这种意识来说，宗教是世界的目的——的真诚性发生了无法解决的冲突。这个国家只有成为天主教会的**警士**，才能摆脱自己的内在痛苦。面对着这种主张世俗权力机关是自己的仆从的教会，国家是无能为力的，声称自己是宗教精神的支配者的**世俗权力机关**也是无能为力的。

在所谓基督教国家中，实际上起作用的是**异化**，而不是**人**。唯一起作用的人，即国王，是同别人特别不一样的存在物，而且还是笃信宗教的存在物，同天国、同上帝直接联系着的存在物。这里占统治地位的关系还是**信仰的**关系。可见，宗教精神并没有真正世俗化。

但是，宗教精神也不可能**真正**世俗化，因为宗教精神本身除了是人的精神某一发展阶段的**非世俗**形式外还能是什么呢？只有当人的精神的这一发展阶段——宗教精神是这一阶段的宗教表现——以其**世俗**形式出现并确立的时候，宗教精神才能实现。在**民主制**国家就有这种情形。这种国家的基础不是基督教，而是基督教的**人的基础**。宗教仍然是这种国家的成员的理想的、非世俗的意识，因为宗教是在这种国家中实现的**人的发展阶段**的理想形式。

政治国家的成员信奉宗教，是由于个人生活和类生活之间、市民社会生活和政治生活之间的二元性；他们信奉宗教是由于人把处于自己的现实个性彼岸的国家生活当做他的真实生活；他们信奉宗教是由于宗教在这里是市民社会的精神，是人与人分离和疏远的表现。政治民主制之所以是基督教的，是因为在这里，人，不仅一个人，而且每一个人，是**享有主权的**，是最高的存在物，但这是具有无教养的非社会表现形式的人，是具有偶然存在形式的人，是本来样子的人，是由于我们整个社会组织而堕落了的人、丧失了自身的人、外化了的人，是受非人的关系和自然力控制的人，一句话，人还不是**现实**的类存在物。基督教的幻象、幻梦和基本要求，即人的主权——不过人是作为一种不同于现实人的、异己的存在物——在民主制中，却是感性的现实性、现代性、世俗准则。

在完成了的民主制中，宗教意识和神学意识本身之所以自认为更富有宗教意义、神学意义，这是因为从表面上看来，它没有政治意义、没有世俗目的，而只是关系到厌世情绪，只是理智有局限性的表现，只是任意和幻想的产物，这是因为它是真正彼岸的生活。在这里，基督教**实际**表现出自己包罗一切宗教的作用，因为它以基督教形式把纷繁至极的世界观汇总排列，何况它根本不向别人提出基督教的要求，只提出一般宗教而不管是什么宗教的要求（参看前面引证的博蒙的著作[①]）。宗教意识沉浸在大量的宗教对立和宗教多样性之中。

可见，我们已经表明，摆脱了宗教的政治解放让宗教持续存在，虽然不是享有特权的宗教。任何一种特殊宗教的信徒同自己的公民身份的矛盾，只是**政治国家和市民社会之间的普遍世俗矛盾**的**一部分**。基督教国家的完成，就是国家表明自己是国家，并且不理会自己成员信奉的宗教。国家从宗教中解放出来并不等于现实的人从宗教中解放出来。

因此，我们不像鲍威尔那样对犹太人说，你们不从犹太教彻底解放出来，就不能在政治上得到解放。相反，我们对他们说，因为你们不用完全地、毫无异议地放弃犹太教就可以在政治上得到解放，所以**政治解放**本身并不就是**人的解放**。如果你们犹太人本身还没作为人得到解放便想在政治上得到解放，那么这种不彻底性和矛盾就不仅仅在于你们，而且在于政治解放的**本质**和范畴。如果你们局限于这个范畴，那么你们

---

① 古·德·博蒙《玛丽或美国的奴隶制》1835 年巴黎版第 1 卷第 181—182、196—197 和 224 页。——编者注

也具有普遍的局限性。国家，虽然是国家，如果要对犹太人采取基督教的立场，那就要**宣讲福音**，同样，犹太人，虽然是犹太人，如果要求公民的权利，那就得**关心政治**。

但是，如果人，尽管是犹太人，能够在政治上得到解放，能够得到公民权，那么他是否能够要求并得到所谓**人权**呢？鲍威尔**否认**这一点。

> "问题在于：犹太人本身，就是说，自己承认由于自己的真正本质而不得不永远同他人分开生活的犹太人，他是否能够获得普遍人权，并给他人以这种权利呢？"
>
> "对基督教世界来说，人权思想只是上一世纪才被发现的。这种思想不是人天生就有的，相反，只是人在同迄今培育着他的那些历史传统进行斗争中争得的。因此，人权不是自然界的赠品，也不是迄今为止的历史遗赠物，而是通过同出生的偶然性和历史上一代一代留传下来的特权的斗争赢得的奖赏。人权是教育的结果，只有争得和应该得到这种权利的人，才能享有。"
>
> "那么犹太人是否真的能够享有这种权利呢？只要他还是犹太人，那么使他成为犹太人的那种狭隘本质就一定会压倒那种把他作为人而同别人结合起来的人的本质，一定会使他同非犹太人分隔开来。他通过这种分隔说明：使他成为犹太人的那种特殊本质是他的真正的最高的本质，人的本质应当让位于它。"
>
> "同样，基督徒作为基督徒也不能给任何人以人权。"（［布·鲍威尔《犹太人问题》］第19、20页）

依照鲍威尔的见解，人为了能够获得普遍人权，就必须牺牲"**信仰的特权**"①。我们现在就来看看所谓人权，确切地说，看看人权的真实形式，即它们的**发现者**北美人和法国人所享有的人权的形式吧![21] 这种人权一部分是**政治权利**，只是与别人共同行使的权利。这种权利的内容就是**参加共同体**，确切地说，就是参加**政治共同体**，参加**国家**。这些权利属于**政治自由**的范畴，属于**公民权利**的范畴；而公民权利，如上所述，决不以毫无异议地和实际地废除宗教为前提，因此也不以废除犹太教为前提。另一部分人权，即与 *droits du citoyen* ［**公民权**］不同的 *droits de l'homme* ［**人权**］，有待研究。

信仰自由就属于这些权利之列，即履行任何一种礼拜的权利。**信仰的特权**或者被明确承认为一种**人权**，或者被明确承认为人权之一——自由——的结果。

> 1791年人权和公民权宣言第10条："任何人都不应该因为自己的信仰，即使是宗教信仰，而遭到排斥。" 1791年宪法第 I 编确认"每个人履行自己信守的宗教礼拜的自由"是人权。
>
> 1793年人权……宣言第7条把"履行礼拜的自由"列为人权。是的，关于公开表示自己的思想和见解的权利、集会权利和履行礼拜的权利，甚至这样写道："宣布这些权利的必要性，是以专制政体的存在或以对它的近期记忆为前提的。"对照1795年宪法第 XIV 编第354条。
>
> 宾夕法尼亚宪法第9条第3款："人人生来都有受自己信仰的驱使而敬仰上帝这种不可剥夺的权利，根据法律，任何人都不可能被迫违背自己的意愿去信奉、组织或维护任何一种

---

① 布·鲍威尔《犹太人问题》1843年不伦瑞克版第60—61页。——编者注

宗教或任何一种宗教仪式。任何人的权力在任何情况下都不得干涉信仰问题或支配灵魂的力量。"

新罕布什尔宪法第5、6条："自然权利中的有些权利，按其性质来说是不能让渡的，因为它们无可替代。信仰的权利就是这样。"（博蒙，前引书第213、214页）

在人权这一概念中并没有宗教和人权互不相容的含义。相反，**信奉宗教**、用任何方式信奉宗教、履行自己特殊宗教的礼拜的**权利**，都被明确列入人权。**信仰的特权**是**普遍的人权**。

Droits de l'homme，**人权**，它**本身**不同于 *droits du citoyen*，**公民权**。与 *citoyen*〔**公民**〕不同的这个 *homme*〔**人**〕究竟是什么人呢？不是别人，就是**市民社会的成员**。为什么市民社会的成员称做"人"，只称做"人"，为什么他的权利称做人权呢？我们用什么来解释这个事实呢？只有用政治国家对市民社会的关系，用政治解放的本质来解释。

首先，我们表明这样一个事实，所谓的**人权**，不同于 *droits du citoyen*〔**公民权**〕的 *droits de l'homme*〔**人权**〕，无非是**市民社会的成员**的权利，就是说，无非是利己的人的权利、同其他人并同共同体分离开来的人的权利。请看最激进的宪法，1793年宪法的说法：

人权和公民权宣言。
第2条："这些权利等等〈自然的和不可剥夺的权利〉是：平等、自由、安全、财产。"

自由是什么呢？

第6条："自由是做任何不损害他人权利的事情的权利"，或者按照1791年人权宣言："自由是做任何不损害他人的事情的权利。"

这就是说，自由是可以做和可以从事任何不损害他人的事情的权利。每个人能够**不损害**他人而进行活动的界限是由法律规定的，正像两块田地之间的界限是由界桩确定的一样。这里所说的是人作为孤立的、自我封闭的单子[22]的自由。依据鲍威尔的见解，犹太人为什么不能获得人权呢？

"只要他还是犹太人，那么使他成为犹太人的那种狭隘本质就一定会压倒那种把他作为人而同别人结合起来的人的本质，一定会使他同非犹太人分隔开来。"①

但是，自由这一人权不是建立在人与人相结合的基础上，而是相反，建立在人与人相分隔的基础上。这一权利就是这种分隔的**权利**，是**狭隘的**、局限于自身的个人的

---

① 见本卷第38页。——编者注

权利。

自由这一人权的实际应用就是**私有财产**这一人权。

私有财产这一人权是什么呢？

> **第16条**（1793年宪法）：*"财产权是每个公民任意地享用和处理自己的财产、自己的收入即自己的劳动和勤奋所得的果实的权利。"*

这就是说，私有财产这一人权是任意地（àson gré）、同他人无关地、不受社会影响地享用和处理自己的财产的权利；这一权利是自私自利的权利。这种个人自由和对这种自由的应用构成了市民社会的基础。这种自由使每个人不是把他人看做自己自由的**实现**，而是看做自己自由的**限制**。但是，这种自由首先宣布了人权是

> *"任意地享用和处理自己的财产、自己的收入即自己的劳动和勤奋所得的果实"*。

此外还有其他的人权：平等和安全。

平等，在这里就其非政治意义来说，无非是上述**自由**的平等，就是说，每个人都同样被看成那种独立自在的单子。1795年宪法根据这种平等的含义把它的概念规定如下：

> **第3条**（1795年宪法）：*"平等是法律对一切人一视同仁，不论是予以保护还是予以惩罚。"*

安全呢？

> **第8条**（1793年宪法）：*"安全是社会为了维护自己每个成员的人身、权利和财产而给予他的保障。"*

安全是市民社会的最高社会概念，是**警察**的概念；按照这个概念，整个社会的存在只是为了保证维护自己每个成员的人身、权利和财产。黑格尔正是在这个意义上才把市民社会称为"需要和理智的国家"。[23]

市民社会没有借助安全这一概念而超出自己的利己主义。相反，安全是它的利己主义的**保障**。

可见，任何一种所谓的人权都没有超出利己的人，没有超出作为市民社会成员的人，即没有超出封闭于自身、封闭于自己的私人利益和自己的私人任意行为、脱离共同体的个体。在这些权利中，人绝对不是类存在物，相反，类生活本身，即社会，显现为诸个体的外部框架，显现为他们原有的独立性的限制。把他们连接起来的唯一纽带是自然的必然性，是需要和私人利益，是对他们的财产和他们的利己的人身的保护。

令人困惑不解的是，一个刚刚开始解放自己、扫除自己各种成员之间的一切障碍、建立政治共同体的民族，竟郑重宣布同他人以及同共同体分隔开来的利己的人是有权

利的（1791年《宣言》）。后来，当只有最英勇的献身精神才能拯救民族、因而迫切需要这种献身精神的时候，当牺牲市民社会的一切利益必将提上议事日程、利己主义必将作为一种罪行受到惩罚的时候，又再一次这样明白宣告（1793年《人权……宣言》）。尤其令人困惑不解的是这样一个事实：正如我们看到的，公民身份、**政治共同体**甚至都被那些谋求政治解放的人贬低为维护这些所谓人权的一种**手段**；因此，citoyen［公民］被宣布为利己的homme［人］的奴仆；人作为社会存在物所处的领域被降到人作为单个存在物所处的领域之下；最后，不是身为 citoyen［公民］的人，而是身为 bourgeois［市民社会的成员］的人，被视为**本来意义上的人**，**真正的人**。

> "一切政治结合的目的都是为了维护自然的和不可剥夺的人权。"（1791年《人权……宣言》第2条）"政府的设立是为了保障人享有自然的和不可剥夺的权利。"（1793年《人权……宣言》第1条）

可见，即使在政治生活还充满青春的激情，而且这种激情由于形势所迫而走向极端的时候，政治生活也宣布自己只是一种**手段**，而这种手段的目的是市民社会生活。固然，这个政治生活的革命实践同它的理论还处于极大的矛盾之中。例如，一方面，安全被宣布为人权，一方面侵犯通信秘密已公然成为风气。一方面"不受限制的新闻出版自由"（1793年宪法第122条）作为人权的个人自由的结果而得到保证，一方面新闻出版自由又被完全取缔，因为"新闻出版自由危及公共自由，是不许可的"（小罗伯斯比尔语，见毕舍和卢-拉维涅《法国革命议会史》第28卷第159页[21]）。所以，这就是说，自由这一人权一旦同**政治**生活发生冲突，就不再是权利，而在理论上，政治生活只是人权、个人权利的保证，因此，它一旦同自己的**目的**即同这些人权发生矛盾，就必定被抛弃。但是，实践只是例外，理论才是通则。即使人们认为革命实践是对当时的关系采取的正确态度，下面这个谜毕竟还有待解答：为什么在谋求政治解放的人的意识中关系被本末倒置，目的好像成了手段，手段好像成了目的？他们意识上的这种错觉毕竟还是同样的谜，虽然现在已经是心理上的、理论上的谜。

这个谜是很容易解答的。

政治解放同时也是同人民相异化的国家制度即统治者的权力所依据的旧社会的**解体**。政治革命是市民社会的革命。旧社会的性质是怎样的呢？可以用一个词来表述：**封建主义**。旧的市民社会**直接**具有**政治**性质，就是说，市民生活的要素，例如，财产、家庭、劳动方式，已经以领主权、等级和同业公会的形式上升为国家生活的要素。它们以这种形式规定了单一的个体对**国家整体**的关系，就是说，规定了他的**政治**关系，即他同社会其他组成部分相分离和相排斥的关系。因为人民生活的这种组织没有把财产或劳动上升为社会要素，相反，却完成了它们同国家整体的**分离**，把它们建成为社会中的**特殊**社会。因此，市民社会的生活机能和生活条件还是政治的，虽然是封建意义上的政治；就是说，这些机能和条件使个体同国家整体分隔开来，把他的同业公会对国家整体的**特殊**关系变成他自己对人民生活的普遍关系，使他的特定的市民活动和地位变成他的普遍的活动和地位。国家统一体，作为这种组织的结果，也像国家统一体的意识、意志和活动即普遍国家权力一样，必然表现为一个同人民相脱离的统治者及其仆从的**特殊**事务。

政治革命打倒了这种统治者的权力，把国家事务提升为人民事务，把政治国家组成为**普遍**事务，就是说，组成为现实的国家；这种革命必然要摧毁一切等级、同业公会、行帮和特权，因为这些是人民同自己的共同体相分离的众多表现。于是，政治革命**消灭了市民社会的政治性质**。它把市民社会分割为简单的组成部分：一方面是**个体**，另一方面是构成这些个体的生活内容和市民地位的**物质要素和精神要素**。它把似乎是被分散、分解、溶化在封建社会各个死巷里的政治精神激发出来，把政治精神从这种分散状态中汇集起来，把它从与市民生活相混合的状态中解放出来，并把它构成为共同体、人民的**普遍**事务的领域，在观念上不依赖于市民社会的上述**特殊**要素。**特定的**生活活动和特定的生活地位降低到只具有个体意义。它们已经不再构成个体对国家整体的普遍关系。公共事务本身反而成了每个个体的普遍事务，政治职能成了他的普遍职能。

可是，国家的唯心主义的完成同时就是市民社会的唯物主义的完成。摆脱政治桎梏同时也就是摆脱束缚住市民社会利己精神的枷锁。政治解放同时也是市民社会从政治中得到解放，甚至是从一种普遍内容的**假象**中得到解放。

封建社会已经瓦解，只剩下了自己的基础——人，但这是作为它的真正基础的人，即**利己的人**。

因此，这种**人**，市民社会的成员，是**政治**国家的基础、前提。他就是国家通过人权予以承认的人。

但是，利己的人的自由和承认这种自由，实际上就是承认构成这种人的生活内容的精神要素和物质要素的**不可阻挡的**运动。

因此，人没有摆脱宗教，他取得了信仰宗教的自由。他没有摆脱财产，他取得了占有财产的自由。他没有摆脱经营的利己主义，他取得了经营的自由。

政治国家的建立和市民社会分解为独立的**个体**——这些个体的关系通过**法制**表现出来，正像等级制度中和行帮制度中的人的关系通过**特权**表现出来一样——是通过同一种行为实现的。但是，人，作为市民社会的成员，即非**政治**的人，必然表现为**自然人**。*Droits de l'homme*［**人权**］表现为 *droits naturels*［**自然权利**］，因为有自我意识的活动集中于**政治**行为。利己的人是已经解体的社会的**消极的、现成的**结果，是有**直接确定性**的对象，因而也是**自然的**对象。**政治革命**把市民生活分解成几个组成部分，但没有**变革**这些组成部分本身，没有加以批判。它把市民社会，也就是把需要、劳动、私人利益和私人权利等领域看做**自己持续存在的基础**，看做无须进一步论证的**前提**，从而看做自己的**自然基础**。最后，人，正像他是市民社会的成员一样，被认为是**本来意义上的人**，与 *citoyen*［**公民**］不同的 *homme*［**人**］，因为他是具有感性的、单个的、**直接存在的**人，而**政治**人只是抽象的、人为的人，**寓意的人，法人**。现实的人只有以**利己的**个体形式出现才可予以承认，**真正的人**只有以**抽象的** *citoyen*［**公民**］形式出现才可予以承认。

可见卢梭关于政治人这一抽象概念论述得很对：

"敢于为一国人民确立制度的人，可以说必须自己感到有能力改变人的本性，把每个本身是完善的、单独的整体的个体变成一个更大的整体的一部分——这个个体以一定的方式从这个整体获得自己的生命和存在——，有能力用局部的道德存在代替肉体的独立存在。他必须去掉人自身固有的力量，才能赋予人一种异己的、非由别人协助便不能使用的力量。"（《社会契约论》1782年伦敦版第2卷第67页）

任何解放都是使人的世界即各种关系回归于人自身。

政治解放一方面把人归结为市民社会的成员，归结为**利己的**、独立的个体，另一方面把人归结为**公民**，归结为法人。

只有当现实的个人把抽象的公民复归于自身，并且作为个人，在自己的经验生活、自己的个体劳动、自己的个体关系中间，成为**类存在物**的时候，只有当人认识到自身"固有的力量"是**社会力量**，并把这种力量组织起来因而不再把社会力量以政治力量的形式同自身分离的时候，只有到了那个时候，人的解放才能完成。

二

布鲁诺·鲍威尔：
《现代犹太人和基督徒获得自由的能力》
（《二十一印张》第56—71页）

鲍威尔在这个标题下探讨了**犹太教和基督教**的关系，以及它们对批判的关系。它们对批判的关系是它们"对获得自由的能力"的关系。

结论是：

"基督徒只要跨越一个台阶，即跨越自己的宗教，就可以完全废除①宗教"，因而就可以获得自由，"相反，犹太人不仅要摒弃自己的犹太本质，而且要摒弃自己宗教的趋于完成的发展，即摒弃自己宗教的那种始终与自己相异的发展"（第71页）。

可见，鲍威尔在这里把犹太人的解放问题变成了纯粹的宗教问题。谁更有希望得救，是犹太人还是基督徒？这个神学上的疑虑问题，在这里以启蒙的形式再现：他们中间谁**更有能力获得解放**？的确，已经不再是这样提问：使人获得自由的，是犹太教还是基督教？而是相反：什么使人更加自由，是对犹太教的否定还是对基督教的否定？

"如果犹太人想要获得自由，那么他们不应该信奉基督教，而应该信奉解体了的基督教，信奉解体了的宗教，即信奉启蒙、批判及其结果——自由的人性。"（第70页）

---

① 引文中的"废除"（aufheben）一词，在布·鲍威尔的文章中是："放弃"（aufgeben）。——编者注

这里谈的还是关于犹太人应该**有所信奉**，但信奉的不再是基督教，而是解体了的基督教。

鲍威尔要求犹太人摒弃基督教的本质，正像他自己所说的，这个要求不是从犹太本质的发展中产生的。

鲍威尔在《犹太人问题》的结尾处认为犹太教只是对基督教的粗陋的宗教批判，因而从犹太教找到的"仅仅"是宗教意义。既然如此，不难预见，犹太人的解放在他笔下也会变成哲学兼神学的行动。①

鲍威尔把犹太人的**理想的**抽象本质，即他的**宗教**，看做他的**全部**本质。因此，他有理由作出这样的结论：

> "如果犹太教徒轻视自己的狭隘戒律"，"那如果他废除自己的整个犹太教，那就不会对人类有任何贡献"（第 65 页）。

照此说来，犹太人和基督徒的关系是这样的：基督徒对犹太人的解放的唯一兴趣，是一般的人的兴趣、**理论的**兴趣。犹太教在基督徒的宗教眼光中是个侮辱性的事实。一旦基督徒的眼光不再是宗教的，这个事实也就不再是侮辱性的了。犹太人的解放本身不是基督徒要做的事情。

相反，犹太人要想解放自身，不仅要做完自己的事情，而且要做完基督徒的事情，学完《符类福音作者的福音故事考证》、《耶稣传》，等等。

> "他们自己可以看到：他们自己将决定自己的命运；但历史是不让人嘲弄自己的。"（第 71 页）

我们现在试着突破对问题的神学提法。在我们看来，犹太人获得解放的能力问题，变成了必须克服什么样的特殊**社会**要素才能废除犹太教的问题。因为现代犹太人获得解放的能力就是犹太教和现代世界解放的关系。这种关系是由于犹太教在现代被奴役的世界中的特殊地位而必然产生的。

现在我们来考察一下现实的世俗犹太人，但不是像鲍威尔那样，考察**安息日的犹太人**，而是考察**日常的犹太人**。

我们不是到犹太人的宗教里去寻找犹太人的秘密，而是到现实的犹太人里去寻找他的宗教的秘密。

犹太教的世俗基础是什么呢？**实际需要，自私自利**。

犹太人的世俗礼拜是什么呢？**经商牟利**。他们的世俗的神是什么呢？**金钱**。

那好吧！从**经商牟利**和**金钱**中解放出来——因而从实际的、实在的犹太教中解放出来——就会是现代的自我解放了。

如果有一种社会组织消除了经商牟利的前提，从而消除经商牟利的可能性，那么

---

① 布·鲍威尔《犹太人问题》1843 年不伦瑞克版第 114—115 页。——编者注

这种社会组织也就会使犹太人不可能存在。他的宗教意识就会像淡淡的烟雾一样，在社会这一现实的、生命所需的空气中自行消失。另一方面，如果犹太人承认自己这个**实际**本质毫无价值，并为消除它而工作，那么他就会从自己以前的发展中解脱出来，直接为**人的解放**工作，并转而反对人的自我异化的**最高实际**表现。

总之，我们在犹太教中看到普遍的**现代的反社会的**要素，而这种要素，经由有犹太人在这一坏的方面热心参与的历史发展，达到自己目前这样的高度，即达到它必然解体的高度。

犹太人的解放，就其终极意义来说，就是人类从**犹太精神**①中解放出来。

犹太人已经用犹太人的方式解放了自己。

> "例如在维也纳只不过是被人宽容的犹太人，凭自己的金钱势力决定着整个帝国的命运。在德国一个最小的邦中可能是毫无权利的犹太人，决定着欧洲的命运。各种同业公会和行会虽然不接纳犹太人，或者仍然不同情他们，工业的大胆精神却在嘲笑这些中世纪组织的固执。"（鲍威尔《犹太人问题》第114页）

这并不是个别的事实。犹太人用犹太人的方式解放了自己，不仅因为他掌握了金钱势力，而且因为**金钱**通过犹太人或者其他的人而成了世界势力，犹太人的实际精神成了基督教各国人民的实际精神。基督徒在多大程度上成为犹太人，犹太人就在多大程度上解放了自己。

例如，汉密尔顿上校说：

> "新英格兰的虔诚的和政治上自由的居民，是类似**拉奥孔**那样的人，拉奥孔没有作出最起码的努力去挣脱缠住他的两条蛇。**玛门**是他们的偶像，他们不仅口头上，而且整个身心都崇拜它。在他们的眼里，尘世无非是个交易所，而且他们确信，在这尘世间，他们除了要比自己邻居富有而外，没有别的使命。经商牟利占据了他们的全部思想，变换所经营的货品，是他们唯一的休息。比如说，他们在旅行的时候也要背上自己的货物或柜台，而且所谈的不是利息就是利润。即使他们一时没考虑自己的生意，那也只是为了要探听一下别人的生意做得怎样。"②

的确，在北美，犹太精神对基督教世界的实际统治已经有了明确的、正常的表现：**宣讲福音**本身，基督教的教职，都变成了商品，破产的商人讲起了福音，富起来的福音传教士做起了买卖。

> "你看到的那位主持体面的布道集会的人，起初是个商人，经商失败以后他才成了神职人员。另一个人，起初担任神职，但当他手里有了些钱，他就离开布道台而去经商牟利。在

---

① 马克思这里说的"犹太精神"，德文原文是 Judentum。在本文中，马克思在两种不同的意义上使用 Judentum 一词：一种是在宗教意义上，指犹太人信仰的宗教，中文译为"犹太教"；一种是在世俗意义上，指犹太人在经商牟利的活动中表现出的唯利是图、追逐金钱的思想和习气，中文译为"犹太精神"。——编者注

② 托·汉密尔顿《美国人和美国风俗习惯》1834 年曼海姆版第 1 卷第 109—110 页。——编者注

大多数人的眼里，神职真是一个赚钱的行业。"（博蒙，前引书第 185、186 页）

鲍威尔认为，

"这种情况是虚假的：在理论上不给予犹太人以政治权利，实际上他却有很大的权力，而且在很大的范围内显示自己的政治影响，虽然这种影响在一些细节上被缩小了。"（《犹太人问题》第 114 页）

犹太人的实际政治权力同他的政治权利之间的矛盾，就是政治同金钱势力之间的矛盾。虽然在观念上，政治凌驾于金钱势力之上，其实前者是后者的奴隶。

犹太教之所以能保持与基督教同时存在，不仅因为它是对基督教的宗教批判，不仅因为它体现了对基督教的宗教起源的怀疑，而且因为犹太人的实际精神——犹太精神——在基督教社会本身中保持了自己的地位，甚至得到高度的发展。犹太人作为市民社会的特殊成员，只是市民社会的犹太精神的特殊表现。

犹太精神不是违反历史，而是通过历史保持下来的。

市民社会从自己的内部不断产生犹太人。

犹太人的宗教的基础本身是什么呢？实际需要，利己主义。

因此，犹太人的一神教，在其现实性上是许多需要的多神教，一种把厕所也变成神律的对象的多神教。实际需要、利己主义是市民社会的原则；只要市民社会完全从自身产生出政治国家，这个原则就赤裸裸地显现出来。实际需要和自私自利的神就是金钱。

金钱是以色列人的妒忌之神；在他面前，一切神都要退位。金钱贬低了人所崇奉的一切神，并把一切神都变成商品。金钱是一切事物的普遍的、独立自在的价值。因此它剥夺了整个世界——人的世界和自然界——固有的价值。金钱是人的劳动和人的存在的同人相异化的本质；这种异己的本质统治了人，而人则向它顶礼膜拜。

犹太人的神世俗化了，它成了世界的神。票据是犹太人的现实的神。犹太人的神只是幻想的票据。

在私有财产和金钱的统治下形成的自然观，是对自然界的真正的蔑视和实际的贬低。在犹太人的宗教中，自然界虽然存在，但只是存在于想象中。

托马斯·闵采尔正是在这个意义上认为下述情况是不能容忍的：

"一切生灵，水里的鱼，天空的鸟，地上的植物，都成了财产；但是，生灵也应该获得自由。"①

抽象地存在于犹太人的宗教中的那种对于理论、艺术、历史的蔑视和对于作为自

① 托·闵采尔《为反驳维滕贝格的不信神、生活安逸、以歪曲方式剽窃圣经从而使可怜的基督教惨遭玷污的人而作的立论充分的抗辩和答复》1524 年纽伦堡版。马克思的引文援自莱·兰克《宗教改革时期的德国史》1839 年柏林版第 2 卷第 207 页。——编者注

我目的的人的蔑视，是财迷的**现实的**、**自觉的**看法和品行。就连类关系本身、男女关系等等也成了买卖对象！妇女也被买卖。

犹太人的**想象中的**民族是商人的民族，一般地说，是财迷的民族。

犹太人的毫无根基的法律只是一幅对毫无根基的道德和对整个法的宗教讽刺画，只是对自私自利的世界采用的那种徒具**形式的**礼拜的宗教讽刺画。

在这个自私自利的世界，人的最高关系也是**法定的**关系，是人对法律的关系，这些法律之所以对人有效，并非因为它们是体现人本身的意志和本质的法律，而是因为它们**起统治作用**，因为违反它们就会**受到惩罚**。

犹太人的狡猾手法，即鲍威尔在塔木德[24]中发现的那种实际的狡猾手法，就是自私自利的世界对统治着它的法律之间的关系，狡猾地规避这些法律是这个世界的主要伎俩。[①]

的确，这个世界在它这些法律的范围内的运动，必然是法律的不断废除。

犹太精神不可能作为**宗教**继续发展，即不可能在理论上继续发展，因为实际需要的世界观，按其本性来说是狭隘的，很快就会穷尽。

实际需要的宗教，按其本质来说不可能在理论上完成，而是只能在**实践**中完成，因为实践才是它的真理。

犹太精神不可能创造任何新的世界，它只能把新的世间创造物和世间关系吸引到自己的活动范围内，因为以自私自利为明智的实际需要是被动的，不能任意扩大，而是**随着**社会状况的进一步发展而扩大。

犹太精神随着市民社会的完成而达到自己的顶点；但是市民社会只有在**基督教**世界才能完成。基督教把**一切**民族的、自然的、伦理的、理论的关系变成对人来说是**外在的**东西，因此只有在基督教的统治下，市民社会才能完全从国家生活分离出来，扯断人的一切类联系，代之以利己主义和自私自利的需要，使人的世界分解为原子式的相互敌对的个人的世界。

基督教起源于犹太教，又还原为犹太教。

基督徒起初是理论化的犹太人，因此，犹太人是实际的基督徒，而实际的基督徒又成了犹太人。

基督教只是表面上制服了实在的犹太教。基督教太**高尚**了，太唯灵论了，因此要消除实际需要的粗陋性，只有使它升天了。

基督教是犹太教的思想升华，犹太教是基督教的鄙俗的功利应用，但这种应用只有在基督教作为完善的宗教从**理论上**完成了人从自身、从自然界的自我异化之后，才能成为普遍的。

只有这样，犹太教才能实现普遍的统治，才能把外化了的人、外化了的自然界，变成**可让渡的**、可出售的、屈从于利己需要的、听任买卖的对象。

让渡是外化的实践。正像一个受宗教束缚的人，只有使自己的本质成为**异己的**幻

---

① 参看布·鲍威尔《犹太人问题》1843 年不伦瑞克版第 24—30 页；《现代犹太人和基督徒获得自由的能力》，见《来自瑞士的二十一印张》1843 年苏黎世—温特图尔版第 1 卷第 60—62 页。——编者注

想的本质，才能把这种本质对象化，同样，在利己的需要的统治下，人只有使自己的产品和自己的活动处于异己本质的支配之下，使其具有异己本质——金钱——的作用，才能实际进行活动，才能实际生产出物品。

基督徒的天堂幸福的利己主义，通过自己完成了的实践，必然要变成犹太人的肉体的利己主义，天国的需要必然要变成尘世的需要，主观主义必然要变成自私自利。我们不是用犹太人的宗教来说明犹太人的顽强性，而是相反，用犹太人的宗教的人的基础、实际需要、利己主义来说明这种顽强性。

因为犹太人的真正本质在市民社会得到了普遍实现，并已普遍地世俗化，所以市民社会不能使犹太人相信他的**宗教**本质——这种本质只是实际需要在观念中的表**现**——的**非现实性**。因此，不仅在摩西五经或塔木德中，而且在现代社会中，我们都看到现代犹太人的本质不是抽象本质，而是高度的经验本质，它不仅是犹太人的狭隘性，而且是社会的犹太人狭隘性。

社会一旦消除了犹太精神的**经验**本质，即经商牟利及其前提，犹太人就**不可能存在**，因为他的意识将不再有对象，因为犹太精神的主观基础即实际需要将会人化，因为人的个体感性存在和类存在的矛盾将被消除。

犹太人的**社会**解放就是**社会从犹太精神中解放出来**。

卡·马克思写于 1843 年 10 月中—
12 月中

载于 1844 年 2 月《德法年鉴》

原文是德文

中文根据《马克思恩格斯全集》历史考证版第 1 部分第 2 卷并参考《马克思恩格斯全集》德文版第 1 卷翻译

（选自《马克思恩格斯文集》第 1 卷，人民出版社 2009 年版，第 21-55 页。）

注　释

16　《论犹太人问题》是马克思从唯心主义向唯物主义、从革命民主主义向共产主义转变过程中的重要著作。这篇著作是为批判青年黑格尔派的主要代表布·鲍威尔的《犹太人问题》和《现代犹太人和基督徒获得自由的能力》这两篇著作中的错误观点而写的。马克思在这篇著作中驳斥了鲍威尔把犹太人的解放这一社会政治问题归结为纯粹宗教问题的错误论点，分析了市民社会与宗教的关系，指出宗教并不是政治压迫的原因，而是政治压迫的表现；必须消除政治压迫，才能克服宗教的狭隘性。马克思阐明了资产阶级的政治解放和人的解放的关系，指出资产阶级的政治革命把市民社会从封建主义桎梏下解放出来，消除封建等级制和封建特权，这是历史的进步，但是这种政治解放实现的只是资产阶级的民主自由，还远远不是人的解放；资产阶级在这种政治解放中所标榜的普遍的人权，归根结底不过是享用和处理私有财产的权利，这种自私自利的权利同人的解放的要求是背道而驰的；要实现人的解放，就必须突破资产阶级政治解放的历史局限性，对社会进行革命改造，消灭私有制，消除人的生活本身的异化。马克思在这里实际上阐明了共产主义革命同资产阶级革命的区别。

《论犹太人问题》写于1843年10月中—12月中，1844年2月发表在《德法年鉴》上。1850年，海·艾韦贝克在《从最新的德国哲学看什么是圣经》一书中收入了《论犹太人问题》的法译文；1881年6月30日和7月7日，德国社会民主党中央机关报《社会民主党人报》在杂文栏刊登了《论犹太人问题》的第二部分；1890年10月10—19日，《柏林人民报》在增刊上全文发表了《论犹太人问题》。

列宁认为，这篇文章和同时发表在《德法年鉴》上的《〈黑格尔法哲学批判〉导言》标志着马克思从唯心主义向唯物主义、从革命民主主义向共产主义的转变"彻底完成"（见《列宁全集》中文第2版第26卷第83页）。

《论犹太人问题》的中译文最初于1939年由上海亚东图书馆出版，译者是郭和。——21。

17　1840年12月26日法国众议院就关于调整儿童劳动时间的法律草案进行辩论。这一法律草案建议凡16岁以下儿童可以在礼拜日不工作。一位议员在辩论中提出动议，认为法律应阐释儿童一周只可工作6天，以便犹太人有可能不在星期六送自己的孩子去工作。在司法和宗教大臣马丁·迪诺尔的率先反对下，这项动议被否决。——24。

11　市民社会（bürgerliche Gesellschaft）这一术语出自黑格尔《法哲学原理》第182节（见《黑格尔全集》1833年柏林版第8卷）。在马克思的早期著作中，这一术语有两重含义。广义地说，是指社会发展各历史时期的经济制度，即决定政治制度和意识形态的物质关系总和；狭义地说，是指资产阶级社会的物质关系。因此，应按照上下文作不同的理解。——13、30、124、214、308、502、540。

18　政治狮皮一词借用了古希腊神话关于大英雄海格立斯的传说中的用语。海格立斯因误杀音乐老师而被放逐。他扼死了涅墨亚大森林中长着钢筋铁骨的猛狮，剥下它刀枪不入的狮皮，一直披在自己身上，以自炫其力大无穷，不可战胜。——31。

19　布·鲍威尔在《市民社会》这一节论述了"需要"是"使市民社会运转的强大动力"，这种需要"保证市民社会的持续存在和保障市民社会的必然性"。社会按照满足各种需要的方式方法划分为等级。

黑格尔的有关观点，可参看黑格尔《法哲学原理》1833年柏林版第254—270页；第3篇《伦理》第2章《市民社会》中《需要的体系》一节。——32。

20　一切人反对一切人的战争（bellum omnium contra omnes）是英国哲学家托·霍布斯的用语，出自他1642年的论文《论公民》中的致读者序（《霍布斯哲学著作集》1668 年阿姆斯特丹版第 1 卷第 7 页）以及他的《利维坦：或教会国家和市民国家的实质、形式和权力》1651 年伦敦版的拉丁文译本（《霍布斯哲学著作集》1668 年阿姆斯特丹版第 2 卷第 83 页）。霍布斯认为，人的自然状态，即市民社会之外的状态，是一切人反对一切人的战争；为了克服这种状态，人们必须通过契约来建立国家。——32、427。

21　1843 年夏，马克思在研读威·瓦克斯穆特的著作《革命时期的法国史》时发现菲·约·本·毕舍和皮·塞·卢-拉维涅编纂的《法国革命议会史》（四十卷集）1834—1838 年巴黎版为研究法国大革命历史提供了重要的历史资料。此外，马克思还研读了他本人的巴黎藏书之一、由迪福、让·巴·杜韦尔日耶和加代编纂的《欧洲和南北美洲各国宪法、宪章和基本法汇编》（六卷集）1821 年巴黎版第 1 卷。马克思在《论犹太人问题》中援用了这些著作中的有关资料。——39、43。

22　单子在希腊哲学中指一切简单的不可分割的东西。在莱布尼茨的哲学中论述了自我封闭的、完成的、最终的和有灵魂的诸统一体（实体），它们的总和构成有序的世界体系。——40。

23　见黑格尔《法哲学原理》1833 年柏林版第 247 页。黑格尔在该书第 3 篇第 2 章《市民社会》中阐述了如下观点：市民社会包括三个环节：需要的体系、通过司法实行财产的保护、警察和同业公会。因此，司法制度和警察不归属于政治国家。——42。

24　塔木德是公元前 2 世纪至公元 5 世纪间犹太教关于律法、条例、传统、风俗、祭典、礼仪的论著和释义汇编。犹太教认为它是仅次于圣经的经籍。——53。

四、1844年经济学哲学手稿（节选）

［异化劳动和私有财产］

［XXⅡ］我们是从国民经济学的各个前提出发的。我们采用了它的语言和它的规律。我们把私有财产，把劳动、资本、土地的互相分离，工资、资本利润、地租的互相分离以及分工、竞争、交换价值概念等等当做前提。我们从国民经济学本身出发，用它自己的话指出，工人降低为商品，而且降低为最贱的商品；工人的贫困同他的生产的影响和规模成反比；竞争的必然结果是资本在少数人手中积累起来，也就是垄断的更惊人的恢复；最后，资本家和地租所得者之间、农民和工人之间的区别消失了，而整个社会必然分化为两个阶级，即**有产者**阶级和没有财产的**工人**阶级。

国民经济学从私有财产的事实出发。它没有给我们说明这个事实[80]。它把私有财产在现实中所经历的**物质**过程，放进一般的、抽象的公式，然后把这些公式当做**规律**。它不**理解**这些规律，就是说，它没有指明这些规律是怎样从私有财产的本质中产生出来的。国民经济学没有向我们说明劳动和资本分离以及资本和土地分离的原因。例如，当它确定工资和资本利润之间的关系时，它把资本家的利益当做最终原因；就是说，它把应当加以阐明的东西当做前提。同样，竞争到处出现，对此它则用外部情况来说明。至于这种似乎偶然的外部情况在多大程度上仅仅是一种必然的发展过程的表现，国民经济学根本没有向我们讲明。我们已经看到，交换本身在它看来是偶然的事实。**贪欲**以及**贪欲者之间的战争即竞争**，是国民经济学家所推动的仅有的车轮。①

正因为国民经济学不理解运动的联系，所以才把例如竞争的学说同垄断的学说，经营自由的学说同同业公会的学说，地产分割的学说同大地产的学说重新对立起来。因为竞争、经营自由、地产分割仅仅被阐述和理解为垄断、同业公会和封建所有制的偶然的、蓄意的、强制的结果，而不是必然的、不可避免的、自然的结果。

因此，我们现在必须弄清楚私有制、贪欲以及劳动、资本、地产三者的分离之间，交换和竞争之间、人的价值和人的贬值之间、垄断和竞争等等之间以及这全部异化和**货币**制度之间的本质联系。

---

① 手稿中这段话下面删去一句话："我们现在必须回顾上述财产的**物质**运动的本质。"——编者注

我们不要像国民经济学家那样，当他想说明什么的时候，总是置身于一种虚构的原始状态。这样的原始状态什么问题也说明不了。[81] 国民经济学家只是使问题堕入五里雾中。他把应当加以推论的东西即两个事物之间的例如分工和交换之间的必然关系，假定为事实、事件。神学家也是这样用原罪来说明恶的起源，就是说，他把他应当加以说明的东西假定为一种具有历史形式的事实。

我们且从**当前的**国民经济的事实出发。

工人生产的财富越多，他的生产的影响和规模越大，他就越贫穷。[82] 工人创造的商品越多，他就越变成廉价的商品。物的世界的**增值**同人的世界的**贬值**成正比。劳动生产的不仅是商品，它还生产作为商品的劳动自身和工人，而且是按它一般生产商品的比例生产的。

这一事实无非是表明：劳动所生产的对象，即劳动的产品，作为一种**异己的存在物**，作为**不依赖于**生产者的**力量**，同劳动相对立。劳动的产品是固定在某个对象中的、物化的劳动，这就是劳动的**对象化**。劳动的现实化就是劳动的对象化。在国民经济的实际状况中，劳动的这种现实化表现为工人的**非现实化**[83]，对象化表现为**对象的丧失和被对象奴役**，占有表现为**异化、外化**。[84]

劳动的现实化竟如此表现为非现实化，以致工人非现实化到饿死的地步。对象化竟如此表现为对象的丧失，以致工人被剥夺了最必要的对象——不仅是生活的必要对象，而且是劳动的必要对象。甚至连劳动本身也成为工人只有通过最大的努力和极不规则的间歇才能加以占有的对象。对对象的占有竟如此表现为异化，以致工人生产的对象越多，他能够占有的对象就越少，而且越受自己的产品即资本的统治。

这一切后果包含在这样一个规定中：工人对**自己的劳动的产品**的关系就是对一个**异己的**对象的关系。因为根据这个前提，很明显，工人在劳动中耗费的力量越多，他亲手创造出来反对自身的、异己的对象世界的力量就越强大，他自身、他的内部世界就越贫乏，归他所有的东西就越少。宗教方面的情况也是如此。人奉献给上帝的越多，他留给自身的就越少。[85] 工人把自己的生命投入对象；但现在这个生命已不再属于他而属于对象了。因此，这种活动越多，工人就越丧失对象。凡是成为他的劳动的产品的东西，就不再是他自身的东西。因此，这个产品越多，他自身的东西就越少。工人在他的产品中的**外化**，不仅意味着他的劳动成为对象，成为**外部的**存在，而且意味着他的劳动作为一种与他相异的东西不依赖于他而**在他之外**存在，并成为**同他对立**的独立力量；意味着他给予对象的生命是作为敌对的和相异的东西同他相对立。

［ＸＸⅢ］现在让我们来更详细地考察一下**对象化**，即工人的生产，以及对象即工人的产品在对象化中的**异化、丧失**。

没有**自然界**，没有**感性的外部世界**，工人什么也不能创造。自然界是工人的劳动得以实现、工人的劳动在其中活动、工人的劳动从中生产出和借以生产出自己的产品的材料。

但是，自然界一方面在这样的意义上给劳动提供**生活资料**，即没有劳动加工的对象，劳动就不能**存在**，另一方面，也在更狭隘的意义上提供**生活资料**，即维持**工人本身**的肉体生存的手段。

因此，工人越是通过自己的劳动**占有**外部世界、感性自然界，他就越是在两个方面失去**生活资料**：第一，感性的外部世界越来越不成为属于他的劳动的对象，不成为他的劳动的**生活资料**；第二，感性的外部世界越来越不给他提供直接意义的**生活资料**，即维持工人的肉体生存的手段。

因此，工人在这两方面成为自己的对象的奴隶：第一，他得到**劳动的对象**，也就是得到**工作**；第二，他得到**生存资料**。因此，他首先是作为**工人**，其次是作为**肉体的主体**，才能够生存。这种奴隶状态的顶点就是：他只有作为**工人**才能维持自己作为**肉体的主体**，并且只有作为**肉体的主体**才能是工人。

（按照国民经济学的规律，工人在他的对象中的异化表现在：工人生产得越多，他能够消费的越少；他创造的价值越多，他自己越没有价值、越低贱；工人的产品越完美，工人自己越畸形；工人创造的对象越文明，工人自己越野蛮；劳动越有力量，工人越无力；劳动越机巧，工人越愚笨，越成为自然界的奴隶。）

国民经济学由于不考察工人（劳动）**同产品的直接关系而掩盖劳动本质的异化。**当然，劳动为富人生产了奇迹般的东西，但是为工人生产了赤贫。劳动生产了宫殿，但是给工人生产了棚舍。劳动生产了美，但是使工人变成畸形。劳动用机器代替了手工劳动，但是使一部分工人回到野蛮的劳动，并使另一部分工人变成机器。劳动生产了智慧，但是给工人生产了愚钝和痴呆。

劳动对它的产品的直接关系，是工人对他的生产的对象的关系。有产者对生产对象和生产本身的关系，不过是这前一种关系的**结果**，而且证实了这一点。对问题的这另一个方面我们将在后面加以考察。因此，当我们问劳动的本质关系是什么的时候，我们问的是**工人**对生产的关系。

以上我们只是从一个方面，就是从工人**对他的劳动产品的关系**这个方面，考察了工人的异化、外化。但是，异化不仅表现在结果上，而且表现在**生产行为**中，表现在**生产活动**本身中。如果工人不是在生产行为本身中使自身异化，那么工人活动的产品怎么会作为相异的东西同工人对立呢？产品不过是活动、生产的总结。因此，如果劳动的产品是外化，那么生产本身必然是能动的外化，活动的外化，外化的活动。在劳动对象的异化中不过总结了劳动活动本身的异化、外化。

那么，劳动的外化表现在什么地方呢？

首先，劳动对工人来说是**外在的东西**，也就是说，不属于他的本质；因此，他在自己的劳动中不是肯定自己，而是否定自己，不是感到幸福，而是感到不幸，不是自由地发挥自己的体力和智力，而是使自己的肉体受折磨、精神遭摧残。因此，工人只有在劳动之外才感到自在，而在劳动中则感到不自在，他在不劳动时觉得舒畅，而在劳动时就觉得不舒畅。因此，他的劳动不是自愿的劳动，而是被迫的**强制劳动**。因此，这种劳动不是满足一种需要，而只是满足劳动以外的那些需要的一种**手段**。劳动的异己性完全表现在：只要肉体的强制或其他强制一停止，人们就会像逃避瘟疫那样逃避劳动。外在的劳动，人在其中使自己外化的劳动，是一种自我牺牲、自我折磨的劳动。最后，对工人来说，劳动的外在性表现在：这种劳动不是他自己的，而是别人的；劳动不属于他；他在劳动中也不属于他自己，而是属于别人。在宗教中，人的幻想、人的头脑和人的心灵的自主活动对个人发生作用不取决于他个人，就是说，是作为某种异己的活动，神灵的或魔鬼的活动发生作用，同样，工人的活动也不是他的自主活动。[86]他的活动属于别人，这种活动是他自身的丧失。

因此，结果是，人（工人）只有在运用自己的动物机能——吃、喝、生殖，至多还有居住、修饰等等——的时候，才觉得自己在自由活动，而在运用人的机能时，觉得自己只不过是动物。动物的东西成为人的东西，而人的东西成为动物的东西。

吃、喝、生殖等等，固然也是真正的人的机能。但是，如果加以抽象，使这些机能脱离人的其他活动领域并成为最后的和唯一的终极目的，那它们就是动物的机能。

我们从两个方面考察了实践的人的活动即劳动的异化行为。第一，工人对**劳动产品**这个异己的、统治着他的对象的关系。这种关系同时也是工人对感性的外部世界、对自然对象——异己的与他敌对的世界——的关系。第二，在**劳动**过程中劳动对**生产行为**的关系。这种关系是工人对他自己的活动——一种异己的、不属于他的活动——的关系。在这里，活动是受动；力量是无力；生殖是去势；工人**自己的**体力和智力，他个人的生命——因为，生命如果不是活动，又是什么呢？——是不依赖于他、不属于他、转过来反对他自身的活动。这是**自我异化**，而上面所谈的是**物**的异化。

［ⅩⅩⅣ］我们现在还要根据在此以前考察的**异化劳动**的两个规定推出它的第三个规定。

人是类存在物，不仅因为人在实践上和理论上都把类——他自身的类以及其他物的类——当做自己的对象；而且因为——这只是同一种事物的另一种说法——人把自身当做现有的、有生命的类来对待，因为人把自身当做**普遍的**因而也是自由的存在物来对待。[87]

无论是在人那里还是在动物那里，类生活从肉体方面来说就在于人（和动物一样）靠无机界生活，而人和动物相比越有普遍性，人赖以生活的无机界的范围就越广阔。从理论领域来说，植物、动物、石头、空气、光等等，一方面作为自然科学的对象，一方面作为艺术的对象，都是人的意识的一部分，是人的精神的无机界，是人必须事先进行加工以便享用和消化的精神食粮；同样，从实践领域来说，这些东西也是人的生活和人的活动的一部分。人在肉体上只有靠这些自然产品才能生活，不管这些产品是以食物、燃料、衣着的形式还是以住房等等的形式表现出来。在实践上，人的普遍性正是表现为这样的普遍性，它把整个自然界——首先作为人的直接的生活资料，其次作为人的生命活动的对象（材料）① 和工具——变成人的**无机的**身体。自然界，就它自身不是人的身体而言，是人的无机的身体。人靠自然界**生活**。这就是说，自然界是人为了不致死亡而必须与之处于持续不断的交互作用过程的、人的**身体**。所谓人的肉体生活和精神生活同自然界相联系，不外是说自然界同自身相联系，因为人是自然界的一部分。

异化劳动，由于（1）使自然界同人相异化，（2）使人本身，使他自己的活动机能，使他的生命活动同人相异化，因此，异化劳动也就使**类**同人相异化；对人来说，

---

① 手稿中"材料"写在"对象"的上方。——编者注

异化劳动把**类生活**变成维持个人生活的手段。第一，它使类生活和个人生活异化；第二，它把抽象形式的个人生活变成同样是抽象形式和异化形式的类生活的目的。[88]

因为，首先，劳动这种**生命活动**、这种**生产生活**本身对人来说不过是满足一种需要即维持肉体生存的需要的一种**手段**。而生产生活就是类生活。这是产生生命的生活。一个种的整体特性、种的类特性就在于生命活动的性质，而自由的有意识的活动恰恰就是人的类特性。生活本身仅仅表现为**生活的手段**。

动物和自己的生命活动是直接同一的。动物不把自己同自己的生命活动区别开来。它就是**自己的生命活动**。人则使自己的生命活动本身变成自己意志的和自己意识的对象。他具有有意识的生命活动。这不是人与之直接融为一体的那种规定性。有意识的生命活动把人同动物的生命活动直接区别开来。正是由于这一点，人才是类存在物。或者说，正因为人是类存在物，他才是有意识的存在物，就是说，他自己的生活对他来说是对象。仅仅由于这一点，他的活动才是自由的活动。异化劳动把这种关系颠倒过来，以致人正因为是有意识的存在物，才把自己的生命活动，自己的**本质**变成仅仅维持自己**生存**的手段。

通过实践创造**对象世界**，改造无机界，人证明自己是有意识的类存在物，就是说是这样一种存在物，它把类看做自己的本质，或者说把自身看做类存在物。诚然，动物也生产。动物为自己营造巢穴或住所，如蜜蜂、海狸、蚂蚁等。但是，动物只生产它自己或它的幼仔所直接需要的东西；动物的生产是片面的，而人的生产是全面的；动物只是在直接的肉体需要的支配下生产，而人甚至不受肉体需要的影响也进行生产，并且只有不受这种需要的影响才进行真正的生产；动物只生产自身，而人再生产整个自然界；动物的产品直接属于它的肉体，而人则自由地面对自己的产品。动物只是按照它所属的那个种的尺度和需要来构造，而人却懂得按照任何一个种的尺度来进行生产，并且懂得处处都把固有的尺度运用于对象；因此，人也按照美的规律来构造。

因此，正是在改造对象世界的过程中，人才真正地证明自己是**类存在物**。这种生产是人的能动的类生活。通过这种生产，自然界才表现为**他的**作品和他的现实。因此，劳动的对象是**人的类生活的对象化**：人不仅像在意识中那样在精神上使自己二重化，而且能动地、现实地使自己二重化，从而在他所创造的世界中直观自身。因此，异化劳动从人那里夺去了他的生产的对象，也就从人那里夺去了他的**类生活**，即他的现实的类对象性，把人对动物所具有的优点变成缺点，因为人的无机的身体即自然界被夺走了。

同样，异化劳动把自主活动、自由活动贬低为手段，也就把人的类生活变成维持人的肉体生存的手段。

因此，人具有的关于自己的类的意识，由于异化而改变，以致类生活对他来说竟成了手段。

这样一来，异化劳动导致：

（3）**人的类本质**，无论是自然界，还是人的精神的类能力，都变成了对人来说是**异己的**本质，变成了维持他的**个人生存的手段**。异化劳动使人自己的身体同人相异化，同样也使在人之外的自然界同人相异化，使他的精神本质、他的**人的**本质同人相异化。

（4）人同自己的劳动产品、自己的生命活动、自己的类本质相异化的直接结果就是**人同人相异化**。当人同自身相对立的时候，他也同**他**人相对立。凡是适用于人对自己的劳动、对自己的劳动产品和对自身的关系的东西，也都适用于人对他人、对他人的劳动和劳动对象的关系。

总之，人的类本质同人相异化这一命题，说的是一个人同他人相异化，以及他们中的每个人都同人的本质相异化。

人的异化，一般地说，人对自身的任何关系，只有通过人对他人的关系才得到实现和表现。

因此，在异化劳动的条件下，每个人都按照他自己作为工人所具有的那种尺度和关系来观察他人。

[ＸＸＶ] 我们的出发点是国民经济事实即工人及其生产的异化。我们表述了这一事实的概念：**异化的、外化的**劳动。我们分析了这一概念，因而我们只是分析了一个国民经济事实。

现在让我们看一看，应该怎样在现实中去说明和表述异化的、外化的劳动这一概念。

如果劳动产品对我来说是异己的，是作为异己的力量面对着我，那么它到底属于谁呢？

如果我自己的活动不属于我，而是一种异己的活动、一种被迫的活动，那么它到底属于谁呢？

属于**另一个**有别于我的存在物。

这个存在物是谁呢？

是**神**吗？确实，起初主要的生产活动，如埃及、印度、墨西哥建造神庙的活动等等，不仅是为供奉神而进行的，而且产品本身也是属于神的。但是，神从来不是劳动的唯一主宰。**自然界**也不是。况且，在人通过自己的劳动使自然界日益受自己支配的情况下，在工业奇迹使神的奇迹日益变得多余的情况下，如果人竟然为讨好这些力量而放弃生产的乐趣和对产品的享受，那岂不是十分矛盾的事情。

劳动和劳动产品所归属的那个**异己的**存在物，劳动为之服务和劳动产品供其享受的那个存在物，只能是**人**自身。

如果劳动产品不是属于工人，而是作为一种异己的力量同工人相对立，那么这只能是由于产品属于**工人之外的他人**。如果工人的活动对他本身来说是一种痛苦，那么这种活动就必然给他人带来**享受**和生活乐趣。不是神也不是自然界，只有人自身才能成为统治人的异己力量。

还必须注意上面提到的这个命题：人对自身的关系只有通过他对他人的关系，才成为对他来说是**对象性的、现实的**关系。因此，如果人对自己的劳动产品的关系、对对象化劳动的关系，就是对一个异己的、敌对的、强有力的、不依赖于他的对象的关系，那么他对这一对象所以发生这种关系就在于有另一个异己的、敌对的、强有力的、不依赖于他的人是这一对象的主宰。如果人把他自己的活动看做一种不自由的活动，那么他是把这种活动看做替他人服务的、受他人支配的、处于他人的强迫和压制之下的活动。

人同自身以及同自然界的任何自我异化，都表现在他使自身、使自然界跟另一些与他不同的人所发生的关系上。因此，宗教的自我异化也必然表现在世俗人对僧侣或者世俗人对耶稣基督——因为这里涉及精神世界——等等的关系上。在实践的、现实的世界中，自我异化只有通过对他人的实践的、现实的关系才能表现出来。异化借以实现的手段本身就是**实践的**。因此，通过异化劳动，人不仅生产出他对作为异己的、敌对的力量的生产对象和生产行为的关系，而且还生产出他人对他的生产和他的产品的关系，以及他对这些他人的关系。正像他把他自己的生产变成自己的非现实化，变成对自己的惩罚一样，正像他丧失掉自己的产品并使它变成不属于他的产品一样，他也生产出不生产的人对生产和产品的支配。正像他使他自己的活动同自身相异化一样，他也使与他相异的人占有非自身的活动。

到目前为止，我们只是从工人方面考察了这一关系；下面我们还要从非工人方面来加以考察。

总之，通过**异化的**、**外化的劳动**，工人生产出一个同劳动疏远的、站在劳动之外的人对这个劳动的关系。工人对劳动的关系，生产出资本家——或者不管人们给劳动的主宰起个什么别的名字——对这个劳动的关系。

因此，**私有财产**是**外化劳动**即工人对自然界和对自身的外在关系的产物、结果和必然后果。

因此，我们通过分析，从**外化劳动**这一概念，即从**外化的人**、异化劳动、异化的生命、**异化的人**这一概念得出**私有财产**这一概念。

诚然，我们从国民经济学得到作为**私有财产**运动之结果的**外化劳动（外化的生命）**这一概念。但是，对这一概念的分析表明，尽管私有财产表现为外化劳动的根据和原因，但确切地说，它是外化劳动的后果，正像神**原先**不是人类理智迷误的原因，而是人类理智迷误的结果一样。后来，这种关系就变成相互作用的关系。

私有财产只有发展到最后的、最高的阶段，它的这个秘密才重新暴露出来，就是说，私有财产一方面是外化劳动的**产物**，另一方面又是劳动借以外化的**手段**，是**这一外化的实现**。

这些论述使至今没有解决的各种矛盾立刻得到阐明。

（1）国民经济学虽然从劳动是生产的真正灵魂这一点出发，但是它没有给劳动提供任何东西，而是给私有财产提供了一切。蒲鲁东从这个矛盾得出了有利于劳动而不利于私有财产的结论。[89] 然而，我们看到，这个表面的矛盾是**异化劳动**同自身的矛盾，而国民经济学只不过表述了异化劳动的规律罢了。

因此，我们也看到，**工资**和**私有财产**是同一的，因为用劳动产品、劳动对象来偿付劳动本身的工资，不过是劳动异化的必然后果，因为在工资中，劳动并不表现为目的本身，而表现为工资的奴仆。下面我们要详细说明这个问题，现在还只是作出几点［ⅩⅩⅥ］结论。[90]

强制提高工资（且不谈其他一切困难，不谈强制提高工资这种反常情况也只有靠强制才能维持），无非是**给奴隶以较多工资**，而且既不会使工人也不会使劳动获得人的身份和尊严。

甚至蒲鲁东所要求的**工资平等**，也只能使今天的工人对自己的劳动的关系变成一切人对劳动的关系。这时社会就被理解为抽象的资本家。[91]

工资是异化劳动的直接结果，而异化劳动是私有财产的直接原因。因此，随着一方衰亡，另一方也必然衰亡。

（2）从异化劳动对私有财产的关系可以进一步得出这样的结论：社会从私有财产等等解放出来、从奴役制解放出来，是通过**工人解放**这种政治形式来表现的，这并不是因为这里涉及的仅仅是工人的解放，而是因为工人的解放还包含普遍的人的解放；其所以如此，是因为整个的人类奴役制就包含在工人对生产的关系中，而一切奴役关系只不过是这种关系的变形和后果罢了。

正如我们通过**分析**从**异化的、外化的劳动**的概念得出**私有财产**的概念一样，我们也可以借助这两个因素来阐明国民经济学的一切**范畴**，而且我们将重新发现，每一个范畴，例如买卖、竞争、资本、货币，不过是这两个基本因素的**特定的、展开了的表现**而已。

但是，在考察这些范畴的形成以前，我们还打算解决两个任务：

（1）从**私有财产**对**真正人的和社会的财产**的关系来规定作为异化劳动的结果的**私有财产的普遍本质**。

（2）我们已经承认**劳动的异化、劳动的外化**这个事实，并对这一事实进行了分析。现在要问，人是怎样使自己的**劳动外化、异化的**？这种异化又是怎样由人的发展的本质引起的？我们把**私有财产的起源**问题变为**外化劳动**对人类发展进程的关系问题，就已经为解决这一任务得到了许多东西。因为人们谈到**私有财产**时，总以为是涉及人之外的东西。而人们谈到劳动时，则认为是直接关系到人本身。问题的这种新的提法本身就已包含问题的解决。

补入（1）私有财产的普遍本质以及私有财产对真正人的财产的关系。

在这里外化劳动分解为两个组成部分，它们互相制约，或者说，它们只是同一种关系的不同表现，占有表现为**异化、外化**，而**外化**表现为**占有**，异化表现为真正**得到公民权**。

我们已经考察了一个方面，考察了**外化劳动对工人本身的关系**，也就是说，考察了**外化劳动对自身的关系**。我们发现，这一关系的产物或必然结果是非工人对**工人和劳动的财产关系**。私有财产作为外化劳动的物质的、概括的表现，包含着这两种关系：**工人对劳动、对自己的劳动产品和对非工人的关系**，以及非工人对工人和工人的**劳动产品**的关系。

我们已经看到，对于通过劳动而**占有**自然界的工人来说，占有表现为异化，自主活动表现为替他人活动和表现为他人的活动，生命的活跃表现为生命的牺牲，对象的生产表现为对象的丧失，即对象转归异己力量、**异己的人**所有。现在我们就来考察一下这个同劳动和工人**疏远**的人对工人、劳动和劳动对象的关系。

首先必须指出，凡是在工人那里表现为**外化的、异化的活动**的东西，在非工人那里都表现为**外化的、异化的状态**。

其次，工人在生产中的**现实的**、**实践的态度**，以及他对产品的态度（作为一种内心状态），在同他相对立的非工人那里表现为**理论的态度**。

[ⅩⅩⅦ] **第三**，凡是工人做的对自身不利的事，非工人都对工人做了，但是，非工人做的对工人不利的事，他对自身却不做。

我们来进一步考察这三种关系。

（选自《马克思恩格斯文集》第 1 卷，人民出版社 2009 年版，第 155-169 页。）

注　释

80　马克思在《让·巴蒂斯特·萨伊〈论政治经济学〉一书摘要》中对萨伊关于财富的性质和流通的原理的论述写有如下评注："私有财产是一个事实，国民经济学对此没有说明理由，但是，这个事实是国民经济学的基础"；"没有私有财产的财富是不存在的，国民经济学按其本质来说是发财致富的科学。因此，没有私有财产的政治经济学是不存在的。这样，整个国民经济学便建立在一个没有必然性的事实的基础上。"（见《马克思恩格斯全集》历史考证版第 4 部分第 2 卷第 316、319 页）——155。

81　马克思在《亚·斯密〈国民财富的性质和原因的研究〉一书摘要》中写有如下评注："十分有趣的是斯密作的循环论证。为了说明分工，他假定有交换。但是为了使交换成为可能，他就以分工、以人的活动的差异为前提。他把问题置于原始状态，因而未解决问题。"（见《马克思恩格斯全集》历史考证版第 4 部分第 2 卷第 336 页）——156。

82　这个结论在当时的社会批判性著作中相当流行。例如，威·魏特林在其著作《和谐与自由的保证》中就曾写道："正像在筑堤时要产生土坑一样，在积累财富时也要产生贫穷。"——156。

83　马克思在这里使用了黑格尔的术语及其探讨对立的统一的方法，把 Verwirklichung（现实化）与 Entwirklichung（非现实化）对立起来。——157。

84　马克思在手稿中往往并列使用两个德文术语"Entfremdung"（异化）和"Entäußerung"（外化）来表示异化这一概念。但他有时赋予"Entäußerng"另一种意义，例如，用于表示交换活动，从一种状态向另一种状态转化，就是说，用于表示那些并不意味着敌对性和异己性的关系的经济现象和社会现象。——157。

85　马克思在这里以自己的理解复述了费尔巴哈哲学关于宗教是人的本质的异化的论点。费尔巴哈说，为了使上帝富有，人就必须贫穷；为了使上帝成为一切，人就必须什么也不是。人在自身中否定了他在上帝身上所肯定的东西。——157。

86　这里表述的思想与费尔巴哈的论点相呼应。费尔巴哈认为宗教和唯心主义哲学是人的存在及其精神活动的异化。费尔巴哈写道，上帝作为对人来说的某种至高的、非人的东西，是理性的客观本质；上帝和宗教就是幻想的对象性本质，他还写道，黑格尔逻辑学的本质是主体的活动，是主体的被窃走的思维，而绝对哲学则使人自身的本质、人的活动在人那里异化。——160。

87　马克思在本段和下一段利用了费尔巴哈哲学中表述人和整个人类时所用的术语，并且创造性地吸取了他的思想：人把人的"类本质"、人的社会性质异化在宗教中；宗教以人同动物的本质区别为基础，以意识为基础，而意识严格说来只是在存在物的类成为存在物的对象、本质的地方才存在；人不像动物那样是片面的存在物，而是普遍的、无限的存在物。——161。

88　类、类生活、类本质都是费尔巴哈使用的术语，它们表示人的概念、真正人的生活的概念。真正人的生活以友谊和善良的关系，即以爱为前提，这些都是类的自我感觉或关于个人属于人群这种能动意识。费尔巴哈认为，类本质使每个具体的个人能够在无限多的不同个人中实现自己。费尔巴哈也承认人们之间确实存在着利益的相互敌对和对立关系，但是在他看来，这种关系不是产生于阶级社会的历史的现实条件，即资产阶级社会的经济生活条件，而是人的真正本质即类本质同人相异化的结果，是人同大自然本身预先决定了的和谐的类生活人为地但绝非不可避免地相脱离的结果。——162。

89　马克思显然是指皮·约·蒲鲁东的著作《什么是财产？》。参看该书第3章第4—8节。——166。

90　马克思在这段话里从广义上使用工资范畴，以表达资本家和雇佣工人这两个阶级之间的对抗性关系。——167。

91　这是马克思在批判皮·约·蒲鲁东的"平等"观念时所持的基本论点。蒲鲁东在《什么是财产？》一书中表述的"平等"观念是建立在资本主义关系基础上的。他的空想的、改良主义的药方规定，私有财产要由"公有财产"代替，而这种"公有财产"将以平等的小占有的形式，在"平等"交换产品的条件下掌握在直接生产者手中。这实际上是指均分私有财产。蒲鲁东是这样设想交换的"平等"的，即"联合的工人"始终得到同等的工资，因为在相互交换他们的产品时，即使产品实际上不同等，但每个人得到的仍然是相同的，而一个人的产品多于另一个人的产品的余额将处于交换之外，不会成为社会的财产，这样就完全不会破坏工资的平等。马克思认为，在蒲鲁东的理论中，社会是作为抽象的资本家出现的。他指出蒲鲁东没有考虑到即使在小（"平等"）占有制度下也仍然起作用的商品生产的现实矛盾。后来，马克思在《神圣家族》这部著作中表述了这样一个结论：蒲鲁东在经济异化范围内克服经济异化，就是说，实际上根本没有克服它。参看本卷第268页。——167。

五、关于费尔巴哈的提纲[180]

1. 关于费尔巴哈[①]

一

从前的一切唯物主义（包括费尔巴哈的唯物主义）的主要缺点是：对对象、现实、感性，只是从**客体的**或者**直观**的形式去理解，而不是把它们当做**感性的人的活动**，当做**实践**去理解，不是从主体方面去理解。因此，和唯物主义相反，唯心主义却把**能动的方面**抽象地发展了，当然，唯心主义是不知道现实的、感性的活动本身的。费尔巴哈想要研究跟思想客体确实不同的感性客体，但是他没有把人的活动本身理解为**对象性的**［gegenständliche］活动。因此，他在《基督教的本质》中仅仅把理论的活动看做是真正人的活动，而对于实践则只是从它的卑污的犹太人的表现形式去理解和确定。因此，他不了解"革命的"、"实践批判的"活动的意义。

二

人的思维是否具有客观的［gegenständliche］真理性，这不是一个理论的问题，而是一个**实践的**问题。人应该在实践中证明自己思维的真理性，即自己思维的现实性和力量，自己思维的此岸性。关于思维——离开实践的思维——的现实性或非现实性的争论，是一个纯粹**经院哲学**[181]的问题。

三

关于环境和教育起改变作用的唯物主义学说忘记了：环境是由人来改变的，而教育者本人一定是受教育的。因此，这种学说必然会把社会分成两部分，其中一部分凌驾于社会之上。

环境的改变和人的活动或自我改变的一致，只能被看做是并合理地理解为**革命的实践**。

---

① 马克思1845年的稿本。——编者注

四

费尔巴哈是从宗教上的自我异化，从世界被二重化为宗教世界和世俗世界这一事实出发的。他做的工作是把宗教世界归结于它的世俗基础。但是，世俗基础使自己从自身中分离出去，并在云霄中固定为一个独立王国，这只能用这个世俗基础的自我分裂和自我矛盾来说明。因此，对于这个世俗基础本身应当在自身中、从它的矛盾中去理解，并且在实践中使之发生革命。因此，例如，自从发现神圣家族的秘密在于世俗家庭之后，世俗家庭本身就应当在理论上和实践中被消灭。

五

费尔巴哈不满意**抽象的思维**而喜欢**直观**；但是他把感性不是看做**实践的**、人的感性的活动。

六

费尔巴哈把宗教的本质归结于**人**的本质。但是，人的本质不是单个人所固有的抽象物，在其现实性上，它是一切社会关系的总和。

费尔巴哈没有对这种现实的本质进行批判，因此他不得不：

（1）撇开历史的进程，把宗教感情固定为独立的东西，并假定有一种抽象的——**孤立的**——人的个体。

（2）因此，本质只能被理解为"类"，理解为一种内在的、无声的、把许多个人**自然地**联系起来的普遍性。

七

因此，费尔巴哈没有看到，"宗教感情"本身是社会的产物，而他所分析的抽象的个人，是属于一定的社会形式的。

八

全部社会生活在本质上是**实践的**。凡是把理论引向神秘主义的神秘东西，都能在人的实践中以及对这种实践的理解中得到合理的解决。

九

直观的唯物主义，即不是把感性理解为实践活动的唯物主义，至多也只能达到对单个人和市民社会[11]的直观。

十

旧唯物主义的立脚点是市民社会，新唯物主义的立脚点则是人类社会或社会的人类。

十一

哲学家们只是用不同的方式**解释**世界，问题在于**改变**世界。

卡·马克思写于 1845 年春　　　　　原文是德文
　　　　　　　　　　　　　　　中文根据《马克思恩格斯全集》德文
　　　　　　　　　　　　　　　版第 3 卷翻译

（选自《马克思恩格斯文集》第 1 卷，人民出版社 2009 年版，第 499—502 页。）

注　释

180　《关于费尔巴哈的提纲》是马克思 1845 年春在布鲁塞尔写的笔记，这个笔记
　　　表明马克思不仅同唯心主义，而且同旧唯物主义彻底划清了界限，为创立新
　　　世界观奠定了基础。马克思在这个笔记中批判了费尔巴哈和一切旧唯物主义
　　　者忽视人的主观能动性、忽视实践作用的主要缺点，阐明了马克思主义的实
　　　践观，论述了实践是检验真理的标准的思想，强调"人的思维是否具有客观
　　　的真理性，这不是一个理论的问题，而是一个实践的问题。人应该在实践中
　　　证明自己思维的真理性"；说明"全部社会生活在本质上是实践的"，"环境
　　　的改变和人的活动或自我改变的一致，只能被看做是并合理地理解为革命的
　　　实践"；指出"哲学家们只是用不同的方式解释世界，问题在于改变世界"
　　　（见本卷第 500、501、502 页）。马克思还批判了旧唯物主义者对人的本质的
　　　抽象理解，指出"人的本质不是单个人所固有的抽象物，在其现实性上，它
　　　是一切社会关系的总和"（见本卷第 501 页），从而把对人的认识置于唯物史
　　　观的科学基础上。

　　　　　这篇笔记写在 1844—1847 年的笔记本中，标题为《1. 关于费尔巴哈》，
　　　马克思生前没有发表。1888 年恩格斯在出版《路德维希·费尔巴哈和德国古
　　　典哲学的终结》一书时把这篇笔记作为附录首次发表，标题为《马克思论费
　　　尔巴哈》。恩格斯在该书序言中说："我在马克思的一本旧笔记中找到了十一
　　　条关于费尔巴哈的提纲，现在作为本书附录刊印出来。这是匆匆写成的供以
　　　后研究用的笔记，根本没有打算付印。但是它作为包含着新世界观的天才萌
　　　芽的第一个文献，是非常宝贵的。"（见《马克思恩格斯文集》第 4 卷第 266
　　　页）后来，《马克思恩格斯全集》俄文版和德文版编者根据恩格斯在这篇序
　　　言中的提法，将这一笔记定名为《关于费尔巴哈的提纲》。

　　　　　恩格斯在发表这个《提纲》时对个别地方作了文字上的修改，本卷将马
　　　克思 1845 年的原稿本和恩格斯修改的稿本一并收入。

　　　　　《提纲》的中译文最早发表在 1929 年上海沪滨书局出版的林超真翻译的
　　　《宗教·哲学·社会主义》一书，在以后出版的《路德维希·费尔巴哈和德

国古典哲学的终结》的多种中译本中都收有这个《提纲》。——499。

181　经院哲学也称烦琐哲学，是欧洲中世纪基督教学院中形成的一种哲学。经院哲学家们通过烦琐的抽象推理的方法来解释基督教教义和信条，实际上把哲学当做"神学的婢女"。——500。

六、哲学的贫困（节选）

第二章

政治经济学的形而上学

第一节　方法

现在我们是在德国！我们在谈论政治经济学的同时还要谈论形而上学。而在这方面，我们也只是跟着蒲鲁东先生的"矛盾"走。刚才他迫使我们讲英国话，使我们差不多变成了英国人。现在场面变了。蒲鲁东先生把我们转移到我们亲爱的祖国，使我们不由得又变成了德国人。

如果说有一个英国人把人变成帽子，那么，有一个德国人就把帽子变成了观念。这个英国人就是李嘉图，一位银行巨子，杰出的经济学家；这个德国人就是黑格尔，柏林大学的一位专任哲学教授。

法国最末一个专制君主和法兰西王朝没落的代表路易十五有一个御医，这个人又是法国的第一个经济学家。这位御医，这位经济学家是法国资产阶级即将取得必然胜利的代表。魁奈医生使政治经济学成为一门科学；他在自己的著名的《**经济表**》中概括地叙述了这门科学。除了已经有的对该表的 1 001 个注解以外，我们还找到医生本人作的一个注解。这就是附有"七个**重要说明**"的《经济表分析》。

蒲鲁东先生是另一个魁奈医生，他是政治经济学的形而上学方面的魁奈。

但是在黑格尔看来，形而上学，整个哲学，是概括在方法里面的。所以我们必须设法弄清楚蒲鲁东先生那套至少同《经济表》一样含糊不清的方法。因此，我们作了七个比较重要的说明。如果蒲鲁东博士不满意我们的说明，那没关系，他可以扮演修道院院长勃多的角色，亲自写一篇《经济学—形而上学方法解说》。[207]

第一个说明

"这里我们论述的不是**与时间次序相一致的历史**，而是**与观念顺序相一致的历史**。各经济**阶段**或**范畴**在**出现**时有时候是同时代的，有时候又是颠倒的……不过，经济理论有它自己的**逻辑顺序和理性中的系列**，值得夸耀的是，经济理论的这种次序已被我们发现了。"

（蒲鲁东《贫困的哲学》第 1 卷第 145 和 146 页）

蒲鲁东先生把这些冒牌的黑格尔词句扔向法国人，毫无疑问是想吓唬他们一下。这样一来，我们就要同两个人打交道：首先是蒲鲁东先生，其次是黑格尔。蒲鲁东先生和其他经济学家有什么不同呢？黑格尔在蒲鲁东先生的政治经济学中又起什么作用呢？

经济学家们都把分工、信用、货币等资产阶级生产关系说成是固定的、不变的、永恒的范畴。蒲鲁东先生有了这些完全形成的范畴，他想给我们说明所有这些范畴、原理、规律、观念、思想的形成情况和来历。

经济学家们向我们解释了生产怎样在上述关系下进行，但是没有说明这些关系是怎样产生的，也就是说，没有说明产生这些关系的历史运动。由于蒲鲁东先生把这些关系看成原理、范畴和抽象的思想，所以他只要把这些思想（它们在每一篇政治经济学论文末尾已经按字母表排好）编一下**次序**就行了。经济学家的材料是人的生动活泼的生活；蒲鲁东先生的材料则是经济学家的教条。但是，既然我们忽略了生产关系（范畴只是它在理论上的表现）的历史运动，既然我们只想把这些范畴看做是观念、不依赖现实关系而自生的思想，那么，我们就只能到纯粹理性的运动中去找寻这些思想的来历了。纯粹的、永恒的、无人身的理性怎样产生这些思想呢？它是怎样造成这些思想的呢？

假如在黑格尔主义方面我们具有蒲鲁东先生那种大无畏精神，我们就会说，理性在自身中把自己和自身区分开来。这是什么意思呢？因为无人身的理性在自身之外既没有可以设定自己的场所，又没有可以与之相对立的客体，也没有可以与之合成的主体，所以它只得把自己颠来倒去：设定自己，自相对立，自相合成——设定、对立、合成。用希腊语来说，这就是：正题、反题、合题。对于不懂黑格尔语言的读者，我们将告诉他们一个神圣的公式：肯定、否定、否定的否定。这就是措辞的含意。固然这不是希伯来语①（请蒲鲁东先生不要见怪），然而却是脱离了个体的纯粹理性的语言。这里看到的不是一个用普通方式说话和思维的普通个体，而正是没有个体的纯粹普通方式。

在最后的抽象（因为是抽象，而不是分析）中，一切事物都成为逻辑范畴，这用得着奇怪吗？如果我们逐步抽掉构成某座房屋个性的一切，抽掉构成这座房屋的材料和这座房屋特有的形式，结果只剩下一个物体；如果把这一物体的界限也抽去，结果就只有空间了；如果再把这个空间的向度抽去，最后我们就只有纯粹的量这个逻辑范畴了，这用得着奇怪吗？如果我们继续用这种方法抽去每一个主体的一切有生命的或无生命的所谓偶性，人或物，我们就有理由说，在最后的抽象中，作为实体的将只是一些逻辑范畴。所以形而上学者也就有理由说，世界上的事物是逻辑范畴这块底布上绣成的花卉；他们在进行这些抽象时，自以为在进行分析，他们越来越远离物体，而自以为越来越接近，以至于深入物体。哲学家和基督徒不同之处正是在于：基督徒只有一个**逻各斯**的化身，不管什么逻辑不逻辑；而哲学家则有无数化身。既然如此，那

---

① 皮·约·蒲鲁东在1827年后曾作为校对者参加圣经的出版工作并在此期间掌握了希伯来语知识。蒲鲁东经常谈到希伯来语，马克思在这里暗喻此事。——编者注

么一切存在物，一切生活在地上和水中的东西经过抽象都可以归结为逻辑范畴，因而整个现实世界都淹没在抽象世界之中，即淹没在逻辑范畴的世界之中，这又有什么奇怪呢？

一切存在物，一切生活在地上和水中的东西，只是由于某种运动才得以存在、生活。例如，历史的运动创造了社会关系，工业的运动给我们提供了工业产品，等等。

正如我们通过抽象把一切事物变成逻辑范畴一样，我们只要抽去各种各样的运动的一切特征，就可得到抽象形态的运动，纯粹形式上的运动，运动的纯粹逻辑公式。如果我们把逻辑范畴看做一切事物的实体，那么我们也就可以设想把运动的逻辑公式看做是一种**绝对方法**，它不仅说明每一个事物，而且本身就包含每个事物的运动。

关于这种绝对方法，黑格尔这样说过：

> "方法是任何事物所不能抗拒的一种绝对的、唯一的、最高的、无限的力量；这是理性企图在每一个事物中发现和认识自己的意向。"（《逻辑学》第3卷）

既然把任何一种事物都归结为逻辑范畴，任何一个运动、任何一种生产行为都归结为方法，那么由此自然得出一个结论，产品和生产、事物和运动的任何总和都可以归结为应用的形而上学。黑格尔为宗教、法等做过的事情，蒲鲁东先生也想在政治经济学上如法炮制。

那么，这种绝对方法到底是什么呢？是运动的抽象。运动的抽象是什么呢？是抽象形态的运动。抽象形态的运动是什么呢？是运动的纯粹逻辑公式或者纯粹理性的运动。纯粹理性的运动又是怎么回事呢？就是设定自己，自相对立，自相合成，就是把自身规定为正题、反题、合题，或者就是它自我肯定、自我否定和否定自我否定。

理性怎样进行自我肯定，把自己设定为特定的范畴呢？这就是理性自己及其辩护人的事情了。

但是理性一旦把自己设定为正题，这个正题、这个与自己相对立的思想就会分为两个互相矛盾的思想，即肯定和否定，"是"和"否"。这两个包含在反题中的对抗因素的斗争，形成辩证运动。"是"转化为"否"，"否"转化为"是"。"是"同时成为"是"和"否"，"否"同时成为"否"和"是"，对立面互相均衡，互相中和，互相抵消。这两个彼此矛盾的思想的融合，就形成一个新的思想，即它们的合题。这个新的思想又分为两个彼此矛盾的思想，而这两个思想又融合成新的合题。从这种生育过程中产生出思想群。同简单的范畴一样，思想群也遵循这个辩证运动，它也有一个矛盾的群作为反题。从这两个思想群中产生出新的思想群，即它们的合题。

正如从简单范畴的辩证运动中产生出群一样，从群的辩证运动中产生出系列，从系列的辩证运动中又产生出整个体系。

把这个方法运用到政治经济学的范畴上面，就会得出政治经济学的逻辑学和形而上学，换句话说，就会把人所共知的经济范畴翻译成人们不大知道的语言，这种语言使人觉得这些范畴似乎是刚从纯粹理性的头脑中产生的，好像这些范畴仅仅由于辩证运动的作用才互相产生、互相联系、互相交织。请读者不要害怕这个形而上学以及它那一大堆范畴、群、系列和体系。尽管蒲鲁东先生费了九牛二虎之力想爬上**矛盾体系**的顶峰，可是他从来没有超越过头两级即简单的正题和反题，而且这两级他仅仅爬上过两次，其中有一次还跌了下来。

在这以前我们谈的只是黑格尔的辩证法。下面我们要看到蒲鲁东先生怎样把它降低到极可怜的程度。黑格尔认为，世界上过去发生的一切和现在还在发生的一切，就是他自己的思维中发生的一切。因此，历史的哲学仅仅是哲学的历史，即他自己的哲学的历史。没有"与时间次序相一致的历史"，只有"观念在理性中的顺序"。他以为他是在通过思想的运动建设世界；其实，他只是根据绝对方法把所有人们头脑中的思想加以系统的改组和排列而已。

第二个说明

经济范畴只不过是生产的社会关系的理论表现，即其抽象。真正的哲学家蒲鲁东先生把事物颠倒了，他认为现实关系只是一些原理和范畴的化身。这位哲学家蒲鲁东先生还告诉我们，这些原理和范畴过去曾睡在"无人身的人类理性"的怀抱里。

经济学家蒲鲁东先生非常明白，人们是在一定的生产关系中制造呢绒、麻布和丝织品的。但是他不明白，这些一定的社会关系同麻布、亚麻等一样，也是人们生产出来的。社会关系和生产力密切相联。随着新生产力的获得，人们改变自己的生产方式，随着生产方式即谋生的方式的改变，人们也就会改变自己的一切社会关系。手推磨产生的是封建主的社会，蒸汽磨产生的是工业资本家的社会。

人们按照自己的物质生产率①建立相应的社会关系，正是这些人又按照自己的社会关系创造了相应的原理、观念和范畴。

所以，这些观念、范畴也同它们所表现的关系一样，不是永恒的。它们是**历史的、暂时的产物**。

生产力的增长、社会关系的破坏、观念的形成都是不断运动的，只有运动的抽象即"不死的死"[208]才是停滞不动的。

第三个说明

每一个社会中的生产关系都形成一个统一的整体。蒲鲁东先生把种种经济关系看做同等数量的社会阶段，这些阶段互相产生，像反题来自正题一样一个来自一个，并在自己的逻辑顺序中实现着无人身的人类理性。

这个方法的唯一短处就是：蒲鲁东先生在考察其中任何一个阶段时，都不能不靠所有其他社会关系来说明，可是当时这些社会关系尚未被他用辩证运动产生出来。当蒲鲁东先生后来借助纯粹理性使其他阶段产生出来时，却又把它们当成初生的婴儿，忘记它们和第一个阶段是同样年老了。

因此，他要构成被他看做一切经济发展基础的价值，就非有分工、竞争等等不可。然而当时这些关系在**系列**中、在蒲鲁东先生的**理性**中以及**逻辑顺序**中根本还不存在。

---

① 1885 年德文版改为"生产方式"。——编者注

谁用政治经济学的范畴构筑某种意识形态体系的大厦，谁就是把社会体系的各个环节割裂开来，就是把社会的各个环节变成同等数量的依次出现的单个社会。其实，单凭运动、顺序和时间的唯一逻辑公式怎能向我们说明一切关系在其中同时存在而又互相依存的社会机体呢？

第四个说明

现在我们看一看蒲鲁东先生在把黑格尔的辩证法应用到政治经济学上去的时候，把它变成了什么样子。

蒲鲁东先生认为，任何经济范畴都有好坏两个方面。他看范畴就像小资产者看历史伟人一样：**拿破仑**是一个大人物；他行了许多善，但是也作了许多恶。

蒲鲁东先生认为，**好的方面**和**坏的方面**，**益处**和**害处**加在一起就构成每个经济范畴所固有的**矛盾**。

应当解决的问题是：保存好的方面，消除坏的方面。

奴隶制是同任何经济范畴一样的经济范畴。因此，它也有两个方面。我们抛开奴隶制的坏的方面不谈，且来看看它的好的方面。自然，这里谈的只是直接奴隶制，即苏里南、巴西和北美南部各州的黑人奴隶制。

同机器、信用等等一样，直接奴隶制是资产阶级工业的基础。没有奴隶制就没有棉花；没有棉花就没有现代工业。奴隶制使殖民地具有价值，殖民地产生了世界贸易，世界贸易是大工业的条件。可见，奴隶制是一个极重要的经济范畴。

没有奴隶制，北美这个进步最快的国家就会变成宗法式的国家。如果从世界地图上把北美划掉，结果看到的是一片无政府状态，是现代贸易和现代文明十分衰落的情景。消灭奴隶制就等于从世界地图上抹掉美国。①

因为奴隶制是一个经济范畴，所以它总是存在于各民族的制度中。现代各民族只是在本国内把奴隶制掩饰一下，而在新大陆却不加掩饰地推行奴隶制。

蒲鲁东先生将用什么办法挽救奴隶制呢？他提出的问题是：保存这个经济范畴的好的方面，消除其坏的方面。

黑格尔就不需要提出问题。他只有辩证法。蒲鲁东先生从黑格尔的辩证法那里只借用了用语。而蒲鲁东先生自己的辩证运动只不过是机械地划分出好、坏两面而已。

我们暂且把蒲鲁东先生当做一个范畴看待，看一看他的好的方面和坏的方面，他的长处和短处。

如果说，与黑格尔比较，他的长处是提出问题并且自愿为人类最大幸福而解决这些问题，那么，他也有一个短处：当他想通过辩证的生育过程生出一个新范畴时，却毫无所获。两个相互矛盾方面的共存、斗争以及融合成一个新范畴，就是辩证运动。

---

① 恩格斯在1885年德文版上加了一个注："这对1847年说来是完全正确的。当时美国的对外贸易主要限于输入移民和工业产品，输出棉花和烟草，即南部奴隶劳动的产物。北部各州主要是为各蓄奴州生产谷物和肉类。直至北部开始生产供输出用的谷物和肉类，并且成为工业国，而美国棉花的垄断又遇到印度、埃及、巴西等国的激烈竞争的时候，奴隶制才有可能废除。而且当时，奴隶制的废除曾引起南部的破产，因为南部还没有以印度和中国苦力的隐蔽奴隶制代替公开的黑人奴隶制。——弗·恩"——编者注

谁要给自己提出消除坏的方面的问题，就是立即切断了辩证运动。我们看到的已经不是由于自己的矛盾本性而设定自己并自相对立的范畴，而是在范畴的两个方面中间转动、挣扎和冲撞的蒲鲁东先生。

这样，蒲鲁东先生就陷入了用正当方法难以摆脱的困境，于是他用尽全力一跳便跳到一个新范畴的领域中。这时在他那惊异的目光面前便出现了**理性中的系列**。

他随手拈来一个范畴，随心所欲地给它一种特性：把需要清洗的范畴的缺陷消除。例如，如果相信蒲鲁东先生的话，税收可以消除垄断的缺陷，贸易差额可以消除税收的缺陷，土地所有权可以消除信用的缺陷。

这样，蒲鲁东先生把经济范畴逐一取来，把一个范畴用做另一个范畴的**消毒剂**，用矛盾和矛盾的消毒剂这二者的混合物写成两卷矛盾，并且恰当地称为《经济矛盾的体系》。

第五个说明

*"在绝对理性中，所有这些观念……是同样简单和普遍的……实际上我们只有靠我们的观念搭成的**一种脚手架**才能达到科学境地。但是，真理本身并不以这些辩证的图形为转移，而且不受我们思想的种种组合的束缚。"（蒲鲁东《贫困的哲学》第2卷第97页）*

这样，一个急转弯（现在我们才知道其中奥妙）就使政治经济学的形而上学突然变成了幻想！蒲鲁东先生从来没有说过这样的实话。的确，一旦把辩证运动的过程归结为这样一个简单过程，即把好的方面和坏的方面加以对比，提出消除坏的方面的问题，并且把一个范畴用做另一个范畴的消毒剂，那么范畴就不再有自发的运动，观念就"不再**发生作用**"，不再有内在的生命。观念既不能再把自己设定为范畴，也不能再把自己分解为范畴。范畴的顺序成了**一种脚手架**。辩证法不再是绝对理性的运动了。辩证法没有了，至多还剩下最纯粹的道德。

当蒲鲁东先生谈到**理性**中的**系列**即范畴的**逻辑顺序**的时候，他肯定地说，他不是想论述与**时间次序相一致的历史**，即蒲鲁东先生所认为的范畴在其中**出现**的历史顺序。他认为那时一切都在**理性的纯粹以太**中进行。一切都应当通过辩证法从这种以太中产生。现在当实际应用这种辩证法的时候，理性对他来说却不存在了。蒲鲁东先生的辩证法背弃了黑格尔的辩证法，于是蒲鲁东先生只得承认，他用以说明经济范畴的次序不再是这些经济范畴相互产生的次序。经济的进化不再是理性本身的进化了。

那么，蒲鲁东先生给了我们什么呢？是现实的历史，即蒲鲁东先生所认为的范畴在时间次序中**出现**的那种顺序吗？不是。是在观念本身中进行的历史吗？更不是。这就是说，他既没有给我们范畴的世俗历史，也没有给我们范畴的神圣历史！那么，到底他给了我们什么历史呢？是他本身矛盾的历史。让我们来看看这些矛盾怎样行进以及它们怎样拖着蒲鲁东先生走吧。

在未研究这一点（这是第六个重要说明的引子）之前，我们应当再作一个比较次要的说明。

让我们和蒲鲁东先生一同假定：现实的历史，与时间次序相一致的历史是观念、范畴和原理在其中出现的那种历史顺序。

每个原理都有其出现的世纪。例如，权威原理出现在 11 世纪，个人主义原理出现在 18 世纪。因而不是原理属于世纪，而是世纪属于原理。换句话说，不是历史创造原理，而是原理创造历史。但是，如果为了顾全原理和历史我们再进一步自问一下，为什么该原理出现在 11 世纪或者 18 世纪，而不出现在其他某一世纪，我们就必然要仔细研究一下：11 世纪的人们是怎样的，18 世纪的人们是怎样的，他们各自的需要、他们的生产力、生产方式以及生产中使用的原料是怎样的；最后，由这一切生存条件所产生的人与人之间的关系是怎样的。难道探讨这一切问题不就是研究每个世纪中人们的现实的、世俗的历史，不就是把这些人既当成他们本身的历史剧的剧作者又当成剧中人物吗？但是，只要你们把人们当成他们本身历史的剧中人物和剧作者，你们就是迂回曲折地回到真正的出发点，因为你们抛弃了最初作为出发点的永恒的原理。

至于蒲鲁东先生，他还在意识形态家所走的这条迂回曲折的道路上缓慢行进，离开历史的康庄大道还有一大段路程。

第六个说明

我们且沿着这条迂回曲折的道路跟蒲鲁东先生走下去。

假定被当做**不变规律**、**永恒原理**、**观念范畴**的经济关系先于生动活跃的人而存在；再假定这些规律、这些原理、这些范畴自古以来就睡在"无人身的人类理性"的怀抱里。我们已经看到，在这一切一成不变的、停滞不动的永恒下面没有历史可言，即使有，至多也只是观念中的历史，即反映在纯粹理性的辩证运动中的历史。既然蒲鲁东先生认为各种观念在辩证运动中不能互相"**区分**"，那么他就一笔勾销了**运动**的**影子**和**影子**的运动，而本来总还可以用它们造成某种类似历史的东西。他没有这样做，反而把自己的无能归罪于历史，埋怨一切，甚至连法国话也埋怨起来。哲学家蒲鲁东先生告诉我们：

> "我们说什么东西**出现**或者什么东西生产出来，这种说法是不确切的，无论是在文明里还是在宇宙中，自古以来一切就存在着、活动着……**整个社会经济也是如此**。"（第 2 卷第 102 页）

自身**起作用**并且使蒲鲁东先生本人也**起作用**的矛盾的创造力竟大到这样程度，以至他本想说明历史，但却不得不否定历史；本想说明社会关系的顺次出现，但却根本否定**某种东西**可以**出现**；本想说明生产及其一切阶段，但却否定**某种东西可以生产出来**。

这样，在蒲鲁东先生看来，再没有什么历史，也没有什么观念的顺序了，可是，他那本大作却继续存在，而这部著作恰恰被他自己称为"**与观念顺序相一致的历史**"。怎样才能找到一个公式（因为蒲鲁东先生就是公式化的人物）帮助他**一跳**就越过他的一切矛盾呢？

为了做到这一点，他发明了一种新理性，这既不是绝对的、纯粹的和纯真的理性，也不是生活在不同历史时期的生动活跃的人们的普通的理性；这是一种十分特殊的理性，是作为人的社会的理性，是作为主体的**人类**的理性，这种理性在蒲鲁东先生的笔下最初间或写做"**社会天才**"、"**普遍理性**"，最后又写做"**人类理性**"。然而这种名目繁多的理性在任何情况下都可以被人们认出是蒲鲁东先生的个人理性，它有好的和坏的方面，有消毒剂也有问题。

"人类理性不创造真理"，真理蕴藏在绝对的永恒的理性的深处。人类理性只能发现真理。但是直到现在它所发现的真理是不完备的，不充足的，因而是矛盾的。经济范畴本身是人类理性、社会天才所发现和揭示出来的真理，因此它们也是不完备的并含有矛盾的萌芽。在蒲鲁东先生以前，社会天才只看见**对抗因素**而未发现**综合公式**，虽然两者同时潜藏在**绝对理性**里面。既然经济关系只是这些不充足的真理、这些不完备的范畴、这些矛盾的概念在人世间的实现，因此，它们本身就包含着矛盾，并且有好坏两个方面。

社会天才的任务是发现完备的真理、完整无缺的概念、排除二律背反的综合公式。这也就说明，为什么在蒲鲁东先生的想象中，这个社会天才不得不从一个范畴跑到另一个范畴，但是仍然不能靠这一整套范畴从上帝那里，从绝对理性那里得到一个综合公式：

> "首先，社会〈社会天才〉假定一个原始的事实，提出一个**假设**……一个真正的二律背反，它的对抗性结果在社会经济中展开来就像它的后果会在精神上被推论出来一样，所以工业运动在各方面随着观念的演绎分为两道洪流：一道是有益作用的洪流，一道是有害结果的洪流……为了和谐地构成这个两重性的原理和解决这个二律背反，社会就产生**第二个**二律背反，随后很快地又产生第三个二律背反；**社会天才**将一直这样行进，直到它用尽自己的全部矛盾（尽管未曾得到证实，但是我料想，人类的矛盾是有止境的），一跳而回到它自己原来的各种论点并用**唯一的公式**来解决自己的全部问题时为止。"（第1卷第133页）

正如以前**反题**变成**消毒剂**一样，现在**正题**将变成**假设**。但是，蒲鲁东先生这种术语上的变换现在再也不能使我们感到惊奇了。人类的理性最不纯洁，它只具有不完备的见解，每走一步都要遇到新的待解决的问题。人类的理性在绝对理性中发现的以及作为第一个正题的否定的每一个新的正题，对它说来都是一个合题，并且被它相当天真地当做有关问题的解决。这个理性就这样在不断变换的矛盾中冲撞，直至它达到了矛盾的终点，发觉这一切正题和合题不过是相互矛盾的假设时为止。在走投无路的情况下，社会天才一跳而"人类理性，回到它自己原来的各种论点并用唯一的公式来解决自己的全部问题"。这里附带说一下，这个唯一的公式是蒲鲁东先生真正的发现。这就是**构成价值**。

假设只是为了某种目的而设立的。通过蒲鲁东先生之口讲话的社会天才首先给自己提出的目的，就是消除每个经济范畴的一切坏的东西，使它只保留好的东西。他认为，好的东西，最高的幸福，真正的实际目的就是**平等**。为什么社会天才只要平等，而不要不平等或博爱、不要天主教或别的什么原理呢？因为"人类之所以接连不断地实现这么多特殊的假设，正是由于考虑到一个最高的假设"，这个最高的假设就是平等。换句话说，因为平等是蒲鲁东先生的理想。他以为分工、信用、工厂，一句话，一切经济关系都仅仅是为了平等的利益才被发明的，但是结果它们往往背离平等。由于历史和蒲鲁东先生的臆测步步发生矛盾，所以他得出结论说，有矛盾存在。即使是有矛盾存在，那也只存在于他的固定观念和现实运动之间。

从此以后，肯定平等的就是每个经济关系的好的方面，否定平等和肯定不平等的就是坏的方面。每一个新的范畴都是社会天才为了消除前一个假设所产生的不平等而作的假设。总之，平等是**原始的意向**、**神秘的趋势**、**天命的目的**，社会天才在经济矛盾的圈子里旋转时从来没有忽略过它。因此，天命是一个火车头，用它拖蒲鲁东先生的全部经济行囊前进远比用他那没有头脑的纯粹理性要好得多。他在论税收一章之后，用了整整一章来写天命。

天命，天命的目的，这是当前用以说明历史进程的一个响亮字眼。其实这个字眼不说明任何问题。它至多不过是一种修辞形式，是解释事实的多种方式之一。

大家知道，英国工业的发展使苏格兰地产获得了新的价值。而英国工业则为羊毛开辟了新的销售市场。要生产大量的羊毛，必然把耕地变成牧场。要实行这种改变就必须集中地产。要集中地产就必须消灭世袭租佃者的小农庄，使成千上万的租佃者离开家园，让放牧几百万只羊的少数牧羊人来代替他们。这样，由于耕地接连不断地变成牧场，结果苏格兰的地产使羊群赶走了人。如果现在你们说，羊群赶走人就是苏格兰地产制度的天命的目的，那么，你们就创造出了天命的历史。

当然，平等趋势是我们这个世纪所特有的。认为以往各世纪及其完全不同的需求、生产资料等等都是为实现平等而遵照天命行事，这首先就是用我们这个世纪的人和生产资料来代替过去各世纪的人和生产资料，否认后一代人改变前一代人所获得的成果的历史运动。经济学家们很清楚，同是一件东西对甲说来是成品，对乙说来只是从事新的生产的原料。

如果你们同蒲鲁东先生一道假定：社会天才制造出，或者更确切些说即兴制造出封建主，是为了达到把佃农变为**负有义务**的和**彼此平等的劳动者**这一天命的目的，那么，你们就把目的和人都换了，这种做法同为了达到恶意的满足（即用羊群赶走人）而在苏格兰确立地产制度的天命比较起来，毫不逊色。

可是，蒲鲁东先生既然对于天命表现出那样亲切的关怀，我们就介绍他看一看维尔纽夫—巴尔热蒙的《政治经济学的历史》，此人也是追求天命的目的。但他这个目的已经不是平等，而是天主教了。

第七个即最后一个说明

经济学家们的论证方式是非常奇怪的。他们认为只有两种制度：一种是人为的，一种是天然的。封建制度是人为的，资产阶级制度是天然的。在这方面，经济学家很像那些把宗教也分为两类的神学家。一切异教都是人们臆造的，而他们自己的宗教则是神的启示。经济学家所以说现存的关系（资产阶级生产关系）是天然的，是想以此说明，这些关系正是使生产财富和发展生产力得以按照自然规律进行的那些关系。因此，这些关系是不受时间影响的自然规律。这是应当永远支配社会的永恒规律。于是，以前是有历史的，现在再也没有历史了。以前所以有历史，是由于有过封建制度，由于在这些封建制度中有一种和经济学家称为自然的、因而是永恒的资产阶级社会生产关系完全不同的生产关系。

封建主义也有过自己的无产阶级，即包含着资产阶级的一切萌芽的农奴等级。封建的生产也有两个对抗的因素，人们称为封建主义的**好的方面和坏的方面**，可是，却没想到结果总是坏的方面压倒好的方面。正是坏的方面引起斗争，产生形成历史的运动。假如在封建主义统治时代，经济学家看到骑士的德行，看到权利和义务之间美妙的协调，看到城市中的宗法式的生活，看到乡村中家庭工业的繁荣，看到通过各同业公会、行会和商会组织起来的工业的发展，总而言之，看到封建主义的这一切好的方面而深受感动，抱定目的要消除这幅图画上的一切阴暗面——农奴制度、特权、无政府状态，那么结果会怎样呢？引起斗争的一切因素就会灭绝，资产阶级的发展在萌芽时就会被窒息。经济学家就会给自己提出把历史一笔勾销的荒唐问题。

资产阶级得势以后，也就谈不到封建主义的好的方面和坏的方面了。资产阶级把它在封建主义统治下发展起来的生产力掌握起来。一切旧的经济形式、一切与之相适应的市民关系以及作为旧日市民社会的正式表现的政治制度都被粉碎了。

这样，为了正确地判断封建的生产，必须把它当做以对抗为基础的生产方式来考察。必须指出，财富怎样在这种对抗中间形成，生产力怎样和阶级对抗同时发展，这些阶级中一个代表着社会上坏的、有害方面的阶级怎样不断地成长，直到它求得解放的物质条件最后成熟。这难道不是说，生产方式，生产力在其中发展的那些关系，并不是永恒的规律，而是同人们及其生产力的一定发展相适应的东西，人们生产力的一切变化必然引起他们的生产关系的变化吗？由于最重要的是不使文明的果实——已经获得的生产力被剥夺，所以必须粉碎生产力在其中产生的那些传统形式。从此以后，革命阶级将成为保守阶级。

资产阶级从一开始就有一个本身是封建时期无产阶级①残存物的无产阶级相伴随。资产阶级在其历史发展过程中不可避免地要发展它的对抗性质，起初这种性质或多或少是掩饰起来的，仅仅处于隐蔽状态。随着资产阶级的发展，在它的内部发展着一个新的无产阶级，即现代无产阶级。无产阶级同资产阶级之间展开了斗争，这个斗争在双方尚未感觉到，尚未予以注意、重视、理解、承认并公开宣告以前，最初仅表现为局部的暂时的冲突，表现为一些破坏行为。另一方面，如果说现代资产阶级的全体成员由于组成一个与另一个阶级相对立的阶级而有共同的利益，那么，一旦那些成员之间出现对立，他们的利益就会互相对抗和冲突。这种利益上的对立是由他们的资产阶级生活的经济条件产生的。资产阶级借以在其中活动的那些生产关系的性质决不是单一的、单纯的，而是两重的；在产生财富的那些关系中也产生贫困；在发展生产力的那些关系中也发展一种产生压迫的力量；这些关系只有不断消灭资产阶级单个成员的财富和产生出不断壮大的无产阶级，才能产生**资产者的财富**，即资产阶级的财富；这一切都一天比一天明显了。

---

① 在马克思送给娜·吴亭娜的那一本上面，此处加了边注："劳动阶级"。——编者注

这种对抗性质表现得越明显，经济学家们，这些资产阶级生产的学术代表就越和他们自己的理论发生分歧，于是在他们中间形成了各种学派。

宿命论的经济学家，在理论上对他们所谓的资产阶级生产的有害方面采取漠不关心的态度，正如资产者本身在实践中对他们赖以取得财富的无产者的疾苦漠不关心一样。这个宿命论学派有古典派和浪漫派两种。古典派如亚当·斯密和李嘉图，他们代表着一个还在同封建社会的残余进行斗争、力图清洗经济关系上的封建污垢、提高生产力、使工商业获得新的发展的资产阶级。而参加这一斗争并专心致力于这一狂热活动的无产阶级只经受着暂时的、偶然的苦难，并且它自己也认为这些苦难是暂时的、偶然的。亚当·斯密和李嘉图这样的经济学家是这一时代的历史学家，他们的使命只是表明在资产阶级生产关系下如何获得财富，只是将这些关系表述为范畴、规律并证明这些规律、范畴比封建社会的规律和范畴更有利于财富的生产。在他们看来，贫困只不过是每一次分娩时的阵痛，无论是自然界还是工业都要经历这种情况。

浪漫派属于我们这个时代，这时资产阶级同无产阶级处于直接对立状态，贫困像财富那样大量产生。这时，经济学家便以饱食的宿命论者的姿态出现，他们自命高尚，蔑视那些用劳动创造财富的活人机器。他们的一言一语都仿照他们的前辈，可是，前辈们的漠不关心只是出于天真，而他们的漠不关心却已成为卖弄风情了。

其次是**人道学派**，这个学派对现时生产关系的坏的方面倒是放在心上的。为了不受良心的责备，这个学派想尽量缓和现有的对比；他们对无产者的苦难以及资产者之间的剧烈竞争表示真诚的痛心；他们劝工人安分守己，好好工作，少生孩子；他们建议资产者节制一下生产热情。这个学派的全部理论建立在理论和实践、原理和结果、观念和应用、内容和形式、本质和现实、法和事实、好的方面和坏的方面之间无限的区别上面。

博爱学派是完善的人道学派。他们否认对抗的必然性；他们愿意把一切人都变成资产者；他们愿意实现理论，只要这种理论与实践不同而且本身不包含对抗。毫无疑问，在理论上把现实中随时都要遇到的矛盾撇开不管并不困难。那样一来，这种理论就会变成理想化的现实。因此，博爱论者愿意保存那些表现资产阶级关系的范畴，而不要那种构成这些范畴并且同这些范畴分不开的对抗。博爱论者以为，他们是在严肃地反对资产者的实践，其实，他们自己比任何人都更像资产者。

正如**经济学家**是资产阶级的学术代表一样，**社会主义者和共产主义者**是无产者阶级的理论家。在无产阶级尚未发展到足以确立为一个阶级，因而无产阶级同资产阶级的斗争尚未带政治性以前，在生产力在资产阶级本身的怀抱里尚未发展到足以使人看到解放无产阶级和建立新社会必备的物质条件以前，这些理论家不过是一些空想主义者，他们为了满足被压迫阶级的需要，想出各种各样的体系并且力求探寻一种革新的科学。但是随着历史的演进以及无产阶级斗争的日益明显，他们就不再需要在自己头脑里找寻科学了；他们只要注意眼前发生的事情，并且把这些事情表达出来就行了。当他们还在探寻科学和只是创立体系的时候，当他们的斗争才开始的时候，他们认为贫困不过是贫困，他们看不出它能够推翻旧社会的革命的破坏的一面。但是一旦看到这一面，这个由历史运动产生并且充分自觉地参与历史运动的科学就不再是空论，而是革命的科学了。

现在再来谈谈蒲鲁东先生。

每一种经济关系都有其好的一面和坏的一面；只有在这一点上蒲鲁东先生没有背叛自己。他认为，好的方面由经济学家来揭示，坏的方面由社会主义者来揭露。他从经济学家那里借用了永恒关系的必然性；从社会主义者那里借用了把贫困仅仅看做是贫困的幻想。他对两者都表示赞成，企图拿科学权威当靠山。而科学在他看来已成为某种微不足道的科学公式了；他无休止地追逐公式。正因为如此，蒲鲁东先生自以为他既批判了政治经济学，也批判了共产主义；其实他远在这两者之下。说他在经济学家之下，因为他作为一个哲学家，自以为有了神秘的公式就用不着深入纯经济的细节；说他在社会主义者之下，因为他既缺乏勇气，也没有远见，不能超出（哪怕是思辨地也好）资产者的眼界。

他希望成为合题，结果只不过是一种合成的错误。

他希望充当科学泰斗，凌驾于资产者和无产者之上，结果只是一个小资产者，经常在资本和劳动、政治经济学和共产主义之间摇来摆去。

（选自《马克思恩格斯文集》第4卷，人民出版社2009年版，第597—617页。）

注 释

207 指1848年9月底在巴登发生的共和派起义。起义是由古·司徒卢威为首的一批德国流亡者发动的，9月21日他们从瑞士进入巴登地区。9月22日波克罕与大约20名苏黎世的民主主义者一道前往巴登，支援司徒卢威。在巴登民主派武装队伍和当地市民自卫团的支持下，司徒卢威宣布成立德意志共和国。起义于9月24日遭到巴登军队的镇压，司徒卢威和许多起义者被捕，其中也包括波克罕。他们被判处长期监禁，押解到巴登的布鲁赫萨尔城监狱。1849年5月，弗赖堡刑事陪审法庭宣布一部分人无罪，其中也有波克罕。——326。

208 巴登的左派民主主义者由于不满布伦坦诺政府采取投降政策，加强政府中的右派势力，于1849年6月5日建议政府把革命扩展到巴登和普法尔茨境外，并在政府中增加激进派活动家。这一建议遭到拒绝后，他们于6月6日举行武装游行向政府示威。但是，政府得到了资产阶级市民自卫团和其他武装部队的支援，巴登的左派民主主义者们被迫投降。——326。

七、路易·波拿巴的雾月十八日（节选）

一

黑格尔在某个地方说过，一切伟大的世界历史事变和人物，可以说都出现两次。[283]
他忘记补充一点：第一次是作为悲剧出现，第二次是作为笑剧出现。科西迪耶尔代替
丹东，路易·勃朗代替罗伯斯比尔，1848—1851 年的山岳党代替 1793—1795 年的山岳
党[81]，侄子代替伯父。在使雾月十八日事变得以再版的种种情况中，也可以看出一幅同
样的漫画！①

人们自己创造自己的历史，但是他们并不是随心所欲地创造，并不是在他们自己
选定的条件下创造，而是在直接碰到的、既定的从过去承继下来的条件下创造。一切
已死的先辈们的传统，像梦魇一样纠缠着活人的头脑。当人们好像刚好在忙于改造自
己和周围的事物并创造前所未有的事物时，恰好在这种革命危机时代，他们战战兢兢
地请出亡灵来为自己效劳，借用它们的名字、战斗口号和衣服，以便穿着这种久受崇
敬的服装，用这种借来的语言，演出世界历史的新的一幕。例如，路德换上了使徒保
罗[288]的服装，1789—1814 年的革命依次穿上了罗马共和国和罗马帝国的服装，而 1848
年的革命就只知道拙劣地时而模仿 1789 年，时而又模仿 1793—1795 年的革命传统。就
像一个刚学会一种新语言的人总是要把它翻译成本国语言一样；只有当他能够不必在
心里把新语言翻译成本国语言，能够忘掉本国语言而运用新语言的时候，他才算领会
了新语言的精神，才算是运用自如。

在观察世界历史上这些召唤亡灵的行动时，立即就会看出它们之间的显著差别。

---

① 在 1852 年版中这一段是这样写的："黑格尔在某个地方说过，一切伟大的世界历史事变和人物，可以说都
出现两次。他忘记补充一点：第一次是作为伟大的悲剧出现，第二次是作为卑劣的笑剧出现。科西迪耶尔代替丹
东，路易·勃朗代替罗伯斯比尔，1848—1851 年的山岳党代替 1793—1795 年的山岳党，伦敦的特别警察和十来个
负债累累的尉官代替小军士[284] 及其一桌元帅！白痴的雾月十八日代替天才的雾月十八日！在使雾月十八日事变
以再版的种种情况中，也可以看出一幅同样的漫画。第一次是法国站在破产的边缘，这一次是波拿巴自己站在债
务监狱的边缘；当初是大国联盟站在边境，这一次是卢格和达拉什联盟在英国，金克尔和布伦坦诺联盟在美国；
当初是爬过一座圣伯纳德山[285]，这一次是派一个中队宪兵越过汝拉山脉[286]；当初是不止获得一个马伦戈，这一次
是应当得到圣安德烈大十字勋章[287]和丧失柏林《国民报》的尊敬。"——编者注

旧的法国革命时的英雄卡米耶·德穆兰、丹东、罗伯斯比尔、圣茹斯特、拿破仑，同旧的法国革命时的党派和人民群众一样，都穿着罗马的服装，讲着罗马的语言来实现当代的任务，即解除桎梏和建立现代**资产阶级**社会。前几个人打碎了封建制度的基础，割去了长在这个基础上的封建头脑；另一个人在法国内部创造一些条件，从而才保证有可能发展自由竞争，经营分成小块的地产，利用解除了桎梏的国内的工业生产力，而他在法国境外则到处根据需要清除各种封建的形式，为的是要给法国资产阶级社会在欧洲大陆上创造一个符合时代要求的适当环境。但是，新的社会形态一形成，远古的巨人连同复活的罗马古董——所有这些布鲁土斯们、格拉古们、普卜利科拉们、护民官们、元老们以及凯撒本人就都消失不见了。冷静务实的资产阶级社会把萨伊们、库辛们、鲁瓦耶-科拉尔们、本杰明·贡斯当们和基佐们当做自己真正的翻译和代言人；它的真正统帅坐在营业所的办公桌后面，它的政治首领是肥头肥脑的路易十八。资产阶级社会完全埋头于财富的创造与和平竞争，竟忘记了古罗马的幽灵曾经守护过它的摇篮。但是，不管资产阶级社会怎样缺少英雄气概，它的诞生却是需要英雄行为，需要自我牺牲、恐怖、内战和民族间战斗的。在罗马共和国的高度严格的传统中，资产阶级社会的斗士们找到了理想和艺术形式，找到了他们为了不让自己看见自己的斗争的资产阶级狭隘内容、为了要把自己的热情保持在伟大历史悲剧的高度上所必需的自我欺骗。例如，在100年前，在另一个发展阶段上，克伦威尔和英国人民为了他们的资产阶级革命，就借用过旧约全书中的语言、热情和幻想。当真正的目的已经达到，当英国社会的资产阶级改造已经实现时，洛克就排挤了哈巴谷[289]。

由此可见，在这些革命中，使死人复生是为了赞美新的斗争，而不是为了拙劣地模仿旧的斗争；是为了在想象中夸大某一任务，而不是为了回避在现实中解决这个任务；是为了再度找到革命的精神，而不是为了让革命的幽灵重行游荡。

在1848—1851年间，只有旧革命的幽灵在游荡，从改穿了老巴伊的服装的戴黄手套的共和党人马拉斯特，到用拿破仑的死人铁面具把自己的鄙陋可厌的面貌掩盖起来的冒险家①。自以为借助革命加速了自己的前进运动的整个民族，忽然发现自己被拖回到一个早已死亡的时代；而为了不致对倒退产生错觉，于是就使那些早已成为古董的旧的日期、旧的纪年、旧的名称、旧的敕令以及好像早已腐朽的旧宪兵复活起来。一个民族的感觉，就好像贝德勒姆②那里的一个疯癫的英国人的感觉一样，他设想自己生活在古代法老的时代，每天悲痛地埋怨繁重的劳役，因为他要在地下监狱般的埃塞俄比亚矿场挖掘金矿，头顶一盏暗淡的油灯，背后站着手持长鞭的奴隶监工，洞口站着一群乱哄哄的野蛮士兵，他们既不了解矿山苦役犯，相互之间也不了解，因为大家讲着不同的语言。疯癫的英国人叹道："我这个生来自由的不列颠人被迫忍受这一切，为的是要替古代法老找金子。"法兰西民族则叹道："为的是要替波拿巴家族还债。"这个英国人在头脑清醒的时候总不能撇开找金子这种固定观念。而法国人在从事革命的时候总不能摆脱对拿破仑的追念，12月10日的选举[290]就证明了这一点。由于害怕革命的

---

① 路易·波拿巴。——编者注
② 伦敦的疯人院。——编者注

危险，他们曾怀念埃及的肉锅[291]，1851 年十二月二日事件便是对于这一点的回答。他们所得到的不只是一幅老拿破仑的漫画，他们得到的是漫画化的老拿破仑本身，是在 19 世纪中叶所应当出现的老拿破仑。

19 世纪的社会革命不能从过去，而只能从未来汲取自己的诗情。它在破除一切对过去的迷信以前，是不能开始实现自己的任务的。从前的革命需要回忆过去的世界历史事件，为的是向自己隐瞒自己的内容。19 世纪的革命一定要让死人去埋葬他们的死人①，为的是自己能弄清自己的内容。从前是辞藻胜于内容，现在是内容胜于辞藻。

二月革命[4]对于旧社会是一个突然袭击，是一个**意外事件**，而人民则把这个突然的**打击**宣布为具有世界历史意义的壮举，认为它开辟了一个新纪元。12 月 2 日，二月革命被一个狡猾的赌徒的骗术所葬送，结果，被消灭的不再是君主制度本身，而是一个世纪以来的斗争从君主制度方面夺取来的自由主义的让步。结果，不是**社会**本身获得了新的内容，而只是**国家**回到了最古的形态，回到了宝剑和袈裟的极端原始的统治。1851 年 12 月的轻率行为报复了 1848 年 2 月的勇敢打击。来得容易去得快。然而这两个事变之间的时间并不是白过了的。在 1848—1851 年期间，法国社会总算获得了教训和经验，而且是以革命的，因而是速成的方式获得的。这些教训和经验在正常的即所谓按部就班的发展进程中，本来应该在二月革命以前预先获得，如果这次革命不只是一种表面的动荡的话。看起来仿佛社会现在退到它的出发点后面去了，实际上社会首先要为自己创造革命所必需的出发点，创造唯一能使现代革命成为真正的革命的形势、关系和条件。

资产阶级革命，例如 18 世纪的革命，总是突飞猛进，接连不断地取得胜利；革命的戏剧效果一个胜似一个，人和事物好像是被五彩缤纷的火光所照耀，每天都充满极乐狂欢；然而这种革命为时短暂，很快就达到自己的顶点，而社会在还未学会清醒地领略其疾风暴雨时期的成果之前，长期沉溺于消沉状态。相反，无产阶级革命，例如 19 世纪的革命，则经常自我批判，往往在前进中停下脚步，返回到仿佛已经完成的事情上去，以便重新开始把这些事情再做一遍；它十分无情地嘲笑自己的初次行动的不彻底性、弱点和拙劣；它把敌人打倒在地，好像只是为了要让敌人从土地里汲取新的力量并且更加强壮地在它前面挺立起来；它在自己无限宏伟的目标面前，再三往后退却，直到形成无路可退的局势为止，那时生活本身会大声喊道：

> 这里是罗陀斯，就在这里跳跃吧！
> 这里有玫瑰花，就在这里跳舞吧！[292]

但是，每个平庸的观察家，即使他没有逐步研究过法国的发展进程，也不免要预感到，这次革命必将遭受前所未闻的屈辱。只要听一听民主派先生们当时那种自鸣得意的胜利叫嚣就够了，这些先生们曾以此互相祝贺，以为 1852 年 5 月的第二个星期日一定会带来良好的结果。1852 年 5 月的第二个星期日[293]在他们头脑中成了一种固定观

---

① 《新约全书·马太福音》第 8 章第 22 节。——编者注

念，成了一个教条，正如在锡利亚[176]信徒脑子里基督再临和千年王国到来的那个日子一样。弱者总是靠相信奇迹求得解救，以为只要他能在自己的想象中驱除敌人就算打败了敌人；他总是对自己的未来，对自己打算建树，但现在还言之过早的功绩信口吹嘘，因而失去对现实的一切感觉。这些英雄是想以彼此表示同情和结成团伙，来驳倒关于他们显然庸碌无能的意见。他们收拾起自己的家私，预先拿起自己的桂冠，准备把他们的有名无实的共和国（这些共和国的政府人员已由他们毫不挑剔地在暗中确定了）拿到交易所里去贴现。12月2日对他们来说犹如晴天霹雳。人民在意气消沉的时代总是乐意用大喊大叫来抑制内心的不安，这一次他们也许已经确信：鹅的叫声能够拯救卡皮托利诺[294]的那种时代已经过去了。

宪法、国民议会、保皇党[295]、蓝色的和红色的共和党人[296]、非洲的英雄[297]、讲坛的雷鸣声、报刊的闪电、整个著作界、政治声望和学者的名誉、民法和刑法、自由、平等、博爱以及1852年5月的第二个星期日，所有这一切，都好像一片幻影在一个人的咒文面前消失不见了，而这个人连他的敌人也不认为是一个魔法师。普选权还保持了一刹那，好像仅仅是为了在全世界瞩目下亲笔写下自己的遗嘱，并以人民自己的名义宣布："一切现存的东西，都一定要死亡。"①

像法国人那样说他们的民族遭受了偷袭，那是不够的。一个民族和一个妇女一样，即使有片刻疏忽而让随便一个冒险者能加以奸污，也是不可宽恕的。这样的言谈并没有揭开这个谜，而只是把它换了一个说法罢了。还应当说明，为什么一个有3600万人的民族竟会被三个衣冠楚楚的骗子偷袭而毫无抵抗地做了俘虏。

现在我们来把法国革命从1848年2月24日到1851年12月所经过的阶段大致总结一下。

总共有以下三个明显的主要时期：**二月时期**；**共和国建立时期**，或制宪国民议会时期（从1848年5月4日到1849年5月28日）；**立宪共和国时期**，或立法国民议会时期（从1849年5月28日到1851年12月2日）。

第一个时期，从1848年2月24日到5月4日，即从路易-菲力浦被推翻起到制宪议会开幕之日止（这是本来意义上的**二月时期**），这个时期可以称为革命的**序幕**。这个时期的性质，正式表现于这一时期仓促建立的政府自己宣布自己是**临时性**的。在这个时期所采取、试行和发表的一切，都像政府一样，一概宣布自己只是**临时性**的。无论什么人和什么机构，都不敢承认自己有权长期存在，有权真正有所作为。所有一切准备了或决定了革命的分子——王朝反对派[65]、共和派资产阶级、民主共和派小资产阶级和社会民主派工人，都在二月**政府**中临时取得了位置。

情况只能是这样。二月事变原先的目标是选举改革，以求扩大有产阶级内部享有政治特权者的范围和推翻金融贵族独占的统治。但是，当事变已演进到引起实际冲突，当人民已投入街垒战，当国民自卫军采取消极的态度，军队不进行认真抵抗而王室已经逃走的时候，成立共和国似乎就是自然而然的事情了。每个政党都按自己的观点去解释共和国。手持武器夺得了共和国的无产阶级，在共和国上面盖上了自己的印记，

---

① 歌德《浮士德》第1部第3场《书斋》。——编者注

并把它宣布为**社会共和国**。这样就表露出了现代革命的总的内容，这个内容和在当时的情况与条件下、在群众已达到的教育水平上用现成材料所能立刻直接实现的一切都是极为矛盾的。另一方面，其余一切曾经促成二月革命的分子，因获得了政府中的绝大多数位置而心满意足了。正因为如此，任何其他时期都没有当时那样错综复杂：浮夸的空话同实际上的犹豫不决和束手无策相混杂，热烈谋求革新的势力同墨守成规的顽固积习相混杂，整个社会表面上的和谐同社会各个成分的严重的彼此背离相混杂。当巴黎无产阶级还陶醉于为它开辟的伟大前景并且认真地埋头讨论各种社会问题时，旧的社会力量却在集结、联合、醒悟，并获得了国内群众的意外支持，即获得了那些在七月王朝这个障碍物被推翻后立刻跃上政治舞台的农民和小资产者的意外支持。

第二个时期，从 1848 年 5 月 4 日到 1849 年 5 月底，是**资产阶级共和国创立、奠定的时期**。紧跟在二月事变之后，不仅王朝反对派被共和派弄得惊慌失措，共和派被社会主义者弄得惊慌失措，而且全法国都被巴黎弄得惊慌失措了。由国民选出而于 1848 年 5 月 4 日开幕的国民议会，是代表国民的。这个议会是对二月事变的奢望所提出的活的抗议，并且要把革命的结果降低到资产阶级的水平。巴黎无产阶级一下子就看出了这个国民议会的性质，所以他们在国民议会开幕后不几天，即在 5 月 15 日，就企图用强力停止其存在，把它解散，将国民中起反动作用的思潮所借以威胁他们的这个机体重新分解为各个构成部分，但是这个企图没有成功。大家知道，五月十五日事变[79]的结果，不过是使布朗基及其同道者，即无产阶级政党的真正领袖们，在我们所考察的整个周期中退出社会舞台罢了。

继路易-菲力浦的**资产阶级君主制**之后，只能有**资产阶级共和国**，就是说，以前是由资产阶级中的一小部分人在国王的招牌下进行统治，今后将由全体资产阶级借人民的名义进行统治。巴黎无产阶级所提出的要求，是必须终止的狂妄空想。对制宪国民议会的这个声明，巴黎无产阶级以**六月起义**作了回答，这是欧洲各国内战史上最大的一次事变。获得胜利的是资产阶级共和国。站在资产阶级共和国方面的有金融贵族、工业资产阶级、中间等级、小资者、军队、组成别动队[71]的流氓无产阶级、知识分子、牧师和农村居民。而站在巴黎无产阶级方面的却只有它自己。资产阶级共和国胜利以后，起义者被屠杀的有 3 000 多人，未经审判就被放逐的有 15 000 人。无产阶级从这次失败后，就退到革命舞台的**后台**去了。每当运动好像又重新开始时，无产阶级就企图再向前推进，可是劲头越来越弱，成效也越来越小。每当无产阶级上面的某个社会阶层进入革命动荡时，无产阶级就跟它缔结同盟，从而分享了各个政党依次遭受到的全部失败。但是，这些相继而来的打击，随着力量分摊到全部社会的整个表面，也越来越弱了。无产阶级在议会和报刊方面的一些比较有影响的领袖，相继被捕判罪，代替他们挂帅的是些愈益模棱两可的人物。无产阶级中有一部分人醉心于**教条的实验**，醉心于**成立交换银行和工人团体**，**换句话说**，醉心于**这样一种运动，即不去利用旧世界自身所具有的一切强大手段来推翻旧世界，却企图躲在社会背后，用私人的办法，在自身的有限的生存条件的范围内实现自身的解救，因此必然是要失败的。**当六月事变中无产阶级与之斗争的**一切阶级**还没有在无产阶级身边倒下的时候，无产阶级大概既不能使本身恢复自己原有的革命的伟大，也不能从重新缔结的联盟中获得新的力量。

但是，无产阶级至少是带着进行过世界历史性的伟大斗争的光荣而失败的；不仅法国，而且整个欧洲都被六月的地震所惊动，而各个上层阶级后来的失败的代价却如此便宜，以致得胜的党派只有公然无耻地加以夸张，才可以把这些失败说成是事变。同时，失败的政党离开无产阶级政党越远，这些失败就越是可耻。

六月起义者的失败，固然为资产阶级共和国的奠基和建立准备和扫清了基地，但同时它也表明，欧洲的问题并不是争论"共和国还是君主国"的问题，而是别的问题。它揭示出，**资产阶级共和国**在这里是表示一个阶级对其他阶级实行无限制的专制统治。它表明，在那些阶级构成发达、具备现代生产条件、拥有通过百年来的努力而使一切传统观念都融于其中的精神意识的旧文明国家里，**共和国一般只是资产阶级社会的政治变革形式**，而不是资产阶级社会的**保守的存在形式**，例如，像北美合众国那样，在那里，虽然已有阶级存在，但它们还没有固定下来，它们在不断的运动中不断变换自己的组成部分，并且彼此互换着自己的组成部分；在那里，现代的生产资料不仅不和停滞的人口过剩现象同时发生，反而弥补了头脑和人手方面的相对缺乏；最后，在那里，应该占有新世界的那种狂热而有活力的物质生产运动，没有给予人们时间或机会来结束旧的幽灵世界。

在六月的日子里，一切阶级和党派都团结成一个**维护秩序的党**来反对无产阶级——**无政府主义**、社会主义和共产主义的党。它们从"**社会之敌**"手里"救出了"社会。它们选择了旧社会的格言"**财产、家庭、宗教、秩序**"作为自己的军队的口令，并用"在此标记下你必胜！"[298]这句话激励反革命十字军征讨。从这时起，许多曾经团结在这个旗号下反对过六月起义者的政党中的任何政党只要企图为自己的阶级利益而守住革命战场，它就要被"财产、家庭、宗教、秩序！"这一口号所战胜。每当社会的统治者集团范围缩小时，每当比较狭小的利益压倒比较广大的利益时，社会就得救了。任何最单纯的资产阶级财政改革的要求、任何最平凡的自由主义的要求、任何最表面的共和主义的要求、任何最浅薄的民主主义的要求，都同时被当做"侵害社会的行为"加以惩罚，被当做"社会主义"加以指责。最后，连那些"宗教和秩序"的最高祭司自己也被踢出他们的皮蒂娅的座椅，半夜里被拖下床，关进囚车，投入监狱或流放；他们的神殿被拆毁，他们的嘴被封住，他们的笔被折断，他们的法律被撕毁，这一切都是为了宗教、财产、家庭和秩序。一群群酩酊大醉的士兵对那些站在自己阳台上的资产者即秩序的狂信者开枪射击，亵渎他们的家庭圣地，炮击他们的房屋以取乐，这一切都是为了财产、家庭、宗教和秩序。最后，资产阶级社会中的败类组成**维护秩序的神圣队伍**，而主人公克拉普林斯基①就以"**社会救主**"的资格进入了土伊勒里宫②。

---

① 暗指路易·波拿巴。——编者注
② 巴黎的一座皇宫。——编者注

四

1849 年 10 月中，国民议会复会。11 月 1 日，波拿巴送给议会一份咨文①，说巴罗—法卢内阁已经被免职，新内阁已经组成，这使议会大为震惊。就是驱逐一个仆人也不会像波拿巴驱逐自己的内阁阁员那样蛮横无礼。预定要向国民议会踢去的一脚，先踢到巴罗和他的同僚身上了。

我们已经说过，巴罗内阁是由正统派[40]和奥尔良派[77]组成的。这是秩序党的内阁。波拿巴需要这个内阁，是为了要解散共和派制宪议会，实现对罗马的征讨，并摧毁民主派的力量。那时他好像躲在这个内阁背后，把政府权力让给了秩序党，戴上了路易-菲力浦时期报刊的责任发行人戴的谦虚的性格面具，即代理人戴的面具。现在他把面具丢掉了，因为这个面具已不是一块使他能够隐藏自己的面容的薄纱，而是已变成一个妨碍他显示出自己的本来面目的铁制面具了。他任命巴罗内阁，是要借秩序党的名义驱散共和派的国民议会；他解散这个内阁，是要宣布他自己的名字和这个秩序党的国民议会无关。

要解散巴罗内阁是不乏正当借口的。巴罗内阁在对待共和国总统这个和国民议会并存的权力时，甚至连必须遵守的礼节都忽视了。在国民议会休会期间，波拿巴发表了给埃德加·奈伊的信，其中好像是指责教皇②的自由主义行动[318]，正像他曾同制宪议会相对抗，发表了称赞乌迪诺进攻罗马共和国的信一样。当国民议会表决远征罗马的拨款时，维克多·雨果从所谓的自由主义出发提起了这封信的问题。秩序党在表示轻蔑和怀疑的叫声下，根本埋葬了认为波拿巴的狂妄举动可能有什么政治意义的念头。内阁阁员没有一个人出来替波拿巴应战。又一次，巴罗以他特有的空洞的热情，在讲坛上愤愤不平地讲到据他说是在总统亲信人物中进行的"可憎的阴谋"。最后，内阁从国民议会中为奥尔良公爵夫人争得了寡妇抚恤金，却坚决拒绝向国民议会提出增加总统年俸的议案。在波拿巴身上，王位追求者和破产冒险家的身份紧紧地结合在一起，因此，认定他自己负有恢复帝国的使命这一伟大思想，总是由认定法国人民负有替他偿清债务的使命的另一伟大思想来补充。

巴罗—法卢内阁是波拿巴所成立的第一个同时又是最后一个**议会制内阁**。所以，这个内阁的解散是一个决定性的转折点。随着这个内阁的解散，秩序党就不可挽回地丧失了为维持议会制度所必需的支柱——掌握行政权。显然，在法国这样的国家里，行政权支配着由 50 多万人组成的官吏大军，也就是经常和绝对控制着大量的利益和生存；在这里，国家管制、控制、指挥、监视和监护着市民社会——从其最广泛的生活表现到最微不足道的行动，从其最一般的生存形式到个人的私生活；在这里，这个寄生机体由于极端的中央集权而无处不在、无所不知，并且极其敏捷、极其灵活，而现

---

① 1849 年 11 月 1 日巴黎《总汇通报》第 305 号。——编者注
② 庇护九世。——编者注

实的社会机体却极无独立性、极不固定；在这样一个国家里，国民议会如果不同时简化国家管理，不尽可能缩减官吏大军，最后，如果不让市民社会和舆论界创立本身的、不依靠政府权力的机关，那么它一旦失掉分配阁员位置的权限，也就失掉任何实际影响了。但是，法国资产阶级的**物质利益**恰恰是和保持这个庞大而分布很广的国家机器最紧密地交织在一起的。它在这里安插自己的多余的人口，并且以国家薪俸形式来补充它用利润、利息、租金和酬金形式所不能获得的东西。另一方面，资产阶级的**政治利益**又迫使它每天都要加强压制，即每天都要增加国家政权的经费和人员，同时又必须不断地进行反对社会舆论的战争，并由于猜疑而去摧残和麻痹独立的社会运动机关，如果不能把它们根本割掉的话。这样，法国资产阶级的阶级地位就迫使它一方面要根本破坏一切议会权力、包括它自己的议会权力的生存条件，另一方面则使得与它相敌对的行政权成为不可抗拒的权力。

新内阁叫做奥普尔内阁。这并不是说奥普尔将军得到了内阁总理的职位。自从巴罗被免职时起，波拿巴甚至废除了这个职位，因为事实上这个职位使共和国总统成为在法律上微不足道的立宪君主，这个立宪君主没有王位和王冠，没有权杖和宝剑，没有不被追究责任的特权，没有世袭的最高国家权位，而最糟糕的是没有王室费。奥普尔内阁里只有一个人拥有议员头衔，这就是高利贷者**富尔德**，他是金融贵族中恶名昭彰的一个。财政部长的位置就落到他手上。只要看看巴黎交易所的行市表，就可以看出，从1849年11月1日起，法国的证券是随着波拿巴的股票的涨跌而涨跌的。这样，波拿巴在交易所中找到了同盟者，同时又通过任命卡尔利埃为巴黎警察局长而把警察抓到自己手里。

可是，内阁更迭的后果，只有在事变继续发展的进程中才能显露出来。波拿巴暂时只向前进了一步，好像是为了更清楚地表明自己被抛到后面去了。他送了一份粗鲁的咨文以后，接着就极为卑屈地表示听命于国民议会。每当内阁阁员们敢于小心翼翼地试图把他个人的奇奇怪怪的想法制定成法案的时候，他们好像只是迫于本身地位违心地执行他们事先已确信不会有什么效果的滑稽的委托。每当波拿巴在内阁阁员们背后泄露出他的意图并玩弄他的"拿破仑观念"的时候，他的内阁阁员就在国民议会的讲坛上表示不同意他的主张。看来他说出篡夺权位的欲望，只是为了使他的敌人们的幸灾乐祸的笑声不致沉寂下去。他扮演了一个不被赏识而被全世界当做傻瓜的天才角色。他还从来没有像这个时期这样遭到一切阶级的极度的轻蔑。资产阶级还从来没有这样绝对地统治过，还从来没有这样高傲地炫耀过自己的统治的象征物。

我的任务不是在这里叙述资产阶级立法活动的历史。它的立法活动在这个时期只限于制定两个法律：一个是恢复**葡萄酒税**的法律[104]，另一个是废除无神思想的**教育法**[319]。当法国人难以喝上葡萄酒的时候，真正的生命之水①却供应得更加充裕。资产阶级以葡萄酒税的法律宣布了旧时的可恨的法国税制的不可侵犯性，同时又力图以教育法使群众保存他们能够容忍这一税制的旧时的心境。有人感到奇怪，为什么奥尔良派，自由派资产者，这些伏尔泰主义和折中派哲学的老信徒们，竟把指导法国人的精神的

---

① 参看《新约全书·约翰启示录》第22章。——编者注

工作委托给他们的宿敌耶稣会[87]。可是，奥尔良派和正统派虽然在王位追求者这个问题上有分歧，但是他们双方都懂得，他们的共同统治要求把两个时期的压迫手段结合起来，七月王朝时期的奴役手段必须用复辟时期的奴役手段来补充和加强。

农民的一切希望都落了空，他们一方面比任何时候都苦于粮价低落，另一方面又苦于赋税和抵押债务日益加重，于是他们在各省开始骚动起来。他们所得到的回应是：迫害教师，使他们服从于僧侣；迫害镇长，使他们服从于省长；最后是施行控制一切人的侦探制度。在巴黎和各大城市，反动派本身具有自己时代的特征，挑衅行为多于压制。在乡村，反动派卑鄙龌龊、琐碎小气、可恶可厌，一句话，就是宪兵。显然，受过牧师制度祝福的宪兵制度三年来对愚昧的群众的腐蚀该是多么深。

虽然秩序党在国民议会讲坛上热情奔放，大发议论反对少数派，但是它的言词始终是单音节的，正如基督徒说："是就是，不是就不是！"[①] 不论是讲坛上或报刊上的言论，都很单调，和预先知道答案的谜语一样平淡无味。不管是谈请愿权还是葡萄酒税，不管是谈新闻出版自由还是贸易自由，不管是谈俱乐部还是市政机构，也不管是谈保障人身自由还是决定国家预算，发出的口号总是一样，题目总是一个，判词总是早已准备妥帖而且总是一成不变地说："**社会主义！**"甚至资产阶级的自由主义也被宣布为**社会主义**；资产阶级的启蒙运动也被宣布为社会主义；资产阶级的财政改革也被宣布为社会主义。在已有运河的地方建筑铁路也是社会主义，用木棍抵御刀剑的袭击也是社会主义。

这并不只是一句空话、一种时髦或一种党派斗争手腕。资产阶级正确地了解到，它为反对封建制度而锻造出来的各种武器都倒过来朝向它自己了，它所创造的一切教育手段都转过来反对它自己的文明了，它所创造的所有的神都离弃了它。它了解到，一切所谓的市民自由和进步机关，都侵犯它的**阶级统治**，并且既威胁它的社会基础，又威胁它的政治上层，因此这些东西就成了"**社会主义的**"了。在这种威胁和这种侵犯中，它正确地看出了社会主义的秘密，所以它对于社会主义的意义和趋势的评价，比所谓的社会主义自己对自己的评价更正确些。而这种所谓的社会主义因此也就不能了解，为什么资产阶级对它一味表示反对——不管它是在为人类的痛苦感伤地哭泣，不管它是在宣扬基督的千年王国和博爱，也不管它是在用人道主义态度漫谈精神、教育和自由，或是在空泛地臆造一切阶级的协调和幸福的制度。资产阶级只是没有了解到一点：如果推论下去，那么它**自己的议会制度**，它的整个**政治统治**，现在也应该被普遍指责为**社会主义的东西**了。当资产阶级的统治还没有充分组织起来，还没有获得自己的纯粹的政治表现时，其他各个阶级的对抗也不能以纯粹的形式出现，而在出现这一对抗的地方，它也不能实现那种使一切反对国家政权的斗争转化为反对资本的斗争的危险转变[②]。既然资产阶级认为任何一种社会生活表现都危害"安宁"，那么它又怎能希望在社会上层保持**不安宁**的制度，即保持自己那个——照它的一位发言人的说法——生存在斗争中并且靠斗争生存的**议会制度**呢？靠辩论生存的议会制度怎能禁止辩论呢？既然这里每种利益、每种社会措施都被变成一般的思想，并被当做一种思想

---

① 参看《新约全书·马太福音》第5章第37节。——编者注

② 在1852年版中这句话是这样写的："它也不能实现那种立刻危及财产、宗教、家庭和秩序、使一切反对国家政权的斗争转化为反对资本的斗争的危险转变。"——编者注

来讨论，那么在这种条件下怎么能把某种利益、某种措施当做一种高出思维的东西而强使人们把它当做信条来接受呢？发言人在讲坛上的斗争，引起了报界低级作家的斗争；议会中的辩论俱乐部必然要由沙龙和酒馆中的辩论俱乐部来补充；议员们经常诉诸民意，就使民意有理由在请愿书中表示自己的真正的意见。既然议会制度将一切事情交给大多数决定，那么议会以外的大多数又怎能不想作决定呢？既然你们站在国家的顶峰上拉提琴，那么站在下面的人跟着跳舞不正是意料之中的事吗？

总之，既然资产阶级把它从前当做"**自由主义**"颂扬的东西指责为"**社会主义**"，那么它就是承认：它本身的利益要求它逃避**自身统治**的危险；要恢复国内的安宁，首先必须使它的资产阶级议会安静下来，要完整地保持它的社会权力，就应该摧毁它的政治权力；只有资产阶级作为一个阶级在政治上注定同其他阶级一样毫无价值，个别资产者才能继续剥削其他阶级，安逸地享受财产、家庭、宗教和秩序；要挽救它的钱包，必须把它头上的王冠摘下，并且把保护它的剑像达摩克利斯剑一样悬在它自己的头上。

在资产阶级的共同利益方面，国民议会表现得非常无能。例如1850年冬季开始的关于修筑巴黎—阿维尼翁铁路问题的讨论，直到1851年12月2日还没有结果。国民议会只要不从事压迫，不进行反动活动，它就患了不可救药的不妊之症。

当波拿巴的内阁中的一部分人倡议制定符合秩序党精神的法律，一部分人还在夸大这些法律在实施和运用中的严酷性的时候，波拿巴本人却企图以一些幼稚荒唐的提案来博得声望，强调自己对于国民议会的敌意，并暗示有某种神秘的藏宝处，只是由于环境的阻碍暂时还不能把所藏的财宝奉献给法国人民。例如，给下级军官每天增加四个苏的津贴的提案，以及为工人创设信誉贷款银行的提案。金钱的馈赠和金钱的借贷，这就是他希望用以诱惑群众的远景。馈赠和贷款，这无非就是显贵的和卑贱的流氓无产阶级的财政学。波拿巴所善于运用的妙诀只此而已。还从来没有一个王位追求者像他这样庸俗地利用群众的庸俗习气来进行投机勾当。

国民议会眼看着波拿巴这样明显地企图靠损害它来博取声望，眼看着这个被债主催逼而又毫无值得珍惜的声誉的冒险家越来越可能干出某种极冒险的勾当，曾不止一次地表示狂怒。秩序党和总统之间的分歧已经具有危险性，一个出乎意料的事件又迫使总统怀着忏悔的心情重新投入秩序党的怀抱。我们指的是**1850年3月10日的补选**。这次选举是为了填补六月十三日事变后被监禁或被驱逐出国的议员所空下来的席位。巴黎只选了社会民主派的候选人①，并且绝大部分选票都投给了参加过1848年六月起义的德弗洛特。和无产阶级联合起来的巴黎小资产阶级，就这样报复了1849年6月13日的失败。看来，小资产阶级在危急关头离开战场，只是为了要在顺利的情况下以更大的战斗力量和更勇敢的战斗口号重新进入战场。看来有一种情况更加重了这次选举胜利的危险性。军队在巴黎投票选举了六月起义的一个参加者来对抗波拿巴的内阁阁员拉伊特，而在各省，军队中大部分人投了山岳党人的票，山岳党人在这些地方虽然不像在巴黎那样占有绝对优势，但也比对手占有优势。

波拿巴突然看到自己又面对着革命了。和1849年1月29日及1849年6月13日

---

① 拉·伊·卡诺、保·德弗洛特和弗·维达尔。——编者注

一样，1850 年 3 月 10 日他又躲到秩序党背后去了。他屈服了，他怯懦地请罪，表示决心遵照议会多数的意旨来组织任何一个内阁，他甚至恳求奥尔良派和正统派的首领们，梯也尔们、贝里耶们、布罗伊们和摩莱们，一句话，就是恳求所谓的卫成官们[120]亲自掌握政权。秩序党未能利用这个千载难逢的机会。它不但没有大胆地抓住这个送到手上的政权，甚至也没有强迫波拿巴恢复他在 11 月 1 日所解散的内阁；它满足于用自己的宽恕羞辱波拿巴，并使**巴罗什**先生加入奥普尔内阁。这个巴罗什作为公诉人曾经在布尔日特别最高法庭疯狂地攻击过五月十五日事件中的革命者和六月十三日事件中的民主派，两次都指控他们危害国民议会。以后波拿巴的任何一个内阁阁员，都没有再敢像巴罗什那样侮辱国民议会，而在 1851 年 12 月 2 日以后，我们发现，他又得到了参议院副议长这个官高禄厚的职位。他把痰吐在革命者的菜汤中，为的是让波拿巴把它喝掉。

社会民主派这边似乎只是在寻找借口，以便再度使自己的胜利成为问题并削弱这一胜利的意义。巴黎新选出的议员之一维达尔，同时在斯特拉斯堡也当选了。他被说服放弃巴黎的选举而接受了斯特拉斯堡的选举。这样，民主派就没有把自己在投票站的胜利变成最终的胜利，从而激起秩序党立刻在议会中对这个胜利提出异议，它没有迫使对手在人民热情高昂和军队情绪良好的时机出来斗争，反而在 3 月和 4 月间用新的竞选把巴黎弄得疲惫不堪，使人民的激昂的感情在这一新的临时竞选把戏中消耗掉，使革命的精力满足于宪制的成就，把革命精力浪费于细小的攻讦、空洞的宣言和表面的运动，让资产阶级集合起来并做好准备，最后，以 4 月补选的感伤主义的注解（欧仁・苏当选）减弱了 3 月选举的意义。一句话，社会民主派让 3 月 10 日受了 4 月愚人节的愚弄。

议会中的多数派了解自己对手的弱点。因为波拿巴让多数派领导和负责攻击，多数派的 17 个卫成官拟定了新选举法，法案的报告人是要求这种荣誉的福适先生。5 月 8 日，福适提出了这个法案，其内容是要废除普选权，并规定选举人必须在他们所在的选区内居住三年，最后，工人在选区的居住年限应由他们的雇主来作证。

民主派在宪制选举斗争时期曾满怀革命的激情，当现在应该拿起武器来证明自己的选举胜利的重大意义的时候，他们却以宪制精神鼓吹秩序，宣扬庄严的宁静（calme majestueux）和合法行为，也就是盲目地服从自封为法律的反革命势力的意志。在辩论的时候，山岳党[81]力图羞辱秩序党，以一个遵守法制的正直庸人的冷漠态度来对抗它的革命热情，严厉责备它的革命行为，从而把它置于死地。甚至新当选的议员们也极力想以自己的谨慎而有礼的举动来向大家证明：责骂他们是无政府主义者和把他们的当选解释成革命的胜利，是一种怎样的误解。5 月 31 日，新选举法[320]通过了。山岳党把抗议书塞进总统的衣袋里就心满意足了。继选举法之后又通过了一个彻底消灭革命报刊的新的新闻出版法[97]。革命报刊遭到这种厄运是活该。在这场大洪水以后，革命的最前哨就只剩下《国民报》和《新闻报》这两个资产阶级的报纸了。

我们已经看到，民主派的领袖们在 3 月和 4 月间曾竭力把巴黎人民拖入虚构的斗争，而在 5 月 8 日以后又竭力阻止巴黎人民进行实际的斗争。此外，我们还不应当忘记，1850 年是少有的工商业繁荣的年头，所以当时巴黎的无产阶级有充分就业的机会。可是 1850 年 5 月 31 日的选举法根本剥夺了无产阶级参政的权利，甚至断绝了他们接近战场的机会。这个法律使工人回复到他们在二月革命以前所处的贱民地位。面对着这样的事变，他们却让民主派来驾驭自己，为了一时的安逸而忘记了自己阶级的革命利益，由此放弃了作为制胜力量的光荣，屈服于自己的命运，并且表明，1848 年 6 月的失败使他们多年丧失了战斗能力，最近的历史进程又要撇开他们而自行发展。至于在 6月 13 日曾大嚷大叫"只要敢动一动普选权，那就对他不客气！"的小资产阶级民主派，现在却自慰说：反革命给他们的打击根本不是打击，而 5 月 31 日的法律也根本不是法律。在 1852 年 5 月的第二个星期日，每个法国人都将一手拿着选票，一手拿着利剑来到投票站。他们用这样的预言来安慰自己。最后，军队为了 1850 年 3 月和 4 月的选举而受到上级的处罚，正如他们曾经为了 1849 年 5 月 29 日的选举而受到处罚一样。可是这一次军队坚决地对自己说："第三次我们再不会上革命的当了！"

1850 年 5 月 31 日的法律[320]，是资产阶级的政变。资产阶级过去所有各次对革命的胜利，都只具有临时的性质。只要现届国民议会一退出舞台，这些胜利就成为问题了。这些胜利是取决于新的普选中的偶然情况的，而自从 1848 年以来，选举的历史已经无可辩驳地证明，资产阶级的实际统治越强大，它对人民群众的精神统治就越软弱。普选权在 3 月 10 日直接表明反对资产阶级的统治，资产阶级就以取消普选权进行了报复。所以，5 月 31 日的法律是阶级斗争的一种必然表现。另一方面，按宪法规定，共和国总统的当选至少要有 200 万票才算有效。如果总统候选人中没有一个人获得这个最低限度的票数，国民议会就有权从得票最多的三个候选人中选出一个来当总统。当制宪议会制定这个法律的时候，选民册中共有 1000 万选民。所以，按照这个法律，只要取得占选民总数五分之一的票数，总统当选就算有效了。5 月 31 日的法律至少从选民册中勾销了 300 万个选民，这样就把选民人数减低到 700 万人，但是当选总统需要获得200 万选票的法定最低限额却依然保留着。这样一来，法定的最低限额就从总选票的五分之一几乎提高到三分之一。换句话说，这个法律用尽一切办法把总统选举从人民手里暗中转到国民议会手里。总之，秩序党好像是用 5 月 31 日的选举法加倍巩固了自己的统治，因为它已经把国民议会议员的选举和共和国总统的选举转交给社会的保守部分了。

七

社会共和国在二月革命开始的时候是作为一个词句、作为一个预言出现的。1848年六月事变时，它被扼杀在**巴黎无产阶级**的血泊中，但是它像幽灵一样出现在戏剧的下几幕中。**民主共和国**登上了舞台。它在 1849 年 6 月 13 日和它那些四散奔逃的**小资产者**一同消失了，但是它在逃走时却随身散发了大吹大擂的广告。**议会制共和国**同资产阶级一起占据了全部舞台，在它的整个生存空间为所欲为，但是 1851 年十二月二日事件在联合的保皇党人的"共和国万岁！"的惊慌叫喊声中把它埋葬了。①

---

① 在 1852 年版中这一段后面还有如下一段话："社会共和国和民主共和国失败了，而议会制共和国、保皇派资产阶级的共和国已经覆灭，同样，纯粹的共和国、资产者共和派的共和国也已经覆灭。"——编者注

法国资产阶级反对劳动无产阶级的统治，它把政权送给了以十二月十日会的头目为首的流氓无产阶级。资产阶级使得法国一想到红色无政府状态的可怕前景就心惊肉跳。12 月 4 日，当那些为烧酒所鼓舞的秩序军队根据波拿巴的命令，对蒙马特尔林荫道上和意大利林荫道上的凭窗眺望的显贵资产者射击的时候，波拿巴就把这一可怕前景贴现给了资产阶级。资产阶级曾把马刀奉为神，马刀统治了它。资产阶级消灭了革命的报刊，它自己的报刊也被消灭了。它把人民的集会置于警察监视之下，它自己的沙龙也遭到了警察的监视。它解散了民主派的国民自卫军，它自己的国民自卫军也被解散了。它实行了戒严，戒严也实行到了它头上。它用军事委员会代替了陪审团，它自己的陪审团也被军事委员会代替。它把国民教育置于教士的支配之下，教士也把它置于自己的教育之下。它不经审判就流放囚犯，它自己也未经审判就被流放了。它以国家权力镇压社会的一切运动，它自己的一切社会运动也遭到了国家权力的镇压。它因偏爱自己的钱袋而反对自己的政治家和著作家，它的政治家和著作家被排除了，但是它的钱袋也在它的口被封死和笔被折断后被抢劫了。资产阶级曾不倦地像圣徒阿尔塞尼乌斯对基督徒那样向革命叫喊道：“Fuge，tace，quiesce！——快跑，住嘴，安静！”波拿巴也向资产阶级叫喊道：“Fuge，tace，quiesce！——快跑，住嘴，安静！”

法国资产阶级早已把拿破仑的“50 年后欧洲是共和制的欧洲还是哥萨克式的欧洲”[①] 这个二难推理给解决了。它以“哥萨克式的共和国”解决了这个二难推理。无须瑟西的魔法就把资产阶级共和国这个杰作变成一个畸形怪物了。这个共和国除了外表的体面之外，什么也没有丧失。今天的法国采用了议会制共和国这一成熟的形式。只要刺刀一戳，水泡就破了，怪物就出现在眼前。[②]

为什么巴黎无产阶级在 12 月 2 日后没有举行起义呢？

当时资产阶级的倾覆还只见之于法令，而法令还没有被执行。无产阶级的任何重

---

① 艾·拉斯卡斯《圣赫勒拿岛回忆录》。——编者注

② 在 1852 年版中这一段话后面是这样写的："二月革命的最近的目标是推翻奥尔良王朝和在奥尔良王朝时期当政的那一部分资产阶级。到 1851 年 12 月 2 日才达到这个目标。这时，奥尔良王室的大量财产，即它的影响的物质基础，被没收了。二月革命后人们所期待的，在 12 月以后出现了，自 1830 年以来那些以自己的大喊大叫弄得法国精疲力竭的人遭到监禁、流亡、撤职、放逐、缴械、嘲笑。然而在路易-菲力浦时期执政的，只是商业资产阶级中的一部分。它的其他派别形成一个王朝反对派和一个共和主义反对派，或者完全站在所谓合法国土之外。只有议会制共和国把商业资产阶级的所有派别吸收到它的国家范围里。另外，在路易-菲力浦时期，商业资产阶级排斥了占有土地的资产阶级。只有议会制共和国使他们彼此处于平等地位，让七月王朝和正统王朝联姻并把财产统治的两个时期合而为一。在路易-菲力浦时期，资产阶级的享有特权的部分将其统治隐匿于王冠之下；在议会制共和国时期，资产阶级统治在联合了它的所有的构成部分并把它的帝国扩展为它的阶级的帝国之后，赤裸裸地露出头角。因此，革命本身首先必须创造一种形式，使资产阶级统治在这种形式下可以得到最广泛、最普遍、最彻底的表现，因而也可以被推翻，再也不能站立起来。

直到这时才执行了 2 月宣布的对奥尔良派资产阶级，即法国资产阶级中最有生命力的派别的判决。它的议会、律师协会、商业法庭、地方代议机关、公证处、大学、讲坛和法庭、报刊和书籍、行政收入和法院诉讼费、军饷和国债，它的精神和肉体都被击溃了。布朗基把解散资产阶级自卫军作为向革命提出的第一个要求，曾经在 2 月阻挡过革命前进的资产阶级自卫军在 12 月从舞台上消失了，万神庙又重新变成了普通的教堂。曾经把资产阶级制度的 18 世纪的发起人神圣化的魔法也同资产阶级制度的最后形式一起破灭了。当基佐得知 12 月 2 日的政变成功时，他宣告：C'est le triomphe complet et définitif du Socialisme！**这是社会主义的完全而彻底的胜利！** 也就是说：这是资产阶级统治的彻底而完全的灭亡。

为什么无产阶级没有拯救资产阶级呢？这个问题转化为另一个问题："——编者注

大起义都会立刻使资产阶级重新活跃起来，使它和军队协调起来，从而为工人造成第二个六月失败。

12月4日，资产者和小店主唆使无产阶级起来战斗。当天晚上，国民自卫军的几个联队答应拿着武器穿着军装到战场上来。因为资产者和小店主已经得知波拿巴在12月2日的一项命令中废除了秘密投票，命令他们在正式登记名册上把"赞成"或"反对"写在他们的名字后边。12月4日的抵抗吓坏了波拿巴。夜间他就下令在巴黎各个街口张贴了广告，宣布恢复秘密投票。资产者和小店主认为自己的目的已经达到了。次日早晨留在家里的正是小店主和资产者。

12月1日深夜，波拿巴以突然的袭击使巴黎的无产阶级失掉了它的领袖，失掉了街垒战的指挥者。这支没有指挥官的军队，由于对1848年六月事变、1849年六月事变和1850年五月事变记忆犹新，不愿意在山岳党的旗帜下作战，于是就听凭自己的先锋队即秘密团体去挽救巴黎的起义的荣誉，这种荣誉已被资产阶级如此恭顺地交给兵痞们去蹂躏，以致波拿巴后来能够用一个刻薄的理由解除国民自卫军的武装：他担心无政府主义者滥用国民自卫军的武器来反对国民自卫军自己！

"这是社会主义的完全而彻底的胜利！"——基佐曾这样评论12月2日的政变。但是，如果说议会制共和国的倾覆包含有无产阶级革命胜利的萌芽，那么它的直接的具体结果就是**波拿巴对议会的胜利，行政权对立法权的胜利，不讲空话的权力对讲空话的权力的胜利**。① 在议会中，国民将自己的普遍意志提升为法律，即将统治阶级的法律提升为国民的普遍意志。在行政权面前，国民完全放弃了自己的意志，而服从于他人意志的指挥，服从于权威。和立法权相反，行政权所表现的是国民的他治而不是国民的自治。这样，法国逃脱一个阶级的专制，好像只是为了服从于一个人的专制，并且是服从于一个没有权威的人的权威。斗争的结局，好像是一切阶级都同样软弱无力地和同样沉默地跪倒在枪托之前了。

然而革命是彻底的。它还处在通过涤罪所的历程中。它在有条不紊地完成自己的事业。1851年12月2日以前，它已经完成了前一半准备工作，现在它在完成另一半。它先使议会权力臻于完备，为的是能够推翻这个权力。现在，当它已达到这一步时，它就来使**行政权**臻于完备，使行政权以其最纯粹的形式表现出来，使之孤立，使之成为和自己对立的唯一的对象，以便集中自己的一切破坏力量来反对行政权。而当革命完成自己这后一半准备工作的时候，欧洲就会从座位上跳起来欢呼：掘得好，老田鼠！②

这个行政权有庞大的官僚机构和军事机构，有复杂而巧妙的国家机器，有50万人的官吏大军和50万人的军队。这个俨如密网一般缠住法国社会全身并阻塞其一切毛孔的可怕的寄生机体，是在专制君主时代，在封建制度崩溃时期产生的，同时这个寄生机体又加速了封建制度的崩溃。土地所有者和城市的领主特权转化为国家权力的同样众多的属性；封建的显贵人物转化为领取薪俸的官吏；互相对抗的中世纪的无限权力

---

① 在1852年版中这句话后面还有这样一句话："这样，旧国家的一种权力首先只是从它自身的局限中解放了出来，变成了无限制的绝对的权力。"——编者注

② 莎士比亚《哈姆雷特》第1幕第5场。——编者注

的五颜六色的样本转化为确切规定了的国家权力的方案，国家权力的运作像工厂一样有分工，又有集中。第一次法国革命的任务是破坏一切地方的、区域的、城市的和各省的特殊权力以造成全国的公民的统一，它必须把专制君主制已经开始的事情——中央集权加以发展，但是它同时也就扩大了政府权力的容量、属性和走卒数目。拿破仑完成了这个国家机器。正统王朝和七月王朝并没有增添什么东西，不过是扩大了分工，这种分工随着资产阶级社会内部的分工愈益造成新的利益集团，即造成用于国家管理的新材料，而愈益扩大起来。每一种**共同的**利益，都立即脱离社会而作为一种最高的**普遍的**利益来与社会相对立，都不再是社会成员的自主行动而成为政府活动的对象——从某一村镇的桥梁、校舍和公共财产，直到法国的铁路、国家财产和国立大学。最后，议会制共和国在它反对革命的斗争中，除采用高压手段外，还不得不加强政府权力的工具和中央集权。一切变革都是使这个机器更加完备，而不是把它摧毁。那些相继争夺统治权的政党，都把这个庞大国家建筑物的夺得视为胜利者的主要战利品。

但是在专制君主时代，在第一次革命时期，在拿破仑统治时期，官僚不过是为资产阶级的阶级统治进行准备的手段。在复辟时期，在路易-菲力浦统治时期，在议会制共和国时期，官僚虽力求达到个人专制，但它终究是统治阶级的工具。

只是在第二个波拿巴统治时期，国家才似乎成了完全独立的东西。和市民社会相比，国家机器已经大大地巩固了自己的地位，它现在竟能以十二月十日会的头目，一个从外国来的、被喝醉了的兵痞拥为领袖的冒险家做首脑，而这些兵痞是他用烧酒和腊肠收买过来的，并且他还要不断地用腊肠来讨好他们。由此便产生了怯懦的绝望和遭受奇耻大辱的情感，这种情感压住法国的胸膛，让它喘不过气来。法国觉得自己被凌辱了。[①]

虽然如此，国家权力并不是悬在空中的。波拿巴代表一个阶级，而且是代表法国社会中人数最多的一个阶级——**小农**。

正如波旁王朝是大地产的王朝，奥尔良王朝是金钱的王朝一样，波拿巴王朝是农民的王朝，即法国人民群众的王朝。被农民选中的不是服从资产阶级议会的那个波拿巴，而是驱散了资产阶级议会的那个波拿巴。城市在三年中成功地曲解了12月10日选举的意义，辜负了农民恢复帝国的希望。1848年12月10日的选举只是在1851年12月2日的政变中才得以实现。

小农人数众多，他们的生活条件相同，但是彼此间并没有发生多种多样的关系。他们的生产方式不是使他们互相交往，而是使他们互相隔离。这种隔离状态由于法国的交通不便和农民的贫困而更为加强了。他们进行生产的地盘，即小块土地，不容许

---

① 在1852年版中这一段是这样写的："只是在第二个波拿巴统治时期，国家才似乎成了完全独立于社会并对它进行奴役的东西。行政权具有明显的独立性，这时它的首脑不再需要天赋，它的军队不再需要声誉，它的官僚不再需要道义上的权威，便可以合法存在。和市民社会相比，国家机器已经大大地巩固了自己的地位，它现在竟能以十二月十日会的头目，一个从外国来的、被喝醉了的兵痞拥为领袖的冒险家做首脑，而这些兵痞是他用烧酒和腊肠收买过来的，并且他还要不断地用腊肠来讨好他们。由此便产生了怯懦的绝望和遭受奇耻大辱的情感，这个情感压住法国的胸膛，让它喘不过气来。法国觉得自己被凌辱了。如果说拿破仑还勉强能够以为法国争自由作为借口，那么第二个波拿巴已不再可能以让法国受奴役作为借口。"——编者注

在耕作时进行分工，应用科学，因而也就没有多种多样的发展，没有各种不同的才能，没有丰富的社会关系。每一个农户差不多都是自给自足的，都是直接生产自己的大部分消费品，因而他们取得生活资料多半是靠与自然交换，而不是靠与社会交往。一小块土地，一个农民和一个家庭；旁边是另一小块土地，另一个农民和另一个家庭。一批这样的单位就形成一个村子；一批这样的村子就形成一个省。这样，法国国民的广大群众，便是由一些同名数简单相加而形成的，就像一袋马铃薯是由袋中的一个个马铃薯汇集而成的那样。数百万家庭的经济生活条件使他们的生活方式、利益和教育程度与其他阶级的生活方式、利益和教育程度各不相同并互相敌对，就这一点而言，他们是一个阶级。而各个小农彼此间只存在地域的联系，他们利益的同一性并不使他们彼此间形成共同关系，形成全国性的联系，形成政治组织，就这一点而言，他们又不是一个阶级。因此，他们不能以自己的名义来保护自己的阶级利益，无论是通过议会或通过国民公会。他们不能代表自己，一定要别人来代表他们。他们的代表一定要同时是他们的主宰，是高高站在他们上面的权威，是不受限制的政府权力，这种权力保护他们不受其他阶级侵犯，并从上面赐给他们雨水和阳光。所以，归根到底，小农的政治影响表现为行政权支配社会。①

历史传统在法国农民中间造成了一种迷信，以为一个名叫拿破仑的人将会把一切美好的东西送还他们。于是就出现了一个人来冒充这个人，因为他取名为拿破仑，而且拿破仑法典规定："不许寻究父方"。经过 20 年的流浪生活和许多荒唐的冒险行径之后，预言终于实现了，这个人成了法国人的皇帝。侄子的固定观念实现了，因为这个观念是和法国社会中人数最多的阶级的固定观念一致的。

但是，也许有人会反驳我说：在半个法国不是发生过农民起义吗？军队不是围攻过农民吗？农民不是大批被捕，大批被流放吗？[333]

从路易十四时起，法国农民还没有"因为蛊惑者的阴谋"而遭到过这样的迫害。

但是，要正确地理解我的意思。波拿巴王朝所代表的不是革命的农民，而是保守的农民；不是力求摆脱其社会生存条件即小块土地的农民，而是想巩固这种条件的农民；不是力求联合城市并以自己的力量去推翻旧制度的农村居民，而是相反，是愚蠢地固守这个旧制度，期待帝国的幽灵来拯救自己和自己的小块土地并赐给自己以特权地位的农村居民。波拿巴王朝所代表的不是农民的开化，而是农民的迷信；不是农民的理智，而是农民的偏见；不是农民的未来，而是农民的过去；不是农民的现代的塞文[334]，而是农民的现代的旺代。[50]

议会制共和国三年的严酷统治，使一部分法国农民摆脱了对于拿破仑的幻想，并使他们（虽然还只是表面上）革命化了；可是，每当他们发动起来的时候，资产阶级就用暴力把他们打回去。在议会制共和国时期，法国农民的现代意识同传统意识展开了斗争。这一过程是以教师和教士之间不断斗争的形式进行的。资产阶级打垮了教师。农民第一次力图对政府的行动采取独立的态度；这表现在镇长和省长之间的不断冲突

---

① 在 1852 年版中这句话是这样写的："所以，归根到底，小农的政治影响表现为行政权支配议会，国家支配社会。"——编者注

上。资产阶级撤换了镇长。最后，法国各地农民在议会制共和国时期曾起来反对他们自己的产物，即军队。资产阶级用宣布戒严和死刑惩罚了他们。这个资产阶级现在却公然叫喊什么群众是可鄙的群氓，十分愚蠢，说这些群众把它出卖给波拿巴了。它自己曾以暴力加强了农民阶级对帝制的信赖，它曾把这种农民宗教产生的条件保留下来。当群众墨守成规的时候，资产阶级害怕群众的愚昧，而在群众刚有点革命性的时候，它又害怕起群众的觉悟了。

在政变以后发生的各次起义中，一部分法国农民拿起武器抗议他们自己在1848年12月10日的投票表决。1848年以来的教训，使他们学聪明了。但是他们已经投身于历史的地狱，历史迫使他们履行诺言，而大多数农民当时还抱有成见，以致恰恰是在最红的省份中农村居民公开把选票投给波拿巴。在他们看来，国民议会妨碍了波拿巴的活动。波拿巴现在只是打破了城市加之于乡村意志的桎梏。在有些地方，农民甚至荒唐地幻想在拿破仑身旁建立一个国民公会。

第一次革命把半农奴式的农民变成了自由的土地所有者之后，拿破仑巩固和调整了某些条件，以保证农民能够自由无阻地利用他们刚得到的法国土地并满足其强烈的私有欲。可是法国农民现在没落的原因，正是他们的小块土地、土地的分割，即被拿破仑在法国固定下来的所有制形式。这正是使法国封建农民成为小块土地的所有者，而使拿破仑成为皇帝的物质条件。只经过两代就产生了不可避免的结果：农业日益恶化，农民负债日益增加。"拿破仑的"所有制形式，在19世纪初期原是保证法国农村居民解放和致富的条件，而在本世纪的进程中却已变成使他们受奴役和贫困化的法律了。而这个法律正是第二个波拿巴必须维护的"拿破仑观念"中的第一个观念。如果他和农民一样，还有一个错觉，以为农民破产的原因不应在这种小块土地所有制中去探求，而应在这种土地所有制以外，在一些次要情况的影响中去探求，那么，他的实验一碰上生产关系，就会像肥皂泡一样破灭。

小块土地所有制的经济发展根本改变了农民与其他社会阶级的关系。在拿破仑统治时期，农村土地的小块化补充了城市中的自由竞争和正在兴起的大工业。[①] 农民阶级是对刚被推翻的土地贵族的普遍抗议。[②] 小块土地所有制在法国土地上扎下的根剥夺了封建制度的一切营养物。小块土地的界桩成为资产阶级抵抗其旧日统治者的一切攻击的自然堡垒。但是在19世纪的进程中，封建领主已被城市高利贷者所代替；土地的封建义务已被抵押债务所代替；贵族的地产已被资产阶级的资本所代替。农民的小块土地现在只是使资本家得以从土地上榨取利润、利息和地租，而让农民自己考虑怎样去挣自己的工资的一个借口。法国土地所负担的抵押债务每年从法国农民身上取得的利息，等于英国全部国债的年债息。受到资本这样奴役的小块土地所有制（而它的发展不可避免地要招致这样的奴役）使法国的一大半国民变成穴居人。1 600万农民（包括妇女和儿童）居住在洞穴中，大部分的洞穴只有一个洞口，有的有两个小洞口，最好

①　在1852年版中这之后还有如下几句话："对农民阶级实行优待本身有利于新的资产阶级制度。这个新造就的阶级是资产阶级制度向城市以外的地区的全面伸延，是资产阶级制度在全国范围内的实施。"——编者注

②　在1852年版中这之后还有如下一句话："如果说它首先受到优待，那么它也首先为封建领主的复辟提供了进攻点。"——编者注

的也只有三个洞口。而窗户之于住房，正如五官之于脑袋一样。资产阶级制度在本世纪初曾让国家守卫新产生的小块土地，并对它尽量加以赞扬，现在却变成了吸血鬼，吸吮它的心血和脑髓并把它投入资本的炼金炉中去。拿破仑法典现在至多不过是一个执行法庭判决、查封财产和强制拍卖的法典。在法国，除了官方计算的 400 万（包括儿童等等）乞丐、游民、犯人和妓女之外，还有 500 万人濒于死亡，他们或者是居住在农村，或者是带着他们的破烂和孩子到处流浪，从农村到城市，又从城市到农村。由此可见，农民的利益已不像拿破仑统治时期那样同资产阶级的利益、同资本相协调，而是同它们相对立了。因此，农民就把负有推翻资产阶级制度使命的**城市无产阶级**看做自己的天然同盟者和领导者。可是，**强有力的和不受限制的政府**（这是第二个拿破仑应该实现的第二个"拿破仑观念"）应该用强力来保卫这种"物质的"制度。这种"物质制度"也是波拿巴反对造反农民的一切文告中的口号。

小块土地除了肩负资本加于它的抵押债务外，还肩负着**赋税**的重担。赋税是官僚、军队、教士和宫廷的生活来源，一句话，它是行政权的整个机构的生活来源。强有力的政府和繁重的赋税是一回事。小块土地所有制按其本性说来是无数全能的官僚立足的基础。它造成全国范围内各种关系和个人的均质的水平。所以，它也就使得一个最高的中心对这个均质的整体的各个部分发生均质的作用。它消灭人民群众和国家权力之间的贵族中间阶梯。所以，它也就引起这一国家权力的全面的直接的干涉和它的直属机关的全面介入。最后，它造成无业的过剩人口，使他们无论在农村或城市都找不到容身之地，因此他们钻营官职，把官职当做一种体面的施舍，迫使增设官职。① 拿破仑借助于他用刺刀开辟的新市场，借助于对大陆的掠夺，连本带利一并偿还了强制性赋税。这种赋税曾是刺激农民发展产业的手段，而现在赋税却使这些产业失去最后的资源，失去抵御贫困化的能力。大批衣着华贵和脑满肠肥的官僚，是最符合第二个波拿巴心意的一种"拿破仑观念"。既然波拿巴不得不创造一个同社会各真实阶级并列的人为等级，而对这个等级来说，维护波拿巴的政权就成了饭碗问题，那么，事情又怎能不是这样呢？正因为如此，他的最初的财政措施之一就是把官吏薪俸提高到原来的水平，并添设了领干薪的新官职。

另一个"拿破仑观念"是作为政府工具的**教士**的统治。可是，如果说刚刚出现的小块土地由于它和社会相协调，由于它依赖自然力并且对从上面保护它的权威采取顺从态度，因而自然是相信宗教的，那么，债台高筑、同社会和权威反目并且被迫越出自己的有限范围的小块土地自然要变成反宗教的了。苍天是刚刚获得的一小块土地的相当不错的附加物，何况它还创造着天气；可是一到有人硬要把苍天当做小块土地的代替品的时候，它就成为一种嘲弄了。那时，教士就成为地上警察的涂了圣油的警

---

① 在 1852 年版中这后面还有如下一段话："在拿破仑时期，这一大批政府人员不仅仅直接提供生产成果，因为他们在公共工程等等的形式下采用国家的强制手段为新形成的农民阶级做出了资产阶级在私人产业的道路上还不可能做出的事情。国家赋税是维持城市和农村之间交换的必要的强制手段，否则，小块土地所有者就会像在挪威和瑞士的部分地区那样，由于农民的自给自足而破坏同城市的联系。"——编者注

犬——这也是一种"拿破仑观念"。① 对罗马的征讨下一次将在法国内部进行，不过它的意义和蒙塔朗贝尔先生所想的³³⁵ 正好相反。

最后，"拿破仑观念"登峰造极的一点，就是**军队**占压倒的优势。军队是小农的光荣，军队把小农造就成为英雄，他们保护新得的财产免受外敌侵犯，颂扬他们刚获得的民族性，掠夺世界并使之革命化。军服是他们的大礼服，战争是他们的诗篇，在想象中扩大和完整起来的小块土地是他们的祖国，而爱国主义是财产观念的理想形态。可是，现在法国农民为了保护自己的财产所要对付的敌人，已不是哥萨克，而是法警和税吏了。小块土地已不是躺在所谓的祖国中，而是存放在抵押账簿中了。军队本身已不再是农民青年的精华，而是农民流氓无产阶级的败类了。军队大部分都是招募来的新兵，都是些顶替者，正如第二个波拿巴本人只是一个招募来的人物，只是拿破仑的顶替者一样。现在军队是在执行宪兵勤务围捕农民时树立英雄业绩的；所以，如果十二月十日会的头目在其制度内在矛盾的驱使下到法国境外去用兵，那么军队在干了几桩强盗勾当后就不是获得荣誉，而是遭到痛打了。

这样，我们就看到，**一切"拿破仑观念"都是不发达的、朝气蓬勃的小块土地所产生的观念**；对于已经衰老的小块土地说来，这些观念是荒谬的，只是它垂死挣扎时的幻觉，只是变成了空话的词句，只是变成了幽灵的魂魄。但是，为了使法国国民大众解脱传统的束缚，为了使国家权力和社会之间的对立以纯粹的形态表现出来，一出模仿帝国的滑稽剧是必要的。随着小块土地所有制日益加剧的解体，建立在它上面的国家建筑物将倒塌下来。现代社会所需要的国家中央集权制，只能在军事官僚政府机器的废墟上建立起来，这种军事官僚政府机器是在同封建制度的对立中锻造而成的。②

12 月 20 日和 21 日大选之谜，要从法国农民的状况中找到解答。这次大选把第二个波拿巴推上西奈山³³⁶，并不是为了让他去接受法律，而是为了让他去颁布法律。③

显然，资产阶级现在除了投票选举波拿巴之外，再没有别的出路了。④ 当清教徒¹⁸⁷在康斯坦茨宗教会议³³⁷上诉说教皇生活淫乱并悲叹必须改革风气时，红衣主教彼得·大利向他们大声喝道："现在只有魔鬼还能拯救天主教会，而你们却要求天使！"法国

---

① 在1852年版中这后面还有如下一句话："和拿破仑时期不同，在第二个波拿巴时期，地上警察的使命不是监视农民体制在城市里的敌人，而是监视波拿巴在农村里的敌人。"——编者注

② 在1852年版中没有最后这两句话，本段的结尾是这样写的："打碎国家机器不会危及中央集权制。官僚政治不过是中央集权制还受其对立物即封建制度累赘时的低级和粗糙形态。法国农民一旦对拿破仑帝制复辟感到失望，就会把对于自己小块土地的信念抛弃；那时建立在这种小块土地上面的全部国家建筑物都将会倒塌下来，于是无产阶级革命就会形成一种合唱，若没有这种合唱，它在一切农民国度中的独唱是不免要变成孤鸿哀鸣的。"——编者注

③ 在1852年版中这段话是这样写的："**12 月 20 日和 21 日大选**之谜，要从法国农民的状况中找到解答。这次大选把第二个波拿巴推上西奈山，并不是为了让他去接受法律，而是为了让他去颁布和执行法律。的确，法兰西民族在那些灾难的日子里犯了反对民主主义的滔天大罪。民主主义跪倒在地，每天祷告：神圣的普选权，求您帮帮我们！普选权的信奉者自然不愿意放弃一种神奇的力量，因为它可以使他们成就大业，可以把第二个波拿巴变成拿破仑，把扫罗变成保罗，把西门变成彼得。国民精神通过选票箱对他们说话，就像先知以西结对枯干的骸骨说话：' Haec dicit dominus deus ossibus suis: Ecce, ego intromittam in vos Spiritum et vivetis.' '主耶和华对这些骸骨如此说：我必使气息进入你们里面，你们就要活了。' "——编者注

④ 在1852年版中这后面还有如下一句话："专制或者无政府主义，它自然投票赞成专制。"——编者注

资产阶级在政变后也同样高声嚷道：现在只有十二月十日会[125]的头目还能拯救资产阶级社会！只有盗贼还能拯救财产；只有假誓还能拯救宗教；只有私生子还能拯救家庭；只有无秩序还能拯救秩序！

波拿巴作为行政权的自主的力量，自命为负有保障"资产阶级秩序"的使命。但是这个资产阶级秩序的力量是中等阶级。所以他就自命为中等阶级的代表人物，并颁布了相应的法令。可是，他之所以能够成为一个人物，只是因为他摧毁了并且每天都在重新摧毁这个中等阶级的政治力量。所以他又自命为中等阶级的政治力量和著作力量的敌人。可是，既然他保护中等阶级的物质力量，那么就不免要使这个阶级的政治力量重新出现。因此，必须保护原因并在结果出现的地方把结果消灭掉。但是，原因和结果总不免有某些混淆，因为原因和结果在相互作用中不断丧失自己的特征。于是就有抹掉界限的新法令出现。同时波拿巴针对资产阶级，自命为农民和人民大众的代表，想使人民中的下层阶级在资产阶级社会的范围内得到幸福。于是就有一些预先抄袭"真正的社会主义者"[338]的治国良策的新法令出现。但是波拿巴首先觉得自己是十二月十日会的头目，是流氓无产阶级的代表。他本人、他的亲信、他的政府和他的军队都属于这个阶级，而这个阶级首先关心的是自己能生活得舒服，是从国库中抽取加利福尼亚的彩票。于是他就以颁布法令、撤开法令和违反法令来证实他真不愧为十二月十日会的头目。

这个人所负的这种充满矛盾的使命，就可以说明他的政府的各种互相矛盾的行动。这个政府盲目摸索前进，时而拉拢这个阶级，时而又拉拢另一个阶级，时而侮辱这个阶级，时而又侮辱另一个阶级，结果使一切阶级一致起来和它作对。他这个政府在实际行动上表现的犹豫，和他从伯父那里盲目抄袭来的政府法令的独断果敢的风格形成一种十分可笑的对照。①

工业和商业，即中等阶级的事业，应该在强有力的政府治理下像温室中的花卉一样繁荣。于是就让出了无数的铁路承租权。但是波拿巴派的流氓无产阶级是要发财致富的。于是就有事先知悉秘密的人在交易所进行承租权上的投机。但是又没有建筑铁路的资本。于是就强令银行以铁路股票作抵押来发放贷款。但是银行同时要由波拿巴本人来经营，因此就要优待银行。于是银行就免除了公布每周结算的义务，它和政府订立了只对它有利的契约。人民应该有工作。于是就安排公共工程。但是公共工程增加人民的税负。因此必须对食利者下手，把利息由五厘改为四厘半，以此来减低税额。但是必须再给中间等级一些甜头。因此零买酒喝的大众的葡萄酒税增加了一倍，而大批买酒喝的中间等级的酒税却减低了一半。现有的工人团体被解散了，但是许诺将来会出现团体兴旺的奇迹。必须帮助农民。于是要有抵押银行，以加重农民债务并加速财产集中。但是必须利用这些银行来从被没收的奥尔良王室财产中榨取金钱。可是没有一个资本家同意这个在法令中没有规定的条件，结果抵押银行也就始终只是一纸法令，如此等等。

---

① 在1852年版中这里还有一句话："因此，这些互相矛盾的行动的匆忙和草率，应该模仿皇帝的面面俱到和善于应对。"——编者注

波拿巴想要扮演一切阶级的家长似的恩人。但是，他要是不从一个阶级那里取得一些什么，就不能给另一个阶级一些什么。正如吉斯公爵在弗伦特运动时期由于曾把自己的一切财产变成他的党徒欠他的债务而被称为法国最该受感激的人一样，波拿巴也想做法国最该受感激的人，把法国所有的财产和所有的劳动都变成欠他个人的债务。他想窃取整个法国，以便将它再赠给法国，或者说得更确切些，以便能够用法国的钱再来收买法国，因为他作为十二月十日会的头目，就不得不收买应归他所有的东西。于是所有一切国家设施，即参议院、国务会议、立法机关、荣誉军团勋章、士兵奖章、洗衣房、公共工程、铁路、没有士兵的国民自卫军司令部以及被没收的奥尔良王室财产，都成了用于收买的设施。军队和政府机器中的每一个位置，都成了收买手段。然而在这种先把法国攫取过来，然后再把它交给法国自己的过程中，最重要的东西还是在买卖过程中流到十二月十日会的头目和会员的腰包里去的利润。莫尔尼先生的情妇L. 伯爵夫人，对没收奥尔良王室财产一事曾说过这样一句俏皮话："C'est le premiervol de l'aigle"（"这是鹰的最初的飞翔"①），这句俏皮话对于这只更像是**乌鸦**的鹰的每一次飞翔都适用。一个意大利的加尔都西会³³⁹修士曾对一个夸耀地计算自己还可以受用多年的财产的守财奴说过："Tu fai conto sopra i beni，bisogna prima far il conto sopra gli anni."② 波拿巴和他的信徒每天都对自己说这句话。为了不致算错年月，他们按分钟来计算。钻进宫廷，钻进内阁，钻进行政机关和军队的上层去的是一群连其中最好的一个也来历不明的流氓，是一群吵吵嚷嚷的、声名狼藉的、贪婪的浪荡者。他们穿着缀有标志级别的金银边饰的制服，装出俨如苏路克的高官显宦那样可笑的庄严的样子。如果人们注意到，**韦隆-克勒维尔**③是十二月十日会的道德说教者，**格朗尼埃·德卡桑尼亚克**是它的思想家，那么人们对这个会的上层人物就能有个清楚的概念了。基佐主持内阁的时候，曾在一家地方小报上利用这个格朗尼埃作为攻击王朝反对派的工具，并且总是给他如下的赞语："C'estle roi des drôles""这是丑角之王"。³⁴⁰ 如果把路易·波拿巴的朝廷和家族拿来跟摄政时期或路易十五统治时期³⁴¹对比，那是不公正的。因为"法国已不止一次地有过姘妇的政府，但是从来还没有过面首的政府"。④

波拿巴既被他的处境的自相矛盾的要求所折磨，同时又像个魔术师，不得不以不断翻新的意外花样吸引观众把视线集中在他这个拿破仑的顶替者身上，也就是说，他不得不每天发动小型政变，使整个资产阶级经济陷于混乱状态，侵犯一切在1848年革命中显得不可侵犯的东西，使一些人容忍革命而使另一些人欢迎革命，以奠定秩序为名造成无政府状态，同时又使整个国家机器失去圣光，渎犯它，使它成为可厌而又可笑的东西。他模仿特里尔的圣衣³⁴²的礼拜仪式在巴黎布置拿破仑的皇袍的礼拜仪式。但是，如果皇袍终于落在路易·波拿巴身上，那么拿破仑的铜像就将从旺多姆圆柱²⁸⁰

---

① vol有"飞翔"和"盗窃"两个意思。
② "你总是计算你的财产，但你最好是先计算一下你的年岁。"
③ 巴尔扎克在其长篇小说《贝姨》中，把克勒维尔描绘为最淫乱的巴黎庸人，这个克勒维尔是以《立宪主义者报》报社主人韦隆博士为模特描摹出来的。
④ 马克思在这里加了一个注："德·日拉丹夫人的话。"在1852年版中本段的结尾还有一句话："卡托为了在极乐世界同英雄相会，宁愿一死！可怜的卡托！"——编者注

顶上倒塌下来。

    卡·马克思大约写于 1851 年 12 月
中—1852 年 3 月 25 日
    载于 1852 年 5 月《革命。不定期
刊物》第 1 期

    原文是德文
    中文根据《马克思恩格斯全集》历史
考证版第 1 部分第 11 卷并参考《马克思
恩格斯全集》德文版第 8 卷翻译

    （选自《马克思恩格斯文集》第 2 卷，人民出版社 2009 年版，第 470—480 页、第
510—520 页、第 560—578 页。）

注　释

283　　指黑格尔在《历史哲学讲演录》第 3 部第 2 篇《从第二次昔尼克战争到皇帝
当政时期》中的论述。黑格尔指出："如果某种国家变革重复发生，人们总
会把它当做既成的东西而认可。这样就有了拿破仑的两次被捕，波旁王室的
两次被驱逐。由于重复，开初只是偶然和可能的东西便成了现实的和得到确
认的东西了。"——470。

81　　山岳党即山岳派，在 1793—1795 年间是指法国资产阶级革命时期代表中小资
产阶级利益的革命民主派，因其在国民公会开会时坐在大厅左侧的最高处而
得名。代表人物有罗伯斯比尔、让·保·马拉、若·雅·丹东等。其成员大
都参加了雅各宾俱乐部。1792 年 10 月，代表大工商业资产阶级利益的吉伦特
派退出雅各宾俱乐部后，山岳党实际上成为雅各宾派的同义语。

    山岳党在 1848—1851 年间是指法国制宪议会和立法议会中集合在《改革
报》周围的小资产阶级民主主义者和社会主义者。其领袖人物为赖德律-洛
兰、费·皮阿等人。以路易·勃朗为首的小资产阶级社会主义者也参加了这
一派。他们自称是 1793—1795 年法国国民公会中的山岳党思想的继承人。
1849 年 2 月后该派又称新山岳党。——106、118、126、139、176、
470、519。

284　　特别警察指英国的特别巡警，是由平民组成的警察后备队，他们曾帮助正规
警察驱散 1848 年 4 月 10 日的宪章派示威游行队伍。路易·波拿巴流亡伦敦
期间曾自愿充当特别警察。伦敦的特别警察代替小军士，指路易·波拿巴代
替拿破仑第一。——470、488。

285　　1800 年 6 月 14 日，拿破仑的军队经圣伯纳德山口翻越阿尔卑斯山，在意大
利北部的马伦戈击溃奥地利将军梅拉斯的军队，这一决定性胜利最后导致
英、俄、奥等国反法同盟的解体。——470。

286　　指 1851 年 12 月至 1852 年 1 月间由于路易·波拿巴要求瑞士当局引渡法国共
和派流亡者而发生的法国和瑞士两国之间的冲突。——470。

287　圣安德烈大十字勋章是沙皇俄国的最高勋章。马克思在这里显然是指路易·波拿巴需要得到俄国皇帝尼古拉一世的承认。——470。

288　使徒保罗是圣经中的人物，原名扫罗，是虔诚的犹太教徒。据《新约全书·使徒行传》记载，当他前往大马士革追捕基督教徒时，忽被强光照射，耶稣在光中显现，嘱他停止迫害基督徒。他从此转信耶稣基督，后来成为耶稣直接挑选的使徒，被派往各地传教，改名保罗。《新约全书》中的保罗书信传说为他所写，其主要思想成为基督教教义和神学的重要依据之一。——471。

289　哈巴谷是圣经中 12 个所谓小先知之一。他以其诗一般热情的话语为人们所称道。约·洛克是 17 世纪英国资产阶级革命后出现的哲学家和经济学家，他处事注重实际而缺少诗意，只相信人的理智。在这里马克思把哈巴谷当做洛克的对立面。——472

290　1848 年 12 月 10 日，路易·波拿巴经大选成为法兰西共和国总统。——473。

291　"埃及的肉锅"一词源于圣经传说：被奴役的以色列人逃离埃及，行至旷野，饥饿难忍，于是开始抱怨摩西，说他不应该带领他们离开埃及，因为他们在埃及虽然世代为奴，但毕竟可以围着肉锅吃饱肚子（参看《旧约全书·出埃及记》第 16 章第 1—3 节）。——473。

4　二月革命指 1848 年 2 月爆发的法国资产阶级民主革命。代表金融资产阶级利益的"七月王朝"推行极端反动的政策，反对任何政治改革和经济改革，阻碍资本主义发展，加剧对无产阶级和农民的剥削，引起全国人民的不满；农业歉收和经济危机进一步加深了国内矛盾。1848 年 2 月 22—24 日巴黎爆发革命，推翻了"七月王朝"，建立了资产阶级共和派的临时政府，宣布成立法兰西第二共和国。二月革命为欧洲 1848—1849 年革命拉开了序幕。无产阶级和小资产阶级积极参加了这次革命，但革命果实却落到了资产阶级手里。——5、11、20、72、235、386、468、593。

292　"这里是罗陀斯，就在这里跳跃吧！"这句话出自伊索寓言《说大话的人》。一个说大话的人自吹在罗陀斯岛上跳得很远很远。别人就用这句话反驳他。其转义是：这里就是最主要的，你就在这里证明吧！

　　"这里有玫瑰花，就在这里跳舞吧！"这句话是从上面那句话演变而来的。罗陀斯在希腊语中既是岛名，又有"玫瑰花"的意思。黑格尔在《法哲学原理》一书的序言中曾使用这种说法。——474。

293　按照 1848 年 11 月 4 日宪法规定，法兰西共和国总统任期为四年，新总统的选举在 5 月的第二个星期日举行，即将离任的总统不能参加竞选。1852 年 5 月的这一天，路易·波拿巴的总统任期届满。小资产阶级民主派，特别是流亡者，希望民主党派在这一天能够上台执政。——475、551。

176　锡利亚一词源于希腊文 Chilioi，意为一千。锡利亚教义产生于奴隶制度解体时期，宣传基督复临，在世上建立公正、平等和幸福的"千年王国"（见注181）的宗教神秘主义学说，反映了农民和城市平民的心态。恩格斯把这种信仰称做"锡利亚式狂想"。在基督教早期，这种信仰流传很广，后来经常出现在中世纪各种教派的教义中。——238、245、475。

294　卡皮托利诺是罗马城中一个设有防御工事的小丘，那里建有尤诺纳教堂。据传说，公元前 390 年高卢人进犯罗马时，尤诺纳教堂里鹅的叫声惊醒了守卫卡皮托利诺的士兵，从而拯救了罗马城。——475。

295　指正统派（见注 40）和奥尔良派（见注 77）。——475。

296　蓝色共和党人指资产阶级共和派，因其机关报是《国民报》故又称《国民报》派，亦称三色旗共和派、纯粹的共和派（见注 64）。1848 年革命时期，这一派的领导人参加了临时政府，后来靠卡芬雅克的帮助策划了六月大屠杀。红色共和党人指其他各种民主派和社会主义者。——475。

297　非洲的英雄指曾经参加阿尔及利亚殖民战争的法国军官，在法国，人们曾把他们称做"非洲人"或"阿尔及利亚人"。马克思在这里指的是路·欧·卡芬雅克、克·拉莫里谢尔和玛·阿·贝多等将军，他们是国民议会中共和派集团的首领。——475。

65　王朝反对派是七月王朝时期法国众议院中以奥·巴罗为首的议员集团。这个集团代表工商业资产阶级自由派的政治观点，主张实行温和的选举改革，认为这样做能避免革命并维持奥尔良王朝的统治。该派也被称做议会反对派。——85、102、118、476。

79　指 1848 年 5 月 15 日巴黎人民的革命行动。这一行动是在进一步推进革命和支持意大利、德国、波兰的革命运动的口号下进行的，参加游行的人数多达 15万，其中主要是以奥·布朗基等为首的巴黎工人。游行者向正在讨论波兰问题的制宪议会进发，闯进了波旁王宫的会议大厅，要求议会兑现诺言，向为争取独立而斗争的波兰提供军事援助，采取断然措施消除失业和贫困，给工人以面包和工作，成立劳动部。当这些要求遭到拒绝后，游行者试图驱散制宪议会，成立新的临时政府。5 月 15 日的示威运动遭到镇压。运动的领导者布朗基、巴尔贝斯（他曾提出向富人征收 10 亿税款）、阿尔伯、拉斯拜尔等人遭逮捕。这次革命行动失败后，临时政府采取了一系列废除国家工场的措施，实施了禁止街头集会的法律，查封了许多民主派俱乐部。1849 年 3 月 7日—4 月 3 日，当局在布尔日对 1848 年 5 月 15 日事件的参加者进行了审判。巴尔贝斯被处以无期徒刑，布朗基被处以 10 年的单独监禁，德弗洛特、索布里埃、拉斯拜尔、阿尔伯等人被判处期限不等的徒刑，有的被流放到殖民地。——101、108、112、125、406、477、494。

71　别动队是根据法国临时政府 1848 年 2 月 25 日命令，为对付革命的人民群众而成立的。这支由 15—20 岁的巴黎流氓无产者组成的队伍曾被利用来镇压巴黎工人的六月起义。当时任陆军部长的卡芬雅克将军亲自领导了这次镇压工人的行动。后来，波拿巴主义者将其解散，因为他们担心波拿巴与共和党人发生冲突时，别动队会站在共和党人一边。——95、111、124、478。

298　相传罗马皇帝君士坦丁大帝在 312 年征讨马克森提乌斯时，中午时刻看见天上出现一个光芒四射的十字架，旁边有一行字："在此标记下你必胜！"有人据此认为君士坦丁大帝从迫害基督教到皈依和保护基督教与这个传说有关。——479。

40 正统派是法国代表大土地贵族和高级僧侣利益的波旁王朝（1589—1792 年和 1814—1830 年）长系的拥护者。1830 年波旁王朝第二次被推翻以后，正统派结成政党。在反对以金融贵族和大资产阶级为支柱的当政的奥尔良王朝时，一部分正统派常常抓住社会问题进行蛊惑宣传，标榜自己维护劳动者的利益，使他们不受资产者的剥削。——55、86、99、126、341、510。

77 奥尔良派是金融贵族和大资产阶级的保皇党，是1830 年七月革命到 1848 年二月革命这段时期执政的波旁王朝幼系奥尔良公爵的拥护者。——99、126、510。

318 所谓教皇的自由主义行动是指罗马教皇庇护九世 1846 年就职时实行大赦，在教皇国开始实行广泛的改革，以及 1848 年 3 月在教皇国实施立宪制并建立某种程度的世俗内阁等做法。

在《路易·波拿巴的雾月十八日》1852 年第一版和 1869 年第二版中，此处都错印成"教皇的非自由主义行动"，1885 年出版第三版时更正为"教皇的自由主义行动"。——511。

104 这里涉及废除酒税的法案。制宪议会曾于 1849 年 5 月 19 日通过决定，从 1890 年 1 月 1 日起废除酒税。关于废除酒税的法案于 1849 年 12 月 18 日提交国民议会进行讨论。在废除酒税的决定生效前 10 天，国民议会又通过了恢复这项税收的法律。——155、162、513。

319 1850 年 1 月 19 日、2 月 26 日和 3 月 15 日国民议会讨论了教育法，并在 3 月 15 日通过了这项法律。这项废除无神思想的教育法，实际上是把学校置于教士的控制之下。——513。

87 伏尔泰是自然神论者，他对僧侣主义、天主教和专制政体的猛烈抨击曾对他的同时代人产生极大的影响。因此伏尔泰主义特指 18 世纪末期进步的、反宗教的社会政治观点。

在马克思和恩格斯的著作里，伏尔泰主义这一概念是指资产阶级在上升时期所持的充满矛盾的思想观点和政治态度。当时，这个阶级方面从自然神论的立场出发，反对宗教狂热和封建教权主义；另一方面又认为，为了对"贱民"实行统治，宗教的存在是必要的。

耶稣会是天主教的修会之一，以对抗宗教改革运动为宗旨。耶稣会会士以各种形式渗入社会各阶层进行活动，为达到目的不择手段，在欧洲声誉不佳。——119、162、165、513。

120 《卫戍官》是维·雨果的一部描写德国中世纪生活的历史剧。在中世纪的德国，卫戍官是皇帝指派的城堡和地区的统治者。1850 年 5 月 1 日，根据内务大臣的命令成立了立法议会新选举法起草委员会。该委员会的 17 名成员属于奥尔良派和正统派，由于贪图权力和立场反动而被称为卫戍官。——177、517、556。

320　新选举法即法国 1850 年 5 月 31 日通过的《1849 年 3 月 15 日选举法修正案》。该法案规定，在固定居住地居住三年以上并直接纳税的人才有表决权。此项法案使 300 多万选民丧失了选举权，实际上废除了普选权。——519、520。

97　新的新闻出版法于 1850 年 7 月 16 日由立法议会通过。这部法律的有关规定大大提高了报刊出版者应交付的保证金数额，并开始征收印花税，小册子也不例外。新的新闻出版法实际上是取消法国新闻出版自由的又一项反动措施。——145、178、519。

334　塞文是法国南部朗格多克省的一个山区，1702—1705 年爆发了农民起义，被称为"卡米扎尔"（"穿衬衫的人"）起义。由于新教徒遭受迫害而引发的这些起义具有明显的反封建性质。个别地区直到 1715 年还有这类起义发生。——568。

50　旺代是法国西部的一个省。1793 年春季，该省经济落后地区的农民在贵族和僧侣的唆使和指挥下举行反对法国大革命的暴动，围攻并夺取了共和国军队防守的索米尔城。暴动于 1795 年被平定，但是在 1799 年和以后的年代中，这地区的农民又多次试图叛乱。旺代因此而成为反革命叛乱策源地的代名词。——70、321、431。

335　指正统派首领沙·蒙塔朗贝尔 1850 年 5 月 22 日在一篇演说中要求国民议会议员"同社会主义进行严肃的斗争"。——572。

336　西奈山是阿拉伯半岛上的山脉。据圣经传说，摩西在西奈山上聆受了耶和华的"十诫"（见《旧约全书·出埃及记》第 19—20 章）。——573。

187　清教徒是基督教新教教徒中的一派，16 世纪中叶产生于英国，原为英国国教会（圣公会）内以加尔文教义为旗帜的新宗派，如长老会、公理会等。清教徒要求"清洗"英国国教内保留的天主教旧制和烦琐仪文，反对王公贵族的骄奢淫逸，提倡"勤俭清洁"的简朴生活。因而得名。16 世纪末，清教徒中开始形成两派，即温和派（长老派）和激进派（独立派）。温和派代表大资产阶级和上层新贵族的利益，主张立宪君主政体。激进派代表中层资产阶级和中小贵族的利益，主张共和政体。——256、574。

337　康斯坦茨宗教会议（1414—1418 年）是宗教改革运动开始后为巩固天主教会已经动摇的地位而召开的。这次会议谴责了宗教改革运动的首领约·威克利夫和扬·胡斯的教理，消除了天主教会的分裂状态并推选出新的教会首脑以代替三个争夺教皇皇位的人。——574。

125　十二月十日会是波拿巴派的秘密团体，以纪念其庇护人路易波拿巴 1848 年12 月 10 日当选为法兰西共和国总统而得名。该组织成立于 1849 年，主要由堕落分子、政治冒险家、军人等组成。虽然该团体于 1850 年 11 月表面上被解散，但实际上其党羽仍然继续进行波拿巴主义的宣传，并积极参加了 1851年 12 月 2 日政变。——184、522、539、574。

338　"真正的社会主义者"原指 1844 年起在德国传播的所谓德国的或"真正的"

社会主义思潮（见注 242）的代表人物。马克思在这里是指大约 1850 年初出现在法国的所谓社会民主派。——574。

339　加尔都西会是 1084 年法国人圣布鲁诺创立的天主教隐修院修会之一，因创建于法国加尔都西山中而得名。该会会规以本笃会会规为蓝本，但更严格。修士各居一小室，以便独自专务苦身、默想、诵经；终身严守静默，只能在每周六聚谈一次；在每年的 40 天封斋期内，仅食面包和清水，有"苦修会"之称。——576。

340　这是雅·杜邦·德勒尔在《内部纪事》一文中对弗·基佐的称谓，该文发表在 1850 年 12 月 15 日《流亡者之声》第 8 期。——577。

341　指法国奥尔良王朝的菲力浦摄政时期（1715—1723 年）。当时路易十五尚未成年。——577。

342　特里尔的圣衣是保存在特里尔教堂里的天主教圣物，传说是耶稣受刑时脱下的。特里尔的圣衣是朝圣者的崇拜物。——577。

280　旺多姆圆柱又称凯旋柱，是为了纪念拿破仑第一的战功，于 1806—1810 年在巴黎旺多姆广场修建的。整个圆柱全部用缴获的武器上的青铜制成，顶上铸有一座拿破仑雕像，雕像在复辟时期被拆除，但在 1883 年又重新复原。1871年根据巴黎公社的决议，旺多姆圆柱作为军国主义的象征被推倒。1875 年圆柱又被资产阶级政府修复。——466、578。

333　1851 年 12 月共和派在巴黎举行了反对波拿巴政变的起义。外省农民、小城镇手艺人、工人、商人和知识分子等也纷纷起义。反抗波拿巴的运动波及法国东南部、西南部和中部 20 多个省，将近 200 个地区。但是，由于缺乏统一领导，起义很快就被警察和政府军队镇压下去了。参看注 331。

　　马克思在这里把波拿巴当局对包括农民在内的共和派运动采取的报复措施，同 19 世纪二三十年代德国当局迫害所谓蛊惑者的行为作了类比。——567。

八、1857—1858 年经济学
手稿摘选导言（节选）

[M—1] A. 导　言[1]

I. 生产、消费、分配、交换（流通）[2]

1. 生产

（α）摆在面前的对象，首先是**物质生产**。

在社会中进行生产的个人，——因而，这些个人的一定社会性质的生产，当然是出发点。被斯密和李嘉图当做出发点的单个的孤立的猎人和渔夫，[3] 属于 18 世纪的缺乏想象力的虚构。这是鲁滨逊一类的故事，这类故事决不像文化史家想象的那样，仅仅表示对过度文明的反动和要回到被误解了的自然生活中去。同样，卢梭的通过契约来建立天生独立的主体之间的关系和联系的"社会契约"[4]，也不是以这种自然主义为基础的。这是假象，只是大大小小的鲁滨逊一类故事所造成的美学上的假象。其实，这是对于 16 世纪以来就作了准备、而在 18 世纪大踏步走向成熟的"市民社会"[5] 的预感。在这个自由竞争的社会里，单个的人表现为摆脱了自然联系等等，而在过去的历史时代，自然联系等等使他成为一定的狭隘人群的附属物。这种 18 世纪的个人，一方面是封建社会形式解体的产物，另一方面是 16 世纪以来新兴生产力的产物，而在 18 世纪的预言家看来（斯密和李嘉图还完全以这些预言家为依据），这种个人是曾在过去存在过的理想；在他们看来，这种个人不是历史的结果，而是历史的起点。因为按照他们关于人性的观念，这种合乎自然的个人并不是从历史中产生的，而是由自然造成的。这样的错觉是到现在为止的每个新时代所具有的。斯图亚特在许多方面同 18 世纪对立并作为贵族比较多地站在历史基础上，从而避免了这种局限性。

我们越往前追溯历史，个人，从而也是进行生产的个人，就越表现为不独立，从属于一个较大的整体：最初还是十分自然地在家庭和扩大成为氏族[6]的家庭中；后来是在由氏族间的冲突和融合而产生的各种形式的公社中。只有到 18 世纪，在"市民社会"中，社会联系的各种形式，对个人说来，才表现为只是达到他私人目的的手段，才表现为外在的必然性。但是，产生这种孤立个人的观点的时代，正是具有迄今为止最发达的社会关系（从这种观点看来是一般关系）的时代。人是最名副其实的政治动物[7]，不仅是一种合群的动物，而且是只有在社会中［M—2］才能独立的动物。孤立的一个人在社会之外进行生产——这是罕见的事，在已经内在地具有社会力量的文明人偶然落到荒野时，可能会发生这种事情——就像许多个人不在一起生活和彼此交谈而竟有语言发展一样，是不可思议的。在这方面无须多说。18 世纪的人们有这种荒诞无稽的看法是可以理解的，如果不是巴师夏、凯里和蒲鲁东[8]等人又把这种看法郑重其事地引进最新的经济学中来，这一点本来可以完全不提。蒲鲁东等人自然乐于用编造神话的办法，来对一种他不知道历史来源的经济关系的起源作历史哲学的说明，说什么亚当或普罗米修斯已经有了现成的想法，后来这种想法就被实行了等等。再没有比这类想入非非的陈词滥调更加枯燥乏味的了。

因此，说到生产，总是指在一定社会发展阶段上的生产——社会个人的生产。因而，好像只要一说到生产，我们或者就要把历史发展过程在它的各个阶段上一一加以研究，或者一开始就要声明，我们指的是某个一定的历史时代，例如，是现代资产阶级生产——这种生产事实上是我们研究的本题。可是，生产的一切时代有某些共同标志，共同规定。**生产一般**是一个抽象，但是只要它真正把共同点提出来，定下来，免得我们重复，它就是一个合理的抽象。不过，这个**一般**，或者说，经过比较而抽出来的共同点，本身就是有许多组成部分的、分为不同规定的东西。其中有些属于一切时代，另一些是几个时代共有的。［有些］规定是最新时代和最古时代共有的。没有它们，任何生产都无从设想；但是，如果说最发达的语言和最不发达的语言共同具有一些规律和规定，那么，构成语言发展的恰恰是有别于这个一般和共同点的差别。对生产一般适用的种种规定所以要抽出来，也正是为了不致因为有了统一（主体是人，客体是自然，这总是一样的，这里已经出现了统一）而忘记本质的差别。那些证明现存社会关系永存与和谐的现代经济学家的全部智慧，就在于忘记这种差别。例如，没有生产工具，哪怕这种生产工具不过是手，任何生产都不可能。没有过去的、积累的劳动，哪怕这种劳动不过是由于反复［M—3］操作而积聚在野蛮人手上的技巧，任何生产都不可能。资本，别的不说，也是生产工具，也是过去的、客体化了的劳动。可见资本是一种一般的、永存的自然关系；这样说是因为恰好抛开了正是使"生产工具"、"积累的劳动"成为资本的那个特殊。因此，生产关系的全部历史，例如在凯里看来，是历代政府的恶意篡改。

如果没有生产一般，也就没有一般的生产。生产总是一个个**特殊的生产部门**——如农业、畜牧业、制造业等，或者生产是**总体**。可是，政治经济学不是工艺学。生产的一般规定在一定社会阶段上对特殊生产形式的关系，留待别处（后面）再说。

最后，生产也不只是特殊的生产，而始终是一定的社会体即社会的主体在或广或窄的由各生产部门组成的总体中活动着。科学的叙述对现实运动的关系，也还不是这里所要说的。生产一般。特殊生产部门。生产的总体。

现在时髦的做法，是在经济学的开头摆上一个总论部分——就是标题为《生产》的那部分（参看约·斯·穆勒的著作[9]），用来论述一切生产的**一般条件**。

这个总论部分包括或者据说应当包括：

（1）进行生产所必不可缺少的条件。因此，这实际上不过是摆出一切生产的基本要素。可是，我们将会知道，这些要素实际上归纳起来不过是几个十分简单的规定，而这些规定却扩展成浅薄的同义反复。

（2）或多或少促进生产的条件，如像亚当·斯密所说的前进的和停滞的社会状态[10]。要把这些在亚·斯密那里作为提示而具有价值的东西提到科学意义上来，就得研究在各个民族的发展过程中各个时期的**生产率程度**——这种研究超出本题的范围，而这种研究同本题有关的方面，应在叙述竞争、积累等等时来谈。照一般的提法，答案总是这样一个一般的说法：一个工业民族，当它一般地达到它的历史高峰的时候，也就达到它的生产高峰。实际上，一个民族的工业高峰是在这个民族的主要任务还不是维护利润，而是谋取利润的时候达到的。就这一点来说，美国人胜过英国人。或者是这样的说法：例如，某些种族素质，气候，自然环境如离海的远近，土地肥沃程度等等，比另外一些更有利于生产。这又是同义反复，即财富的主客观因素越是在更高的程度上具备，财富就越容易创造。

［M—4］但是，这一切并不是经济学家在这个总论部分所真正要说的。相反，他们所要说的是，生产不同于分配等等（参看穆勒的著作[11]），应当被描写成局限在与历史无关的永恒自然规律之内的事情，于是**资产阶级**关系就被乘机当做社会一般的颠扑不破的自然规律偷偷地塞了进来。这是整套手法的多少有意识的目的。在分配上，他们则相反地认为，人们事实上可以随心所欲。即使根本不谈生产和分配的这种粗暴割裂以及生产和分配的现实关系，总应该从一开始就清楚地看到：无论在不同社会阶段上分配方式如何不同，总是可以像在生产中那样提出一些共同的规定来，可以把一切历史差别混合或融化在**一般人类**规律之中。例如，奴隶、农奴、雇佣工人都得到一定量的食物，使他们能够作为奴隶、农奴和雇佣工人来生存。靠贡赋生活的征服者，靠税收生活的官吏，靠地租生活的土地所有者，靠施舍生活的僧侣，靠什一税生活的教士，都得到一份社会产品，而决定这一份产品的规律不同于决定奴隶等等的那一份产品的规律。一切经济学家在这个项目下提出的两个要点是：（1）财产，（2）司法、警察等等对财产的保护。对此要极简短地答复一下：

关于第一点。一切生产都是个人在一定社会形式中并借这种社会形式而进行的对自然的占有。在这个意义上，说财产（占有）是生产的一个条件，那是同义反复。但是，可笑的是从这里一步就跳到财产的一定形式，如私有财产。（而且还以对立的形式即**无财产**作为前提条件。）历史却表明，共同财产（如印度人、斯拉夫人、古凯尔特人等等那里的共同财产）是原始形式，这种形式还以公社财产形式长期起着显著的作用。至于财富在这种还是那种财产形式下能更好地发展的问题，还根本不是这里所要谈的。可是，如果说在任何财产形式都不存在的地方，就谈不到任何生产，因此也就谈不到任何社会，那么，这是同义反复。什么也不占有的占有，是自相矛盾。

关于第二点。对既得物的保护等等。如果把这些滥调还原为它们的实际内容，它们所表示的就比它们的说教者所知道的还多。就是说，每种生产形式都产生出它所特有的法的关系、统治形式等等。粗率和无知之处正在于把有机地〔M—5〕联系着的东西看成是彼此偶然发生关系的、纯粹反思联系中的东西。资产阶级经济学家只是感到，在现代警察制度下，比在例如强权下能更好地进行生产。他们只是忘记了，强权也是一种法，而且强者的权利也以另一种形式继续存在于他们的"法治国家"中。

当与生产的一定阶段相应的社会状态刚刚产生或者已经衰亡的时候，自然会出现生产上的紊乱，虽然程度和影响有所不同。

总之，一切生产阶段所共有的、被思维当做一般规定而确定下来的规定，是存在的，但是所谓一切生产的**一般条件**，不过是这些抽象要素，用这些要素不可能理解任何一个现实的历史的生产阶段。

2. 生产与分配、交换、消费的一般关系

在进一步分析生产之前，必须考察一下经济学家拿来与生产并列的几个项目。

肤浅的表象是：在生产中，社会成员占有（开发、改造）自然产品供人类需要；分配决定个人分取这些产品的比例；交换给个人带来他想用分配给他的一份去换取的那些特殊产品；最后，在消费中，产品变成享受的对象，个人占有的对象。生产制造出适合需要的对象；分配依照社会规律把它们分配；交换依照个人需要把已经分配的东西再分配；最后，在消费中，产品脱离这种社会运动，直接变成个人需要的对象和仆役，供个人享受而满足个人需要。因而，生产表现为起点，消费表现为终点，分配和交换表现为中间环节，这中间环节又是二重的，分配被规定为从社会出发的要素，交换被规定为从个人出发的要素。在生产中，人客体化，在消费①中，物主体化；在分配中，社会以一般的、占统治地位的规定的形式，担任生产和消费之间的中介；在交换中，生产和消费由个人的偶然的规定性来中介。

分配决定产品归个人的比例（数量）；交换决定个人拿分配给自己的一份 ［M—6］所要求的产品。

生产、分配、交换、消费因此形成一个正规的三段论法：生产是一般，分配和交换是特殊，消费是个别，全体由此结合在一起。这当然是一种联系，然而是一种肤浅的联系。生产决定于一般的自然规律；分配决定于社会的偶然情况，因此它能够或多或少地对生产起促进作用；交换作为形式上的社会运动介于两者之间；而消费这个不仅被看成终点而且被看成最后目的的结束行为，除了它又会反过来作用于起点并重新引起整个过程之外，本来不属于经济学的范围。

反对政治经济学家的人们——不论这些反对者是不是他们的同行——责备他们把联系着的东西粗野地割裂了，这些反对者或者同他们处于同一水平，或者低于他们。最庸俗不过的责备就是，说政治经济学家过于重视生产，把它当做目的本身。说分配也是同样重要的。这种责备的立足点恰恰是这样一种经济观点，即把分配当做与生产并列的独立自主的领域。或者是这样的责备，说没有把这些要素放在其统一中来考察。好像这种割裂不是从现实进到教科书中去的，而相反地是从教科书进到现实中去的，好像这里的问题是要对概念作辩证的平衡，而不是解释现实的关系！

---

① 原手稿中是"人"。——编者注

（a）［生产和消费］

生产直接也是消费。双重的消费，［第一］，个人在生产过程中发展自己的能力，也在生产行为中支出、消耗这种能力，这同自然的生殖是生命力的一种消费完全一样。第二，生产资料的消费，生产资料被使用、被消耗、一部分（如在燃烧中）重新分解为一般元素。原料的消费也是这样，原料不再保持自己的自然形状和自然特性，而是丧失了这种形状和特性。因此，生产行为本身就它的一切要素来说也是消费行为。不过，这一点是经济学家所承认的。他们把直接与消费同一的生产，直接与生产合一的消费，称做**生产的消费**。生产和消费的这种同一性，归结为斯宾诺莎的命题："规定就是否定"[12]。

［M—7］但是，提出生产的消费这个规定，只是为了把与生产同一的消费跟原来意义上的消费区别开来，后面这种消费被理解为起消灭作用的与生产相对的对立面。现在我们来考察一下这个原来意义上的消费。

消费直接也是生产，正如在自然界中元素和化学物质的消费是植物的生产一样。例如，在吃喝这一种消费形式中，人生产自己的身体，这是明显的事。而对于以这种或那种方式从某一方面来生产人的其他任何消费方式也都可以这样说。消费的生产。可是，经济学却说，这种与消费同一的生产是第二种生产，是靠消灭第一种生产的产品引起的。在第一种生产中，生产者物化，在第二种生产中，生产者所创造的物人化。因此，这种消费的生产——虽然它是生产和消费的直接统一——是与原来意义上的生产根本不同的。生产同消费合一和消费同生产合一的这种直接统一，并不排斥它们直接是两个东西。

可见，生产直接是消费，消费直接是生产。每一方直接是它的对方。可是同时在两者之间存在着一种中介运动。生产中介着消费，它创造出消费的材料，没有生产，消费就没有对象。但是消费也中介着生产，因为正是消费替产品创造了主体，产品对这个主体才是产品。产品在消费中才得到最后完成。一条铁路，如果没有通车、不被磨损、不被消费，它只是可能性的铁路，不是现实的铁路。没有生产，就没有消费；但是，没有消费，也就没有生产，因为如果没有消费，生产就没有目的。消费从两方面生产着生产：

（1）因为产品只是在消费中才成为现实的产品，例如，一件衣服由于穿的行为才现实地成为衣服；一间房屋无人居住，事实上就不成其为现实的房屋；因此，产品不同于单纯的自然对象，它在消费中才证实自己是产品，才**成为**产品。消费是在把产品消灭的时候才使产品最后完成，因为产品之所以是产品，不在于它是物化了的活动，而只是在于它是活动着的主体的对象。

（2）因为消费创造出**新的**生产的需要，也就是创造出生产的观念上的内在动机，后者是生产的前提。消费创造出生产的动力；它也创造出在生产中作为决定目的的东西而发生作用的对象。如果说，生产在外部提供消费的对象是显而易见的，那么，［M—8］同样显而易见的是，消费**在观念上提出**生产的对象，把它作为内心的图像、作为需要、作为动力和目的提出来。消费创造出还是在主观形式上的生产对象。没有需要，就没有生产。而消费则把需要再生产出来。

与此相应，就生产方面来说：

（1）它为消费提供材料，对象。消费而无对象，不成其为消费；因而在这方面生产创造出、生产出消费。

（2）但是，生产为消费创造的不只是对象。它也给予消费以消费的规定性、消费的性质，使消费得以完成。正如消费使产品得以完成其为产品一样，生产使消费得以完成。**首先**，对象不是一般的对象，而是一定的对象，是必须用一定的而又是由生产本身所中介的方式来消费的。饥饿总是饥饿，但是用刀叉吃熟肉来解除的饥饿不同于用手、指甲和牙齿啃生肉来解除的饥饿。因此，不仅消费的对象，而且消费的方式，不仅在客体方面，而且在主体方面，都是生产所生产的。所以，生产创造消费者。

（3）生产不仅为需要提供材料，而且它也为材料提供需要。一旦消费脱离了它最初的自然粗野状态和直接状态——如果消费停留在这种状态，那也是生产停滞在自然粗野状态的结果——，那么消费本身作为动力就靠对象来作中介。消费对于对象所感到的需要，是对于对象的知觉所创造的。艺术对象创造出懂得艺术和具有审美能力的大众，——任何其他产品也都是这样。因此，生产不仅为主体生产对象，而且也为对象生产主体。

因此，生产生产着消费：（1）是由于生产为消费创造材料；（2）是由于生产决定消费的方式；（3）是由于生产通过它起初当做对象生产出来的产品在消费者身上引起需要。因而，它生产出消费的对象，消费的方式，消费的动力。同样，消费生产出生产者的**素质**，因为它在生产者身上引起追求一定目的的需要。

因此，消费和生产之间的同一性表现在三方面：

（1）**直接的同一性**：生产是消费；消费是生产。消费的生产。生产的消费。国民经济学家把两者都称为［M—9］生产的消费，可是还作了一个区别。前者表现为再生产；后者表现为生产的消费。关于前者的一切研究是关于生产的劳动或非生产的劳动的研究；关于后者的研究是关于生产的消费或非生产的消费的研究。

（2）每一方表现为对方的手段；以对方为中介；这表现为它们的相互依存；这是一个运动，它们通过这个运动彼此发生关系，表现为互不可缺，但又各自处于对方之外。生产为消费创造作为外在对象的材料；消费为生产创造作为内在对象，作为目的的需要。没有生产就没有消费；没有消费就没有生产。这一点在经济学中是以多种形式出现的。

（3）生产不仅直接是消费，消费不仅直接是生产；生产也不仅是消费的手段，消费也不仅是生产的目的，就是说，每一方都为对方提供对象，生产为消费提供外在的对象，消费为生产提供想象的对象；两者的每一方不仅直接就是对方，不仅中介着对方，而且，两者的每一方由于自己的实现才创造对方；每一方是把自己当做对方创造出来。消费完成生产行为，只是由于消费使产品最后完成其为产品，只是由于消费把它消灭，把它的独立的物体形式消耗掉；只是由于消费使得在最初生产行为中发展起来的素质通过反复的需要上升为熟练技巧；所以，消费不仅是使产品成为产品的终结行为，而且也是使生产者成为生产者的终结行为。另一方面，生产生产出消费，是由于生产创造出消费的一定方式，其次是由于生产把消费的动力，消费能力本身当做需要创造出来。这第三项所说的这个最后的同一性，在经济学中常常是以需求和供给、对象和需要、社会创造的需要和自然需要的关系来说明的。

这样看来，对于一个黑格尔主义者来说，把生产和消费等同起来，是最简单不过的事。不仅社会主义美文学家[13]这样做过，而且平庸的经济学家也这样做过。例如，萨伊说，就一个民族来说，它的生产也就是它的消费。或者就人类一般来说也是如此。施托尔希指出过萨伊的错误，他说，例如一个民族不是把自己的产品全部消费掉，而是还要创造生产资料等等，固定资本等等。[14]此外，把社会当做一个单一的主体来考察，是对它作了不正确的考察；思辨式的考察。就一个主体来说，生产和消费表现为一个行为的两个要素。这里要强调的主要之点［M—9’］[15]是：无论我们把生产和消费看做一个主体的活动或者许多个人的活动，它们总是表现为一个过程的两个要素，在这个过程中，生产是实际的起点，因而也是起支配作用的要素。消费，作为必需，作为需要，本身就是生产活动的一个内在要素。但是生产活动是实现的起点，因而也是实现的起支配作用的要素，是整个过程借以重新进行的行为。个人生产出一个对象和通过消费这个对象返回自身，然而，他是作为生产的个人和自我再生产的个人。所以，消费表现为生产的要素。

但是，在社会中，产品一经完成，生产者对产品的关系就是一种外在的关系，产品回到主体，取决于主体对其他个人的关系。他不是直接获得产品。如果说他是在社会中生产，那么直接占有产品也不是他的目的。在生产者和产品之间出现了**分配**，分配借社会规律决定生产者在产品世界中的份额，因而出现在生产和消费之间。

那么，分配是否作为独立的领域，和生产并列，处于生产之外呢？

（b）［生产和分配］

如果看看普通的经济学著作，首先令人注目的是，在这些著作里什么都被提出两次。举例来说，在分配上出现的是地租、工资、利息和利润，而在生产上作为生产要素出现的是土地、劳动、资本。说到资本，一开始就清楚，它被提出了两次：（1）作为生产要素；（2）作为收入源泉，作为决定一定的分配形式的东西。因此，利息和利润本身，就它们作为资本增长和扩大的形式，因而作为资本生产本身的要素来说，也出现在生产中。利息和利润作为分配形式，是以资本作为生产要素为前提的。它们是以资本作为生产要素为前提的分配方式。它们又是资本的再生产方式。

同样，工资是在另一个项目中被考察的雇佣劳动：在雇佣劳动的场合劳动作为生产要素所具有的规定性，在工资的场合表现为分配的规定。如果劳动不是规定为雇佣劳动，那么，劳动参与产品分配的方式，也就不表现为工资，如在奴隶制度下就是这样。最后，地租——我们直接来看地产参与产品分配的最发达的分配形式［M—10］——的前提，是作为生产要素的大地产（其实是大农业），而不是土地一般，就像工资的前提不是劳动一般一样。所以，分配关系和分配方式只是表现为生产要素的背面。个人以雇佣劳动的形式参与生产，就以工资形式参与产品、生产成果的分配。分配的结构完全决定于生产的结构。分配本身是生产的产物，不仅就对象说是如此，而且就形式说也是如此。就对象说，能分配的只是生产的成果，就形式说，参与生产的一定方式决定分配的特殊形式，决定参与分配的形式。把土地放在生产上来谈，把地租放在分配上来谈，等等，这完全是幻觉。

因此，像李嘉图那样一些经常被人责备为只看到生产的经济学家，却专门把分配规定为经济学的对象，[16] 因为他们直觉地把分配形式看成是一定社会中的生产各要素借以得到确定的最确切的表现。

在单个的个人面前，分配自然表现为一种社会规律，这种规律决定他在生产中的地位，他在这个地位上生产，因而分配先于生产。这个个人一开始就没有资本，没有地产。他一出生就由社会分配指定从事雇佣劳动。但是这种指定本身是资本、地产作为独立的生产要素存在的结果。

就整个社会来看，分配似乎还从一方面先于生产，并且决定生产；似乎是先于经济的事实。一个征服民族在征服者之间分配土地，因而造成了地产的一定的分配和形式；由此决定了生产。或者，它使被征服的民族成为奴隶，于是使奴隶劳动成为生产的基础。或者，一个民族经过革命把大地产分割成小块土地，从而通过这种新的分配使生产有了一种新的性质。或者，立法使地产永久属于一定的家庭，或者，把劳动［当做］世袭的特权来分配，因而把劳动像社会等级一样地固定下来。在所有这些历史上有过的情况下，似乎不是生产安排和决定分配，而相反地是分配安排和决定生产。

［M—11］照最浅薄的理解，分配表现为产品的分配，因此它离开生产很远，似乎对生产是独立的。但是，在分配是产品的分配之前，它是（1）生产工具的分配，（2）社会成员在各类生产之间的分配（个人从属于一定的生产关系）——这是同一关系的进一步规定。这种分配包含在生产过程本身中并且决定生产的结构，产品的分配显然只是这种分配的结果。如果在考察生产时把包含在其中的这种分配撇开，生产显然是一个空洞的抽象；相反，有了这种本来构成生产的一个要素的分配，产品的分配自然也就确定了。正因为如此，力求在一定的社会结构中来理解现代生产并且主要是研究生产的经济学家李嘉图，不是把生产而是把分配说成现代经济学的本题。从这里，又一次显出了那些把生产当做永恒真理来论述而把历史限制在分配范围之内的经济学家是多么荒诞无稽。

这种决定生产本身的分配究竟和生产处于怎样的关系，这显然是属于生产本身内部的问题。如果有人说，既然生产必须从生产工具的一定的分配出发，至少在这个意义上分配先于生产，成为生产的前提，那么就应该答复他说，生产实际上有它的条件和前提，这些条件和前提构成生产的要素。这些要素最初可能表现为自然发生的东西。通过生产过程本身，它们就从自然发生的东西变成历史的东西，并且对于这一个时期表现为生产的自然前提，对于前一个时期就是生产的历史结果。它们在生产本身内部被不断地改变。例如，机器的应用既改变了生产工具的分配，也改变了产品的分配。现代大地产本身既是现代商业和现代工业的结果，也是现代工业在农业上应用的结果。

上面提出的一些问题，归根到底就是：一般历史条件在生产上是怎样起作用的，生产和一般历史运动的关系又是怎样的。这个问题显然属于对生产本身的讨论和阐述。

［M—12］然而，这些问题即使照上面那样平庸的提法，同样也可以给予简短的回

答。所有的征服有三种可能。征服民族把自己的生产方式强加于被征服的民族（例如，英国人本世纪在爱尔兰所做的，部分地在印度所做的）；或者是征服民族让旧生产方式维持下去，自己满足于征收贡赋（如土耳其人和罗马人）；或者是发生一种相互作用，产生一种新的、综合的东西（日耳曼人的征服中一部分就是这样）。在所有的情况下，生产方式，不论是征服民族的，被征服民族的，还是两者混合形成的，总是决定新出现的分配。因此，虽然这种分配对于新的生产时期表现为前提，但它本身又是生产的产物，不仅是一般历史生产的产物，而且是一定历史生产的产物。

例如，蒙古人根据他们生产即放牧的特点把俄罗斯弄成一片荒凉，因为大片无人居住的地带是放牧的主要条件。在日耳曼蛮族，用农奴耕作是传统的生产，过的是乡村的孤独生活，他们能够非常容易地让罗马各行省服从这些条件，因为那里发生的地产的积聚已经完全推翻了旧的农业关系。

有一种传统的看法，认为在某些时期人们只靠掠夺生活。但是要能够掠夺，就要有可以掠夺的东西，因此就要有生产。而掠夺的方式本身又决定于生产的方式。例如，掠夺一个从事证券投机的民族就不能同掠夺一个游牧民族一样。

在奴隶的场合，生产工具直接被掠夺。但在这种情况下，掠夺奴隶的国家的生产必须安排得容许使用奴隶劳动，或者必须建立一种适于使用奴隶的生产方式（如在南美等[17]）。

法律可以使一种生产资料，例如土地，永远属于一定家庭。这些法律，只有当大地产同社会生产处于和谐中的时候，如像在英国那样，才有经济意义。在法国，尽管有大地产，但经营的是小规模农业，因而大地产就被革命打碎了。但是，土地分成小块的状态是否例如通过法律永远固定下来了呢？尽管有这种法律，财产却又积聚起来了。法律在巩固分配关系方面的影响和它们由此对生产发生的作用，要专门加以规定。

[M—13]（c）最后，交换和流通

流通本身只是交换的一定要素，或者也是从交换总体上看的交换。

既然**交换**只是生产和由生产决定的分配一方同消费一方之间的中介要素，而消费本身又表现为生产的一个要素，交换显然也就作为生产的要素包含在生产之内。

第一，很明显，在生产本身中发生的各种活动和各种能力的交换，直接属于生产，并且从本质上组成生产。第二，这同样适用于产品交换，只要产品交换是用来制造供直接消费的成品的手段。在这个限度内，交换本身是包含在生产之中的行为。第三，所谓实业家之间的交换[18]，不仅从它的组织方面看完全决定于生产，而且本身也是生产活动。只有在最后阶段上，当产品直接为了消费而交换的时候，交换才表现为独立于生产之旁，与生产漠不相干。但是，（1）如果没有分工，不论这种分工是自然发生的或者本身已经是历史的结果，也就没有交换；（2）私人交换以私人生产为前提；（3）交换的深度、广度和方式都是由生产的发展和结构决定的。例如，城乡之间的交换，乡村中的交换，城市中的交换等等。可见，交换就其一切要素来说，或者是直接包含在生产之中，或者是由生产决定。

我们得到的结论并不是说，生产、分配、交换、消费是同一的东西，而是说，它

们构成一个总体的各个环节，一个统一体内部的差别。生产既支配着与其他要素相对而言的生产自身，也支配着其他要素。过程总是从生产重新开始。交换和消费不能是起支配作用的东西，这是不言而喻的。分配，作为产品的分配，也是这样。而作为生产要素的分配，它本身就是生产的一个要素。因此，一定的生产决定一定的消费、分配、交换和**这些不同要素相互间的一定关系**。当然，生产**就其单方面形式来说**也决定于其他要素。例如，当市场扩大，即交换范围扩大时，生产的规模也就增大，生产也就分得更细。随着分配的变动，例如，随着资本的积聚，随着城乡人口的不同的分配等等，生产也就发生变动。最后，消费的需要决定着生产。不同要素之间存在着相互作用。每一个有机整体都是这样。

[M—14] 3. 政治经济学的方法

当我们从政治经济学的角度考察某一国家的时候，我们从该国的人口，人口的阶级划分，人口在城乡、海洋、在不同生产部门的分布，输出和输入，全年的生产和消费，商品价格等等开始。

从实在和具体开始，从现实的前提开始，因而，例如在经济学上从作为全部社会生产行为的基础和主体的人口开始，似乎是正确的。但是，更仔细地考察起来，这是错误的。如果我，例如，抛开构成人口的阶级，人口就是一个抽象。如果我不知道这些阶级所依据的因素，如雇佣劳动、资本等等，阶级又是一句空话。而这些因素是以交换、分工、价格等等为前提的。比如资本，如果没有雇佣劳动、价值、货币、价格等等，它就什么也不是。因此，如果我从人口着手，那么，这就是关于整体的一个混沌的表象，并且通过更切近的规定我就会在分析中达到越来越简单的概念；从表象中的具体达到越来越稀薄的抽象，直到我达到一些最简单的规定。于是行程又得从那里回过头来，直到我最后又回到人口，但是这回人口已不是关于整体的一个混沌的表象，而是一个具有许多规定和关系的丰富的总体了。

第一条道路是经济学在它产生时期在历史上走过的道路。例如，17 世纪的经济学家总是从生动的整体，从人口、民族、国家、若干国家等等开始；但是他们最后总是从分析中找出一些有决定意义的抽象的一般的关系，如分工、货币、价值等等。这些个别要素一旦多少确定下来和抽象出来，从劳动、分工、需要、交换价值等等这些简单的东西上升到国家、国际交换和世界市场的各种经济学体系就开始出现了。

后一种方法显然是科学上正确的方法。具体之所以具体，因为它是许多规定的综合，因而是多样性的统一。因此它在思维中表现为综合的过程，表现为结果，而不是表现为起点，虽然它是现实的起点，因而也是直观和表象的起点。在第一条道路上，完整的表象蒸发为抽象的规定；在第二条道路上，抽象的规定在思维行程中导致具体的再现。

因此，黑格尔陷入幻觉，把实在理解为自我综合、自我深化和自我运动的思维的结果，其实，从抽象上升到具体的方法，只是思维用来掌握具体、把它当做一个精神上的具体再现出来的方式。但决不是具体本身的产生过程。举例来说，最简单的经济范畴，如交换价值，是以人口即在一定关系中进行生产的人口为前提的；也是以

[M—15] 某种家庭、公社或国家等为前提的。交换价值只能作为一个具体的、生动的既定整体的抽象的单方面的关系而存在。相反，作为范畴，交换价值却有一种洪水期前的存在。因此，在意识看来（而哲学意识就是被这样规定的：在它看来，正在理解着的思维是现实的人，而被理解了的世界本身才是现实的世界），范畴的运动表现为现实的生产行为（只可惜它从外界取得一种推动），而世界是这种生产行为的结果；这——不过又是一个同义反复——只有在下面这个限度内才是正确的：具体总体作为思想总体、作为思想具体，事实上是思维的、理解的产物；但是，决不是处于直观和表象之外或驾于其上而思维着的、自我产生着的概念的产物，而是把直观和表象加工成概念这一过程的产物。整体，当它在头脑中作为思想整体而出现时，是思维着的头脑的产物，这个头脑用它所专有的方式掌握世界，而这种方式是不同于对于世界的艺术精神的、宗教精神的、实践精神的掌握的。实在主体仍然是在头脑之外保持着它的独立性；只要这个头脑还仅仅是思辨地、理论地活动着。因此，就是在理论方法上，主体，即社会，也必须始终作为前提浮现在表象面前。

但是，这些简单的范畴在比较具体的范畴以前是否也有一种独立的历史存在或自然存在呢？要看情况而定。例如，黑格尔论法哲学，是从占有开始，把占有看做主体的最简单的法的关系，[19] 这是对的。但是，在家庭或主奴关系这些具体得多的关系之前，占有并不存在。相反，如果说存在着还只是**占有**，而没有**所有权**的家庭和部落整体，这倒是对的。所以，同所有权相比，这种比较简单的范畴，表现为比较简单的家庭团体或部落团体的关系。它在比较高级的社会中表现为一个发达的组织的比较简单的关系。但是那个以占有为关系的比较具体的基础总是前提。可以设想一个孤独的野人占有东西。但是在这种情况下，占有并不是法的关系。说占有在历史上发展为家庭，是错误的。占有倒总是以这个“比较具体的法的范畴”为前提的。但是，不管怎样总可以说，简单范畴是这样一些关系的表现，在这些关系中，较不发展的具体可以已经实现，而那些通过较具体的范畴在精神上表现出来的较多方面的联系或关系还没有产生；而比较发展的具体则把这个范畴当做一种从属关系保存下来。在资本存在之前，银行存在之前，雇佣劳动等等存在之前，货币能够存在，而且在历史上存在过。因此，从这一方面看来，可以说，比较简单的范畴可以表现一个比较不发展的整体的处于支配地位的关系或者一个比较发展的整体的从属关系，这些关系在整体向着以一个比较具体的范畴表现出来的方面发展之前，在历史上已经存在。在这个限度内，从最简单上升到复杂这个抽象思维的进程符合现实的 [M—16] 历史过程。

另一方面，可以说，有一些十分发展的、但在历史上还不成熟的社会形式，其中有最高级的经济形式，如协作、发达的分工等等，却不存在任何货币，秘鲁就是一个例子[20]。就在斯拉夫公社中，货币以及作为货币的条件的交换，也不是或者很少是出现在各个公社内部，而是出现在它们的边界上，出现在与其他公社的交往中，因此，把同一公社内部的交换当做原始构成因素，是完全错误的。相反地，与其说它起初发生在同一公社内部的成员间，不如说它发生在不同公社的相互关系中。其次，虽然货币很早就全面地发生作用，但是在古代它只是在片面发展的民族即商业民族中才是处于支配地位的因素。甚至在最文明的古代，在希腊人和罗马人那里，货币的充分发展——在现代的资产阶级社会中这是前提——只是出现在他们解体的时期。因此，这个十分简单的范畴，在历史上只有在最发达的社会状态下才表现出它的充分的力量。它决没有历尽一切经济关系。例如，在罗马帝国，在它最发达的时期，实物税和实物租仍然是基础。那里，货币制度原来只是在军队中得到充分发展。[21] 它也从来没有掌握劳动的整个领域。

可见，比较简单的范畴，虽然在历史上可以在比较具体的范畴之前存在，但是，它在深度和广度上的充分发展恰恰只能属于一个复杂的社会形式，而比较具体的范畴在一个比较不发展的社会形式中有过比较充分的发展。

劳动似乎是一个十分简单的范畴。它在这种一般性上——作为劳动一般——的表象也是古老的。但是，在经济学上从这种简单性上来把握的"劳动"，和产生这个简单抽象的那些关系一样，是现代的范畴。例如，货币主义把财富看成还是完全客观的东西，看成自身之外的物，存在于货币中。同这个观点相比，重工主义或重商主义把财富的源泉从对象转到主体的活动——商业劳动和工业劳动，已经是很大的进步，但是，他们仍然只是把这种活动本身理解为局限于取得货币的活动。同这个主义相对立的重农主义把劳动的一定形式——农业——看做创造财富的劳动，不再把对象本身看做裹在货币的外衣之中，而是看做产品一般，看做劳动的一般成果了。这种产品还与活动的局限性相应而仍然被看做自然规定的产品——农业的产品，主要是土地的产品。

[M—17] 亚当·斯密大大地前进了一步，他抛开了创造财富的活动的一切规定性，——干脆就是劳动，既不是工业劳动，又不是商业劳动，也不是农业劳动，而既是这种劳动，又是那种劳动。有了创造财富的活动的抽象一般性，也就有了被规定为财富的对象的一般性，这就是产品一般，或者说又是劳动一般，然而是作为过去的、对象化的劳动。这一步跨得多么艰难，多么巨大，只要看看连亚当·斯密本人还时时要回到重农主义，就可想见了。这也许会造成一种看法，好像由此只是替人——不论在哪种社会形式下——作为生产者在其中出现的那种最简单、最原始的关系找到了一个抽象表现。从一方面看来这是对的。从另一方面看来就不是这样。

对任何种类劳动的同样看待，以各种现实劳动组成的一个十分发达的总体为前提，在这些劳动中，任何一种劳动都不再是支配一切的劳动。所以，最一般的抽象总只是产生在最丰富的具体发展的场合，在那里，一种东西为许多东西所共有，为一切所共有。这样一来，它就不再只是在特殊形式上才能加以思考了。另一方面，劳动一般这个抽象，不仅仅是各种劳动组成的一个具体总体的精神结果。对任何种类劳动的同样看待，适合于这样一种社会形式，在这种社会形式中，个人很容易从一种劳动转到另一种劳动，一定种类的劳动对他们说来是偶然的，因而是无差别的。这里，劳动不仅在范畴上，而且在现实中都成了创造财富一般的手段，它不再是同具有某种特殊性的个人结合在一起的规定了。在资产阶级社会的最现代的存在形式——美国，这种情况最为发达。所以，在这里，"劳动"、"劳动一般"、直截了当的劳动这个范畴的抽象，这个现代经济学的起点，才成为实际上真实的东西。所以，这个被现代经济学提到首位的、表现出一种古老而适用于一切社会形式的关系的最简单的抽象，只有作为最现代的社会的范畴，才在这种抽象中表现为实际上真实的东西。人们也许会说，在美国表现为历史产物的东西——对任何劳动同样看待——，例如在俄罗斯人那里，就表现为天生的素质。但是，首先，是野蛮人具有能被使用于一切的素质，还是文明人自动去从事一切，是大有区别的。其次，在俄罗斯人那里，实际上同对任何种类劳动同样看待这一点相适应的，是传统地固定在一种十分确定的劳动上，他们只是由于外来的影响才从这种状态中解脱出来。

〔M—18〕劳动这个例子令人信服地表明，哪怕是最抽象的范畴，虽然正是由于它们的抽象而适用于一切时代，但是就这个抽象的规定性本身来说，同样是历史条件的产物，而且只有对于这些条件并在这些条件之内才具有充分的适用性。

资产阶级社会是最发达的和最多样性的历史的生产组织。因此，那些表现它的各种关系的范畴以及对于它的结构的理解，同时也能使我们透视一切已经覆灭的社会形式的结构和生产关系。资产阶级社会借这些社会形式的残片和因素建立起来，其中一部分是还未克服的遗物，继续在这里存留着，一部分原来只是征兆的东西，发展到具有充分意义，等等。人体解剖对于猴体解剖是一把钥匙。反过来说，低等动物身上表露的高等动物的征兆，只有在高等动物本身已被认识之后才能理解。因此，资产阶级经济为古代经济等等提供了钥匙。但是，决不是像那些抹杀一切历史差别、把一切社会形式都看成资产阶级社会形式的经济学家所理解的那样。人们认识了地租，就能理解代役租、什一税等等。但是不应当把它们等同起来。

其次，因为资产阶级社会本身只是发展的一种对立的形式，所以，那些早期形式的各种关系，在它里面常常只以十分萎缩的或者完全歪曲的形式出现。公社所有制就是个例子。因此，如果说资产阶级经济的范畴适用于一切其他社会形式这种说法是对的，那么，这也只能在一定意义上来理解。这些范畴可以在发展了的、萎缩了的、漫画式的种种形式上，总是在有本质区别的形式上，包含着这些社会形式。所说的历史发展总是建立在这样的基础上的：最后的形式总是把过去的形式看成是向着自己发展的各个阶段，并且因为它很少而且只是在特定条件下才能够进行自我批判——这里当然不是指作为崩溃时期出现的那样的历史时期——，所以总是对过去的形式作片面的理解。基督教只有在它的自我批判在一定程度上，可说是在可能范围内完成时，才有助于对早期神话作客观的理解。同样，资产阶级经济学只有在资产阶级社会的自我批判已经开始时，才能理解封建的、古代的和东方的经济。在资产阶级经济学没有用编造神话的办法把自己同过去的经济完全等同起来时，它对于以前的经济，特别是它曾经还不得不与之直接斗争的封建经济的批判，是与基督教对异教的批判或者新教对旧教的批判相似的。

〔M—19〕在研究经济范畴的发展时，正如在研究任何历史科学、社会科学时一样，应当时刻把握住：无论在现实中或在头脑中，主体——这里是现代资产阶级社会——都是既定的；因而范畴表现这个一定社会即这个主体的存在形式、存在规定、常常只是个别的侧面；因此，这个一定社会**在科学上**也决不是在把它**当做这样一个社会**来谈论的时候才开始存在的。这必须把握住，因为这对于分篇直接具有决定的意义。

例如，从地租开始，从土地所有制开始，似乎是再自然不过的了，因为它是同土地，即同一切生产和一切存在的源泉结合着的，并且它又是同一切多少固定的社会的最初的生产形式即同农业结合着的。但是，这是最错误不过的了。在一切社会形式中都有一种一定的生产决定其他一切生产的地位和影响，因而它的关系也决定其他一切关系的地位和影响。这是一种普照的光，它掩盖了一切其他色彩，改变着它们的特点。这是一种特殊的以太，它决定着它里面显露出来的一切存在的比重。

以游牧民族为例（纯粹的渔猎民族还没有达到真正发展的起点）。他们偶尔从事某种形式的耕作。这样就规定了土地所有制。它是共同的，这种形式按照这些民族保持传统的程度而或多或少地保留下来，斯拉夫人中的公社所有制就是个例子。在从事定居耕作（这种定居已是一大进步），而且这种耕作像在古代社会和封建社会中那样处于支配地位的民族那里，连工业、工业的组织以及与工业相应的所有制形式都多少带着土地所有制的性质；或者像在古代罗马人中那样工业完全附属于耕作；或者像在中世纪那样工业在城市中和在城市的各种关系上模仿着乡村的组织。在中世纪，甚至资本——不是指纯粹的货币资本——作为传统的手工工具等等，也具有这种土地所有制的性质。

在资产阶级社会中情况则相反。农业越来越变成仅仅是一个工业部门，完全由资本支配。地租也是如此。在土地所有制处于支配地位的一切社会形式中，自然联系还占优势。在资本处于支配地位的社会形式中，社会、历史所创造的因素占优势。不懂资本便不能懂地租。不懂地租却完全可以懂资本。资本是资产阶级社会的支配一切的经济权力。它必须成为起点又成为终点，必须放在土地所有制之前来说明。分别考察了两者之后，必须考察它们的相互关系。

［M—20］因此，把经济范畴按它们在历史上起决定作用的先后次序来排列是不行的，错误的。它们的次序倒是由它们在现代资产阶级社会中的相互关系决定的，这种关系同表现出来的它们的自然次序或者符合历史发展的次序恰好相反。问题不在于各种经济关系在不同社会形式的相继更替的序列中在历史上占有什么地位。更不在于它们在"观念上"（蒲鲁东[22]）（在关于历史运动的一个模糊的表象中）的顺序。而在于它们在现代资产阶级社会内部的结构。

古代世界中商业民族——腓尼基人、迦太基人——表现的单纯性（抽象规定性），正是由农业民族占优势这种情况本身决定的。作为商业资本和货币资本的资本，在资本还没有成为社会的支配因素的地方，正是在这种抽象中表现出来。伦巴第人和犹太人对于经营农业的中世纪社会，也是处于这种地位。

还有一个例子，说明同一些范畴在不同的社会阶段有不同的地位，这就是资产阶级社会的最新形式之一：**股份公司**。但是，它还在资产阶级社会初期就以拥有特权和垄断权的大商业公司的形式出现。

17 世纪经济学家无形中是这样接受国民财富这个概念的，即认为财富的创造仅仅是为了国家，而国家的实力是与这种财富成比例的，——这种观念在 18 世纪的经济学家中还部分地保留着。这是一种还不自觉的伪善形式，通过这种形式，财富本身和财富的生产被宣布为现代国家的目的，而现代国家被看成只是生产财富的手段。

显然，应当这样来分篇：（1）一般的抽象的规定，因此它们或多或少属于一切社会形式，不过是在上面所阐述的意义上。（2）形成资产阶级社会内部结构并且成为基本阶级的依据的范畴。资本、雇佣劳动、土地所有制。它们的相互关系。城市和乡村。三大社会阶级。它们之间的交换。流通。信用事业（私人的）。（3）资产阶级社会在国家形式上的概括。就它本身来考察"非生产"。阶级。税。国债。公共信用。人口。殖民地。向国外移民。（4）生产的国际关系。国际分工。国际交换。输出和输入。汇率。（5）世界市场和危机。

［M—21］ 4. 生产。

生产资料和生产关系。
生产关系和交往关系。
国家形式和意识形式同生产关系和
交往关系的关系。
法的关系。家庭关系

注意：应该在这里提到而不该忘记的各点：

（1）**战争**比和平发达得早；某些经济关系，如雇佣劳动、机器等等，怎样在战争和军队等等中比在资产阶级社会内部发展得早。生产力和交往关系的关系在军队中也特别显著。

（2）**历来的观念的历史叙述同现实的历史叙述的关系。特别是所谓的文化史**[23]，这所谓的文化史全部是宗教史和政治史[24]。（顺便也可以说一下历来的历史叙述的各种不同方式。所谓客观的。主观的（伦理的等等）。哲学的。）

（3）**第二级的和第三级的东西，总之，派生的、转移来的、非原生的生产关系。**国际关系在这里的影响。

（4）**对这种见解中的唯物主义的种种非难。同自然主义的唯物主义的关系。**

（5）**生产力（生产资料）的概念和生产关系的概念的辩证法**，这样一种辩证法，它的界限应当确定，它不抹杀现实差别。

（6）**物质生产的发展例如同艺术发展的不平衡关系。**进步这个概念决不能在通常的抽象意义上去理解。就艺术等等而言，理解这种不平衡还不像理解实际社会关系本身内部的不平衡那样重要和那样困难。例如教育。**美国**同欧洲的关系。可是，这里要说明的真正困难之点是：生产关系作为法的关系怎样进入了不平衡的发展。例如罗马私法（在刑法和公法中这种情形较少）同现代生产的关系。

（7）**这种见解表现为必然的发展。**但承认偶然。怎样。（对自由等也是如此。）（交通工具的影响。世界史不是过去一直存在的；作为世界史的历史是结果。）

（8）**出发点当然是自然规定性；**主观地和客观地。部落、种族等。

（1）[25] 关于艺术，大家知道，它的一定的繁盛时期决不是同社会的一般发展成比例的，因而也决不是同仿佛是社会组织的骨骼的物质基础的一般发展成比例的。例如，拿希腊人或莎士比亚同现代人相比。就某些艺术形式，例如史诗来说，甚至谁都承认：当艺术生产一旦作为艺术生产出现，它们就再不能以那种在世界史上划时代的、古典的形式创造出来；因此，在艺术本身的领域内，某些有重大意义的艺术形式只有在艺术发展的不发达阶段上才是可能的。如果说在艺术本身的领域内部的不同艺术种类的关系中有这种情形，那么，在整个艺术领域同社会一般发展的关系上有这种情形，就不足为奇了。困难只在于对这些矛盾作一般的表述。一旦它们的特殊性被确定了，它们也就被解释明白了。

[M—22] 我们例如先说希腊艺术同现代的关系，再说莎士比亚同现代的关系。大家知道，希腊神话不只是希腊艺术的武库，而且是它的土壤。成为希腊人的幻想的基础、从而成为希腊[艺术]的基础的那种对自然的观点和对社会关系的观点，能够同走锭精纺机、铁道、机车和电报并存吗？在罗伯茨公司[26]面前，武尔坎又在哪里？在避雷针面前，丘必特又在哪里？在动产信用公司[27]面前，海尔梅斯又在哪里？任何神话都是用想象和借助想象以征服自然力，支配自然力，把自然力加以形象化；因而，随着这些自然力实际上被支配，神话也就消失了。在印刷所广场[28]旁边，法玛还成什么？希腊艺术的前提是希腊神话，也就是已经通过人民的幻想用一种不自觉的艺术方式加工过的自然和社会形式本身。这是希腊艺术的素材。不是随便一种神话，就是说，不是对自然（这里指一切对象的东西，包括社会在内）的随便一种不自觉的艺术加工。埃及神话决不能成为希腊艺术的土壤或母胎。但是无论如何总得是一种神话。因此，决不是这样一种社会发展，这种发展排斥一切对自然的神话态度，一切把自然神话化的态度；因而要求艺术家具备一种与神话无关的幻想。

从另一方面看：阿基里斯能够同火药和铅弹并存吗？或者《伊利亚特》能够同活字盘甚至印刷机并存吗？随着印刷机的出现，歌谣、传说和诗神缪斯岂不是必然要绝迹，因而史诗的必要条件岂不是要消失吗？

但是，困难不在于理解希腊艺术和史诗同一定社会发展形式结合在一起。困难的是，它们何以仍然能够给我们以艺术享受，而且就某方面说还是一种规范和高不可及的范本。

一个成人不能再变成儿童，否则就变得稚气了。但是，儿童的天真不使成人感到愉快吗？他自己不该努力在一个更高的阶梯上把儿童的真实再现出来吗？在每一个时代，它固有的性格不是以其纯真性又活跃在儿童的天性中吗？为什么历史上的人类童年时代，在它发展得最完美的地方，不该作为永不复返的阶段而显示出永久的魅力呢？有粗野的儿童和早熟的儿童。古代民族中有许多是属于这一类的。希腊人是正常的儿童。他们的艺术对我们所产生的魅力，同这种艺术在其中生长的那个不发达的社会阶段并不矛盾。这种艺术倒是这个社会阶段的结果，并且是同这种艺术在其中产生而且只能在其中产生的那些未成熟的社会条件永远不能复返这一点分不开的。

卡·马克思写于 1857 年 8 月下旬　　　　原文是德文

第一次用德文发表于 1902-1903 年　　　中文根据《马克思恩格斯全集》历史

《新时代》第 21 卷第 1 册第 23-25 期　　考证版第 2 部分第 1 卷第 1 分册并参考

　　　　　　　　　　　　　　　　　　　《马克思恩格斯全集》德文版第 42 卷翻译

（选自《马克思恩格斯文集》第 8 卷，人民出版社 2009 年版，第 5-36 页。）

注 释

1 《导言》是马克思为他计划中的经济学巨著《政治经济学批判》写的"总的导言"。这是一篇未完成的手稿。马克思在《导言》中详细地论述了政治经济学的对象和方法。他指出，资产阶级经济学家割裂生产、分配、交换、消费的内在联系并把它们并列起来，认为发生变化的只是分配方式，往往把分配提到首位，当做政治经济学的首要研究对象。同资产阶级经济学家相反，马克思认为生产不是某种抽象的永恒不变的东西，它是由特定的社会历史条件决定的，生产是一定社会性质的生产。他把一定社会发展阶段上的生产、一定生产关系下的生产，当做自己的研究对象。他指出他研究的是现代资本主义生产。他阐明了生产、分配、交换、消费的辩证统一和相互作用，指出它们是一个总体的各个环节，生产是出发点和决定因素，而分配形式不过是生产形式的另一种表现。马克思还仔细地考察了经济学史上经济学家们建立理论体系的方法，批判地吸收了他们的积极成果，对黑格尔辩证法进行了唯物主义改造，创立了自己构建经济学体系的逻辑方法——从抽象上升到具体。这种方法以现实为依据，从简单的抽象规定开始，逐步上升到越来越具体的规定，从而在理论上使客观事物的发展过程和内部联系得到科学的说明和再现。马克思说，只有这种方法是科学上正确的方法，从简单到复杂的逻辑发展进程总的说来是同现实的历史过程相一致的。马克思还说明了关于意识形态上层建筑和经济基础之间、文学艺术和物质生产之间的关系的一系列重要思想。

《导言》写于 1857 年 8 月下旬，在稿本上标明字母"M"，并附有日期"1857 年 8 月 23 日"。马克思在 8 月底中断了写作。他在 1859 年 1 月写的《政治经济学批判。第一分册》的序言中关于《导言》写道："我把已经起草的一篇总的导言压下了，因为仔细想来，我觉得预先说出正要证明的结论总是有妨害的，读者如果真想跟着我走，就要下定决心，从个别上升到一般。"（见《马克思恩格斯文集》第 2 卷第 588 页）

在稿本"M"的封面上，马克思除了注明日期和"写于伦敦"之外，还写明了《导言》的标题目录。在这个目录上，《导言》的分节标题与《导言》正文中相应的标题略有不同。写在稿本"M"封面上的目录如下：

"A. 导言

（1）生产一般

（2）生产、分配、交换和消费之间的一般关系

（3）政治经济学的方法

（4）生产资料（力）和生产关系；生产关系和交往关系等等。"

《导言》的这些标题比《导言》正文中某些节的标题更确切地反映出《导言》的逻辑结构，可以设想，这是马克思在起草了《导言》正文以后才写上的。《导言》最早的中译文是李一氓翻译的，收在 1930 年 2 月上海社会科学研

究会出版的《马克思论文选译》中。《导言》的中译文收入《马克思恩格斯全集》中文第 1 版第 46 卷上册（1979 年版）和《马克思恩格斯全集》中文第 2 版第 30 卷（1995 年版）。收入本卷的中译文采自《马克思恩格斯全集》中文第 2 版，中文第 2 版的译文是在中文第 1 版译文的基础上根据《马克思恩格斯全集》历史考证版第 2 部分第 1 卷重新校订的。——5。

2　标题《Ⅰ. 生产、消费、分配、交换（流通）》，在马克思写在稿本"M"封面上的目录中是没有的，这个标题严格地说只包括《导言》的前两节，即《生产》一节（在稿本"M"的封面上，这一节有一个更确切的标题《生产一般》）和《生产与分配、交换、消费的一般关系》一节。马克思在《生产、消费、分配、交换（流通）》这一节前面标明的罗马数字"Ⅰ"，在《导言》往后的正文中再也没有相应的罗马数字和它相连接。——5。

3　把单个的孤立的猎人和渔夫当做出发点的观点，见亚·斯密《国民财富的性质和原因的研究》（附《英国和美国》的作者爱·吉·韦克菲尔德的评注，1835—1839 年伦敦版）一书的序论和大·李嘉图《政治经济学和赋税原理》1821 年伦敦第 3 版第 1 章第 3 节。——5。

4　社会契约（Contrat social）是卢梭提出的政治理论。按照这一理论，人们最初生活在自然状态，在这种状态下，人人都是平等的。私有财产的形成和不平等的占有关系的发展决定了人们从自然状态向市民状态的过渡，并导致以社会契约为基础的国家的形成。政治上的不平等的进一步发展破坏了这种社会契约，导致某种新的自然状态的形成。能够消除这一自然状态的，据说是以某种新的社会契约为基础的理性国家。

　　卢梭在 1755 年阿姆斯特丹版的《论人间不平等的起源和原因》和 1762 年阿姆斯特丹版的《社会契约论，或政治权利的原则》这两部著作中详细阐述了这一理论。——5。

5　市民社会（bürgerliche Gesellschaft）这一术语出自黑格尔《法哲学原理》第 182 节（见《黑格尔全集》1833 年柏林版第 8 卷）。在马克思的早期著作中，这一术语有两重含义。广义地说，是指社会发展各历史时期的经济制度，即决定政治制度和意识形态的物质关系总和；狭义地说，是指资产阶级社会的物质关系。因此，这一术语应按照上下文作不同的理解。——5。

6　氏族（或部落）的原文是"Stamm"，这一术语在 19 世纪中叶的历史科学中含义比现在要广，它表示渊源于同一祖先的人们的共同体，包括近代所谓的"氏族"（Gens）和"部落"（Stamm）两个概念。另外，马克思关于原始社会和早期部落制中家庭关系的观点，即认为人们最初先是形成为"家庭"，然后从家庭发展和扩大而成为"氏族"，也是沿用当时历史科学中的观点。美国的著名民族学家路·亨·摩尔根在《古代社会》（1877 年）中第一次把"氏族"和"部落"区分开来，并下了准确的定义，第一次阐明了氏族作为原始公社制度的主要基层单位的意义。瑞士历史学家约·雅·巴霍芬的《母权论》（1861 年）也在古代社会和民族学的研究方面作出了新贡献。马克思和恩格斯后来吸收了这些新研究成果，从马克思对摩尔根著作的摘录中可以看出他关于氏族和家庭之间关系的新观点，即氏族是以血缘为基础的人类社会的原始形式，氏族纽带的解体，才发展起各种形式的家庭。恩格斯在 1884 年写的《家庭、私有制和国家的起源》（见《马克思恩格斯文集》第 4 卷）中全面阐述了这些新见解。恩格斯还为《资本论》第一卷第十二章（见《马克思恩格斯文集》第 5 卷第 407 页）加了关于氏族和家庭的关系的脚注（50a）。——6、51，65、123。

7　政治动物原文是 "Ζῶου πολιτιχόυ"，这是亚里士多德在他的《政治学》第一篇开头给人下的定义。马克思在《资本论》第一卷第十一章中指出："人即使不像亚里士多德所说的那样，天生是政治动物，无论如何也天生是社会动物。"他并在该章脚注（13）中写道："确切地说，亚里士多德所下的定义是：人天生是城市的市民。"（见《马克思恩格斯文集》第 5 卷第 379 页）——6、147。

8　法国经济学家弗·巴师夏和美国经济学家亨·查·凯里都是庸俗经济学家，他们尽管在许多方面有所区别，但都主张"和谐论"，对经济关系的分析都是反历史的，说什么生产最初都是由孤立的个人进行的，然后才有分工、交换等，从而形成为社会。马克思在 1857 年写了一篇未完成的手稿《巴师夏和凯里》，对他们的观点进行了批判（见《马克思恩格斯全集》中文第 2 版第 30 卷第 3—18 页）。

至于皮·约·蒲鲁东，他在自己的著作《经济矛盾的体系，或贫困的哲学》（1846 年巴黎版）中也坚持与巴师夏和凯里类似的错误哲学理论和历史理论，对蒲鲁东的这些错误理论，马克思在 1847 年写的《哲学的贫困》（《马克思恩格斯文集》第 1 卷）一书中曾专门进行了分析批判，特别是在第一章第一节开头，分析了蒲鲁东如何编造从孤立的个人开始进行交换等等，在第三节末尾则分析了蒲鲁东关于普罗米修斯的谬论。——6。

9　约·斯·穆勒《政治经济学原理及其对社会哲学的某些应用》（两卷集）1848 年伦敦版第 1 卷第 1 篇《生产》第 1 章，所加的标题就是《生产的要素》。——10。

10　前进的和停滞的社会状态，见亚·斯密《国民财富的性质和原因的研究》1776 年伦敦版第 1 篇第 8 章和第 11 章结束语。——10。

11　关于生产不同于分配的内容，见约·斯·穆勒《政治经济学原理及其对社会哲学的某些应用》（两卷集）1848 年伦敦版第 1 卷第 25—26 页。——11。

12　规定就是否定（determinatio est negatio）是巴·斯宾诺莎的一个命题，他在 1674 年 6 月 2 日给别人的信中用这一命题来表示"限定就是否定"（见斯宾诺莎《通信集》第 50 封信，1674 年 6 月 2 日致雅·耶勒斯）。马克思此处是按黑格尔的有名的解释来援引的，强调任何一个有规定的存在，即任何"某物"，内部都固有否定的要素。见《哲学全书纲要》第 1 部《逻辑学》1840 年柏林版第 180 页（《黑格尔全集》第 6 卷）；《逻辑学》第 1 部《客观逻辑》第 1 编《存在论》1833 年柏林版第 117 页（《黑格尔全集》第 3 卷）；《哲学史讲演录》第 1 卷 1833 年柏林版第 294 页（《黑格尔全集》第 13 卷）。——14。

13 社会主义美文学家，指的是这样一些庸俗社会主义者，如德国"真正的"社会主义者，特别是卡·格律恩，以及法国的小资产阶级社会主义者蒲鲁东。有关的内容，参看马克思和恩格斯《德意志意识形态》第 2 卷第 4 章第 4 节和马克思《哲学的贫困》第 1 章第 3 节末尾。——17。

14 对让·巴·萨伊和安·卡·施托尔希关于生产和消费之间的关系的观点，马克思在《政治经济学批判（1861—1863 年手稿）》第 Ⅵ 笔记本第 270—272 页上作了专门的评价（见《马克思恩格斯全集》中文第 2 版第 33 卷第 81—85 页）。——18、94。

15 在这一页上，马克思标重了页码，结果出现了两个［M—9］。——18。

16 大·李嘉图在《政治经济学和赋税原理》的序言中专门把分配规定为经济学的对象。——19。

17 这里除了指南美洲之外，可能还包括美国南部各州。——22。

18 马克思所说的"所谓实业家之间（zwischen dealers und dealers）的交换"，指的是亚·斯密把整个流通划分为两个不同的领域，一个领域是只在实业家之间的流通，另一个领域是实业家和消费者个人之间的流通。马克思在《政治经济学批判（1861—1863 年手稿）》第 Ⅶ 笔记本第 283b 页上直接摘录了斯密这一论点（见《马克思恩格斯全集》中文第 2 版第 33 卷第 106—107 页）。——23。

19 关于黑格尔把占有看做主体的最简单的法的关系，见他的《法哲学原理》第 40、45、49—52 节。——26。

20 关于秘鲁被西班牙征服以前不存在任何货币的材料，马克思采自美国历史学家威·希·普雷斯科特的著作《秘鲁征服史。附印加文化概述》（三卷集）1850 年伦敦第 4 版第 1 卷第 147 页。马克思从这一著作第 1 卷所作的摘录，包含在马克思 1850—1853 年期间在伦敦写的经济学摘录笔记（简称《伦敦笔记》，下同）的第 ⅩⅣ 笔记本中。

《伦敦笔记》是 1848 年革命后，马克思侨居伦敦重新研究经济学时在英国博物馆图书馆里作的经济学摘录笔记，写于 1850 年 9 月至 1853 年 8 月期间，共 24 个笔记本，总共 1250 页（超过 100 印张），其中共摘录了三百多部著作和众多的报刊资料。这些资料后来经过进一步加工，被应用到马克思的经济学手稿和《资本论》的写作中。——27。

21 马克思在 1857 年 9 月 25 日给恩格斯的信中，较多地谈到了军队在经济发展中所起的重要作用，其中也涉及了货币在军队中的发展。——27、117。

22 皮·约·蒲鲁东的观念顺序的历史，见他的《经济矛盾的体系，或贫困的哲学》1846 年巴黎版，特别是第 1 卷第 145—146 页，马克思曾摘录并批判了蒲鲁东的这种观点，见马克思《哲学的贫困》第 2 章第 1 节《方法》中的《第一个说明》（《马克思恩格斯文集》第 1 卷）。还可参看《政治经济学批判

（1861—1863 年手稿）》第Ⅵ笔记本第 239—240 页（《马克思恩格斯全集》中文第 2 版第 33 卷第 39—40 页）。——32。

23 从马克思的《伦敦笔记》来看，他在 1852—1853 年期间阅读并在他的第ⅪⅩ、ⅩⅩ和ⅩⅪ笔记本中做了摘录的至少有三部文化史：（1）威·瓦克斯穆特《文化通史》1850 年莱比锡版第 1 部，1851 年莱比锡版第 2 部；（2）威·德鲁曼《文化史大纲》1847 年柯尼斯堡版；（3）古·克列姆《人类文化通史》1847 年莱比锡版第 6 卷，1849 年莱比锡版第 7 卷。——33。

24 这里指以德国历史学家莱·冯·兰克为代表的学派，他们首先感兴趣的是政治史和外交史，声称对外政策高于国内政策，忽视社会关系的历史，夸大杰出人物的作用。

兰克（1795—1886）的观点是在哲学唯心主义和新教的影响下形成的。按照兰克的观点，宗教在国家生活中起着关键作用，另一个重要因素则是体现在国家中的政治思想。他的历史观是带有沙文主义色彩的欧洲中心论。——33。

25 这个（1）的内容没有写完，马克思还打算在其中谈论莎士比亚同现代的关系，但未能实现。在写完对希腊艺术的评论以后，马克思随即中断了《导言》的写作，因而也没有写以后各点。——34。

26 曼彻斯特的罗伯茨公司，是英国发明家理·罗伯茨从 1843 年起主持生产各种工具、机器和机车的公司。罗伯茨是 19 世纪机械方面的发明家之一，自动走锭纺纱机就是他发明的。——35。

27 动产信用公司是法国的一家大股份银行，由埃·贝列拉和伊·贝列拉兄弟俩于 1852 年创办并为 1852 年 11 月 18 日法令所批准。动产信用公司的主要目的是充当信贷的中介及参与工业企业和其他企业的创立。该公司广泛地参与了法国、奥地利、匈牙利、瑞士、西班牙和俄国的铁路建设。公司的收入主要来源于自己所开办的股份公司在交易所进行的有价证券投机买卖。动产信用公司用发行本公司的股票得来的资金收买各种公司的股票，它自己的股票只是以它持有的其他企业的有价证券作担保，而其他各公司的股票则是以它们本身的财产价值作担保。因此，同一项实际财产产生了双倍的虚拟资本。一种形式是该企业的股票，另一种形式是拨款给该企业并收买其股票的动产信用公司的股票。该公司同拿破仑第三的政府关系密切，并在其庇护下进行投机活动。1867 年该公司破产，1871 年清算完毕。动产信用公司在 19 世纪 50 年代作为新型金融企业出现，是当时这一反动时期特有的产物。在这个时期，交易所买空卖空、投机倒把活动异常猖獗。中欧的其他国家也效仿动产信用公司纷纷建立类似的机构。——35。

28 印刷所广场（Printing House Square）是伦敦一个不大的广场，英国最大的日报《泰晤士报》编辑部和印刷所所在地，因此印刷所广场也就成了以优秀报业组织闻名于 19 世纪中叶的该报编辑部和印刷所的代名词。——35。

九、《政治经济学批判》序言[348]

我考察资产阶级经济制度是按照以下的顺序：**资本、土地所有制、雇佣劳动；国家、对外贸易、世界市场**。在前三项下，我研究现代资产阶级社会分成的三大阶级的经济生活条件；其他三项的相互联系是一目了然的。第一册论述资本，其第一篇由下列各章组成：（1）商品；货币或简单流通；（2）（3）资本一般。前两章构成本分册的内容。我面前的全部材料[349]形式上都是专题论文，它们是在相隔很久的几个时期内写成的，目的不是为了付印，而是为了自己弄清问题，至于能否按照上述计划对它们进行系统整理，就要看环境如何了。

我把已经起草的一篇总的导言[350]压下了，因为仔细想来，我觉得预先说出正要证明的结论总是有妨害的，读者如果真想跟着我走，就要下定决心，从个别上升到一般。不过在这里倒不妨谈一下我自己研究政治经济学的经过。

我学的专业本来是法律，但我只是把它排在哲学和历史之次当做辅助学科来研究。1842—1843年间，我作为《莱茵报》[238]的编辑，第一次遇到要对所谓物质利益发表意见的难事。莱茵省议会关于林木盗窃和地产析分的讨论，当时的莱茵省总督冯·沙培尔先生就摩泽尔农民状况同《莱茵报》展开的官方论战，最后，关于自由贸易和保护关税的辩论，是促使我去研究经济问题的最初动因。[351]另一方面，在善良的"前进"愿望大大超过实际知识的当时，在《莱茵报》上可以听到法国社会主义和共产主义的带着微弱哲学色彩的回声。我曾表示反对这种肤浅言论，但是同时在和奥格斯堡《总汇报》的一次争论中坦率承认，我以往的研究还不容许我对法兰西思潮的内容本身妄加评判。我倒非常乐意利用《莱茵报》发行人以为把报纸的态度放温和些就可以使那已经落在该报头上的死刑判决撤销的幻想，以便从社会舞台退回书房。

为了解决使我苦恼的疑问，我写的第一部著作是对黑格尔法哲学的批判性的分析，这部著作的导言曾发表在1844年巴黎出版的《德法年鉴》上。[352]我的研究得出这样一个结果：法的关系正像国家的形式一样，既不能从它们本身来理解，也不能从所谓人类精神的一般发展来理解，相反，它们根源于物质的生活关系，这种物质的生活关系的总和，黑格尔按照18世纪的英国人和法国人的先例，概括为"市民社会"[353]，而对市民社会的解剖应该到政治经济学中去寻求。我在巴黎开始研究政治经济学，后来因基佐先生下令驱逐而移居布鲁塞尔[354]，在那里继续进行研究。我所得到的，并且一经得到就用于指导我的研究工作的总的结果，可以简要地表述如下：人们在自己生活的社会生产中发生一定的、必然的、不以他们的意志为转移的关系，即同他们的物质生产力的一定发展阶段相适合的生产关系。这些生产关系的总和构成社会的经济结构，即有法律的和政治的上层建筑竖立其上并有一定的社会意识形式与之相适应的现实基础。物质生活的生产方式制约着整个社会生活、政治生活和精神生活的过程。不是人们的意识决定人们的存在，相反，是人们的社会存在决定人们的意识。社会的物质生产力发展到一定阶段，便同它们一直在其中运动的现存生产关系或财产关系（这只是生产关系的法律用语）发生矛盾。于是这些关系便由生产力的发展形式变成生产力的桎梏。那时社会革命的时代就到来了。随着经济基础的变更，全部庞大的上层建筑也或慢或快地发生变革。在考察这些变革时，必须时刻把下面两者区别开来：一种是生产的经济条件方面所发生的物质的、可以用自然科学的精确性指明的变革，一种是人们借以意识到这个冲突并力求把它克服的那些法律的、政治的、宗教的、艺术的或哲学的，简言之，意识形态的形式。我们判断一个人不能以他对自己的看法为根据，同样，我们判断这样一个变革时代也不能以它的意识为根据；相反，这个意识必须从物质生活的矛盾中，从社会生产力和生产关系之间的现存冲突中去解释。无论哪一个社会形态，在它所能容纳的全部生产力发挥出来以前，是决不会灭亡的；而新的更高的生产关系，在它的物质存在条件在旧社会的胎胞里成熟以前，是决不会出现的。所以人类始终只提出自己能够解决的任务，因为只要仔细考察就可以发现，任务本身，只有在解决它的物质条件已经存在或者至少是在生成过程中的时候，才会产生。大体说来，亚细亚的、古希腊罗马的、封建的和现代资产阶级的生产方式可以看做是经济的社会形态演进的几个时代。资产阶级的生产关系是社会生产过程的最后一个对抗形式，这里所说的对抗，不是指个人的对抗，而是指从个人的社会生活条件中生长出来的对抗；但是，在资产阶级社会的胎胞里发展的生产力，同时又创造着解决这种对抗的物质条件。因此，人类社会的史前时期就以这种社会形态而告终。

自从弗里德里希·恩格斯批判经济学范畴的天才大纲①（在《德法年鉴》上）发表以后，我同他不断通信交换意见，他从另一条道路（参看他的《英国工人阶级状况②》）得出同我一样的结果。当1845年春他也住在布鲁塞尔时，我们决定共同阐明我们的见解与德国哲学的意识形态的见解的对立，实际上是把我们从前的哲学信仰清算一下。这个心愿是以批判黑格尔以后的哲学的形式来实现的。两厚册八开本的原稿③早已送到威斯特伐利亚的出版所，后来我们才接到通知说，由于情况改变，不能付印。既然我们已经达到了我们的主要目的——自己弄清问题，我们就情愿让原稿留给老鼠的牙齿去批判了。在我们当时从这方面或那方面向公众表达我们见解的各种著作中，我只提出恩格斯与我合著的《共产党宣言》和我自己发表的《关于自由贸易的演说》④。我们见解中有决定意义的论点，在我的1847年出版的为反对蒲鲁东而写的著作《哲学的贫困》⑤中第一次作了科学的、虽然只是论战性的概述。我用德文写的关于

---

① 指恩格斯的《国民经济学批判大纲》，见《马克思恩格斯文集》第1卷。——编者注
② 见《马克思恩格斯文集》第1卷。——编者注
③ 指马克思和恩格斯的《德意志意识形态》手稿。——编者注
④ 见《马克思恩格斯文集》第1卷。——编者注
⑤ 见《马克思恩格斯文集》第1卷。——编者注

《雇佣劳动》[①] 一书，汇集了我在布鲁塞尔德意志工人协会[355] 上对于这个问题的讲演，这本书的印刷由于二月革命[4] 和我因此被迫离开比利时而中断。

1848 年和 1849 年《新莱茵报》[80] 的出版以及随后发生的一些事变，打断了我的经济研究工作，到 1850 年我才能在伦敦重新进行这一工作。英国博物馆中堆积着政治经济学史的大量资料，伦敦对于考察资产阶级社会是一个方便的地点，最后，随着加利福尼亚和澳大利亚金矿的发现，资产阶级社会看来进入了新的发展阶段，这一切决定我再从头开始，批判地仔细钻研新的材料。这些研究一部分自然要涉及似乎完全属于本题之外的学科，在这方面不得不多少费些时间。但是使我所能够支配的时间特别受到限制的，是谋生的迫切需要。八年来，我一直为第一流的美国英文报纸《纽约每日论坛报》撰稿[226]（写作真正的报纸通讯在我只是例外），这使我的研究工作必然时时间断。然而，由于评论英国和大陆突出经济事件的论文在我的投稿中占很大部分，我不得不去熟悉政治经济学这门科学本身范围以外的实际的细节。

我以上简短地叙述了自己在政治经济学领域进行研究的经过，这只是要证明，我的见解，不管人们对它怎样评论，不管它多么不合乎统治阶级的自私的偏见，却是多年诚实研究的结果。但是在科学的入口处，正像在地狱的入口处一样，必须提出这样的要求：

"这里必须根绝一切犹豫；

这里任何怯懦都无济于事。"[②]

卡尔·马克思

1859 年 1 月于伦敦

卡·马克思写于 1859 年 1 月　　　　　　原文是德文

　载于 1959 年 6 月柏林出版的《政　　　　中文根据《马克思恩格斯全集》历史

治经济学批判·第一分册》一书　　　考证版第 2 部分第 2 卷并参考《马克思恩

　　　　　　　　　　　　　　　　格斯全集》德文版第 13 卷翻译

（选自《马克思恩格斯文集》第 2 卷，人民出版社 2009 年版，第 588—594 页。）

注　释

348　《〈政治经济学批判〉序言》是马克思为他在 1858 年 11 月—1859 年 1 月写成的《政治经济学批判。第一分册》所写的序言。在这篇序言中，马克思回顾了自己研究政治经济学和发现唯物史观的过程，对唯物史观作了经典表述，科学地阐明了生产力决定生产关系、经济基础决定上层建筑、人们的社会存在决定人们的社会意识等历史唯物主义的基本原理，通过对生产力和生产关

---

① 即《雇佣劳动与资本》，见《马克思恩格斯文集》第 1 卷。——编者注
② 但丁《神曲·地狱篇》第 3 部第 14—15 行。——编者注

系、经济基础和上层建筑的矛盾运动的分析，揭示了人类社会发展的一般规律和经济的社会形态演进的一般进程，论证了旧的社会形态为新的更高的社会形态所取代的历史必然性，同时指出："无论哪一个社会形态，在它所能容纳的全部生产力发挥出来之前，是决不会灭亡的；而新的更高的生产关系，在它的物质存在条件在旧社会的胎胞里成熟以前，是决不会出现的。"（见本卷第592页）

《政治经济学批判。第一分册》的出版是马克思主义政治经济学创立过程中的一个重要阶段。马克思在写这部著作之前，进行了15年的经济学研究，研读和分析了大量经济文献和社会文献，奠定了自己的经济学说的基础。《政治经济学批判。第一分册》于1859年6月出版，马克思生前没有再版。这篇序言曾于1859年6月4日发表在伦敦的德文报纸《人民报》第5期，发表时作了某些删节。

这篇序言最早由范寿康译成中文，1921年1月发表在上海《东方杂志》第18卷第1号。——588。

349 这里所说的全部材料，是指马克思的《政治经济学批判（1857—1858年手稿）》和一些准备材料、大纲及摘录笔记等。——588。

350 指马克思为自己计划撰写的一部经济学巨著写的，但没有完成的《导言》。——588。

238 指《莱茵政治、商业和工业日报》。该报是德国的一家日报，青年黑格尔派的喉舌，1842年1月1日—1843年3月31日在科隆出版。该报由莱茵省一些反对普鲁士专制政体的资产阶级人士创办，曾吸收了几个青年黑格尔分子撰稿。1842年4月马克思开始为该报撰稿，同年10月起成为该报编辑部成员。《莱茵报》也发表过许多恩格斯的文章。在马克思担任编辑期间，该报日益具有明显的革命民主主义性质。政府对《莱茵报》进行了特别严格的检查，1843年4月1日将其查封。——365、588。

351 指马克思的著作《第六届莱茵省议会的辩论（第三篇论文）。关于林木盗窃法的辩论》和《摩泽尔记者的辩护》（见《马克思恩格斯全集》中文第2版第1卷）。——588。

352 《德法年鉴》是由马克思提议创办，由阿·卢格和马克思在巴黎编辑出版的德文刊物，仅在1844年2月出版过一期双刊号。其中刊载有马克思的著作《论犹太人问题》和《〈黑格尔法哲学批判〉导言》，以及恩格斯的著作《国民经济学批判大纲》和《英国状况。评托马斯·卡莱尔的〈过去和现在〉》。这些著作标志着马克思和恩格斯从唯心主义和革命民主主义最终转向唯物主义和共产主义。该杂志由于马克思和资产阶级激进分子卢格之间存在原则分歧而停刊。——591。

353 市民社会（bürgerliche Gesellschaft）这一术语出自黑格尔《法哲学原理》第182节（见《黑格尔全集》1833年柏林版第8卷）。在马克思的早期著作中，这一术语有两重含义。广义地说，是指社会发展各历史时期的经济制度，即

决定政治制度和意识形态的物质关系总和；狭义地说，是指资产阶级社会的物质关系。因此，应按照上下文作不同的理解。——591

354　把马克思和巴黎《前进报》其他撰稿人驱逐出巴黎的命令是法国内务大臣杜沙特尔于 1845 年 1 月 11 日签发的。由巴黎警察局长德莱塞尔签发的驱逐令于 1 月 25 日送交马克思，限其在一周内离开巴黎。——591。

355　德意志工人协会全称是布鲁塞尔德意志工人教育协会，是马克思和恩格斯于 1847 年 8 月底在布鲁塞尔建立的德国工人团体，旨在对侨居比利时的德国工人进行政治教育并向他们宣传科学共产主义思想。在马克思和恩格斯及其战友的领导下，协会成了团结侨居比利时的德国革命无产者的合法中心，并同佛兰德和瓦隆的工人俱乐部保持着直接的联系。协会中的优秀分子加入了共产主义者同盟的布鲁塞尔支部。协会在布鲁塞尔民主协会成立过程中发挥了出色的作用。1848 年法国资产阶级二月革命后不久，由于协会成员被比利时警察当局逮捕或驱逐出境，协会在布鲁塞尔的活动即告停止。——593。

4　二月革命指 1848 年 2 月爆发的法国资产阶级民主革命。代表金融资产阶级利益的"七月王朝"推行极端反动的政策，反对任何政治改革和经济改革，阻碍资本主义发展，加剧对无产阶级和农民的剥削，引起全国人民的不满；农业歉收和经济危机进一步加深了国内矛盾。1848 年 2 月 22—24 日巴黎爆发革命，推翻了"七月王朝"，建立了资产阶级共和派的临时政府，宣布成立法兰西第二共和国。二月革命为欧洲 1848—1849 年革命拉开了序幕。无产阶级和小资产阶级积极参加了这次革命，但革命果实却落到了资产阶级手里。——5、11、20、72、235、386、468、593。

80　指《新莱茵报。民主派机关报》。该报是德国 1848—1849 年革命时期民主派中无产阶级一翼的战斗机关报，1848 年 6 月 1 日—1849 年 5 月 19 日每日在科隆出版，马克思任主编；参加编辑部工作的有恩格斯、威·沃尔弗、格·维尔特、斐·沃尔弗、恩·德朗克、斐·弗莱里格拉特和亨·毕尔格尔斯。

　　《新莱茵报》起到了教育和鼓舞人民群众的作用。报纸发表的有关德国和欧洲革命重要观点的社论，通常都是由马克思和恩格斯执笔。尽管遭到当局的种种迫害和阻挠，《新莱茵报》始终英勇地捍卫了革命民主主义运动和无产阶级的利益。1849 年 5 月，在反革命势力全面进攻的形势下，普鲁士政府借口马克思没有普鲁士国籍而把他驱逐出境，同时又加紧迫害《新莱茵报》的其他编辑，致使该报被迫停刊。1849 年 5 月 19 日，《新莱茵报》用红色油墨印出了最后一号即第 301 号。报纸的编辑在致科隆工人的告别书中说："无论何时何地，他们的最后一句话始终将是：工人阶级的解放！"（见《马克思恩格斯全集》中文第 1 版第 6 卷第 619 页）——102、420、593。

226　指《纽约每日论坛报》。该报由著名的美国新闻工作者和政治活动家霍·格里利创办，1841—1924 年出版。19 世纪 50 年代中期，起初是美国辉格党左翼的机关报，后来是共和党机关报。40—50 年代，该报站在进步的立场上反对奴隶制。参加该报工作的有许多著名的美国作家和新闻工作者，受空想社会主义思想影响的查·德纳从 40 年代末起是该报的编辑之一。马克思从 1851 年 8 月开始为该报供稿，一直到 1862 年 3 月，持续了十余年。马克思为《纽约每日论坛报》提供的文章，很大一部分是他约请恩格斯写的。恩格斯的文章多半写于曼彻斯特，许多文章注明的日期并不是写作日期，因为马克思通常标明的是寄往纽约的日期。有些文章写于伦敦，而马克思注明的却是巴黎、维也纳或柏林。马克思和恩格斯在《纽约每日论坛报》发表的文章，涉及国际政治、工人运动、欧洲各国的经济发展、殖民地扩张、被压迫国家和附属国家的民族解放运动等极其重要的问题。在欧洲反动时期，马克思和恩格斯利用这个发行很广的美国报纸，以具体材料揭露了资本主义社会的种种弊端及其固有的各种不可调和的矛盾，并说明资产阶级民主的局限性。

　　《纽约每日论坛报》编辑部对马克思和恩格斯的文章常常随意处理，有些文章不署作者名字而作为编辑部的社论刊登出去。自 1855 年年中起，马克思和恩格斯发表的所有文章都被删去了署名。编辑部有时甚至未经作者本人同意便随意改动文章的内容和日期，这种做法一再引起马克思的抗议。从 1857 年秋天起，由于美国发生经济危机，报纸的财政状况受到影响，编辑部让马克思减少他给《纽约每日论坛报》撰写通讯的数量。到美国国内战争开始时，马克思完全停止了撰稿。马克思之所以和《纽约每日论坛报》断绝关系，很重要的一个原因是编辑部内主张同各蓄奴州妥协的势力加强以及该报离开了进步立场。后来该报的方向更日趋右倾。——353、594。

十、资本论（节选）

第一册

资本的生产过程

第一篇
商品和货币

第一章
商　品

1. 商品的两个因素：使用价值和价值（价值实体，价值量）

资本主义生产方式占统治地位的社会的财富，表现为"庞大的商品堆积"[（1）]，单个的商品表现为这种财富的元素形式。因此，我们的研究就从分析商品开始。

商品首先是一个外界的对象，一个靠自己的属性来满足人的某种需要的物。这种需要的性质如何，例如是由胃产生还是由幻想产生，是与问题无关的。[（2）] 这里的问题也不在于物怎样满足人的需要，是作为生活资料即消费品来直接满足，还是作为生产资料来间接满足。

每一种有用物，如铁、纸等等，都可以从质和量两个角度来考察。每一种这样的物都是许多属性的总和，因此可以在不同的方面有用。发现这些不同的方面，从而发现物的多种使用方式，是历史的事情。[（3）] 为有用物的量找到社会尺度，也是这样。商品尺度之所以不同，部分是由于被计量的物的性质不同，部分是由于约定俗成。

（1）　卡尔·马克思《政治经济学批判》1859 年柏林版第 3 页[53]。

（2）　"欲望包含着需要；这是精神的食欲，就像肉体的饥饿那样自然……大部分〈物〉具有价值，是因为它们满足精神的需要。"（尼古拉斯·巴尔本《新币轻铸论。答洛克先生关于提高货币价值的意见》1696 年伦敦版第 2、3 页）

（3）　"物都有内在的长处〈这是巴尔本用来表示使用价值的专门用语〉，这种长处在任何地方都是一样的，如磁石吸铁的长处就是如此。"（尼古拉斯·巴尔本《新币轻铸论。答洛克先生关于提高货币价值的意见》1696 年伦敦版第 6 页）磁石吸铁的属性只是在通过它发现了磁极性以后才成为有用的。

物的有用性使物成为使用价值。[4] 但这种有用性不是悬在空中的。它决定于商品体的属性，离开了商品体就不存在。因此，商品体本身，例如铁、小麦、金刚石等等，就是使用价值，或财物。商品体的这种性质，同人取得它的使用属性所耗费的劳动的多少没有关系。在考察使用价值时，总是以它们的量的规定性为前提，如一打表，一码布，一吨铁等等。商品的使用价值为商品学这门学科提供材料。[5] 使用价值只是在使用或消费中得到实现。不论财富的社会的形式如何，使用价值总是构成财富的物质的内容。在我们所要考察的社会形式中，使用价值同时又是交换价值的物质承担者。

交换价值首先表现为一种使用价值同另一种使用价值相交换的量的关系或比例[6]，这个比例随着时间和地点的不同而不断改变。因此，交换价值好像是一种偶然的、纯粹相对的东西，也就是说，商品固有的、内在的交换价值（valeur intrinsèque）似乎是一个形容语的矛盾①。[7] 现在我们进一步考察这个问题。

某种一定量的商品，例如一夸特小麦，同 x 量鞋油或 y 量绸缎或 z 量金等等交换，总之，按各种极不相同的比例同别的商品交换。因此，小麦有许多种交换价值，而不是只有一种。既然 x 量鞋油、y 量绸缎、z 量金等等都是一夸特小麦的交换价值，那么，x 量鞋油、y 量绸缎、z 量金等等就必定是能够互相代替的或同样大的交换价值。由此可见，第一，同一种商品的各种有效的交换价值表示一个等同的东西。第二，交换价值只能是可以与它相区别的某种内容的表现方式，"表现形式"。

我们再拿两种商品例如小麦和铁来说。不管二者的交换比例怎样，总是可以用一个等式来表示：一定量的小麦等于若干量的铁，如 1 夸特小麦 ＝a 英担铁。这个等式说明什么呢？它说明在两种不同的物里面，即在 1 夸特小麦和 a 英担铁里面，有一种等量的共同的东西。因而这二者都等于第三种东西，后者本身既不是第一种物，也不是第二种物。这样，二者中的每一个只要是交换价值，就必定能化为这第三种东西。

用一个简单的几何学例子就可以说明这一点。为了确定和比较各种直线形的面积，就把它们分成三角形，再把三角形化成与它的外形完全不同的表现——底乘高的一半。

（4）　"任何物的自然 worth［价值］都在于它能满足必要的需要，或者给人类生活带来方便。"（约翰·洛克《略论降低利息的后果。1691 年》，载于《约翰·洛克著作集》1777 年伦敦版第 2 卷第 28 页）在 17 世纪，我们还常常看到英国著作家用"worth"表示使用价值，用"value"表示交换价值；这完全符合英语的精神，英语喜欢用日耳曼语源的词表示直接的东西，用罗曼语源的词表示被反映的东西。

（5）　在资产阶级社会中，流行着一种法律拟制[54]，认为每个人作为商品的买者都具有百科全书般的商品知识。

（6）　"价值就是一物和另一物、一定量的这种产品和一定量的别种产品之间的交换关系。"（勒特罗纳《论社会利益》，［载于］德尔《重农学派》1846 年巴黎版第 889 页）

（7）　"任何东西都不可能有内在的交换价值。"（尼·巴尔本《新币轻铸论。答洛克先生关于提高货币价值的意见》第 6 页）或者像巴特勒所说："物的价值正好和它会换来的东西相等。"[55]

---

①　"形容语的矛盾"的原文是"contradictio in adjecto"，指"圆形的方"，"木制的铁"一类的矛盾。——编者注

各种商品的交换价值也同样要化成一种共同东西，各自代表这种共同东西的多量或少量。

这种共同东西不可能是商品的几何的、物理的、化学的或其他的天然属性。商品的物体属性只是就它们使商品有用，从而使商品成为使用价值来说，才加以考虑。另一方面，商品交换关系的明显特点，正在于抽去商品的使用价值。在商品交换关系中，只要比例适当，一种使用价值就和其他任何一种使用价值完全相等。或者像老巴尔本说的：

> "只要交换价值相等，一种商品就同另一种商品一样。交换价值相等的物是没有任何差别或区别的。"(8)

作为使用价值，商品首先有质的差别；作为交换价值，商品只能有量的差别，因而不包含任何一个使用价值的原子。

如果把商品体的使用价值撇开，商品体就只剩下一个属性，即劳动产品这个属性。可是劳动产品在我们手里也已经起了变化。如果我们把劳动产品的使用价值抽去，那么也就是把那些使劳动产品成为使用价值的物体的组成部分和形式抽去。它们不再是桌子、房屋、纱或别的什么有用物。它们的一切可以感觉到的属性都消失了。它们也不再是木匠劳动、瓦匠劳动、纺纱劳动或其他某种一定的生产劳动的产品了。随着劳动产品的有用性质的消失，体现在劳动产品中的各种劳动的有用性质也消失了，因而这些劳动的各种具体形式也消失了。各种劳动不再有什么差别，全都化为相同的人类劳动，抽象人类劳动。

现在我们来考察劳动产品剩下来的东西。它们剩下的只是同一的幽灵般的对象性，只是无差别的人类劳动的单纯凝结，即不管以哪种形式进行的人类劳动力耗费的单纯凝结。这些物现在只是表示，在它们的生产上耗费了人类劳动力，积累了人类劳动。这些物，作为它们共有的这个社会实体的结晶，就是价值——商品价值。

我们已经看到，在商品的交换关系本身中，商品的交换价值表现为同它们的使用价值完全无关的东西。如果真正把劳动产品的使用价值抽去，就得到刚才已经规定的它们的价值。因此，在商品的交换关系或交换价值中表现出来的共同东西，也就是商品的价值。研究的进程会使我们再把交换价值当作价值的必然的表现方式或表现形式来考察，但现在，我们应该首先不管这种形式来考察价值。

可见，使用价值或财物具有价值，只是因为有抽象人类劳动对象化或物化在里面。那么，它的价值量是怎样计量的呢？是用它所包含的"形成价值的实体"即劳动的量来计量。劳动本身的量是用劳动的持续时间来计量，而劳动时间又是用一定的时间单位如小时、日等作尺度。

可能会有人这样认为，既然商品的价值由生产商品所耗费的劳动量来决定，那么

（8）"只要交换价值相等，一种商品就同另一种商品一样。交换价值相等的物是没有任何差别或区别的……价值100镑的铅或铁与价值100镑的银和金具有相等的交换价值。"（尼·巴尔本《新币轻铸论。答洛克先生关于提高货币价值的意见》第53页和第7页）

一个人越懒，越不熟练，他的商品就越有价值，因为他制造商品需要花费的时间越多。但是，形成价值实体的劳动是相同的人类劳动，是同一的人类劳动力的耗费。体现在商品世界全部价值中的社会的全部劳动力，在这里是当作一个同一的人类劳动力，虽然它是由无数单个劳动力构成的。每一个这种单个劳动力，同别一个劳动力一样，都是同一的人类劳动力，只要它具有社会平均劳动力的性质，起着这种社会平均劳动力的作用，从而在商品的生产上只使用平均必要劳动时间或社会必要劳动时间。社会必要劳动时间是在现有的社会正常的生产条件下，在社会平均的劳动熟练程度和劳动强度下制造某种使用价值所需要的劳动时间。例如，在英国使用蒸汽织布机[56] 以后，把一定量的纱织成布所需要的劳动可能比过去少一半。实际上，英国的手工织布工人把纱织成布仍旧要用以前那样多的劳动时间，但这时他一小时的个人劳动的产品只代表半小时的社会劳动，因此价值也降到了它以前的一半。

可见，只是社会必要劳动量，或生产使用价值的社会必要劳动时间，决定该使用价值的价值量。[(9)] 在这里，单个商品是当作该种商品的平均样品。[(10)] 因此，含有等量劳动或能在同样劳动时间内生产出来的商品，具有同样的价值量。一种商品的价值同其他任何一种商品的价值的比例，就是生产前者的必要劳动时间同生产后者的必要劳动时间的比例。"作为价值，一切商品都只是一定量的凝固的劳动时间。"[(11)]

因此，如果生产商品所需要的劳动时间不变，商品的价值量也就不变。但是，生产商品所需要的劳动时间随着劳动生产力的每一变动而变动。劳动生产力是由多种情况决定的，其中包括：工人的平均熟练程度，科学的发展水平和它在工艺上应用的程度，生产过程的社会结合，生产资料的规模和效能，以及自然条件。例如，同一劳动量在丰收年表现为八蒲式耳小麦，在歉收年只表现为四蒲式耳。同一劳动量用在富矿比用在贫矿能提供更多的金属等等。金刚石在地壳中是很稀少的，因而发现金刚石平均要花很多劳动时间。因此，很小一块金刚石就代表很多劳动。杰科布怀疑金是否按其全部价值支付过。[58] 至于金刚石，就更可以这样说了。厄什韦葛说过，到1823年，巴西金刚石矿80年的总产量的价格还赶不上巴西甘蔗种植园或咖啡种植园一年半平均产量的价格，[59] 虽然前者代表的劳动多得多，从而价值也多得多。如果发现富矿，同一劳动量就会表现为更多的金刚石，金刚石的价值就会降低。假如能用不多的劳动把煤转化为金刚石，金刚石的价值就会低于砖的价值。总之，劳动生产力越高，生产一种物品所需要的劳动时间就越少，凝结在该物品中的劳动量就越小，该物品的价值就越小。相反地，劳动生产力越低，生产一种物品的必要劳动时间就越多，该物品的价值就越大。可见，商品的价值量与实现在商品中的劳动的量成正比地变动，与这一劳动的生产力成反比地变动。

（9） 第二版注："当它们〈生活必需品〉互相交换的时候，它们的价值取决于生产它们所必需的和通常所用掉的劳动量。"（《对货币利息，特别是公债利息的一些看法》伦敦版第36、37页）上一世纪的这部值得注意的匿名著作没有注明出版日期。但从它的内容可以看出，该书是在乔治二世时代，大约1739年或1740年出版的。

（10） "全部同类产品其实只是一个量，这个量的价格是整个地决定的，而不以特殊情况为转移。"（勒特罗纳《论社会利益》第893页）

（11） 卡尔·马克思《政治经济学批判》1859年柏林版第6页。[57]

一个物可以是使用价值而不是价值。在这个物不是以劳动为中介而对人有用的情况下就是这样。例如，空气、处女地、天然草地、野生林等等。一个物可以有用，而且是人类劳动产品，但不是商品。谁用自己的产品来满足自己的需要，他生产的虽然是使用价值，但不是商品。要生产商品，他不仅要生产使用价值，而且要为别人生产使用价值，即生产社会的使用价值。〔而且不只是简单地为别人。中世纪农民为封建主生产作为代役租的粮食，为神父生产作为什一税的粮食。但不管是作为代役租的粮食，还是作为什一税的粮食，都并不因为是为别人生产的，就成为商品。要成为商品，产品必须通过交换，转到把它当做使用价值使用的人的手里。〕[11a] 最后，没有一个物可以是价值而不是使用物品。如果物没有用，那么其中包含的劳动也就没有用，不能算作劳动，因此不形成价值。

2. 体现在商品中的劳动的二重性

起初我们看到，商品是一种二重的东西，即使用价值和交换价值。后来表明，劳动就它表现为价值而论，也不再具有它作为使用价值的创造者所具有的那些特征。商品中包含的劳动的这种二重性，是首先由我批判地证明的。[12] 这一点是理解政治经济学的枢纽，因此，在这里要较详细地加以说明。

我们就拿两种商品如1件上衣和10码麻布来说。假定前者的价值比后者的价值大一倍。所以，如果10码麻布＝W，那么1件上衣＝2W。

上衣是满足一种特殊需要的使用价值。要生产上衣，就需要进行特定种类的生产活动。这种生产活动是由它的目的、操作方式、对象、手段和结果决定的。由自己产品的使用价值或者由自己产品是使用价值来表示自己的有用性的劳动，我们简称为有用劳动。从这个观点来看，劳动总是联系到它的有用效果来考察的。

上衣和麻布是不同质的使用价值，同样，决定它们存在的劳动即缝和织，也是不同质的。如果这些物不是不同质的使用价值，从而不是不同质的有用劳动的产品，它们就根本不能作为商品来互相对立。上衣不会与上衣交换，一种使用价值不会与同种的使用价值交换。

各种使用价值或商品体的总和，表现了同样多种的、按照属、种、科、亚种、变种分类的有用劳动的总和，即表现了社会分工。这种分工是商品生产存在的条件，虽然不能反过来说商品生产是社会分工存在的条件。在古代印度公社[61]中就有社会分工，但产品并不成为商品。或者拿一个较近的例子来说，每个工厂内都有系统的分工，但是这种分工不是由工人交换他们个人的产品引起的。只有独立的互不依赖的私人劳动的产品，才作为商品互相对立。

可见，每个商品的使用价值都包含着一定的有目的的生产活动，或有用劳动。各种使用价值如果不包含不同质的有用劳动，就不能作为商品互相对立。在产品普遍采

（11a）　第四版注：我插进了括号里的这段话，因为省去这段话常常会引起误解，好像不是由生产者本人消费的产品，马克思认为是商品。——弗·恩.

（12）　卡尔·马克思《政治经济学批判》1859年柏林版第12、13等页。[60]

取商品形式的社会里，也就是在商品生产者的社会里，作为独立生产者的私事而各自独立进行的各种有用劳动的这种质的区别，发展成一个多支的体系，发展成社会分工。

对上衣来说，无论是裁缝自己穿还是他的顾客穿，都是一样的。在这两种场合，它都是起使用价值的作用。同样，上衣和生产上衣的劳动之间的关系本身，也并不因为裁缝劳动成为专门职业，成为社会分工的一个独立的部分就有所改变。在有穿衣需要的地方，在有人当裁缝以前，人已经缝了几千年的衣服。但是，上衣、麻布以及任何一种不是天然存在的物质财富要素，总是必须通过某种专门的、使特殊的自然物质适合于特殊的人类需要的、有目的的生产活动创造出来。因此，劳动作为使用价值的创造者，作为有用劳动，是不以一切社会形式为转移的人类生存条件，是人和自然之间的物质变换即人类生活得以实现的永恒的自然必然性。

上衣、麻布等等使用价值，简言之，种种商品体，是自然物质和劳动这两种要素的结合。如果把上衣、麻布等等包含的各种不同的有用劳动的总和除外，总还剩有一种不借人力而天然存在的物质基质。人在生产中只能像自然本身那样发挥作用，就是说，只能改变物质的形式[13]。不仅如此，他在这种改变形态的劳动本身中还要经常依靠自然力的帮助。因此，劳动并不是它所生产的使用价值即物质财富的惟一源泉。正像威廉·配第所说，劳动是财富之父，土地是财富之母。[62]

现在，我们放下作为使用物品的商品，来考察商品价值。

我们曾假定，上衣的价值比麻布大一倍。但这只是量的差别，我们先不去管它。我们要记住的是，假如1件上衣的价值比10码麻布的价值大一倍，那么，20码麻布就与1件上衣具有同样的价值量。作为价值，上衣和麻布是有相同实体的物，是同种劳动的客观表现。但缝和织是不同质的劳动。然而在有些社会状态下，同一个人时而缝时而织，因此，这两种不同的劳动方式只是同一个人的劳动的变化，还不是不同的人的专门固定职能，正如我们的裁缝今天缝上衣和明天缝裤子只是同一的个人劳动的变化一样。其次，一看就知道，在我们资本主义社会里，随着劳动需求方向的改变，总有一定部分的人类劳动时而采取缝的形式，时而采取织的形式。劳动形式发生这种变换时不可能没有摩擦，但这种变换是必定要发生的。如果把生产活动的特定性质撇开，从而把劳动的有用性质撇开，劳动就只剩下一点：它是人类劳动力的耗费。尽管缝和织是不同质的生产活动，但二者都是人的脑、肌肉、神经、手等等的生产耗费，从这个意义上说，二者都是人类劳动。这只是耗费人类劳动力的两种不同的形式。当然，人类劳动力本身必须已有或多或少的发展，才能以这种或那种形式耗费。但是，商品价值体现的是人类劳动本身，是一般人类劳动的耗费。正如在资产阶级社会里，将军或银行家扮演着重要的角色，而人本身则扮演极卑微的角色一样[14]，人类劳动在这里

---

(13) "宇宙的一切现象，不论是由人手创造的，还是由自然的一般规律引起的，都不是真正的新创造，而只是物质的形态变化。结合和分离是人的智慧在分析再生产的观念时一再发现的唯一要素；价值〔指使用价值，尽管韦里在这里同重农学派论战时自己也不清楚说的是哪一种价值〕和财富的再生产，如土地、空气和水在田地上变成小麦，或者昆虫的分泌物经过人的手变成丝绸，或者一些金属片被装配成钟表，也是这样。"（彼得罗·韦里《政治经济学研究》1771年初版，载于库斯托第《意大利政治经济学名家文集·现代部分》第15卷第21、22页）

(14) 参看黑格尔《法哲学》1840年柏林版第250页第190节。

也是这样。它是每个没有任何专长的普通人的有机体平均具有的简单劳动力的耗费。**简单平均劳动**本身虽然在不同的国家和不同的文化时代具有不同的性质，但在一定的社会里是一定的。比较复杂的劳动只是**自乘的**或不如说**多倍的**简单劳动，因此，少量的复杂劳动等于多量的简单劳动。经验证明，这种简化是经常进行的。一个商品可能是最复杂的劳动的产品，但是它的**价值**使它与简单劳动的产品相等，因而本身只表示一定量的简单劳动。⁽¹⁵⁾ 各种劳动化为当作它们的计量单位的简单劳动的不同比例，是在生产者背后由社会过程决定的，因而在他们看来，似乎是由习惯确定的。为了简便起见，我们以后把各种劳动力直接当做简单劳动力，这样就省去了简化的麻烦。

因此，正如在作为价值的上衣和麻布中，它们的使用价值的差别被抽去一样，在表现为这些价值的劳动中，劳动的有用形式即缝和织的区别也被抽去了。作为使用价值的上衣和麻布是有一定目的的生产活动同布和纱的结合，而作为价值的上衣和麻布不过是同种劳动的凝结，同样，这些价值所包含的劳动之所以算作劳动，并不是因为它们同布和纱发生了生产上的关系，而只是因为它们是人类劳动力的耗费。正是由于缝和织具有不同的质，它们才是形成作为使用价值的上衣和麻布的要素；而只是由于它们的特殊的质被抽去，由于它们具有相同的质，即人类劳动的质，它们才是上衣价值和麻布价值的实体。

可是，上衣和麻布不仅是价值一般，而且是一定量的价值。我们曾假定，1 件上衣的价值比 10 码麻布的价值大一倍。它们价值量的这种差别是从哪里来的呢？这是由于麻布包含的劳动只有上衣的一半，因而生产后者所要耗费劳动力的时间必须比生产前者多一倍。

因此，就使用价值说，有意义的只是商品中包含的劳动的质，就价值量说，有意义的只是商品中包含的劳动的量，不过这种劳动已经化为没有进一步的质的人类劳动。在前一种情况下，是怎样劳动，什么劳动的问题；在后一种情况下，是劳动多少，劳动时间多长的问题。既然商品的价值量只是表示商品中包含的劳动量，那么，在一定的比例上，各种商品应该总是等量的价值。

如果生产一件上衣所需要的一切有用劳动的生产力不变，上衣的价值量就同上衣自身的数量一起增加。如果一件上衣代表 x 个工作日，两件上衣就代表 2x 个工作日，依此类推。假定生产一件上衣的必要劳动增加一倍或减少一半。在前一种场合，一件上衣就具有以前两件上衣的价值，在后一种场合，两件上衣就只有以前一件上衣的价值，虽然在这两种场合，上衣的效用和从前一样，上衣包含的有用劳动的质也和从前一样。但生产上衣所耗费的劳动量有了变化。

（15）　读者应当注意，这里指的不是工人得到的一个工作日的工资或价值，而是指工人的一个工作日对象化的商品价值。在我们叙述的这个阶段，工资这个范畴根本还不存在。^①

---

①　见本卷第 613—622 页。——编者注

更多的使用价值本身就是更多的物质财富，两件上衣比一件上衣多。两件上衣可以两个人穿，一件上衣只能一个人穿，依此类推。然而随着物质财富的量的增长，它的价值量可能同时下降。这种对立的运动来源于劳动的二重性。生产力当然始终是有用的、具体的劳动的生产力，它事实上只决定有目的的生产活动在一定时间内的效率。因此，有用劳动成为较富或较贫的产品源泉与有用劳动的生产力的提高或降低成正比。相反地，生产力的变化本身丝毫也不会影响表现为价值的劳动。既然生产力属于劳动的具体有用形式，它自然不再能同抽去了具体有用形式的劳动有关。因此，不管生产力发生了什么变化，同一劳动在同样的时间内提供的价值量总是相同的。但它在同样的时间内提供的使用价值量是不同的：生产力提高时就多些，生产力降低时就少些。因此，那种能提高劳动成效从而增加劳动所提供的使用价值量的生产力变化，如果会缩减生产这个使用价值量所必需的劳动时间的总和，就会减少这个增大了的总量的价值量。反之亦然。

一切劳动，一方面是人类劳动力在生理学意义上的耗费；就相同的或抽象的人类劳动这个属性来说，它形成商品价值。一切劳动，另一方面是人类劳动力在特殊的有一定目的的形式上的耗费；就具体的有用的劳动这个属性来说，它生产使用价值。(16)

4. 商品的拜物教性质及其秘密

最初一看，商品好像是一种简单而平凡的东西。对商品的分析表明，它却是一种很古怪的东西，充满形而上学的微妙和神学的怪诞。就商品是使用价值来说，不论从它靠自己的属性来满足人的需要这个角度来考察，或者从它作为人类劳动的产品才具有这些属性这个角度来考察，它都没有什么神秘的地方。很明显，人通过自己的活动按照对自己有用的方式来改变自然物质的形态。例如，用木头做桌子，木头的形状就改变了。可是桌子还是木头，还是一个普通的可以感觉的物。但是桌子一旦作为商品出现，就转化为一个可感觉而又超感觉的物76。它不仅用它的脚站在地上，而且在对其他一切商品的关系上用头倒立着，从它的木脑袋里生出比它自动跳舞还奇怪得多的狂想。(25)

可见，商品的神秘性质不是来源于商品的使用价值。这种神秘性质也不是来源于

(16) 第二版注：为了证明"只有劳动才是我们在任何时候都能够用来估计和比较各种商品价值的最后的和现实的唯一尺度"，亚·斯密写道："等量的劳动在任何时候和任何地方对工人本身都必定具有同样的价值。在工人的健康、精力和活动正常的情况下，在他所能具有的平均熟练程度的情况下，他总是要牺牲同样多的安宁、自由和幸福"（《国富论》第1卷第5章）。一方面，亚·斯密在这里（不是在每一处）把价值决定于生产商品所耗费的劳动量，同商品价值决定于劳动的价值混为一谈，因而他力图证明，等量的劳动总是具有同样的价值。另一方面，他感觉到，劳动就它表现为商品的价值而论，只是劳动力的耗费，但他把这种耗费又仅仅理解为牺牲安宁、自由和幸福，而不是把它也看做正常的生命活动。诚然，他看到的是现代雇佣工人。——注（9）提到的亚·斯密的那位匿名的前辈的说法要恰当得多。他说："某人制造这种必需品用了一个星期……而拿另一种物与他进行交换的人要确切地估计出什么是真正的等值物，最好计算出什么东西会花费自己同样多的 labour［劳动］和时间。这实际上就是说：一个人在一定时间内在一物上用去的劳动，同另一个人在同样的时间内在另一物上用去的劳动相交换。"（《对货币利息，特别是公债利息的一些看法》第39页）——［第四版注：英语有一个优点，它有两个不同的词来表达劳动的这两个不同的方面。创造使用价值的并且在质上得到规定的劳动叫做 work，以与 labour 相对；创造价值的并且只在量上被计算的劳动叫做 labour，以与 work 相对。见英译本第14页脚注。弗·恩·］

(25) 我们想起了，当世界其他一切地方好像静止的时候，中国和桌子开始跳起舞来，以激励别人77。

价值规定的内容。因为，第一，不管有用劳动或生产活动怎样不同，它们都是人体的机能，而每一种这样的机能不管内容和形式如何，实质上都是人的脑、神经、肌肉、感官等等的耗费。这是一个生理学上的真理。第二，说到作为决定价值量的基础的东西，即这种耗费的持续时间或劳动量，那么，劳动的量可以十分明显地同劳动的质区别开来。在一切社会状态下，人们对生产生活资料所耗费的劳动时间必然是关心的，虽然在不同的发展阶段上关心的程度不同。[26] 最后，一旦人们以某种方式彼此为对方劳动，他们的劳动也就取得社会的形式。

可是，劳动产品一旦采取商品形式就具有的谜一般的性质究竟是从哪里来的呢？显然是从这种形式本身来的。人类劳动的等同性，取得了劳动产品的等同的价值对象性这种物的形式；用劳动的持续时间来计量的人类劳动力的耗费，取得了劳动产品的价值量的形式；最后，生产者的劳动的那些社会规定借以实现的生产者关系，取得了劳动产品的社会关系的形式。

可见，商品形式的奥秘不过在于：商品形式在人们面前把人们本身劳动的社会性质反映成劳动产品本身的物的性质，反映成这些物的天然的社会属性，从而把生产者同总劳动的社会关系反映成存在于生产者之外的物与物之间的社会关系。由于这种转换，劳动产品成了商品，成了可感觉而又超感觉的物或社会的物。正如一物在视神经中留下的光的印象，不是表现为视神经本身的主观兴奋，而是表现为眼睛外面的物的客观形式。但是在视觉活动中，光确实从一物射到另一物，即从外界对象射入眼睛。这是物理的物之间的一种物理关系。相反，商品形式和它借以得到表现的劳动产品的价值关系，是同劳动产品的物理性质以及由此产生的物的关系完全无关的。这只是人们自己的一定的社会关系，但它在人们面前采取了物与物的关系的虚幻形式。因此，要找一个比喻，我们就得逃到宗教世界的幻境中去。在那里，人脑的产物表现为赋有生命的、彼此发生关系并同人发生关系的独立存在的东西。在商品世界里，人手的产物也是这样。我把这叫做拜物教。劳动产品一旦作为商品来生产，就带上拜物教性质，因此拜物教是同商品生产分不开的。

商品世界的这种拜物教性质，像以上分析已经表明的，是来源于生产商品的劳动所特有的社会性质。

使用物品成为商品，只是因为它们是彼此独立进行的私人劳动的产品。这种私人劳动的总和形成社会总劳动。因为生产者只有通过交换他们的劳动产品才发生社会接触，所以，他们的私人劳动的独特的社会性质也只有在这种交换中才表现出来。换句话说，私人劳动在事实上证实为社会总劳动的一部分，只是由于交换使劳动产品之间、从而使生产者之间发生了关系。因此，在生产者面前，他们的私人劳动的社会关系就表现为现在这个样子，就是说，不是表现为人们在自己劳动中的直接的社会关系，而是表现为人们之间的物的关系和物之间的社会关系。

(26) 第二版注：在古日耳曼人中，一摩尔根土地的面积是按一天的劳动来计算的。因此，摩尔根又叫做 Tagwerk［一日的工作］（或 Tagwanne）（jurnale 或 jurnalis，terra jurnalis，jornalis 或 diurnalis），Mannwerk［一人的工作］，Mannskraft［一人的力量］，Mannsmaad，Mannshauet［一人的收割量］等等。见格奥尔格·路德维希·冯·毛勒《马尔克制度、农户制度、乡村制度、城市制度和公共政权的历史概论》1854 年慕尼黑版第 129 页及以下几页。

劳动产品只是在它们的交换中，才取得一种社会等同的价值对象性，这种对象性是与它们的感觉上各不相同的使用对象性相分离的。劳动产品分裂为有用物和价值物，实际上只是发生在交换已经十分广泛和十分重要的时候，那时有用物是为了交换而生产的，因而物的价值性质还在物本身的生产中就被注意到了。从那时起，生产者的私人劳动真正取得了二重的社会性质。一方面，生产者的私人劳动必须作为一定的有用劳动来满足一定的社会需要，从而证明它们是总劳动的一部分，是自然形成的社会分工体系的一部分。另一方面，只有在每一种特殊的有用的私人劳动可以同任何另一种有用的私人劳动相交换从而相等时，生产者的私人劳动才能满足生产者本人的多种需要。完全不同的劳动所以能够相等，只是因为它们的实际差别已被抽去，它们已被化成它们作为人类劳动力的耗费、作为抽象的人类劳动所具有的共同性质。私人生产者的头脑把他们的私人劳动的这种二重的社会性质，只是反映在从实际交易、产品交换中表现出来的那些形式中，也就是把他们的私人劳动的社会有用性，反映在劳动产品必须有用，而且是对别人有用的形式中；把不同种劳动的相等这种社会性质，反映在这些在物质上不同的物即劳动产品具有共同的价值性质的形式中。

可见，人们使他们的劳动产品彼此当做价值发生关系，不是因为在他们看来这些物只是同种的人类劳动的物质外壳。恰恰相反，他们在交换中使他们的各种产品作为价值彼此相等，也就使他们的各种劳动作为人类劳动而彼此相等。他们没有意识到这一点，但是他们这样做了。[27] 因此，价值没有在额上写明它是什么[78]。不仅如此，价值还把每个劳动产品转化为社会的象形文字。后来，人们竭力要猜出这种象形文字的涵义，要了解他们自己的社会产品的秘密，因为把使用物品规定为价值，正像语言一样，是人们的社会产物。后来科学发现，劳动产品作为价值，只是生产它们时所耗费的人类劳动的物的表现，这一发现在人类发展史上划了一个时代，但它决没有消除劳动的社会性质的物的外观。彼此独立的私人劳动的独特的社会性质在于它们作为人类劳动而彼此相等，并且采取劳动产品的价值性质的形式——商品生产这种特殊生产形式才具有的这种特点，对受商品生产关系束缚的人们来说，无论在上述发现以前或以后，都是永远不变的，正像空气形态在科学把空气分解为各种元素之后，仍然作为一种物理的物态继续存在一样。

产品交换者实际关心的问题，首先是他用自己的产品能换取多少别人的产品，就是说，产品按什么样的比例交换。当这些比例由于习惯而逐渐达到一定的稳固性时，它们就好像是由劳动产品的本性产生的。例如，一吨铁和两盎司金的价值相等，就像一磅金和一磅铁虽然有不同的物理属性和化学属性，但是重量相等一样。实际上，劳动产品的价值性质，只是通过劳动产品表现为价值量才确定下来。价值量不以交换者的意志、设想和活动为转移而不断地变动着。在交换者看来，他们本身的社会运动具有物的运动形式。不是他们控制这一运动，而是他们受这一运动控制。要有充分发达的商品生产，才能从经验本身得出科学的认识，理解到彼此独立进行的，但作为自然

---

(27) 第二版注：因此，当加利阿尼说价值是人和人之间的一种关系时，他还应当补充一句：这是被物的外壳掩盖着的关系。（加利阿尼《货币论》，载于库斯托第编《意大利政治经济学名家文集·现代部分》1803 年米兰版第 3 卷第 221 页）

形成的社会分工部分而互相全面依赖的私人劳动，不断地被化为它们的社会的比例尺度，这是因为在私人劳动产品的偶然的不断变动的交换比例中，生产这些产品的社会必要劳动时间作为起调节作用的自然规律强制地为自己开辟道路，就像房屋倒在人的头上时重力定律强制地为自己开辟道路一样。[28] 因此，价值量由劳动时间决定是一个隐藏在商品相对价值的表面运动后面的秘密。这个秘密的发现，消除了劳动产品的价值量纯粹是偶然决定的这种假象，但是决没有消除价值量的决定所采取的物的形式。

对人类生活形式的思索，从而对这些形式的科学分析，总是采取同实际发展相反的道路。这种思索是从事后开始的，就是说，是从发展过程的完成的结果开始的。给劳动产品打上商品烙印、因而成为商品流通的前提的那些形式，在人们试图了解它们的内容而不是了解它们的历史性质（这些形式在人们看来已经是不变的了）以前，就已经取得了社会生活的自然形式的固定性。因此，只有商品价格的分析才导致价值量的决定，只有商品共同的货币表现才导致商品的价值性质的确定。但是，正是商品世界的这个完成的形式——货币形式，用物的形式掩盖了私人劳动的社会性质以及私人劳动者的社会关系，而不是把它们揭示出来。如果我说，上衣、皮靴等等把麻布当做抽象的人类劳动的一般化身而同它发生关系，这种说法的荒谬是一目了然的。但是当上衣、皮靴等等的生产者使这些商品同作为一般等价物的麻布（或者金银，这丝毫不改变问题的性质）发生关系时，他们的私人劳动同社会总劳动的关系正是通过这种荒谬形式呈现在他们面前。

这种种形式恰好形成资产阶级经济学的各种范畴。对于这个历史上一定的社会生产方式即商品生产的生产关系来说，这些范畴是有社会效力的，因而是客观的思维形式。因此，一旦我们逃到其他的生产形式中去，商品世界的全部神秘性，在商品生产的基础上笼罩着劳动产品的一切魔法妖术，就立刻消失了。

既然政治经济学喜欢鲁滨逊的故事[29]，那么就先来看看孤岛上的鲁滨逊吧。不管他生来怎样简朴，他终究要满足各种需要，因而要从事各种有用劳动，如做工具，制家具，养羊驼，捕鱼，打猎等等。关于祈祷一类事情我们在这里就不谈了，因为我们的鲁滨逊从中得到快乐，他把这类活动当做休息。尽管他的生产职能是不同的，但是他知道，这只是同一个鲁滨逊的不同的活动形式，因而只是人类劳动的不同方式。需要本身迫使他精确地分配自己执行各种职能的时间。在他的全部活动中，这种或那种职能所占比重的大小，取决于他为取得预期效果所要克服的困难的大小。经验告诉他这些，而我们这位从破船上抢救出表、账簿、墨水和笔的鲁滨逊，马上就作为一个道地的英国人开

（28） "我们应该怎样理解这个只有通过周期性的革命才能为自己开辟道路的规律呢？这是一个以当事人的无意识活动为基础的自然规律。"（弗里德里希·恩格斯《国民经济学批判大纲》，载于阿尔诺德·卢格和卡尔·马克思编的《德法年鉴》1844年巴黎版）

（29） 第二版注：甚至李嘉图也离不开他的鲁滨逊故事[79]。"他让原始的渔夫和原始的猎人一下子就以商品占有者的身份，按照对象化在鱼和野味中的交换价值中的劳动时间的比例交换鱼和野味。在这里他陷入了时代错乱之中，他竟让原始的渔夫和原始的猎人在计算他们的劳动工具时去参看1817年伦敦交易所通用的年息表。看来，除了资产阶级社会形式以外，'欧文先生的平行四边形'[80]是他所知道的唯一的社会形式。"（卡尔·马克思《政治经济学批判》第38、39页[81]）

始记起账来。他的账本记载着他所有的各种使用物品，生产这些物品所必需的各种活动，最后还记载着他制造这种种一定量的产品平均耗费的劳动时间。鲁滨逊和构成他自己创造的财富的物之间的全部关系在这里是如此简单明了，甚至连麦·维尔特先生用不着费什么脑筋也能了解。但是，价值的一切本质上的规定都包含在这里了。

现在，让我们离开鲁滨逊的明朗的孤岛，转到欧洲昏暗的中世纪去吧。在这里，我们看到的，不再是一个独立的人了，人都是互相依赖的：农奴和领主，陪臣和诸侯，俗人和牧师。物质生产的社会关系以及建立在这种生产的基础上的生活领域，都是以人身依附为特征的。但是正因为人身依附关系构成该社会的基础，劳动和产品也就用不着采取与它们的实际存在不同的虚幻形式。它们作为劳役和实物贡赋而进入社会机构之中。在这里，劳动的自然形式，劳动的特殊性是劳动的直接社会形式，而不是像在商品生产基础上那样，劳动的一般性是劳动的直接社会形式。徭役劳动同生产商品的劳动一样，是用时间来计量的，但是每一个农奴都知道，他为主人服役而耗费的，是他个人的一定量的劳动力。缴纳给牧师的什一税，是比牧师的祝福更加清楚的。所以，无论我们怎样判断中世纪人们在相互关系中所扮演的角色，人们在劳动中的社会关系始终表现为他们本身之间的个人的关系，而没有披上物之间即劳动产品之间的社会关系的外衣。

要考察共同的劳动即直接社会化的劳动，我们没有必要回溯到一切文明民族的历史初期都有过的这种劳动的原始的形式。(30) 这里有个更近的例子，就是农民家庭为了自身的需要而生产粮食、牲畜、纱、麻布、衣服等等的那种农村家长制生产。对于这个家庭来说，这种种不同的物都是它的家庭劳动的不同产品，但它们不是互相作为商品发生关系。生产这些产品的种种不同的劳动，如耕、牧、纺、织、缝等等，在其自然形式上就是社会职能，因为这是这样一个家庭的职能，这个家庭就像商品生产一样，有它本身的自然形成的分工。家庭内的分工和家庭各个成员的劳动时间，是由性别年龄上的差异以及随季节而改变的劳动的自然条件来调节的。但是，用时间来计量的个人劳动力的耗费，在这里本来就表现为劳动本身的社会规定，因为个人劳动力本来就只是作为家庭共同劳动力的器官而发挥作用的。

最后，让我们换一个方面，设想有一个自由人联合体，他们用公共的生产资料进行劳动，并且自觉地把他们许多个人劳动力当做一个社会劳动力来使用。在那里，鲁滨逊的劳动的一切规定又重演了，不过不是在个人身上，而是在社会范围内重演。鲁滨逊的一切产品只是他个人的产品，因而直接是他的使用物品。这个联合体的总产品是一个社会产品。这个产品的一部分重新用作生产资料。这一部分依旧是社会的。而另一部分则作为生活资料由联合体成员消费。因此，这一部分要在他们之间进行分配。这种分配的方式会随着社会生产有机体本身的特殊方式和随着生产者的相应的历史发

---

(30) 第二版注："近来流传着一种可笑的偏见，认为原始的公有制的形式是斯拉夫人特有的形式，甚至只是俄罗斯的形式。这种原始形式我们在罗马人、日耳曼人、凯尔特人那里都可以见到，直到现在我们还能在印度人那里遇到这种形式的一整套图样，虽然其中一部分只留下残迹了。仔细研究一下亚细亚的、尤其是印度的公有制形式，就会证明，从原始的公有制的不同形式中，怎样产生出它的解体的各种形式。例如，罗马和日耳曼的私有制的各种原型，就可以从印度的公有制的各种形式中推出来。"（卡尔·马克思《政治经济学批判》第10页[82]）

展程度而改变。仅仅为了同商品生产进行对比，我们假定，每个生产者在生活资料中得到的份额是由他的劳动时间决定的。这样，劳动时间就会起双重作用。劳动时间的社会的有计划的分配，调节着各种劳动职能同各种需要的适当的比例。另一方面，劳动时间又是计量生产者在共同劳动中个人所占份额的尺度，因而也是计量生产者在共同产品的个人可消费部分中所占份额的尺度。在那里，人们同他们的劳动和劳动产品的社会关系，无论在生产上还是在分配上，都是简单明了的。

在商品生产者的社会里，一般的社会生产关系是这样的：生产者把他们的产品当作商品，从而当做价值来对待，而且通过这种物的形式，把他们的私人劳动当作等同的人类劳动来互相发生关系。对于这种社会来说，崇拜抽象人的基督教，特别是资产阶级发展阶段的基督教，如新教、自然神教等等，是最适当的宗教形式。在古亚细亚的、古代的等等生产方式[83]下，产品转化为商品、从而人作为商品生产者而存在的现象，处于从属地位，但是共同体越是走向没落阶段，这种现象就越是重要。真正的商业民族只存在于古代世界的空隙中，就像伊壁鸠鲁的神只存在于世界的空隙中[84]，或者犹太人只存在于波兰社会的缝隙中一样。这些古老的社会生产有机体比资产阶级的社会生产有机体简单明了得多，但它们或者以个人尚未成熟，尚未脱掉同其他人的自然血缘联系的脐带为基础，或者以直接的统治和服从的关系为基础。它们存在的条件是：劳动生产力处于低级发展阶段，与此相应，人们在物质生活生产过程内部的关系，即他们彼此之间以及他们同自然之间的关系是很狭隘的。这种实际的狭隘性，观念地反映在古代的自然宗教和民间宗教中。只有当实际日常生活的关系，在人们面前表现为人与人之间和人与自然之间极明白而合理的关系的时候，现实世界的宗教反映才会消失[85]。只有当社会生活过程即物质生产过程的形态，作为自由联合的人的产物，处于人的有意识有计划的控制之下的时候，它才会把自己的神秘的纱幕揭掉。但是，这需要有一定的社会物质基础或一系列物质生存条件，而这些条件本身又是长期的、痛苦的发展史的自然产物。

诚然，政治经济学曾经分析了价值和价值量（虽然不充分(31)），揭示了这些形式

---

(31) 李嘉图对价值量的分析并不充分，——但是最好的分析，——这一点人们将在本书第三册和第四册中看到。[86] 至于价值一般，古典政治经济学在任何地方也没有明确地和十分有意识地把表现为价值的劳动同表现为产品使用价值的劳动区分开。当然，古典政治经济学事实上是作了这种区分的，因为它有时从量的方面，有时从质的方面来考察劳动。但是，它从来没有意识到，各种劳动的纯粹量的差别是以它们的质的统一或等同为前提的，因而是以它们化为抽象人类劳动为前提的。例如，李嘉图就曾表示他同意德斯杜特·德·特拉西的说法。德斯杜特说："很清楚，我们的体力和智力是我们唯一的原始的财富，因此，这些能力的运用，某种劳动，是我们的原始的财宝；凡是我们称为财富的东西，总是由这些能力的运用创造出来的……此外，这一切东西确实只代表创造它们的劳动，如果它们有价值，或者甚至有两种不同的价值，那也只能来源于创造它们的劳动的价值。"（李嘉图《政治经济学原理》1821 年伦敦第 3 版第 334 页）我们只指出，李嘉图在德斯杜特的话中塞进了自己的更加深刻的思想。一方面，德斯杜特确实说过，凡是构成财富的东西都"代表创造它们的劳动"。但是另一方面，他又说，这一切东西的"两种不同的价值"（使用价值和交换价值）来自"劳动的价值"。这样，他就陷入庸俗经济学的平庸浅薄之中。庸俗经济学先假设一种商品（在这里是指劳动）的价值，然后再用这种价值去决定其他商品的价值。而李嘉图却把德斯杜特的话读做：劳动（而不是劳动的价值）既表现为使用价值，也表现为交换价值。不过他自己也不善于区别具有二重表现的劳动的二重性质，以致在关于《价值和财富，它们的不同性质》这整整一章中，不得不同让·巴·萨伊这个人的庸俗见解苦苦纠缠。因此，最后他不禁愣住了：在劳动是价值的源泉这一点上，德斯杜特虽然同他是一致的，可是另一方面，在价值概念上，德斯杜特却同萨伊是一致的。

所掩盖的内容。但它甚至从来也没有提出过这样的问题：为什么这一内容采取这种形式呢？为什么劳动表现为价值，用劳动时间计算的劳动量表现为劳动产品的价值量呢？[32] 一些公式本来在额上写着[78]，它们是属于生产过程支配人而人还没有支配生产过程的那种社会形态的，但在政治经济学的资产阶级意识中，它们竟像生产劳动本身一样，成了不言而喻的自然必然性。因此，政治经济学对待资产阶级以前的社会生产有机体形式，就像教父[87]对待基督教以前的宗教一样。[33]

商品世界具有的拜物教性质或劳动的社会规定所具有的物的外观，使一部分经济学家迷惑到什么程度，也可以从关于自然在交换价值的形成中的作用所进行的枯燥无味的争论中得到证明。既然交换价值是表示消耗在物上的劳动的一定社会方式，它就像例如汇率一样并不包含自然物质。

因为商品形式是资产阶级生产的最一般的和最不发达的形式（因此它早就出现了，

---

(32) 古典政治经济学的根本缺点之一，就是它从来没有从商品的分析，特别是商品价值的分析中，发现那种正是使价值成为交换价值的价值形式。恰恰是古典政治经济学的最优秀的代表人物，像亚·斯密和李嘉图，把价值形式看成一种完全无关紧要的东西或在商品本性之外存在的东西。这不仅仅因为价值量的分析把他们的注意力完全吸引住了。还有更深刻的原因。劳动产品的价值形式是资产阶级生产方式的最抽象的，但也是最一般的形式，这就使资产阶级生产方式成为一种特殊的社会生产类型，因而同时具有历史的特征。因此，如果把资产阶级生产方式误认为是社会生产的永恒的自然形式，那就必然会忽略价值形式的特殊性，从而忽略商品形式及其进一步发展——货币形式、资本形式等等的特殊性。因此，我们发现，在那些完全同意用劳动时间来计算价值量的经济学家中，对于货币即一般等价物的完成形态的看法是极为混乱和矛盾的。例如，在考察银行业时，这一点表现得特别明显，因为在这里关于货币的通常的定义已经不够用了。于是，与此相对立的，出现了复兴的重商主义体系（加尼耳等人[67]），这一体系在价值中只看到社会形式，或者更确切地说，只看到这种社会形式的没有实体的外观。——在这里，我断然指出，我所说的古典政治经济学，是指从威·配第以来的一切这样的经济学，这种经济学与庸俗经济学相反，研究了资产阶级生产关系的内部联系。而庸俗经济学却只是在表面的联系内兜圈子，它为了对可以说是最粗浅的现象作出似是而非的解释，为了适应资产阶级的日常需要，一再反复咀嚼科学的经济学早就提供的材料。在其他方面，庸俗经济学则只限于把资产阶级生产当事人关于他们自己的最美好世界的陈腐而自负的看法加以系统化，赋以学究气味，并且宣布为永恒的真理。

(33) "经济学家们[88]的论证方式是非常奇怪的。他们认为只有两种制度：一种是人为的，一种是天然的。封建制度是人为的，资产阶级制度是天然的。在这方面，经济学家很像那些把宗教也分为两类的神学家。一切异教都是人们臆造的，而他们自己的宗教则是神的启示……于是，以前是有历史的，现在再也没有历史了。"（卡尔·马克思《哲学的贫困。答蒲鲁东先生的〈贫困的哲学〉》1847年版第113页[89]）巴师夏先生认为古代希腊人和罗马人专靠掠夺为生，这真是滑稽可笑。如果人们几百年都靠掠夺为生，那就得经常有可供掠夺的东西，或者说，被掠夺的对象应当不断地被再生产出来。可见，希腊人和罗马人看来也要有某种生产过程，从而有某种经济，这种经济构成他们的世界的物质基础，就像资产阶级经济构成现今世界的物质基础一样。也许巴师夏的意思是说，建立在奴隶劳动上的生产方式是以某种掠夺制度为基础吧？如果是这样，他就处于危险的境地了。既然像亚里士多德那样的思想巨人在评价奴隶劳动时都难免发生错误，那么，像巴师夏这样的经济学侏儒在评价雇佣劳动时怎么会正确无误呢？——借这个机会，我要简短地回答一下美国一家德文报纸在我的《政治经济学批判》一书出版时（1859年）对我的指责。[90]在那本书中我曾经说过，一定的生产方式以及与它相适应的生产关系，简言之，"社会的经济结构，即有法律的和政治的上层建筑竖立其上并有一定的社会意识形式与之相适应的现实基础"，"物质生活的生产方式制约着整个社会生活、政治生活和精神生活的过程"[91]。可是据上述报纸说，这一切提法固然适用于物质利益占统治地位的现今世界，但却不适用于天主教占统治地位的中世纪，也不适用于政治占统治地位的雅典和罗马。首先，居然有人以为这些关于中世纪和古代世界的人所共知的老生常谈还会有人不知道，这真是令人惊奇。但有一点很清楚，中世纪不能靠天主教生活，古代世界不能靠政治生活。相反，这两个时代谋生的方式和方法表明，为什么在古代世界政治起着主要作用，而在中世纪天主教起着主要作用。此外，例如只要对罗马共和国的历史稍微有点了解，就会知道，地产的历史构成罗马共和国的秘史。而从另一方面说，唐·吉诃德误认为游侠生活可以同任何社会经济形式并存，结果遭到了惩罚。

虽然不像今天这样是占统治地位的，从而是典型的方式），所以，它的拜物教性质显得还比较容易看穿。但是在比较具体的形式中，连这种简单性的外观也消失了。货币主义的幻觉是从哪里来的呢？是由于货币主义没有看出：金银作为货币代表一种社会生产关系，不过这种关系采取了一种具有奇特的社会属性的自然物的形式。而蔑视货币主义的现代经济学，当它考察资本时，它的拜物教不是也很明显吗？认为地租是由土地而不是由社会产生的重农主义幻觉，又破灭了多久呢？

为了不致涉及以后的问题，这里仅仅再举一个关于商品形式本身的例子。假如商品能说话，它们会说：我们的使用价值也许使人们感到兴趣。作为物，我们没有使用价值。作为物，我们具有的是我们的价值。我们自己作为商品物进行的交易就证明了这一点。我们彼此只是作为交换价值发生关系。现在，让我们听听经济学家是怎样说出商品内心的话的：

> "价值〈交换价值〉是物的属性，财富〈使用价值〉是人的属性。从这个意义上说，价值必然包含交换，财富则不然。"(34) "财富〈使用价值〉是人的属性，价值是商品的属性。人或共同体是富的；珍珠或金刚石是有价值的……"珍珠或金刚石作为珍珠或金刚石是有价值的。(35)

直到现在，还没有一个化学家在珍珠或金刚石中发现交换价值。可是那些自以为有深刻的批判力、发现了这种化学物质的经济学家，却发现物的使用价值同它们的物质属性无关，而它们的价值倒是它们作为物所具有的。在这里为他们作证的是这样一种奇怪的情况：物的使用价值对于人来说没有交换就能实现，就是说，在物和人的直接关系中就能实现；相反，物的价值则只能在交换中实现，就是说，只能在一种社会的过程中实现。在这里，我们不禁想起善良的道勃雷，他教导巡丁西可尔说[93]：

> "一个人长得漂亮是环境造成的，会写字念书才是天生的本领。"(36)

卡尔·马克思

（选自《马克思恩格斯文集》第 5 卷，人民出版社 2009 年版，第 47—60 页、88—102 页。）

---

(34) 《评政治经济学上若干用语的争论，特别是有关价值、供求的争论》1821 年伦敦版第 16 页。

(35) 赛·贝利《对价值的本质、尺度和原因的批判研究》第 165 页及以下几页。[92]

(36) 《评政治经济学上若干用语的争论》一书的作者和赛·贝利责备李嘉图，说他把交换价值从一种只是相对的东西转化为一种绝对的东西。恰恰相反，李嘉图是把金刚石、珍珠这种物在作为交换价值时所具有的表面的相对性，还原为这种外表所掩盖的真实关系，还原为它们作为人类劳动的单纯表现的相对性。如果说李嘉图主义者对贝利的答复既粗浅而又缺乏说服力，那只是因为他们在李嘉图本人那里找不到关于价值和价值形式即交换价值之间的内部联系的任何说明。

注　释

53　见《马克思恩格斯全集》中文第 2 版第 31 卷第 419 页。——47。

54　法律拟制（fictio juris）本是法律上一个原则，即把现实中不存在的事实在法律上当做存在的事实来处理。正文中的意思是指一种与现实相矛盾的假定。——48、662。

55　套用了赛·巴特勒的长诗《休迪布腊斯》第 2 部第 1 首中的一句诗。——49。

56　1785 年，埃·卡特赖特发明了机械织布机。在 19 世纪 20 年代和 30 年代，蒸汽织布机得到较广泛的使用。——32。

57　见《马克思恩格斯全集》中文第 2 版第 31 卷第 422 页。"作为价值"在那里是"作为交换价值"。——53。

58　见威·杰科布《贵金属生产和消费的历史研究》（两卷集）1831 年伦敦版。马克思在 1857—1858 年经济学手稿中直接引用了杰科布的这句话："可能在所有时代，贵金属的生产费用都超过它们历来被支付的价值。"见《马克思恩格斯全集》中文第 2 版第 31 卷第 279 页。——53。

59　见赫·梅里韦尔《关于殖民和殖民地的演说》1841 年伦敦版第 1 卷第 52 页。马克思在 1857—1858 年经济学手稿中直接引用了这句话："厄什韦葛（在 1823 年）估计，在巴西，80 年间开采的金刚石的总价值还赶不上 18 个月中所生产的砂糖或咖啡的价值。"见《马克思恩格斯全集》中文第 2 版第 31 卷第 246 页。——53。

60　见《马克思恩格斯全集》中文第 2 版第 31 卷第 427 页及以下几页。——55。

61　古代印度公社是古印度社会典型的劳动组织形式，形成于原始社会瓦解、阶级社会关系产生的时期。作为生产者集体的村社由当地的农民和其他以某种方式与农业相联系的人组成。它相当独立地组织几乎所有地区的以人工灌溉和排水为基础的生产。由于受气候和地理位置的限制，村社形成了一种特殊的制度，即把手工业纳入农业生产中。村社的原始形式的特点保持了很久。虽然在大约公元前 1 世纪中期出现了财产差异（村社中开始形成阶级），但村社成员的土地优先权继续存在（种姓制度形成以及手工业继续受农业的约束）阻止了村社最后的瓦解。见马克思《不列颠在印度的统治》（《马克思恩格斯文集》第 2 卷）一文，以及 1857—1858 年经济学手稿（《马克思恩格斯全集》中文第 2 版第 30 卷第 467、476—478 页）。——55、107、413。

62　威·配第所说"劳动是财富之父，土地是财富之母"，见他的《赋税论》1667 年伦敦版第 47 页。马克思在 1857—1858 年经济学手稿中引用了配第的这句话（见《马克思恩格斯全集》中文第 2 版第 31 卷第 333、428 页）；他在 1875 年 4—5 月写的《德国工人党纲领批注》（《马克思恩格斯文集》第 3 卷）中，批评了劳动是一切财富的源泉的论点。——57。

76　"可感觉而又超感觉的物"，见歌德《浮士德》第 1 部第 16 场《玛尔特的花园》。——88。

77　1848—1849 年革命失败后，欧洲出现了一个政治反动时期。当时欧洲的贵族和资产阶级热衷于唯灵论，特别是桌子跳舞的降神术，而中国，爆发了太平天国革命运动。恩格斯在他的《自然辩证法》的《神灵世界中的自然研究》（《马克思恩格斯文集》第 9 卷）一文中深入分析了唯灵论。——88。

78　"在额上写着它是什么"，见《新约全书·约翰启示录》第 14 章第 1 节和第 9 节。——91、99、418。

79　谈到鲁滨逊的故事时，马克思指的是大·李嘉图的著作《政治经济学和赋税原理》1821 年伦敦第三版第一章，尤其是第一章第三节。马克思在 1857 年 8 月写的《导言》里全面论述了鲁滨逊故事在资产阶级政治经济学中的作用（见《马克思恩格斯文集》第 8 卷第 5—6 页）。在恩格斯 1869 年 11 月 19 日给马克思的信中也有相关的论述。——94。

80　"欧文先生的平行四边形"，见大·李嘉图的著作《论农业的保护关税》1822 年伦敦第 4 版第 21 页。罗·欧文在阐述他的社会改革的空想计划时证明，从经济上以及从建立家庭生活的观点看来，最适当的是建筑平行四边形的或正方形的住宅区。"欧文的平行四边形"这一名词即由此而来。——94。

81　参看《马克思恩格斯全集》中文第 2 版第 31 卷第 454—455 页。——94。

82　《马克思恩格斯全集》中文第 2 版第 31 卷第 426 页。——95。

83　关于亚细亚的、古代的等等生产方式，在 1857—1858 年经济学手稿中已有论述，见《马克思恩格斯文集》第 8 卷第 145—146 页和《马克思恩格斯全集》中文第 2 版第 31 卷第 413 页。——97。

84　古希腊哲学家伊壁鸠鲁认为有无数的世界。这些世界是按照它们本身的自然规律产生和存在的。神虽然存在，但存在于世界之外，存在于世界之间的空隙中，对宇宙的发展和人的生活没有任何影响。——97。

85　在马克思 1843 年底写的《〈黑格尔法哲学批判〉导言》（见《马克思恩格斯文集》第 1 卷）中已包含了这一思想。——97。

86　马克思所说的本书第三册和第四册中评论大·李嘉图的价值量的地方，见《资本论（1863—1865 年经济学手稿）》第三册第二章《5、工资的普遍提高或降低（下降）对各种商品的生产价格的影响》（《马克思恩格斯全集》历史考证版第 2 部分第 4 卷第 2 册第 273—278 页）以及《政治经济学批判（1861—1863 年手稿）》第 XII 笔记本第 650—652 页，即《李嘉图的剩余价值理论》中《（1）劳动量和劳动的价值》一节。——98。

67　关于弗·路·奥·费里埃和沙·加尼耳的重商主义的观点，见马克思《政治经济学批判（1861—1863 年手稿）》第 IX 笔记本第 391 页和第 VIII 笔记本第 358—361 页。——76、99。

87　教父是公元 2—6 世纪基督教界最早的希腊语和拉丁语作家的泛称，意为教会父老，他们的著作大都对后世基督教教义和神学有较深影响，教父的观点中最根本的是贬低知识和智力，颂扬无条件的信仰，敌视"异教"即非基督教的宗教和哲学，特别是古代的唯物主义。——99、104。

88 "经济学家们"（économists）原先是对重农学派的称呼。大约在 19 世纪中叶，这个名词广泛用于各种经济学说的著作家，不再只用于说明某一经济学说的特点。而且，弗·魁奈及其门徒杜邦·德奈穆尔已经给自己加上了"重农学派"这一称谓。——99、110。

89 见马克思《哲学的贫困》第 2 章第 1 节中《第七个即最后一个说明》（《马克思恩格斯文集》第 1 卷第 612、614 页）。——100、744。

90 美国的这家德文报纸可能是指卡·海因岑在波士顿出版的《先驱者》。该报在 1859 年 7 月 12 日第 26 号第 2 版第 Ⅳ 栏与第 3 版第 Ⅰ 栏的"杂文集"专栏匿名发表了《卡尔·马克思先生》一文。这篇文章摘录了马克思在《〈政治经济学批判〉序言》中有关阐述其著作的全部计划和唯物主义历史观的基本认识的一整段内容，除了"社会革命的时代就到来了"这句话以外（见《马克思恩格斯全集》中文第 2 版第 31 卷第 411—413 页）。紧接着，作者把庸俗唯物主义的观点强加给马克思，说什么"一种女人的情绪推翻了一个王国，一种诸侯的情绪严重破坏了世界的一部分，一种改革者的思想使整个世界振奋起来，并抛弃了全部的'经济学'和所有的'生产关系'"。关于海因岑对《资本论》的反应，见马克思 1869 年 11 月 6 日给恩格斯的信。——100。

91 见《马克思恩格斯全集》中文第 2 版第 31 卷第 412 页。——100。

92 见马克思《政治经济学批判（1861—1863 年手稿）》第 ⅩⅣ 笔记本第 836 页。——101。

93 莎士比亚《无事生非》第 3 幕第 3 场。——102。

十一、法兰西内战（节选）

三

1871 年 3 月 18 日清晨，巴黎被"公社万岁！"的雷鸣般的呼声惊醒了。公社，这个使资产阶级的头脑怎么也捉摸不透的怪物，究竟是什么呢？

中央委员会在它的 3 月 18 日宣言中写道：

> "巴黎的无产者，目睹统治阶级的无能和叛卖，已经懂得：由他们自己亲手掌握公共事务的领导以挽救时局的时刻已经到来……他们已经懂得：夺取政府权力以掌握自己的命运，是他们无可推卸的职责和绝对权利。"①

但是，工人阶级不能简单地掌握现成的国家机器，并运用它来达到自己的目的。

中央集权的国家政权连同其遍布各地的机关，即常备军、警察局、官僚机构、教会和法院——这些机关是按照系统的和等级的分工原则建立的——起源于专制君主制时代，当时它充当了新兴资产阶级社会反对封建制度的有力武器。但是，领主权利、地方的特权、城市和行会的垄断以及地方的法规等这一切中世纪的垃圾还阻碍着它的发展。18 世纪法国革命的大扫帚，把所有这些过去时代的残余都扫除干净，这样就从社会基地上清除了那些妨碍建立现代国家大厦这个上层建筑的最后障碍。现代国家大厦是在第一帝国时期建立起来的，而第一帝国本身又是从半封建的旧欧洲反对现代法国的几次同盟战争中产生的。在以后各个时期的政治体制下，政府都被置于受议会控制，即受有产阶级直接控制的地位。它不但变成了巨额国债和苛捐重税的温床，不但由于拥有令人倾心的官职、金钱和权势而变成了统治阶级中各不相让的党派和冒险家们彼此争夺的对象，而且，它的政治性质也随着社会的经济变化而同时改变。现代工业的进步促使资本和劳动之间的阶级对立更为发展、扩大和深化。与此同步，国家政权在性质上也越来越变成了资本借以压迫劳动的全国政权，变成了为进行社会奴役而

---

① 1871 年 3 月 21 日《法兰西共和国公报》第 80 号。——编者注

组织起来的社会力量，变成了阶级专制的机器。① 每经过一场标志着阶级斗争前进一步的革命以后，国家政权的纯粹压迫性质就暴露得更加突出。1830 年的革命使政权从地主手里转到了资本家手里，也就是从离工人阶级较远的敌人手里转到了工人阶级的更为直接的敌人手里。资产阶级共和党人以二月革命的名义夺取了国家政权，并且利用这个政权进行了六月屠杀[80]，从而向工人阶级证明"社会"共和国就是保证使他们遭受社会奴役的共和国；向资产阶级中的大批保皇派和地主阶级证明，他们尽可以放心地让资产阶级"共和党人"去操治理国家之心，得治理国家之利。但是，资产阶级共和党人在建树了他们唯一的六月勋业以后，不得不从"秩序党"的前列退居后列——"秩序党"是一个由占有者阶级的所有相互倾轧的党派构成的联盟，是在这些党派现在公开宣布的同生产者阶级的对抗中形成的。他们合股执政的最适当的形式就是由路易·波拿巴任总统的**议会制共和国**。他们这个议会制共和国是一个公开实行阶级恐怖和有意侮辱"群氓"的体制。如果说，像梯也尔所讲的那样，议会制共和国"使他们〈统治阶级的各个派别〉最不易分裂"②，那么，它在这个人数很少的阶级和这个阶级以外的整个社会机体之间却挖了一道鸿沟。在以往各种体制下，统治阶级内部的分裂还使国家政权受到制约，现在由于这个阶级的联合，这种制约已经消失了。由于存在着无产阶级起来造反的危险，联合起来的统治阶级已在残酷无情地大肆利用这个国家政权作为资本对劳动作战的全国性武器。但是，统治阶级对生产者大众不断进行的十字军征讨，使它不仅必须赋予行政机关以越来越大的镇压之权，同时还必须把它自己的议会制堡垒——国民议会——本身在行政机关面前的一切防御手段一个一个地加以剥夺。结果，这个体现于路易·波拿巴其人之身的行政机关把国民议会一脚踢开了。"秩序党"共和国的自然产物就是第二帝国。

这个以政变为出生证书、以普选为批准手续、以宝剑为权杖的第二帝国，声称它倚靠农民阶级，即倚靠没有直接卷入劳资斗争的广大生产者群众。它声称它通过打破议会制度并因而打破政府公开为有产阶级当奴仆的局面而拯救了工人阶级。它声称它以支持有产阶级对工人阶级的经济统治而拯救了有产阶级。最后，它声称它通过为所有的人恢复了国家荣誉的幻觉，而把一切阶级联合了起来。事实上，帝国是在资产阶级已经丧失统治国家的能力而工人阶级又尚未获得这种能力时唯一可能的统治形式。全世界都欢迎这个帝国，认为它是社会救主。在它的统治下，资产阶级社会免除了各种政治牵挂，得到了甚至它自己也梦想不到的高度发展。工商业扩展到极大的规模；金融诈骗风行全世界；民众的贫困同无耻的骄奢淫逸形成鲜明对比。表面上高高凌驾于社会之上的国家政权，实际上正是这个社会最丑恶的东西，正是这个社会一切腐败事物的温床。它本身的腐朽性以及它所拯救了的那个社会的腐朽性，恰恰被一心想把这个统治制度的最高司令部从巴黎搬到柏林去的普鲁士的刺刀尽行戳穿了。帝国制度是国家政权的最低贱的形式，同时也是最后的形式。它是新兴资产阶级社会当做自己

---

① 在 1871 年德文版中是"越来越变成了压迫劳动的社会权力，变成了阶级统治的机器"；在 1891 年德文版中是"越来越变成了压迫工人阶级的社会权力，变成了阶级统治的机器"。——编者注

② 《梯也尔先生的计划》，载于 1871 年 3 月 29 日《形势报》第 163 号。——编者注

争取摆脱封建制度的解放手段而开始缔造的；而成熟了的资产阶级社会最后却把它变成了资本奴役劳动的工具。

帝国的直接对立物就是公社。巴黎无产阶级在宣布二月革命时所呼喊的"社会共和国"口号，的确是但也仅仅是表现出这样一种模糊的意向，即要求建立一个不但取代阶级统治的君主制形式、而且取代阶级统治本身的共和国。公社正是这个共和国的毫不含糊的形式。

既是旧政权中央政府所在地同时又是法国工人阶级社会大本营的巴黎，手执武器奋起反抗了梯也尔和乡绅议员们恢复并巩固帝国留给他们的这个旧政权的企图。巴黎所以能够反抗，只是由于被围困使它摆脱了军队并用主要由工人组成的国民自卫军来代替它。现在必须使这一事实成为制度，所以，公社的第一个法令就是废除常备军而代之以武装的人民。

公社是由巴黎各区通过普选选出的市政委员组成的。这些委员对选民负责，随时可以罢免。其中大多数自然都是工人或公认的工人阶级代表。公社是一个实干的而不是议会式的机构，它既是行政机关，同时也是立法机关。警察不再是中央政府的工具，他们立刻被免除了政治职能，而变为公社的承担责任的、随时可以罢免的工作人员。其他各行政部门的官员也是一样。从公社委员起，自上至下一切公职人员，都只能领取相当于**工人工资**的报酬。从前国家的高官显宦所享有的一切特权以及公务津贴，都随着这些人物本身的消失而消失了。社会公职已不再是中央政府走卒们的私有物。不仅城市的管理，而且连先前由国家行使的全部创议权也都转归公社。

公社在铲除了常备军和警察这两支旧政府手中的物质力量以后，便急切地着手摧毁作为压迫工具的精神力量，即"僧侣势力"，方法是宣布教会与国家分离，并剥夺一切教会所占有的财产。教士们要重新过私人的清修隐遁的生活，像他们的先驱者即使徒们那样靠信徒的施舍过活。一切教育机构对人民免费开放，完全不受教会和国家的干涉。这样，不但人人都能受教育，而且科学也摆脱了阶级偏见和政府权力的桎梏。

法官的虚假的独立性被取消，这种独立性只是他们用来掩盖自己向历届政府奴颜谄媚的假面具，而他们对于那些政府是依次宣誓尽忠，然后又依次背叛的。法官和审判官，也如其他一切公务人员一样，今后均由选举产生，对选民负责，并且可以罢免。

巴黎公社自然是要为法国一切大工业中心作榜样的。只要公社制度在巴黎以及次一级的各中心城市确立起来，那么，在外省，旧的集权政府就也得让位给生产者的自治政府。在公社没有来得及进一步加以发挥的全国组织纲要上说得十分清楚，公社将成为甚至最小村落的政治形式，常备军在农村地区也将由服役期限极短的国民军来代替。每一个地区的农村公社，通过设在中心城镇的代表会议来处理它们的共同事务；这些地区的各个代表会议又向设在巴黎的国民代表会议派出代表，每一个代表都可以随时罢免，并受到选民给予他的限权委托书（正式指令）的约束。仍须留待中央政府履行的为数不多但很重要的职能，则不会像有人故意胡说的那样加以废除，而是由公社的因而是严格承担责任的勤务员来行使。民族的统一不是要加以破坏，相反，要由公社在体制上、组织上加以保证，要通过这样的办法加以实现，即消灭以民族统一的体现者自居同时却脱离民族、凌驾于民族之上的国家政权，这个国家政权只不过是民族躯体上的寄生赘瘤。旧政权的纯属压迫性质的机关予以铲除，而旧政权的合理职能则从僭越和凌驾于社会之上的当局那里夺取过来，归还给社会的承担责任的勤务员。普选权不是为了每三年或六年决定一次由统治阶级中什么人在议会里当人民的假代表，而是为了服务于组织在公社里的人民，正如个人选择权服务于任何一个为自己企业招雇工人和管理人员的雇主一样。大家都很清楚，企业也像个人一样，在实际业务活动中一般都懂得在适当的位置上使用适当的人，万一有错立即纠正。另一方面，如果用等级授职制[103]去代替普选制，那是最违背公社精神不过的。

一般说来，全新的历史创举都要遭到被误解的命运，即只要这种创举与旧的、甚至已经死亡的社会生活形式可能有某些相似之处，它就会被误认为是那些社会生活形式的翻版。所以，这个新的、摧毁了现代国家政权的公社，就恰恰被误认为是那最初产生于现代国家政权之先、尔后又成为现代国家政权基础的中世纪公社[104]的再现。公社体制被误认为是企图把各大国的统一——这种统一虽然最初由政治暴力所造成，但现已成为社会生产的强大因素——化为孟德斯鸠和吉伦特派[105]所梦想的那种许多小邦的联盟。公社与国家政权的对抗被误认为是反对过分集权这一古老斗争的被夸张了的形式。可能是特殊的历史条件①阻碍了像在法国出现过的那种资产阶级政权形式的典型发展，并使得像英国那样的情况能够存在：庞大的中央国家机构在城市里有腐败的教区委员会、钻营私利的市议员、凶暴的济贫法委员会委员为其补充，在乡村里有实际上是世袭的治安法官为其补充。公社体制会把靠社会供养而又阻碍社会自由发展的国家这个寄生赘瘤迄今所夺去的一切力量，归还给社会机体。仅此一举就会把法国的复兴推动起来。法国外省城市的资产阶级在路易-菲力浦时期控制着乡村，在路易-拿破仑时期，他们对乡村的控制为乡村对城市的虚假统治所取代。现在他们以为公社就是企图恢复他们过去的那种对乡村的控制。事实上，公社体制是把农村的生产者置于他们所在地区中心城市的精神指导之下，使他们在中心城市有工人作为他们利益的天然代表者。公社的存在本身自然而然会带来地方自治，但这种地方自治已经不是用来牵制现在已被取代的国家政权的东西了。只有俾斯麦这个除了策划铁血阴谋之外，总是喜欢重操最适合于他的智力的旧业即给《喧声》杂志（柏林的《笨拙》杂志）撰稿的人，才会异想天开，以为巴黎公社要仿效普鲁士的市政体制。普鲁士的市政体制不过是1791年法国旧的市政组织的拙劣仿制品，它把城市管理机构降低为普鲁士国家警察机器上的辅助轮子。

公社实现了所有资产阶级革命都提出的廉价政府这一口号，因为它取消了两个最大的开支项目，即常备军②和国家官吏。公社的存在本身就意味着那至少在欧洲是阶级统治的真正赘瘤和不可或缺的外衣的君主制已不复存在。公社给共和国奠定了真正民主制度的基础。但是，无论廉价政府或"真正共和国"，都不是它的终极目标，而只是它的伴生物。

人们对公社有多种多样的解释，多种多样的人把公社看成自己利益的代表者，这

证明公社完全是一个具有广泛代表性的政治形式，而一切旧有的政府形式都具有非常突出的压迫性。公社的真正秘密就在于：它实质上是工人阶级的政府①，是生产者阶级同占有者阶级斗争的产物，是终于发现的可以使劳动在经济上获得解放的政治形式。

如果没有最后这个条件，公社体制就没有存在的可能，就是欺人之谈。生产者的政治统治不能与他们永久不变的社会奴隶地位并存。所以，公社要成为铲除阶级赖以存在、因而也是阶级统治赖以存在的经济基础的杠杆。劳动一解放，每个人都变成工人，于是生产劳动就不再是一种阶级属性了。

说来也奇怪，虽然近60年来出现了大量的关于劳动解放②的高谈阔论和巨著，可是只要工人在什么地方决心由自己来做这件事，那些替以资本和雇佣奴隶为两极的现代社会（地主现在只不过是资本家的驯顺伙伴）说话的喉舌，立刻就出来大唱辩护之歌，仿佛资本主义社会还处在童贞和白璧无瑕的状态，仿佛它的对立还没有发展，它的欺人假象还没有被戳穿，它的丑恶现实还没有被揭露！他们叫喊说，公社想要消灭构成全部文明的基础的所有制！是的，先生们，公社是想要消灭那种将多数人的劳动变为少数人的财富的阶级所有制。它是想要剥夺剥夺者。它是想要把现在主要用做奴役和剥削劳动的手段的生产资料，即土地和资本完全变成自由的和联合的劳动的工具，从而使个人所有制成为现实。但这是共产主义，"不可能的"共产主义啊！然而，统治阶级中那些有足够见识而领悟到现存制度已不可能继续存在下去的人们（这种人并不少），已在拼命地为实行合作生产而大声疾呼。如果合作生产不是一个幌子或一个骗局，如果它要去取代资本主义制度，如果联合起来的合作社按照共同的计划调节全国生产，从而控制全国生产，结束无时不在的无政府状态和周期性的动荡这样一些资本主义生产难以逃脱的劫难，那么，请问诸位先生，这不是共产主义，"可能的"共产主义，又是什么呢？

工人阶级并没有期望公社做出奇迹。他们不是要凭一纸人民法令去推行什么现成的乌托邦。他们知道，为了谋求自己的解放，并同时创造出现代社会在本身经济因素作用下不可遏止地向其趋归的那种更高形式，他们必须经过长期的斗争，必须经过一系列将把环境和人都加以改造的历史过程。工人阶级不是要实现什么理想，而只是要解放那些由旧的正在崩溃的资产阶级社会本身孕育着的新社会因素。工人阶级充分认识到自己的历史使命，满怀完成这种使命的英勇决心，所以他们能够笑对那些摇笔杆子的文明人中之文明人的粗野谩骂，笑对好心肠的资产阶级空论家的训诫，这些资产阶级空论家总是滔滔不绝地宣讲他们那一套无知的陈词滥调和顽固的宗派主义谬论，口气俨如发布永无谬误的神谕一般。

当巴黎公社把革命的领导权掌握在自己手中的时候，当普通工人第一次敢于侵犯他们的"天然尊长"③的执政特权，在空前艰难的条件下虚心、诚恳而卓有成效地进行他们的工作，而所得报酬最高额还不及科学界高级权威人士④所建议的伦敦国民教育局

---

① 在1871年和1891年的德文版中"工人阶级的政府"等字有着重号。——编者注
② 在1891年的德文版中是"工人解放"。——编者注
③ 在1871年和1891年的德文版中加有"即有产者"。——编者注
④ 在德文各版中加有"（赫胥黎教授）"。——编者注

秘书最低薪额的五分之一[106] 的时候，旧世界一看到象征劳动共和国的红旗在市政厅上空飘扬，便怒火中烧，气得浑身颤抖。

然而这是使工人阶级作为唯一具有社会首创能力的阶级得到公开承认的第一次革命；甚至巴黎中等阶级的大多数，即店主、手工业者和商人——唯富有的资本家除外——也都承认工人阶级是这样一个阶级。公社拯救了这个中等阶级，因为公社采取英明措施把总是一再出现的中等阶级内部纠纷之源，即债权和债务问题解决了。[107] 正是中等阶级的这一部分人在 1848 年为镇压六月工人起义出过力之后，立即被制宪议会毫不客气地交给他们的债主们去任意宰割。[108] 但这还不是他们现在靠拢工人阶级的原因①。他们感觉到他们只能在公社和不管打着什么招牌的帝国之间进行抉择。帝国在经济上毁了他们，因为它大肆挥霍社会财富，怂恿大规模的金融诈骗，支持人为地加速资本的集中，从而使他们遭受剥夺。帝国在政治上压迫了他们，它的荒淫无度在道义上震惊了他们；帝国侮辱了他们的伏尔泰思想，因为它把教育他们子弟的事情交给无知兄弟会[109]，帝国激怒了他们作为法兰西人的民族感情，因为它把他们一下子推入这样一场战争，这场战争制造了那么多毁灭性灾难，得到的结果只有一个——帝国灭亡。事实上，在波拿巴派和资本家这样一些高等流氓从巴黎逃跑以后，真正的中等阶级秩序党就以共和联盟[110]的形式出现，站到了公社的旗帜下，并且反驳梯也尔的胡编乱造，保卫公社。至于这一大部分中等阶级的感激心情能否经得住目前的严峻考验，将来自有分晓。

公社对农民说，"公社的胜利是他们的唯一希望"[111]，这是完全正确的。炮制于凡尔赛、由光荣的欧洲报界文丐一传再传的所有谎言中最惊人的就是：乡绅议员代表法国农民。试想一想，法国农民对于他们在 1815 年以后不得不付予 10 亿赔偿金[112] 的人们竟产生了爱戴心情！在法国农民的心目中，大土地所有者存在本身就是对他们 1789 年的胜利果实的侵犯。1848 年，资产者们对农民的那块土地加上了每法郎 45 生丁的附加税[113]，而那时候他们还是以革命的名义这样做的；现在他们则挑起了反对革命的国内战争，借以把他们约定要付给普鲁士人的 50 亿赔款[54]的主要重担转嫁到农民身上。与此相反，公社在最初发表的一项公告里就已经宣布，战争的费用要让真正的战争发动者来偿付。公社能使农民免除血税，能给他们一个廉价政府，能把现今吸吮着他们鲜血的公证人、律师、法警和其他法庭吸血鬼，换成由他们自己选出并对他们负责的领工资的公社勤务员。公社能使他们免除乡警、宪兵和省长的残暴压迫，能用启发他们智慧的学校教师去代替麻痹他们头脑的教士。而法国农民首先是善于算账的人。他们会发现，教士的薪俸不由税吏们强制征收，而只由各教区的居民依其宗教情感自愿捐赠，那是极为合理的。这些都是公社的统治——也只有这种统治——使法国农民马上就能得到的巨大好处。所以这里用不着细讲那些只有公社才能够而且必须以有利于农民的方式加以解决的更复杂但极重要的问题，例如：农民那小片土地负担着压得他们喘不过气来的抵押债务，prolétariat foncier（农村无产阶级）因此而与日俱增，农民的土地恰恰由于现代农业的发展以及资本主义农场经营的竞争而以越来越快的速度被

---

① 在 1871 年和 1891 年的德文版中是"唯一原因"。——编者注

剥夺。

路易·波拿巴是被法国农民选为共和国总统的，第二帝国则是秩序党[81]的作品。在1849年和1850年，法国农民就开始表明他们实际需要的是什么了。他们的表达方式就是：以自己的区长对抗政府的省长，以自己的学校教师对抗政府的教士，以自身对抗政府的宪兵。秩序党在1850年1月和2月所制定的一切法律[114]，都是明目张胆压迫农民的措施。农民曾经是波拿巴派，因为在他们的眼中大革命及其带给农民的所有利益都体现在拿破仑的身上。这种在第二帝国时代迅速破灭的（而且就其本质而言对乡绅议员是不利的）错觉，这种过去时代的偏见，怎么能够抵得住公社对农民切身利益和迫切需要的重视所具有的号召力呢？

乡绅议员知道（并且实际上也最害怕这一点），如果公社治理下的巴黎同外省自由交往起来，那么不出三个月就会引起一场农民大起义，所以他们才急于对巴黎实行警察封锁，以阻止这种传染病的蔓延。

可见，公社是法国社会的一切健全成分的真正代表，因而也就是真正的国民政府，而另一方面，它作为工人的政府，作为劳动解放的勇敢斗士，同时又具有十足国际的性质。普鲁士军队使法国的两个省归属于德国，而就在这支军队的眼前，公社使全世界的工人都归属于法国。

第二帝国曾是集普天下坑蒙拐骗之大成的盛世。世界各国的坏蛋都响应了它的号召，赶来参加它的闹宴和对法国人民的掠夺。甚至此时此刻梯也尔也还是以瓦拉几亚的流氓加内斯科为右手，以俄国的暗探马尔科夫斯基为左手。公社则使一切外国人都能享有为不朽事业而牺牲的荣誉。资产阶级由于它自己的叛变而招致了对外战争的失败，又同外国侵略者勾结挑起了国内战争，它在这两次战争的间隙找到了机会来表现它的爱国热情，其表现方式就是派警察搜捕在法国的德国人。公社则委任了一个德国工人①担任自己的劳动部长。梯也尔、资产阶级、第二帝国都不断欺骗波兰人，口头上冠冕堂皇地对他们表示同情，实际上把他们出卖给俄国，替俄国干坏事。公社则请波兰的英雄儿子②荣任巴黎捍卫者的领导人。为了使公社所自觉地开辟的历史新纪元有一个鲜明的标志，公社一方面当着普鲁士胜利者的面，另一方面当着由波拿巴派将军们率领的波拿巴军队的面，推倒了象征战争光荣的庞然巨物——旺多姆圆柱[115]。

公社的伟大社会措施就是它本身的存在和工作。它所采取的各项具体措施，只能显示出走向属于人民、由人民掌权的政府的趋势。这类措施是：不让面包工人做夜工；用严惩的办法禁止雇主们以各种借口对工人罚款以减低工资——雇主在这样做的时候集立法者、审判官和法警于一身，而且以罚款饱私囊。另一个此类的措施是把一切已关闭的作坊或工厂——不论是资本家逃跑了还是自动停了工——都交给工人协作社，同时给企业主保留获得补偿的权利。

公社的那些引人注目的明智而温和的财政措施，只能是与围城状态相适应的措施。鉴于各大金融公司和承包商们在欧斯曼庇护下掠夺了巴黎大量钱财，公社要是没收他

---

① 莱·弗兰克尔。——编者注
② 雅·东布罗夫斯基和瓦·符卢勃列夫斯基。——编者注

们的财产，其理由要比路易·波拿巴没收奥尔良家族的财产充足万倍。霍亨索伦家族和英国的政治寡头们的财产中有很大一部分是靠掠夺教会得来的，而公社从没收教会财产上仅仅得到 8000 法郎，他们对此自然是大为震惊。

凡尔赛政府刚刚恢复了一点元气，便采取最残暴的手段对付公社。它在全法国压制言论自由，甚至禁止来自各大城市的代表举行集会；它在凡尔赛和法国其他地区设置暗探，远远超过第二帝国时代；它的宗教裁判官似的宪兵焚毁一切在巴黎出版的报纸，检查巴黎的一切来往信件；在国民议会中，谁如果斗胆要替巴黎说句话，立刻就会被呵斥住，这种情形甚至在 1816 年的"无双议院"[86] 里也未曾有过；凡尔赛方面从外部对巴黎进行着野蛮的战争，而且还想在巴黎内部进行收买和阴谋活动——在此种情况下，公社若是装做像在太平盛世一样，遵守自由主义那一套表面上温文尔雅的行为规范，岂不是可耻地背叛了自己的使命？如果公社政府和梯也尔政府是同一类政府的话，那么凡尔赛方面就没有理由查禁公社的报纸，而巴黎方面也就同样没有理由查禁秩序党的报纸了。

就在乡绅议员[87] 宣称法国得救的唯一办法是回到教会怀抱里去的时候，不信教的公社却揭露了毕克普斯女修道院和圣洛朗教堂的秘密[116]，这实在是使这些议员恼火的事情。梯也尔将大把的大十字勋章随意掷给波拿巴派将军们以表彰他们打败仗、签降书和在威廉堡卷香烟[117] 的本事，公社却在自己的将军们稍有失职嫌疑时就予以撤职和逮捕，这对于梯也尔先生是一种讽刺。公社把一个只是因为无支付能力而在里昂被监禁过六天，后来用假名混进公社的委员① 予以撤职和逮捕，这对于那位伪造文据犯茹尔·法夫尔——他当时还在做法国的外交部长，还在向俾斯麦出卖法国，还在向比利时的那个模范政府发号施令——难道不像是有意打在他脸上的一记耳光吗？但是，公社可不像一切旧政府那样自诩决不会犯错误。它把自己的所言所行一律公布出来，把自己的一切缺点都让公众知道。

在任何一次革命中，除了真正代表革命的人物，总还要挤进来另外一种人。这种人当中有些是以前各次革命的忠诚的幸存者，他们对当前的运动并没有深刻的了解，但他们由于具有人人皆知的忠诚和勇敢精神或者纯粹是由于传统力量，还保留有对人民的影响；另外有些人则不过是空喊家，他们年复一年地用老一套的刻板语言大骂现政府，从而骗取了第一流革命家的名声。在 3 月 18 日以后，确实也出现了上面说的那样一些人，他们有时甚至扮演了显要的角色。他们极力阻碍工人阶级的真正运动，同以前这种人阻碍各次革命充分发展的情况完全一样。他们是一种无法避免的祸害；摆脱他们需要时间，但是公社却没有这样的时间。

公社简直是奇迹般地改变了巴黎的面貌！第二帝国的那个花花世界般的巴黎消失得无影无踪。巴黎不再是不列颠的大地主、爱尔兰的在外地主[118]、美利坚的前奴隶主和暴发户、俄罗斯的前农奴主和瓦拉几亚的大贵族麇集的场所了。尸体认领处里不再有尸体了，夜间破门入盗事件不发生了，抢劫也几乎绝迹了。事实上自从 1848 年 2 月的日子以来，巴黎街道第一次变得平安无事，而且不再有任何类型的警察。有一个公

---

① 让·普里尔，教名布朗舍。——编者注

社委员说：

> "我们再也听不到杀人、偷盗和人身袭击事件；看来真好像警察已经把他们所有的保守派朋友一起带到凡尔赛去了。"①

荡妇们已经跟在她们的庇护者——那些家庭、宗教、尤其是财产的卫士们的屁股后头跑掉了。没有了荡妇们，真正的巴黎妇女又出现在最前列，她们像吉典古代的妇女那样具有英勇、高尚和献身的精神。努力劳动、用心思索、战斗不息、流血牺牲的巴黎——它在培育着一个新社会的同时几乎把大门外的食人者忘得一干二净——正放射着它的历史首创精神的炽烈的光芒！

与巴黎这个新世界相对峙的是凡尔赛的旧世界。看看这个旧世界吧——这是个由来自所有死亡了的旧体制的食尸鬼组成的议会。食尸鬼就是渴望撕食民族尸体的正统派和奥尔良派[51]。还有一个尾巴，这就是陈腐的共和派。这些共和派以出席国民议会来表示他们对奴隶主叛乱的支持，他们把他们的议会制共和国得以维持下去的希望，寄托于那个充当着共和国首脑的老骗子的虚荣心；他们十分可笑地学着 1789 年的样子，在 Jeu de Paume② 举行他们的令人毛骨悚然的会议。这个代表法国一切死亡事物的议会，只是靠着路易·波拿巴的将军们的军刀的支持，才得以维持住生命的假象。巴黎全是真理，凡尔赛全是谎言，是出自梯也尔之口的谎言。

梯也尔对塞纳-瓦兹省的区长代表团说：

> "你们可以信赖我的话，我从来不食言。"③

他竟对这个议会说"它是法国从未有过的最自由地选出的最开明的议会"④，他对他的杂牌军队说，他们是"世界的瑰宝，是法国从未有过的一支最优秀的军队"，他对外省说，传言他下令轰击巴黎纯属无稽之谈：

> "如果曾经打了几发炮弹，那也不是凡尔赛军队打的，而是一些叛乱者为了假装他们在作战才打的，可是实际上他们连头都不敢露出来。"⑤

后来他又对外省宣称：

---

① 保·拉法格《巴黎访问记。4 月 7—18 日》，载于 1871 年 4 月 24 日《波尔多论坛报》。——编者注

② 恩格斯在 1871 年德文版上加了一个注：网球场，国民议会于 1789 年在这里通过了著名的决议。——编者注

③ 阿·梯也尔《致市长、副市长、市参议员大会委员会的声明》，载于 1871 年 4 月 28 日《号召报》第 684 号。——编者注

④ 阿·梯也尔《1871 年 4 月 27 日在国民议会的演说》，载于 1871 年 4 月 29 日《号召报》第 685 号。——编者注

⑤ 《梯也尔先生的通告》，载于 1871 年 4 月 19 日《复仇者报》第 21 号。——编者注

"凡尔赛的炮兵不是轰击巴黎，而只是向它开了几炮。"①

他对巴黎大主教②说，硬说凡尔赛军队曾执行大批处决和进行报复（!），这全是胡扯。他对巴黎说，他只是想"把巴黎从可憎的暴君压迫下解放出来"③，说公社的巴黎实际上"不过是一小撮罪犯"。

梯也尔先生的巴黎并不是"群氓"的真正的巴黎，而是幽灵的巴黎，francs-fileurs[119]的巴黎，男女闲荡者的巴黎，富人的、资本家的、花花公子的、无所事事者的巴黎。这个巴黎目前正带着它的奴仆、骗子、文痞、荡妇麇集在凡尔赛、圣但尼、吕埃和圣日耳曼；这个巴黎认为内战不过是惬意的消遣，它从望远镜中观赏战斗的场面，计算放炮的次数，用自己的以及自己的娼妇们的名誉赌咒发誓说，这里上演的戏要比圣马丁门剧场中的精彩得多。被打死者真的死了，伤者的惨叫声也是实实在在的惨叫，而且这整个事件具有如此深刻的历史意义④。

这就是梯也尔先生的巴黎，正像逃到科布伦茨[120]的那帮人是卡龙先生的法国一样。

（选自《马克思恩格斯文集》第3卷，人民出版社2009年版，第151-167页。）

注　释

80　指资产阶级共和派政府残酷地镇压1848年6月23—26日巴黎无产阶级的起义（见注18）。对起义的镇压，造成了反革命势力的猖獗，使保守的帝制派地位更加巩固。——137、145、152、174。

103　等级授职制是中世纪封建主授予藩属封地或神职的制度。其特点是等级低的人完全听任等级高的世俗封建主和教会封建主的摆布。——156。

104　中世纪公社是西欧中世纪中期开始出现的城镇自治制度，实行自治的城镇因而也叫做公社。这种公社虽然实行自治，但真正的统治权仍然掌握在有产阶级手中。18世纪末法国资产阶级革命时期，巴黎及其他城市的自治机构也叫做公社。1871年的巴黎公社则具有完全不同的性质，它是无产阶级专政的国家形式之一。——156。

105　吉伦特派是18世纪末法国资产阶级革命时期的一个政治集团，代表大工商业资产阶级和在革命时期产生的地主资产阶级的利益。该派的许多领导人在立法议会和国民公会中代表吉伦特省，因此而得名。吉伦特派借口保卫各省实行自治和成立联邦的权利，反对雅各宾政府以及拥护政府的革命群众。——156。

---

①　《市镇通报……》，载于1871年5月6日《号召报》第692号。——编者注
②　若·达尔布瓦。——编者注
③　阿·梯也尔《关于穆兰-萨凯的公报。1871年5月4日于凡尔赛》，载于1871年5月6日《号召报》第692号。——编者注
④　在1871年和1891年的德文版中是"具有何等的世界历史意义啊！"——编者注

106 1870 年 12 月 21 日，英国著名科学家托·赫胥黎曾向伦敦国民教育局提出一项建议，认为该局秘书的薪金应该定为每年 1 000 英镑。后来此职位的年薪被定为 800 英镑。——159。

107 指 1871 年 4 月 16 日巴黎公社颁布的关于一切债务延期三年偿付并取消利息的法令。这项法令在经济上缓和了小资产阶级的处境，不利于放债的大资本家。——160。

108 1848 年 8 月 22 日制宪议会否决了关于"友好协议"的法案，该法案规定凡能证明是因革命造成业务停滞而沦于破产的债务人可延期偿还债务。法案被否决使很大一部分小资产阶级彻底破产，不得不忍受大资产阶级债主们宰割。——160、204。

109 无知兄弟会是对 1680 年产生于法国兰斯的一个宗教团体的蔑称。该团体的成员承担了教育穷人子弟的义务；在这个团体所办的学校里，学生主要接受宗教教育，得不到其他方面的知识。马克思以此暗指资产阶级法国的初等教育水平很低，而且具有教权主义性质。——160。

110 指外省共和联盟。这是一个由居住在巴黎的外省小资产阶级人士组成的政治组织，大约于 1871 年 4 月中由让·巴·米里哀尔创立。该组织曾号召各省支持巴黎公社，反对凡尔赛政府和保皇派的国民议会，主张实行民主改革，其宗旨是巩固共和国制度，确保公社的独立性。——160、203。

111 引自巴黎公社的《告农村劳动者》，这份文献曾于 1871 年 4—5 月初刊登在公社的各报上，并以传单形式单独印发。——160。

112 查理十世的反动政府于 1825 年 4 月 27 日颁布了一项法令，规定对在法国资产阶级革命时期被剥夺地产的前流亡者给以赔偿，赔偿总额约 10 亿法郎。这笔赔偿费大部分落到了法国大地主、高级宫廷贵族手中。——161、200。

113 1848 年 3 月 16 日，法国资产阶级临时政府决定对各种直接税每 1 法郎增加 45 生丁（100 生丁合 1 法郎）附加税。这种附加税的负担主要落在了农民身上。资产阶级共和派采取的这种政策使大地主和天主教僧侣借机策动农民反对巴黎的民主派和工人，壮大了反革命势力。——161、200。

54 指以阿·梯也尔和茹·法夫尔为一方，奥·俾斯麦为另一方于 1871 年 2 月 26 日在凡尔赛签订了法德初步和约。按照初步和约，法国把阿尔萨斯和洛林东部割让给德国，并缴付 50 亿法郎的赔款；在赔款付清以前，德国军队继续占领法国的部分领土。正式和约于 1871 年 5 月 10 日在美因河畔法兰克福签订。——104、161。

81 秩序党是 1848 年由法国两个保皇派，即正统派和奥尔良派联合组成的保守的大资产阶级政党，从 1849 年到 1851 年 12 月 2 日政变，该党在第二共和国的立法议会中一直占据领导地位。——137、200、205、212、218。

114 指下列法律：将法国分为若干军区和授予各军区司令以处理地方事务的广泛权力的法令；授予共和国总统以任免区长的权力的法案；将农村教师置于省长控制之下的农村教师法；加强僧侣对教育的影响的国民教育法。马克思在

《1848年至1850年的法兰西阶级斗争》（《马克思恩格斯文集》第2卷）一书中，对这些法律曾加以阐述。——161、201。

115　旺多姆圆柱又称凯旋柱，是为了纪念拿破仑第一的战功，于1806—1810年在巴黎旺多姆广场修建的。整个圆柱全部用缴获的武器上的青铜制成，顶上有一座拿破仑雕像，雕像在复辟时期被拆除，但在1833年又重新复原。1871年根据巴黎公社的决议，旺多姆圆柱作为军国主义的象征被推倒。1875年圆柱又被资产阶级政府修复。——163、210。

86　无双议院是1815—1816年波旁王朝复辟初期由极端反动分子组成的法国众议院。——140、163、212。

87　"乡绅议会"在马克思的原稿中是"assembly of rurals"（"rurals"相当于法文"les ruraux"），意即"乡绅会议"、"乡绅议会"。这是对1871年2月12日在波尔多召开的法国国民议会的蔑称。该议会的绝大部分议员都是保皇党人，即在农村选区当选的地主、官吏、食利者和商人。"乡绅议会"的议员被称做"乡绅议员"。——140、147、164、171、200、205。

116　1871年5月5日《口令报》公布的材料揭露了修道院的种种罪行。经调查发现，巴黎圣安东郊区的毕克普斯女修道院有把修女长年监禁在小修道室里的情况，并找到了刑具。在圣洛朗教堂发现一个存放尸骨的秘密地窖，这是凶杀的证据。公社为反宗教宣传而出版的小册子《教士罪行录》也公布了这些材料。——164。

117　威廉堡是普鲁士国王的一座城堡，法国皇帝拿破仑第三及其随从被普鲁士人俘虏后，于1870年9月5日—1871年3月19日囚禁于此。为自己卷香烟是这些囚犯们的主要活动之一。——164。

118　在外地主（来自"absentee"——"缺席者"一词）通常指那些在爱尔兰拥有地产却长期居住在英格兰的地主。他们把地产交给土地代理人管理，或者出租给靠投机获利的经纪人，这些经纪人再以苛刻的条件转租给小佃户。——165。

51　指正统派、奥尔良派和波拿巴派。

正统派是法国代表大土地贵族和高级僧侣利益的波旁王朝（1589—1792年和1814—1830年）长系的拥护者。1830年波旁王朝第二次被推翻后，正统派结成政党。在反对以金融贵族和大资产阶级为支柱的当政的奥尔良王朝时，一部分正统派常常抓住社会问题进行蛊惑宣传，标榜自己维护劳动者的利益，使他们不受资产者的剥削。1877年，正统派把波旁王朝复辟的希望寄托在自称亨利五世的尚博尔伯爵身上。

奥尔良派是金融贵族和大资产阶级的保皇派，是1830年七月革命到1848年二月革命这一时期执政的波旁王朝幼系奥尔良公爵的拥护者。奥尔良公爵统治时期在历史上被称为奥尔良王朝。1877年，奥尔良派把奥尔良王朝复辟的希望寄托在路易-菲力浦之孙巴黎伯爵路易-菲力浦-阿尔伯身上。

波拿巴派指拿破仑第三路易·波拿巴的拥护者。1877年，波拿巴派把帝国复辟的希望寄托于拿破仑第三之子欧仁·路易·约瑟夫·波拿巴身上。——102、127、166、171、205、212。

119 法语 francs-fileurs 直译是："自由逃亡者"，是对巴黎被普鲁士军队包围时从城里逃出的资产者的讽刺性称呼，因 francs-fileurs 的读音与 francs-tireurs（自由射手，即积极参加反普鲁士斗争的法国游击队员）相近，所以听起来就更具讽刺意味。——167、175。

120 科布伦茨是德国西部的一座城市，在 18 世纪末法国资产阶级革命时期是流亡的贵族保皇党人策动对革命的法国进行干涉的中心，得到封建专制国家支持，以路易十六极端反动的大臣沙·卡龙为首的流亡政府就设在这里。——167。

十二、哥达纲领批判（节选）

德国工人党纲领批注

一

1. "劳动是一切财富和一切文化的源泉，而因为有益的劳动只有在社会中和通过社会才是可能的，所以劳动所得应当不折不扣和按照平等的权利属于社会一切成员。"

本段第一部分："劳动是一切财富和一切文化的源泉。"

劳动**不是**一切财富的**源泉**。**自然界**同劳动一样也是使用价值（而物质财富就是由使用价值构成的！）的源泉，劳动本身不过是一种自然力即人的劳动力的表现。上面那句话在一切儿童识字课本里都可以找到，并且**在**劳动具备相应的对象和资料的**前提下**是正确的。可是，一个社会主义的纲领不应当容许这种资产阶级的说法回避那些唯一使这种说法具有意义的**条件**。只有一个人一开始就以所有者的身份来对待自然界这个一切劳动资料和劳动对象的第一源泉，把自然界当做属于他的东西来处置，他的劳动才成为使用价值的源泉，因而也成为财富的源泉。资产者有很充分的理由硬给劳动加上一种**超自然的创造力**，因为正是由于劳动的自然制约性产生出如下的情况：一个除自己的劳动力以外没有任何其他财产的人，在任何社会的和文化的状态中，都不得不为另一些已经成了劳动的物质条件的所有者的人做奴隶。他只有得到他们的允许才能劳动，因而只有得到他们的允许才能生存。

现在不管这句话有什么毛病，我们且把它放在一边。那么结论应当怎样呢？显然应当是：

"因为劳动是一切财富的源泉，所以社会中的任何人不占有劳动产品就不能占有财富。因此，如果他自己不劳动，他就是靠别人的劳动生活，而且也是靠别人的劳动获得自己的文化。"

可是并没有这样做，反而借助于"**而因为**"这样的字眼硬接上第二句话，以便从第二句，而不是从第一句作出结论来。

本段第二部分："有益的劳动只有在社会中和通过社会才是可能的。"

按照第一句话，劳动是一切财富和一切文化的源泉，就是说，任何社会都不能离开劳动。相反，我们现在却看到，任何"有益的"劳动都不能离开社会。

那么同样可以说，只有在社会中，无益的、甚至有损公益的劳动才能成为一种行业，只有在社会中才能游手好闲过日子，如此等等，——一句话，可以抄袭卢梭的全部著作了。

而什么是"有益的"劳动呢？那只能是产生预期的有益结果的劳动。一个蒙昧人（而人在他已不再是猿以后就是蒙昧人）用石头击毙野兽、采集果实等等，就是进行"有益的"劳动。

第三，结论："而因为有益的劳动只有在社会中和通过社会才是可能的，所以劳动所得应当不折不扣和按照平等的权利属于社会一切成员。"

多妙的结论！既然有益的劳动只有在社会中和通过社会才是可能的，劳动所得就应当属于社会，其中只有不必用来维持劳动"条件"即维持社会的那一部分，才归各个劳动者所得。

事实上，这个论点在一切时代都被**当时的社会制度的先驱**①提出过。首先要满足政府以及依附于它的各个方面的要求，因为政府是维持社会秩序的社会机关；其次要满足各种私有者②的要求，因为各种私有财产是社会的基础，如此等等。你们看，这些空洞的词句是随便怎么摆弄都可以的。

本段第一和第二两部分只有像下面这样说才能有些合乎情理的联系：

"劳动只有作为社会的劳动"，或者换个说法，"只有在社会中和通过社会"，"才能成为财富和文化的源泉"。

这个论点无可争辩地是正确的，因为孤立的劳动（假定它的物质条件是具备的）即使能创造使用价值，也既不能创造财富，又不能创造文化。

但是另一个论点也是同样无可争辩的：

"随着劳动的社会性的发展，以及由此而来的劳动之成为财富和文化的源泉，劳动者方面的贫穷和愚昧、非劳动者方面的财富和文化也发展起来。"

这是直到目前的全部历史的规律。因此，不应当泛泛地谈论"**劳动**"和"**社会**"，而应当在这里清楚地证明，在现今的资本主义社会中怎样最终创造了物质的和其他的条件，使工人能够并且不得不铲除这个历史祸害。③

实际上，把这整个行文和内容都不妥当的条文放在这里，只不过是为了把拉萨尔的"不折不扣的劳动所得"作为首要口号写在党的旗帜上。以后我还要回过来谈"劳动所得"、"平等的权利"等等，因为同样的东西在下面又以稍微不同的形式重复出现。

2. "在现代社会，劳动资料为资本家阶级所垄断；由此造成的工人阶级的依附性是一切形式的贫困和奴役的原因。"

---

① 1891年发表时这里是"捍卫者"。——编者注
② 1891年发表时这里是"私有财产"。——编者注
③ 1891年发表时这里是"社会祸害"。——编者注

这段从国际章程中抄来的话，经过这番"修订"就变成错误的了。①

在现代社会，劳动资料为土地所有者和资本家所垄断（地产的垄断甚至是资本垄断的基础）。无论是前一个或者后一个垄断者阶级，国际章程在有关条文中都没有指名。它谈到的是"**劳动资料即生活源泉的垄断**"。"生活源泉"这一补充语充分表明，劳动资料也包括土地。

作这种修订，是因为拉萨尔由于现在大家都知道的原因**仅仅**攻击资本家阶级，而不攻击土地所有者。²²⁰在英国，资本家甚至多半不是他的工厂所在的那块土地的所有者。

3. "劳动的解放要求把劳动资料提高为社会的公共财产，要求集体调节总劳动并公平分配劳动所得。"

"把劳动资料提高为公共财产"！应当是说把它们"变为公共财产"。这不过是顺便提一句罢了。

什么是"**劳动所得**"呢？是劳动的产品呢，还是产品的价值？如果是后者，那么，是产品的总价值呢，或者只是劳动新加在消耗掉的生产资料的价值上的那部分价值？

"劳动所得"是拉萨尔为了代替明确的经济学概念而提出的一个模糊观念。

什么是"公平的"分配呢？

难道资产者不是断言今天的分配是"公平的"吗？难道它事实上不是在现今的生产方式基础上唯一"公平的"分配吗？难道经济关系是由法的概念来调节，而不是相反，从经济关系中产生出法的关系吗？难道各种社会主义宗派分子关于"公平的"分配不是也有各种极不相同的观念吗？

为了弄清楚"公平的分配"一语在这里是什么意思，我们必须把第一段和本段对照一下。本段设想的是这样一个社会，在那里"劳动资料是公共财产，总劳动是由集体调节的"，而在第一段我们则看到，"劳动所得应当不折不扣和按照平等的权利属于社会一切成员"。

"属于社会一切成员"？也属于不劳动的成员吗？那么"不折不扣的劳动所得"又在哪里呢？只属于社会中劳动的成员吗？那么社会一切成员的"平等的权利"又在哪里呢？

"社会一切成员"和"平等的权利"显然只是些空话。问题的实质在于：在这个共产主义社会中，每个劳动者都应当得到拉萨尔的"不折不扣的劳动所得"。

如果我们把"劳动所得"这个用语首先理解为劳动的产品，那么集体的劳动所得就是**社会总产品**。

现在从它里面应当扣除：

第一，用来补偿消耗掉的生产资料的部分。

---

① 马克思起草的《协会临时章程》的原话是："劳动者在经济上受劳动资料即生活源泉的垄断者的支配，是一切形式的奴役即一切社会贫困、精神沉沦和政治依附的基础。"——编者注

第二，用来扩大生产的追加部分。

第三，用来应付不幸事故、自然灾害等的后备基金或保险基金。

从"不折不扣的劳动所得"中扣除这些部分，在经济上是必要的，至于扣除多少，应当根据现有的物资和力量来确定，部分地应当根据概率计算来确定，但是这些扣除无论如何根据公平原则是无法计算的。

剩下的总产品中的另一部分是用来作为消费资料的。

在把这部分进行个人分配之前，还得从里面扣除：

第一，同生产没有直接①关系的一般管理费用。

同现代社会比起来，这一部分一开始就会极为显著地缩减，并随着新社会的发展而日益减少。

第二，用来满足共同需要的部分，如学校、保健设施等。

同现代社会比起来，这一部分一开始就会显著地增加，并随着新社会的发展而日益增长。

第三，为丧失劳动能力的人等等设立的基金，总之，就是现在属于所谓官办济贫事业的部分。

只有现在才谈得上纲领在拉萨尔的影响下狭隘地专门注意的那种"分配"，就是说，才谈得上在集体中的各个生产者之间进行分配的那部分消费资料。

"不折不扣的劳动所得"已经不知不觉地变成"有折有扣的"了，虽然从一个处于私人地位的生产者身上扣除的一切，又会直接或间接地用来为处于社会成员地位的这个生产者谋利益。

正如"不折不扣的劳动所得"一语消失了一样，现在，"劳动所得"一语本身也在消失。在一个集体的、以生产资料公有为基础的社会中，生产者不交换自己的产品；用在产品上的劳动，在这里也不表现为这些产品的**价值**，不表现为这些产品所具有的某种物的属性，因为这时，同资本主义社会相反，个人的劳动不再经过迂回曲折的道路，而是直接作为总劳动的组成部分存在着。于是，"劳动所得"这个由于含义模糊就是现在也不能接受的用语，便失去了任何意义。

我们这里所说的是这样的共产主义社会，它不是在它自身基础上已经**发展了的**，恰好相反，是刚刚从资本主义社会中**产生出来的**，因此它在各方面，在经济、道德和精神方面都还带着它脱胎出来的那个旧社会的痕迹。所以，每一个生产者，在作了各项扣除以后，从社会领回的，正好是他给予社会的。他给予社会的，就是他个人的劳动量。例如，社会劳动日是由全部个人劳动小时构成的；各个生产者的个人劳动时间就是社会劳动日中他所提供的部分，就是社会劳动日中他的一份。他从社会领得一张凭证，证明他提供了多少劳动（扣除他为公共基金而进行的劳动），他根据这张凭证从社会储存中领得一份耗费同等劳动量的消费资料。他以一种形式给予社会的劳动量，又以另一种形式领回来。

显然，这里通行的是调节商品交换（就它是等价的交换而言）的同一原则。内容

---

① 1891 年发表时没有"直接"一词。——编者注

和形式都改变了，因为在改变了的情况下，除了自己的劳动，谁都不能提供其他任何东西，另一方面，除了个人的消费资料，没有任何东西可以转为个人的财产。至于消费资料在各个生产者中间的分配，那么这里通行的是商品等价物的交换中通行的同一原则，即一种形式的一定量劳动同另一种形式的同量劳动相交换。

所以，在这里**平等的权利**按照原则仍然是**资产阶级权利**，虽然原则和实践在这里已不再互相矛盾，而在商品交换中，等价物的交换只是**平均来说**才存在，不是存在于每个个别场合。

虽然有这种进步，但这个**平等的权利**总还是被限制在一个资产阶级的框框里。生产者的权利是同他们提供的劳动**成比例的**；平等就在于以同一尺度——劳动——来计量。但是，一个人在体力或智力上胜过另一个人，因此在同一时间内提供较多的劳动，或者能够劳动较长的时间；而劳动，要当做尺度来用，就必须按照它的时间或强度来确定，不然它就不成其为尺度了。这种**平等的权利**，对不同等的劳动来说是不平等的权利。它不承认任何阶级差别，因为每个人都像其他人一样只是劳动者；但是它默认，劳动者的不同等的个人天赋，从而不同等的工作能力，是天然特权。**所以就它的内容来讲，它像一切权利一样是一种不平等的权利。**权利，就它的本性来讲，只在于使用同一尺度；但是不同等的个人（而如果他们不是不同等的，他们就不成其为不同的个人）要用同一尺度去计量，就只有从同一个角度去看待他们，从一个**特定的**方面去对待他们，例如在现在所讲的这个场合，把他们**只当做劳动者**，再不把他们看做别的什么，把其他一切都撇开了。其次，一个劳动者已经结婚，另一个则没有；一个劳动者的子女较多，另一个的子女较少，如此等等。因此，在提供的劳动相同，从而由社会消费基金中分得的份额相同的条件下，某一个人事实上所得到的比另一个人多些，也就比另一个人富些，如此等等。要避免所有这些弊病，权利就不应当是平等的，而应当是不平等的。

但是这些弊病，在经过长久阵痛刚刚从资本主义社会产生出来的共产主义社会第一阶段，是不可避免的。权利决不能超出社会的经济结构以及由经济结构制约的社会的文化发展。

在共产主义社会高级阶段，在迫使个人奴隶般地服从分工的情形已经消失，从而脑力劳动和体力劳动的对立也随之消失之后；在劳动已经不仅仅是谋生的手段，而且本身成了生活的第一需要之后；在随着个人的全面发展，他们的①生产力也增长起来，而集体财富的一切源泉都充分涌流之后，——只有在那个时候，才能完全超出资产阶级权利的狭隘眼界，社会才能在自己的旗帜上写上：各尽所能，按需分配！

我较为详细地一方面谈到"不折不扣的劳动所得"，另一方面谈到"平等的权利"和"公平的分配"，是为了指出这些人犯了多么大的罪，他们一方面企图把那些在某个时期曾经有一些意义，而现在已变成陈词滥调的见解作为教条重新强加于我们党，另一方面又用民主主义者和法国社会主义者所惯用的、凭空想象的关于权利等等的废话，来歪曲那些花费了很大力量才灌输给党而现在已在党内扎了根的现实主义观点。

---

① 1891 年发表时这里没有"他们的"。——编者注

除了上述一切之外，在所谓**分配**问题上大做文章并把重点放在它上面，那也是根本错误的。

　　消费资料的任何一种分配，都不过是生产条件本身分配的结果；而生产条件的分配，则表现生产方式本身的性质。例如，资本主义生产方式的基础是：生产的物质条件以资本和地产的形式掌握在非劳动者手中，而人民大众所有的只是生产的人身条件，即劳动力。既然生产的要素是这样分配的，那么自然就产生现在这样的消费资料的分配。如果生产的物质条件是劳动者自己的集体财产，那么同样要产生一种和现在不同的消费资料的分配。庸俗的社会主义仿效资产阶级经济学家（一部分民主派又仿效庸俗社会主义）把分配看成并解释成一种不依赖于生产方式的东西，从而把社会主义描写为主要是围绕着分配兜圈子。既然真实的关系早已弄清楚了，为什么又要开倒车呢？

　　　　4. "劳动的解放应当是工人阶级的事情，对它说来，其他一切阶级只是反动的一帮。"

　　前一句是从国际章程的导言中抄来的，但是经过了"修订"。那里写道："工人阶级的解放应当是工人自己的事情"①；这里却说"工人阶级"应当解放——解放什么？——"劳动"。谁能理解，就让他去理解吧。

　　另一方面，作为补偿，后一句引用了地道的拉萨尔的话："对它（工人阶级）说来，其他一切阶级只组成**反动的一帮**。"

　　在《共产主义宣言》②中写道："在当前同资产阶级对立的一切阶级中，只有无产阶级是**真正革命的阶级**。其余的阶级都随着大工业的发展而日趋没落和灭亡，无产阶级却是大工业本身的产物。"③

　　资产阶级，作为大工业的体现者，对封建主和中间等级说来，在这里是被当做革命阶级看待的，而封建主和中间等级力求保持过时的生产方式所创造的一切社会阵地。所以他们并不是**同资产阶级一起**只组成反动的一帮。

　　另一方面，无产阶级对资产阶级说来是革命的，因为无产阶级本身是在大工业基地上成长起来的，它力求使生产摆脱资产阶级企图永远保存的资本主义性质。但是，《宣言》又补充说："中间等级……是革命的，那是鉴于他们行将转入无产阶级的队伍。"④

　　所以，从这个观点看来，说什么对工人阶级说来，中间等级"同资产阶级一起"并且加上封建主"只组成反动的一帮"，这也是荒谬的。

　　难道在最近这次选举²²¹中有人向手工业者、小工业家等等以及**农民**说过：对我们说来，你们同资产者和封建主一起只组成反动的一帮吗？

　　拉萨尔熟知《共产主义宣言》⑤，就像他的信徒熟知他写的福音书一样。他这样粗

---

　　①　马克思起草的《协会临时章程》的原话是："工人阶级的解放应该由工人阶级自己去争取。"——编者注
　　②　即《共产党宣言》。——编者注
　　③　见《马克思恩格斯文集》第2卷第41页。——编者注
　　④　同上，第42页。——编者注
　　⑤　即《共产党宣言》。——编者注

暴地歪曲《宣言》，不过是为了粉饰他同专制主义者和封建主义者这些敌人结成的反资产阶级联盟。

此外，在上面这一段，他的格言是勉强塞进去的，它同那句从国际章程中摘来但被歪曲了的引语毫不相干。这纯粹是一种狂妄无耻的做法，而且绝对不是俾斯麦先生所不喜欢的，这是柏林的马拉²²²所干的廉价的蛮横行径之一。

> 5. "工人阶级为了本身的解放，首先是**在现代民族国家的范围内**进行活动，同时意识到，它的为一切文明国家的工人所共有的那种努力必然产生的结果，将是各民族的国际的兄弟联合。"

同《共产主义宣言》① 和先前的一切社会主义相反，拉萨尔从最狭隘的民族观点来理解工人运动。有人竟在这方面追随他，而且这是在国际进行活动以后！

不言而喻，为了能够进行斗争，工人阶级必须在国内**作为阶级**组织起来，而且它的直接的斗争舞台就是本国。所以，它的阶级斗争不就内容来说，而像《共产主义宣言》② 所指出的"就形式来说"，是本国范围内的斗争。但是，"现代民族国家的范围"，例如德意志帝国，本身又在经济上"处在世界市场的范围内"，在政治上"处在国家体系的范围内"。任何一个商人都知道德国的贸易同时就是对外贸易，而俾斯麦先生的伟大恰好在于他实行一种**国际**的政策。

而德国工人党把自己的国际主义归结为什么呢？就是意识到它的努力所产生的结果"**将是各民族的国际的兄弟联合**"。这句从资产阶级的和平和自由同盟²⁰⁷那里抄来的话，是要用来代替各国工人阶级在反对各国统治阶级及其政府的共同斗争中的国际兄弟联合的。这样，**关于**德国工人阶级的**国际职责竟一字不提**！德国工人阶级竟然应当这样去对付为反对它而已经同其他一切国家的资产者实现兄弟联合的本国资产阶级，对付俾斯麦先生的国际阴谋政策²²³！

实际上，这个纲领的国际信念，比自由贸易派²²⁴的国际信念**还差得难以估量**。自由贸易派也说，它的努力所产生的结果是"各民族的国际的兄弟联合"。但是它还做一些事使贸易成为国际性的，而决不满足于意识到一切民族只在本国从事贸易。

各国工人阶级的国际活动绝对不依赖于"**国际工人协会**"的存在。"国际工人协会"只是为这种活动创立一个中央机关的第一个尝试；这种尝试由于它所产生的推动力而留下了不可磨灭的成绩，但是在巴黎公社失败之后，已经不能再以**它的第一个历史形态**继续下去了。

俾斯麦的《北德报》为了使其主子满意，宣称德国工人党在新纲领中放弃了国际主义，这倒是完全说对了。²²⁵

---

① 即《共产党宣言》。——编者注
② 即《共产党宣言》。——编者注

二

"德国工人党从这些原则出发，用一切合法手段去争取建立**自由国家**——和——社会主义社会：废除工资制度**连同铁的工资规律**——和——任何形式的剥削，消除一切社会的和政治的不平等。"

关于"自由"国家，我后面再讲。

这样，德国工人党将来就必须信奉拉萨尔的"铁的工资规律"[208]了！为了不让它埋没掉，竟胡说什么"废除工资制度（应当说：雇佣劳动制度）**连同铁的工资规律**"。如果我废除了雇佣劳动，我当然也就废除了它的规律，不管这些规律是"铁的"还是海绵的。但是拉萨尔反对雇佣劳动的斗争几乎只是围绕着这个所谓的规律兜圈子。所以，为了证明拉萨尔宗派已经获得胜利，应当废除"工资制度**连同铁的工资规律**"，而不是不连同后者。

大家知道，在"铁的工资规律"中，除了从歌德的"永恒的、铁的、伟大的规律"[226]中抄来的"**铁的**"这个词以外，没有什么东西是拉萨尔的。"铁的"这个词是正统的信徒们借以互相识别的一个标记。但是，如果我接受带有拉萨尔印记因而是拉萨尔所说的意义上的规律，我就不得不连同他的论据一起接受下来。这个论据是什么呢？正如朗格在拉萨尔死后不久所表明的[227]，这就是（朗格自己宣扬的）马尔萨斯的人口论[173]。但是，如果这个理论是正确的，那么，我即使把雇佣劳动废除一百次，也还废除不了这个规律，因为在这种情况下，这个规律不仅支配着雇佣劳动制度，而且支配着一切社会制度。经济学家们50多年以来正是以此为根据证明，社会主义不能消除**自然本身造成的**贫困，而只能使它**普遍化**，使它同时分布在社会的整个表面上！

但是，这一切都不是主要的。**完全撇开**拉萨尔对这个规律的**错误**表述不谈，真正令人气愤的退步在于：

自从拉萨尔死后，在**我们**党内，这样一种科学见解已经给自己开辟了道路，就是**工资**不是它**表面上呈现的**那种东西，不是**劳动的价值**或价格，而只是**劳动力的价值或价格**的隐蔽形式。这样，过去关于工资的全部资产阶级见解以及对这种见解的全部批评都被彻底推翻了，并且弄清了：雇佣工人只有为资本家（因而也为同资本家一起分享剩余价值的人）白白地劳动一定的时间，才被允许为维持自己的生活而劳动，就是说，才被允许**生存**；整个资本主义生产体系的中心问题，就是用延长工作日，或者提高生产率，增强劳动力的紧张程度等等办法，来增加这个无偿劳动；因此，雇佣劳动制度是奴隶制度，而且劳动的社会生产力越发展，这种奴隶制度就越残酷，不管工人得到的报酬较好或是较坏。而现在，当这个见解在我们党内越来越给自己开辟出道路的时候，竟有人倒退到拉萨尔的教条那里去，虽然他们应当知道，拉萨尔并**不懂得**什么是工资，而是跟着资产阶级经济学家把事物的外表当做事物的本质。

这正像奴隶们终于发现了自己受奴役的秘密而举行起义时，其中有一个为陈旧观念所束缚的奴隶竟在起义的纲领上写道：奴隶制度必须废除，因为在奴隶制度下，奴隶的给养最多不能超过某个非常低的标准！

我们党的代表们竟如此粗暴地践踏这个在党员群众中广泛传播的见解，仅仅这一事实岂不就证明了他们在草拟妥协纲领时是多么令人不能容忍地轻率，多么无耻①！

本段末尾"消除一切社会的和政治的不平等"这一不明确的语句，应当改成：随着阶级差别的消灭，一切由这些差别产生的社会的和政治的不平等也自行消失。

三

"为了替**社会问题**的解决**开辟道路**，德国工人党要求**在劳动人民的民主监督下**，依靠**国家帮助**建立生产合作社。在工业和农业中，生产合作社**必须广泛建立，以致能从它们里面产生总劳动的社会主义的组织。"**

在拉萨尔的"铁的工资规律"之后，就是这个先知提出的救世良方！"道路"确实"开辟"得不错！现存的阶级斗争被换上了拙劣的报刊作家的空话——要"开辟道路"来"**解决**"的"社会**问题**""总劳动的社会主义的组织"不是从社会的革命转变过程中，而是从国家给予生产合作社的"国家帮助"中"产生"的，并且这些生产合作社是由**国家**而不是由工人"**建立**"的。这真不愧为拉萨尔的幻想：靠国家贷款能够建设一个新社会，就像能够建设一条新铁路一样！

由于还知道一点羞耻，于是就把"国家帮助"置于——"劳动人民的民主监督下"。

第一，德国的"劳动人民"大多数是农民而不是无产者。

第二，"民主的"这个词在德语里意思是"人民当权的"。什么是"劳动人民的人民当权的监督"呢？何况所说的是这样的劳动人民，他们通过向国家提出的这些要求表明，他们充分意识到自己既没有当权，也没有成熟到当权的程度！

在这里深入批评毕舍在路易－菲力浦时代为了**对付**法国社会主义者而开列的、被《工场》派的反动工人所采用的药方[228]，那是多余的。主要的过失不在于把这个特殊的万灵药方写入了纲领，而在于从阶级运动的立场完全退到宗派运动的立场。

如果说工人们想要在社会的范围内，首先是在本国的范围内创造合作生产的条件，这只是表明，他们力争变革现存的生产条件，而这同靠国家帮助建立合作社毫无共同之处！至于现有的合作社，它们**只是**在工人自己独立创办，既不受政府保护，也不受资产者保护的情况下，才有价值。

---

① 1891年发表时没有"多么令人不能容忍地"和"多么无耻"。——编者注

四

现在我来谈民主的一节。

A. "国家的自由的基础。"

首先，照第二节的说法，德国工人党争取建立"自由国家"。

自由国家，这是什么东西？

使国家变成"自由的"，这决不是已经摆脱了狭隘的臣民见识[229]的工人的目的。在德意志帝国，"国家"几乎同在俄国一样地"自由"。自由就在于把国家由一个高踞社会之上的机关变成完全服从这个社会的机关；而且就在今天，各种国家形式比较自由或比较不自由，也取决于这些国家形式把"国家的自由"限制到什么程度。

德国工人党——至少是当它接受了这个纲领的时候——表明：它对社会主义思想领会得多么肤浅，它不把现存社会（对任何未来社会也是一样）当做现存**国家的**（对未来社会来说是未来国家的）**基础**，反而把国家当做一种具有自己的"**精神的、道德的、自由的基础**"的独立存在物。

而且纲领还荒谬地滥用了"**现代国家**"、"**现代社会**"等字眼，甚至更荒谬地误解了向之提出自己要求的那个国家！

"**现代社会**"就是存在于一切文明国度中的资本主义社会，它或多或少地摆脱了中世纪的杂质，或多或少地由于每个国度的特殊的历史发展而改变了形态，或多或少地有了发展。"**现代国家**"却随国境而异。它在普鲁士德意志帝国同在瑞士不一样，在英国同在美国不一样。所以，"**现代国家**"是一种虚构。

但是，不同的文明国度中的不同的国家，不管它们的形式如何纷繁，却有一个共同点：它们都建立在现代资产阶级社会的基础上，只是这种社会的资本主义发展程度不同罢了。所以，它们具有某些根本的共同特征。在这个意义上可以谈"**现代国家制度**"，而未来就不同了，到那时，"**现代国家制度**"现在的根基即资产阶级社会已经消亡了。

于是就产生了一个问题：在共产主义社会中国家制度会发生怎样的变化呢？换句话说，那时有哪些同现在的国家职能相类似的社会职能保留下来呢？这个问题只能科学地回答；否则，即使你把"人民"和"国家"这两个词联接一千次，也丝毫不会对这个问题的解决有所帮助。

在资本主义社会和共产主义社会之间，有一个从前者变为后者的革命转变时期。同这个时期相适应的也有一个政治上的过渡时期，这个时期的国家只能是**无产阶级的革命专政**。

但是，这个纲领既不谈无产阶级的革命专政，也不谈未来共产主义社会的国家制度。

纲领的政治要求除了人所共知的民主主义的陈词滥调，如普选权、直接立法、人民权利、国民军等等，没有任何其他内容。这纯粹是资产阶级的人民党[205]、和平和自由同盟[207]的回声。所有这些要求，只要不是靠幻想夸大了的，都已经**实现了**。不过实现了这些要求的国家不是在德意志帝国境内，而是在瑞士、美国等等。这类"未来国家"就是**现代国家**，虽然它是存在于德意志帝国的"范围"以外。

但是他们忘记了一点。既然德国工人党明确地声明，它是在"现代民族国家"内，就是说，是在自己的国家即普鲁士德意志帝国内进行活动——否则，它的大部分要求就没有意义了，因为人们只要求他们还没有的东西——，那么，它就不应当忘记主要的一点，就是说，这一切美妙的玩意儿都建立在承认所谓人民主权的基础上，所以它们只有在**民主共和国**内才是适宜的。

既然他们没有勇气①像法国工人纲领在路易-菲力浦和路易-拿破仑时代那样要求民主共和国——而这是明智的，因为形势要求小心谨慎——，那就不应当采取这个既不"诚实"[204]也不体面的②手法：居然向一个以议会形式粉饰门面、混杂着封建残余、同时已经受到资产阶级影响、按官僚制度组成、以警察来保护的军事专制国家，要求只有在民主共和国里才有意义的东西，并且还向这个国家庄严地保证，他们认为能够"用合法手段"从它那里争得这类东西！③

庸俗民主派把民主共和国看做千年王国[85]，他们完全没有想到，正是在资产阶级社会的这个最后的国家形式里阶级斗争要进行最后的决战，——就连这样的庸俗民主派也比这种局限于为警察所容许而为逻辑所不容许的范围内的民主主义高明得多。

事实上，他们是把"国家"理解为政府机器，或者理解为构成一个由于分工而同社会分离的独特机体的国家，这可以从下面的话得到证明："德国工人党提出下列要求**作为国家的经济的基础**：……交纳单一的累进所得税……"赋税是政府机器的经济的基础，而不是其他任何东西的经济的基础。在存在于瑞士的"未来国家"里，这种要求差不多已经实现了。所得税是以不同社会阶级的不同收入来源为前提，因而是以资本主义社会为前提。所以，利物浦的财政改革派——以格莱斯顿的弟弟为首的资产者——提出和这个纲领相同的要求，这是不足为奇的。

B. "德国工人党提出下列要求作为国家的精神的和道德的基础：
1. 由国家实行普遍的和**平等的国民教育**。实行普遍的义务教育。实行免费教育。"

平等的国民教育？他们怎样理解这句话呢？是不是以为在现代社会中（而所谈到的只能是现代社会）教育对一切阶级都可以是**平等的**呢？或者是要求用强制的方式使上层阶级也降到国民学校这种很低的教育水平，即降到仅仅适合于雇佣工人甚至农民的经济状况的教育水平呢？

"实行普遍的义务教育。实行免费教育。"前者甚至存在于德国，后者就国民学校

---

① 1891年发表时这里是"既然他们不可能"。——编者注
② 1891年发表时删去了"既不'诚实'也不体面的"这几个字。——编者注
③ 1891年发表时删去了"并且……这类东西！"这半句话。——编者注

来说存在于瑞士和美国。如果说，在美国的几个州里，"高一级的"学校也是"免费的"，那么，事实上这不过是从总税收中替上层阶级支付了教育费用而已。顺便指出，A项第5条所要求的"实行免费诉讼"也是如此。刑事诉讼到处都是免费的；而民事诉讼几乎只涉及财产纠纷，因而几乎只同有产阶级有关。难道他们应当用人民的金钱来打官司吗？

在关于学校的一段中，至少应当把技术学校（理论的和实践的）同国民学校联系起来提出。

"由国家实行国民教育"是完全要不得的。用一般的法律来确定国民学校的经费、教员资格、教学科目等等，并且像美国那样由国家视察员监督这些法律规定的实施，这同指定国家为人民的教育者完全是两回事！相反，应当把政府和教会对学校的任何影响都同样排除掉。在普鲁士德意志帝国（他们会说，他们谈的是"未来国家"，但是这种空洞的遁词也无济于事；我们已经看到，这是怎样一回事了），倒是需要由人民对国家进行极严厉的教育。

但是整个纲领，尽管满是民主的喧嚣，却彻头彻尾地感染了拉萨尔宗派对国家的忠顺信仰，或者说感染了并不比前者好一些的对民主奇迹的信仰，或者说得更确切些，整个纲领是这两种对奇迹的信仰的妥协，这两种信仰都同样远离社会主义。

"科学自由"——普鲁士宪法中有一条就是这样写的。为什么把它写在这里呢？

"信仰自由"！如果现在，在进行文化斗争[188]的时候，要想提醒自由主义者记住他们的旧口号，那么只有采用下面这样的形式才行：每一个人都应当有可能满足自己的宗教需要，就像满足自己的肉体需要一样①，不受警察干涉。但是，工人党本来应当乘此机会说出自己的看法：资产阶级的"信仰自由"不过是容忍各种各样的**宗教信仰自由**而已，工人党则力求把信仰从宗教的妖术中解放出来。但是他们不愿越过"资产阶级的"水平。

现在我就要讲完了，因为纲领中接下去的附带部分不是纲领的**重要**组成部分。所以我在这里只简单地谈一谈。

2．"正常的工作日。"

其他任何国家的工人党都没有局限于这种含糊的要求，而总是明确地指出，在当前条件下多长的工作日是正常的。

3．"限制妇女劳动和禁止儿童劳动。"

如果限制妇女劳动指的是工作日的长短和工间休息等等，那么工作日的正常化就应当已经包括了这个问题；否则，限制妇女劳动只能意味着在那些对妇女身体特别有害或者对女性来说违反道德的劳动部门中禁止妇女劳动。如果指的是这一点，那就应

———————————
① 1891年发表时这里是"满足自己的宗教需要……"——编者注

当说清楚。

"禁止儿童劳动"！这里绝对必须指出**年龄界限**。

普遍禁止儿童劳动是同大工业的存在不相容的，所以这是空洞的虔诚的愿望。

实行这一措施——如果可能的话——是反动的，因为在按照不同的年龄阶段严格调节劳动时间并采取其他保护儿童的预防措施的条件下，生产劳动和教育的早期结合是改造现代社会的最强有力的手段之一。

4. *"对工厂工业、作坊工业和家庭工业实行国家监督。"*

在普鲁士德意志这样一个国家里，应当明确地要求：工厂视察员只有经过法庭才能撤换；每个工人都可以向法庭告发视察员的失职行为；视察员必须是医生。

5. *"调整监狱劳动。"*

在一个一般性的工人纲领里面，这是一种微不足道的要求。无论如何应当明白说出，工人们不愿意由于担心竞争而让一般犯人受到牲畜一样的待遇，特别是不愿意使他们失掉改过自新的唯一手段即生产劳动。这是应当期望于社会主义者的最低限度的东西。

6. *"实行有效的责任法。"*

应当说明，"有效的"责任法是什么意思。

顺便指出，在正常的工作日这一条中，忽略了工厂立法中关于卫生设施和安全措施等等那一部分。只有当这些规定遭到破坏时，责任法才发生效力。

总之，这一附带部分也是写得很草率的。①

我已经说了，我已经拯救了自己的灵魂。[230]

卡·马克思大约写于 1875 年 4 月底—5 月 7 日

载于 1890—1891 年《新时代》杂志第 9 年卷第 1 册第 18 期

原文是德文

中文根据《马克思恩格斯全集》历史考证版第 1 部分第 25 卷并参考《马克思恩格斯全集》德文版第 19 卷翻译

（选自《马克思恩格斯文集》第 3 卷，人民出版社 2010 年版，第 428-449 页。）

---

① 1891 年发表时删去了这句话。——编者注

注　释

220　指斐·拉萨尔同普鲁士首相俾斯麦保持的秘密关系。马克思在 19 世纪 60 年代就已觉察到这一点，他在 1865 年 2 月 23 日给路·库格曼的信中写道："拉萨尔事实上已经背叛了党。他同俾斯麦订立了一个正式的契约。"（见《马克思恩格斯文集》第 10 卷第 220 页）1928 年发现的材料证实，拉萨尔早在 1863 年 5 月就同俾斯麦达成了协议，彼此多次密谈，书信来往。这种关系一直保持到 1864 年 2 月。1863 年 6 月拉萨尔写信给俾斯麦表示："一旦工人等级能够有理由相信独裁对它有好处，它就会本能地感到自己倾向于独裁。这是千真万确的；因此，正如我最近对您说的那样，如果国王什么时候能够决定采取——当然这是难以置信的——步骤，实行真正革命的和民族的方针，并把自己从个特权等级的王权变成一个社会的和革命的人民的王权，那么工人等级尽管有共和主义的信仰，或者宁可说正是由于这种信仰，就会多么倾向于把国王看做是与资产阶级社会的利己主义相对立的社会独裁的天然体现者！"——431。

221　指 1874 年 1 月 10 日的德意志帝国国会选举。德国社会民主工党在选举中取得了很大的胜利，有九人当选为议员（其中包括当时监禁期已满的奥·倍倍尔和威·李卜克内西），所获选票超过 35 万张，即占全部选票的 6%，大大超过了 1871 年选举所获的票数。——438。

222　这一称谓显然是用来讽刺《新社会民主党人报》主编威·哈赛尔曼的。

　　　《新社会民主党人报》是 1871—1876 年在柏林每周出版三次的德文报纸，拉萨尔派的全德工人联合会的机关报。该报完全执行了拉萨尔派迎合俾斯麦制度和巴结德国统治阶级的政策，反映了拉萨尔派领导人推行的机会主义和民族主义的方针。该报站在宗派主义的立场上，一贯反对国际的马克思主义的领导，反对德国社会民主工党，支持巴枯宁派和其他反无产阶级流派的势力所进行的仇视国际总委员会的活动。——438。

207　指国际和平和自由同盟，是由一批小资产阶级共和主义者和自由主义者（维·雨果、朱·加里波第等人曾积极参加）于 1867 年在瑞士的日内瓦建立的资产阶级和平主义组织。1867—1868 年，米·巴枯宁参加了同盟的领导工作，同盟在巴枯宁的影响下企图利用工人运动和国际工人协会来达到自己的目的。和平和自由同盟曾宣称通过建立"欧洲联邦"可以消除战争。这一思想反映了小资产阶级广大阶层的和平愿望，但在群众中散布了荒谬的幻想，诱使无产阶级放弃阶级斗争。马克思指出，这一组织是"为同无产阶级国际相对抗而创立的国际资产阶级组织"（见《马克思恩格斯文集》第 10 卷第 331 页）。——412、445。

223　俾斯麦上台后，为了镇压各国工人阶级的革命运动，搞了一系列阴谋活动。1871 年，他同法国反动头子阿·梯也尔勾结，镇压了巴黎公社；此后，

1871—1872 年他企图同奥匈帝国、俄国缔结一个正式协定，以便共同镇压革命的工人运动，尤其是第一国际。1873 年 10 月 22 日，根据俾斯麦的倡议，俄、奥、德三国皇帝缔结了协定，即"三国同盟"，规定一旦出现战争或革命的危险，三国应立即协商，采取共同行动。——439。

224 自由贸易派也称曼彻斯特学派，是 19 世纪上半叶英国出现的资产阶级政治经济学的一个派别，其主要代表人物是曼彻斯特的两个纺织厂主理·科布顿和约·布莱特。19 世纪 20—50 年代，曼彻斯特是自由贸易派的宣传中心。该学派提倡自由贸易，要求国家不干涉经济生活，反对贸易保护主义原则，要求减免关税并奖励出口，废除有利于土地贵族的、规定高额谷物进口关税的谷物法。1838 年，曼彻斯特的自由贸易派建立了反谷物法同盟。40—50年代，该派组成了一个单独的政治集团，后来成为自由党的左翼。——439。

225 指 1875 年 3 月 20 日《北德总汇报》在每日政治新闻栏目就德国社会民主党的纲领草案发表的一篇社论，社论指出，"社会民主党的鼓动在某些方面变得比较谨慎了：它在背弃国际……"——439。

208 "铁的工资规律"是斐·拉萨尔的一个经济学观点。

拉萨尔对他的"铁的工资规律"作了如下的表述："这个在现今的关系之下，在劳动的供求的支配之下，决定着工资的铁的经济规律是这样的；平均工资始终停留在一国人民为维持生存和繁殖后代按照习惯所要求的必要的生活水平上。

这是这样一个中心点：实际日工资总是在它周围摆动，既不能长久地高于它，也不能长久地低于它。实际的日工资不能长期地高于这个平均数；因为，否则就会由于工人状况的改善而发生工人人口从而人手供应的增加，结果又会把工资压低到原来的或者低于原来的水平。

工资也不可能长期地大大低于这个必要的生活水平。因为，那时就会发生人口外流、独身生活、节制生育，以致最后由于贫困而造成工人人数减少等现象，这样，就会使工人人手的供应短缺，从而使工资重新回到它原来的较高的水平。因此，实际的平均工资处于运动之中，始终围绕着它这个中心上下摆动，时而高些，时而低些"。（见拉萨尔《工人读本。1863 年 5 月 17和 19 日在美因河畔法兰克福所作的演说（根据速记记录）》1863 年莱比锡第 5 版）

拉萨尔最初是在《就莱比锡全德工人代表大会的召开给中央委员会的公开答复》（1863 年苏黎世版第 15—16 页）中论述这个"规律"的。——412、416、440。

226 引自歌德《神性》中的诗句："我们大家必须顺从永恒的、铁的、伟大的规律，完成我们生存的连环。"——440。

227 弗·朗格在 1865 年发表的《工人问题及其在目前和将来的意义》一书，宣扬了马尔萨斯的人口论。恩格斯于 1865 年 3 月 29 日写信给朗格，对他书中的错误观点进行了批判。——440。

173 指马尔萨斯的人口论。这一理论是英国资产阶级经济学家托·马尔萨斯提出来的。他在 1798 年出版的《人口原理。人口对社会未来进步的影响》一书中认为，人口按几何级数（1、2、4、8、16……）增加，生活资料按算术级数（1、2、3、4、5……）增加，人口的增加超过生活资料的增加是一条永恒的自然规律。他把资本主义制度下劳动人民遭受失业、贫困的原因归之于这个规律，认为只有通过战争、瘟疫和饥饿等办法使人口减少，人口与生活资料的数量才能相适应。——321、440。

228 指法国基督教社会主义者菲·毕舍在 19 世纪 40 年代提出的由国家帮助建立生产合作社来消除社会弊病的主张。——443。

229 "狭隘的臣民见识"是广泛流传于德国的一种说法，源于 1838 年初普鲁士内务大臣冯·罗霍给埃尔宾城居民的信。当时有人以埃尔宾城居民名义写信支持格丁根七教授反对汉诺威国王废除该邦宪法。罗霍在回信中写道："臣民应当对自己的国王和邦君表示理所当然的服从……但是不应当以自己的狭隘见识为标准去度量国家元首的行为……"——444。

205 指德国人民党。该党成立于 1865 年，主要由德国南部各邦的小资产阶级民主派以及一部分资产阶级民主派组成，因此又称为南德人民党或士瓦本人民党。德国人民党执行反普鲁士政策，提出一般民主口号，反对确立普鲁士对德国的领导权，宣传实行联邦制，反对以集中统一的民主共和国的形式统一德国，反映了德意志某些邦的分立主义意图。

　　1866 年，以工人为基本核心的萨克森人民党并入德国人民党。人民党的这支左翼，除了反普鲁士的情绪和力求共同努力以民主方法解决国家的全民族统一问题之外，实质上与原来的德国人民党毫无共同之处，以后它就朝着社会主义的方向发展。后来该党的基本成员脱离了小资产阶级民主派，于 1869 年 8 月参加了德国社会民主工党的建立工作。——411、426、445。

204 爱森纳赫派也被称为"诚实的人"。——411、445。

85 千年王国是基督教用语，指世界末日到来之时，基督将再次降临，在人间为王统治千年，届时魔鬼将暂时被捆锁，福音将传遍世界。此语常被用来象征理想中的公正平等、富裕繁荣的太平盛世。——140、446。

188 文化斗争这一概念是由左翼自由派医生鲁·微耳和提出的，是对 19 世纪 70 年代以俾斯麦政府与资产阶级自由派为一方，以具有资产阶级分裂主义倾向的教会中央党和天主教教会为另一方展开的政治论战的概括。由于内政和外交上的原因，俾斯麦与天主教教权主义势力处于敌对状态。中央党与其他分裂主义势力，其中包括进入帝国团会的波兰人结成了联盟，俾斯麦认为这一联盟危及具有普鲁士特征的、以新教为主的帝国的进一步巩固，因而采取了一系列有针对性的法律措施。

　　俾斯麦利用在论战过程中，于 1872 年 3 月 11 日在普鲁士公布的教学监督法压制波兰居民的文化活动，推行波兰居民的普鲁士化。按照这项法律，普鲁士官员不仅应对波兰神职人员进行监督，而且也应对所有波兰居民的学校进行监督。此外，1872年10月26日的一项王室法令以及1873年10月27日由波森省颁布的一项命令还规定，除宗教课以外，德语为波森中等学校和国民学校的教学用语。

在反对天主教的借口下，俾斯麦政府在普鲁士统治下的波兰地区加强民族压迫，同时煽起宗教狂热使一部分工人脱离阶级斗争。80年代初，在工人运动发展的形势下，俾斯麦为了纠集反动力量，取消了大部分法律措施。——355、362、448。

230 这句话原文是拉丁文：Dixi et salvavi animam meam，源于《旧约全书·以西结书》，意思是，我已经尽了责任。——449。

十三、给维·伊·查苏利奇的复信³¹⁰

［初稿］

（1）在分析资本主义生产的起源时，我说过，它实质上是"生产者和生产资料彻底分离"（《资本论》法文版第315页第1栏），并且说过，"全部过程的基础**是对农民的剥夺**。这种剥夺只是在英国才彻底完成了……但是，**西欧的其他一切国家**都正在经历着同样的运动"（同上，第2栏）①。

可见，我明确地把这一运动的"历史必然性"限制在**西欧各国**的范围内。为什么呢？请看第三十二章，那里写道：

"它被消灭的过程，即个人的分散的生产资料转化为社会的积聚的生产资料，多数人的小财产转化为少数人的大财产，——这种对劳动人民的痛苦的、残酷的剥夺，就是资本的起源……以自己的劳动为基础的私有制……被以剥削他人劳动即以雇佣劳动为基础的**资本主义私有制**所排挤。"（第341页第2栏）②

可见，归根到底这里所说的是**把一种私有制形式变为另一种私有制形式**。但是，既然俄国农民手中的土地从来没有成为**他们的私有财产**，那么这一论述又如何应用呢？

（2）从历史观点来看，证明**俄国农民**的公社**必然解体**的唯一有力论据如下：

回顾一下遥远的过去，我们发现西欧到处都有不同程度上是古代类型的公有制；随着社会的进步，它在各地都不见了。为什么它只是在俄国免于这种遭遇呢？

我的回答是：在俄国，由于各种独特情况的结合，至今还在全国范围内存在着的农村公社能够逐渐摆脱其原始特征，并直接作为集体生产的因素在全国范围内发展起来。正因为它和资本主义生产是同时存在的东西，所以它能够不经受资本主义生产的可怕的波折而占有它的一切**积极的成果**。俄国不是脱离现代世界孤立生存的；同时，它也不像东印度那样，是外国征服者的猎获物。

如果资本主义制度的俄国崇拜者要否认这种进化的**理论上的**可能性，那我要向他们提出这样的问题：俄国为了采用机器、轮船、铁路等等，是不是一定要像西方那样

---

① 见马克思《资本论》（根据作者修订的法文版第一卷翻译）1983年中国社会科学出版社版第769、770页。——编者注

② 同上，第825页。——编者注

先经过一段很长的机器工业的孕育期呢？同时也请他们给我说明：他们怎么能够把西方需要几个世纪才建立起来的一整套交换机构（银行、信用公司等等）一下子就引进到自己这里来呢？

如果在农民解放的时候，农村公社立即被置于正常的发展条件下，其次，如果主要靠农民来偿付的巨额国债，以及通过国家（仍然要靠农民来偿付）向那些转化为资本家的"社会新栋梁"提供的其他巨款，都用于进一步发展农村公社，那么，现在谁也不会再臆测消灭公社的"历史必然性"了，因为大家都将会承认，公社是俄国社会新生的因素和一种优于其他还处在资本主义制度奴役下的国家的因素。

另外一个有利于（通过发展公社）保存俄国公社的情况是：俄国公社不仅和资本主义生产是同时存在的东西，而且经历了这种社会制度尚未受触动的时期而幸存下来；相反，在俄国公社面前，不论是在西欧，还是在美国，这种社会制度现在都处于同科学、同人民群众以至同它自己所产生的生产力本身相对抗的境地。总之，在俄国公社面前，资本主义制度正经历着危机，这种危机只能随着资本主义的消灭，随着现代社会回复到"古代"类型的公有制而告终，这种形式的所有制，或者像一位美国著作家（这位著作家是不可能有革命倾向的嫌疑的，他的研究工作曾得到华盛顿政府的支持）所说的，现代社会所趋向的"新制度"，将是"古代类型社会在一种高级的形式下（in a superior form）的复活（a revival）"①。因此，不应该过分地害怕"古代"一词。

如果是这样，那至少应该了解这些波折。然而，关于这些波折，我们还什么都不了解。

不管怎样，这种公社是在连绵不断的内外战争的情况下灭亡的，很可能是亡于暴力之下的。在日耳曼部落征服意大利、西班牙、高卢等地时，那里的古代类型的公社已经不存在了。但是，它的**天然的生命力**却为两个事实所证实。一些公社零零散散地分布于各地，经历了中世纪的一切波折，一直保存到今天，例如，在我的家乡特里尔专区就有。然而更重要的是，这种公社的各种特征非常清晰地表现在取代它的公社里面，在后一种公社里，耕地变成了私有财产，然而森林、牧场、荒地等仍为公有财产，所以毛勒在研究了这种次生形态的公社后，就能还原出它的古代原型。由日耳曼人在所有被征服的地区引入的新公社，由于继承了古代原型的特征，在整个中世纪时期，成了人民自由和人民生活的唯一中心。

如果说，在塔西佗时代以后，我们关于**公社**的生活，关于公社是怎样消失和在什么时候消失的，都一点也不了解，那么，至少由于尤利乌斯·凯撒的叙述，我们对这一过程的起点还是知道的。在凯撒的那个时代，已是逐年分配土地，但是这种分配是在日耳曼人的部落联盟的**各氏族**和部落之间，还不是在公社各个社员之间进行的。由此可见，日耳曼人的**农村公社**是从较古的类型的公社中产生出来的。在这里，它是自然发展的产物，而决不是从亚洲现成地输入的东西。在那里，在东印度也有这种农村公社，并且往往是古代形态的**最后阶段**或最后时期。

---

① 见路·亨·摩尔根《古代社会，或人类从蒙昧时代经过野蛮时代到文明时代的发展过程的研究》1877年伦敦版第552页。——编者注

为了从纯理论观点，即始终以正常的生活条件为前提，来判断农村公社可能有的命运，我现在必须指出"农业公社"不同于较古的类型的公社的某些特征。

首先，所有较早的原始公社都是建立在公社社员的血缘亲属关系上的；"农业公社"割断了这种牢固然而狭窄的联系，就更能够扩大范围并经受得住同外界的接触。

其次，在公社内，房屋及其附属物——园地，已经是农民的私有财产，可是远在引入农业以前，共有的房屋曾是早先各种公社的物质基础之一。

最后，虽然耕地仍然是公有财产，但定期在农业公社各个社员之间进行分配，因此，每个农民自力经营分配给他的田地，并且把产品留为己有，然而在较古的公社中，生产是共同进行的，只有产品才拿来分配。这种原始类型的合作生产或集体生产显然是单个人的力量太小的结果，而不是生产资料社会化的结果。

不难了解，"农业公社"所固有的二重性能够赋予它强大的生命力，因为，一方面，公有制以及公有制所造成的各种社会联系，使公社基础稳固，同时，房屋的私有、耕地的小块耕种和产品的私人占有又使那种与较原始的公社条件不相容的个性获得发展。但是，同样明显，这种二重性也可能逐渐成为公社解体的根源。撇开敌对环境的一切影响不说，仅仅从积累牲畜开始的动产的逐步积累（甚至有像农奴这样一种财富的积累），动产因素在农业本身中所起的日益重要的作用以及与这种积累密切相关的许多其他情况（如果我要对此加以阐述就会离题太远），都起着破坏经济平等和社会平等的作用，并且在公社内部产生利益冲突，这种冲突先是使耕地变为私有财产，最后造成私人占有那些已经变成私有财产的**公社附属物**的森林、牧场、荒地等等。正由于这个原因，"农业公社"到处都是古代社会形态的**最近的类型**；由于同样原因，在古代和现代的西欧的历史运动中，农业公社时期是从公有制到私有制、从原生形态到次生形态的过渡时期。但这是不是说，不管在什么情况下，"农业公社"的发展都要遵循这条道路呢？绝对不是的。"农业公社"的构成形式只能有两种选择：或者是它所包含的私有制因素战胜集体因素，或者是后者战胜前者。先验地说，两种结局都是可能的，但是，对于其中任何一种，显然都必须有完全不同的历史环境。一切都取决于它所处的历史环境。

俄国是在全国范围内把"农业公社"保存到今天的唯一的欧洲国家。它不像东印度那样，是外国征服者的猎获物。同时，它也不是脱离现代世界孤立生存的。一方面，土地公有制使它有可能直接地、逐步地把小地块个体耕作转化为集体耕作，并且俄国农民已经在没有进行分配的草地上实行着集体耕作。俄国土地的天然地势适合于大规模地使用机器。农民习惯于劳动组合关系，这有助于他们从小地块劳动向合作劳动过渡；最后，长久以来靠农民维持生存的俄国社会，也有义务给予农民必要的垫款，来实现这一过渡。另一方面，和控制着世界市场的西方生产**同时存在**，就使俄国可以不通过资本主义制度的卡夫丁峡谷[331]，而把资本主义制度所创造的一切积极的成果用到公社中来。

如果"社会新栋梁"的代言人要否认现代农村公社上述进化的理论上的可能性，那么，可以向他们提出这样的问题：俄国为了获得机器、轮船、铁路等等，是不是一定要像西方那样先经过一段很长的机器工业的孕育期呢？也可以向他们提出这样的问题：他们怎么能够把西方需要几个世纪才建立起来的一整套交换机构（银行、股份公司等等）一下子就引进到自己这里来呢？

俄国的"农业公社"有一个特征，这个特征造成它的软弱性，从各方面来看对它都是不利的。这就是它的孤立性，公社与公社之间的生活缺乏联系，这种**与世隔绝的小天地**并不到处都是这种类型的公社的内在特征，但是，在有这一特征的地方，这种与世隔绝的小天地就使一种或多或少集权的专制制度凌驾于公社之上。俄罗斯北部各公国的联合证明，这种孤立性在最初似乎是由于领土辽阔而形成的，在相当大的程度上又由于蒙古人入侵以来俄国遭到的政治命运而加强了。在今天，这个障碍是很容易消除的。也许只要用各公社自己选出的农民代表会议代替乡①这一政府机关就行了，这种会议将成为维护它们利益的经济机关和行政机关。

从历史观点来看，一个十分有利于通过"农业公社"的进一步发展来保存这种公社的情况是："农业公社"不仅和西方资本主义生产是同时存在的东西，这使它可以不必屈从于资本主义的活动方式而占有它的各种成果；而且，它经历了资本主义制度尚未受触动的时期而幸存下来；相反，在俄国公社面前，不论是在西欧，还是在美国，资本主义制度现在都处于同劳动群众、同科学以至同它自己所产生的生产力本身相对抗的境地。总之，在俄国公社面前，资本主义制度正经历着危机，这种危机将随着资本主义的消灭，随着现代社会回复到"古代"类型的集体所有制和集体生产的高级形式而告终。

不言而喻，公社的进化将是逐步的，第一步可能是在**它目前的基础上**把它置于正常条件之下。

因此，从理论上说，俄国"农村公社"可以通过发展它的基础即土地公有制和消灭它也包含着的私有制原则来保存自己；它能够成为现代社会所趋向的那种经济制度的**直接出发点**，不必自杀就可以获得新的生命；它能够不经历资本主义制度（这个制度单纯从它可能**延续的时间**来看，在社会生活中是微不足道的）而占有资本主义生产使人类丰富起来的那些成果。但是我们必须从纯理论回到俄国现实中来。

（3）要剥夺农民，不必像在英国和在其他国家那样，把他们从他们的土地上赶走；同样，也不必用命令来消灭公有制。请你们试一试，从农民那里夺取他们的农业劳动产品一旦超过一定的限度，那么，你们即使动用宪兵和军队也不能再把他们束缚在他们的土地上！罗马帝国末年，各行省的十人长（不是农民，而是土地所有者）就曾抛弃自己的家园，离开自己的土地，甚至卖身当奴隶，只是为了摆脱那种不过成了官方无情压榨的借口的财产。

正是从所谓农民解放的时候起，国家把俄国公社置于不正常的经济条件之下，并且从那时候起，国家借助集中在它手中的各种社会力量来不断地压迫公社。由于国家的财政搜刮而被削弱得一筹莫展的公社，成了商业、地产、高利贷随意剥削的任人摆布的对象。这种外来的压迫激发了公社内部原来已经产生的各种利益的冲突，并加速了公社的各种瓦解因素的发展。但是，还不止如此。国家靠牺牲农民培植起来的是西

---

① 这个词马克思写的是俄文：волость。——编者注

方资本主义制度的这样一些部门，它们丝毫不发展农业生产能力，却特别有助于不从事生产的中间人更容易、更迅速地窃取它的果实。这样，国家就帮助了那些吮吸"农村公社"本来已经枯竭的血液的新资本主义寄生虫发财致富。

——总之，那些最能促进和加速剥削农民（俄国的最巨大的生产力）、并最能使"社会新栋梁"发财致富的一切技术和经济手段，都在**国家**的促进下过早地发展起来。

破坏性影响的这种共同作用，只要不被强大的反作用打破，就必然会导致农村公社的灭亡。

但是要问，为什么从农村公社的现状中得到好处的所有这些利害关系者（包括政府监护下的大工业企业），合谋要杀死给他们下金蛋的母鸡呢？正因为它们感到："这种现状"不能继续维持下去，因而现在的剥削方式已经过时了。由于农民的贫困状况，地力已经耗尽而变得贫瘠不堪。丰年被荒年抵消。最近十年的平均数字表明，农业生产不仅停滞，甚至下降。最后，第一次出现了俄国不仅不能输出粮食，反而必须输入粮食的情况。因此，不能再浪费时间。必须结束这一切。必须创造一个由比较富裕的少数农民组成的农村中等阶级，并把大多数农民干脆都变为无产者。正是为了这一目的，"社会新栋梁"的代言人才把公社所受的创伤说成是公社衰老的自然征兆。

撇开目前压迫着俄国"农村公社"的一切灾难而仅仅考察它的构成形式和历史环境，那么一看就很清楚，它的一个基本特征，即土地公有制，是构成集体生产和集体占有的自然基础。此外，俄国农民习惯于**劳动组合**关系，这有助于他们从小地块劳动向集体劳动过渡，而且，俄国农民在没有进行分配的草地上、在排水工程以及其他公益事业方面，已经在一定程度上实行集体劳动了。但是，要使集体劳动在农业本身中能够代替小地块劳动这个私人占有的根源，必须具备两样东西：在经济上有这种改造的需要，在物质上有实现这种改造的条件。

关于经济上的需要，只要把"农村公社"置于正常条件之下，就是说，只要把压在它肩上的重担除掉，只要它获得正常数量的耕地，那么它本身就立刻会感到有这种需要。俄国农业只要求有土地和用比较原始的工具装备起来的小地块农民的时期已经过去了。这个时期之所以很快地成为过去，是因为对农民的压迫耗尽了农民的土地的地力，使他们的土地贫瘠。现在，农民需要的是大规模组织起来的合作劳动。况且，现在他们连种两三俄亩土地都还缺乏各种最必要的东西，难道把他们的耕地增加到 10 倍，他们的状况就会变得好些吗？

设备、肥料、农艺上的各种方法等等集体劳动所必需的一切资料，到哪里去找呢？俄国"农村公社"比同一类型的古代公社大大优越的地方正是在这里。在欧洲，只有俄国的"农村公社"在全国范围内广泛地保存下来了。因此，它目前处在这样的历史环境中：它和资本主义生产的同时存在为它提供了集体劳动的一切条件。它有可能不通过资本主义制度的卡夫丁峡谷，而占有资本主义制度所创造的一切积极的成果。俄国土地的天然地势，适合于利用机器进行大规模组织起来的、实行合作劳动的农业经营。至于最初的创办费用（包括智力上的和物质的），俄国社会有支付的义务，因为它长久以来靠"农村公社"维持生存并且也必须从"农村公社"中去寻找它的"新生的因素"。

"农村公社"的这种发展是符合我们时代历史发展的方向的，对这一点的最好证明，是资本主义生产在它最发达的欧美各国中所遭到的致命危机，而这种危机将随着资本主义的消灭，随着现代社会回复到古代类型的高级形式，回复到集体生产和集体占有而告终。

　　既然这么多不同的利害关系者，特别是在亚历山大二世仁慈的统治下成长起来的"社会新栋梁"从"农村公社"的**现状**中得到好处，那么，为什么他们还合谋要使公社灭亡呢？为什么他们的代言人还把公社所受的创伤说成是公社自然衰老的确凿证据呢？为什么他们要杀死下金蛋的母鸡呢？

　　只是因为经济上的事实（我要来分析这些事实，就会离题太远）揭开了这样一个秘密：**公社的现状不能继续维持下去了**，并且纯粹由于事物的必然性，现在的剥削人民群众的方式已经过时了。因此，必须有点新东西，而这种新东西，虽然表现为各种不同的形式，但总不外是：消灭公有制，创造一个由比较富裕的少数农民组成的农村中等阶级，并把大多数农民干脆都变为无产者。

　　一方面，"农村公社"几乎陷入绝境；另一方面，强有力的阴谋正等待着它，准备给它以最后的打击。要挽救俄国公社，就必须有俄国革命。可是，那些掌握着各种政治力量和社会力量的人正在尽一切可能准备把群众推入这一灾祸之中。

　　俄国"农村公社"的历史环境是独一无二的！在欧洲，只有俄国"农村公社"不是像稀有的残存的微缩模型那样以不久前在西方还可见到的那种古代形式零星地保存下来，而几乎是作为巨大帝国疆土上人民生活的占统治地位的形式保存下来的。如果说土地公有制是俄国"农村公社"的集体占有制的基础，那么，它的历史环境，即它和资本主义生产同时存在，则为它提供了大规模地进行共同劳动的现成的物质条件。因此，它能够不通过资本主义制度的卡夫丁峡谷，而占有资本主义制度所创造的一切积极的成果。它能够以应用机器的大农业来逐步代替小地块耕作，而俄国土地的天然地势又非常适于这种大农业。因此，它能够成为现代社会所趋向的那种经济制度的**直接出发点**，不必自杀就可以获得新的生命。相反，作为开端，必须把它置于正常条件之下。

　　但是，同公社相对立，出现了这样的地产，它掌握了将近一半土地，而且是优等地，更不用说国有土地了。正因为如此，所以通过"农村公社"的进一步发展来保存它是和俄国社会总的运动一致的，俄国社会的新生只有付出这个代价才能获得。

　　甚至仅仅从经济观点来看，俄国能够通过本国农村公社的发展来摆脱它在农业上所处的绝境；通过英国式的资本主义的租佃来摆脱这种绝境的尝试，将是徒劳无功的，因为这种制度是同俄国的整个社会条件相抵触的。①

　　要能发展，首先必须生存，可是任何人都不能否认，"农村公社"目前正处于危险境地。

　　撇开敌对环境的一切其他有害因素的影响不说，仅仅是个别家庭手中的动产，例

---

　　① 初稿中原来没有这段话，这里是马克思从他给维·伊·查苏利奇的复信第三稿第4页上移过来的。——编者注

如它们的牲畜、有时甚至是奴隶或农奴这样的财富的逐步增长，这种私人积累，从长远来看足以破坏原始的经济平等和社会平等，并且在公社内部产生利益冲突，这种冲突首先触及作为公共财产的耕地，最后扩展到森林、牧场和荒地等等这样一些已经变成私有财产的**公社附属物**的公共财产。

（4）各种原始公社（把所有的原始公社混为一谈是错误的；正像在地质的层系构造中一样，在历史的形态①中，也有原生类型、次生类型、再次生类型等一系列的类型）的衰落的历史，还有待于撰述。到现在为止，我们只有一些粗糙的描绘。但是，无论如何，研究的进展已经足以证明：（1）原始公社的生命力比闪米特人社会、希腊社会、罗马社会以及其他社会，尤其是现代资本主义社会的生命力要强大得多；（2）它们衰落的原因，是那些阻碍它们越过一定发展阶段的经济条件，是和今日俄国公社的历史环境毫无相似之处的历史环境。

我们在阅读资产者所写的原始公社历史时必须有所警惕。他们是甚至不惜伪造的。例如，亨利·梅恩爵士本来是英国政府用暴力破坏印度公社行动的热心帮手，但他却伪善地要我们相信：政府维护这些公社的一切崇高的努力，碰到经济规律的自发力量都失败了！②

（5）③ 您完全清楚，现在俄国公社的存在本身由于强大的利害关系者的阴谋而处于危险境地。除了被国家的直接搜刮压得喘不过气来，除了遭受侵入公社的"资本家"、商人等等以及土地"所有者"的狡诈的剥削以外，公社还受到乡村高利贷者以及由于它所处的环境而在内部引起的利益冲突的损害。

要剥夺农民，不必像在英国和在其他国家那样，把他们从他们的土地上赶走；同样，也不必用命令来消灭公社所有制。相反，请你们试一试，从农民那里夺取他们的农业劳动产品一旦超过一定的限度，那么，你们即使动用听你们指挥的宪兵也不能再把他们束缚在他们的土地上！罗马帝国末年，各行省的十人长（大土地所有者）就曾抛弃自己的土地，成为流浪者，甚至卖身当奴隶，只是为了摆脱那种不过成了官方压榨的借口的"财产"。

正当人们吸着公社的血、蹂躏它、耗尽它的地力、使它的土地贫瘠的时候，"社会新栋梁"的文坛奴仆却以嘲弄的口吻指出，公社所受的创伤正是它自然衰老的征兆；并宣称，公社的灭亡是自然的死亡，缩短它的临终的时间是一件好事。因此，这里涉及的已经不是有待解决的问题，而简直是应给以打击的敌人。要挽救俄国公社，就必须有俄国革命。而且，政府和"社会新栋梁"正在尽一切可能准备把群众推入这一灾祸之中。如果革命在适当的时刻发生，如果它能把自己的一切力量集中起来以保证农村公社的自由发展，那么，农村公社就会很快地变为俄国社会新生的因素，变为优于其他还处在资本主义制度奴役下的国家的因素。

---

① "地质的层系构造"和"历史的形态"中的"层系构造"和"形态"，原文为"formation"。——编者注
② 参看亨·梅恩《东方和西方的农村公社》1871年伦敦版。——编者注
③ 马克思在这段文字旁画了一条竖线，可能是删除记号。——编者注

［三稿］

亲爱的女公民：

　　要深入分析您 2 月 16 日来信中提出的问题，我必须钻研事物的细节而放下紧急的工作。但是，我希望，现在我很荣幸地写给您的这一简短的说明，就足以消除对所谓我的理论的一切误解。

　　一、我在分析资本主义生产的起源时说："因此，在资本主义制度的基础上，生产者和生产资料彻底分离了……全部过程的基础是**对农民的剥夺**。这种剥夺只是在英国才彻底完成了……**但是，西欧的其他一切国家都正在经历着同样的运动。**"（《资本论》法文版第 315 页）①

　　可见，这一运动的"历史必然性"**明确地**限制在**西欧各国**的范围内。造成这种限制的原因在第三十二章的下面这一段里已经指出："**以自己的劳动为基础的私有制**……被以剥削他人劳动即以雇佣劳动为基础的**资本主义私有制所排挤**。"（同上，第 341 页）②

　　因此，在这种西方的运动中，问题是**把一种私有制形式变为另一种私有制形式**。相反，在俄国农民中，则是**要把他们的公有制变为私有制**。人们承认还是否认这种转变的必然性，提出赞成或反对这种转变的理由，都和我对资本主义制度起源的分析毫无关系。从这一分析中，至多只能作出这样的结论：在目前俄国农民占绝大多数的情况下，把他们变成小私有者，不过是对他们进行迅速剥夺的序幕。

　　二、用来反对俄国公社的最有力的论据如下：

　　如果您回顾一下西方社会的起源，那么您到处都会发现土地公有制；随着社会的进步，它又到处让位给私有制；因此，它不可能只是在俄国免于这种遭遇。

　　我之所以注意这一推论，仅仅因为它是以欧洲的经验为根据的。至于比如说东印度，那么，大概除了亨·梅恩爵士及其同流人物之外，谁都知道，那里的土地公有制是由于英国的野蛮行为才被消灭的，这种行为不是使当地人民前进，而是使他们后退。

　　并不是所有的原始公社都是按照同一形式建立起来的。相反，从整体上看，它们是一系列社会组织，这些组织的类型、生存的年代彼此都不相同，标志着依次进化的各个阶段。**俄国的公社**就是通常称做**农业公社**的一种类型。在西方相当于这种公社的是存在时期很短的日耳曼公社。在尤利乌斯·凯撒时代，日耳曼公社尚未出现，而到日耳曼部落征服意大利、高卢、西班牙等地的时候，它已经不存在了。在尤利乌斯·凯撒时代，各集团之间、**各氏族**和**部落**之间已经逐年分配耕地，但还不是在公社的各个家庭之间分配；大概，耕种也是由集团共同进行的。在日耳曼尼亚本土，这种较古类型的公社通过自然的发展而变为塔西佗所描绘的那种**农业公社**。从那时起，我们就看不到它了。它在连绵不断的战争和迁徙的情况下不知不觉地灭亡了；它有可能是亡

---

　　① 见马克思《资本论》（根据作者修订的法文版第一卷翻译）1983 年中国社会科学出版社版第 769、770 页。——编者注

　　② 同上，第 825 页。——编者注

于暴力之下的。但是，它的天然的生命力却为两个不可争辩的事实所证实。这种类型的一些公社零零散散地分布于各地，经历了中世纪的一切波折，一直保存到今天，例如，在我的家乡特里尔专区就有。然而更重要的是，这种"农业公社"的烙印是如此清晰地表现在从它产生出来的新公社里面，以致毛勒在辨认了新公社后能够还原出这种"农业公社"。在新公社里，耕地是农民的**私有财产**，而森林、牧场、荒地等等仍然是**公共财产**；这种新公社由日耳曼人引入所有被征服的地区。由于它继承了原型的特征，所以，在整个中世纪时期，成了人民自由和人民生活的唯一中心。

同样在亚洲，在阿富汗人及其他人中间也有"农村公社"。但是，这些地方的公社都是**最近类型**的公社，也可以说，是**古代**社会**形态**的最近形式。为了指出这一事实，所以我就谈了关于日耳曼公社的一些细节。

现在，我们必须考察一下"农业公社"不同于较古的公社的最主要的特征。

（1）所有其他公社都是建立在公社社员的血缘亲属关系上的。在这些公社中，只容许有血缘亲属或收养来的亲属。他们的结构是系谱树的结构。"农业公社"是最早的没有血缘关系的自由人的社会组织。

（2）在农业公社中，房屋及其附属物——园地，是农民私有的。相反，**公共房屋和集体住所**是远在畜牧生活和农业生活形成以前时期的较原始的公社的经济基础。当然，也有一些农业公社，它们的房屋虽然已经不再是集体的住所，但仍然定期改换占有者。这样，个人用益权就和公有制结合起来。但是，这样的公社仍然带有它的起源的烙印，因为它们是处在由较古的公社向真正的农业公社过渡的状态。

（3）耕地是不可让渡的公共财产，定期在农业公社各个社员之间进行分配，因此，每一社员自力经营分配给他的田地，并把产品留为己有。而在较原始的公社中，生产是共同进行的；共同的产品，除储存起来以备再生产的部分外，都根据消费的需要陆续分配。

显然，农业公社制度所固有的这种**二重性**能够赋予它强大的生命力。它摆脱了牢固然而狭窄的血缘亲属关系的束缚，并以土地公有制以及公有制所造成的各种社会联系为自己的稳固基础；同时，各个家庭单独占有房屋和园地、小地块耕种和私人占有产品，促进了那种与较原始的公社机体不相容的个性的发展。

但是，同样明显，就是这种二重性也可能逐渐成为公社解体的萌芽。除了外来的各种破坏性影响，公社内部就有使自己毁灭的因素。土地私有制已经通过房屋及农作园地的私有渗入公社内部，这就可能变为从那里准备对公有土地进攻的堡垒。这是已经发生的事情。但是，最重要的还是私人占有的源泉——小地块劳动。它是牲畜、货币、有时甚至奴隶或农奴等动产积累的根源。这种不受公社控制的动产，个体交换的对象（在交换中，投机取巧起极大的作用）将对整个农村经济产生越来越大的压力。这就是破坏原始的经济平等和社会平等的因素。它把异质的因素带进来，引起公社内部各种利益和私欲的冲突，这种冲突首先触及作为公共财产的耕地，然后触及作为公共财产的森林、牧场、荒地等等；一旦这些东西变成了私有财产的**公社附属物**，也就会逐渐变成私有了。

农业公社既然是原生的社会形态的最后阶段，所以它同时也是向次生形态过渡的阶段，即以公有制为基础的社会向以私有制为基础的社会的过渡。不言而喻，次生形态包括建立在奴隶制上和农奴制上的一系列社会。

但是，这是不是说，农业公社的历史道路必然要导致这种结果呢？绝对不是的。农业公社固有的二重性使得它只能有两种选择：或者是它的私有制因素战胜集体因素，或者是后者战胜前者。一切都取决于它所处的历史环境。

现在，我们暂且不谈俄国公社所遭遇的灾难，只来考察一下它的可能的发展。它的环境是独一无二的，在历史上没有先例。在整个欧洲，它是唯一在一个巨大的帝国内的农村生活中尚占统治地位的组织形式。土地公有制赋予它以集体占有的自然基础，而它的历史环境，即它和资本主义生产同时存在，则为它提供了大规模组织起来进行合作劳动的现成的物质条件。因此，它可以不通过资本主义制度的卡夫丁峡谷[311]，而占有资本主义制度所创造的一切积极的成果。它可以借使用机器而逐步以联合耕作代替小地块耕作，而俄国土地的天然地势又非常适合于使用机器。如果它在现在的形式下事先被置于正常条件之下，那它就能够成为现代社会所趋向的那种经济制度的**直接出发点**，不必自杀就可以获得新的生命。

英国人在东印度就进行过让公社自杀的尝试；他们得到的结果不过是破坏了当地的农业，使荒年更加频繁，饥馑更加严重。

可是公社受到诅咒的是它的孤立性，公社与公社之间的生活缺乏联系，不正是这种**与世隔绝的小天地**使它至今不能有任何历史创举吗？**而这种与世隔绝的小天地**将在俄国社会的普遍动荡中消失。

俄国农民习惯于**劳动组合**，这特别有助于他们从小地块劳动向合作劳动过渡，并且他们在翻晒草料，以及像排除积水等公社的作业中，已经在某种程度上实行了合作劳动。一种与古代类型十分相似的特性（这是现代农学家感到头痛的东西）也有利于实行合作劳动。如果您在某一个地方看到有垄沟痕迹的小块土地组成的棋盘状耕地，那您就不必怀疑，这就是已经死亡的农业公社的地产！农业公社的社员并没有学过地租理论，可是他们了解，在天然肥力和位置不同的土地上消耗等量的农业劳动，会得到不等的收入。为了使自己的劳动机会均等，他们根据土壤的自然差别和经济差别把土地分成一定数量的地段，然后按农民的人数把这些比较大的地段再分成小块。然后，每一个人在每一地段中得到一份土地。这种直到今天还在俄国公社里实行的做法，毫无疑问是和农艺学的要求相矛盾的。除其他种种不便外，这种做法也造成人力和时间的浪费。可是，这种做法虽然乍看起来似乎和集体耕种相矛盾，但它的确有助于向集体耕种的过渡。小块土地……①

---

① 手稿到此中断。——编者注

［复信］

1881 年 3 月日于伦敦西北区

梅特兰公园路 41 号

亲爱的女公民：

最近十年来定期发作的神经痛妨碍了我，使我不能较早地答复您 2 月 16 日的来信。承蒙您向我提出问题，但很遗憾，我却不能给您一个适合于发表的简短说明。几个月前，我曾经答应给圣彼得堡委员会就同一题目写篇文章。可是，我希望寥寥几行就足以消除您因误解所谓我的理论而产生的一切疑问。

在分析资本主义生产的起源时，我说：

"因此，在资本主义制度的基础上，生产者和生产资料彻底分离了……全部过程的基础是**对农民的剥夺**。这种剥夺只是在英国才彻底完成了……但是，**西欧的其他一切国家**都正在经历着同样的运动。"（《资本论》法文版第 315 页）①

可见，这一运动的"**历史必然性**"**明确地**限制在**西欧各国**的范围内。造成这种限制的原因在第三十二章的下面这一段里已经指出：

"以自己的劳动为基础的**私有制**……被以剥削他人劳动即以雇佣劳动为基础的**资本主义私有制**所排挤。"（同上，第 341 页）②

因此，在这种西方的运动中，问题是**把一种私有制形式变为另一种私有制形式**。相反，在俄国农民中，则是要把**他们的公有制**变为私有制。

由此可见，在《资本论》中所作的分析，既没有提供肯定俄国农村公社有生命力的论据，也没有提供否定农村公社有生命力的论据，但是，我根据自己找到的原始材料对此进行的专门研究使我深信：这种农村公社是俄国社会新生的支点；可是要使它能发挥这种作用，首先必须排除从各方面向它袭来的破坏性影响，然后保证它具备自然发展的正常条件。

亲爱的女公民，您忠实的

卡·马克思写于 1881 年 2 月—3 月 18 日之间

第一次用俄文发表于《马克思恩格斯文库》1924 年版第 1 卷

卡尔·马克思

原文是法文

中文根据《马克思恩格斯全集》历史考证版第 1 部分第 25 卷并参考《马克思恩格斯全集》德文版第 19 卷翻译

（选自《马克思恩格斯文集》第 3 卷，人民出版社 2009 年版，第 570-590 页。）

---

① 见马克思《资本论》（根据作者修订的法文版第一卷翻译）1983 年中国社会科学出版社版第 769、770 页。——编者注

② 见马克思《资本论》（根据作者修订的法文版第一卷翻译）1983 年中国社会科学出版社版第 825 页。——编者注

注　释

310　《给维·伊·查苏利奇的复信》是马克思论述俄国农村公社的历史命运和俄国资本主义发展前景的重要著作。马克思在复信的草稿中详细研究了俄国农村公社的历史、现状和特点，分析了俄国农村公社的二重性和两种可能的前途：或者是它所包含的私有制因素战胜集体因素，或者是后者战胜前者，这一切都取决于它所处的历史环境。马克思认为，俄国的农村公社"目前处在这样的历史环境中：它和资本主义生产的同时存在为它提供了集体劳动的一切条件。它有可能不通过资本主义制度的卡夫丁峡谷，而占有资本主义制度所创造的一切积极的成果"（见本卷第 578 页）。但是，俄国 1861 年改革以后，农村公社趋于瓦解"要挽救俄国公社，就必须有俄国革命"。"如果革命在适当的时刻发生，如果它能把自己的一切力量集中起来以保证农村公社的自由发展，那么农村公社就会很快地变为俄国社会新生的因素，变为优于其他还处在资本主义制度奴役下的国家的因素。"（见本卷第 582 页）他在复信中还指出："这种农村公社是俄国社会新生的支点；可是要使它能发挥这种作用，首先必须排除从各方面向它袭来的破坏性影响，然后保证它具备自然发展的正常条件。"（见本卷第 590 页）

　　1881 年 2 月 16 日，查苏利奇写信请求马克思谈谈他对俄国历史发展的前景，特别是对俄国农村公社命运的看法。查苏利奇在信中谈到了马克思的《资本论》在俄国极受欢迎以及这部著作在俄国革命者关于土地问题及农村公社问题的争论中所起的作用。她说："你比谁都清楚，这个问题在俄国是多么为人注意……最近我们经常可以听到这样的见解，认为农村公社是一种古老的形式，历史、科学社会主义——总之，一切不容争辩的东西——，使农村公社注定要灭亡。鼓吹这一点的人都是自称是你的真正的学生，'马克思主义者'。"查苏利奇还表示："如果你能说明你对我国农村公社可能的命运以及关于世界各国由于历史的必然性都应经过资本主义生产各阶段的理论的看法，那么，这将使我们获得极大的帮助。"

　　马克思的复信注明的日期为 1881 年 3 月 8 日。从马克思当时与其他人的通信来看，可以肯定马克思一接到查苏利奇的信就着手准备回答她所提出的问题。另外，马克思早在 1880 年 12 月也曾向俄国民意党执行委员会代表、该党机关报《民意报》编辑尼·亚·莫罗佐夫作过许诺，准备对有争议的俄国农村公社前景问题发表自己的见解。

　　马克思在准备给查苏利奇回信的过程中拟了四个草稿，本卷收录了其中的初稿和三稿。复信和草稿的原文都是法文，1924 年第一次用俄文发表于《马克思恩格斯文库》第一卷。

　　这封复信的草稿曾由张广达翻译、何许校订，1955 年发表于《史学译丛》第 3 期。——570。

331　兰多尔此处记录不准确。实际情况是，1871 年春季在比利时的安特卫普发生了雪茄烟工人罢工；而与此同时在西班牙的巴塞罗那发生了纺织工人罢工。——612。

311　公元前 321 年第二次萨姆尼特战争时期，萨姆尼特人在古罗马卡夫丁城（今蒙泰萨尔基奥）附近的卡夫丁峡谷包围并击败了罗马军队。按照意大利双方交战的惯例，罗马军队必须在由长矛交叉构成的"轭形门"下通过。这被认为是对战败军的最大羞辱。"通过卡夫丁峡谷"（"通过卡夫丁轭形门"）一语即由此而来。——575、587。

第二部分　恩格斯著作

十四、论住宅问题

第二篇

资产阶级怎样解决住宅问题

二

如果我们相信了我们这位萨克斯博士的话，那么资本家先生们现在已经做了许多事情来消除住房短缺，并且这就证明住宅问题可能在资本主义生产方式基础上得到解决。

首先，萨克斯先生给我们举出例子——波拿巴主义的法国！大家知道，路易·波拿巴在巴黎世界博览会时期任命了一个委员会，表面上是为了草拟关于法国各劳动阶级状况的报告，实际上是为了替帝国增光而把这种状况描绘成真正的天堂。而萨克斯先生就来引证**这个**由波拿巴主义的腐败透顶的工具所组成的委员会的报告，特别是因为它的工作成果，"据专门为此任命的委员会**自己声称**，对法国是相当圆满的"！这些成果是什么呢？在提供信息的 89 个大工业企业或者股份公司中间，有 31 个**没有**修建工人住房；在已经修建起来的住房中，据萨克斯先生自己估计，顶多能容纳五六万人，而且这种住房几乎都是一户两室！

不言而喻，任何一个资本家，如果被自己的生产条件——水力和煤井、铁矿矿层及其他矿山等等的位置——束缚在某个乡村地区，而又没有现成的工人住房，都不得不为自己的工人修建住房。但是，要把这一点看做存在"无形联合"的证明，看做"对这件事及其重要影响有更多理解的明显证据"，看做"大有前途的开端"（第 115页），——那要有根深蒂固的自我欺骗的习性才行。另外，在这方面各国工业家也因各自的民族特性而彼此有所不同。例如，萨克斯先生在第 117 页上向我们说：

> "**在英国只是最近**才看得出雇主正在这方面加紧行动。特别是在乡下遥远的村落里……工人从最近的居民点到工厂去也往往要走很长的路，走到工厂时已经十分疲乏，工作时效率不高，这种情况就是**促使雇主为自己的劳动力修建住房的主要原因**。同时，对这种状况有较**深刻的理解**，因而或多或少把住房改革同其他一切无形联合因素联系起来的

人，也越来越多；而这些繁荣移民区的产生正应归功于他们……海德的阿什顿、特顿的阿什沃思、贝里的格兰特、博灵顿的格雷格、利兹的马歇尔、贝尔珀的斯特拉特、索尔泰尔的索尔特、科普利的阿克罗伊德等等，都因此而在联合王国享有盛名。"

天真得令人起敬，无知得更加令人起敬！英国乡村中的工厂主只是"最近"才在修建工人住房！亲爱的萨克斯先生，不对！英国资本家不仅就钱袋来说，而且就脑袋来说也都是真正的大工业家。早在德国出现真正的大工业以前，他们就已经明白，在农村开办工厂时，修建工人住房的投资是全部投资中一个必要的、能直接或间接带来很好收益的部分。早在俾斯麦和德国资产者之间进行的斗争给予德国工人以结社自由以前，英国的工厂主、矿主和冶炼厂主就从实践中得知，假如他们同时又是工人的房主，他们对罢工的工人能施加多么大的压力。格雷格、阿什顿、阿什沃思这些人的"繁荣移民区"根本不是"最近"才有的，甚至在 40 年以前它们就已经被资产阶级当做样板加以宣扬了，而我自己在 28 年以前已经对此作过描写（见《英国工人阶级状况》第 228—230 页脚注①）。马歇尔和阿克罗伊德（Akroyd——他的姓是这样写的）所创立的移民区也差不多有这样久，斯特拉特的移民区年代就更久了，它还在上一世纪就开始出现。既然英国工人住房的平均寿命假定是 40 年，那么萨克斯先生就是掰手指头也可以算出这些"繁荣移民区"现在处于怎样的破败状态了。况且这些移民区的所在地现在大多数都不再是乡下；由于工业的巨大扩展，这些移民区大多数已经被工厂和房屋层层围住，以致它们目前已经地处拥有两三万以至更多居民的污秽多烟的市镇中间，但这并不妨碍以萨克斯先生为代表的德国资产阶级科学现在还分毫不爽地重唱那些早已不适用的 1840 年的英国老赞美歌。

特别要提到的是老阿克罗伊德。这个老实人无疑是个十足的慈善家。他非常爱自己的工人，尤其爱自己的女工，以致他在约克郡的那些不如他那样仁慈的竞争者们常常说：在他的工厂中做工的全都是他自己的儿女！可是，萨克斯先生断言，在这些繁荣移民区，"私生子越来越少了"（第 118 页）。完全正确，**未婚姑娘生**的私生子确实是越来越少了；因为，在英国工厂区中，漂亮的姑娘出嫁是很早的。

在英国，紧靠每个乡村大工厂**随同工厂一起**建造工人住房，这在近 60 年以至更久以来就已经成了通例。前面已经提到过，这种工厂乡村有许多已经变成了后来形成的整座工厂城市的中心，并且出现了工厂城市所产生的一切弊害。因此，这些移民区并没有解决住宅问题，而是由此**才**在当地**造成**了这种问题。

反之，在那些在大工业方面只是蹒跚地跟在英国后面，实际上只是从 1848 年起才懂得什么是大工业的国家里，在法国，尤其是在德国，情形就完全两样了。在这些国家里只有巨型冶炼厂和制造厂（如克勒佐的施奈德工厂和埃森的克虏伯工厂）在犹豫了很久以后才下决心修建一些工人住房。大多数农村厂主都让自己的工人冒着炎暑和雨雪清晨步行几德里赶到工厂，晚上再步行赶回家。这种情形特别常见于多山的地区——法国和阿尔萨斯的孚日山脉，以及伍珀河、锡格河、阿格河、伦讷河和莱茵——

---

① 见《马克思恩格斯全集》中文第 1 版第 2 卷第 473—474 页。——编者注

· 186 ·

威斯特伐利亚其他河流的沿岸地区。在厄尔士山区，情形也不见得好些。不论德国人还是法国人，都同样是小气的吝啬鬼。

萨克斯先生很清楚地知道，无论是大有前途的开端也好，还是繁荣移民区也好，都毫无意义。因此他现在企图向资本家证明，他们从修建工人住房方面能获取多么可观的收入。换句话说，他企图给他们指出一条欺骗工人的新路。

首先，他给他们举出伦敦的许多建筑协会作例子，这些协会一部分是慈善性的，一部分是投机性的，它们已获得了4%—6%以至更高的纯利。至于投在工人住房上面的资本带来很好的收益——这用不着萨克斯先生来向我们证明。现在投在建造工人住房方面的资本为什么并不那么多，其原因在于更昂贵的住房会给房主带来更优厚的利润。因此，萨克斯先生给资本家的忠告仍然不过是一种道德说教罢了。

至于这些伦敦建筑协会，萨克斯先生大肆赞扬说它们取得了辉煌成绩，而据他自己的估计（他把任何一种建筑投机事业都包括进去了），它们总共也只是使2132个家庭和706个单身汉，即总共还不到15000人有房子住！这类微不足道的事情，在德国居然有人煞有介事地描绘成重大的成就，然而单是在伦敦东头，就有100万工人生活在极其恶劣的居住条件下！所有这些慈善行为，实际上是非常可怜和微不足道的，甚至英国议会关于工人状况的报告连一次也没有提到过。

在文章的整个这个部分中暴露出来的对伦敦情况的可笑的无知，我们在这里就不去说了，只是要指出一点。萨克斯先生以为索霍区内供单身汉住宿的客栈歇业是因为在这个地方"不能指望有很多顾客"。看来萨克斯先生以为整个伦敦西头都是无与伦比的豪华城区，而并不知道最优雅的街道背后紧挨着就是污秽不堪的工人区，例如索霍区就是其中的一个。萨克斯先生所提到的、我在23年前就已经知道的索霍区模范客栈，当初客人很多，但后来歇业了，因为谁在那里都受不了。而这还是最好的客栈之一。

那么，阿尔萨斯的米卢斯工人镇呢——难道这不是一个成就吗？

米卢斯的工人镇对大陆资产者说来，正如阿什顿、阿什沃思、格雷格等人当年的"繁荣移民区"对于英国资产者一样，是引以自傲的地方。可惜这个工人镇不是法兰西第二帝国与阿尔萨斯资本家的"无形"联合的产物，而是他们的公开联合的产物。它是路易·波拿巴的社会主义实验之一。国家曾为它垫付了三分之一的资本。它在14年内（到1867年为止）依照一套在英国（这里人们对事情了解得比较清楚）行不通的有缺陷的办法修建了800所小房子，让工人在13—15年内每月付出昂贵的房租以取得房屋所有权。我们往下就可以看到，这种获取所有权的方法在英国的互助性的建筑协会里早就采用了，根本不必由阿尔萨斯的波拿巴分子来发明。为购买房屋而付出的加价房租同英国比起来是相当高的；例如，工人在15年内累计付出4500法郎以后，能取得一所在15年前值3300法郎的房屋。一个工人如果要搬到别的地方或者哪怕仅仅欠了一个月的房租（在这种场合，他就可以被赶出去），人家就按房屋原价的$6\frac{2}{3}$%计算他的年租（例如，房屋价值是3000法郎，每月就是17法郎），而把余数退还给他，但**不付分文利息**。显而易见，在这种情形下，建筑协会即使没有"国家帮助"也会大发其财。

同样显而易见，在这种条件下提供的住房，只因为位于城外半农村地区，才优于城内的旧的营房式的住房。

关于在德国所做的几个可怜的实验，萨克斯先生自己在第157页上承认它们是很不像样的，我们也就不去讲了。

所有这些实例究竟证明了什么呢？仅仅证明：修建工人住房，即使不践踏各种卫生法，对资本家说来也是一件有利可图的事情。这一点从来也没有人否认过，这一点我们大家早已知道了。**任何**满足某种需要的投资，只要合理经营都会带来收益。问题仅仅在于：**虽然如此**，为什么住房短缺现象仍然继续存在；虽然如此，为什么资本家还是不肯给工人提供足够数量的良好住房呢？于是萨克斯先生又只好向资本提出劝告，而对问题却仍不作答复。对于这个问题的真正答复，我们在上面已经作出了。

资本即使能够办到，也不**愿意**消除住房短缺，这一点现在已经完全弄清了。于是只剩下其他两个出路：工人自助和国家帮助。

萨克斯先生是一个自助办法的热烈崇拜者，在住宅问题方面也能说出自助所创造的一些奇迹。可惜他一开始就不得不承认，自助只是在已经实行或可能实行小宅子制的地方，即仍然只是在农村，才能起点作用；在大城市中，甚至在英国，只能产生极有限的作用。然后，萨克斯先生喟然长叹道：

> "依靠这个方法〈自助〉的改良只能**间接**实行，因而**永远**只能不完全地实行，亦即只能在私有原则有力量影响住房质量的限度内实行。"

并且连这也很值得怀疑；无论如何"私有原则"对我们这位作者的文笔的"质量"决没有起过改良的作用。虽然如此，自助在英国依然造成了奇迹，"结果，在那里为解决住宅问题而在其他方面所做的一切，都**被远远超过了**"。这里指的是英国的建筑协会，而萨克斯先生之所以特别详细地研究它们，是因为

> "关于它们的实质和活动普遍存在着很不充分的或错误的看法。英国的建筑协会根本不是……建筑社或建筑协作社，用德语来讲倒不如……把它们叫做'购房协会'；它们作为协会，目的是要由会员定期交费来构成基金，根据资金积累的多少从这笔基金中贷款给会员们去购买房屋……因此，建筑协会对于一部分会员说来是储蓄协会，对于另一部分会员说来是预支金库。可见，建筑协会是一种旨在满足工人需要的抵押信贷机构，主要是利用……工人储蓄……扶助储户同仁去购买或修建房屋。如事先规定的，这种贷款要有相应的不动产作抵押，并且要在短期内分批清偿，包括付息和分期还本在内……利息并不支付给储户，而总是**按照复利记在他们账下**……想要把储金连同积累的利息一并取回……只要在一个月前预先声明，就可以随时办到"（第170—172页）。"这样的协会在英国有2000个以上……其中筹集的资本约有1500万英镑，并且已经约有10万个**工人**家庭通过这种方式购置了自己的房屋；眼下这无疑是难以比拟的社会成就。"（第174页）

可惜，这里有个"疑虑"也跟着蹒跚地走来：

"然而问题**还并没有因此而得到**完全解决，这至少是因为购置房屋……只有**收入较好**的工人才能做到……并且对于卫生条件往往没有予以足够的注意。"（第176页）

在大陆上，"这种协会……只有很少的发展余地"。这种协会是以存在小宅子制为前提，但小宅子制在这里只是乡下才有；而乡下的工人还没有充分发展到能自助的地步。另一方面，在可能成立真正的建筑协作社的城市里，建筑协作社会遇到"各种极其明显的和严重的困难"（第179页）。建筑协作社只能修建小宅子，而这在大城市中是行不通的。一句话，"这种协作社式的自助形式"不可能"在现今条件下——而且在最近的将来也未必可能——在解决这一问题方面起主要作用"。要知道，这种建筑协作社还处在"初始的、尚不发展的萌芽阶段"。"甚至在英国也是这样。"（第181页）

总之，资本家不**愿意**，工人则没有**能力**。我们本来到此可以结束这一篇了，不过因为舒尔采—德里奇之流的资产者总是把英国的建筑协会摆出来给我国工人作模范，所以绝对有必要对英国的建筑协会稍加说明。

这些建筑协会根本不是工人的团体，它们的主要目的也不是使工人购置归自己所有的房屋。相反，我们往下就会看到，工人购置房屋只是稀有的例外。这些建筑协会实质上是投机性的组织，它们起初规模很小，但就其投机性来说不亚于它们的规模巨大的仿效者。在某个酒馆中，通常是在酒馆主人的发起下——然后就每星期在他那里聚会一次——一些常客和他们的朋友，如小贩、店员、推销员、小手工业者和其他小资产者，有的地方还有一个机器制造业工人或另外一个属于本阶级贵族阶层的工人，共同凑成一个建筑协作社。最直接的起因，通常是酒馆主人探听到邻近或其他某个地方有一块比较便宜的地皮出售。大多数参加者由于他们的职业关系并不是被拴在了某个地方；甚至许多小贩和手工业者在城内也只有摊位，没有住所；只要有可能，谁都更愿意住在烟雾弥漫的城市中心以外的地方。买下一块供建筑用的地皮，在上面修建尽可能多的小宅子。比较有钱的会员们凑出的贷款就能买地皮；每周交纳的会费，再加上一些小额借款，就够支付每周的建筑费用。那些想购置自有住房的会员，凭抽签分得建成的小宅子，靠相应的加价房租分期偿清买价。其余的小宅子出租或出卖。这种建筑协会，在事业顺利的时候，就会积起或大或小的一笔钱，这笔钱在会员们交纳会费期间是属于会员们的，并且在他们之间偶尔进行分配或者在协会停办时进行分配。英国建筑协会十有八九的经过情形就是这样。其余的则是较大的，往往是在政治的或慈善事业的借口下成立起来的，它们的主要目的归根到底是通过地产投机，使**小资产阶级**的积蓄能有较好的有抵押作保证的投放处所，获得优厚的利息，并且可望分得红利。

至于这些协会究竟是指望着哪一类主顾，这可从一个即使不是最大的，也是最大的之一的协会的广告中看出。伦敦"伯克贝克建筑协会，法院巷南安普敦大厦29号和30号"自成立以来收入已达1050万英镑（合7000万塔勒），它存入银行和购买国家证券的款项在416000英镑以上，现有会员和储户21441人，它的广告内容如下：

"许多人都知道钢琴厂主采用的所谓三年制度，其内容是租赁钢琴三年者在此期限终了时即成为钢琴所有人。在采用这个制度以前，收入有限的人们很难购置一架好钢琴，正如很难购置一所自有的房屋一样；人们逐年出钱租钢琴，所花的钱比钢琴价格高一两倍。在钢琴上可行的办法，在房屋上也可行……然而因为房屋比钢琴要贵……所以要有较长期限才能用房租偿清买价。因此，本协会理事与伦敦城内各处和郊外各处的房主们达成协定，由本协会理事向伯克贝克建筑协会会员及其他人提供城市各处的大量房屋以供挑选。本协会理事打算采取的办法是这样的：房屋出租期限为12年半，如果房租能按期交纳，出租期满之后，房屋就成为承租人的绝对财产，无须再付其他任何费用……承租人也可以商定增加租金以缩短期限，或减低租金以延长期限……**凡收入有限的人，即在大小商店中当伙计的人**以及其他人，一加入伯克贝克建筑协会，就可以立刻摆脱任何房东而独立。"

　　这说得够明白了。丝毫也没有提到工人，却讲到了收入有限的人，即在大小商店当伙计的人等等；并且还假定申请人通常**已经有了一架钢琴**。事实上，这里说的根本不是工人，而是小资产者和那些想要成为**并且能够**成为小资产者的人；这些人收入虽然有一定限度，但一般说来总是在逐渐上升，店铺伙计以及从事这类职业的人就是如此，而工人的收入至多只是金额保持不变，实际上则随着家庭人口增加及其需要增长而降低。事实上只有很少数工人才能作为例外参加这种协会。他们一方面收入太少，另一方面收入又太不可靠，所以他们不能承担为期12年半的义务。不属于这种情况的少数例外，若不是报酬最优的工人，便是工厂监工。①

　　然而，每个人都明白，米卢斯工人镇的波拿巴分子无非是英国这些小资产阶级建筑协会的可怜模仿者罢了。只不过，波拿巴分子虽然得到国家帮助，但对自己主顾的欺骗却比这些建筑协会要厉害得多。他们的条件大体说来比英国平均的条件还要苛刻；在英国，每次交纳的钱都计算单利和复利，并且提前一个月通知就能全部退还，而米卢斯的工厂主则把单利和复利一并纳入腰包，只退还原来用五法郎硬币交纳的数额。没有人会比萨克斯先生对于这个差异更感到惊讶了。他在自己的书中写到了这一切，却不明白是什么意思。

　　可见，工人自助也是不会有什么结果的。现在只剩下国家帮助了。萨克斯先生在这方面能向我们拿出什么东西来呢？三件东西：

　　"第一，国家必须考虑到，应通过国家立法和行政手段消除或适当地改善一切可能以任何方式加重劳动阶级住房短缺的做法。"（第187页）

---

　　① 尤其是关于伦敦建筑协会的经营情况，在这里还要作一个小小的补充。大家知道，伦敦的全部地皮几乎都属于一打左右的贵族，其中最显贵的是威斯敏斯特公爵、贝德福德公爵和波特兰公爵等人。起先这些人把一些建筑地皮出租99年，期满后就把地皮以及地皮上一切东西收归己有。然后他们就把这些房屋按照所谓修缮租约出租一个较短的时期，例如39年，承租人应依照这个租约把房屋修好并加以保持。签订了这种契约以后，地主就立刻派遣自己的建筑师和该区建筑管理局官员（surveyor）去检查房屋并确定必须修缮的地方。修缮工程往往都是很大的，甚至包括重建全部前墙、屋顶等等。这时承租人就把租约当做抵押交给建筑协会，以借取必需的款项——每年租金130—150英镑的可以借到1000英镑以至1000英镑以上——由**自己**出钱来进行修建工程。于是，这些建筑协会便成了一套办法中的重要中介环节，这套办法的目的就是用不着自己费力气并利用公众的资金来不断重新修整伦敦地区的属于大土地贵族的房屋并使之保持适于居住的状态。

　　而这竟被当做解决工人住宅问题的措施！

这就是说：修改建筑立法并保证建筑业自由，使建筑费用便宜些。但是，在英国，建筑立法被压缩到了最低限度，建筑业像空中飞鸟一样自由，而住房短缺却依然存在。况且，现在英国的建筑费用已经便宜到这样的程度，只要附近有一辆马车跑过，房屋就会摇晃起来，并且每天都有房屋倒塌。就在昨天，1872年10月25日，在曼彻斯特一下子倒塌了六所房屋，并且有六个工人受了重伤。可见，这也无济于事。

"第二，国家政权应制止个别的人因追求一己私利而扩大或重新招来这种灾难。"

这就是说：卫生和建筑管理部门对工人住房实行监督，授权当局封闭一切危害健康和有倒塌危险的住房。英国从1857年起就已经这样做了。但那里的情况怎样呢？1855年颁布的第一个法令（消灭传染病法），萨克斯先生自己也承认，始终是"一纸空文"，1858年颁布的第二个法令（地方自治法）也是如此（第197页）。然而，萨克斯先生认为，只适用于住有1万人口以上的城市的第三个法令手工业者住宅法，"无疑是英国议会深刻理解社会事务的良好证明"（第199页）。但是，这个说法又只是萨克斯先生完全不了解英国"事务"的"良好证明"。英国在"社会事务"方面一般比大陆先进得多，这是不言而喻的；它是现代大工业的祖国，资本主义生产方式在这里发展得最为自由和最为广阔，其后果在这里也最为显著，因而在立法方面获得反映也较早。工厂立法就是这方面最好的证据。但是，如果萨克斯先生以为，一个议会法令只要获得法律效力就能立即真正实施，那他就大错特错了。任何议会法令（只有工场法除外）都是这样，地方自治法恰好也是这样。这一法律委托给城市当局去执行，而城市当局在英国几乎到处都被公认为是一切贪赃枉法、徇私舞弊和Jobbery①的中心。这些城市当局中的通过种种家族关系谋得职位的官吏，不是没有能力实行便是不愿意实行这种社会法律，然而也正是在英国，负责准备和实行社会立法的政府官吏多半曾以严格忠于职守而著称——不过现在已经没有二三十年前那样严格了。几乎在任何地方，不卫生的和有倒塌危险的房屋的房主，在市政委员会中都直接或间接地拥有强有力的代表。按小区选举市政委员的办法，使当选者不得不服从卑劣的地方利益和影响；凡是想再度当选的市政委员，都不敢投票赞成把这个法律应用于自己的选区。因此，很明显，这个法律几乎到处都受到地方当局的强烈反抗，而直到现在还只是在群情激愤的场合才被采用，并且多半还是在已经爆发了流行病以后才被采用，如去年在曼彻斯特和索尔福德天花流行时的情形那样。向内务大臣进行的请愿以往总是只有在这种场合才起作用，因为英国每届**自由主义**政府所奉行的原则，都只是迫于极端必要才提出社会改革法案，至于已经存在的法律只要有可能就根本不去执行。这个法律，也像英国其他许多法律一样，只有这样一个意义：当一个受工人控制或威逼的政府终于真正推行这个法律时，它才会在这个政府的手中变成一个强有力的武器，可用来在现今社

---

① Jobbery一词的意思是官吏利用职权图谋个人或家族的私利。比如说，某一国家的国家电报局局长当了某个造纸厂的匿名股东，他用自己森林中的木材供给这个工厂，然后委托这个工厂为电报局供应用纸，那么这就是虽然很小，但毕竟是干得不错的job，因为这件事足以表明Jobbery的原则是什么东西；顺便说说，这在俾斯麦统治下是天经地义和十分自然的。

会状态下打开一个缺口。

　　"第三"，在萨克斯先生看来，国家政权应当"极其广泛地采取它可以运用的一切积极措施来解决当前存在的住房短缺问题"。

　　这就是说：国家政权应当给自己的"下级官吏和职员"（但这根本不是工人呀！）修建营房，"真正的模范大楼"，并且"贷款给……各个市镇机关、团体以及个人，以求改善各劳动阶级的住房"（第203页），英国遵照公共工程贷款法已经这样做了，路易·波拿巴在巴黎和米卢斯也这样做过。但是，公共工程贷款法也只是一纸空文；政府拨给委员们支配的至多不过5万英镑，这笔钱顶多能建筑400所小宅子，40年能建造16000所小宅子或住宅，顶多只能供8万人居住。这不过是沧海一粟而已。即使假定委员会的资金在20年后经过偿还增加了一倍，因而在后20年又修建了总共能供4万人居住的住房，那么，这也仍然是沧海一粟。况且，因为小宅子平均只能维持40年，所以在40年后每年就得花5万或10万英镑现金来整修势将倒塌的最旧的小宅子。萨克斯先生在第203页上谈到这一点时竟然说：这一原则在实际中已得到真正的贯彻，并且是在"无限的规模上"得到贯彻。这样就承认了，甚至在英国，国家也是"在无限的规模上"毫无作为的，到这里萨克斯先生就结束了自己的书，只是顺便对所有有关的人再一次作了一番道德说教。[①]

　　十分明显，现代的国家不能够也不愿意消除住房灾难。国家无非是有产阶级即土地所有者和资本家用来反对被剥削阶级即农民和工人的有组织的总权力。个别资本家（这里与问题有关的只是资本家，因为参加这种事业的土地所有者首先也是以资本家资格出现的）不愿意做的事情，他们的国家也不愿意做。因此，如果说**个别**资本家对住房短缺虽然也感到遗憾，却未必会受触动而去从表面上掩饰由此产生的极其可怕的后果，那么，**总**资本家，即国家，也并不会做出更多的事情。国家顶多也只会设法在各地均衡地推行已经成为通例的表面掩饰工作。我们看到的情形正是如此。

　　但是，有人可能反驳说，在德国，资产者还没有占统治地位；在德国，国家在某种程度上是独立的、凌驾于社会之上的力量，正因为这样，这个力量也就代表社会的总体利益，而不是代表某一个阶级的利益。**这样的**国家自然能够做出资产阶级国家所不能做出的许多事情；在社会领域中，也可期望它能做出完全不同的事情来。

　　这是反动派的论调。其实，就是在德国，现有的这种国家也是它赖以生长起来的那个社会基础的必然产物。在普鲁士——而普鲁士现在起着决定性的作用——同仍然强有力的大地主贵族相并存的，还有一个比较年轻和极其胆怯的资产阶级，它至今既没有像在法国那样争得直接的政权，也没有像在英国那样争得或多或少间接的政权。

---

　　①　最近在授权伦敦建筑主管当局可征用地皮用于修筑新街道的英国议会法令中，对于因此无处栖身的工人给予了若干照顾。其中规定：新建的房屋必须适于以前住在这个地方的各种居民阶层居住。因此就在最便宜的地皮上面为工人修建起六至七层营房式出租大楼，这样就是符合了法律条文。这种为工人所根本不习惯并且与四周古老伦敦风貌极不协调的建筑效果如何，将来自有分晓。但是，即使在最好的情况下，这里所能容纳的也未必有实际上由于修筑新街道而失去住所的工人人数的四分之一。

但是，跟这两个阶级并存的，还有一个人数迅速增加、智力十分发达、一天比一天更加组织起来的无产阶级。因此，这里除了旧专制君主制的基本条件——土地贵族和资产阶级间的均势——以外，还存在现代波拿巴主义的基本条件，即资产阶级和无产阶级间的均势。但是，不论在旧专制君主制中或者在现代波拿巴主义君主制中，实际的政府权力都是掌握在军官和官吏这一特殊等级的手中，这个等级在普鲁士一部分由他们自身补充，一部分由小世袭贵族补充，在少见的情况下由大贵族补充，极少的部分由资产阶级补充。这个似乎站在社会以外并且可以说是站在社会之上的等级的独立性，给了国家以独立于社会的假象。

在普鲁士（依其发展情况也在德意志的新帝国宪法中）从这些极端矛盾的社会状态中必然发展出来的国家形式，是假立宪制；这个国家形式既是旧专制君主制的现今的解体形式，也是波拿巴主义君主制的存在形式。在普鲁士，假立宪制从1848年到1866年只是遮盖和促成了专制君主制的缓慢腐朽过程。但是，从1866年以来，尤其从1870年以来，社会状态的变革，从而旧国家的解体，是在众目共睹下并且是在急速加剧的程度上发生着。工业的迅速发展，特别是证券交易所欺诈事业的迅速发展，把一切统治阶级都卷入投机的旋涡中。1870年从法国传入的贪污腐化风气，以空前的速度大规模地发展起来。施特鲁斯堡和贝列拉互相脱帽致敬。大臣、将军、公爵和伯爵，竟同最狡猾的证券交易所犹太人为伍，做起股票生意，而国家也承认这些犹太人的平等身份，把他们大量地封为男爵。很早以来就以糖厂主和酒厂主身份从事工业的农村贵族早已度过了昔日的规规矩矩的时光，现在把自己的名字列入种种讲信用的或不讲信用的股份公司经理名单中了。官僚对盗用公款抱越来越轻视的态度，不再把它看做增加收入的唯一手段；他们把国家置之脑后，一味追逐高收入的工业企业管理职位，而那些还留任国家官职的人们也仿效自己上司的榜样搞股票投机，或"参与"铁路之类的事业。甚至有充分理由可以认为，就是尉官们也搞些投机活动来发点小财。一言以蔽之，旧国家的一切因素在急剧地解体，专制君主制在急剧地过渡到波拿巴主义君主制；在行将来临的工商业大危机中，不仅现代的骗局，而且整个旧普鲁士国家都要崩溃。[①]

这样一个非资产阶级因素日益资产阶级化的国家能够解决"社会问题"，或者哪怕只解决一个住宅问题吗？恰恰相反。在一切经济问题上，普鲁士国家越来越受资产阶级的影响了。如果说1866年以来经济方面的立法对资产阶级的利益的适应尚未越出原已达到的水平，那么这是谁的过错呢？主要是资产阶级自身的过错：第一，它过于胆怯，不能坚决地坚持自己的要求；第二，任何让步只要同时会使具有威胁性的无产阶级获得新的武器，它就加以拒绝。如果说国家政权，即俾斯麦，企图为自己拼凑一个御用的无产阶级，以钳制资产阶级的政治活动，那么这岂不就是一种不可避免的人所共知的波拿巴主义手段吗？这个手段对于工人没有承担任何义务，只是讲一些友好的空话，顶多也只能提供某种最低限度的国家帮助，也就是路易·波拿巴式的建筑协会

---

① 现在，1886年，普鲁士国家和它的基础即依靠保护关税确立的大地产同工业资本的联盟之所以还能维持下来，不过是因为惧怕1872年以来在人数和阶级意识上都已大大成长起来的无产阶级。

所提供的那种帮助。

至于工人能从普鲁士国家那里期待什么，这从法国几十亿赔款[155]的使用情况中就可以得到最好的证明。这笔赔款使普鲁士国家机器在社会面前的独立性获得了一个新的短暂的缓刑期。难道这几十亿中有过一个塔勒曾用来使流落街头的柏林工人家庭得到容身之所吗？相反。当秋天来临时，国家甚至把工人们在夏天用做蔽身之所的那几间可怜的木房也下令拆毁了。这50亿赔款很快就在要塞、大炮和军队上挥霍殆尽；尽管瓦格纳说了许多善意的蠢话[171]，尽管同奥地利举行了几次施梯伯会议[172]，这几十亿赔款中用在德国工人身上的数目，甚至还不及路易·波拿巴从法国盗取的几百万法郎中用在法国工人身上的数目多。

第三篇

再论蒲鲁东和住宅问题

二

现在我们来谈一个主要点。我曾指责米尔柏格的文章按照蒲鲁东的方式歪曲了经济关系，办法是把这种关系翻译成法律用语。我举出了米尔柏格的下列论点作为例子：

> "房屋一旦建造起来，就成为获取一定部分的社会劳动的**永恒的权利根据**，尽管这房屋的实际价值早已以房租形式绰绰有余地偿付给房主了。**结果就是**：例如50年前建筑的一所房屋，在这段时期内，其原先的成本价格以房租收入的形式得到了两倍、三倍、五倍、十倍以至更多倍的补偿。"

于是米尔柏格发出了如下的怨言：

> "这样**简单冷静地陈述事实**，竟促使恩格斯对我大施教诲，说我本来应该说明房屋**究竟怎样**成为'权利根据'的——可是这完全不在我的任务范围以内……**描述**是一回事，**说明**则是另一回事。如果我随着**蒲鲁东**说社会的经济生活必定渗透着法的观念，那么这样一来，我就要把现代社会**描述**成一个即使不是缺乏任何法的观念，至少也是缺乏**革命的法的观念**的社会——这个事实就连恩格斯自己也是会承认的。"

我们首先来谈谈这所一旦建造起来的房屋吧。这所房屋出租以后，就以房租形式给建造人带来地租、修缮费以及他所投入的建筑资本的利息，包括建筑资本的利润在内。视情况的不同，陆续交付的租金总数可能达到原来的成本价格的两倍、三倍、五倍以至十倍。朋友米尔柏格，这就是"简单冷静地陈述"具有**经济**性质的"事实"；如果我们想知道为什么"结果就是"这样的事实，我们就必须在经济方面进行研究。这样我们就得把这个事实更仔细地考察一番，以便连小孩也不会再发生误解。大家知道，出卖商品就是商品占有者交出商品的使用价值而取得它的交换价值。各种商品的使用价值所以各不相同，其中也在于消费它们所用的时间不同。一个圆面包一天就吃完了，一条裤子一年就穿破了，一所房屋依我看要100年才住得坏。因此，使用期限很长的商品就有可能每次按一定的期限零星出卖其使用价值，即将**使用价值出租**。因此，零星出卖只是逐渐地实现交换价值；卖主由于不把他预付的资本和由此应得的利润立刻收回，就要靠加价即收取利息来获得补偿，加价即利息的高低并不是任意决定的，而是由政治经济学的规律决定的。在100年终了之后，这所房屋就用坏了，消耗掉了，不能再住人了。如果我们这时候从所付的租金总额中扣去（1）地租，包括在此期间可能发生的提价，（2）日常修缮费用，结果我们就会发现，余数大致是由下列各项组成：（1）原先的建筑资本，（2）建筑资本的利润，以及（3）逐渐收回的资本和利润的利息。的确，在这个期限终了之后，承租人并没有房屋，可是房屋所有者也没有房屋了。房屋所有者只有地皮（如果这是属于他的）及其上面的建筑材料，但这些材料已经不是房屋了。如果在此期间房屋的"原先的成本价格得到了五倍或十倍的补偿"，那么我们将看到，这全靠地租的加价；在像伦敦这样的地方，这对谁都不是什么秘密。在伦敦，土地所有者和房屋所有者多半是两个人。租金的这种大幅度的加价，发生在迅速发展的城市中，而决不是发生在建筑用地的地租几乎始终不变的乡下。大家知道，扣除地租的上涨部分以外，房主每年收入的房租平均不超出所投资本（包括利润在内）的7%，并且还得从中开销修缮费等等。一句话，租赁合同是一种最普通的商品交易，在理论上，它并不比其他任何交易对工人有利些或有害些，只有涉及劳动力买卖的场合是一个例外；在实践上，这个租赁合同是作为资产阶级千百种欺诈形式之一出现在工人面前的，关于这些欺诈形式我在单行本第4页[1]上已经讲过了，正如我在那里所指出的，这些欺诈形式也要经受某种经济上的调节。

相反，米尔柏格认为租赁合同无非是纯粹的"任意行为"（见他的单行本第19页），而当我向他证明情形是相反的时候，他就抱怨说：我向他讲的"可惜完全都是他自己已经知道的东西"。

但是，对于房租的任何经济研究，都不会使我们把废除住房租赁制变为"革命思想母腹中产生的最富有成果的和最崇高的追求之一"。为了达到这一目标，我们必须把这个简单的事实从冷静的经济领域移到意识形态方面的高得多的法学领域中去。"房屋成为"房租的"永恒的权利根据"——"结果就是"，房屋的价值以房租的形式得到两倍、三倍、五倍和十倍的补偿。要明白**为什么**"结果就是"这样的，"权利根据"对我们没有丝毫帮助；正因为这样，我说米尔柏格只有在研究了房屋如何成为权利根据之后，才能知道为什么"结果就是"这样。只有像我那样去研究房租的**经济**本质，而不是对统治阶级用来使房租合法化的法律术语表示愤慨，我们才能知道这点。谁要提议采取经济措施来废除房租，谁就有责任对房租多知道一些，而不能只说它是"承租人奉献给资本的永恒权利的贡赋"。对于这一点米尔柏格回答道："描述是一回事，说明则是另一回事。"

这样一来，房屋虽然决不是永恒的，却被我们变成房租的永恒的权利根据了。不

管"结果就是"怎样，我们总是发现，由于这种权利根据，房屋便以房租形式带来高于它的价值好几倍的收入。由于翻译成法律用语，我们便顺利地远远离开了经济领域，以至于我们只看到这样一个现象，即逐渐支付的房租的总额可能是一所房屋价值的好几倍。既然我们借助于法学来思想和谈话，我们对这个现象也只能用法的标准即公平的标准来衡量，并且发现这种现象是**不公平的**，是与"革命的法的观念"——不管这是一种什么东西——不相符合的，因而权利根据也就毫无用处了。其次，我们又发现，这一情况同样适用于生息资本和出租的耕地，因而我们就有理由把这几种财产从其他各种财产里划分出来，并且给以特别的处置。这种特别的处置要求：（1）剥夺所有者废除合同的权利，即剥夺他索回自己财产的权利；（2）把租借给承租人、债务人或租佃人的、而并不属于他的财物的用益权无偿地让渡给他；（3）用长期分批付款的方法向所有者进行清偿，此外不再付利息。这样一来，我们就从这个方面把蒲鲁东的"原则"说透了。这就是蒲鲁东的"社会清算"。

附带说说，显然，这整个改革计划几乎仅仅有利于小资产者和小农，它**巩固着**他们作为小资产者和小农的地位。因此，米尔柏格所说的那个传说中的"小资产者蒲鲁东"的形象在这里忽然获得了完全可以捉摸的历史存在。

米尔柏格继续写道：

> "如果我随着蒲鲁东说社会的经济生活必定渗透着**法的观念**，那么这样一来，我就要把现代社会**描述**成一个即使不是缺乏任何法的观念，至少也是缺乏革命的法的观念的社会——这个事实就连恩格斯自己也是会承认的。"

可惜我不可能使米尔柏格在这里得到满足。米尔柏格期望社会**必定**渗透着法的观念，并且把这叫做描述。如果法庭派一个法警来催促我偿还一笔债务，那么照米尔柏格看来，法庭所做的无非是把我**描述**为一个欠债未还的人！描述是一回事，要求则是另一回事。德国科学社会主义与蒲鲁东之间的本质区别正好就在这里。我们描述——而每一真实的描述，与米尔柏格的说法相反，同时也就是说明事物——经济状况，描述经济状况的现状和发展，并且严格地从经济学上来证明经济状况的这种发展同时就是社会革命各种因素的发展：一方面是被本身的生活状况必然引向社会革命的那个阶级即无产阶级的发展，另一方面是生产力的发展，生产力发展到越出资本主义社会范围就必然要把它炸毁，同时生产力又提供了为社会进步本身的利益而一举永远消灭阶级差别的手段。相反，蒲鲁东则要求现代社会不是依照本身经济发展的规律，而是依照公平的规范（"法的**观念**"不是他的而是米尔柏格的东西）来改造自己。在我们提出证明的地方，蒲鲁东及其追随者米尔柏格却在进行**说教**和哀诉。

"革命的法的观念"究竟是一种什么东西，我根本无从猜测。诚然，蒲鲁东把"**革命**"变成一种体现和实现他的"公平"的神灵；同时他陷入一个不寻常的错误，把1789—1794年的资产阶级革命和未来的无产阶级革命混为一谈。他几乎在自己的一切著作中，尤其是1848年以后的著作中，都是这样做的；我只举1868年出版的《革命的总观念》第39—40页作个例子。但是，既然米尔柏格拒绝为蒲鲁东承担任何责任，所以我就不能到蒲鲁东那里去寻求对"革命的法的观念"的说明，因而我就继续停留在埃及的黑暗①中。

米尔柏格接着说：

> "但是，不论蒲鲁东也好，或者我也好，都不是诉诸于'永恒公平'以求**说明**现存的不公平状态，更不是像恩格斯强加于我的那样，期望诉诸于这个公平以求改善这种状态。"

米尔柏格想必以为"蒲鲁东在德国几乎完全不为人所知"吧。蒲鲁东在其一切著作中都用"公平"的标准来衡量一切社会的、法的、政治的、宗教的原理，他摒弃或承认这些原理是以它们是否符合他所谓的"公平"为依据的。在他的《经济矛盾》中，这个公平还被称为"永恒公平"，justice éternelle。后来永恒性就不再提了，但实质上还是保存着。例如，在1858年出版的《论革命中和教会中的公平》这一著作中，下面的一段就反映了这整整三卷说教的内容（第1卷第42页）：

> "各社会中的基本原则，有机的、起调节作用的、至高无上的原则，支配其他一切原则的原则，统治、保护、压制、惩戒、在必要时甚至镇压一切叛乱因素的原则究竟是什么呢？是宗教、理想、**利益**吗？……这个原则在我看来就是公平。公平是什么呢？是**人类自身的本质**。从世界创始以来，它曾是什么呢？是虚无。它应当是什么呢？是一切。"

这个作为人类自身本质的公平，如果不是**永恒**公平，那又是什么呢？这个作为各社会中有机的、起调节作用的、至高无上的基本原则的公平，这个至今依然是虚无但应当成为一切的公平，如果不是用来衡量一切人间事物的标准，不是在每一冲突下人们所诉诸的最高裁判官，那又是什么呢？难道我不恰好说过，蒲鲁东在判断一切经济关系时不是依据经济规律，而只是依据这些经济关系是否符合他这个永恒公平的观念，以此来掩饰自己在经济学方面的无知和无能吗？既然米尔柏格期望"现代社会生活中的一切变更……都必定渗透着**法的观念**，即到处都按照**严格的公平要求**来实行"，那么他与蒲鲁东究竟有什么区别呢？是我不会阅读呢，还是米尔柏格不会写作？

米尔柏格接着说：

> "蒲鲁东同马克思和恩格斯一样清楚地知道，人类社会的真正推动力是经济关系，而不是法的关系；他也知道，一个民族某一时代的法的观念只是经济关系，特别是生产关系的表现、反映和产物……总之，在蒲鲁东看来法是历史地生成的经济的产物。"

如果蒲鲁东"同马克思和恩格斯一样清楚地知道"这一切（我愿意不理会米尔柏格的含糊说法并对他的善良愿望信以为真），那么我们还争论什么呢？但是问题在于，蒲鲁东知道的东西恰恰是另一回事。每一既定社会的经济关系首先表现为**利益**。而在刚才引证的蒲鲁东的主要著作中的那个地方，他明明白白地写着，"各社会中起调节作

---

① 意即极度的黑暗，语出《旧约全书·出埃及记》第10章。——编者注

用的、有机的、至高无上的、支配其他一切原则的基本原则"，并不是**利益**，而是**公平**。而且他在他的一切著作的一切有决定意义的地方，都重复着这一点。但所有这一切都不妨碍米尔柏格继续说：

> "……蒲鲁东在《战争与和平》一书中发挥得最透彻的经济上的法的观念，同拉萨尔在其《既得权利体系》序言中叙述得极出色的基本思想完全一致。"

《战争与和平》也许是蒲鲁东的许多幼稚著作中最幼稚的一部，我没有料到这部著作竟会被援引来证明蒲鲁东似乎领会了德国的唯物史观。德国的唯物史观是以一定历史时期的物质经济生活条件来说明一切历史事件和观念，一切政治、哲学和宗教的。而蒲鲁东的书竟是这样缺少唯物主义，以致它不求助于**造物主**，就表达不出它的战争构想：

> "但是，为我们选择了这个生活方式的造物主，有他自己的目的。"（1869 年版第 2 卷第 100 页）

至于这本书究竟是依据着什么样的历史知识，这从它相信历史上存在过黄金时代这一点就可看出：

> "起初，当人类还是稀稀疏疏地散布在地球上的时候，自然界毫不费劲地就满足了人类的需要。这曾是黄金时代，是丰足的升平时代。"（同上，第 102 页）

蒲鲁东的经济观点是最明显的马尔萨斯主义[173]观点：

> "生产增加一倍，人口也立刻跟着增加一倍。"（第 106 页）

那么，这本书的唯物主义在什么地方呢？就在于它断言战争的原因向来一直是而且始终还是"赤贫"（例如，第 143 页）。当布雷西希大叔在 1848 年的演说中冷静地发表"大贫穷的原因就是大贫穷"的宏论时，他也是一个可笑的唯物主义者。

拉萨尔的《既得权利体系》一书不仅囿于法学家的种种幻想，而且还囿于老年黑格尔派的种种幻想。拉萨尔在第Ⅶ页上明确地宣称："在**经济方面**，既得权利概念也是推动一切继续向前发展的喷泉"；他想证明："权利是一个**从自身内部**〈这就是说不是从经济的先决条件中〉发展出来的合理的机体"（第Ⅺ页）；问题在拉萨尔看来，问题是要证明权利不是起源于经济关系，而是起源于"意志概念本身，而法哲学不过是对这种概念的阐发和叙述"（第Ⅻ页）。那么这部书在这里又有什么用呢？蒲鲁东和拉萨尔的差别只在于，拉萨尔是一个真正的法学家和黑格尔主义者，而蒲鲁东在法学和哲学方面，也如在其他一切方面一样，不过是一个门外汉。

我知道得很清楚：以经常自相矛盾而著称的蒲鲁东，有时也发表一些言论，表明他似乎是用事实来说明观念的。但是，这些言论对他的一贯思想倾向来说是毫不足道的，何况这些言论即使有也是极其混乱和自相矛盾的。

在社会发展的某个很早的阶段，产生了这样一种需要：把每天重复着的产品生产、分配和交换用一个共同规则约束起来，借以使个人服从生产和交换的共同条件。这个规则首先表现为习惯，不久便成了**法律**。随着法律的产生，就必然产生出以维护法律为职责的机关——公共权力，即国家。随着社会的进一步的发展，法律进一步发展为或多或少广泛的立法。这种立法越复杂，它的表现方式也就越远离社会日常经济生活条件所借以表现的方式。立法就显得好像是一个独立的因素，这个因素似乎不是从经济关系中，而是从自身的内在根据中，可以说，从"意志概念"中，获得它存在的理由和继续发展的根据。人们忘记他们的法起源于他们的经济生活条件，正如他们忘记他们自己起源于动物界一样。随着立法进一步发展为复杂和广泛的整体，出现了新的社会分工的必要性：一个职业法学家阶层形成了，同时也就产生了法学。法学在其进一步发展中把各民族和各时代的法的体系互相加以比较，不是把它们视为相应经济关系的反映，而是把它们视为自身包含自我根据的体系。比较是以共同点为前提的：法学家把所有这些法的体系中的多少相同的东西统称为**自然法**，这样便有了共同点。而衡量什么算自然法和什么不算自然法的尺度，则是法本身的最抽象的表现，即**公平**。于是，从此以后，在法学家和盲目相信他们的人们眼中，法的发展就只不过是使获得法的表现的人类生活状态一再接近于公平理想，即接近于永恒公平。而这个公平则始终只是现存经济关系的或者反映其保守方面，或者反映其革命方面的观念化的神圣化的表现。希腊人和罗马人的公平认为奴隶制度是公平的；1789年资产者的公平要求废除封建制度，因为据说它不公平。在普鲁士的容克看来，甚至可怜的专区法[174]也是对永恒公平的破坏。所以，关于永恒公平的观念不仅因时因地而变，甚至也因人而异，这种东西正如米尔柏格正确说过的那样，"一个人有一个人的理解"。在日常生活中，需要加以判断的各种情况很简单，公正、不公正、公平、法理感这一类说法甚至应用于社会事物也不致引起什么误会，可是在经济关系方面的科学研究中，如我们所看到的，这些说法却会造成一种不可救药的混乱，就好像在现代化学中试图保留燃素①说的术语会引起混乱一样。如果人们像蒲鲁东那样相信这种社会燃素即所谓"公平"，或者像米尔柏格那样硬说燃素同氧气一样是十分确实的，这种混乱还会更加厉害。

（选自《马克思恩格斯文集》第3卷，人民出版社2009年版，第286-302页、314-323页。）

---

① 在发现氧气以前，化学家们为了说明物体在空气中燃烧的原因曾假定存在着一种特别的燃烧物质，即在燃烧时消散的燃素。因为他们发现简单的物体在燃烧后比燃烧前重，他们就说燃素是具有负重量的，所以物体不含燃素时就比含有燃素时重些。这样人们便把氧气所具有的一切主要特性逐渐加在燃素身上，可是一切都**被颠倒**了。当人们发现燃烧就是燃烧的物体与另一种物体即氧气相化合并且已提取出纯氧的时候，就把——然而也还是经过守旧化学家的长期抗拒之后——这种假说打破了。

注　释

155　指法国在1870—1871年普法战争失败后根据1871年5月10日签订的法兰克福和约的规定，于1871—1873年向德国缴付的50亿法郎赔款（参看注54）。——239。

171　指德国资产阶级庸俗经济学家阿·瓦格纳在他的许多著作和演说中说的话。瓦格纳声称，普法战争以后，尤其是由于获得50亿法郎的赔款，德国市场欣欣向荣，从而大大改善了劳动群众的状况。——302。

172　指德国和奥地利两国皇帝和首相1871年8—9月在加斯泰因、伊施尔和萨尔茨堡进行的谈判。在谈判过程中也讨论了同国际斗争的问题，双方就反对社会民主党采取共同措施达成一致协议，俾斯麦提出以警察镇压与政府收买相结合的手段来对付工人运动。在这里恩格斯借用普鲁士政治警察头目威·施梯伯的名字把这些会议称做施梯伯会议，以强调其警察的反动性质。——302。

173　指马尔萨斯的人口论。这一理论是英国资产阶级经济学家托·马尔萨斯提出来的。他在1798年出版的《人口原理。人口对社会未来进步的影响》一书中认为，人口按几何级数（1、2、4、8、16……）增加，生活资料按算术级数（1、2、3、4、5……）增加，人口的增加超过生活资料的增加是一条永恒的自然规律。他把资本主义制度下劳动人民遭受失业、贫困的原因归之于这个规律，认为只有通过战争、瘟疫和饥饿等办法使人口减少，人口与生活资料的数量才能相适应。——321、440。

174　专区法指普鲁士政府于1872年12月13日为实施"行政改革"而颁布的《普鲁士、勃兰登堡、波美拉尼亚、波森、西里西亚和萨克森省专区法》。这项法令宣布废除地主在农村中的世袭警察权力，允许各地在一定程度上实行自治。可是，这场"改革"的最终目的仍然是巩固国家机构、强化中央集权，以维护容克的利益。经过"改革"，容克及其代理人占据了专区和省的大部分行政职位，因此，那些地区的权力实际上依然掌握在他们手中。——323。

十五、社会主义从空想到
科学的发展（节选）

三

　　唯物主义历史观从下述原理出发：生产以及随生产而来的产品交换是一切社会制度的基础；在每个历史地出现的社会中，产品分配以及和它相伴随的社会之划分为阶级或等级，是由生产什么、怎样生产以及怎样交换产品来决定的。所以，一切社会变迁和政治变革的终极原因，不应当到人们的头脑中，到人们对永恒的真理和正义的日益增进的认识中去寻找，而应当到生产方式和交换方式的变更中去寻找；不应当到有关时代的**哲学**中去寻找，而应当到有关时代的**经济**中去寻找。对现存社会制度的不合理性和不公平、对"理性化为无稽，幸福变成苦痛"① 的日益觉醒的认识，只是一种征兆，表示在生产方法和交换形式中已经不知不觉地发生了变化，适合于早先的经济条件的社会制度已经不再同这些变化相适应了。同时这还说明，用来消除已经发现的弊病的手段，也必然以或多或少发展了的形式存在于已经发生变化的生产关系本身中。这些手段不应当从头脑中**发明出来**，而应当通过头脑从生产的现成物质事实中**发现出来**。

　　那么，照此看来，现代社会主义是怎么回事呢？

　　现在大家几乎都承认，现存的社会制度是由现在的统治阶级即资产阶级创立的。资产阶级所固有的生产方式（从马克思以来称为资本主义生产方式），是同封建制度的地方特权、等级特权以及相互的人身束缚不相容的；资产阶级摧毁了封建制度，并且在它的废墟上建立了资产阶级的社会制度，建立了自由竞争、自由迁徙、商品占有者平等的王国，以及其他一切资产阶级的美妙东西。资本主义生产方式现在可以自由发展了。自从蒸汽和新的工具机把旧的工场手工业变成大工业以后，在资产阶级领导下造成的生产力，就以前所未闻的速度和前所未闻的规模发展起来了。但是，正如从前工场手工业以及在它影响下进一步发展了的手工业同封建的行会桎梏发生冲突一样，大工业得到比较充分的发展时就同资本主义生产方式对它的种种限制发生冲突了。新

---

　　① 歌德《浮士德》第 1 部第 4 场《书斋》。——编者注

的生产力已经超过了这种生产力的资产阶级利用形式；生产力和生产方式之间的这种冲突，并不是像人的原罪和神的正义的冲突那样产生于人的头脑中，而是存在于事实中，客观地、在我们之外，甚至不依赖于引起这种冲突的那些人的意志或行动而存在着。现代社会主义不过是这种实际冲突在思想上的反映，是它在头脑中，首先是在那个直接吃到它的苦头的阶级即工人阶级的头脑中的观念上的反映。

那么，这种冲突表现在哪里呢？

在资本主义生产出现之前，即在中世纪，普遍地存在着以劳动者私人占有生产资料为基础的小生产：小农的即自由农或依附农的农业和城市的手工业。劳动资料——土地、农具、作坊、手工工具——都是个人的劳动资料，只供个人使用，因而必然是小的、简陋的、有限的。但是，正因为如此，它们也照例是属于生产者自己的。把这些分散的小的生产资料加以集中和扩大，把它们变成现代的强有力的生产杠杆，这正是资本主义生产方式及其承担者即资产阶级的历史作用。资产阶级怎样从 15 世纪起经过简单协作、工场手工业和大工业这三个阶段历史地实现了这种作用，马克思在《资本论》第四篇中已经作了详尽的阐述。但是，正如马克思在那里所证明的，资产阶级要是不把这些有限的生产资料从个人的生产资料变为**社会化的**即只能由**一批人共同使**用的生产资料，就不能把它们变成强大的生产力。纺纱机、机械织机和蒸汽锤代替了纺车、手工织机和手工锻锤；需要成百上千的人进行协作的工厂代替了小作坊。同生产资料一样，生产本身也从一系列的个人行动变成了一系列的社会行动，而产品也从个人的产品变成了社会的产品。现在工厂所出产的纱、布、金属制品，都是许多工人的共同产品，都必须顺次经过他们的手，然后才变为成品。他们当中没有一个人能够说：这是我做的，这是**我的**产品。

但是，在自发的、无计划地逐渐形成的①社会内部分工成了生产的基本形式的地方，这种分工就使产品具有**商品**的形式，而商品的相互交换，即买和卖，使个体生产者有可能满足自己的各式各样的需要。中世纪的情况就是这样。例如，农民把农产品卖给手工业者，从他们那里买得手工业品。在这种个体生产者即商品生产者的社会中，渗入了一种新的生产方式。它在整个社会中占支配地位的自发的**无计划的**分工中间，确立了在个别工厂里的有组织的**有计划的**分工；在**个体**生产旁边出现了**社会化**生产。两者的产品在同一市场上出卖，因而价格至少大体相等。但是，有计划的组织要比自发的分工有力量；采用社会化劳动的工厂里所制造的产品，要比分散的小生产者所制造的便宜。个体生产在一个又一个的部门中遭到失败，社会化生产使全部旧的生产方式发生革命。但是它的这种革命性质并不为人所认识，结果它反而被用来当做提高和促进商品生产的手段。它的产生，是同商品生产和商品交换的一定的已经存在的杠杆即商人资本、手工业、雇佣劳动直接联系着的。由于它本身是作为商品生产的一种新形式出现的，所以商品生产的占有形式对它也保持着全部效力。

在中世纪得到发展的那种商品生产中，劳动产品应当属于谁的问题根本不可能发生。当时个体生产者通常都用自己所有的、往往是自己生产的原料，用自己的劳动资

---

① 在 1883 年德文第一版中没有"无计划地逐渐形成的"。——编者注

料，用自己或家属的手工劳动来制造产品。这样的产品根本用不着他去占有，它自然是属于他的。因此，产品的所有权是以**自己的劳动**为基础的。即使利用过别人的帮助，这种帮助通常也是次要的，而且往往除工资以外还得到别的报酬：行会的学徒和帮工与其说是为了吃饭和挣钱而劳动，不如说是为了自己学成手艺当师傅而劳动。后来生产资料开始集中在大的作坊和手工工场中，开始变为真正社会化的生产资料。但是，这些社会化的生产资料和产品还像从前一样仍被当做个人的生产资料和产品来处理。从前，劳动资料的占有者占有产品，因为这些产品通常是他自己的产品，别人的辅助劳动是一种例外，而现在，劳动资料的占有者还继续占有产品，虽然这些产品已经不**是他的**产品，而完全是**别人劳动**的产品了。这样，现在按社会化方式生产的产品已经不归那些真正使用生产资料和真正生产这些产品的人占有，而是归**资本家**占有。生产资料和生产实质上已经社会化了。但是，它们仍然服从于这样一种占有形式，这种占有形式是以个体的私人生产为前提，因而在这种形式下每个人都占有自己的产品并把这个产品拿到市场上去出卖。生产方式虽然已经消灭了这一占有形式的前提，但是它仍然服从于这一占有形式①。赋予新的生产方式以资本主义性质的这一矛盾，**已经包含着现代的一切冲突的萌芽**。新的生产方式越是在一切有决定意义的生产部门和一切在经济上起决定作用的国家里占统治地位，并从而把个体生产排挤到无足轻重的残余地位，**社会化生产和资本主义占有的不相容性**，也必然越加鲜明地表现出来。

如上所述，最初的资本家就已经遇到了现成的雇佣劳动形式。但是，那时雇佣劳动是一种例外，一种副业，一种辅助办法，一种暂时措施。不时出去打短工的农业劳动者，都有自己的几亩土地，不得已时单靠这些土地也能生活。行会条例是要使今天的帮工明天可以成为师傅。但是，生产资料一旦变为社会化的生产资料并集中在资本家手中，情形就改变了。个体小生产者的生产资料和产品变得越来越没有价值；他们除了受雇于资本家就没有别的出路。雇佣劳动以前是一种例外和辅助办法，现在成了整个生产的通例和基本形式；以前是一种副业，现在成了工人的唯一职业。暂时的雇佣劳动者变成了终身的雇佣劳动者。此外，由于同时发生了封建制度的崩溃，封建主扈从人员被解散，农民被逐出自己的家园等等，终身的雇佣劳动者大量增加了。集中在资本家手中的生产资料和除了自己的劳动力以外一无所有的生产者彻底分离了。**社会化生产和资本主义占有之间的矛盾表现为无产阶级和资产阶级的对立。**

我们已经看到，资本主义生产方式渗入了商品生产者即通过自己产品的交换来实现社会联系的个体生产者的社会。但是，每个以商品生产为基础的社会都有一个特点：这里的生产者丧失了对他们自己的社会关系的控制。每个人都用自己偶然拥有的生产资料并为自己的特殊的②交换需要而各自进行生产。谁也不知道，他的那种商品在市场上会出现多少，究竟需要多少；谁也不知道，他的个人产品是否真正为人所需要，

---

① 这里无须解释，虽然占有**形式**还是原来那样，可是占有的**性质**由于上述过程而经历的革命，并不亚于生产所经历的革命。我占有我自己的产品还是占有别人的产品，这自然是两种很不相同的占有。顺便提一下：包含着整个资本主义生产方式的萌芽的雇佣劳动是很古老的；它个别地和分散地同奴隶制度并存了几百年。但是，只有在历史前提已经具备时，这一萌芽才能发展成为资本主义生产方式。

② 在1883年德文第一版中不是"特殊的"，而是"个人的"。——编者注

是否能收回它的成本，到底是否能卖出去。社会生产的无政府状态占统治地位。但是，商品生产同任何其他生产形式一样，有其特殊的、固有的、和它分不开的规律；这些规律不顾无政府状态、在无政府状态中、通过无政府状态而为自己开辟道路。这些规律在社会联系的唯一继续存在的形式即交换中表现出来，并且作为竞争的强制规律对各个生产者发生作用。所以，这些规律起初连这些生产者也不知道，只是由于长期的经验才逐渐被他们发现。所以，这些规律是在不经过生产者并且同生产者对立的情况下，作为他们的生产形式的盲目起作用的自然规律而为自己开辟道路。产品支配着生产者。

在中世纪的社会里，特别是在最初几世纪，生产基本上是为了供自己消费。它主要只是满足生产者及其家属的需要。在那些有人身依附关系的地方，例如在农村中，生产还满足封建主的需要。因此，在这里没有交换，产品也不具有商品的性质。农民家庭差不多生产了自己所需要的一切：食物、用具和衣服。只有当他们在满足自己的需要并向封建主交纳实物贡赋以后还能生产更多的东西时，他们才开始生产商品；这种投入社会交换即拿去出卖的多余产品就成了商品。诚然，城市手工业者一开始就必然为交换而生产。但是，他们也自己生产自己所需要的大部分东西；他们有园圃和小块土地；他们在公共森林中放牧牲畜，并且从这些森林中取得木材和燃料；妇女纺麻，纺羊毛等等。以交换为目的的生产，即商品生产，还只是在形成中。因此，交换是有限的，市场是狭小的，生产方式是稳定的，地方和外界是隔绝的，地方内部是统一的；农村中有马尔克①，城市中有行会。

但是，随着商品生产的扩展，特别是随着资本主义生产方式的出现，以前潜伏着的商品生产规律也就越来越公开、越来越有力地发挥作用了。旧日的束缚已经松弛，旧日的壁垒已经突破，生产者日益变为独立的、分散的商品生产者了。社会生产的无政府状态已经表现出来，并且越来越走向极端。但是，资本主义生产方式用来加剧社会生产中的这种无政府状态的主要工具正是无政府状态的直接对立物：每一单个生产企业中的生产作为社会化生产所具有的日益加强的组织性。资本主义生产方式利用这一杠杆结束了旧日的和平的稳定状态。它在哪一个工业部门被采用，就不容许任何旧的生产方法在那里和它并存。它在哪里控制了手工业，就把那里的旧的手工业消灭掉。劳动场地变成了战场。伟大的地理发现以及随之而来的殖民地的开拓使销售市场扩大了许多倍，并且加速了手工业向工场手工业的转化。斗争不仅爆发于地方的各个生产者之间；地方性的斗争又发展为全国性的，发展为17世纪和18世纪的商业战争[305]。最后，大工业和世界市场的形成使这个斗争成为普遍的，同时使它具有了空前的剧烈性。在资本家和资本家之间，在工业部门和工业部门之间以及国家和国家之间，生死存亡都取决于天然的或人为的生产条件的优劣。失败者被无情地淘汰掉。这是从自然界加倍疯狂地搬到社会中来的达尔文的个体生存斗争。动物的自然状态竟表现为人类发展的顶点。社会化生产和资本主义占有之间的矛盾表现为**个别工厂中生产的组织性和整个社会中生产的无政府状态之间的对立**。

---

① 见书末的附录。[304]

资本主义生产方式在它生而具有的矛盾的这两种表现形式中运动着，它毫无出路地处在早已为傅立叶所发现的"恶性循环"中。诚然，傅立叶在他那个时代还不能看到：这种循环在逐渐缩小；更确切地说，运动沿螺线行进，并且必然像行星的运动一样，由于同中心相碰撞而告终。社会的生产无政府状态的推动力使大多数人日益变为无产者，而无产者群众又将最终结束生产的无政府状态。社会的生产无政府状态的推动力，使大工业中的机器无止境地改进的可能性变成一种迫使每个工业资本家在遭受毁灭的威胁下不断改进自己的机器的强制性命令。但是，机器的改进就造成人的劳动的过剩。如果说机器的采用和增加意味着成百万的手工劳动者为少数机器劳动者所排挤，那么，机器的改进就意味着越来越多的机器劳动者本身受到排挤，而归根到底就意味着造成一批超过资本雇工的平均需要的、可供支配的雇佣劳动者，一支真正的产业后备军（我早在 1845 年就这样称呼他们①），这支后备军在工业开足马力工作的时期可供随意支配，而由于随后必然到来的崩溃又被抛到街头，这支后备军任何时候都是工人阶级在自己同资本进行生存斗争中的绊脚石，是把工资抑制在合乎资本家需要的低水平上的调节器。这样一来，机器，用马克思的话来说，就成了资本用来对付工人阶级的最强有力的武器，劳动资料不断地夺走工人手中的生活资料，工人自己的产品变成了奴役工人的工具。② 于是，劳动资料的节约，一开始就同时成为对劳动力的最无情的浪费和对劳动发挥作用的正常条件的剥夺③；机器这一缩短劳动时间的最有力的手段，变成了使工人及其家属一生的时间转化为可以随意用来增殖资本的劳动时间的最可靠的手段；于是，一部分人的过度劳动成了另一部分人失业的前提，而在全世界追逐新消费者的大工业，却在国内把群众的消费限制到忍饥挨饿这样一个最低水平，从而破坏了自己的国内市场。"使相对过剩人口或产业后备军同资本积累的规模和能力始终保持平衡的规律把工人钉在资本上，比赫斐斯塔司的楔子把普罗米修斯钉在岩石上钉得还要牢。这一规律制约着同资本积累相适应的贫困积累。因此，在一极是财富的积累，同时在另一极，即在**把自己的产品作为资本来生产**的阶级方面，是贫困、劳动折磨、受奴役、无知、粗野和道德堕落的积累。"（马克思《资本论》第 671 页）④ 而期待资本主义生产方式有另一种产品分配，那就等于要求电池的电极和电池相联时不使水分解，不在阳极放出氧和在阴极放出氢。

我们已经看到，现代机器的已经达到极高程度的改进的可能性，怎样由于社会中的生产无政府状态而变成一种迫使各个工业资本家不断改进自己的机器、不断提高机器的生产能力的强制性命令。对资本家来说，扩大自己的生产规模的单纯的实际可能性也变成了同样的强制性命令。大工业的巨大的扩张力——气体的膨胀力同它相比简直是儿戏——现在在我们面前表现为不顾任何反作用力而在质量上和数量上进行扩张的**需要**。这种反作用力是由大工业产品的消费、销路、市场形成的。但是，市场向广

---

① 恩格斯在这里加了一个注："《英国工人阶级状况》第 109 页"，见《马克思恩格斯全集》中文第 1 版第 2 卷第 369 页。——编者注

② 参看马克思《资本论》第 1 卷，《马克思恩格斯文集》第 5 卷第 501、560 页。——编者注

③ 同上，第 532 页。——编者注

④ 同上，第 743—744 页。——编者注

度和深度扩张的能力首先是受完全不同的、力量弱得多的规律支配的。市场的扩张赶不上生产的扩张。冲突成为不可避免的了，而且，因为它在把资本主义生产方式本身炸毁以前不能使矛盾得到解决，所以它就成为周期性的了。资本主义生产造成了新的"恶性循环"。

事实上，自从 1825 年第一次普遍危机爆发以来，整个工商业世界，一切文明民族及其野蛮程度不同的附属地中的生产和交换，差不多每隔十年就要出轨一次。交易停顿，市场盈溢，产品大量滞销积压，银根奇紧，信用停止，工厂停工，工人群众因为他们生产的生活资料过多而缺乏生活资料，破产相继发生，拍卖纷至沓来。停滞状态持续几年，生产力和产品被大量浪费和破坏，直到最后，大批积压的商品以或多或少压低了的价格卖出，生产和交换又逐渐恢复运转。步伐逐渐加快，慢步转成快步，工业快步转成跑步，跑步又转成工业、商业、信用和投机事业的真正障碍赛马中的狂奔，最后，经过几次拼命的跳跃重新陷入崩溃的深渊。如此反复不已。从 1825 年以来，这种情况我们已经历了整整五次，目前（1877 年）正经历着第六次。这些危机的性质表现得这样明显，以致傅立叶把第一次危机称为 crise pléthorique ［多血症危机］，即由过剩引起的危机时，就中肯地说明了所有这几次危机的实质。①

在危机中，社会化生产和资本主义占有之间的矛盾剧烈地爆发出来。商品流通暂时停顿下来；流通手段即货币成为流通的障碍；商品生产和商品流通的一切规律都颠倒过来了。经济的冲突达到了顶点：**生产方式起来反对交换方式**。

工厂内部的生产的社会化组织，已经发展到同存在于它之旁并凌驾于它之上的社会中的生产无政府状态不能相容的地步。资本家自己也由于资本的猛烈积聚而感觉到这一事实，这种积聚是在危机期间通过许多大资本家和更多的小资本家的破产实现的。资本主义生产方式的全部机制在它自己创造的生产力的压力下失灵了。它已经不能把这大批生产资料全部变成资本；生产资料闲置起来，因此，产业后备军也不得不闲置起来。生产资料、生活资料、可供支配的工人——生产和一般财富的一切因素，都过剩了。但是，"过剩成了贫困和匮乏的源泉"（傅立叶），因为正是这种过剩阻碍生产资料和生活资料变为资本。因为在资本主义社会里，生产资料要不先变为资本，变为剥削人的劳动力的工具，就不能发挥作用。生产资料和生活资料的资本属性的必然性，像幽灵一样横在这些资料和工人之间。唯独这个必然性阻碍着生产的物的杠杆和人的杠杆的结合；唯独它不允许生产资料发挥作用，不允许工人劳动和生活。因此，一方面，资本主义生产方式暴露出它没有能力继续驾驭这种生产力。另一方面，这种生产力本身以日益增长的威力要求消除这种矛盾，要求摆脱它作为资本的那种属性，要求在**事实上承认它作为社会生产力的那种性质**。

猛烈增长着的生产力对它的资本属性的这种反作用力，要求承认生产力的社会本性的这种日益增长的压力，迫使资本家阶级本身在资本关系内部可能的限度内，越来越把生产力当做社会生产力看待。无论是信用无限膨胀的工业高涨时期，还是由大资本主义企业的破产造成的崩溃本身，都使大量生产资料不得不采取像我们在各种股份

---

① 参看《傅立叶全集》1845 年巴黎版第 6 卷第 393—394 页。——编者注

公司中所遇见的那种社会化形式。某些生产资料和交通手段一开始规模就很大，它们，例如铁路，排斥任何其他的资本主义经营形式。在一定的发展阶段上，这种形式也嫌不够了；① 国内同一工业部门的大生产者联合为一个"托拉斯"，即一个以调节生产为目的的联盟；他们规定应该生产的总产量，在彼此间分配产量，并且强制实行预先规定的出售价格。但是，这种托拉斯一遇到不景气的时候大部分就陷于瓦解，正因为如此，它们就趋向于更加集中的社会化：整个工业部门变为一个唯一的庞大的股份公司，国内的竞争让位于这一个公司在国内的垄断；例如还在1890年，英国的制碱业就发生了这种情形，现在，这一行业在所有48个大工厂合并后转到一个唯一的、统一管理的、拥有12000万马克资本的公司手中了。

在托拉斯中，自由竞争转变为垄断，而资本主义社会的无计划生产向行将到来的社会主义社会的计划生产投降。当然，这首先还是对资本家有利的。但是，在这里剥削变得这样明显，以致它必然会被废除。任何一个民族都不会容忍由托拉斯领导的生产，不会容忍由一小撮专靠剪息票为生的人对全社会进行如此露骨的剥削。

无论在任何情况下，无论有或者没有托拉斯，资本主义社会的正式代表——国家终究不得不②承担起对生产的管理。这种转化为国家财产的必要性首先表现在大规模的交通机构，即邮政、电报和铁路方面。

如果说危机暴露出资产阶级没有能力继续驾驭现代生产力，那么，大的生产机构和交通机构向股份公司、托拉斯③和国家财产的转变就表明资产阶级在这方面是多余的。资本家的全部社会职能现在由领工薪的职员来执行了。资本家除了拿红利、持有剪息票、在各种资本家相互争夺彼此的资本的交易所中进行投机以外，再也没有任何其他的社会活动了。资本主义生产方式起初排挤工人，现在却在排挤资本家了，完全像对待工人那样把他们赶到过剩人口中去，虽然暂时还没有把他们赶到产业后备军中去。

但是，无论向股份公司和托拉斯④的转变，还是向国家财产的转变，都没有消除生产力的资本属性。在股份公司和托拉斯的场合，这一点是十分明显的。而现代国家也只是资产阶级社会为了维护资本主义生产方式的一般外部条件使之不受工人和个别资

---

① 在1883年德文第一版中没有以下从"国内同一工业部门"起，至"无论有或者没有托拉斯"这部分文字。——编者注

② 我说**"不得不"**，因为只有在生产资料或交通手段**真正**发展到不适于由股份公司来管理，因而国有化**在经济上**已成为不可避免的情况下，国有化——即使是由目前的国家实行的——才意味着经济上的进步，才意味着达到了一个新的为社会本身占有一切生产力作准备的阶段。但是最近，自从俾斯麦致力于国有化以来，出现了一种冒牌的社会主义，它有时甚至堕落为某些奴才气，无条件地把**任何一种**国有化，甚至俾斯麦的国有化，都说成社会主义。显然，如果烟草国营是社会主义的，那么拿破仑和梅特涅也应该算入社会主义创始人之列了。比利时国家出于纯粹日常的政治和财政方面的考虑而自己修建国家的铁路干线，俾斯麦并非考虑经济上的必要，而只是为了使铁路能够更好地适用于战时，只是为了把铁路官员训练成政府的投票家畜，主要是为了取得一种不依赖于议会决定的新的收入来源而把普鲁士的铁路干线收归国有，这无论如何不是社会主义的步骤，既不是直接的，也不是间接的，既不是自觉的，也不是不自觉的。否则，皇家海外贸易公司[306]、皇家陶瓷厂，甚至陆军被服厂，以致在30年代弗里德里希-威廉三世时期由一个聪明人一本正经地建议过的妓院国营，也都是社会主义的设施了。

③ 在1883年德文第一版中没有"托拉斯"一词。——编者注

④ 在1883年德文第一版中没有"托拉斯"一词。——编者注

本家的侵犯而建立的组织。现代国家，不管它的形式如何，本质上都是资本主义的机器，资本家的国家，理想的总资本家。它越是把更多的生产力据为己有，就越是成为真正的总资本家，越是剥削更多的公民。工人仍然是雇佣劳动者，无产者。资本关系并没有被消灭，反而被推到了顶点。但是在顶点上是要发生变革的。生产力归国家所有不是冲突的解决，但是这里包含着解决冲突的形式上的手段，解决冲突的线索。

这种解决只能是在事实上承认现代生产力的社会本性，因而也就是使生产、占有和交换的方式同生产资料的社会性质相适应。而要实现这一点，只有由社会公开地和直接地占有已经发展到除了适于社会管理之外不适于任何其他管理的生产力。现在，生产资料和产品的社会性质反过来反对生产者本身，周期性地突破生产方式和交换方式，并且只是作为盲目起作用的自然规律强制性地和破坏性地为自己开辟道路，而随着社会占有生产力，这种社会性质就将为生产者完全自觉地运用，并且从造成混乱和周期性崩溃的原因变为生产本身的最有力的杠杆。

社会力量完全像自然力一样，在我们还没有认识和考虑到它们的时候，起着盲目的、强制的和破坏的作用。但是，一旦我们认识了它们，理解了它们的活动、方向和作用，那么，要使它们越来越服从我们的意志并利用它们来达到我们的目的，就完全取决于我们了。这一点特别适用于今天的强大的生产力。只要我们固执地拒绝理解这种生产力的本性和性质（而资本主义生产方式及其辩护士正是抗拒这种理解的），它就总是像上面所详细叙述的那样，起违反我们、反对我们的作用，把我们置于它的统治之下。但是，它的本性一旦被理解，它就会在联合起来的生产者手中从魔鬼似的统治者变成顺从的奴仆。这里的区别正像雷电中的电的破坏力同电报机和弧光灯的被驯服的电之间的区别一样，正像火灾同供人使用的火之间的区别一样。当人们按照今天的生产力终于被认识了的本性来对待这种生产力的时候，社会的生产无政府状态就让位于按照社会总体和每个成员的需要对生产进行的社会的有计划的调节。那时，资本主义的占有方式，即产品起初奴役生产者而后又奴役占有者的占有方式，就让位于那种以现代生产资料的本性为基础的产品占有方式：一方面由社会直接占有，作为维持和扩大生产的资料，另一方面由个人直接占有，作为生活资料和享受资料。

资本主义生产方式日益把大多数居民变为无产者，从而就造成一种在死亡的威胁下不得不去完成这个变革的力量。这种生产方式日益迫使人们把大规模的社会化的生产资料变为国家财产，因此它本身就指明完成这个变革的道路。**无产阶级将取得国家政权，并且首先把生产资料变为国家财产**。但是这样一来，它就消灭了作为无产阶级的自身，消灭了一切阶级差别和阶级对立，也消灭了作为国家的国家。到目前为止在阶级对立中运动着的社会，都需要有国家，即需要一个剥削阶级的组织，以便维护这个社会的外部生产条件，特别是用暴力把被剥削阶级控制在当时的生产方式所决定的那些压迫条件下（奴隶制、农奴制或依附农制、雇佣劳动制）。国家是整个社会的正式代表，是社会在一个有形的组织中的集中表现，但是，说国家是这样的，这仅仅是说，它是当时独自代表整个社会的那个阶级的国家：在古代是占有奴隶的公民的国家，在中世纪是封建贵族的国家，在我们的时代是资产阶级的国家。当国家终于真正成为整个社会的代表时，它就使自己成为多余的了。当不再有需要加以镇压的社会阶级的时候，当阶级统治和根源于至今的生产无政府状态的个体生存斗争已被消除，而由此二者产生的冲突和极端行动也随着被消除了的时候，就不再有什么需要镇压了，也就不再需要国家这种特殊的镇压力量了。国家真正作为整个社会的代表所采取的第一个行动，即以社会的名义占有生产资料，同时也是它作为国家所采取的最后一个独立行动。那时，国家政权对社会关系的干预在各个领域中将先后成为多余的事情而自行停止下来。那时，对人的统治将由对物的管理和对生产过程的领导所代替。国家不是"被废除"的，**它是自行消亡的。**应当以此来衡量"自由的人民国家"[307]这个用语，这个用语在鼓动的意义上暂时有存在的理由，但归根到底是没有科学根据的；同时也应当以此来衡量所谓无政府主义者提出的在一天之内废除国家的要求。

自从资本主义生产方式在历史上出现以来，由社会占有全部生产资料，常常作为未来的理想隐隐约约地浮现在个别人物和整个整个派别的头脑中。但是，这种占有只有在实现它的实际条件已经具备的时候，才能成为可能，才能成为历史的必然性。正如其他一切社会进步一样，这种占有之所以能够实现，并不是由于人们认识到阶级的存在同正义、平等等等相矛盾，也不是仅仅由于人们希望废除这些阶级，而是由于具备了一定的新的经济条件。社会分裂为剥削阶级和被剥削阶级、统治阶级和被压迫阶级，是以前生产不大发展的必然结果。只要社会总劳动所提供的产品除了满足社会全体成员最起码的生活需要以外只有少量剩余，就是说，只要劳动还占去社会大多数成员的全部或几乎全部时间，这个社会就必然划分为阶级。在这被迫专门从事劳动的大多数人之旁，形成了一个脱离直接生产劳动的阶级，它掌管社会的共同事务：劳动管理、国家事务、司法、科学、艺术等等。因此，分工的规律就是阶级划分的基础。但是，这并不妨碍阶级的这种划分曾经通过暴力和掠夺、欺诈和蒙骗来实现，这也不妨碍统治阶级一旦掌握政权就牺牲劳动阶级来巩固自己的统治，并把对社会的领导变成对群众加紧剥削。

但是，如果说阶级的划分根据上面所说具有某种历史的理由，那也只是对一定的时期、一定的社会条件才是这样。这种划分是以生产的不足为基础的，它将被现代生产力的充分发展所消灭。的确，社会阶级的消灭是以这样一个历史发展阶段为前提的，在这个阶段上，不仅某个特定的统治阶级的存在，而且任何统治阶级的存在，从而阶级差别本身的存在，都将成为时代错乱，成为过时现象。所以，社会阶级的消灭是以生产高度发展的阶段为前提的，在这个阶段上，某一特殊的社会阶级对生产资料和产品的占有，从而对政治统治、教育垄断和精神领导地位的占有，不仅成为多余的，而且在经济上、政治上和精神上成为发展的障碍。这个阶段现在已经达到了。资产阶级的政治和精神的破产甚至对他们自己来说也未必是一种秘密了，而他们的经济破产则有规律地每十年重复一次。在每次危机中，社会在它自己的而又无法加以利用的生产力和产品的重压下奄奄一息，面对着生产者没有什么可以消费是因为缺乏消费者这种荒谬的矛盾而束手无策。生产资料的扩张力撑破了资本主义生产方式所加给它的桎梏。把生产资料从这种桎梏下解放出来，是生产力不断地加速发展的唯一先决条件，因而也是生产本身实际上无限增长的唯一先决条件。但是还不止于此。生产资料由社会占有，不仅会消除生产的现存的人为障碍，而且还会消除生产力和产品的有形的浪费和破坏，这种浪费和破坏在目前是生产的无法摆脱的伴侣，并且在危机时期达到顶点。此外，这种占有还由于消除了现在的统治阶级及其政治代表的穷奢极欲的挥霍而为全社会节省出大量的生产资料和产品。通过社会化生产，不仅可能保证一切社会成员有富足的和一天比一天充裕的物质生活，而且还可能保证他们的体力和智力获得充分的自由的发展和运用，这种可能性现在第一次出现了，**但它确实是出现了**①。

一旦社会占有了生产资料，商品生产就将被消除，而产品对生产者的统治也将随之消除。社会生产内部的无政府状态将为有计划的自觉的组织所代替。个体生存斗争停止了。于是，人在一定意义上才最终地脱离了动物界，从动物的生存条件进入真正人的生存条件。人们周围的、至今统治着人们的生活条件，现在受人们的支配和控制，人们第一次成为自然界的自觉的和真正的主人，因为他们已经成为自身的社会结合的主人了。人们自己的社会行动的规律，这些一直作为异己的、支配着人们的自然规律而同人们相对立的规律，那时就将被人们熟练地运用，因而将听从人们的支配。人们自身的社会结合一直是作为自然界和历史强加于他们的东西而同他们相对立的，现在则变成他们自己的自由行动了。至今一直统治着历史的客观的异己的力量，现在处于人们自己的控制之下了。只是从这时起，人们才完全自觉地自己创造自己的历史；只是从这时起，由人们使之起作用的社会原因才大部分并且越来越多地达到他们所预期的结果。这是人类从必然王国进入自由王国的飞跃。

最后，我们把上述的发展进程简单地概述如下：

一、**中世纪社会**：个体的小生产。生产资料是供个人使用的，因而是原始的、笨拙的、小的、效能很低的。生产都是为了直接消费，无论是生产者本身的消费，还是他的封建领主的消费。只有在生产的东西除了满足这些消费以外还有剩余的时候，这种剩余才拿去出卖和进行交换。所以，商品生产刚刚处于形成过程中，但是这时它本身已经包含着**社会生产的无政府状态**的萌芽。

二、**资本主义革命**：起初是工业通过简单协作和工场手工业实现的变革。先前分散的生产资料集中到大作坊中，因而它们就由个人的生产资料转变为社会化的生产资料，这种转变总的说来没有触及交换形式。旧的占有形式仍然起作用。**资本家**出现了：他是生产资料的所有者，当然就占有产品并把它们变为商品。生产已经成为社会的活动；而交换以及和它相伴随的占有，仍旧是个体的活动，单个人的活动：**社会的产品被个别资本家所占有**。这就是产生现代社会的一切矛盾的基本矛盾，现代社会就在这一切矛盾中运动，而大工业把它们明显地暴露出来了。

（a）生产者和生产资料相分离。工人注定要终身从事雇佣劳动。**无产阶级和资产**

---

① 有几个数字可以使人们对现代生产资料即使在资本主义压制下仍然具有的巨大扩张力有个大体的概念。根据吉芬的统计308，大不列颠和爱尔兰的全部财富约计如下：

1814 年……22 亿英镑 = 440 亿马克

1865 年……61 亿英镑 = 1 220 亿马克

1875 年……85 亿英镑 = 1 700 亿马克

至于在危机中生产资料和产品被破坏的情况，根据 1878 年 2 月 21 日在柏林举行的德国工业家第二次代表大会所作的统计，在最近一次崩溃中，单是**德国制铁工业**所遭受的全部损失就达 45 500 万马克。

阶级相对立。

（b）支配商品生产的规律日益显露出来，它们的作用日益加强。竞争不可遏止。**个别工厂中的社会化组织和整个生产中的社会无政府状态相矛盾。**

（c）一方面是机器的改进，这种改进由于竞争而变成每个厂主必须执行的强制性命令，而且也意味着工人不断遭到解雇：**产生了产业后备军。**另一方面是生产的无限扩张，这也成了每个厂主必须遵守的竞争的强制规律。这两方面造成了生产力的空前发展、供过于求、生产过剩、市场盈溢、十年一次的危机、恶性循环：**这里是生产资料和产品过剩，那里是**没有工作和没有生活资料的**工人过剩**；但是，生产和社会福利的这两个杠杆不能结合起来，因为资本主义的生产形式不允许生产力发挥作用，不允许产品进行流通，除非生产力和产品先转变为资本，而阻碍这种转变的正是生产力和产品的过剩。这种矛盾发展到荒谬的程度：**生产方式起来反对交换形式。**资产阶级已经暴露出它没有能力继续管理自己的社会生产力。

（d）资本家本身不得不部分地承认生产力的社会性质。大规模的生产机构和交通机构起初由**股份公司**占有，后来由托拉斯占有①，然后又由**国家**占有。资产阶级表明自己已成为多余的阶级；它的全部社会职能现在由领工薪的职员来执行了。

三、**无产阶级革命**，矛盾的解决：无产阶级将取得公共权力，并且利用这个权力把脱离资产阶级掌握的社会化生产资料变为公共财产。通过这个行动，无产阶级使生产资料摆脱了它们迄今具有的资本属性，使它们的社会性质有充分的自由得以实现。从此按照预定计划进行的社会生产就成为可能的了。生产的发展使不同社会阶级的继续存在成为时代错乱。随着社会生产的无政府状态的消失，国家的政治权威也将消失。人终于成为自己的社会结合的主人，从而也就成为自然界的主人，成为自身的主人——自由的人。

完成这一解放世界的事业，是现代无产阶级的历史使命。深入考察这一事业的历史条件以及这一事业的性质本身，从而使负有使命完成这一事业的今天受压迫的阶级认识到自己的行动的条件和性质，这就是无产阶级运动的理论表现即科学社会主义的任务。

弗·恩格斯写于 1880 年 1 月—3 月上半月

载于 1880 年 3 月 20 日，4 月 20 日和 5 月 5 日《社会主义评论》杂志第 3、4 和 5 期

原文是德文

中文根据《马克思恩格斯全集》历史考证版第 1 部分第 27 卷并参考《马克思恩格斯全集》德文版第 19 卷翻译

（选自《马克思恩格斯文集》第 3 卷，人民出版社 2009 年版，第 547—567 页。）

---

① 在 1883 年德文第一版中没有"后来由托拉斯占有"。——编者注

注 释

304　指恩格斯所著《马尔克》一文，该文作为 1883 年德文版《社会主义从空想到科学的发展》一书的附录第一次发表。见《马克思恩格斯全集》中文第 2 版第 25 卷。——553。

305　指欧洲各大国之间为争夺同印度和美洲通商的霸权以及殖民地市场而在 17 世纪和 18 世纪进行的一系列战争。最初竞争主要在英国和荷兰之间展开，1652—1654、1664—1667 和 1672—1674 年的英荷战争是典型的商业战争，后来决定性的战争在英国和法国之间展开。所有这些战争的胜利者都是英国，到 18 世纪末，它手中已经集中了几乎全部的世界贸易。——553。

306　海外贸易公司是 1772 年在普鲁士成立的贸易信用公司。该公司享有许多重要的国家特权。它给予政府巨额贷款，实际上起到了政府的银行老板和财政经纪人的作用。1820 年 1 月起，海外贸易公司正式成为普鲁士国家银行。——559。

307　"自由的人民国家"是 70 年代德国社会民主党人提出的纲领性要求和流行口号。对这个口号所作的马克思主义的批判，见马克思《哥达纲领批判》和恩格斯 1875 年 3 月 18—28 日给奥·倍倍尔的信（本卷第 414、443—446 页），并见列宁的著作《国家与革命》第 1 章第 4 节和第 4 章第 3 节（《列宁全集》中文第 2 版第 31 卷第 14—20、61—63 页）。——562。

308　这里关于大不列颠和爱尔兰全部财富的材料引自罗·吉芬的报告《联合王国近来的资本积累》。这个报告是 1878 年 1 月 15 日在统计学会上宣读的，发表在 1878 年《伦敦统计学会会刊》3 月号。——564。

十六、弗·恩格斯在马克思墓前的讲话[325]

3月14日下午两点三刻，当代最伟大的思想家停止思想了。让他一个人留在房里还不到两分钟，当我们进去的时候，便发现他在安乐椅上安静地睡着了——但已经永远地睡着了。

这个人的逝世，对于欧美战斗的无产阶级，对于历史科学，都是不可估量的损失。这位巨人逝世以后所形成的空白，不久就会使人感觉到。

正像达尔文发现有机界的发展规律一样，马克思发现了人类历史的发展规律，即历来为繁芜丛杂的意识形态所掩盖着的一个简单事实：人们首先必须吃、喝、住、穿，然后才能从事政治、科学、艺术、宗教等等；所以，直接的物质的生活资料的生产，从而一个民族或一个时代的一定的经济发展阶段，便构成基础，人们的国家设施、法的观点、艺术以至宗教观念，就是从这个基础上发展起来的，因而，也必须由这个基础来解释，而不是像过去那样做得相反。

不仅如此。马克思还发现了现代资本主义生产方式和它所产生的资产阶级社会的特殊的运动规律。由于剩余价值的发现，这里就豁然开朗了，而先前无论资产阶级经济学家或者社会主义批评家所做的一切研究都只是在黑暗中摸索。

一生中能有这样两个发现，该是很够了。即使只能作出一个这样的发现，也已经是幸福的了。但是马克思在他所研究的每一个领域，甚至在数学领域，都有独到的发现，这样的领域是很多的，而且其中任何一个领域他都不是浅尝辄止。

他作为科学家就是这样。但是这在他身上远不是主要的。在马克思看来，科学是一种在历史上起推动作用的、革命的力量。任何一门理论科学中的每一个新发现——它的实际应用也许还根本无法预见——都使马克思感到衷心喜悦，而当他看到那种对工业、对一般历史发展立即产生革命性影响的发现的时候，他的喜悦就非同寻常了。例如，他曾经密切注视电学方面各种发现的进展情况，不久以前，他还密切注视马塞尔·德普勒的发现[326]。

因为马克思首先是一个革命家。他毕生的真正使命，就是以这种或那种方式参加推翻资本主义社会及其所建立的国家设施的事业，参加现代无产阶级的解放事业，正是**他**第一次使现代无产阶级意识到自身的地位和需要，意识到自身解放的条件。斗争是他的生命要素。很少有人像他那样满腔热情、坚韧不拔和卓有成效地进行斗争。最早的《莱茵报》（1842年），巴黎的《前进报》（1844年），《德意志—布鲁塞尔报》（1847年），《新莱茵报》（1848—1849年），《纽约每日论坛报》（1852—1861年），以及许多富有战斗性的小册子，在巴黎、布鲁塞尔和伦敦各组织中的工作，最后，作为全部活动的顶峰，创立伟大的国际工人协会[1]，——老实说，协会的这位创始人即使没有别的什么建树，单凭这一成果也可以自豪。

正因为这样，所以马克思是当代最遭嫉恨和最受诬蔑的人。各国政府——无论专制政府或共和政府，都驱逐他；资产者——无论保守派或极端民主派，都竞相诽谤他，诅咒他。他对这一切毫不在意，把它们当做蛛丝一样轻轻拂去，只是在万不得已时才给以回敬。现在他逝世了，在整个欧洲和美洲，从西伯利亚矿井到加利福尼亚，千百万革命战友无不对他表示尊敬、爱戴和悼念，而我可以大胆地说：他可能有过许多敌人，但未必有一个私敌。

他的英名和事业将永垂不朽！

弗·恩格斯写于 1883 年 3 月 18 日前后

载于 1883 年 3 月 22 日《社会民主党人报》第 13 号

原文是德文

中文根据《马克思恩格斯全集》历史考证版第 1 部分第 25 卷并参考《马克思恩格斯全集》德文版第 19 卷翻译

（选自《马克思恩格斯文集》第 3 卷，人民出版社 2009 年版，第 601-603 页。）

注　释

325　《在马克思墓前的讲话》是恩格斯概述马克思的主要理论贡献和毕生革命活动的重要讲话。恩格斯在讲话中集中阐述了马克思的两个具有划时代意义的伟大发现——唯物史观和剩余价值理论，高度评价了马克思作为科学家和革命家的光辉一生。恩格斯指出：作为科学家，马克思十分重视科学中的每一个新发现，把科学看成一种在历史上起推动作用的、革命的力量；作为革命家，他毕生满腔热情、坚忍不拔和卓有成效地为无产阶级解放事业而斗争。马克思的逝世，对于欧美战斗的无产阶级，对于历史科学，都是不可估量的损失。他的英名和事业将永垂不朽！

恩格斯这篇讲话是 1883 年 3 月 17 日在伦敦海格特公墓安葬马克思时用英文发表的。他曾用英文起草了讲稿，但在马克思墓前并未完全按照讲稿宣读。1883 年 3 月 18 日，恩格斯应爱·伯恩施坦的请求，用德文为《社会民主党人报》撰写了一篇题为《卡尔·马克思的葬仪》的报道，他在报道中复述了自己在马克思墓前讲话的内容。因此，后来刊出的这篇讲话的德文本及法文译本与英文草稿的文字表述不完全一致。

恩格斯的报道《卡尔·马克思的葬仪》发表以后，欧洲和北美的多家报刊予以转载。纽约发行的《先驱者。人民历书画刊》（1891 年）在征得恩格斯的同意后，将这篇讲话作为对恩格斯于 1877 年撰写的《卡尔·马克思》

（见本卷）的补充加以收录。

这篇讲话曾多次译成中文，主要有：1930 年 3 月上海《萌芽》月刊第 1 卷第 3 期发表的致平的中译文；1933 年 5 月 4 日天津《大公报》副刊《世界思潮》第 36 期发表的林风的中译文；1939 年 3 月 8 日延安《解放》周刊第 66 期发表的黎平、石巍的中译文。——601。

326　1882 年在慕尼黑举办的国际电气技术展览会上，法国物理学家马·德普勒展示了自己的一项研究成果，他利用普通的电报用电线成功地在米斯巴赫与慕尼黑之间架设了第一条实验性输电线路，将电力输送到 57 公里以外的地方。这次远距离输电的成功在当时颇为轰动。——602。

1　《国际工人协会成立宣言》是马克思为国际工人协会起草的纲领性文件。马克思在《成立宣言》中指出，资本主义工业和贸易不管有多么大的发展，都不能消除劳动群众的贫困，在资本主义制度下，劳动生产力的任何提高，都不可避免地加深资产阶级和无产阶级的对立。马克思充分肯定了工人争得十小时工作日法案和尝试进行合作劳动的重大意义：十小时工作日法案不仅是一个实际的成功，而且是一个原则的胜利；工人们在资本主义条件下进行合作劳动的伟大社会试验证明，大规模的生产没有雇主阶级也能够进行，资本家对劳动工具的垄断和对工人的掠夺阻碍了生产的有效进行，雇佣劳动"注定要让位于带着兴奋愉快心情自愿进行的联合劳动"（见本卷第 12—13 页）。马克思同时指出，要解放劳动群众，合作劳动必须在全国范围内发展，但资本家和地主总是要利用他们的政治特权来保持他们的经济垄断，设置种种障碍来限制合作劳动，而被局限于狭隘范围的合作劳动不可能使工人群众得到解放，因此"夺取政权已成为工人阶级的伟大使命"（见本卷第 13 页）。马克思还阐明了工人阶级的组织在工人阶级革命斗争中的作用以及工人阶级国际团结的重要意义，并再次发出战斗号召："全世界无产者，联合起来！"（见本卷第 15 页）

国际工人协会简称国际，后通称第一国际，是无产阶级第一个国际性的革命联合组织。国际工人协会成立大会于 1864 年 9 月 28 日在伦敦圣马丁堂举行。大会由伦敦各工联的领导人和一个来自巴黎的蒲鲁东派工人代表团筹备。当时居住在伦敦的德国工人、意大利工人和其他国家工人的代表以及欧洲的一些小资产阶级革命民主主义流亡者也参加了筹备工作。大会通过了成立国际工人协会的决议，并选出了临时委员会。马克思被选入临时委员会，在 10 月 5 日临时委员会第一次会议上又被选入负责起草协会纲领性文件的小委员会。小委员会的最初几次会议在马克思缺席的情况下提出一份文件，文件由两部分组成，一部分是由欧文主义者约·韦斯顿起草并经法国小资产阶级民主主义者维·勒吕贝校阅的作为引言的宣言，另一部分是由朱·马志尼制定并由路·沃尔弗译成英文的意大利工人团体章程。这个文件受到马克思的批评。小委员会委托马克思完成文件起草工作，他在 10 月 21—27 日之间用英文拟定了《协会成立宣言》和《协会临时章程》。这两个文件于 10 月 27 日得到小委员会的赞同，同年 11 月 1 日被临时委员会一致通过。临时委员会依据临时章程被确认为协会领导机关，后改称国际总委员会，在 1866 年 9 月 8 日以前通称中央委员会。

《成立宣言》最先发表在 1864 年 11 月 5 日《蜂房报》第 160 号。1864 年 11 月，宣言和临时章程用英文原文印成小册子在伦敦出版。1864 年 11 月上半月，《成立宣言》由马克思译成德文，并于当年 12 月 21、30 日在《社会民主党人报》第 2、3 号刊出。后来相继出版了《成立宣言》的法、意、匈、俄、西、葡等文本。保存下来的《成立宣言》的两份手抄本，是马克思的夫人燕妮·马克思和他的女儿燕妮抄写并经马克思本人校勘过的。

收入本卷的《成立宣言》以 1864 年发行的英文小册子为依据。英文原文与马克思的德译文之间的重要不同之处，都在脚注中作了说明。

这篇宣言曾由郭大力译成中文，1951 年 12 月发表于《新建设》第 5 卷第 3 期。——3、117、180、456、602。

十七、家庭、私有制和国家的起源（节选）

九　野蛮时代和文明时代

我们已经根据希腊人、罗马人和德意志人这三大实例，探讨了氏族制度的解体。最后，我们来研究一下那些在野蛮时代高级阶段已经破坏了氏族社会组织，而随着文明时代的到来又把它完全消灭的一般经济条件。在这里，马克思的《资本论》对我们来说是和摩尔根的著作同样必要的。

氏族在蒙昧时代中级阶段发生，在高级阶段继续发展起来，就我们现有的资料来判断，到了野蛮时代低级阶段，它便达到了全盛时代。所以现在我们就从这一阶段开始。

这一阶段应当以美洲红种人为例；在这一阶段上，我们发现氏族制度已经完全形成。一个部落分为几个氏族，通常是分为两个；① 随着人口的增加，这些最初的氏族每一个又分裂为几个女儿氏族，对这些女儿氏族来说，母亲氏族便是胞族；部落本身分裂成几个部落，在其中的每一个部落中，我们多半又可以遇到那些老氏族；部落联盟至少是在个别情况下把亲属部落联合在一起。这种简单的组织，是同它所由产生的社会状态完全适应的。它无非是这种社会状态所特有的、自然长成的结构；它能够处理在这样组织起来的社会内部一切可能发生的冲突。对外的冲突，则由战争来解决；这种战争可能以部落的消灭而告终，但从没能以它的被奴役而告终。氏族制度的伟大，但同时也是它的局限，就在于这里没有统治和奴役存在的余地。在氏族制度内部，还没有权利和义务的分别；参与公共事务，实行血族复仇或为此接受赎罪，究竟是权利还是义务这种问题，对印第安人来说是不存在的；在印第安人看来，这种问题正如吃饭、睡觉、打猎究竟是权利还是义务的问题一样荒谬。同样，部落和氏族分为不同的阶级也是不可能的。这就使我们不能不对这种状态的经济基础加以研究了。

人口是极其稀少的；只有在部落的居住地才比较稠密，在这种居住地的周围，首先是一片广大的狩猎地带，其次是把这个部落同其他部落隔离开来的中立的防护森林。分工是纯粹自然产生的；它只存在于两性之间。男子作战、打猎、捕鱼，获取食物的原料，并制作为此所必需的工具。妇女管家，制备衣食——做饭、纺织、缝纫。男女

---

① "通常是分为两个；"是恩格斯在1891年版上增补的。——编者注

分别是自己活动领域的主人：男子是森林中的主人，妇女是家里的主人。男女分别是自己所制造的和所使用的工具的所有者：男子是武器、渔猎用具的所有者，妇女是家内用具的所有者。家户经济是共产制的，包括几个、往往是许多个家庭。① 凡是共同制作和使用的东西，都是共同财产：如房屋、园圃、小船。所以，在这里，而且也只有在这里，才真正存在着文明社会的法学家和经济学家所捏造的"自己劳动所得的财产"——现代资本主义所有制还依恃着的最后一个虚伪的法律借口。

但是，人们并不是到处都停留在这个阶段。在亚洲，他们发现了可以驯服并且在驯服后可以繁殖的动物。野生的雌水牛，需要去猎取；但已经驯服的雌水牛，每年可生一头小牛，此外还可以挤奶。有些最先进的部落——雅利安人、闪米特人，也许还有图兰人——，其主要的劳动部门起初就是驯养牲畜，只是到后来才又有繁殖和看管牲畜。游牧部落从其余的野蛮人群中分离出来——这是**第一次社会大分工**。游牧部落生产的生活资料，不仅比其余的野蛮人多，而且也不相同。同其余的野蛮人比较，他们不仅有数量多得多的乳、乳制品和肉类，而且有兽皮、绵羊毛、山羊毛和随着原料增多而日益增加的纺织物。这就第一次使经常的交换成为可能。在更早的阶段上，只能有偶然的交换；制造武器和工具的特殊技能，可能导致暂时的分工。例如，在许多地方，都发现石器时代晚期的石器作坊的无可置疑的遗迹；在这种作坊中发展了自己技能的匠人们，大概是为全体工作，正如印度的氏族公社的终身手艺人至今仍然如此一样。在这个阶段上，除了部落内部发生的交换以外，决不可能有其他的交换，而且，即使是部落内部的交换，也仍然是一种例外的事件。但是，自从游牧部落分离出来以后，我们就看到，各不同部落的成员之间进行交换以及把交换作为一种经常制度来发展和巩固的一切条件都具备了。起初是部落和部落之间通过各自的氏族酋长来进行交换；但是当畜群开始变为特殊财产②的时候，个人交换便越来越占优势，终于成为交换的唯一形式。不过，游牧部落用来同他们的邻人交换的主要物品是牲畜；牲畜变成了一切商品都用来估价并且到处都乐于与之交换的商品——一句话，牲畜获得了货币的职能，在这个阶段上就已经起货币的作用了。在商品交换刚刚产生的时候，对货币商品的需要，就以这样的必然性和速度发展起来了。

园圃种植业大概是亚洲的低级阶段野蛮人所不知道的，但它在那里作为田野耕作的先驱而出现决不迟于中级阶段。在图兰高原的气候条件下，在漫长而严寒的冬季，没有饲料储备，游牧生活是不可能的；因此，牧草栽培和谷物种植，在这里就成了必要条件。黑海以北的草原，也是如此。但谷物一旦作为家畜饲料而种植，它很快也成了人类的食物。耕地仍然是部落的财产，最初是交给氏族使用，后来由氏族交给家庭公社使用，最后③交给个人使用；他们对耕地或许有一定的占有权，但是没有更多的权利。

在这一阶段工业的成就中，特别重要的有两件。第一是织布机；第二是矿石冶炼

---

① 特别是在美洲的西北沿岸，见班克罗夫特的著作。在夏洛特皇后群岛上的海达人部落中，还有 700 人聚居在一所房屋中的家户经济。在努特卡人那里，整个部落都聚居在一所房屋中生活。

② 在 1884 年版中不是"特殊财产"，而是"私有财产"。——编者注

③ "交给家庭公社使用，最后"是恩格斯在 1891 年版上增补的。——编者注

和金属加工。铜、锡以及二者的合金——青铜是顶顶重要的金属；青铜可以制造有用的工具和武器，但是并不能排挤掉石器；这一点只有铁才能做到，而当时还不知道冶铁。金和银已开始用于首饰和装饰，其价值肯定已比铜和青铜高。

一切部门——畜牧业、农业、家庭手工业——中生产的增加，使人的劳动力能够生产出超过维持劳动力所必需的产品。同时，这也增加了氏族、家庭公社或个体家庭的每个成员所担负的每日的劳动量。吸收新的劳动力成为人们向往的事情了。战争提供了新的劳动力：俘虏变成了奴隶。第一次社会大分工，在使劳动生产率提高，从而使财富增加并且使生产领域扩大的同时，在既定的总的历史条件下，必然地带来了奴隶制。从第一次社会大分工中，也就产生了第一次社会大分裂，分裂为两个阶级：主人和奴隶、剥削者和被剥削者。

至于畜群怎样并且在什么时候从部落或氏族的共同占有变为各个家庭家长的财产，我们至今还不得而知。不过，基本上，这一过渡一定是在这个阶段上发生的。随着畜群和其他新的财富的出现，便发生了对家庭的革命。谋取生活资料总是男子的事情，谋取生活资料的工具是由男子制造的，并且是他们的财产。畜群是新的谋取生活资料的工具，最初对它们的驯养和以后对它们的照管都是男子的事情。因此，牲畜是属于他们的；用牲畜交换来的商品和奴隶，也是属于他们的。这时谋生所得的全部剩余都归了男子；妇女参加它的享用，但在财产中没有她们的份儿。"粗野的"战士和猎人，以在家中次于妇女而占第二位为满足，但"比较温和的"牧人，却依恃自己的财富挤上了首位，把妇女挤到了第二位。而妇女是不能抱怨的。家庭内的分工决定了男女之间的财产分配；这一分工仍然和以前一样，可是它现在却把迄今所存在的家庭关系完全颠倒了过来，这纯粹是因为家庭以外的分工已经不同了。从前保证妇女在家中占统治地位的同一原因——妇女只限于从事家务劳动——，现在却保证男子在家中占统治地位：妇女的家务劳动现在同男子谋取生活资料的劳动比较起来已经相形见绌；男子的劳动就是一切，妇女的劳动是无足轻重的附属品。在这里就已经表明，只要妇女仍然被排除于社会的生产劳动之外而只限于从事家庭的私人劳动，那么妇女的解放，妇女同男子的平等，现在和将来都是不可能的。妇女的解放，只有在妇女可以大量地、社会规模地参加生产，而家务劳动只占她们极少的工夫的时候，才有可能。而这只有依靠现代大工业才能办到，现代大工业不仅容许大量的妇女劳动，而且是真正要求这样的劳动，并且它还力求把私人的家务劳动逐渐溶化在公共的事业中。

随着男子在家中的实际统治的确立，实行男子独裁的最后障碍便崩毁了。这种独裁，由于母权制的倾覆、父权制的实行、对偶婚制向专偶制的逐步过渡而被确认，并且永久化了。但是这样一来，在古代的氏族制度中就出现了一个裂口：个体家庭已经成为一种力量，并且以威胁的姿态起来与氏族对抗了。

下一步把我们引向野蛮时代高级阶段，一切文明民族都在这个时期经历了自己的英雄时代：铁剑时代，但同时也是铁犁和铁斧的时代。铁已在为人类服务，它是在历史上起过革命作用的各种原料中最后的和最重要的一种原料。所谓最后的，是指直到马铃薯的出现为止。铁使更大面积的田野耕作，广阔的森林地区的开垦，成为可能；它给手工业工人提供了一种其坚硬和锐利非石头或当时所知道的其他金属所能抵挡的工具。所有这些，都是逐渐实现的；最初的铁往往比青铜还软。所以，石制武器只是慢慢地消失的；不仅在《希尔德布兰德之歌》[80]中，而且在1066年的黑斯廷斯会战[91]中都还使用石斧。但是，进步现在是不可遏止地、更少间断地、更加迅速地进行着。用石墙、城楼、雉堞围绕着石造或砖造房屋的城市，已经成为部落或部落联盟的中心；这是建筑艺术上的巨大进步，同时也是危险增加和防卫需要增加的标志。财富在迅速增加，但这是个人的财富；织布业、金属加工业以及其他一切彼此日益分离的手工业，显示出生产的日益多样化和生产技术的日益改进；农业现在除了提供谷物、豆科植物和水果以外，也提供植物油和葡萄酒，这些东西人们已经学会了制造。如此多样的活动，已经不能由同一个人来进行了；于是发生了**第二次大分工**：手工业和农业分离了。生产的不断增长以及随之而来的劳动生产率的不断增长，提高了人的劳动力的价值；在前一阶段上刚刚产生并且是零散现象的奴隶制，现在成为社会制度的一个根本的组成部分；奴隶们不再是简单的助手了；他们被成批地赶到田野和工场去劳动。随着生产分为农业和手工业这两大主要部门，便出现了直接以交换为目的的生产，即商品生产；随之而来的是贸易，不仅有部落内部和部落边境的贸易，而且海外贸易也有了。然而，所有这一切都还很不发达；贵金属开始成为占优势的和普遍性的货币商品，但是还不是铸造的货币，只是不作加工按重量交换罢了。

除了自由民和奴隶的差别以外，又出现了富人和穷人的差别——随着新的分工，社会又有了新的阶级划分。各个家庭家长之间的财产差别，炸毁了各地迄今一直保存着的旧的共产制家庭公社；同时也炸毁了为这种公社而实行的土地的共同耕作。耕地起初是暂时地，后来便永久地分配给各个家庭使用，它向完全的私有财产的过渡，是逐渐进行的，是与对偶婚制向专偶制的过渡平行地发生的。个体家庭开始成为社会的经济单位了。

住得日益稠密的居民，对内和对外都不得不更紧密地团结起来。亲属部落的联盟，到处都成为必要的了；不久，各亲属部落的融合，从而分开的各个部落领土融合为一个民族［Volk］的整个领土，也成为必要的了。民族的军事首长——勒克斯、巴赛勒斯、狄乌丹斯——，成了不可缺少的常设的公职人员。还不存在人民大会的地方，也出现了人民大会。军事首长、议事会和人民大会构成了继续发展为军事民主制的氏族社会的各机关。其所以称为"军事"，是因为战争以及进行战争的组织现在已经成为民族生活的正常功能。邻人的财富刺激了各民族的贪欲，在这些民族那里，获取财富已成为最重要的生活目的之一。他们是野蛮人：掠夺在他们看来比用劳动获取更容易甚至更光荣。以前打仗只是为了对侵犯进行报复，或者是为了扩大已经感到不够的领土；现在打仗，则纯粹是为了掠夺，战争成了经常性的行当。在新的设防城市的周围屹立着高峻的墙壁并非无故：它们的堑壕成了氏族制度的墓穴，而它们的城楼已经高耸入文明时代了。内部也发生了同样的情形。掠夺战争加强了最高军事首长以及下级军事首长的权力；习惯地由同一家庭选出他们的后继者的办法，特别是从父权制实行以来，就逐渐转变为世袭制，他们最初是耐心等待，后来是要求，最后便僭取这种世袭制了；世袭王权和世袭贵族的基础奠定下来了。于是，氏族制度的机关就逐渐挣脱了自己在民族中，在氏族、胞族和部落中的根子，而整个氏族制度就转化为自己的对立物：它从一个自由处理自己事务的部落组织转变为掠夺和压迫邻近部落的组织，而它的各机关也相应地从人民意志的工具转变为独立的、压迫和统治自己人民的机关了。但是，如果不是对财富的贪欲把氏族成员分裂成富人和穷人，如果不是"同一氏族内部的财产差别把利益的一致变为氏族成员之间的对抗"（马克思语）①，如果不是奴隶制的盛行已经开始使人认为用劳动获取生活资料是只有奴隶才配做的、比掠夺更可耻的活动，那么这种情况是决不会发生的。

————

这样，我们就走到文明时代的门槛了。它是由分工方面的一个新的进步开始的。在野蛮时代低级阶段，人们只是直接为了自身的消费而生产；间或发生的交换行为也是个别的，只限于偶然的剩余物。在野蛮时代中级阶段，我们看到游牧民族已经有牲畜作为财产，这种财产，到了畜群具有相当规模的时候，就可以经常提供超出自身消费的若干余剩；同时，我们也看到了游牧民族和没有畜群的落后部落之间的分工，从而看到了两个并存的不同的生产阶段，也就是看到了进行经常交换的条件。在野蛮时代高级阶段，又进一步发生了农业和手工业之间的分工，于是劳动产品中日益增加的一部分是直接为了交换而生产的，这就把单个生产者之间的交换提升为社会的生活必需。文明时代巩固并加强了所有这些已经发生的各次分工，特别是通过加剧城市和乡村的对立（或者是像古代那样，城市在经济上统治乡村，或者是像中世纪那样，乡村在经济上统治城市）而使之巩固和加强，此外它又加上了一个第三次的、它所特有的、有决定意义的重要分工：它创造了一个不再从事生产而只从事产品交换的阶级——**商人**。在此以前，阶级的形成的一切萌芽，还都只是与生产相联系的；它们把从事生产的人分成了领导者和执行者，或者分成了规模较大和较小的生产者。这里首次出现一个阶级，它根本不参与生产，但完全夺取了生产的领导权，并在经济上使生产者服从自己；它成了每两个生产者之间的不可缺少的中间人，并对他们双方都进行剥削。在可以使生产者免除交换的辛劳和风险，可以使他们的产品的销路扩展到遥远的市场，而自己因此就成为居民当中最有用的阶级的借口下，一个寄生阶级，真正的社会寄生虫阶级形成了，它从国内和国外的生产上榨取油水，作为对自己的非常有限的实际贡献的报酬，它很快就获得了大量的财富和相应的社会影响；正因为如此，它在文明时期便取得了越来越荣誉的地位和对生产的越来越大的统治权，直到最后它自己也生产出自己的产品——周期性的商业危机为止。

不过，在我们正在考察的这个发展阶段上，年轻的商人阶级还丝毫没有预感到它未来的伟大事业。但是这个阶级正在形成并且使自己成为必不可少的，而这就够了。随着这个阶级的形成，出现了**金属货币**即铸币，随着金属货币就出现了非生产者统治生产者及其生产的新手段。商品的商品被发现了，这种商品以隐蔽的方式包含着其他一切商品，它是可以任意变为任何值得向往和被向往的东西的魔法手段。谁有了它，谁就统治了生产世界。但是谁首先有了它呢？商人。他们把货币崇拜牢牢掌握在自己

————

① 马克思《路易斯·亨·摩尔根〈古代社会〉一书摘要》，参看《马克思恩格斯全集》中文第 1 版第 45 卷第 522 页。——编者注

的手中。他们尽心竭力地叫人们知道，一切商品，从而一切商品生产者，都应该毕恭毕敬地匍匐在货币面前。他们在实践上证明，在这种财富本身的化身面前，其他一切财富形式都不过是一个影子而已。以后货币的权力再也没有像在它的这个青年时代那样，以如此原始的粗野和横暴的形式表现出来。在使用货币购买商品之后，出现了货币借贷，随着货币借贷出现了利息和高利贷。后世的立法，没有一个像古雅典和古罗马的立法那样残酷无情地、无可挽救地把债务人投在高利贷债权人的脚下——这两种立法都是作为习惯法而自发地产生的，都只有经济上的强制。

除了表现为商品和奴隶的财富以外，除了货币财富以外，这时还出现了表现为地产的财富。各个人对于原来由氏族或部落给予他们的小块土地的占有权，现在变得如此牢固，以致这些小块土地作为世袭财产而属于他们了。他们最近首先力求实现的，正是要摆脱氏族公社索取这些小块土地的权利，这种权利对他们已成为桎梏了。这种桎梏他们是摆脱了，但是不久他们也失去了新的土地所有权。完全的、自由的土地所有权，不仅意味着不折不扣和毫无限制地占有土地的可能性，而且也意味着把它出让的可能性。只要土地是氏族的财产，这种可能性就不存在。但是，当新的土地占有者彻底摆脱了氏族和部落的最高所有权这一桎梏的时候，他也就挣断了迄今把他同土地密不可分地连在一起的纽带。这意味着什么，和土地私有权同时被发明出来的货币，向他作了说明。土地现在可以成为出卖和抵押的商品了。土地所有权刚一确立，抵押就被发明出来了（见关于雅典的一章）。像淫游和卖淫紧紧跟着专偶制而来一样，如今抵押也紧紧跟着土地所有权而来了。你们曾希望有完全的、自由的、可以出售的土地所有权，那么好了，现在你们得到它了——这就是你所希望的，乔治·唐丹！①

这样，随着贸易的扩大，随着货币和货币高利贷、土地所有权和抵押的产生，财富便迅速地积聚和集中到一个人数很少的阶级手中，与此同时，大众日益贫困化，贫民的人数也日益增长。新的财富贵族，只要从一开始就恰巧不是旧的部落显贵，便把部落显贵完全排挤到后面去了（在雅典，在罗马，以及在德意志人中间）。随着这种按照财富把自由民分成各个阶级的划分，奴隶的人数特别是在希腊便大大增加②，奴隶的强制性劳动构成了整个社会的上层建筑所赖以建立的基础。

现在我们来看看，在这种社会变革中，氏族制度怎么样了。面对着没有它的参与而兴起的新因素，它显得软弱无力。氏族制度的前提，是一个氏族或部落的成员共同生活在纯粹由他们居住的同一地区中。这种情况早已不存在了。氏族和部落到处都杂居在一起，到处都有奴隶、被保护民和外地人在公民中间居住着。直到野蛮时代中级阶段末期才达到的定居状态，由于居住地受商业活动、职业变换和土地所有权转让的影响而变动不定，所以时常遭到破坏。氏族团体的成员再也不能集会来处理自己的共同事务了；只有不重要的事情，例如宗教节日，还勉强能够安排。除了氏族团体有责任并且能够予以保证的需要和利益以外，由于谋生条件的变革及其所引起的社会结构的变化，又产生了新的需要和利益，这些新的需要和利益不仅同旧的氏族制度格格不

---

① 莫里哀《乔治·唐丹》第1幕第9场。——编者注

② 雅典奴隶的人数见前第136页。在科林斯城全盛时代，奴隶的人数达46万人，在埃吉纳达47万人；在这两个地方奴隶的人数都等于自由民的10倍。

入，而且还千方百计在破坏它。由于分工而产生的手工业集团的利益，城市的对立于乡村的特殊需要，都要求有新的机构；但是，每一个这种集团都是由属于极不相同的氏族、胞族和部落的人们组成的，甚至还包括外地人在内；因此，这种机构必须在氏族制度以外，与它并列地形成，从而又是与它对立的。——同时，在每个氏族团体中，也表现出利益的冲突，这种冲突由于富人和穷人、高利贷者和债务人结合于同一氏族和同一部落中而达到最尖锐的地步。——此外，又加上了大批新的、氏族公社以外的居民，他们在当地已经能够成为一种力量，像罗马的情况那样，同时他们人数太多，不可能被逐渐接纳到血缘亲属的血族和部落中来。氏族公社作为一种封闭的享有特权的团体与这一批居民相对立；原始的自然形成的民主制变成了可憎的贵族制。——最后，氏族制度是从那种没有任何内部对立的社会中生长出来的，而且只适合于这种社会。除了舆论以外，它没有任何强制手段。但是现在产生了这样一个社会，它由于自己的全部经济生活条件而必然分裂为自由民和奴隶，进行剥削的富人和被剥削的穷人，而这个社会不仅再也不能调和这种对立，反而必然使这些对立日益尖锐化。一个这样的社会，只能或者存在于这些阶级相互间连续不断的公开斗争中，或者存在于第三种力量的统治下，这第三种力量似乎站在相互斗争着的各阶级之上，压制它们的公开的冲突，顶多容许阶级斗争在经济领域内以所谓合法形式决出结果来。氏族制度已经过时了。它被分工及其后果即社会之分裂为阶级所炸毁。它被**国家**代替了。

————

前面我们已经分别考察了国家在氏族制度的废墟上兴起的三种主要形式。雅典是最纯粹、最典型的形式：在这里，国家是直接地和主要地从氏族社会本身内部发展起来的阶级对立中产生的。在罗马，氏族社会变成了封闭的贵族制，它的四周则是人数众多的、站在这一贵族制之外的、没有权利只有义务的平民；平民的胜利炸毁了旧的血族制度，并在它的废墟上面建立了国家，而氏族贵族和平民不久便完全溶化在国家中了。最后，在战胜了罗马帝国的德意志人中间，国家是直接从征服广大外国领土中产生的，氏族制度不能提供任何手段来统治这样广阔的领土。但是，由于同这种征服相联系的，既不是跟旧有居民的严重斗争，也不是更加进步的分工；由于被征服者和征服者差不多处于同一经济发展阶段，从而社会的经济基础依然如故，所以，氏族制度能够以改变了的、地区的形式，即以马尔克制度的形式，继续存在几个世纪，甚至在以后的贵族血族和城市望族的血族中，甚至在农民的血族中，例如在迪特马申①，还以削弱了的形式复兴了一个时期。

可见，国家决不是从外部强加于社会的一种力量。国家也不像黑格尔所断言的是"伦理观念的现实""理性的形象和现实"。② 确切地说，国家是社会在一定发展阶段上的产物；国家是承认：这个社会陷入了不可解决的自我矛盾，分裂为不可调和的对立面而又无力摆脱这些对立面。而为了使这些对立面，这些经济利益互相冲突的阶级，

———————————

① 对于氏族的本质至少已有大致概念的第一个历史编纂学家是尼布尔，这应归功于他熟悉迪特马申[92]的血族。但是他的错误也是直接由此而来的。

② 黑格尔《法哲学原理》第257和360节。——编者注

不致在无谓的斗争中把自己和社会消灭，就需要有一种表面上凌驾于社会之上的力量，这种力量应当缓和冲突，把冲突保持在"秩序"的范围以内；这种从社会中产生但又自居于社会之上并且日益同社会相异化的力量，就是国家。

国家和旧的氏族组织不同的地方，第一点就是它**按地区**来划分它的国民。正如我们所看到的，由血缘关系形成和联结起来的旧的氏族公社已经很不够了，这多半是因为它们是以氏族成员被束缚在一定地区为前提的，而这种束缚早已不复存在。地区依然，但人们已经是流动的了。因此，按地区来划分就被作为出发点，并允许公民在他们居住的地方实现他们的公共权利和义务，不管他们属于哪一氏族或哪一部落。这种按照居住地组织国民的办法是一切国家共同的。因此，我们才觉得这种办法很自然；但是我们已经看到，当它在雅典和罗马能够代替按血族来组织的旧办法以前，曾经需要进行多么顽强而长久的斗争。

第二个不同点，是**公共权力**的设立，这种公共权力已经不再直接就是自己组织为武装力量的居民了。这个特殊的公共权力之所以需要，是因为自从社会分裂为阶级以后，居民的自动的武装组织已经成为不可能了。奴隶也包括在居民以内；9万雅典公民，对于365000奴隶来说，只是一个特权阶级。雅典民主制的国民军，是一种贵族的、用来对付奴隶的公共权力，它控制奴隶使之服从；但是如前所述，为了也控制公民使之服从，宪兵队也成为必要了。这种公共权力在每一个国家里都存在。构成这种权力的，不仅有武装的人，而且还有物质的附属物，如监狱和各种强制设施，这些东西都是以前的氏族社会所没有的。在阶级对立还没有发展起来的社会和偏远的地区，这种公共权力可能极其微小，几乎是若有若无的，像有时在美利坚合众国的某些地方所看到的那样。但是，随着国内阶级对立的尖锐化，随着彼此相邻的各国的扩大和它们人口的增加，公共权力就日益加强。就拿我们今天的欧洲来看吧，在这里，阶级斗争和争相霸占已经把公共权力提升到大有吞食整个社会甚至吞食国家之势的高度。

为了维持这种公共权力，就需要公民缴纳费用——**捐税**。捐税是以前的氏族社会完全没有的。但是现在我们却十分熟悉它了。随着文明时代的向前进展，甚至捐税也不够了；国家就发行票据，借债，即发行**公债**。关于这点，老欧洲也已经屡见不鲜了。

官吏既然掌握着公共权力和征税权，他们就作为社会机关而凌驾于社会之上。从前人们对于氏族制度的机关的那种自由的、自愿的尊敬，即使他们能够获得，也不能使他们满足了；他们作为同社会相异化的力量的代表，必须用特别的法律来取得尊敬，凭借这种法律，他们享有了特殊神圣和不可侵犯的地位。文明国家的一个最微不足道的警察，都拥有比氏族社会的全部机构加在一起还要大的"权威"；但是文明时代最有势力的王公和最伟大的国家要人或统帅，也可能要羡慕最平凡的氏族酋长所享有的，不是用强迫手段获得的，无可争辩的尊敬。后者是站在社会之中，而前者却不得不企图成为一种处于社会之外和社会之上的东西。

由于国家是从控制阶级对立的需要中产生的，由于它同时又是在这些阶级的冲突中产生的，所以，它照例是最强大的、在经济上占统治地位的阶级的国家，这个阶级借助于国家而在政治上也成为占统治地位的阶级，因而获得了镇压和剥削被压迫阶级的新手段。因此，古希腊罗马时代的国家首先是奴隶主用来镇压奴隶的国家，封建国家是贵族用来镇压农奴和依附农的机关，现代的代议制的国家是资本剥削雇佣劳动的工具。但也例外地有这样的时期，那时互相斗争的各阶级达到了这样势均力敌的地步，以致国家权力作为表面上的调停人而暂时得到了对于两个阶级的某种独立性。17世纪和18世纪的专制君主制，就是这样，它使贵族和市民等级彼此保持平衡；法兰西第一帝国特别是第二帝国的波拿巴主义，也是这样，它唆使无产阶级去反对资产阶级，又唆使资产阶级来反对无产阶级。使统治者和被统治者都显得同样滑稽可笑的这方面的最新成就，就是俾斯麦国家的新的德意志帝国：在这里，资本家和工人彼此保持平衡，并为了破落的普鲁士土容克的利益而遭受同等的欺骗。

此外，在历史上的大多数国家中，公民的权利是按照财产状况分级规定的，这直接地宣告国家是有产阶级用来防御无产阶级的组织。在按照财产状况划分阶级的雅典和罗马，就已经是这样。在中世纪的封建国家中，也是这样，在那里，政治上的权力地位是按照地产来排列的。现代的代议制国家的选举资格，也是这样。但是，对财产差别的这种政治上的承认，决不是本质的东西。相反，它标志着国家发展的低级阶段。国家的最高形式，民主共和国，在我们现代的社会条件下正日益成为一种不可避免的必然性，它是无产阶级和资产阶级之间的最后决定性斗争只能在其中进行到底的国家形式——这种民主共和国已经不再正式讲什么财产差别了。在这种国家中，财富是间接地但也是更可靠地运用它的权力的。其形式一方面是直接收买官吏（美国是这方面的典型例子），另一方面是政府和交易所结成联盟，而公债越增长，股份公司越是不仅把运输业而且把生产本身集中在自己手中，越是把交易所变成自己的中心，这一联盟就越容易实现。除了美国以外，最新的法兰西共和国，也是这方面的一个显著例证，甚至一本正经的瑞士，在这方面也作出了自己的成绩。不过，为了使政府和交易所结成这种兄弟般的联盟，并不一定要有民主共和国，除英国以外，新的德意志帝国也证明了这一点，在德国，很难说普选制究竟是把谁抬得更高，是把俾斯麦还是把布莱希勒德。最后，有产阶级是直接通过普选制来统治的。只要被压迫阶级——在我们这里就是无产阶级——还没有成熟到能够自己解放自己，这个阶级的大多数人就仍将承认现存的社会秩序是唯一可行的秩序，而在政治上成为资本家阶级的尾巴，构成它的极左翼。但是，随着被压迫阶级成熟到能够自己解放自己，它就作为独立的党派结合起来，选举自己的代表，而不是选举资本家的代表了。因此，普选制是测量工人阶级成熟性的标尺。在现今的国家里，普选制不能而且永远不会提供更多的东西；不过，这也就足够了。在普选制的温度计标示出工人的沸点的那一天，他们以及资本家同样都知道该怎么办了。

所以，国家并不是从来就有的。曾经有过不需要国家，而且根本不知国家和国家权力为何物的社会。在经济发展到一定阶段而必然使社会分裂为阶级时，国家就由于这种分裂而成为必要了。现在我们正在以迅速的步伐走向这样的生产发展阶段，在这个阶段上，这些阶级的存在不仅不再必要，而且成了生产的真正障碍。阶级不可避免地要消失，正如它们从前不可避免地产生一样。随着阶级的消失，国家也不可避免地要消失。在生产者自由平等的联合体的基础上按新方式来组织生产的社会，将把全部国家机器放到它应该去的地方，即放到古物陈列馆去，同纺车和青铜斧陈列在一起。

所以，根据以上所述，文明时代是社会发展的这样一个阶段，在这个阶段上，分工、由分工而产生的个人之间的交换，以及把这两者结合起来的商品生产，得到了充分的发展，完全改变了先前的整个社会。

先前的一切社会发展阶段上的生产在本质上是共同的生产，同样，消费也是在较大或较小的共产制共同体内部直接分配产品。生产的这种共同性是在极狭小的范围内实现的，但是它随身带来的是生产者对自己的生产过程和产品的支配。他们知道，产品的结局将是怎样：他们把产品消费掉，产品不离开他们的手；只要生产在这个基础上进行，它就不可能越出生产者的支配范围，也不会产生鬼怪般的、对他们来说是异己的力量，像在文明时代经常地和不可避免地发生的那样。

但是，分工慢慢地侵入了这种生产过程。它破坏生产和占有的共同性，它使个人占有成为占优势的规则，从而产生了个人之间的交换——这是如何发生的，我们前面已经探讨过了。商品生产逐渐地成了占统治地位的形式。

随着商品生产，即不再是为了自己消费而是为了交换的生产的出现，产品必然易手。生产者在交换的时候交出自己的产品；他不再知道产品的结局将会怎样。当货币以及随货币而来的商人作为中间人插进生产者之间的时候，交换过程就变得更加错综复杂，产品的最终命运就变得更加不确定了。商人是很多的，他们谁都不知道谁在做什么。商品现在已经不仅是从一手转到另一手，而且是从一个市场转到另一个市场；生产者丧失了对自己生活领域内全部生产的支配权，这种支配权商人也没有得到。产品和生产都任凭偶然性来摆布了。

但是，偶然性只是相互依存性的一极，它的另一极叫做必然性。在似乎也是受偶然性支配的自然界中，我们早就证实，在每一个领域内，都有在这种偶然性中去实现自身的内在的必然性和规律性。而适用于自然界的，也适用于社会。一种社会活动，一系列社会过程，越是超出人们的自觉的控制，越是超出他们支配的范围，越是显得受纯粹的偶然性的摆布，它所固有的内在规律就越是以自然的必然性在这种偶然性中去实现自身。这些规律也支配着商品生产和商品交换的偶然性：它们作为异己的、起初甚至是未被认识的、其本性尚待努力研究和探索的力量，同各个生产者和交换的参加者相对立。商品生产的这些经济规律，随这个生产形式的发展阶段的不同而有所变化，但是总的说来，整个文明期都处在这些规律的支配之下。直到今天，产品仍然支配着生产者；直到今天，社会的全部生产仍然不是由共同制定的计划，而是由盲目的规律来调节，这些盲目的规律，以自发的威力，最后在周期性商业危机的风暴中显示着自己的作用。

上面我们已经看到，在相当早的生产发展阶段上，人的劳动力就能够提供大大超过维持生产者生存所需要的产品了，这个发展阶段，基本上就是产生分工和个人之间的交换的那个阶段。这时，用不了多久就又发现一个伟大的"真理"：人也可以成为商品；如果把人变为奴隶，人力①也是可以交换和消费的。人们刚刚开始交换，他们本身

---

① 在1884年版中不是"人力"，而是"人的劳动力"。——编者注

也就被交换起来了。主动态变成了被动态，不管人们愿意不愿意。

随着在文明时代获得最充分发展的奴隶制的出现，就发生了社会分成剥削阶级和被剥削阶级的第一次大分裂。这种分裂继续存在于整个文明期。奴隶制是古希腊罗马时代世界所固有的第一个剥削形式；继之而来的是中世纪的农奴制和近代的雇佣劳动制。这就是文明时代的三大时期所特有的三大奴役形式；公开的而近来是隐蔽的奴隶制始终伴随着文明时代。

文明时代所由以开始的商品生产阶段，在经济上有下列特征：（1）出现了金属货币，从而出现了货币资本、利息和高利贷；（2）出现了作为生产者之间的中间阶级的商人；（3）出现了土地私有制和抵押；（4）出现了作为占统治地位的生产形式的奴隶劳动。与文明时代相适应并随之彻底确立了自己的统治地位的家庭形式是专偶制、男子对妇女的统治，以及作为社会经济单位的个体家庭。国家是文明社会的概括，它在一切典型的时期毫无例外地都是统治阶级的国家，并且在一切场合在本质上都是镇压被压迫被剥削阶级的机器。此外，文明时代还有如下的特征：一方面，是把城市和乡村的对立作为整个社会分工的基础固定下来；另一方面，是实行所有者甚至在死后也能够据以处理自己财产的遗嘱制度。这种同古代氏族制度直接冲突的制度，在雅典直到梭伦时代之前还没有过；在罗马，它很早就已经实行了，究竟在什么时候我们不知道①；在德意志人中间，这种制度是由教士引入的，为的是使诚实的德意志人能够毫无阻碍地将自己的遗产遗赠给教会。

文明时代以这种基本制度完成了古代氏族社会完全做不到的事情。但是，它是用激起人们的最卑劣的冲动和情欲，并且以损害人们的其他一切秉赋为代价而使之变本加厉的办法来完成这些事情的。鄙俗的贪欲是文明时代从它存在的第一日起直至今日的起推动作用的灵魂；财富，财富，第三还是财富——不是社会的财富，而是这个微不足道的单个的个人的财富，这就是文明时代唯一的、具有决定意义的目的。如果说在文明时代的怀抱中科学曾经日益发展，艺术高度繁荣的时期一再出现，那也不过是因为现代的一切积聚财富的成就不这样就不可能获得罢了。

由于文明时代的基础是一个阶级对另一个阶级的剥削，所以它的全部发展都是在经常的矛盾中进行的。生产的每一进步，同时也就是被压迫阶级即大多数人的生活状况的一个退步。对一些人是好事，对另一些人必然是坏事，一个阶级的任何新的解放，必然是对另一个阶级的新的压迫。这一情况的最明显的例证就是机器的采用，其后果现在已是众所周知的了。如果说在野蛮人中间，像我们已经看到的那样，不大能够区别权利和义务，那么文明时代却使这两者之间的区别和对立连最愚蠢的人都能看得出来，因为它几乎把一切权利赋予一个阶级，另方面却几乎把一切义务推给另一个阶级。

---

① 拉萨尔的《既得权利体系》[93]一书第二部的中心，主要是这样一个命题：罗马的遗嘱制同罗马本身一样古老，以致在罗马历史上，从来"没有过无遗嘱制的时代"，遗嘱制确切些说是在罗马以前的时代从对死者的崇拜中产生的。拉萨尔作为一个虔诚的老年黑格尔派，不是从罗马人的社会关系中，而是从意志的"思辨概念"中引申出罗马的法的规定，从而得出了上述的完全非历史的论断。这在该书中是不足为奇的，因为该书根据同一个思辨概念得出结论，认为在罗马的继承制中财产的转移纯粹是次要的事情。拉萨尔不仅相信罗马法学家，特别是较早时期的罗马法学家的幻想，而且还比他们走得更远。

但是，这并不是应该如此的。凡对统治阶级是好的，对整个社会也应该是好的，因为统治阶级把自己与整个社会等同起来了。所以文明时代越是向前进展，它就越是不得不给它所必然产生的种种坏事披上爱的外衣，不得不粉饰它们，或者否认它们——一句话，即实行流俗的伪善，这种伪善，无论在较早的那些社会形式下还是在文明时代初期阶段都是没有的，并且最后在下述说法中达到了极点：剥削阶级对被压迫阶级进行剥削，完全是为了被剥削阶级本身的利益；如果被剥削阶级不懂得这一点，甚至想要造反，那就是对行善的人即对剥削者的一种最卑劣的忘恩负义行为。①

现在把摩尔根对文明时代的评断引在下面作一个结束：

"自从进入文明时代以来，财富的增长是如此巨大，它的形式是如此繁多，它的用途是如此广泛，为了所有者的利益而对它进行的管理又是如此巧妙，以致这种财富对人民说来已经**变成了一种无法控制的力量**。人类的智慧在自己的创造物面前感到迷惘而不知所措了。然而，总有一天，人类的理智一定会强健到能够支配财富，一定会规定国家对它所保护的财产的关系，以及所有者的权利的范围。社会的利益绝对地高于个人的利益，必须使这两者处于一种公正而和谐的关系之中。只要进步仍将是未来的规律，像它对于过去那样，那么单纯追求财富就不是人类的最终的命运了。自从文明时代开始以来所经过的时间，只是人类已经经历过的生存时间的一小部分，只是人类将要经历的生存时间的一小部分。社会的瓦解，即将成为以财富为唯一的最终目的的那个历程的终结，因为这一历程包含着自我消灭的因素。管理上的民主，社会中的博爱，权利的平等，教育的普及，将揭开社会的下一个更高的阶段，经验、理智和科学正在不断向这个阶段努力。**这将是古代氏族的自由、平等和博爱的复活，但却是在更高级形式上的复活**。"（摩尔根《古代社会》第552页）

弗·恩格斯写于 1884 年 3 月底—5 月底

1884 年以小册子形式在苏黎世出版

原文是德文

中文根据《马克思恩格斯全集》历史考证版第 1 部分第 29 卷并参考《马克思恩格斯全集》德文版第 21 卷翻译

（选自《马克思恩格斯文集》第 4 卷，人民出版社 2009 年版，第 177-198 页。）

注　释

80　《希尔德布兰德之歌》这部英雄史诗，是古代德意志叙事诗文献，反映了民族大迁徙后期东哥特人的习俗，流传于 8 世纪，保留下来的仅是一些片

---

① 我最初打算引用散见于沙尔·傅立叶著作中的对文明时代的卓越的批判，同摩尔根和我自己对文明时代的批判并列。可惜我没有时间来做这个工作了。现在我只想说明，傅立叶已经把专偶制和土地所有制作为文明时代的主要特征，他把文明时代叫做富人对穷人的战争。同样，我们也发现他有一个深刻的观点，即认为在一切不完善的、分裂为对立面的社会中，个体家庭（les familles incohérentes）是一种经济单位。

断。——154、182。

91　1066 年 10 月 14 日侵入英国的诺曼底公爵威廉的军队在黑斯廷斯附近同盎格鲁撒克逊人展开了会战。盎格鲁撒克逊人的军队由于在自己的军事组织中还保留着公社制度的残余，使用的也是原始的武器装备，因此被击败，盎格鲁撒克逊国王哈罗德战死，而威廉则成为英国国王，称威廉一世，史称征服者威廉一世。——182。

92　迪特马申是德国北部的一个地区，曾是自由民的一个要塞。自由民曾长期保留公社制度，反抗德国和丹麦封建主的征服。从 12 世纪中叶起迪特马申的居民逐渐取得独立。旧的地方贵族到 13 世纪事实上已经消失，在独立时期迪特马申仍是自治的农民公社的总和，这些农民公社的基础在许多地方都是旧有的农民氏族。到 14 世纪，迪特马申的最高权力属于全体土地自由占有者大会，后来转归三个由选举产生的委员会。1559 年丹麦国王弗雷德里克二世、荷尔斯泰因公爵约翰和阿道夫的军队镇压了迪特马申居民的反抗，胜利者瓜分了这个地区。但是公社制度和部分自治在迪特马申一直保存到 19 世纪下半叶。——189。

93　斐·拉萨尔《既得权利体系》第 2 部：《罗马和日耳曼继承权在历史—哲学发展中的实质》。该书第一版于 1861 年在莱比锡出版。——196。

十八、路德维希·费尔巴哈和德国
古典哲学的终结（节选）

二

全部哲学，特别是近代哲学的重大的基本问题，是思维和存在的关系问题。在远古时代，人们还完全不知道自己身体的构造，并且受梦中景象的影响①，于是就产生一种观念：他们的思维和感觉不是他们身体的活动，而是一种独特的、寓于这个身体之中而在人死亡时就离开身体的灵魂的活动。从这个时候起，人们不得不思考这种灵魂对外部世界的关系。如果灵魂在人死时离开肉体而继续活着，那就没有理由去设想它本身还会死亡；这样就产生了灵魂不死的观念，这种观念在那个发展阶段出现决不是一种安慰，而是一种不可抗拒的命运，并且往往是一种真正的不幸，例如在希腊人那里就是这样。关于个人不死的无聊臆想之所以普遍产生，不是因为宗教上的安慰的需要，而是因为人们在普遍愚昧的情况下不知道对已经被认为存在的灵魂在肉体死后该怎么办。由于十分相似的原因，通过自然力的人格化，产生了最初的神。随着各种宗教的进一步发展，这些神越来越具有了超世界的形象，直到最后，通过智力发展中自然发生的抽象化过程——几乎可以说是蒸馏过程，在人们的头脑中，从或多或少有限的和互相限制的许多神中产生了一神教的唯一的神的观念。

因此，思维对存在、精神对自然界的关系问题，全部哲学的最高问题，像一切宗教一样，其根源在于蒙昧时代的愚昧无知的观念。但是，这个问题，只是在欧洲人从基督教中世纪的长期冬眠中觉醒以后，才被十分清楚地提了出来，才获得了它的完全的意义。思维对存在的地位问题，这个在中世纪的经院哲学中也起过巨大作用的问题：什么是本原的，是精神，还是自然界？——这个问题以尖锐的形式针对着教会提了出来：世界是神创造的呢，还是从来就有的？

哲学家依照他们如何回答这个问题而分成了两大阵营。凡是断定精神对自然界说

---

① 在蒙昧人和低级野蛮人中间，现在还流行着这样一种观念：梦中出现的人的形象是暂时离开肉体的灵魂；因而现实的人要对自己出现于他人梦中时针对做梦者而采取的行为负责。例如伊姆·特恩于1884年在圭亚那的印第安人中就发现了这种情形。[174]

来是本原的，从而归根到底承认某种创世说的人（而创世说在哲学家那里，例如在黑格尔那里，往往比在基督教那里还要繁杂和荒唐得多），组成唯心主义阵营。凡是认为自然界是本原的，则属于唯物主义的各种学派。

除此之外，唯心主义和唯物主义这两个用语本来没有任何别的意思，它们在这里也不是在别的意义上使用的。下面我们可以看到，如果给它们加上别的意义，就会造成怎样的混乱。

但是，思维和存在的关系问题还有另一个方面：我们关于我们周围世界的思想对这个世界本身的关系是怎样的？我们的思维能不能认识现实世界？我们能不能在我们关于现实世界的表象和概念中正确地反映现实？用哲学的语言来说，这个问题叫做思维和存在的同一性问题，绝大多数哲学家对这个问题都作了肯定的回答。例如在黑格尔那里，对这个问题的肯定回答是不言而喻的，因为我们在现实世界中所认识的，正是这个世界的思想内容，也就是那种使世界成为绝对观念的逐步实现的东西，这个绝对观念是从来就存在的，是不依赖于世界并且先于世界而在某处存在的；但是思维能够认识那一开始就已经是思想内容的内容，这是十分明显的。同样明显的是，在这里，要证明的东西已经默默地包含在前提里面了。但是，这决不妨碍黑格尔从他的思维和存在的同一性的论证中作出进一步的结论：他的哲学因为对他的思维来说是正确的，所以也就是唯一正确的；而思维和存在的同一性要得到证实，人类就要马上把他的哲学从理论转移到实践中去，并按照黑格尔的原则来改造整个世界。这是他和几乎所有的哲学家所共有的幻想。

但是，此外，还有其他一些哲学家否认认识世界的可能性，或者至少是否认彻底认识世界的可能性。在近代哲学家中，休谟和康德就属于这一类，而他们在哲学的发展上是起过很重要的作用的。对驳斥这一观点具有决定性的东西，凡是从唯心主义观点出发所能说的，黑格尔都已经说了；费尔巴哈所增加的唯物主义的东西，与其说是深刻的，不如说是机智的。对这些以及其他一切哲学上的怪论的最令人信服的驳斥是实践，即实验和工业。既然我们自己能够制造出某一自然过程，按照它的条件把它生产出来，并使它为我们的目的服务，从而证明我们对这一过程的理解是正确的，那么康德的不可捉摸的"自在之物"就完结了。动植物体内所产生的化学物质，在有机化学开始把它们一一制造出来以前，一直是这种"自在之物"；一旦把它们制造出来，"自在之物"就变成为我之物了，例如茜草的色素——茜素，我们已经不再从地里的茜草根中取得，而是用便宜得多、简单得多的方法从煤焦油里提炼出来了。哥白尼的太阳系学说有300年之久一直是一种假说，这个假说尽管有99%、99.9%、99.99%的可靠性，但毕竟是一种假说；而当勒维烈从这个太阳系学说所提供的数据中，不仅推算出必定存在一个尚未知道的行星，而且还推算出这个行星在太空中的位置的时候，当后来加勒确实发现了这个行星①的时候，哥白尼的学说就被证实了。如果新康德主义者企图在德国复活康德的观点，而不可知论者企图在英国复活休谟的观点（在那里休谟的观点从来没有绝迹），那么，鉴于这两种观点在理论上和实践上早已被驳倒，这种企

----

① 德国天文学家约·加勒于1846年9月23日发现了海王星。——编者注

· 231 ·

图在科学上就是开倒车，而在实践上只是一种暗中接受唯物主义而当众又加以拒绝的羞羞答答的做法。

但是，在从笛卡儿到黑格尔和从霍布斯到费尔巴哈这一长时期内，推动哲学家前进的，决不像他们所想象的那样，只是纯粹思想的力量。恰恰相反，真正推动他们前进的，主要是自然科学和工业的强大而日益迅猛的进步。在唯物主义者那里，这已经是一目了然的了，而唯心主义体系也越来越加进了唯物主义的内容，力图用泛神论来调和精神和物质的对立；因此，归根到底，黑格尔的体系只是一种就方法和内容来说唯心主义地倒置过来的唯物主义。

由此可以明白，为什么施达克在他对费尔巴哈的评述中，首先研究费尔巴哈对思维和存在的关系这个基本问题的立场。在简短的导言里，作者对以前的，特别是从康德以来的哲学家的见解，都是用不必要的晦涩难懂的哲学语言来阐述的，并且由于过分形式主义地拘泥于黑格尔著作中的个别词句而大大贬低了黑格尔。在这个导言以后，他详细地叙述了费尔巴哈的有关著作中相继表现出来的这位哲学家的"形而上学"本身的发展进程。这一部分叙述得很用心、很明白，不过像整本书一样，哲学用语堆砌得太多，而这决不是到处都不可避免的。作者越是不保持同一学派或者哪怕是费尔巴哈本人的用语，越是把各种流派，特别是现在流行的自封的哲学派别的用语混在一起，这种堆砌所造成的混乱就越大。

费尔巴哈的发展进程是一个黑格尔主义者（诚然，他从来不是完全正统的黑格尔主义者）走向唯物主义的发展进程，这一发展使他在一定阶段上同自己的这位先驱者的唯心主义体系完全决裂了。他势所必然地终于认识到，黑格尔的"绝对观念"之先于世界的存在，在世界之前就有的"逻辑范畴的预先存在"，不外是对世界之外的造物主的信仰的虚幻残余；我们自己所属的物质的、可以感知的世界，是唯一现实的；而我们的意识和思维，不论它看起来是多么超感觉的，总是物质的、肉体的器官即人脑的产物。物质不是精神的产物，而精神本身只是物质的最高产物。这自然是纯粹的唯物主义。但是费尔巴哈到这里就突然停止不前了。他不能克服通常的哲学偏见，即不反对事情本身而反对唯物主义这个名称的偏见。他说：

"在我看来，唯物主义是人的本质和人类知识的大厦的基础；但是，我认为它不是生理学家、狭义的自然科学家如摩莱肖特所认为的而且从他们的观点和专业出发所必然认为的那种东西，即大厦本身。向后退时，我同唯物主义者完全一致；但是往前进时就不一致了。"175

费尔巴哈在这里把唯物主义这种建立在对物质和精神关系的特定理解上的一般世界观同这一世界观在特定的历史阶段即18世纪所表现的特殊形式混为一谈了。不仅如此，他还把唯物主义同它的一种肤浅的、庸俗化了的形式混为一谈，18世纪的唯物主义现在就以这种形式继续存在于自然科学家和医生的头脑中，并且被毕希纳、福格特和摩莱肖特在50年代拿着到处叫卖。但是，像唯心主义一样，唯物主义也经历了一系列的发展阶段。甚至随着自然科学领域中每一个划时代的发现，唯物主义也必然要改变自己的形式；而自从历史也得到唯物主义的解释以后，一条新的发展道路也在这里开辟出来了。

上一世纪的唯物主义主要是机械唯物主义，因为那时在所有自然科学中只有力学，而且只有固体（天上的和地上的）力学，简言之，即重力的力学，达到了某种完善的地步。化学刚刚处于幼稚的燃素说的形态中。生物学尚在襁褓中；对植物和动物的机体只作过粗浅的研究，并用纯粹机械的原因来解释；正如在笛卡儿看来动物是机器一样，在18世纪的唯物主义者看来，人是机器。仅仅运用力学的尺度来衡量化学性质的和有机性质的过程（在这些过程中，力学定律虽然也起作用，但是被其他较高的定律排挤到次要地位），这是法国古典唯物主义的一个特有的，但在当时不可避免的局限性。

这种唯物主义的第二个特有的局限性在于：它不能把世界理解为一种过程，理解为一种处在不断的历史发展中的物质。这是同当时的自然科学状况以及与此相联系的形而上学的即反辩证法的哲学思维方法相适应的。人们已经知道，自然界处在永恒的运动中。但是根据当时的想法，这种运动是永远绕着一个圆圈旋转，因而始终不会前进；它总是产生同一结果。这种想法在当时是不可避免的。康德的太阳系起源理论刚刚提出，而且还只是被看做纯粹的奇谈。地球发展史，即地质学，还完全没有人知道，而关于现今的生物是由简单到复杂的长期发展过程的结果的看法，当时还根本不可能科学地提出来。因此，对自然界的非历史观点是不可避免的。根据这一点大可不必去责备18世纪的哲学家，因为连黑格尔也有这种观点。在黑格尔看来，自然界只是观念的"外化"，它不能在时间上发展，只能在空间扩展自己的多样性，因此，它把自己所包含的一切发展阶段同时地、并列地展示出来，并且注定永远重复始终是同一的过程。黑格尔把发展是在空间以内，但在时间（这是一切发展的基本条件）以外发生的这种谬论强加于自然界，恰恰是在地质学、胚胎学、植物和动物生理学以及有机化学都已经建立起来，并且在这些新科学的基础上到处都出现了对后来的进化论的天才预想（例如歌德和拉马克）的时候。但是，体系要求这样，于是，方法为了迎合体系就不得不背叛自己。

这种非历史观点也表现在历史领域中。在这里，反对中世纪残余的斗争限制了人们的视野。中世纪被看做是千年普遍野蛮状态造成的历史的简单中断；中世纪的巨大进步——欧洲文化领域的扩大，在那里一个挨着一个形成的富有生命力的大民族，以及14世纪和15世纪的巨大的技术进步，这一切都没有被人看到。这样一来，对伟大历史联系的合理看法就不可能产生，而历史至多不过是一部供哲学家使用的例证和图解的汇集罢了。

50年代在德国把唯物主义庸俗化的小贩们，根本没有突破他们的老师们的这些局限。自然科学后来获得的一切进步，仅仅成了他们否认有世界创造主存在的新证据；实际上，他们所做的事情决不是进一步发展理论。如果说唯心主义当时已经智穷才竭，并且由于1848年革命受到了致命的打击，那么，它感到满足的是，唯物主义在这个时候更是江河日下。费尔巴哈拒绝为这种唯物主义负责是完全对的；只是他不应该把这些巡回传教士的学说同一般唯物主义混淆起来。

但是，这里应当注意两种情况。第一，费尔巴哈在世时，自然科学也还处在剧烈的酝酿过程中，这一过程只是在最近15年才达到了足以澄清问题的相对完成的地步；新的认识材料以空前的规模被提供出来，但是，只是到最近才有可能在纷纷涌来的这一大堆杂乱的发现中建立起联系，从而使它们有了条理。虽然三个决定性的发现——细胞、能量转化和以达尔文命名的进化论的发现，费尔巴哈在世时全看到了，但是，这位在乡间过着孤寂生活的哲学家怎么能够对科学充分关注，给这些发现以足够的评价呢？何况对这些发现就连当时的自然科学家有的还持有异议，有的还不懂得充分利用。这里只能归咎于德国的可怜状况，由于这种状况，当时哲学讲席都被那些故弄玄虚的折中主义的小识小见之徒占据了，而比所有这些人高明百倍的费尔巴哈，却不得不在穷乡僻壤中过着农民式的孤陋寡闻的生活。因而，现在已经成为可能的、排除了法国唯物主义的一切片面性的、历史的自然观，始终没有为费尔巴哈所了解，这就不是他的过错了。

第二，费尔巴哈说得完全正确：纯粹自然科学的唯物主义虽然

> "是人类知识的大厦的基础，但不是大厦本身"。

因为，我们不仅生活在自然界中，而且生活在人类社会中，人类社会同自然界一样也有自己的发展史和自己的科学。因此，问题在于使关于社会的科学，即所谓历史科学和哲学科学的总和，同唯物主义的基础协调起来，并在这个基础上加以改造。但是，这一点费尔巴哈是做不到的。他虽然有"基础"，但是在这里仍然受到传统的唯心主义的束缚，这一点他自己也是承认的，他说：

> "向后退时，我同唯物主义者是一致的；但是往前进时就不一致了。"

但是在这里，在社会领域内，正是费尔巴哈本人没有"前进"，没有超过自己在1840年或1844年的观点，这仍旧主要是由于他的孤寂生活，这种生活迫使这位比其他任何哲学家都更爱好社交的哲学家从他的孤寂的头脑中，而不是从同与他才智相当的人们的友好或敌对的接触中产生出自己的思想。费尔巴哈在这个领域内究竟在多大程度上仍然是唯心主义者，我们将在下面加以详细的考察。

这里还应当指出，施达克在找费尔巴哈的唯心主义时找错了地方。他说：

> "费尔巴哈是唯心主义者，他相信人类的进步。"（第19页）"唯心主义仍旧是一切的基础、根基。在我们看来，实在论只是在我们追求自己的理想的意图时使我们不致误入迷途而已。难道同情、爱以及对真理和正义的热诚不是理想的力量吗？"（第Ⅷ页）

第一，在这里无非是把对理想目的的追求叫做唯心主义。但这些目的至多同康德的唯心主义及其"绝对命令"有必然联系；然而康德自己把他的哲学叫做"先验的唯心主义"，决不是因为那里也讲到道德的理想，而完全是由于别的理由，这是施达克会

记得的。有一种迷信，认为哲学唯心主义的中心就是对道德理想即对社会理想的信仰，这种迷信是在哲学之外产生的，是在那些把席勒诗歌中符合他们需要的少数哲学上的只言片语背得烂熟的德国庸人中产生的。没有一个人比恰恰是十足唯心主义者的黑格尔更尖锐地批评了康德的软弱无力的"绝对命令"（它之所以软弱无力，是因为它要求不可能的东西，因而永远达不到任何现实的东西），没有一个人比他更辛辣地嘲笑了席勒所传播的那种沉湎于不能实现的理想的庸人习气（见《现象学》①）。

第二，决不能避免这种情况：推动人去从事活动的一切，都要通过人的头脑，甚至吃喝也是由于通过头脑感觉到饥渴而开始，并且同样由于通过头脑感觉到饱足而停止。外部世界对人的影响表现在人的头脑中，反映在人的头脑中，成为感觉、思想、动机、意志，总之，成为"理想的意图"，并且以这种形态变成"理想的力量"。如果一个人只是由于他追求"理想的意图"并承认"理想的力量"对他的影响，就成了唯心主义者，那么任何一个发育稍稍正常的人都是天生的唯心主义者了，怎么还会有唯物主义者呢？

第三，关于人类（至少在现时）总的说来是沿着进步方向运动的这种信念，是同唯物主义和唯心主义的对立绝对不相干的。法国唯物主义者同自然神论者[176]伏尔泰和卢梭一样，几乎狂热地抱有这种信念，并且往往为它付出最大的个人牺牲。如果说有谁为了"对真理和正义的热诚"（就这句话的正面的意思说）而献出了整个生命，那么，例如狄德罗就是这样的人。由此可见，施达克把这一切说成是唯心主义，这只是证明：唯物主义这个名词以及两个派别的全部对立，在这里对他来说已经失去了任何意义。

事实上，施达克在这里向那种由于教士的多年诽谤而流传下来的对唯物主义这个名称的庸人偏见作了不可饶恕的让步，虽然这也许是不自觉的。庸人把唯物主义理解为贪吃、酗酒、娱目、肉欲、虚荣、爱财、吝啬、贪婪、牟利、投机，简言之，即他本人暗中迷恋着的一切龌龊行为；而把唯心主义理解为对美德、普遍的人类爱的信仰，总之，对"美好世界"的信仰。他在别人面前夸耀这个"美好世界"，但是他自己至多只是在这样的时候才相信这个"美好世界"，这时，他由于自己习以为常的"唯物主义的"放纵而必然感到懊丧或遭到破产，并因此唱出了他心爱的歌：人是什么？一半是野兽，一半是天使。

在其他方面，施达克极力保护费尔巴哈，反对现今在德国以哲学家名义大吹大擂的大学教师们的攻击和学说。对关心德国古典哲学的这些不肖子孙的人们来说，这的确是很重要的；对施达克本人来说，这也许是必要的。不过我们就怜惜怜惜读者吧。

三

我们一接触到费尔巴哈的宗教哲学和伦理学，他的真正的唯心主义就显露出来了。

---

① 即黑格尔《精神现象学》。——编者注

费尔巴哈决不希望废除宗教，他希望使宗教完善化。哲学本身应当融化在宗教中。

> "人类的各个时期仅仅由于宗教的变迁而彼此区别开来。某一历史运动，只有在它深入人心的时候，才是根深蒂固的。心不是宗教的形式，因而不应当说宗教也存在于心中；心是宗教的本质。"[177]（引自施达克的书，第 168 页）

按照费尔巴哈的看法，宗教是人与人之间的感情的关系、心灵的关系，过去这种关系是在现实的虚幻映象中（借助于一个神或许多神，即人类特性的虚幻映象）寻找自己的真理，现在却直接地而不是间接地在我和你之间的爱中寻找自己的真理了。归根到底，在费尔巴哈那里，性爱即使不是他的新宗教借以实现的最高形式，也是最高形式之一。

人与人之间的，特别是两性之间的感情关系，是自从有人类以来就存在的。而性爱在最近 800 年间获得了这样的发展和地位，竟成了这个时期中一切诗歌必须环绕着旋转的轴心了。现存的通行的宗教只限于使国家对性爱的管理即婚姻立法神圣化；这些宗教也许明天就会完全消失，但是爱情和友谊的实践并不会发生丝毫变化。在法国，从 1793 年到 1798 年，基督教的确曾经消失到这种程度，连拿破仑去恢复它也不能不遇到抵抗和困难，但是在这一期间，并没有感觉到需要用费尔巴哈意义上的宗教去代替它。

在这里，费尔巴哈的唯心主义就在于：他不是抛开对某种在他看来已成为过去的特殊宗教的回忆，直截了当地按照本来面貌看待人们彼此间以相互倾慕为基础的关系，即性爱、友谊、同情、舍己精神等等，而是断言这些关系只有在用宗教名义使之神圣化以后才会获得自己的完整的意义。在他看来，主要的并不是存在着这种纯粹人的关系，而是要把这些关系看做新的、真正的宗教。这些关系只是在盖上了宗教的印记以后才被认为是完满的。宗教一词是从 religare 一词来的，本来是联系的意思。因此，两个人之间的任何联系都是宗教。这种词源学上的把戏是唯心主义哲学的最后一着。这个词的意义，不是按照它的实际使用的历史发展来决定，而竟然按照来源来决定。因此，仅仅为了使宗教这个对唯心主义回忆很宝贵的名词不致从语言中消失，性爱和性关系竟被尊崇为"宗教"。在 40 年代，巴黎的路易·勃朗派改良主义者正是这样说的，他们也认为不信宗教的人只是一种怪物，并且对我们说：因此，无神论就是你们的宗教！费尔巴哈想以一种本质上是唯物主义的自然观为基础建立真正的宗教，这就等于把现代化学当做真正的炼金术。如果无神的宗教可以存在，那么没有哲人之石的炼金术也可以存在了。况且，炼金术和宗教之间是有很紧密的联系的。哲人之石有许多类似神的特性，公元头两世纪埃及和希腊的炼金术士在基督教学说的形成上也出了一份力量。柯普和拜特洛所提供的材料就证明了这一点。

费尔巴哈的下面这个论断是绝对错误的：

> "人类的各个时期仅仅由于宗教的变迁而彼此区别开来。"

重大的历史转折点有宗教变迁**相伴随**，只是就迄今存在的三种世界宗教——佛教、基督教和伊斯兰教而言。古老的自发产生的部落宗教和民族宗教是不传布的，一旦部落或民族的独立遭到破坏，它们便失掉任何抵抗力；拿日耳曼人来说，甚至他们一接触正在崩溃的罗马世界帝国以及它刚刚采用的，适应于它的经济、政治、精神状态的世界基督教，这种情形就发生了。仅仅在这些多少是人工造成的世界宗教，特别是基督教和伊斯兰教那里，我们才发现比较一般的历史运动带有宗教的色彩，甚至在基督教传播的范围内，具有真正普遍意义的革命也只有在资产阶级解放斗争的最初阶段即从 13 世纪到 17 世纪，才带有这种宗教色彩；而且，这种色彩不能像费尔巴哈所想的那样，用人的心灵和人的宗教需要来解释，而要用以往的整个中世纪的历史来解释，中世纪的历史只知道一种形式的意识形态，即宗教和神学。但是到了 18 世纪，资产阶级已经强大得足以建立他们自己的、同他们的阶级地位相适应的意识形态了，这时他们才进行了他们的伟大而彻底的革命——法国革命，而且仅仅诉诸法律的和政治的观念，只是在宗教挡住他们的道路时，他们才理会宗教；但是他们没有想到要用某种新的宗教来代替旧的宗教；大家知道，罗伯斯比尔在这方面曾遭受了怎样的失败。

同他人交往时表现纯粹人类感情的可能性，今天已经被我们不得不生活于其中的、以阶级对立和阶级统治为基础的社会破坏得差不多了。我们没有理由把这种感情尊崇为宗教，从而更多地破坏这种可能性。同样，对历史上的重大的阶级斗争的理解，特别是在德国，已经被流行的历史编纂学弄得够模糊了，用不着我们去把这些斗争的历史变为教会史的单纯附属品，使这种理解成为完全不可能。由此可见，现在我们已经离开费尔巴哈多么远了。他那赞美新的爱的宗教的"最美丽的篇章"现在已经不值一读了。

费尔巴哈认真地研究过的唯一的宗教是基督教，即以一神教为基础的西方的世界宗教。他指出，基督教的神只是人的虚幻的反映、映象。但是，这个神本身是长期的抽象过程的产物，是以前的许多部落神和民族神集中起来的精华。与此相应，被反映为这个神的人也不是一个现实的人，而同样是许多现实的人的精华，是抽象的人，因而本身又是一个思想上的形象。费尔巴哈在每一页上都宣扬感性，宣扬专心研究具体的东西、研究现实，可是这同一个费尔巴哈，一谈到人们之间纯粹的性关系以外的某种关系，就变成完全抽象的了。

他在这种关系中仅仅看到一个方面——道德。在这里，同黑格尔比较起来，费尔巴哈的惊人的贫乏又使我们诧异。黑格尔的伦理学或关于伦理的学说就是法哲学，其中包括：（1）抽象的法，（2）道德，（3）伦理，其中又包括家庭、市民社会、国家。在这里，形式是唯心主义的，内容是实在论的。法、经济、政治的全部领域连同道德都包括进去了。在费尔巴哈那里情况恰恰相反。就形式讲，他是实在论的，他把人作为出发点；但是，关于这个人生活的世界却根本没有讲到，因而这个人始终是在宗教哲学中出现的那种抽象的人。这个人不是从娘胎里生出来的，他是从一神教的神羽化而来的，所以他也不是生活在现实的、历史地发生和历史地确定了的世界里面；虽然他同其他的人来往，但是任何一个其他的人也和他本人一样是抽象的。在宗教哲学里，我们终究还可以看到男人和女人，但是在伦理学里，连这最后一点差别也消失了。的确，在费尔巴哈那里间或也出现这样的命题：

"皇宫中的人所想的，和茅屋中的人所想的是不同的。"[178]——"如果你因为饥饿、贫困而身体内没有养料，那么你的头脑中、你的感觉中以及你的心中便没有供道德用的养料了。"[179]——"政治应当成为我们的宗教"[180]，等等。

但是，费尔巴哈完全不知道用这些命题去干什么，它们始终是纯粹的空话，甚至施达克也不得不承认，政治对费尔巴哈是一个不可通过的区域，而

"关于社会的学说，即社会学，对他来说，是一个未知的领域"[181]。

在善恶对立的研究上，他同黑格尔比起来也是肤浅的。黑格尔指出：

"有人以为，当他说人本性是善的这句话时，是说出了一种很伟大的思想；但是他忘记了，当人们说人本性是恶的这句话时，是说出了一种更伟大得多的思想。"[182]

在黑格尔那里，恶是历史发展的动力的表现形式。这里有双重意思，一方面，每一种新的进步都必然表现为对某一神圣事物的亵渎，表现为对陈旧的、日渐衰亡的、但为习惯所崇奉的秩序的叛逆；另一方面，自从阶级对立产生以来，正是人的恶劣的情欲——贪欲和权势欲成了历史发展的杠杆，关于这方面，例如封建制度的和资产阶级的历史就是一个独一无二的持续不断的证明。但是，费尔巴哈就没有想到要研究道德上的恶所起的历史作用。历史对他来说是一个不愉快的可怕的领域。他有句名言：

"当人最初从自然界产生的时候，他也只是一个纯粹的自然物，而不是人。人是人、文化、历史的产物。"[183]——

甚至这句名言在他那里也是根本不结果实的。

从上述一切可以明白，关于道德，费尔巴哈所告诉我们的东西只能是极其贫乏的。追求幸福的欲望是人生来就有的，因而应当是一切道德的基础。但是，追求幸福的欲望受到双重的矫正。第一，受到我们的行为的自然后果的矫正：酒醉之后，必定头痛；放荡成习，必生疾病。第二，受到我们的行为的社会后果的矫正：要是我们不尊重他人同样的追求幸福的欲望，那么他们就会反抗，妨碍我们自己追求幸福的欲望。由此可见，我们要满足我们的这种欲望，就必须能够正确地估量我们的行为的后果，另一方面还必须承认他人有相应的欲望的平等权利。因此，对己以合理的自我节制，对人以爱（又是爱！），这就是费尔巴哈的道德的基本准则，其他一切准则都是从中引申出来的。无论费尔巴哈的妙趣横生的议论或施达克的热烈无比的赞美，都不能掩盖这几个命题的贫乏和空泛。

如果一个人只同自己打交道，他追求幸福的欲望只有在非常罕见的情况下才能得

到满足，而且决不会对己对人都有利。他的这种欲望要求同外部世界打交道，要求有得到满足的手段：食物、异性、书籍、娱乐、辩论、活动、消费和加工的对象。费尔巴哈的道德或者是以每一个人无疑地都有这些满足欲望的手段和对象为前提，或者只向每一个人提供无法应用的忠告，因而对于没有这些手段的人是一文不值的。这一点，费尔巴哈自己也说得很直截了当：

> "皇宫中的人所想的，和茅屋中的人所想的是不同的。""如果你因为饥饿、贫困而身
> 体内没有养料，那么你的头脑中、你的感觉中以及你的心中便没有供道德用的养料了。"

至于说到他人追求幸福的平等权利，情况是否好一些呢？费尔巴哈提出这种要求，认为这种要求是绝对的，是适合于任何时代和任何情况的。但是这种要求从什么时候起被认为是适合的呢？在古代的奴隶和奴隶主之间，在中世纪的农奴和领主之间，难道谈得上有追求幸福的平等权利吗？被压迫阶级追求幸福的欲望不是被冷酷无情地"依法"变成了统治阶级的这种欲望的牺牲品吗？——是的，这也是不道德的，但是现在平等权利被承认了。资产阶级在反对封建制度的斗争中和在发展资本主义生产的过程中不得不废除一切等级的即个人的特权，而且起初在私法方面，后来逐渐在公法方面实施了个人在法律上的平等权利，从那时以来并且由于那个缘故，平等权利在口头上是被承认了。但是，追求幸福的欲望只有极微小的一部分可以靠观念上的权利来满足，绝大部分却要靠物质的手段来实现，而由于资本主义生产所关心的，是使绝大多数权利平等的人仅有最必需的东西来勉强维持生活，所以资本主义对多数人追求幸福的平等权利所给予的尊重，即使有，也未必比奴隶制或农奴制所给予的多一些。至于说到幸福的精神手段、教育手段，情况是否好一些呢？就连"萨多瓦的教师"[184] 不也是一个神话人物吗？

不仅如此。根据费尔巴哈的道德论，证券交易所就是最高的道德殿堂，只要人们的投机始终都是得当的。如果我的追求幸福的欲望把我引进了交易所，而且我在那里又善于正确地估量我的行为的后果，因而这些后果只使我感到愉快而不引起任何损失，就是说，如果我经常赚钱的话，那么费尔巴哈的指示就算执行了。我也并没有因此就妨碍另一个人的同样的追求幸福的欲望，因为另一个人和我一样，是自愿到交易所去的，他和我达成投机交易时是按照他追求幸福的欲望行事，正如我是按照我追求幸福的欲望行事一样。如果他赔了钱，那么这就证明他的行为是不道德的，因为他盘算错了，而且，我在对他执行应得的惩罚时，甚至可以摆出现代拉达曼的威风来。只要爱不纯粹是温情的空话，交易所也是由爱统治的，因为每个人都靠别人来满足自己追求幸福的欲望，而这就是爱应当做的事情，爱也在这里得到实现。如果我在那里正确地预见到我的行动的后果，因而赌赢了，那么我就执行了费尔巴哈道德的一切最严格的要求，而且还成了富翁。换句话说，费尔巴哈的道德是完全适合于现代资本主义社会的，不管他自己多么不愿意或想不到是这样。

可是爱啊！——真的，在费尔巴哈那里，爱随时随地都是一个创造奇迹的神，可以帮助克服实际生活中的一切困难——而且这是在一个分裂为利益直接对立的阶

级的社会里。这样一来，他的哲学中的最后一点革命性也消失了，留下的只是一个老调子：彼此相爱吧！不分性别、不分等级地互相拥抱吧！——大家都陶醉在和解中了！

简单扼要地说，费尔巴哈的道德论是和它的一切前驱者一样的。它是为一切时代、一切民族、一切情况而设计出来的；正因为如此，它在任何时候和任何地方都是不适用的，而在现实世界面前，是和康德的绝对命令一样软弱无力的。实际上，每一个阶级，甚至每一个行业，都各有各的道德，并且，只要它能破坏这种道德而不受惩罚，它就加以破坏。而本应把一切人都联合起来的爱，则表现在战争、争吵、诉讼、家庭纠纷、离婚以及一些人对另一些人的尽可能的剥削中。

但是，费尔巴哈所提供的强大推动力怎么能对他本人毫无结果呢？理由很简单，因为费尔巴哈不能找到从他自己所极端憎恶的抽象王国通向活生生的现实世界的道路。他紧紧地抓住自然界和人；但是，在他那里，自然界和人都只是空话。无论关于现实的自然界或关于现实的人，他都不能对我们说出任何确定的东西。要从费尔巴哈的抽象的人转到现实的、活生生的人，就必须把这些人作为在历史中行动的人去考察。而费尔巴哈反对这样做，因此，他所不了解的1848年对他来说只意味着和现实世界最后分离，意味着退入孤寂的生活。在这方面，主要又要归咎于德国的状况，这种状况使他落得这种悲惨的结局。

但是，费尔巴哈没有走的一步，必定会有人走的。对抽象的人的崇拜，即费尔巴哈的新宗教的核心，必定会由关于现实的人及其历史发展的科学来代替。这个超出费尔巴哈而进一步发展费尔巴哈观点的工作，是由马克思于1845年在《神圣家族》中开始的。

四

施特劳斯、鲍威尔、施蒂纳、费尔巴哈，就他们没有离开哲学这块土地来说，都是黑格尔哲学的分支。施特劳斯写了《耶稣传》和《教义学》[185] 以后，就只从事写作勒南式的哲学和教会史的美文学作品；鲍威尔只是在基督教起源史方面做了一些事情，虽然他在这里所做的也是重要的；施蒂纳甚至在巴枯宁把他同蒲鲁东混合起来并且把这个混合物命名为"无政府主义"以后，依然是一个怪物；唯有费尔巴哈是个杰出的哲学家。但是，不仅哲学这一似乎凌驾于一切专门科学之上并把它们包罗在内的科学的科学，对他来说，仍然是不可逾越的屏障，不可侵犯的圣物，而且作为一个哲学家，他也停留在半路上，他下半截是唯物主义者，上半截是唯心主义者；他没有批判地克服黑格尔，而是简单地把黑格尔当做无用的东西抛在一边，同时，与黑格尔体系的百科全书式的丰富内容相比，他本人除了矫揉造作的爱的宗教和贫乏无力的道德以外，拿不出什么积极的东西。

但是，从黑格尔学派的解体过程中还产生了另一个派别，唯一的真正结出果实的派别。这个派别主要是同马克思的名字联系在一起的。①

同黑格尔哲学的分离在这里也是由于返回到唯物主义观点而发生的。这就是说，人们决心在理解现实世界（自然界和历史）时按照它本身在每一个不以先入为主的唯心主义怪想来对待它的人面前所呈现的那样来理解；他们决心毫不怜惜地抛弃一切同事实（从事实本身的联系而不是从幻想的联系来把握的事实）不相符合的唯心主义怪想。除此以外，唯物主义并没有别的意义。不过在这里第一次对唯物主义世界观采取了真正严肃的态度，把这个世界观彻底地（至少在主要方面）运用到所研究的一切知识领域里去了。

黑格尔不是简单地被放在一边，恰恰相反，上面所阐述的他的革命方面即辩证方法被接过来了。但是这种方法在黑格尔的形式中是无用的。在黑格尔那里，辩证法是概念的自我发展。绝对概念不仅是从来就存在的（不知在哪里？），而且是整个现存世界的真正的活的灵魂。它通过在《逻辑学》中详细探讨过的并且完全包含在它自身中的一切预备阶段而向自身发展；然后它使自己"外化"，转化为自然界，它在自然界中并没有意识到它自己，而是采取自然必然性的形式，经过新的发展，最后在人身上重新达到自我意识；这个自我意识，在历史中又从粗糙的形式中挣脱出来，直到绝对概念终于在黑格尔哲学中又完全地达到自身为止。因此，在自然界和历史中所显露出来的辩证的发展，即经过一切迂回曲折和暂时退步而由低级到高级的前进运动的因果联系，在黑格尔那里，只是概念的自己运动的翻版，而这种概念的自己运动是从来就有的（不知在什么地方），但无论如何是不依任何能思维的人脑为转移的。这种意识形态上的颠倒是应该消除的。我们重新唯物地把我们头脑中的概念看做现实事物的反映，而不是把现实事物看做绝对概念的某一阶段的反映。这样，辩证法就归结为关于外部世界和人类思维的运动的一般规律的科学，这两个系列的规律在本质上是同一的，但是在表现上是不同的，这是因为人的头脑可以自觉地应用这些规律，而在自然界中这些规律是不自觉地、以外部必然性的形式、在无穷无尽的表面的偶然性中实现的，而且到现在为止在人类历史上多半也是如此。这样，概念的辩证法本身就变成只是现实世界的辩证运动的自觉的反映，从而黑格尔的辩证法就被倒转过来了，或者宁可说，不是用头立地而是重新用脚立地了。而且值得注意的是，不仅我们发现了这个多年来已成为我们最好的工具和最锐利的武器的唯物主义辩证法，而且德国工人约瑟夫·狄慈根不依靠我们，甚至不依靠黑格尔也发现了它。②

而这样一来，黑格尔哲学的革命方面就恢复了，同时也摆脱了那些曾经在黑格尔那里阻碍它贯彻到底的唯心主义装饰。一个伟大的基本思想，即认为世界不是既成**事**

---

① 请允许我在这里作一点个人的说明。近来人们不止一次地提到我参加了制定这一理论的工作，因此，我在这里不得不说几句话，把这个问题澄清。我不能否认，我和马克思共同工作40年，在这以前和这个期间，我在一定程度上独立地参加了这一理论的创立，特别是对这一理论的阐发。但是，绝大部分基本指导思想（特别是在经济和历史领域内），尤其是对这些指导思想的最后的明确的表述，都是属于马克思的。我所提供的，马克思没有我也能够做到，至多有几个专门的领域除外。至于马克思所做到的，我却做不到。马克思比我们大家都站得高些，看得远些，观察得多些和快些。马克思是天才，我们至多是能手。没有马克思，我们的理论远不会是现在这个样子。所以，这个理论用他的名字命名是理所当然的。

② 见《人脑活动的实质。一个手艺人的描述》汉堡迈斯纳出版社版。[186]

物的集合体，而是**过程**的集合体，其中各个似乎稳定的事物同它们在我们头脑中的思想映象即概念一样都处在生成和灭亡的不断变化中，在这种变化中，尽管有种种表面的偶然性，尽管有种种暂时的倒退，前进的发展终究会实现——这个伟大的基本思想，特别是从黑格尔以来，已经成了一般人的意识，以致它在这种一般形式中未必会遭到反对了。但是，口头上承认这个思想是一回事，实际上把这个思想分别运用于每一个研究领域，又是一回事。如果人们在研究工作中始终从这个观点出发，那么关于最终解决和永恒真理的要求就永远不会提出了；人们就始终会意识到他们所获得的一切知识必然具有的局限性，意识到他们在获得知识时所处的环境对这些知识的制约性；人们对于还在不断流行的旧形而上学所不能克服的对立，即真理和谬误、善和恶、同一和差别、必然和偶然之间的对立也不再敬畏了；人们知道，这些对立只有相对的意义，今天被认为是合乎真理的认识都有它隐蔽着的、以后会显露出来的错误的方面，同样，今天已经被认为是错误的认识也有它合乎真理的方面，因而它从前才能被认为是合乎真理的；被断定为必然的东西，是由纯粹的偶然性构成的，而所谓偶然的东西，是一种有必然性隐藏在里面的形式，如此等等。

　　旧的研究方法和思维方法，黑格尔称之为"形而上学的"方法，主要是把**事物**当做一成不变的东西去研究，它的残余还牢牢地盘踞在人们的头脑中，这种方法在当时是有重大的历史根据的。必须先研究事物，尔后才能研究过程。必须先知道一个事物是什么，尔后才能觉察这个事物中所发生的变化。自然科学中的情形正是这样。认为事物是既成的东西的旧形而上学，是从那种把非生物和生物当做既成事物来研究的自然科学中产生的。而当这种研究已经进展到可以向前迈出决定性的一步，即可以过渡到系统地研究这些事物在自然界本身中所发生的变化的时候，在哲学领域内也就响起了旧形而上学的丧钟。事实上，直到上一世纪末，自然科学主要是**搜集材料的**科学，关于既成事物的科学，但是在本世纪，自然科学本质上是**整理材料的**科学，是关于过程、关于这些事物的发生和发展以及关于联系——把这些自然过程结合为一个大的整体——的科学。研究植物机体和动物机体中的过程的生理学，研究单个机体从胚胎到成熟的发育过程的胚胎学，研究地壳逐渐形成过程的地质学，所有这些科学都是我们这个世纪的产儿。

　　但是，首先是三大发现使我们对自然过程的相互联系的认识大踏步地前进了：第一是发现了细胞，发现细胞是这样一种单位，整个植物体和动物体都是从它的繁殖和分化中发育起来的。这一发现，不仅使我们知道一切高等有机体都是按照一个共同规律发育和生长的，而且使我们通过细胞的变异能力看出有机体能改变自己的物种从而能完成比个体发育更高的发育的道路。——第二是能量转化，它向我们表明了一切首先在无机界中起作用的所谓力，即机械力及其补充，所谓位能、热、辐射（光或辐射热）、电、磁、化学能，都是普遍运动的各种表现形式，这些运动形式按照一定的度量关系由一种转变为另一种，因此，当一种形式的量消失时，就有另一种形式的一定的量代之出现，因此，自然界中的一切运动都可以归结为一种形式向另一种形式不断转化的过程。——最后，达尔文第一次从联系中证明，今天存在于我们周围的有机自然物，包括人在内，都是少数原始单细胞胚胎的长期发育过程的产物，而这些胚胎又是由那些通过化学途径产生的原生质或蛋白质形成的。

由于这三大发现和自然科学的其他巨大进步，我们现在不仅能够说明自然界中各个领域内的过程之间的联系，而且总的说来也能说明各个领域之间的联系了，这样，我们就能够依靠经验自然科学本身所提供的事实，以近乎系统的形式描绘出一幅自然界联系的清晰图画。描绘这样一幅总的图画，在以前是所谓自然哲学的任务。而自然哲学只能这样来描绘：用观念的、幻想的联系来代替尚未知道的现实的联系，用想象来补充缺少的事实，用纯粹的臆想来填补现实的空白。它在这样做的时候提出了一些天才的思想，预测到一些后来的发现，但是也发表了十分荒唐的见解，这在当时是不可能不这样的。今天，当人们对自然研究的结果只要辩证地即从它们自身的联系进行考察，就可以制成一个在我们这个时代是令人满意的"自然体系"的时候，当这种联系的辩证性质，甚至违背自然科学家的意志，使他们受过形而上学训练的头脑不得不承认的时候，自然哲学就最终被排除了。任何使它复活的企图不仅是多余的，而且**是倒退**。

这样，自然界也被承认为历史发展过程了。而适用于自然界的，同样适用于社会历史的一切部门和研究人类的（和神的）事物的一切科学。在这里，历史哲学、法哲学、宗教哲学等等也都是以哲学家头脑中臆造的联系来代替应当在事变中去证实的现实的联系，把全部历史及其各个部分都看做观念的逐渐实现，而且当然始终只是哲学家本人所喜爱的那些观念的逐渐实现。这样看来，历史是不自觉地，但必然是为了实现某种预定的理想目的而努力，例如在黑格尔那里，是为了实现他的绝对观念而努力，而力求达到这个绝对观念的坚定不移的意向就构成了历史事变中的内在联系。这样，人们就用一种新的——不自觉的或逐渐自觉的——神秘的天意来代替现实的、尚未知道的联系。因此，在这里也完全像在自然领域里一样，应该通过发现现实的联系来清除这种臆造的人为的联系；这一任务，归根到底，就是要发现那些作为支配规律在人类社会的历史上起作用的一般运动规律。

但是，社会发展史却有一点是和自然发展史根本不相同的。在自然界中（如果我们把人对自然界的反作用撇开不谈）全是没有意识的、盲目的动力，这些动力彼此发生作用，而一般规律就表现在这些动力的相互作用中。在所发生的任何事情中，无论在外表上看得出的无数表面的偶然性中，或者在可以证实这些偶然性内部的规律性的最终结果中，都没有任何事情是作为预期的自觉的目的发生的。相反，在社会历史领域内进行活动的，是具有意识的、经过思虑或凭激情行动的、追求某种目的的人；任何事情的发生都不是没有自觉的意图，没有预期的目的的。但是，不管这个差别对历史研究，尤其是对各个时代和各个事变的历史研究如何重要，它丝毫不能改变这样一个事实：历史进程是受内在的一般规律支配的。因为在这一领域内，尽管各个人都有自觉预期的目的，总的说来在表面上好像也是偶然性在支配着。人们所预期的东西很少如愿以偿，许多预期的目的在大多数场合都互相干扰，彼此冲突，或者是这些目的本身一开始就是实现不了的，或者是缺乏实现的手段。这样，无数的单个愿望和单个行动的冲突，在历史领域内造成了一种同没有意识的自然界中占统治地位的状况完全相似的状况。行动的目的是预期的，但是行动实际产生的结果并不是预期的，或者这种结果起初似乎还和预期的目的相符合，而到了最后却完全不是预期的结果。这样，历史事件似乎总的说来同样是由偶然性支配着的。但是，在表面上是偶然性在起作用的地方，这种偶然性始终是受内部的隐蔽着的规律支配的，而问题只是在于发现这些规律。

无论历史的结局如何，人们总是通过每一个人追求他自己的、自觉预期的目的来创造他们的历史，而这许多按不同方向活动的愿望及其对外部世界的各种各样作用的合力，就是历史。因此，问题也在于，这许多单个的人所预期的是什么。愿望是由激情或思虑来决定的。而直接决定激情或思虑的杠杆是各式各样的。有的可能是外界的事物，有的可能是精神方面的动机，如功名心、"对真理和正义的热忱"、个人的憎恶，或者甚至是各种纯粹个人的怪想。但是，一方面，我们已经看到，在历史上活动的许多单个愿望在大多数场合下所得到的完全不是预期的结果，往往是恰恰相反的结果，因而它们的动机对全部结果来说同样地只有从属的意义。另一方面，又产生了一个新的问题：在这些动机背后隐藏着的又是什么样的动力？在行动者的头脑中以这些动机的形式出现的历史原因又是什么？

旧唯物主义从来没有给自己提出过这样的问题。因此，它的历史观——如果它有某种历史观的话——本质上也是实用主义的，它按照行动的动机来判断一切，把历史人物分为君子和小人，并且照例认为君子是受骗者，而小人是得胜者。旧唯物主义由此得出的结论是，在历史的研究中不能得到很多有教益的东西；而我们由此得出的结论是，旧唯物主义在历史领域内自己背叛了自己，因为它认为在历史领域中起作用的精神的动力是最终原因，而不去研究隐藏在这些动力后面的是什么，这些动力的动力是什么。不彻底的地方并不在于承认**精神的**动力，而在于不从这些动力进一步追溯到它的动因。相反，历史哲学，特别是黑格尔所代表的历史哲学，认为历史人物的表面动机和真实动机都决不是历史事变的最终原因，认为这些动机后面还有应当加以探究的别的动力；但是它不在历史本身中寻找这种动力，反而从外面，从哲学的意识形态把这种动力输入历史。例如黑格尔，他不从古希腊历史本身的内在联系去说明古希腊的历史，而只是简单地断言，古希腊的历史无非是"美好的个性形式"的制定，是"艺术作品"本身的实现。① 在这里，黑格尔关于古希腊人作了许多精彩而深刻的论述，但是这并不妨碍我们今天对那些纯属空谈的说明表示不满。

因此，如果要去探究那些隐藏在——自觉地或不自觉地，而且往往是不自觉地——历史人物的动机背后并且构成历史的真正的最后动力的动力，那么问题涉及的，与其说是个别人物，即使是非常杰出的人物的动机，不如说是使广大群众、使整个整个的民族，并且在每一民族中间又是使整个整个阶级行动起来的动机；而且也不是短暂的爆发和转瞬即逝的火光，而是持久的、引起重大历史变迁的行动。探讨那些作为自觉的动机明显地或不明显地，直接地或以意识形态的形式，甚至以被神圣化的形式反映在行动着的群众及其领袖即所谓伟大人物的头脑中的动因——这是能够引导我们去探索那些在整个历史中以及个别时期和个别国家的历史中起支配作用的规律的唯一

---

① 参看黑格尔《历史哲学讲演录》第 2 部第 2 篇。——编者注

途径。使人们行动起来的一切，都必然要经过他们的头脑；但是这一切在人们的头脑中采取什么形式，这在很大程度上是由各种情况决定的。现在工人不再像 1848 年在莱茵地区那样简单地捣毁机器，但是，这决不是说，他们已经容忍按照资本主义方式应用机器。

但是，在以前的各个时期，对历史的这些动因的探究几乎是不可能的，因为它们和自己的结果的联系是混乱而隐蔽的，在我们今天这个时期，这种联系已经简化了，以致人们有可能揭开这个谜了。从采用大工业以来，就是说，至少从 1815 年签订欧洲和约以来，在英国，谁都知道，土地贵族（landed aristocracy）和资产阶级（middle class）这两个阶级争夺统治的要求，是英国全部政治斗争的中心。在法国，随着波旁王室的返国，同样的事实也被人们意识到了；复辟时期的历史编纂学家，从梯叶里到基佐、米涅和梯也尔，总是指出这一事实是理解中世纪以来法国历史的钥匙。而从 1830 年起，在这两个国家里，工人阶级即无产阶级，已被承认是为争夺统治而斗争的第三个战士。当时关系已经非常简化，只有故意闭起眼睛的人才看不见，这三大阶级的斗争和它们的利益冲突是现代历史的动力，至少是这两个最先进国家的现代历史的动力。

但是，这些阶级是怎样产生的呢？初看起来，那种从前是封建的大土地占有制的起源，还可以（至少首先可以）归于政治原因，归于暴力掠夺，但是对于资产阶级和无产阶级，这就说不通了。在这里，显而易见，这两大阶级的起源和发展是由于纯粹经济的原因。而同样明显的是，土地占有制和资产阶级之间的斗争，正如资产阶级和无产阶级之间的斗争一样，首先是为了经济利益而进行的，政治权力不过是用来实现经济利益的手段。资产阶级和无产阶级这两个阶级是由于经济关系发生变化，确切些说，是由于生产方式发生变化而产生的。最初是从行会手工业到工场手工业的过渡，随后又是从工场手工业到使用蒸汽和机器的大工业的过渡，使这两个阶级发展起来了。在一定阶段上，资产阶级推动的新的生产力——首先是分工和许多局部工人在一个综合性手工工场里的联合——以及通过生产力发展起来的交换条件和交换需要，同现存的、历史上继承下来的而且被法律神圣化的生产秩序不相容了，就是说，同封建社会制度的行会特权以及许多其他的个人特权和地方特权（这些特权对于非特权等级来说都是桎梏）不相容了。资产阶级所代表的生产力起来反抗封建土地占有者和行会师傅所代表的生产秩序了；结局是大家都知道的：封建桎梏被打碎了，在英国是逐渐打碎的，在法国是一下子打碎的，在德国还没有完全打碎。但是，正像工场手工业在一定发展阶段上曾经同封建的生产秩序发生冲突一样，大工业现在已经同代替封建生产秩序的资产阶级生产秩序相冲突了。被这种秩序、被资本主义生产方式的狭隘范围所束缚的大工业，一方面使全体广大人民群众越来越无产阶级化，另一方面生产出越来越多的没有销路的产品。生产过剩和大众的贫困，两者互为因果，这就是大工业所陷入的荒谬的矛盾，这个矛盾必然要求通过改变生产方式来使生产力摆脱桎梏。

因此，在现代历史中至少已经证明，一切政治斗争都是阶级斗争，而一切争取解放的阶级斗争，尽管它必然地具有政治的形式（因为一切阶级斗争都是政治斗争），归根到底都是围绕着经济解放进行的。因此，至少在这里，国家、政治制度是从属的东西，而市民社会、经济关系的领域是决定性的因素。从传统的观点看来（这种观点也是黑格尔所尊崇的），国家是决定的因素，市民社会是被国家决定的因素。表面现象是同这种看法相符合的。就单个人来说，他的行动的一切动力，都一定要通过他的头脑，一定要转变为他的意志的动机，才能使他行动起来，同样，市民社会的一切要求（不管当时是哪一个阶级统治着），也一定要通过国家的意志，才能以法律形式取得普遍效力。这是问题的形式方面，这方面是不言而喻的；不过要问一下，这个仅仅是形式上的意志（不论是单个人的或国家的）有什么内容呢？这一内容是从哪里来的呢？为什么人们所期望的正是这个而不是别的呢？在寻求这个问题的答案时，我们就发现，在现代历史中，国家的意志总的说来是由市民社会的不断变化的需要，是由某个阶级的优势地位，归根到底，是由生产力和交换关系的发展决定的。

但是，既然甚至在拥有巨量生产资料和交往手段的现代，国家都不是一个具有独立发展的独立领域，而它的存在和发展归根到底都应该从社会的经济生活条件中得到解释，那么，以前的一切时代就必然更是这样了，那时人们物质生活的生产还没有使用这样丰富的辅助手段来进行，因而这种生产的必要性必不可免地在更大程度上支配着人们。既然在今天这个大工业和铁路的时代，国家总的说来还只是以集中的形式反映了支配着生产的阶级的经济需要，那么，在以前的时代，国家就必然更加是这样了，那时每一代人都要比我们今天更多得多地耗费一生中的时间来满足自己的物质需要，因而要比我们今天更多地依赖于这种物质需要。对从前各个时代的历史的研究，只要在这方面是认真进行的，都会最充分地证实这一点；但是，在这里当然不能进行这种研究了。

如果说国家和公法是由经济关系决定的，那么不言而喻，私法也是这样，因为私法本质上只是确认单个人之间的现存的、在一定情况下是正常的经济关系。但是，这种确认所采取的形式可以是很不相同的。人们可以把旧的封建的法的形式大部分保存下来，并且赋予这种形式以资产阶级的内容，甚至直接给封建的名称加上资产阶级的含义，就像在英国与民族的全部发展相一致而发生的那样；但是人们也可以像在西欧大陆上那样，把商品生产者社会的第一个世界性法律即罗马法以及它对简单商品占有者的一切本质的法的关系（如买主和卖主、债权人和债务人、契约、债务等等）所作的无比明确的规定作为基础。这样做时，为了仍然是小资产阶级的和半封建的社会的利益，人们可以或者是简单地通过审判的实践降低罗马法，使它适合于这个社会的状况（普通法），或者是依靠所谓开明的进行道德说教的法学家的帮助把它加工成一种适应于这种社会状况的特殊法典，这种法典，在这种情况下即使从法学观点看来也是不好的（普鲁士邦法）；但是这样做时，人们也可以在资产阶级大革命以后，以同一个罗马法为基础，制定出像法兰西民法典这样典型的资产阶级社会的法典。因此，如果说民法准则只是以法的形式表现了社会的经济生活条件，那么这种准则就可以依情况的不同而把这些条件有时表现得好，有时表现得坏。

国家作为第一个支配人的意识形态力量出现在我们面前。社会创立一个机关来保护自己的共同利益，免遭内部和外部的侵犯。这种机关就是国家政权。它刚一产生，对社会来说就是独立的，而且它越是成为某个阶级的机关，越是直接地实现这一阶级的统治，它就越独立。被压迫阶级反对统治阶级的斗争必然要变成政治的斗争，变成首先是反对这一阶级的政治统治的斗争；对这一政治斗争同它的经济基础的联系的认识，就日益模糊起来，并且会完全消失。即使在斗争参加者那里情况不完全是这样，但是在历史编纂学家那里差不多总是这样的。在关于罗马共和国内部斗争的古代史料中，只有阿庇安一人清楚而明确地告诉我们，这一斗争归根到底是为什么进行的，即为土地所有权进行的。

但是，国家一旦成了对社会来说是独立的力量，马上就产生了另外的意识形态。这就是说，在职业政治家那里，在公法理论家和私法法学家那里，同经济事实的联系就完全消失了。因为经济事实要以法律的形式获得确认，必须在每一个别场合都采取法律动机的形式，而且，因为在这里，不言而喻地要考虑到现行的整个法的体系，所以，现在法律形式就是一切，而经济内容则什么也不是。公法和私法被看做两个独立的领域，它们各有自己的独立的历史发展，它们本身都可以系统地加以说明，并需要通过彻底根除一切内部矛盾来作出这种说明。

更高的即更远离物质经济基础的意识形态，采取了哲学和宗教的形式。在这里，观念同自己的物质存在条件的联系，越来越错综复杂，越来越被一些中间环节弄模糊了。但是这一联系是存在着的。从15世纪中叶起的整个文艺复兴时期，本质上是城市的从而是市民阶级的产物，同样，从那时起重新觉醒的哲学也是如此。哲学的内容本质上仅仅是那些和中小市民阶级发展为大资产阶级的过程相适应的思想的哲学表现。在上一世纪的那些往往既是哲学家又是政治经济学家的英国人和法国人那里，这种情形是表现得很明显的，而在黑格尔学派那里，这一情况我们在上面已经说明了。

现在我们再简略地谈谈宗教，因为宗教离开物质生活最远，而且好像同物质生活最不相干。宗教是在最原始的时代从人们关于他们自身的自然和周围的外部自然的错误的、最原始的观念中产生的。但是，任何意识形态一经产生，就同现有的观念材料相结合而发展起来，并对这些材料作进一步的加工；不然，它就不是意识形态了，就是说，它就不是把思想当做独立地发展的、仅仅服从自身规律的独立存在的东西来对待了。人们头脑中发生的这一思想过程，归根到底是由人们的物质生活条件决定的，这一事实，对这些人来说必然是没有意识到的，否则，全部意识形态就完结了。因此，大部分是每个有亲属关系的民族集团所共有的这些原始的宗教观念，在这些集团分裂以后，便在每个民族那里依各自遇到的生活条件而独特地发展起来，而这一过程对一系列民族集团来说，特别是对雅利安人（所谓印欧人）来说，已由比较神话学详细地证实了。这样在每一个民族中形成的神，都是民族的神，这些神的王国不越出它们所守护的民族领域，在这个界线以外，就无可争辩地由别的神统治了。只要这些民族存在，这些神也就继续活在人们的观念中；这些民族没落了，这些神也就随着灭亡。罗马世界帝国使得古老的民族没落了（关于罗马世界帝国产生的经济条件，我们没有必要在这里加以研究），古老的民族的神就灭亡了，甚至罗马的那些仅仅适合于罗马城这个狭小圈子的神也灭亡了；罗马曾企图除本地的神以外还承认和供奉一切多少受崇敬的异族的神，这就清楚地表明了有以一种世界宗教来充实世界帝国的需要。但是一种新的世界宗教是不能这样用皇帝的敕令创造出来的。新的世界宗教，即基督教，已经从普遍化了的东方神学，特别是犹太神学同庸俗化了的希腊哲学，特别是斯多亚派哲学[187]的混合中悄悄地产生了。我们必须重新进行艰苦的研究，才能够知道基督教最初是什么样子，因为它那流传到我们今天的官方形式仅仅是尼西亚宗教会议[188]为了使它成为国教而赋予它的那种形式。它在250年后已经变成国教这一事实，足以证明它是适应时势的宗教。在中世纪，随着封建制度的发展，基督教成为一种同它相适应的、具有相应的封建等级制的宗教。当市民阶级兴起的时候，新教异端首先在法国南部的阿尔比派[189]中间，在那里的城市最繁荣的时代，同封建的天主教相对抗而发展起来。中世纪把意识形态的其他一切形式——哲学、政治、法学，都合并到神学中，使它们成为神学中的科目。因此，当时任何社会运动和政治运动都不得不采取神学的形式；对于完全由宗教培育起来的群众感情说来，要掀起巨大的风暴，就必须让群众的切身利益披上宗教的外衣出现。市民阶级从最初起就给自己制造了一种由无财产的、不属于任何公认的等级的城市平民、短工和各种仆役所组成的附属品，即后来的无产阶级的前身，同样，宗教异端也早就分成了两派：市民温和派和甚至也为市民异教徒所憎恶的平民革命派。

新教异端的不可根绝是同正在兴起的市民阶级的不可战胜相适应的；当这个市民阶级已经充分强大的时候，他们从前同封建贵族进行的主要是地方性的斗争便开始具有全国性的规模了。第一次大规模的行动发生在德国，这就是所谓的宗教改革[190]。那时市民阶级既不够强大又不够发展，不足以把其他的反叛等级——城市平民、下层贵族和乡村农民——联合在自己的旗帜之下。贵族首先被击败；农民举行了起义，形成了这次整个革命运动的顶点；城市背弃了农民，革命被各邦君主的军队镇压下去了，这些君主攫取了革命的全部果实。从那时起，德国有整整三个世纪从那些能独立地干预历史的国家的行列中消失了。但是除德国人路德外，还出现了法国人加尔文，他以真正法国式的尖锐性突出了宗教改革的资产阶级性质，使教会共和化和民主化。当路德的宗教改革在德国已经蜕化并把德国引向灭亡的时候，加尔文的宗教改革却成了日内瓦、荷兰和苏格兰共和党人的旗帜，使荷兰摆脱了西班牙和德意志帝国的统治，并为英国发生的资产阶级革命的第二幕提供了意识形态的外衣。在这里，加尔文教派显示出它是当时资产阶级利益的真正的宗教外衣，因此，在1689年革命[191]由于一部分贵族同资产阶级间的妥协而结束以后，它也没有得到完全的承认。英国的国教会恢复了，但不是恢复到它以前的形式，即由国王充任教皇的天主教，而是强烈地加尔文教派化了。旧的国教会庆祝欢乐的天主教礼拜日，反对枯燥的加尔文教派礼拜日。新的资产阶级化的国教会，则采用后一种礼拜日，这种礼拜日至今还在装饰着英国。

在法国，1685年加尔文教派中的少数派曾遭到镇压，被迫皈依天主教或者被驱逐出境。[192]但是这有什么用处呢？那时自由思想家皮埃尔·培尔已经在忙于从事活动，而1694年伏尔泰也诞生了。路易十四的暴力措施只是使法国的资产阶级更便于以唯一同已经发展起来的资产阶级相适应的、非宗教的、纯粹政治的形式进行自己的革命。出席国民议会的不是新教徒，而是自由思想家了。由此可见，基督教进入了它的最后阶段。此后，它已不能成为任何进步阶级的意向的意识形态外衣了；它越来越变成统治阶级专有的东西，统治阶级只把它当做使下层阶级就范的统治手段。同时，每个不同的阶级都利用它自己认为适合的宗教：占有土地的容克利用天主教的耶稣会派或新教的正统派，自由的和激进的资产者则利用理性主义，至于这些先生们自己相信还是不相信他们各自的宗教，这是完全无关紧要的。

这样，我们看到，宗教一旦形成，总要包含某些传统的材料，因为在一切意识形态领域内传统都是一种巨大的保守力量。但是，这些材料所发生的变化是由造成这种变化的人们的阶级关系即经济关系引起的。在这里只说这一点就够了。

上面的叙述只能是对马克思的历史观的一个概述，至多还加了一些例证。证明只能由历史本身提供；而在这里我可以说，在其他著作中证明已经提供得很充分了。但是，这种历史观结束了历史领域内的哲学，正如辩证的自然观使一切自然哲学都成为不必要的和不可能的一样。现在无论在哪一个领域，都不再是从头脑中想出联系，而是从事实中发现联系了。这样，对于已经从自然界和历史中被驱逐出去的哲学来说，要是还留下什么的话，那就只留下一个纯粹思想的领域：关于思维过程本身的规律的学说，即逻辑和辩证法。

———

随着1848年革命而来的是，"有教养的"德国抛弃了理论，转入了实践的领域。以手工劳动为基础的小手工业和工场手工业已经为真正的大工业所代替；德国重新出现在世界市场上；新的小德意志帝国[193]至少排除了由小邦分立、封建残余和官僚制度造成的阻碍这一发展的最显著的弊病。但是，思辨①在多大程度上离开哲学家的书房而在证券交易所筑起自己的殿堂，有教养的德国也就在多大程度上失去了在德国最深沉的政治屈辱时代曾经是德国的光荣的伟大理论兴趣——那种不管所得成果在实践上是否能实现，不管它是否违反警方规定都照样致力于纯粹科学研究的兴趣。诚然，德国的官方自然科学，特别是在专门研究的领域中仍然保持着时代的高度，但是，正如美国《科学》杂志已经公正地指出的，在研究单个事实之间的重大联系方面的决定性进步，即把这些联系概括为规律，现在更多地是出在英国，而不像从前那样出在德国。而在包括哲学在内的历史科学的领域内，那种旧有的在理论上毫无顾忌的精神已随着古典哲学完全消失了；起而代之的是没有头脑的折中主义，是对职位和收入的担忧，直到极其卑劣的向上爬的思想。这种科学的官方代表都变成毫无掩饰的资产阶级的和现存国家的意识形态家，但这已经是在资产阶级和现存国家同工人阶级公开对抗的时代了。

德国人的理论兴趣，只是在工人阶级中还没有衰退，继续存在着。在这里，它是根除不了的。在这里，对职位、牟利，对上司的恩典，没有任何考虑。相反，科学越是毫无顾忌和大公无私，它就越符合工人的利益和愿望。在劳动发展史中找到了理解全部社会史的锁钥的新派别，一开始就主要是面向工人阶级的，并且从工人阶级那里得到了同情，这种同情是它在官方科学那里既没有寻找也没有期望过的。德国的工人运动是德国古典哲学的继承者。

---

① 德文"Spekulation"既有"思辨"的意思，也有"投机"的意思。——编者注

弗·恩格斯写于 1886 年初　　　　　　　原文是德文

载于 1886 年《新时代》杂志第 4　　　　中文根据《马克思恩格斯全集》德文

年卷第 4、5 期　　　　　　　　　　　版第 21 卷翻译

（选自《马克思恩格斯文集》第 4 卷，人民出版社 2009 年版，第 277—313 页。）

注　释

174　关于梦中出现的人的形象是暂时离开肉体的灵魂等描写，见埃·特恩的著作《在圭亚那的印第安人中间》1883 年伦敦版第 344—346 页。——277。

175　这段引文在卡·施达克的《路德维希·费尔巴哈》1885 年斯图加特版第 166 页上引用过。引文摘自卡·格律恩《路德维希·费尔巴哈的书简、遗稿及其哲学特征的阐述》1874 年莱比锡—海德堡版第 2 卷第 308 页。——281。

176　自然神论是一种推崇理性原则，把上帝解释为非人格的始因的宗教哲学理论，曾是资产阶级反对封建制度和正统宗教的一种理论武器，也是无神论在当时的一种隐蔽形式。这种理论反对蒙昧主义和神秘主义，认为上帝不过是"世界理性"或"有智慧的意志"，上帝在创世之后就不再干预世界事务。而让世界按它本身的规律存在和发展下去。在封建教会世界观统治的条件下，自然神论者往往站在理性主义的立场上批判中世纪的神学世界观，揭露僧侣们的寄生生活和招摇撞骗的行为。——286。

177　这段引文摘自路·费尔巴哈的著作《哲学原理。变化的必然性》，见卡·格律恩《路德维希·费尔巴哈的书简、遗稿及其哲学特征的阐述》1874 年莱比锡—海德堡版第 1 卷第 407 页。——287。

178　引自路·费尔巴哈《驳躯体和灵魂、肉体和精神的二元论》，见《费尔巴哈全集》1846 年莱比锡版第 2 卷第 363 页。——290。

179　这段引文在卡·施达克《路德维希·费尔巴哈》1885 年斯图加特版第 254 页上引用过。引文摘自路·费尔巴哈的著作《贫穷操纵并取消所有法律》，见卡·格律恩《路德维希·费尔巴哈的书简、遗稿及其哲学特征的阐述》1874 年莱比锡—海德堡版第 2 卷第 285—286 页。——290。

180　这段引文在卡·施达克《路德维希·费尔巴哈》1885 年斯图加特版第 280 页上引用过。引文摘自路·费尔巴哈的著作《哲学原理。变化的必然性》，见卡·格律恩《路德维希·费尔巴哈的书简、遗稿及其哲学特征的阐述》1874 年莱比锡—海德堡版第 1 卷第 409 页。——290。

181　见卡·施达克《路德维希·费尔巴哈》1885 年斯图加特版第 280 页。——291。

182　黑格尔关于恶是历史发展动力的思想见他的著作《法哲学原理》第 18、139 节以及《宗教哲学讲演录》第 3 部第 2 篇第 3 章。后面这本著作的第一版于

1832 年在柏林出版。——291。

183 引自路·费尔巴哈《我的哲学经历的特征描述片断》，见《费尔巴哈全集》1846 年莱比锡版第 2 卷第 411 页。——291。

184 "萨多瓦的教师"是普鲁士军队在 1866 年奥普战争中萨多瓦一役获胜后，德国资产阶级政论文章中的流行用语，其意是将普鲁士军队获胜的原因归功于普鲁士优越的国民教育制度。这一用语源于《外国》杂志的编辑奥·佩舍尔发表在该杂志 1866 年 7 月 17 日第 29 期上的一篇题为《最近的战争历史的教训》的文章。——293。

185 指大·施特劳斯《基督教教理的历史发展及其同现代科学的斗争》1840—1841 年蒂宾根—斯图加特版第 1—2 卷，该书第二部的标题是《基督教教理的物质内容（教义学）》。——296。

186 指约·狄慈根的著作《人脑活动的实质。一个手艺人的描述，纯粹的和实践的理性的再批判》1869 年汉堡版。——298。

187 斯多亚派是公元前 4 世纪末产生于古希腊的一个哲学派别，因其创始人芝诺通常在雅典集市的画廊（画廊的希腊文是"στοα"）讲学，故称斯多亚派，又称画廊学派。

斯多亚派哲学分为逻辑学、物理学和伦理学，以伦理学为中心，逻辑学和物理学只是为伦理学提供基础。这个学派主要宣扬服从命运并带有浓厚宗教色彩的泛神论思想，其中既有唯物主义倾向，又有唯心主义思想。早期斯多亚派认为，认识来源于对外界事物的感觉，但又承认关于神、善恶、正义等的先天观念。他们把赫拉克利特的火和逻各斯看成一个东西，认为宇宙实体既是物质性的，同时又是创造一切并统治万物的世界理性，也是神、天命和命运，或称自然。人是自然的一部分，也受天命支配，人应该顺应自然的规律而生活，即遵照理性和道德而生活。合乎理性的行为就是德行，只有德行才能使人幸福。人要有德行，成为善人，就必须用理性克制情欲，达到清心寡欲以至无情无欲的境界。中期斯多亚派强调社会责任、道德义务，加强了道德生活中的禁欲主义倾向。晚期斯多亚派宣扬安于命运，服从命运，认为人的一生注定是有罪的、痛苦的，只有忍耐和克制欲望，才能摆脱痛苦和罪恶，得到精神的安宁和幸福。晚期斯多亚派的伦理思想为基督教的兴起准备了思想条件。——310、483。

188 尼西亚宗教会议是基督教会第一次世界性主教会议，这次会议于 325 年由罗马皇帝君士坦丁一世在小亚细亚的尼西亚城召开，约 300 名主教或代表主教的长老出席。会议针对当时教会存在的"三位一体"派和阿里乌派的信仰分歧，通过了一切基督徒必须遵守"三位一体"的信条（正统基督教教义的基本原则），不承认信条以叛国罪论。会议还制定了教会法规，以加强主教权力，实为加强皇帝权力。因主教由皇帝任免，从此基督教成为罗马帝国国教。—310、486。

189 阿尔比派是基督教的一个教派，12—13 世纪广泛传播于法国南部和意大利北部的城市，其主要发源地具法国南部阿尔比城。阿尔比派反对天主教的豪华仪式和教阶制度，它以宗教的形式反映了城市商业和手工业居民对封建制度的反抗。法国南部的部分贵族也加入了阿尔比派，他们企图剥夺教会的土地。法国北部的封建主和教皇称该派为南方法兰西的"异教徒"。1209 年教皇英诺森三世曾组织十字军征讨阿尔比派。经过 20 年战争和残酷的镇压，阿尔比派运动终于失败。——310。

190　指 16 世纪德国马丁·路德领导的宗教改革运动。参看恩格斯《德国农民战争》第二章（《马克思恩格斯文集》第 2 卷）。——310。

191　1689 年革命指 1688 年英国政变。这次政变驱逐了斯图亚特王朝的詹姆斯二世，宣布荷兰共和国的执政者奥伦治的威廉三世为英国国王。从 1689 年起，在英国确立了以土地贵族和大资产阶级的妥协为基础的立宪君主制。这次没有人民群众参加的政变被资产阶级史学家称做"光荣革命"。——311。

192　17 世纪 20 年代起对胡格诺教徒（加尔文派新教徒）施加的政治迫害和宗教迫害加剧，路易十四于 1685 年取消了亨利四世 1598 年颁布的南特敕令。这个敕令曾给予胡格诺教徒以信教和敬神的自由；由于南特敕令的取消，数十万胡格诺教徒离开了法国。——311。

193　小德意志帝国指 1871 年 1 月在普鲁士领导下建立的不包括奥地利在内的德意志帝国。普鲁士在 1866 年普奥战争中取得胜利以后，于 1867 年成立了以普鲁士为首的北德意志联邦，其成员有 19 个德意志邦和三个自由市。1870 年，北德意志联邦又吸收了德国西南的四个邦（巴登、黑森、巴伐利亚和符腾堡），并于 1871 年成立了德意志帝国。历史上把在普鲁士领导下实现统一的德意志联邦称为"小德意志"。——312、542。

十九、恩格斯致约瑟夫·布洛赫

柯尼斯堡

1890 年 9 月 21 ［—22］ 日于伦敦

尊敬的先生：

……根据唯物史观，历史过程中的决定性因素**归根到底**是现实生活的生产和再生产。无论马克思或我都从来没有肯定过比这更多的东西。如果有人在这里加以歪曲，说经济因素是**唯一**决定性的因素，那么他就是把这个命题变成毫无内容的、抽象的、荒诞无稽的空话。经济状况是基础，但是对历史斗争的进程发生影响并且在许多情况下主要是决定着这一斗争的**形式**的，还有上层建筑的各种因素：阶级斗争的各种政治形式及其成果——由胜利了的阶级在获胜以后确立的宪法等等，各种法的形式以及所有这些实际斗争在参加者头脑中的反映，政治的、法律的和哲学的理论，宗教的观点以及它们向教义体系的进一步发展。这里表现出这一切因素间的相互作用，而在这种相互作用中归根到底是经济运动作为必然的东西通过无穷无尽的偶然事件（即这样一些事物和事变，它们的内部联系是如此疏远或者是如此难于确定，以致我们可以认为这种联系并不存在，忘掉这种联系）向前发展。否则把理论应用于任何历史时期，就会比解一个简单的一次方程式更容易了。

我们自己创造着我们的历史，但是第一，我们是在十分确定的前提和条件下创造的。其中经济的前提和条件归根到底是决定性的。但是政治等等的前提和条件，甚至那些萦回于人们头脑中的传统，也起着一定的作用，虽然不是决定性的作用。普鲁士国家也是由于历史的、归根到底是经济的原因而产生出来和发展起来的。但是，恐怕只有书呆子才会断定，在北德意志的许多小邦中，勃兰登堡成为一个体现了北部和南部之间的经济差异、语言差异，而自宗教改革以来也体现了宗教差异的强国，这只是由经济的必然性决定的，而不是也由其他因素所决定的（在这里首先起作用的是这样一个情况：勃兰登堡由于掌握了普鲁士而卷入了波兰事件，并因而卷入了国际政治关系，这种关系在奥地利王室权力的形成过程中也起过决定性的作用）。要从经济上说明每一个德意志小邦的过去和现在的存在，或者要从经济上说明那种把苏台德山脉至陶努斯山所形成的地理划分扩大成为贯穿全德意志的真正裂痕的高地德语音变的起源，那么，很难不闹出笑话来。

但是第二，历史是这样创造的：最终的结果总是从许多单个的意志的相互冲突中产生出来的，而其中每一个意志，又是由于许多特殊的生活条件，才成为它所成为的那样。这样就有无数互相交错的力量，有无数个力的平行四边形，由此就产生出一个合力，即历史结果，而这个结果又可以看做一个作为整体的、**不自觉地**和不自主地起着作用的力量的产物。因为任何一个人的愿望都会受到任何另一个人的妨碍，而最后出现的结果就是谁都没有希望过的事物。所以到目前为止的历史总是像一种自然过程一样地进行，而且实质上也是服从于同一运动规律的。但是，各个人的意志——其中的每一个都希望得到他的体质和外部的、归根到底是经济的情况（或是他个人的，或是一般社会性的）使他向往的东西——虽然都达不到自己的愿望，而是融合为一个总的平均数，一个总的合力，然而从这一事实中决不应作出结论说，这些意志等于零。相反，每个意志都对合力有所贡献，因而是包括在这个合力里面的。

另外，我请您根据原著来研究这个理论，而不要根据第二手的材料来进行研究——这的确要容易得多。在马克思所写的文章中，几乎没有一篇不是贯穿着这个理论的。特别是《路易·波拿巴的雾月十八日》①，这本书是运用这个理论的十分出色的例子。《资本论》中的许多提示也是这样。再者，我也可以向您指出我的《欧根·杜林先生在科学中实行的变革》②和《路德维希·费尔巴哈和德国古典哲学的终结》③，我在这两部书里对历史唯物主义作了就我所知是目前最为详尽的阐述。

青年们有时过分看重经济方面，这有一部分是马克思和我应当负责的。我们在反驳我们的论敌时，常常不得不强调被他们否认的主要原则，并且不是始终都有时间、地点和机会来给其他参与相互作用的因素以应有的重视。但是，只要问题一关系到描述某个历史时期，即关系到实际的应用，那情况就不同了，这里就不容许有任何错误了。可惜人们往往以为，只要掌握了主要原理——而且还并不总是掌握得正确，那就算已经充分地理解了新理论并且立刻就能够应用它了。在这方面，我不能不责备许多最新的"马克思主义者"，他们也的确造成过惊人的混乱……

（选自《马克思恩格斯文集》第10卷，人民出版社2009年版，第591-594页。）

---

① 见《马克思恩格斯文集》第2卷。——编者注
② 恩格斯《反杜林论》，见《马克思恩格斯文集》第9卷。——编者注
③ 见《马克思恩格斯文集》第4卷。——编者注

二十、恩格斯致康拉德·施米特（节选）

柏 林

1890 年 10 月 27 日于伦敦

亲爱的施米特：

　　我现在刚刚抽出空来给您写回信。我认为，如果您接受《苏黎世邮报》的聘请，那您做得很对。在那里，您总可以在经济方面学到一些东西，特别是如果您注意到，苏黎世毕竟只是第三等的货币和投机市场，因而在那里得到的印象都是由于双重和三重的反映而被削弱或者被故意歪曲了的。但是您会在实践中熟悉全部机制，并且不得不注意来自伦敦、纽约、巴黎、柏林、维也纳的第一手交易所行情报告，这样，您就会看到反映为货币和证券市场的世界市场。经济的、政治的和其他的反映同人的眼睛中的反映完全一样，它们都通过聚光透镜，因而表现为倒立的影像——头足倒置。只是缺少一个使它们在观念中又正过来的神经器官。货币市场的人所看到的工业和世界市场的运动，恰好只是货币和证券市场的倒置的反映，所以在他们看来结果就变成了原因。这种情况我早在 40 年代就在曼彻斯特看到过：伦敦的交易所行情报告对于认识工业的发展进程及其周期性的起落是绝对无用的，因为这些先生们想用货币市场的危机来解释一切，而这种危机本身多半只是一些征兆。当时的问题是有人要否认工业危机来源于暂时的生产过剩，所以问题还有让人们趋向于进行曲解这一方面。现在，至少对我们来说这一点已经永远消失，而且事实的确是这样：货币市场也会有自己的危机，工业中的直接的紊乱对这种危机只起次要的作用，甚至根本不起作用。这里还需要弄清和研究一些问题，特别是要考虑到最近 20 年的历史。

　　凡是存在着社会规模的分工的地方，局部劳动过程也都成为相互独立的。生产归根到底是决定性的东西。但是，产品贸易一旦离开本来的生产而独立起来，它就循着本身的运动方向运行，这一运动总的说来是受生产运动支配的，但是在单个的情况下和在这个总的隶属关系以内，它毕竟还是循着这个新因素的本性所固有的规律运行的，这个运动有自己的阶段，并且也对生产运动起反作用。美洲的发现是先前就已经驱使葡萄牙人到非洲去的那种黄金欲所促成的（参看泽特贝尔《贵金属的生产》），因为 14 世纪和 15 世纪蓬勃发展的欧洲工业以及与之相适应的贸易，要求有更多的交换手段，这是德国——1450—1550 年的白银大国——所提供不出来的。葡萄牙人、荷兰人和英国人在 1500—1800 年间侵占印度，目的是要从印度输入，谁也没有想到要向那里输出。但是这些纯粹由贸易利益促成的发现和侵略，终归还是对工业起了极大的反作用：只是由于有**向**这些国家**输出**的需要，才创立和发展了大工业。

货币市场也是如此。货币贸易同商品贸易一分离，它就有了——在生产和商品贸易所决定的一定条件下并在这一范围内——它自己的发展，它自己的本性所决定的特殊规律和独特阶段。此外，货币贸易在这种进一步的发展中扩大到证券贸易，这些证券不仅是国家证券，而且也包括工业和运输业的股票，因而总的说来支配着货币贸易的生产，有一部分就为货币贸易所直接支配，这样货币贸易对于生产的反作用就变得更为厉害而复杂了。金融家是铁路、矿山、钢铁厂等的所有者。这些生产资料获得了双重的性质：它们的经营时而应当适合于直接生产的利益，时而应当适合于股东（就他们同时是金融家而言）的需要。关于这一点，最明显的例子就是北美的铁路。这些铁路的经营完全取决于杰·古尔德、万德比尔特这样一些人当前的交易所业务——这种业务同某条特定的铁路及其作为交通工具来经营的利益是完全不相干的。甚至在英国这里我们也看到过各个铁路公司为了划分地盘而进行的长达数十年之久的斗争，这种斗争耗费了巨额资金，它并不是为了生产和运输的利益，而完全是由于竞争造成的，这种竞争往往只有一个目的，即让握有股票的金融家便于经营交易所业务。

在上述关于我对生产和商品贸易的关系以及两者和货币贸易的关系的见解的几点说明中，我基本上也已经回答了您关于历史唯物主义本身的问题。从分工的观点来看问题最容易理解。社会产生它不能缺少的某些共同职能。被指定执行这种职能的人，**形成社会内部**分工的一个新部门。这样，他们也获得了同授权给他们的人相对立的特殊利益，他们同这些人相对立而独立起来，于是就出现了国家。然后便发生像在商品贸易中和后来在货币贸易中发生的那种情形：新的独立的力量总的说来固然应当尾随生产的运动，然而由于它本身具有的、即它一经获得便逐渐向前发展的相对独立性，它又对生产的条件和进程发生反作用。这是两种不相等的力量的相互作用：一方面是经济运动，另一方面是追求尽可能大的独立性并且一经确立也就有了自己的运动的新的政治权力。总的说来，经济运动会为自己开辟道路，但是它也必定要经受它自己所确立的并且具有相对独立性的政治运动的反作用，即国家权力的以及和它同时产生的反对派的运动的反作用。正如在货币市场中，总的说来，并且在上述条件之下，反映出，而且当然是**头足倒置地**反映出工业市场的运动一样，在政府和反对派之间的斗争中也反映出先前已经存在着并且正在斗争着的各个阶级的斗争，但是这个斗争同样是头足倒置地、不再是直接地、而是间接地、不是作为阶级斗争、而是作为维护各种政治原则的斗争反映出来的，并且是这样头足倒置起来，以致需要经过上千年我们才终于把它的真相识破。

国家权力对于经济发展的反作用可以有三种：它可以沿着同一方向起作用，在这种情况下就会发展得比较快；它可以沿着相反方向起作用，在这种情况下，像现在每个大民族的情况那样，它经过一定的时期都要崩溃；或者是它可以阻止经济发展沿着某些方向走，而给它规定另外的方向——这种情况归根到底还是归结为前两种情况中的一种。但是很明显，在第二和第三种情况下，政治权力会给经济发展带来巨大的损害，并造成大量人力和物力的浪费。

此外，还有侵占和粗暴地毁灭经济资源的情况；由于这种情况，从前在一定条件下某一地方和某一民族的全部经济发展可能被毁灭。现在，这种情况多半都有相反的作用，至少在各大民族中间是如此：从长远看，战败者在经济上、政治上和道义上赢得的东西有时比胜利者更多。

法也与此相似：产生了职业法学家的新分工一旦成为必要，就又开辟了一个新的独立领域，这个领域虽然一般地依赖于生产和贸易，但是它仍然具有对这两个领域起反作用的特殊能力。在现代国家中，法不仅必须适应于总的经济状况，不仅必须是它的表现，而且还必须是不因内在矛盾而自相抵触的**一种内部和谐一致的**表现。而为了达到这一点，经济关系的忠实反映便日益受到破坏。法典越是不把一个阶级的统治鲜明地、不加缓和地、不加歪曲地表现出来（否则就违反了"法的概念"），这种现象就越常见。1792—1796 年时期革命资产阶级的纯粹而彻底的法的概念，在许多方面已经在拿破仑法典[550]中被歪曲了，而就它在这个法典中的体现来说，它必定由于无产阶级的不断增长的力量而每天遭到各种削弱。但是这并不妨碍拿破仑法典成为世界各地编纂一切新法典时当做基础来使用的法典。这样，"法的发展"的进程大部分只在于首先设法消除那些由于将经济关系直接翻译成法律原则而产生的矛盾，建立和谐的法的体系，然后是经济进一步发展的影响和强制力又一再突破这个体系，并使它陷入新的矛盾（这里我暂时只谈民法）。

经济关系反映为法的原则，同样必然是一种头足倒置的反映。这种反映是在活动者没有意识到的情况下发生的；法学家以为他是凭着先验的原理来活动的，然而这只不过是经济的反映而已。这样一来，一切都头足倒置了。而这种颠倒——在它没有被认识的时候构成我们称之为**意识形态观点**的那种东西——又对经济基础发生反作用，并且能在某种限度内改变经济基础，我认为这是不言而喻的。以家庭的同一发展阶段为前提，继承法的基础是经济的。尽管如此，也很难证明：例如在英国立遗嘱的绝对自由，在法国对这种自由的严格限制，在一切细节上都只是出于经济的原因。但是二者都对经济起着很大的反作用，因为二者都影响财产的分配。

至于那些更高地悬浮于空中的意识形态的领域，即宗教、哲学等等，它们都有一种被历史时期所发现和接受的史前的东西，这种东西我们今天不免要称之为愚昧。这些关于自然界、关于人本身的性质、关于灵魂、魔力等等的形形色色的虚假观念，多半只是在消极意义上以经济为基础；史前时期低水平的经济发展有关于自然界的虚假观念作为补充，但是有时也作为条件，甚至作为原因。虽然经济上的需要曾经是，而且越来越是对自然界的认识不断进展的主要动力，但是，要给这一切原始状态的愚昧寻找经济上的原因，那就太迂腐了。科学的历史，就是逐渐消除这种愚昧的历史，或者说，是用新的、但越来越不荒唐的愚昧取而代之的历史。从事这些事情的人们又属于分工的特殊部门，并且认为自己是致力于一个独立的领域。只要他们形成社会分工之内的独立集团，他们的产物，包括他们的错误在内，就要反过来影响全部社会发展，甚至影响经济发展。但是，尽管如此，他们本身又处于经济发展的起支配作用的影响之下。例如在哲学上，拿资产阶级时期来说这种情形是最容易证明的。霍布斯是第一个现代唯物主义者（18 世纪意义上的），但是当专制君主制在整个欧洲处于全盛时期，并在英国开始和人民进行斗争的时候，他是专制制度的拥护者。洛克在宗教上和政治上都是 1688 年的阶级妥协[551] 的产儿。英国自然神论者[552] 和他们的更彻底的继承者法国唯物主义者都是真正的资产阶级哲学家，法国人甚至是资产阶级革命的哲学家。在从康德到黑格尔的德国哲学中始终显现着德国庸人的面孔——有时积极地，有时消极地。但是，每一个时代的哲学作为分工的一个特定的领域，都具有由它的先驱传给它而它便由此出发的特定的思想材料作为前提。因此，经济上落后的国家在哲学上仍然能够演奏第一小提琴：18 世纪的法国对英国来说是如此（法国人是以英国哲学为依据的），后来的德国对英法两国来说也是如此。但是，不论在法国或是在德国，哲学和那个时代的普遍的学术繁荣一样，也是经济高涨的结果。经济发展对这些领域也具有最终的至上权力，这在我看来是确定无疑的，但是这种至上权力是发生在各个领域本身所规定的那些条件的范围内：例如在哲学中，它是发生在这样一种作用所规定的条件的范围内，这种作用就是各种经济影响（这些经济影响多半又只是在它的政治等等的外衣下起作用）对先驱所提供的现有哲学材料发生的作用。经济在这里并不重新创造出任何东西，但是它决定着现有思想材料的改变和进一步发展的方式，而且多半也是间接决定的，因为对哲学发生最大的直接影响的，是政治的、法律的和道德的反映。

关于宗教，我在论费尔巴哈①的最后一章里已经把最必要的东西说过了。

因此，如果巴尔特认为我们否认经济运动的政治等等的反映对这个运动本身的任何反作用，那他就简直是跟风车作斗争了。他只需看看马克思的《**雾月十八日**》②，那里谈到的几乎都是政治斗争和政治事件所起的**特殊**作用，当然是在它们**一般**依赖于经济条件的范围内。或者看看《资本论》，例如关于工作日的那一篇③，那里表明立法起着多么重大的作用，而立法就是一种政治行动。也可以看看关于资产阶级的历史的那一篇（第二十四章）④。再说，如果政治权力在经济上是无能为力的，那么我们何必要为无产阶级的政治专政而斗争呢？暴力（即国家权力）也是一种经济力量！

但是我现在没有时间来评论这本书⑤了。首先必须出版第三卷⑥，而且我相信，例如伯恩施坦也能把这件事情很好地完成。

所有这些先生们所缺少的东西就是辩证法。他们总是只在这里看到原因，在那里看到结果。他们从来看不到：这是一种空洞的抽象，这种形而上学的两极对立在现实世界只存在于危机中，而整个伟大的发展过程是在相互作用的形式中进行的（虽然相互作用的力量很不相等：其中经济运动是最强有力的、最本原的、最有决定性的），这里没有什么是绝对的，一切都是相对的。对他们说来，黑格尔是不存在的……

（选自《马克思恩格斯文集》第 10 卷，人民出版社 2009 年版，第 594—601 页。）

---

① 恩格斯《路德维希·费尔巴哈和德国古典哲学的终结》，见《马克思恩格斯文集》第 4 卷。——编者注
② 马克思《路易·波拿巴的雾月十八日》，见《马克思恩格斯文集》第 2 卷。——编者注
③ 见《马克思恩格斯文集》第 5 卷第 267—350 页。——编者注
④ 见《马克思恩格斯文集》第 5 卷第 820—875 页。——编者注
⑤ 保·巴尔特《黑格尔和包括马克思及哈特曼在内的黑格尔派的历史哲学》1890 年莱比锡版。——编者注
⑥ 马克思《资本论》第三卷。——编者注

注 释

550　拿破仑法典在这里不仅仅是指在拿破仑统治时期于 1804 年通过并以《拿破仑法典》著称的民法典，而是广义地指 1804—1810 年拿破仑第一统治时期通过的五部法典：民法典、民事诉讼法典、商业法典、刑法典和刑事诉讼法典。这些法典曾沿用于拿破仑法国所占领的德国西部和西南部，在莱茵省于 1815 年归并于普鲁士以后仍然有效。恩格斯称法兰西民法典（《拿破仑法典》本身）为"典型的资产阶级社会的法典"（见《马克思恩格斯文集》第 4 卷第 307 页）。——598。

551　指英国 1688 年政变。这次政变驱逐了斯图亚特王朝的詹姆斯二世，宣布荷兰共和国的执政者奥伦治的威廉三世为英国国王。从 1689 年起，在英国确立了以土地贵族和大资产阶级的妥协为基础的立宪君主制。这次没有人民群众参加的政变被资产阶级史学家称做"光荣革命"。——599。

552　自然神论者是一种推崇理性原则，把上帝解释为非人格的始因的宗教哲学理论，曾是资产阶级反对封建制度和正统宗教的一种理论武器，也是无神论在当时的一种隐蔽形式。这种理论反对蒙昧主义和神秘主义，认为上帝不过是"世界理性"或"有智慧的意志"，上帝在创世之后就不再干预世界事务，而让世界按它本身的规律存在和发展下去。在封建教会世界观统治的条件下，自然神论者往往站在理性主义的立场上批判中世纪的神学世界观，揭露僧侣们的寄生生活和招摇撞骗的行为。——599。

二十一、恩格斯致弗兰茨·梅林

柏 林

1893 年 7 月 14 日于伦敦

亲爱的梅林先生：

直到今天我才有机会感谢您惠寄的《莱辛传奇》。我不想仅仅是正式通知您书已经收到，还想同时谈谈这本书本身——它的内容，因此就拖延下来了。

我从末尾，即从《论历史唯物主义》这篇附录①谈起。在这里主要的东西您都论述得很出色，对每一个没有成见的人都是有说服力的。如果说我有什么异议，那就是您加在我身上的功绩大于应该属于我的，即使我把我经过一定时间也许会独立发现的一切都计算在内也是如此，但是这一切都已经由眼光更锐利、眼界更开阔的马克思早得多地发现了。如果一个人能有幸和马克思这样的人一起工作 40 年之久，那么他在后者在世时通常是得不到他以为应当得到的承认的；后来，伟大的人物逝世了，那个平凡的人就很容易得到过高的评价——在我看来，现在我的处境正好是这样。历史最终会把一切都纳入正轨，到那时那个人已经幸运地长眠于地下，什么也不知道了。

此外，只有一点还没有谈到，这一点在马克思和我的著作中通常也强调得不够，在这方面我们大家都有同样的过错。这就是说，我们大家首先是把重点放在从基本经济事实中**引出**政治的、法的和其他意识形态的观念以及以这些观念为中介的行动，而**且必须这样做**。但是我们这样做的时候为了内容方面而忽略了形式方面，即这些观念等等是由什么样的方式和方法产生的。这就给了敌人以称心的理由来进行曲解或歪曲，保尔·巴尔特就是个明显的例子②。

意识形态是由所谓的思想家通过意识、但是通过虚假的意识完成的过程。推动他的真正动力始终是他所不知道的，否则这就不是意识形态的过程了。因此，他想象出虚假的或表面的动力。因为这是思维过程，所以它的内容和形式都是他从纯粹的思维中——或者从他自己的思维中，或者从他的先辈的思维中引出的。他只和思想材料打交道，他毫不迟疑地认为这种材料是由思维产生的，而不去进一步研究这些材料的较远的、不从属于思维的根源。而且他认为这是不言而喻的，因为在他看来，一切行动既然都以思维为**中介**，最终似乎都以思维为**基础**。

历史方面的意识形态家（历史在这里应当是政治、法律、哲学、神学，总之，一

---

① 弗·梅林《论历史唯物主义》，作为附录收入《莱辛传奇》1893 年版。——编者注
② 指保·巴尔特《黑格尔和包括马克思及哈特曼在内的黑格尔派的历史哲学》1890 年莱比锡版。——编者注

切属于**社会**而不是单纯属于自然界的领域的简单概括）在每一科学领域中都有一定的材料，这些材料是从以前的各代人的思维中独立形成的，并且在这些世代相继的人们的头脑中经过了自己的独立的发展道路。当然，属于本领域或其他领域的外部事实对这种发展可能共同起决定性的作用，但是这种事实本身又被默认为只是思维过程的果实，于是我们便始终停留在纯粹思维的范围之中，而这种思维仿佛顺利地消化了甚至最顽强的事实。

正是国家制度、法的体系、各个不同领域的意识形态观念的独立历史这种外观，首先迷惑了大多数人。如果说，路德和加尔文"克服了"官方的天主教，黑格尔"克服了"费希特和康德，卢梭以其共和主义的《社会契约论》间接地"克服了"立宪主义者孟德斯鸠，那么，这仍然是神学、哲学、政治学内部的一个过程，它表现为这些思维领域历史中的一个阶段，完全不越出思维领域。而自从出现了关于资本主义生产永恒不变和绝对完善的资产阶级幻想以后，甚至重农主义者和亚当·斯密克服重商主义者，也被看做纯粹的思想胜利；不是被看做改变了的经济事实在思想上的反映，而是被看做对始终普遍存在的实际条件最终达到的真正理解。如果狮心理查德和菲利普-奥古斯特实行了自由贸易，而不是卷入了十字军征讨，那我们就可以避免500年的贫穷和愚昧。

对问题的这一方面（我在这里只能稍微谈谈），我觉得我们大家都有不应有的疏忽。这是一个老问题：起初总是为了内容而忽略形式。如上所说，我也这样做过，而且我总是在事后才发现错误。因此，我不仅根本不想为此对您提出任何责备——我在您之前就在这方面有过错，我甚至没有权利这样做——，相反，我只是想让您今后注意这一点。

与此有关的还有意识形态家们的一个愚蠢观念。这就是：因为我们否认在历史中起作用的各种意识形态领域有独立的历史发展，所以我们也否认它们对**历史**有任何**影响**。这是由于通常把原因和结果非辩证地看做僵硬对立的两极，完全忘记了相互作用。这些先生们常常几乎是故意地忘记，一种历史因素一旦被其他的、归根到底是经济的原因造成了，它也就起作用，就能够对它的环境，甚至对产生它的原因发生反作用。例如在您的书中第475页上巴尔特讲到教士等级和宗教的地方，就是如此。我很高兴您收拾了这个平庸得令人难以置信的家伙。而他们还让这个人在莱比锡当历史教授呢！那里曾经有个老瓦克斯穆特，这个人头脑也很平庸，但对事实很敏感，完全是另一种人！

此外，关于这本书，我只能再重复一下那些文章在《新时代》上发表①时我已经不止一次地讲过的话：这是现有的对普鲁士国家形成过程的最好的论述，我甚至可以说，是唯一出色的论述，对大多数事情，甚至各个细节，都正确地揭示出相互联系。令人遗憾的，只是您未能把直到俾斯麦为止的全部进一步发展也包括进去，我不由地希望您下一次会做到这一点，连贯地描绘出自选帝侯弗里德里希-威廉②到老威廉②为止的整

---

① 弗·梅林《莱辛传奇》1891—1892年在《新时代》杂志上连载。——编者注
② 威廉一世。——编者注

个情景。您已经做过准备性的研究工作，至少在主要问题上可以说已经完成了。而在破马车散架以前这件事无论如何是必须做好的。打破保皇爱国主义的神话，这即使不是铲除掩盖着阶级统治的君主制度（因为**纯粹**的资产阶级共和制在德国还没有产生出来就已经过时了）的必要前提，也毕竟是完成这一任务的最有效的杠杆之一。

这样您就会有更多的余地和机会把普鲁士的地方史当做全德苦难的一部分描绘出来。正是在这一点上，我在某些地方不同意您的意见，不同意您对德国的割据局面和16世纪德国资产阶级革命失败的先决条件的见解。如果我有机会重新改写我的《农民战争》①的历史导言（希望这能在今年冬季实现），那么我就能在那里阐述有关的各点。⁶⁰⁸这并不是说我认为您列举的各种先决条件不正确，但是除此之外我还要提出其他一些，并加以稍许不同的分类。

在研究德国历史（它完全是一部苦难史）时，我始终认为，只有拿法国的相应的时代来作比较，才可以得出正确的标准，因为那里发生的一切正好和我们这里发生的相反。那里是封建国家的各个分散的成员组成一个民族国家，我们这里恰好是处于最严重的衰落时期。那里的整个发展过程中贯穿着罕见的客观逻辑，我们这里则表现出不可救药的，而且越来越不可救药的紊乱。在那里，在中世纪，英国征服者是外国干涉的代表，帮助普罗旺斯族反对北法兰西族。对英国人的战争可说是三十年战争³⁰⁹，但是战争的结果是外国干涉者被驱逐出去和南部被北部制服。随后是中央政权同依靠国外领地、起着勃兰登堡—普鲁士所起作用的勃艮第藩国的斗争，但是这一斗争的结果是中央政权获得胜利和民族国家最后形成。⁶⁰⁹在我们这里，当时恰好是民族国家彻底瓦解（如果神圣罗马帝国³¹⁷范围内的"德意志王国"可以称为民族国家的话），德国领土开始大规模被掠夺。这对德国人来说是极其令人羞愧的对照，但是正因为如此就更有教益，自从我们的工人重又使德国站在历史运动的前列以来，我们对过去的耻辱就稍微容易忍受了。

德国的发展还有一点是极其特殊的，这就是：最终共同瓜分了整个德国的两个帝国组成部分，都不纯粹是德意志的，而是在被征服的斯拉夫人土地上建立的殖民地：奥地利是巴伐利亚的殖民地，勃兰登堡是萨克森的殖民地；它们之所以**在德国内部**取得了政权，仅仅是因为它们依靠了国外的、非德意志的领地：奥地利依靠了匈牙利（更不用说波希米亚了），勃兰登堡依靠了普鲁士。在最受威胁的西部边境上，这类事情是根本没有的，在北部边境上，保护德国不受丹麦人侵犯一事是让丹麦人自己去做的，而南部则很少需要保卫，甚至国境保卫者瑞士人自己就能从德国分立出去！

我已经天南地北地扯得太远了；让这些空话至少给您作个证据，证明您的著作使我多么兴奋吧！

再次表示衷心的感谢和问候。

您的 弗·恩格斯

（选自《马克思恩格斯文集》第10卷，人民出版社2009年版，第656—661页。）

---

① 恩格斯《德国农民战争》，见《马克思恩格斯文集》第2卷。——编者注

注　释

608　恩格斯曾计划修改《德国农民战争》（见《马克思恩格斯文集》第 2 卷），
　　增加有关德国史的大量材料，但由于要整理和编辑《资本论》第二、三卷及
　　撰写其他文章，他的这个计划未能实现。不过，他为这个新版准备的片断和
　　提纲保存了下来（见《马克思恩格斯全集》中文第 1 版第 21 卷第 448—460
　　页）。——660、681。

309　三十年战争（1618—1648 年）是一次全欧洲范围的战争，由新教徒和天主教
　　徒之间的斗争引起，是欧洲国家集团之间矛盾尖锐化的结果。德国是战争的
　　主要场所，是战争参加者进行军事掠夺和侵略的对象。

　　　　三十年战争分为四个时期：捷克时期（1618—1624 年），丹麦时期
　　（1625—1629 年），瑞典时期（1630—1635 年）以及法国瑞典时期（1635—
　　1648 年）。

　　　　三十年战争以 1648 年缔结威斯特伐利亚和约而告结束，和约的签订加
　　深了德国政治上的分裂。——348、538、584、660。

609　勃艮第公国是 9 世纪在法国东部塞纳河和卢瓦尔河的上游地区建立的，后来
　　兼并了大片领土（弗朗什孔泰，法国北部一部分和尼德兰），在 14—15 世纪
　　成了独立的封建国家，15 世纪下半叶在勃艮第公爵大胆查理时代达到鼎盛。
　　勃艮第公国力图扩张自己的属地，成了建立中央集权的法兰西君主国的障
　　碍；勃艮第的封建贵族和法国封建主结成联盟，共同对抗法国国王路易十一
　　的中央集权政策，并对瑞士和洛林发动了侵略战争。路易十一建立了瑞士人
　　和洛林人的联盟来对付勃艮第。在反对联盟的战争（1474—1477 年）中大胆
　　查理的军队被击溃，他本人在南锡附近的会战（1477 年）中被瑞士、洛林
　　联军击毙；勃艮第公国本土遂为法国所并，尼德兰部分则转归哈布斯堡王
　　朝。——661。

317　神圣罗马帝国（962—1806 年）是欧洲封建帝国。公元 962 年，德意志国王
　　奥托一世在罗马由教皇加冕，成为帝国的最高统治者。1034 年帝国正式称为
　　罗马帝国。1157 年称神圣帝国，1254 年称神圣罗马帝国。到了 1474 年，神
　　圣罗马帝国被称为德意志民族神圣罗马帝国。帝国在不同时期包括德意志、
　　意大利北部和中部、法国东部、捷克、奥地利、匈牙利、荷兰和瑞士，是由
　　具有不同政治制度、法律和传统的封建王国和公国以及教会领地和自由城市
　　组成的松散的联盟。1806 年，对法战争失败后，弗兰茨二世被迫放弃神圣罗
　　马帝国皇帝的称号，这一帝国便不复存在了。——353、661。

二十二、恩格斯致瓦尔特·博尔吉乌斯

布雷斯劳

1894 年 1 月 25 日于伦敦西北区
瑞琴特公园路 122 号

尊敬的先生：对您的问题回答如下：

1. 我们视之为社会历史的决定性基础的经济关系，是指一定社会的人们生产生活资料和彼此交换产品（在有分工的条件下）的方式。因此，这里包括生产和运输的**全部技术**。这种技术，照我们的观点看来，也决定着产品的交换方式以及分配方式，从而在氏族社会解体后也决定着阶级的划分，决定着统治关系和奴役关系，决定着国家、政治、法等等。此外，在经济关系中还包括这些关系赖以发展的**地理基础**和事实上由过去沿袭下来的先前各经济发展阶段的残余（这些残余往往只是由于传统或惰性才继续保存着），当然还包括围绕着这一社会形式的外部环境。

如果像您所说的，技术在很大程度上依赖于科学状况，那么，科学则在更大得多的程度上依赖于技术的**状况**和**需要**。社会一旦有技术上的需要，这种需要就会比十所大学更能把科学推向前进。整个流体静力学（托里拆利等）是由于 16 世纪和 17 世纪意大利治理山区河流的需要而产生的。关于电，只是在发现它在技术上的实用价值以后，我们才知道了一些理性的东西。可惜在德国，人们撰写科学史时习惯于把科学看做是从天上掉下来的。

2. 我们把经济条件看做归根到底制约着历史发展的东西。而种族本身就是一种经济因素。不过这里有两点不应当忽视：

（a）政治、法、哲学、宗教、文学、艺术等等的发展是以经济发展为基础的。但是，它们又都互相作用并对经济基础发生作用。这并不是说，只有经济状况才是**原因，才是积极的**，其余一切都不过是消极的结果，而是说，这是在**归根到底**不断为自己开辟道路的经济必然性的基础上的相互作用。例如，国家就是通过保护关税、自由贸易、好的或者坏的财政制度发生作用的，甚至德国庸人的那种从 1648—1830 年德国经济的可怜状况中产生的致命的疲惫和软弱（最初表现为虔诚主义，尔后表现为多愁善感和对诸侯贵族的奴颜婢膝），也不是没有对经济起过作用。这曾是重新振兴的最大障碍之一，而这一障碍只是由于革命战争和拿破仑战争把慢性的穷困变成了急性的穷困才动摇了。所以，并不像人们有时不加思考地想象的那样是经济状况自动发生作用，而是人们自己创造自己的历史，但他们是在既定的、制约着他们的环境中，是在现有的现实关系的基础上进行创造的，在这些现实关系中，经济关系不管受到其他关系——政治的和意识形态的——多大影响，归根到底还是具有决定意义的，它构成一条贯穿始终的、唯一有助于理解的红线。

（b）人们自己创造自己的历史，但是到现在为止，他们并不是按照共同的意志，根据一个共同的计划，甚至不是在一个有明确界限的既定社会内来创造自己的历史。他们的意向是相互交错的，正因为如此，在所有这样的社会里，都是那种以**偶然性**为其补充和表现形式的**必然性**占统治地位。在这里通过各种偶然性来为自己开辟道路的必然性，归根到底仍然是经济的必然性。这里我们就来谈谈所谓伟大人物问题。恰巧某个伟大人物在一定时间出现于某一国家，这当然纯粹是一种偶然现象。但是，如果我们把这个人去掉，那时就会需要有另外一个人来代替他，并且这个代替者是会出现的，不论好一些或差一些，但是最终总是会出现的。恰巧拿破仑这个科西嘉人做了被本身的战争弄得精疲力竭的法兰西共和国所需要的军事独裁者，这是个偶然现象。但是，假如没有拿破仑这个人，他的角色就会由另一个人来扮演。这一点可以由下面的事实来证明：每当需要有这样一个人的时候，他就会出现，如凯撒、奥古斯都、克伦威尔等等。如果说马克思发现了唯物史观，那么梯叶里、米涅、基佐以及 1850 年以前英国所有的历史编纂学家则表明，人们已经在这方面作过努力，而摩尔根对于同一观点的发现表明，发现这一观点的时机已经成熟了，这一观点**必定被发现**。

历史上所有其他的偶然现象和表面的偶然现象都是如此。我们所研究的领域越是远离经济，越是接近于纯粹抽象的意识形态，我们就越是发现它在自己的发展中表现为偶然现象，它的曲线就越是曲折。如果您画出曲线的中轴线，您就会发现，所考察的时期越长，所考察的范围越广，这个轴线就越是接近经济发展的轴线，就越是同后者平行而进。

在德国，达到正确理解的最大障碍，就是著作界对于经济史的不负责任的忽视。不仅很难抛掉学校里灌输的那些历史观，而且更难搜集为此所必需的材料。例如，老古·冯·居利希在自己的枯燥的材料汇集①中的确收集了能够说明无数政治事实的大量材料，可是他的著作又有谁读过呢！

此外，我认为马克思在《雾月十八日》② 一书中所作出的光辉范例，能对您的问题给予颇为圆满的回答，正是因为那是一个实际的例子。我还认为，大多数问题都已经在《反杜林论》第一编第九至十一章、第二编第二至四章和第三编第一章或导言里，后来又在《费尔巴哈》③ 最后一章里谈到了。

请您不要过分推敲上面所说的每一句话，而要把握总的联系；可惜我没有时间能像给报刊写文章那样字斟句酌地向您阐述这一切。

----

① 古·居利希《关于当代主要商业国家的商业、工业和农业的历史叙述》1830—1845 年耶拿版。——编者注

② 马克思《路易·波拿巴的雾月十八日》，见《马克思恩格斯文集》第 2 卷。——编者注

③ 恩格斯《路德维希·费尔巴哈和德国古典哲学的终结》，见《马克思恩格斯文集》第 4 卷。——编者注

请代我向……①先生问好并代我感谢送来的……②，它使我十分高兴。

致以崇高的敬意。

您的　弗·恩格斯

（选自《马克思恩格斯文集》第 10 卷，人民出版社 2009 年版，第 667-670 页。）

---

① 原信此处缺损。——编者注
② 原信此处缺损。——编者注

第三部分　马克思
恩格斯合著著作

二十三、德意志意识形态（节选）

对费尔巴哈、布·鲍威尔和施蒂纳所代表的现代德国
哲学以及各式各样先知所代表的德国社会主义的批判

第一卷第一章

费尔巴哈
唯物主义观点和唯心主义观点的对立
[I]

正如德意志意识形态家们①所宣告的，德国在最近几年里经历了一次空前的变革。从施特劳斯开始的黑格尔体系的解体过程¹⁸³发展为一种席卷一切"过去的力量"的世界性骚动。在普遍的混乱中，一些强大的王国产生了，又匆匆消逝了，瞬息之间出现了许多英雄，但是马上又因为出现了更勇敢更强悍的对手而销声匿迹。这是一次革命，法国革命同它相比只不过是儿戏；这是一次世界斗争，狄亚多希¹⁸⁴的斗争在它面前简直微不足道。一些原则为另一些原则所代替，一些思想勇士为另一些思想勇士所歼灭，其速度之快是前所未闻的。在1842—1845年这三年中间，在德国进行的清洗比过去三个世纪都要彻底得多。

据说这一切都是在纯粹的思想领域中发生的。

然而，不管怎么样，这里涉及的是一个有意义的事件：绝对精神的瓦解过程。在最后一点生命的火花熄灭之后，这具残骸②的各个组成部分就分解了，它们重新化合，构成新的物质。那些以哲学为业，一直以经营绝对精神为生的人们，现在都扑向这种新的化合物。每个人都不辞劳苦地兜售他所得到的那一份。竞争不可避免。起初这种

---

① "意识形态家"原文为 Ideologe，过去曾译"思想家"、"玄想家"。Ideologe 一词是由 Ideologie（意识形态）派生出来的。为了保持这两个词译法的一致性，现将"思想家"、"玄想家"改为"意识形态家"。当时以青年黑格尔派为主要代表的德国哲学，颠倒意识与存在、思想与现实的关系，以纯思想批判代替反对现存制度的实际斗争。马克思和恩格斯把这种哲学称为"德意志意识形态"，把鼓吹这种哲学的人称为"德意志意识形态家"。——编者注

② 原文是 caput mortum，原意为"骷髅"；在化学中，是指蒸馏过程结束后的残留物。——编者注

竞争还相当体面，并且循规蹈矩。后来，当商品充斥德国市场，而在世界市场上尽管竭尽全力也无法找到销路的时候，按照通常的德国方式，生意都因搞批量的和虚假的生产，因质量降低、原料掺假、伪造商标、买空卖空、票据投机以及没有任何现实基础的信用制度而搞糟了。竞争变成了激烈的斗争，而这个斗争现在却被吹嘘和构想成一种具有世界历史意义的变革，一种产生了十分重大的结果和成就的因素。

为了正确地评价这种甚至在可敬的德国市民心中唤起怡然自得的民族感情的哲学叫卖，为了清楚地表明这整个青年黑格尔派运动的狭隘性、地域局限性，特别是为了揭示这些英雄们的真正业绩和关于这些业绩的幻想之间的令人啼笑皆非的显著差异，就必须站在德国以外的立场上来考察一下这些喧嚣吵嚷。①

一　费尔巴哈

A. 一般意识形态，特别是德意志意识形态

德国的批判，直至它最近所作的种种努力，都没有离开过哲学的基地。这个批判虽然没有研究过自己的一般哲学前提，但是它谈到的全部问题终究是在一定的哲学体系即黑格尔体系的基地上产生的。不仅是它的回答，而且连它所提出的问题本身，都包含着神秘主义。对黑格尔的这种依赖关系正好说明了为什么在这些新出现的批判家中甚至没有一个人试图对黑格尔体系进行全面的批判，尽管他们每一个人都断言自己已经超越黑格尔哲学。他们和黑格尔的论战以及他们相互之间的论战，只局限于他们当中的每一个人都抓住黑格尔体系的某一方面，用它来反对整个体系，也反对别人所抓住的那些方面。起初他们还是抓住纯粹的、未加伪造的黑格尔的范畴，如"实体"和"自我意识"②，但是后来却用一些比较世俗的名称如"类"、"唯一者"、"人"③ 等等，使这些范畴世俗化。

从施特劳斯到施蒂纳的整个德国哲学批判都局限于对**宗教**观念的批判④。他们的出发点是现实的宗教和真正的神学。至于什么是宗教意识，什么是宗教观念，他们后来下的定义各有不同。其进步在于：所谓占统治地位的形而上学观念、政治观念、法律观念、道德观念以及其他观念也被归入宗教观念或神学观念的领域；还在于：政治意识、法律意识、道德意识被宣布为宗教意识或神学意识，而政治的、法律的、道德的人，总而言之，"人"，则被宣布为宗教的人。宗教的统治被当成了前提。一切占统治地位的关系逐渐地都被宣布为宗教的关系，继而被转化为迷信——对法的迷信，对国家的迷信等等。到处涉及的都只是教义和对教义的信仰。世界在越来越大的规模内被

---

① 手稿中删去以下一段话："因此，我们在对这个运动的个别代表人物进行专门批判之前，先提出一些有关德国哲学和整个意识形态的一般意见，这些意见要进一步揭示所有代表人物共同的意识形态前提。这些意见将充分表明我们在进行批判时所持的观点，而表明我们的观点对于了解和说明以后各种批评意见是必要的。我们这些意见正是针对**费尔巴哈**的，因为只有他才至少向前迈进了一步，只有他的著作才可以认真地加以研究。"——编者注

② 大·施特劳斯和布·鲍威尔使用的基本范畴。——编者注

③ 路·费尔巴哈和麦·施蒂纳使用的基本范畴。——编者注

④ 手稿中删去以下这段话："这种批判自以为是使世界消除一切灾难的绝对救世主。宗教总是被看做和解释成这些哲学家们所厌恶的一切关系的终极原因，他们的主要敌人。"——编者注

圣化了，直到最后可尊敬的圣麦克斯①完全把它宣布为圣物，从而一劳永逸地把它葬送为止。

老年黑格尔派认为，只要把一切都归入黑格尔的逻辑范畴，他们就**理解**了一切。青年黑格尔派则硬说一切都包含宗教观念或者宣布一切都是神学上的东西，由此来**批判**一切。青年黑格尔派同意老年黑格尔派的这样一个信念，即认为宗教、概念、普遍的东西统治着现存世界。不过一派认为这种统治是篡夺而加以反对，另一派则认为这种统治是合法的而加以赞扬。

既然青年黑格尔派认为，观念、思想、概念，总之，被他们变为某种独立东西的意识的一切产物，是人们的真正枷锁，就像老年黑格尔派把它们看做是人类社会的真正镣铐一样，那么不言而喻，青年黑格尔派只要同意识的这些幻想进行斗争就行了。既然根据青年黑格尔派的设想，人们之间的关系、他们的一切举止行为、他们受到的束缚和限制，都是他们意识的产物，那么青年黑格尔派完全合乎逻辑地向人们提出一种道德要求，要用人的、批判的或利己的意识②来代替他们现在的意识，从而消除束缚他们的限制。这种改变意识的要求，就是要求用另一种方式来解释存在的东西，也就是说，借助于另外的解释来承认它。青年黑格尔派的意识形态家们尽管满口讲的都是所谓"震撼世界的"¹⁸⁵词句，却是最大的保守派。如果说，他们之中最年轻的人宣称只为反对**"词句"**而斗争，那就确切地表达了他们的活动。不过他们忘记了：他们只是用词句来反对这些词句；既然他们仅仅反对这个世界的词句，那么他们就绝对不是反对现实的现存世界。这种哲学批判所能达到的唯一结果，是从宗教史上对基督教作一些说明，而且还是片面的说明。至于他们的全部其他论断，只不过是进一步修饰他们的要求：想用这样一些微不足道的说明作出具有世界历史意义的发现。

这些哲学家没有一个想到要提出关于德国哲学和德国现实之间的联系问题，关于他们所作的批判和他们自身的物质环境之间的联系问题。

————

1. 一般意识形态，特别是德国哲学

A.③

我们开始要谈的前提不是任意提出的，不是教条，而是一些只有在臆想中才能撇开的现实前提。这是一些现实的个人，是他们的活动和他们的物质生活条件，包括他们已有的和由他们自己的活动创造出来的物质生活条件。因此，这些前提可以用纯粹经验的方法来确认。

————————

① 指麦·施蒂纳（约·卡·施米特的笔名）。马克思和恩格斯在《德意志意识形态》中也用其他绰号称呼他，例如，称他为"圣桑乔"、"圣者"、"教父"、"乡下佬雅各"等等。——编者注

② 指路·费尔巴哈、布·鲍威尔和麦·施蒂纳所说的意识。——编者注

③ 手稿中删去以下一段话："我们仅仅知道一门唯一的科学，即历史科学。历史可以从两方面来考察，可以把它划分为自然史和人类史。但这两方面是不可分割的；只要有人存在，自然史和人类史就彼此相互制约。自然史，即所谓自然科学，我们在这里不谈；我们需要深入研究的是人类史，因为几乎整个意识形态不是曲解人类史，就是完全撇开人类史。意识形态本身只不过是这一历史的一个方面。"——编者注

全部人类历史的第一个前提无疑是有生命的个人的存在。① 因此，第一个需要确认的事实就是这些个人的肉体组织以及由此产生的个人对其他自然的关系。当然，我们在这里既不能深入研究人们自身的生理特性，也不能深入研究人们所处的各种自然条件——地质条件、山岳水文地理条件、气候条件以及其他条件。② 任何历史记载都应当从这些自然基础以及它们在历史进程中由于人们的活动而发生的变更出发。

可以根据意识、宗教或随便别的什么来区别人和动物。一当人开始生产自己的生活资料，即迈出由他们的肉体组织所决定的这一步的时候，人本身就开始把自己和动物区别开来。人们生产自己的生活资料，同时间接地生产着自己的物质生活本身。

人们用以生产自己的生活资料的方式，首先取决于他们已有的和需要再生产的生活资料本身的特性。这种生产方式不应当只从它是个人肉体存在的再生产这方面加以考察。更确切地说，它是这些个人的一定的活动方式，是他们表现自己生命的一定方式、他们的一定的**生活方式**。个人怎样表现自己的生命，他们自己就是怎样。因此，他们是什么样的，这同他们的生产是一致的——既和他们生产**什么**一致，又和他们**怎样**生产一致。因而，个人是什么样的，这取决于他们进行生产的物质条件。

这种生产第一次是随着**人口的增长**而开始的。而生产本身又是以个人彼此之间的**交往**［*Verkehr*］186为前提的。这种交往的形式又是由生产决定的。

——

各民族之间的相互关系取决于每一个民族的生产力、分工和内部交往的发展程度。这个原理是公认的。然而不仅一个民族与其他民族的关系，而且这个民族本身的整个内部结构也取决于自己的生产以及自己内部和外部的交往的发展程度。一个民族的生产力发展的水平，最明显地表现于该民族分工的发展程度。任何新的生产力，只要它不是迄今已知的生产力单纯的量的扩大（例如，开垦土地），都会引起分工的进一步发展。

一个民族内部的分工，首先引起工商业劳动同农业劳动的分离，从而也引起**城乡**的分离和城乡利益的对立。分工的进一步发展导致商业劳动同工业劳动的分离。同时，由于这些不同部门内部的分工，共同从事某种劳动的个人之间又形成不同的分工。这种种分工的相互关系取决于农业劳动、工业劳动和商业劳动的经营方式（父权制、奴隶制、等级、阶级）。在交往比较发达的条件下，同样的情况也会在各民族间的相互关系中出现。

分工的各个不同发展阶段，同时也就是所有制的各种不同形式。这就是说，分工的每一个阶段还决定个人在劳动材料、劳动工具和劳动产品方面的相互关系。

第一种所有制形式是部落［*Stamm*］187所有制。这种所有制与生产的不发达阶段相适应，当时人们靠狩猎、捕鱼、畜牧，或者最多靠耕作为生。在人们靠耕作为生的情况下，这种所有制是以有大量未开垦的土地为前提的。在这个阶段，分工还很不发达，

---

① 手稿中删去以下这句话："这些个人把自己和动物区别开来的第一个**历史**行动不在于他们有思想，而在于他们**开始生产自己的生活资料**。"——编者注

② 手稿中删去以下这句话："但是，这些条件不仅决定着人们最初的、自然形成的肉体组织，特别是他们之间的种族差别，而且直到如今还决定着肉体组织的整个进一步发展或不发展。"——编者注

仅限于家庭中现有的自然形成的分工的进一步扩大。因此，社会结构只限于家庭的扩大：父权制的部落首领，他们管辖的部落成员，最后是奴隶。潜在于家庭中的奴隶制，是随着人口和需求的增长，随着战争和交易这种外部交往的扩大而逐渐发展起来的。

第二种所有制形式是古典古代的公社所有制和国家所有制。这种所有制首先是由于几个部落通过契约或征服联合为一个**城市**而产生的。在这种所有制下仍然保存着奴隶制。除公社所有制以外，动产私有制以及后来的不动产私有制已经发展起来，但它们是作为一种反常的、从属于公社所有制的形式发展起来的。公民仅仅共同拥有支配自己那些做工的奴隶的权力，因此受公社所有制形式的约束。这是积极公民的一种共同私有制，他们面对着奴隶不得不保存这种自然形成的联合方式。因此，建筑在这个基础上的整个社会结构，以及与此相联系的人民权力，随着私有制，特别是不动产私有制的发展而逐渐趋向衰落。分工已经比较发达。城乡之间的对立已经产生，后来，一些代表城市利益的国家同另一些代表乡村利益的国家之间的对立出现了。在城市内部存在着工业和海外贸易之间的对立。公民和奴隶之间的阶级关系已经充分发展。

随着私有制的发展，这里第一次出现了这样的关系，这些关系我们在考察现代私有制时还会遇见，不过规模更为巨大而已。一方面是私有财产的集中，这种集中在罗马很早就开始了（李奇尼乌斯土地法[188]就是证明），从内战[189]发生以来，尤其是在帝政时期，发展得非常迅速；另一方面是由此而来的平民小农向无产阶级的转化，然而，后者由于处于有产者公民和奴隶之间的中间地位，并未获得独立的发展。

第三种形式是封建的或等级的所有制。古代的起点是**城市**及其狭小的领域，中世纪的起点则是**乡村**。地旷人稀，居住分散，而征服者也没有使人口大量增加，——这种情况决定了起点有这样的变化。因此，与希腊和罗马相反，封建制度的发展是在一个宽广得多的、由罗马的征服以及起初就同征服联系在一起的农业的普及所准备好了的地域中开始的。趋于衰落的罗马帝国的最后几个世纪和蛮族对它的征服本身，使得生产力遭到了极大的破坏；农业衰落了，工业由于缺乏销路而一蹶不振，商业停滞或被迫中断，城乡居民减少了。这些情况以及受其制约的进行征服的组织方式，在日耳曼人的军事制度[190]的影响下，发展了封建所有制。这种所有制像部落所有制和公社所有制一样，也是以一种共同体为基础的。但是作为直接进行生产的阶级而与这种共同体对立的，已经不是与古典古代的共同体相对立的奴隶，而是小农奴。随着封建制度的充分发展，也产生了与城市对立的现象。土地占有的等级结构以及与此相联系的武装扈从制度使贵族掌握了支配农奴的权力。这种封建结构同古典古代的公社所有制一样，是一种联合，其目的在于对付被统治的生产者阶级；只是联合的形式和对于直接生产者的关系有所不同，因为出现了不同的生产条件。

在**城市**中与这种土地占有的封建结构相适应的是同业公会所有制，即手工业的封建组织。在这里财产主要在于个人的劳动。联合起来反对成群搭伙的掠夺成性的贵族的必要性，在实业家同时又是商人的时期对公共商场的需要，流入当时繁华城市的逃亡农奴的竞争的加剧，全国的封建结构，——所有这一切产生了**行会**；个别手工业者逐渐积蓄起少量资本，而且在人口不断增长的情况下他们的人数没有什么变动，这就使得帮工制度和学徒制度发展起来，而这种制度在城市里产生了一种和农村等级制相似的等级制。

这样，封建时代的所有制的主要形式，一方面是土地所有制和束缚于土地所有制的农奴劳动，另一方面是拥有少量资本并支配着帮工劳动的自身劳动。这两种所有制的结构都是由狭隘的生产关系——小规模的粗陋的土地耕作和手工业式的工业——决定的。在封建制度的繁荣时代，分工是很少的。每一个国家都存在着城乡之间的对立；等级结构固然表现得非常鲜明，但是除了在乡村里有王公、贵族、僧侣和农民的划分，在城市里有师傅、帮工、学徒以及后来的平民短工的划分之外，就再没有什么大的分工了。在农业中，分工因土地的小块耕作而受到阻碍，与这种耕作方式同时产生的还有农民自己的家庭工业；在工业中，各手工业内部根本没有实行分工，而各手工业之间的分工也是非常少的。在比较老的城市中，工业和商业早就分工了；而在比较新的城市中，只是在后来当这些城市彼此发生了关系的时候，这样的分工才发展起来。

比较广大的地区联合为封建王国，无论对于土地贵族或城市来说，都是一种需要。因此，统治阶级的组织即贵族的组织到处都在君主的领导之下。

————

由此可见，事情是这样的：以一定的方式进行生产活动的一定的个人①，发生一定的社会关系和政治关系。经验的观察在任何情况下都应当根据经验来揭示社会结构和政治结构同生产的联系，而不应当带有任何神秘和思辨的色彩。社会结构和国家总是从一定的个人的生活过程中产生的。但是，这里所说的个人不是他们自己或别人想象中的那种个人，而是现实中的个人，也就是说，这些个人是从事活动的，进行物质生产的，因而是在一定的物质的、不受他们任意支配的界限、前提和条件下活动着的。②

思想、观念、意识的生产最初是直接与人们的物质活动，与人们的物质交往，与现实生活的语言交织在一起的。人们的想象、思维、精神交往在这里还是人们物质行动的直接产物。表现在某一民族的政治、法律、道德、宗教、形而上学等的语言中的精神生产也是这样。人们是自己的观念、思想等等的生产者，③ 但这里所说的人们是现实的、从事活动的人们，他们受自己的生产力和与之相适应的交往的一定发展——直到交往的最遥远的形态——所制约。意识［das Bewußtsein］在任何时候都只能是被意识到了的存在［das bewußte Sein］，而人们的存在就是他们的现实生活过程。如果在全部意识形态中，人们和他们的关系就像在照相机中一样是倒立成像的，那么这种现象也是从人们生活的历史过程中产生的，正如物体在视网膜上的倒影是直接从人们生活的生理过程中产生的一样。

————————————

① 手稿的最初方案是："在一定的生产关系下的一定的个人"。——编者注

② 手稿中删去以下这段话："这些个人所产生的观念，或者是关于他们对自然界的关系的观念，或者是关于他们之间的关系的观念，或者是关于他们自身的状况的观念。显然，在这几种情况下，这些观念都是他们的现实关系和活动、他们的生产、他们的交往、他们的社会组织和政治组织有意识的表现，而不管这种表现是现实的还是虚幻的。相反的假设，只有在除了现实的、受物质制约的个人的精神以外还假定有某种特殊的精神的情况下才能成立。如果这些个人的现实关系的有意识的表现是虚幻的，如果他们在自己的观念中把自己的现实颠倒过来，那么这又是由他们狭隘的物质活动方式以及由此而来的他们狭隘的社会关系造成的。"——编者注

③ 手稿中删去以下这句话："而且人们是受他们的物质生活的生产方式，他们的物质交往和这种交往在社会结构和政治结构中的进一步发展所制约的。"——编者注

德国哲学从天国降到人间；和它完全相反，这里我们是从人间升到天国。这就是说，我们不是从人们所说的、所设想的、所想象的东西出发，也不是从口头说的、思考出来的、设想出来的、想象出来的人出发，去理解有血有肉的人。我们的出发点是从事实际活动的人，而且从他们的现实生活过程中还可以描绘出这一生活过程在意识形态上的反射和反响的发展。甚至人们头脑中的模糊幻象也是他们的可以通过经验来确认的、与物质前提相联系的物质生活过程的必然升华物。因此，道德、宗教、形而上学和其他意识形态，以及与它们相适应的意识形式便不再保留独立性的外观了。它们没有历史，没有发展，而发展着自己的物质生产和物质交往的人们，在改变自己的这个现实的同时也改变着自己的思维和思维的产物。不是意识决定生活，而是生活决定意识。前一种考察方法从意识出发，把意识看做是有生命的个人。后一种符合现实生活的考察方法则从现实的、有生命的个人本身出发，把意识仅仅看做是**他们的**意识。

这种考察方法不是没有前提的。它从现实的前提出发，它一刻也不离开这种前提。它的前提是人，但不是处在某种虚幻的离群索居和固定不变状态中的人，而是处在现实的、可以通过经验观察到的、在一定条件下进行的发展过程中的人。只要描绘出这个能动的生活过程，历史就不再像那些本身还是抽象的经验主义者所认为的那样，是一些僵死的事实的汇集，也不再像唯心主义者所认为的那样，是想象的主体的想象活动。

在思辨终止的地方，在现实生活面前，正是描述人们实践活动和实际发展过程的真正的实证科学开始的地方。关于意识的空话将终止，它们一定会被真正的知识所代替。对现实的描述会使独立的哲学失去生存环境，能够取而代之的充其量不过是从对人类历史发展的考察中抽象出来的最一般的结果的概括。这些抽象本身离开了现实的历史就没有任何价值。它们只能对整理历史资料提供某些方便，指出历史资料的各个层次的顺序。但是这些抽象与哲学不同，它们绝不提供可以适用于各个历史时代的药方或公式。相反，只是在人们着手考察和整理资料——不管是有关过去时代的还是有关当代的资料——的时候，在实际阐述资料的时候，困难才开始出现。这些困难的排除受到种种前提的制约，这些前提在这里是根本不可能提供出来的，而只能从对每个时代的个人的现实生活过程和活动的研究中产生。这里我们只举出几个我们用来与意识形态相对照的抽象，并用历史的实例来加以说明。

[II]

当然，我们不想花费精力①去启发我们的聪明的哲学家，使他们懂得：如果他们把哲学、神学、实体和一切废物消融在"自我意识"中，如果他们把"人"从这些词句的统治下——而人从来没有受过这些词句的奴役——解放出来，那么"人"的"解放"也并没有前进一步；只有在现实的世界中并使用现实的手段才能实现真正的解放②；没有蒸汽机和珍妮走锭精纺机就不能消灭奴隶制；没有改良的农业就不能消灭农奴制；当人们还不能使自己的吃喝住穿在质和量方面得到充分保证的时候，人们就根

---

① 马克思加了边注："费尔巴哈"。——编者注
② 马克思加了边注："哲学的和真正的解放。——人。**唯一者**。个人。——地质、水文等等条件。人体。需要和劳动"。——编者注

本不能获得解放。"解放"是一种历史活动，不是思想活动，"解放"是由历史的关系，是由工业状况、商业状况、农业状况、交往状况促成的［……］① 其次，还要根据它们的不同发展阶段，清除实体、主体、自我意识和纯批判等无稽之谈，正如同清除宗教的和神学的无稽之谈一样，而且在它们有了更充分的发展以后再次清除这些无稽之谈。② 当然，在像德国这样一个具有微不足道的历史发展的国家里，这些思想发展，这些被捧上了天的、毫无作用的卑微琐事弥补了历史发展的不足，它们已经根深蒂固，必须同它们进行斗争。③ 但这是具有地域性意义的斗争。

　　［……］④ 实际上，而且对**实践的**唯物主义者即**共产主义者**来说，全部问题都在于使现存世界革命化，实际地反对并改变现存的事物。⑤ 如果在费尔巴哈那里有时也遇见类似的观点，那么它们始终不过是一些零星的猜测，而且对费尔巴哈的总的观点的影响微乎其微，以致只能把它们看做是具有发展能力的萌芽。费尔巴哈对感性世界的"理解"一方面仅仅局限于对这一世界的单纯的直观，另一方面仅仅局限于单纯的感觉。费尔巴哈设定的是"人"，而不是"现实的历史的人"。[191]"人"实际上是"德国人"。在前一种情况下，在对感性世界的直观中，他不可避免地碰到与他的意识和他的感觉相矛盾的东西，这些东西扰乱了他所假定的感性世界的一切部分的和谐，特别是人与自然界的和谐。为了排除这些东西，他不得不求助于某种二重性的直观，这种直观介于仅仅看到"眼前"的东西的普通直观和看出事物的"真正本质"的高级的哲学直观之间。⑥ 他没有看到，他周围的感性世界决不是某种开天辟地以来就直接存在的、始终如一的东西，而是工业和社会状况的产物，是历史的产物，是世世代代活动的结果，其中每一代都立足于前一代所奠定的基础上，继续发展前一代的工业和交往，并随着需要的改变而改变他们的社会制度。甚至连最简单的"感性确定性"的对象也只是由于社会发展、由于工业和商业交往才提供给他的。大家知道，樱桃树和几乎所有的果树一样，只是在几个世纪以前由于商业才移植到我们这个地区。由此可见，樱桃树只是**由于**一定的社会在一定时期的这种活动才为费尔巴哈的"感性确定性"所感知。⑦

　　此外，只要这样按照事物的真实面目及其产生情况来理解事物，任何深奥的哲学问题——后面将对这点作更清楚的说明白——都可以十分简单地归结为某种经验的事实。人对自然的关系这一重要问题（或者如布鲁诺在第110页上⑧所说的"自然和历史的对立"，好像这是两种互不相干的"事物"，好像人们面前始终不会有历史的自然和

---

① 此处手稿缺损。——编者注
② 马克思加了边注："词句和现实的运动"。——编者注
③ 马克思加了边注："词句对德国的意义"。——编者注
④ 这里缺五页手稿。——编者注
⑤ 马克思加了边注："**费尔巴哈**"。——编者注
⑥ 恩格斯加了边注："注意：费尔巴哈的错误不在于他使眼前的东西即感性**外观**从属于通过对感性事实作比较精确的研究而确认的感性现实，而在于他要是不用**哲学家**的'眼睛'，就是说，要是不戴哲学家的'眼镜'来观察感性，最终会对感性束手无策。"——编者注
⑦ 马克思加了边注："**费尔巴哈**"。——编者注
⑧ 布·鲍威尔《评路德维希·费尔巴哈》。——编者注

自然的历史），就是一个例子，这是一个产生了关于"实体"和"自我意识"的切"神秘莫测的崇高功业"① 的问题。然而，如果懂得在工业中向来就有那个很著名的"人和自然的统一"，而且这种统一在每一个时代都随着工业或慢或快的发展而不断改变，就像人与自然的"斗争"促进其生产力在相应基础上的发展一样，那么上述问题也就自行消失了。工业和商业、生活必需品的生产和交换，一方面制约着分配、不同社会阶级的划分，同时它们在自己的运动形式上又受着后者的制约。这样一来，打个比方说，费尔巴哈在曼彻斯特只看见一些工厂和机器，而100年以前在那里只能看见脚踏纺车和织布机；或者，他在罗马的坎帕尼亚只发现一些牧场和沼泽，而在奥古斯都时代在那里只能发现罗马富豪的葡萄园和别墅。② 费尔巴哈特别谈到自然科学的直观，提到一些只有物理学家和化学家的眼睛才能识破的秘密，但是如果没有工业和商业，哪里会有自然科学呢？甚至这个"纯粹的"自然科学也只是由于商业和工业，由于人们的感性活动才达到自己的目的和获得自己的材料的。这种活动、这种连续不断的感性劳动和创造、这种生产，正是整个现存的感性世界的基础，它哪怕只中断一年，费尔巴哈就会看到，不仅在自然界将发生巨大的变化，而且整个人类世界以及他自己的直观能力，甚至他本身的存在也会很快就没有了。当然，在这种情况下，外部自然界的优先地位仍然会保持着，而整个这一点当然不适用于原始的、通过自然发生的途径产生的人们。但是，这种区别只有在人被看做是某种与自然界不同的东西时才有意义。此外，先于人类历史而存在的那个自然界，不是费尔巴哈生活于其中的自然界；这是除去在澳洲新出现的一些珊瑚岛以外今天在任何地方都不再存在的、因而对于费尔巴哈来说也是不存在的自然界。

诚然，费尔巴哈与"纯粹的"唯物主义者相比有很大的优点：他承认人也是"感性对象"。但是，他把人只看做是"感性对象"，而不是"感性活动"，因为他在这里也仍然停留在理论领域，没有从人们现有的社会联系，从那些使人们成为现在这种样子的周围生活条件来观察人们——这一点且不说，他还从来没有看到现实存在着的、活动的人，而是停留于抽象的"人"，并且仅仅限于在感情范围内承认"现实的、单个的、肉体的人"，也就是说，除了爱与友情，而且是理想化了的爱与友情以外，他不知道"人与人之间"还有什么其他的"人的关系"。③ 他没有批判现在的爱的关系。可见，他从来没有把感性世界理解为构成这一世界的个人的全部活生生的感性**活动**，因而比方说，当他看到的是大批患瘰疬病的、积劳成疾的和患肺痨的穷苦人而不是健康人的时候，他便不得不求助于"最高的直观"和观念上的"类的平等化"，这就是说，正是在共产主义的唯物主义者看到改造工业和社会结构的必要性和条件的地方，他却重新陷入唯心主义。④

当费尔巴哈是一个唯物主义者的时候，历史在他的视野之外；当他去探讨历史的时候，他不是一个唯物主义者。在他那里，唯物主义和历史是彼此完全脱离的。这一

---

① 歌德《浮士德》的《天上序幕》。——编者注
② 马克思加了边注："**费尔巴哈**"。——编者注
③ 马克思加了边注："费［尔巴哈］"。——编者注
④ 马克思加了边注："**费尔巴哈**"。——编者注

点从上面所说的看来已经非常明显了。①

我们谈的是一些没有任何前提的德国人，因此我们首先应当确定一切人类生存的第一个前提，也就是一切历史的第一个前提，② 这个前提是：人们为了能够"创造历史"，必须能够生活。③ 但是为了生活，首先就需要吃喝住穿以及其他一些东西。因此第一个历史活动就是生产满足这些需要的资料，即生产物质生活本身，而且，这是人们从几千年前直到今天单是为了维持生活就必须每日每时从事的历史活动，是一切历史的基本条件。即使感性在圣布鲁诺那里被归结为像一根棍子那样微不足道的东西④，它仍然必须以生产这根棍子的活动为前提。因此任何历史观的第一件事情就是必须注意上述基本事实的全部意义和全部范围，并给予应有的重视。大家知道，德国人从来没有这样做过，所以他们从来没有为历史提供**世俗**基础，因而也从未拥有过一个历史学家。法国人和英国人尽管对这一事实同所谓的历史之间的联系了解得非常片面——特别是因为他们受政治意识形态的束缚——，但毕竟作了一些为历史编纂学提供唯物主义基础的初步尝试，首次写出了市民社会史、商业史和工业史。

第二个事实是，已经得到满足的第一个需要本身、满足需要的活动和已经获得的为满足需要而用的工具又引起新的需要，而这种新的需要的产生是第一个历史活动。从这里立即可以明白，德国人的伟大历史智慧是谁的精神产物。德国人认为，凡是在他们缺乏实证材料的地方，凡是在神学、政治和文学的谬论不能立足的地方，就没有任何历史，那里只有"史前时期"；至于如何从这个荒谬的"史前历史"过渡到真正的历史，他们却没有对我们作任何解释。不过另一方面，他们的历史思辨所以特别热衷于这个"史前历史"，是因为他们认为在这里他们不会受到"粗暴事实"的干预，而且还可以让他们的思辨欲望得到充分的自由，创立和推翻成千上万的假说。

一开始就进入历史发展过程的第三种关系是：每日都在重新生产自己生命的人们开始生产另外一些人，即繁殖。这就是夫妻之间的关系，父母和子女之间的关系，也就是**家庭**。这种家庭起初是唯一的社会关系，后来，当需要的增长产生了新的社会关系而人口的增多又产生了新的需要的时候，这种家庭便成为从属的关系了（德国除外）。这时就应该根据现有的经验材料来考察和阐明家庭，而不应该像通常在德国所做的那样，根据"家庭的概念"来考察和阐明家庭。此外，不应该把社会活动的这三个方面看做是三个不同的阶段，而只应该看做是三个方面，或者，为了使德国人能够明白，把它们看做是三个"因素"。从历史的最初时期起，从第一批人出现以来，这三个方面就同时存在着，而且现在也还在历史上起着作用。

这样，生命的生产，无论是通过劳动而生产自己的生命，还是通过生育而生产他人的生命，就立即表现为双重关系：一方面是自然关系，另一方面是社会关系；社会

---

① 手稿中删去以下这段话："我们之所以在这里比较详细地谈论历史，只是因为德国人习惯于用'历中'和'历史的'这些字眼随心所欲地想象，但就是不涉及现实。'说教有术的'圣布鲁诺就是一个出色的例子。"——编者注

② 马克思加了边注："**历史**"。——编者注

③ 马克思加了边注："**黑格尔**。地质、水文等等的条件。人体。需要，劳动"。——编者注

④ 指布·鲍威尔在《评路德维希·费尔巴哈》一文中的观点。——编者注

关系的含义在这里是指许多个人的共同活动，不管这种共同活动是在什么条件下、用什么方式和为了什么目的而进行的。由此可见，一定的生产方式或一定的工业阶段始终是与一定的共同活动方式或一定的社会阶段联系着的，而这种共同活动方式本身就是"生产力"；由此可见，人们所达到的生产力的总和决定着社会状况，因而，始终必须把"人类的历史"同工业和交换的历史联系起来研究和探讨。但是，这样的历史在德国是写不出来的，这也是很明显的，因为对于德国人来说，要做到这一点不仅缺乏理解能力和材料，而且还缺乏"感性确定性"；而在莱茵河彼岸之所以不可能有关于这类事情的任何经验，是因为那里再没有什么历史。由此可见，人们之间一开始就有一种物质的联系。这种联系是由需要和生产方式决定的，它和人本身有同样长久的历史；这种联系不断采取新的形式，因而就表现为"历史"，它不需要用任何政治的或宗教的呓语特意把人们维系在一起。

只有现在，在我们已经考察了原初的历史的关系的四个因素、四个方面之后，我们才发现：人还具有"意识"①。但是这种意识并非一开始就是"纯粹的"意识。"精神"从一开始就很倒霉，受到物质的"纠缠"，物质在这里表现为振动着的空气层、声音，简言之，即语言。语言和意识具有同样长久的历史；语言**是**一种实践的、既为别人存在因而也为我自身而存在的、现实的意识。语言也和意识一样，只是由于需要，由于和他人交往的迫切需要才产生的。②凡是有某种关系存在的地方，这种关系都是为我而存在的；动物不对什么东西发生"**关系**"，而且根本没有"**关系**"；对于动物来说，它对他物的关系不是作为关系存在的。因而，意识一开始就是社会的产物，而且只要人们存在着，它就仍然是这种产物。当然，意识起初只是对**直接的**可感知的环境的一种意识，是对处于开始意识到自身的个人之外的其他人和其他物的狭隘联系的一种意识。同时，它也是对自然界的一种意识，自然界起初是作为一种完全异己的、有无限威力的和不可制服的力量与人们对立的，人们同自然界的关系完全像动物同自然界的关系一样，人们就像牲畜一样慑服于自然界，因而，这是对自然界的一种纯粹动物式的意识（自然宗教）③；但是，另一方面，意识到必须和周围的个人来往，也就是开始意识到人总是生活在社会中的。这个开始，同这一阶段的社会生活本身一样，带有动物的性质；这是纯粹的畜群意识，这里，人和绵羊不同的地方只是在于：他的意识代替了他的本能，或者说他的本能是被意识到了的本能。由于生产效率的提高，需要的增长以及作为二者基础的人口的增多，这种绵羊意识或部落意识获得了进一步的发展和提高。与此同时分工也发展起来。分工起初只是性行为方面的分工，后来是由于天赋（例如体力）、需要、偶然性等等才自发地或"自然地"形成的分工。分工只

---

① 马克思加了边注："人们之所以有历史，是因为他们必须**生产**自己的生命，而且必须用**一定的**方式来进行：这是受他们的肉体组织制约的，人们的意识也是这样受制约的。"——编者注

② 手稿中删去以下这句话："我对我的环境的关系是我的意识。"——编者注

③ 马克思加了边注："这里立即可以看出，这种自然宗教或对自然界的这种特定关系，是由社会形式决定的，反过来也是一样。这里和任何其他地方一样，自然界和人的同一性也表现在：人们对自然界的狭隘的关系决定着他们之间的狭隘的关系，而他们之间的狭隘的关系又决定着他们对自然界的狭隘的关系，这正是因为自然界几乎还没有被历史的进程所改变。"——编者注

是从物质劳动和精神劳动分离的时候起才真正成为分工①。从这时候起意识**才能**现实地想象：它是和现存实践的意识不同的某种东西；它不用想象某种现实的东西就能**现实地**想象某种东西。从这时候起，意识才能摆脱世界而去构造"纯粹的"理论、神学、哲学、道德等等。但是，如果这种理论、神学、哲学、道德等等同现存的关系发生矛盾，那么，这仅仅是因为现存的社会关系同现存的生产力发生了矛盾。不过，在一定民族的各种关系的范围内，这种现象的出现也可能不是因为在该民族范围内出现了矛盾，而是因为在该民族意识和其他民族的实践之间，亦即在某一民族的民族意识和普遍意识之间②出现了矛盾（就像目前德国的情形那样）——既然这个矛盾似乎只表现为民族意识范围内的矛盾，那么在这个民族看来，斗争也就限于这种民族废物，因为这个民族就是废物本身。但是，意识本身究竟采取什么形式，这是完全无关紧要的。我们从这一大堆赘述中只能得出一个结论：上述三个因素即生产力、社会状况和意识，彼此之间可能而且一定会发生矛盾，因为分工使精神活动和物质活动③、享受和劳动、生产和消费由不同的个人来分担这种情况不仅成为可能，而且成为现实，而要使这三个因素彼此不发生矛盾，则只有再消灭分工。此外，不言而喻，"幽灵"、"枷锁"、"最高存在物"、"概念"、"疑虑"显然只是孤立的个人的一种观念上的、思辨的、精神的表现，只是他的观念，即关于真正经验的束缚和界限的观念；生活的生产方式以及与此相联系的交往形式就在这些束缚和界限的范围内运动着。④

分工包含着所有这些矛盾，而且又是以家庭中自然形成的分工和以社会分裂为单个的、互相对立的家庭这一点为基础的。与这种分工同时出现的还有**分配**，而且是劳动及其产品的**不平等**的分配（无论在数量上或质量上）；因而产生了所有制，它的萌芽和最初形式在家庭中已经出现，在那里妻子和儿女是丈夫的奴隶。家庭中这种诚然还非常原始和隐蔽的奴隶制，是最初的所有制，但就是这种所有制也完全符合现代经济学家所下的定义，即所有制是对他人劳动力的支配。其实，分工和私有制是相等的表达方式，对同一件事情，一个是就活动而言，另一个是就活动的产品而言。

其次，随着分工的发展也产生了单个人的利益或单个家庭的利益与所有互相交往的个人的共同利益之间的矛盾；而且这种共同利益不是仅仅作为一种"普遍的东西"存在于观念之中，而首先是作为彼此有了分工的个人之间的相互依存关系存在于现实之中。

正是由于特殊利益和共同利益之间的这种矛盾，共同利益才采取**国家**这种与实际的单个利益和全体利益相脱离的独立形式，同时采取虚幻的共同体的形式，而这始终是在每一个家庭集团或部落集团中现有的骨肉联系、语言联系、较大规模的分工联系以及其他利益的联系的现实基础上，特别是在我们以后将要阐明的已经由分工决定的

---

① 马克思加了边注："与此同时出现的是意识形态家、**僧侣**的最初形式"。——编者注

② 马克思加了边注："**宗教**。具有真正的**意识形态**的德国人"。——编者注

③ 手稿中删去以下这句话："活动和思维，即没有思想的活动和没有活动的思想。"——编者注

④ 手稿中删去以下这句话："这种关于现存的经济界限的观念上的表现，不是纯粹理论上的，而且在实践的意识中也存在着，就是说，使自己自由存在的并且同现存的生产方式相矛盾的意识，不是仅仅构成宗教和哲学，而且也构成国家。"——编者注

阶级的基础上产生的，这些阶级是通过每一个这样的人群分离开来的，其中一个阶级统治着其他一切阶级。从这里可以看出，国家内部的一切斗争——民主政体、贵族政体和君主政体相互之间的斗争，争取选举权的斗争等等，不过是一些虚幻的形式——普遍的东西一般说来是一种虚幻的共同体的形式——，在这些形式下进行着各个不同阶级间的真正的斗争（德国的理论家们对此一窍不通，尽管在《德法年鉴》和《神圣家族》中已经十分明确地向他们指出过这一点）。从这里还可以看出，每一个力图取得统治的阶级，即使它的统治要求消灭整个旧的社会形式和一切统治，就像无产阶级那样，都必须首先夺取政权，以便把自己的利益又说成是普遍的利益，而这是它在初期不得不如此做的。

正因为各个人所追求的**仅仅**是自己的特殊的、对他们来说是同他们的共同利益不相符合的利益，所以他们认为，这种共同利益是"异己的"和"不依赖"于他们的，即仍旧是一种特殊的独特的"普遍"利益，或者说，他们本身必须在这种不一致的状况下活动，就像在民主制中一样。另一方面，这些始终**真正地**同共同利益和虚幻的共同利益相对抗的特殊利益所进行的**实际**斗争，使得通过国家这种虚幻的"普遍"利益来进行**实际的**干涉和约束成为必要。

最后，分工立即给我们提供了第一个例证，说明只要人们还处在自然形成的社会中，就是说，只要特殊利益和共同利益之间还有分裂，也就是说，只要分工还不是出于自愿，而是自然形成的，那么人本身的活动对人来说就成为一种异己的、同他对立的力量，这种力量压迫着人，而不是人驾驭着这种力量。原来，当分工一出现之后，任何人都有自己一定的特殊的活动范围，这个范围是强加于他的，他不能超出这个范围：他是一个猎人、渔夫或牧人，或者是一个批判的批判者，只要他不想失去生活资料，他就始终应该是这样的人。而在共产主义社会里，任何人都没有特殊的活动范围，而是都可以在任何部门内发展，社会调节着整个生产，因而使我有可能随自己的兴趣今天干这事，明天干那事，上午打猎，下午捕鱼，傍晚从事畜牧，晚饭后从事批判，这样就不会使我老是一个猎人、渔夫、牧人或批判者。社会活动的这种固定化，我们本身的产物聚合为一种统治我们、不受我们控制、使我们的愿望不能实现并使我们的打算落空的物质力量，这是迄今为止历史发展中的主要因素之一。受分工制约的不同个人的共同活动产生了一种社会力量，即成倍增长的生产力。因为共同活动本身不是自愿地而是自然形成的，所以这种社会力量在这些个人看来就不是他们自身的联合力量，而是某种异己的、在他们之外的强制力量。关于这种力量的起源和发展趋向，他们一点也不了解；因而他们不再能驾驭这种力量，相反，这种力量现在却经历着一系列独特的、不仅不依赖于人们的意志和行为反而支配着人们的意志和行为的发展阶段。

这种"**异化**"（用哲学家易懂的话来说）当然只有在具备了两个**实际**前提之后才会消灭。要使这种异化成为一种"不堪忍受的"力量，即成为革命所要反对的力量，就必须让它把人类的大多数变成完全"没有财产的"人，同时这些人又同现存的有钱有教养的世界相对立，而这两个条件都是以生产力的巨大增长和高度发展为前提的。另一方面，生产力的这种发展（随着这种发展，人们的**世界历史性的**而不是地域性的存在同时已经是经验的存在了）之所以是绝对必需的实际前提，还因为如果没有这种发展，那就只会有**贫穷**、**极端贫困**的普遍化；而在**极端贫困**的情况下，必须重新开始争取必需品的斗争，全部陈腐污浊的东西又要死灰复燃。其次，生产力的这种发展之所以是绝对必需的实际前提，还因为：只有随着生产力的这种普遍发展，人们的**普遍交往**才能建立起来；普遍交往，一方面，可以产生一切民族中同时都存在着"没有财产的"群众这一现象（普遍竞争），使每一民族都依赖于其他民族的变革；最后，地域性的个人为**世界历史性的**、经验上普遍的个人所替代。不这样，（1）共产主义就只能作为某种地域性的东西而存；（2）交往的**力量**本身就不可能发展成为一种**普遍的**因而是不堪忍受的力量：它们会依然处于地方的、笼罩着迷信气氛的"状态"；（3）交往的任何扩大都会消灭地域性的共产主义。共产主义只有作为占统治地位的各民族"一下子"同时发生的行动，在经验上才是可能的，而这是以生产力的普遍发展和与此相联系的世界交往为前提的。

共产主义对我们来说不是应当确立的**状况**，不是现实应当与之相适应的**理想**。我们所称为共产主义的是那种消灭现存状况的**现实的**运动。这个运动的条件是由现有的前提产生的。

此外，许许多多人**仅仅**依靠自己劳动为生——大量的劳力与资本隔绝或甚至连有限地满足自己的需要的可能性都被剥夺——，从而由于竞争，他们不再是暂时失去作为有保障的生活来源的工作，他们陷于绝境，这种状况是以**世界市场**的存在为前提的。因此，无产阶级只有**在世界历史意义上**才能存在，就像共产主义——它的事业——只有作为"世界历史性的"存在才有可能实现一样。而各个人的世界历史性的存在，也就是与世界历史直接相联系的各个人的存在。

否则，例如财产一般怎么能够具有某种历史，采取各种不同的形式，例如地产怎么能够像今天实际生活中所发生的那样，根据现有的不同前提而发展呢？——在法国，从小块经营发展到集中于少数人之手，在英国，则是从集中于少数人之手发展到小块经营。至于贸易——它终究不过是不同个人和不同国家的产品交换——又怎么能够通过供求关系而统治全世界呢？用一位英国经济学家的话来说，这种关系就像古典古代的命运之神一样，遨游于寰球之上，用看不见的手把幸福和灾难分配给人们，把一些王国创造出来，又把它们毁掉，使一些民族产生，又使它们衰亡；但随着基础即随着私有制的消灭，随着对生产实行共产主义的调节以及这种调节所带来的人们对于自己产品的异己关系的消灭，供求关系的威力也将消失，人们将使交换、生产及他们发生相互关系的方式重新受自己的支配。

——

受到迄今为止一切历史阶段的生产力制约同时又反过来制约生产力的交往形式，就是**市民社会**[11]。前面的叙述已经表明，这个社会是以简单的家庭和复杂的家庭，即所谓部落制度作为自己的前提和基础的。关于市民社会的比较详尽的定义已经包括在前面的叙述中了。从这里已经可以看出，这个市民社会是全部历史的真正发源地和舞台，可以看出过去那种轻视现实关系而局限于言过其实的重大政治历史事件[192]的历史观是何等荒谬。

到现在为止，我们主要只是考察了人类活动的一个方面——人**改造自然**。另一方

面，是**人改造**……①

国家的起源和国家同市民社会的关系。

———

历史不外是各个世代的依次交替。每一代都利用以前各代遗留下来的材料、资金和生产力；由于这个缘故，每一代一方面在完全改变了的环境下继续从事所继承的活动，另一方面又通过完全改变了的活动来变更旧的环境。然而，事情被思辨地扭曲成这样：好像后期历史是前期历史的目的，例如，好像美洲的发现的根本目的就是要促使法国大革命的爆发。于是历史便具有了自己特殊的目的并成为某个与"其他人物"（像"自我意识"、"批判"、"唯一者"等等）"并列的人物"。其实，前期历史的"使命"、"目的"、"萌芽"、"观念"等词所表示的东西，终究不过是从后期历史中得出的抽象，不过是从前期历史对后期历史发生的积极影响中得出的抽象。

各个相互影响的活动范围在这个发展进程中越是扩大，各民族的原始封闭状态由于日益完善的生产方式、交往以及因交往而自然形成的不同民族之间的分工消灭得越是彻底，历史也就越是成为世界历史。例如，如果在英国发明了一种机器，它夺走了印度和中国的无数劳动者的饭碗，并引起这些国家的整个生存形式的改变，那么，这个发明便成为一个世界历史性的事实；同样，砂糖和咖啡是这样来表明自己在19世纪具有的世界历史意义的：拿破仑的大陆体系[193]所引起的这两种产品的匮乏推动了德国人起来反抗拿破仑，从而就成为光荣的1813年解放战争的现实基础。由此可见，历史向世界历史的转变，不是"自我意识"、世界精神或者某个形而上学幽灵的某种纯粹的抽象行动，而是完全物质的、可以通过经验证明的行动，每一个过着实际生活的、需要吃、喝、穿的个人都可以证明这种行动。

单个人随着自己的活动扩大为世界历史性的活动，越来越受到对他们来说是异己的力量的支配（他们把这种压迫想象为所谓世界精神等等的圈套），受到日益扩大的、归根结底表现为**世界市场**的力量的支配，这种情况在迄今为止的历史中当然也是经验事实。但是，另一种情况也具有同样的经验根据，这就是：随着现存社会制度被共产主义革命所推翻（下面还要谈到这一点）以及与这一革命具有同等意义的私有制的消灭，这种对德国理论家们来说是如此神秘的力量也将被消灭；同时，每一个单个人的解放的程度是与历史完全转变为世界历史的程度一致的②。至于个人在精神上的现实丰富性完全取决于他的现实关系的丰富性，根据上面的叙述，这已经很清楚了。只有这样，单个人才能摆脱种种民族局限和地域局限而同整个世界的生产（也同精神的生产）发生实际联系，才能获得利用全球的这种全面的生产（人们的创造）的能力。各个人的**全面的**依存关系、他们的这种自然形成的**世界历史性**的共同活动的最初形式，由于这种共产主义革命而转化为对下述力量的控制和自觉的驾驭，这些力量本来是由人们的相互作用产生的，但是迄今为止对他们来说都作为完全异己的力量威慑和驾驭着他们。这种观点仍然可以用思辨的、观念的方式，也就是用幻想的方式解释为"类的自

---

① 马克思加了边注："交往和生产力"。——编者注
② 马克思加了边注："**关于意识的生产**"。——编者注

我产生"（"作为主体的社会"），从而把所有前后相继、彼此相联的个人想象为从事自我产生这种神秘活动的唯一的个人。这里很明显，尽管人们在肉体上和精神上**互相**创造着，但是他们既不像圣布鲁诺胡说的那样，也不像"唯一者"、"被创造的"人那样创造自己本身。

最后，我们从上面所阐述的历史观中还可以得出以下的结论：（1）生产力在其发展的过程中达到这样的阶段，在这个阶段上产生出来的生产力和交往手段在现存关系下只能造成灾难，这种生产力已经不是生产的力量，而是破坏的力量（机器和货币）。与此同时还产生了一个阶级，它必须承担社会的一切重负，而不能享受社会的福利，它被排斥于社会之外，因而不得不同其他一切阶级发生最激烈的对立；这个阶级构成了全体社会成员中的大多数，从这个阶级中产生出必须实行彻底革命的意识，即共产主义的意识，这种意识当然也可以在其他阶级中形成，只要它们认识到这个阶级的状况；（2）那些使一定的生产力能够得到利用的条件，是社会的一定阶级实行统治的条件，这个阶级的由其财产状况产生的社会权力，每一次都在相应的国家形式中获得**实践的**观念的表现，因此一切革命斗争都是针对在此以前实行统治的阶级的①；（3）迄今为止的一切革命始终没有触动活动的性质，始终不过是按另外的方式分配这种活动，不过是在另一些人中间重新分配劳动，而共产主义革命则针对活动迄今具有的**性质**，消灭**劳动**②，并消灭任何阶级的统治以及这些阶级本身，因为完成这个革命的是这样一个阶级，它在社会上已经不算是一个阶级，它已经不被承认是一个阶级，它已经成为现今社会的一切阶级、民族等等的解体的表现；（4）无论为了使这种共产主义意识普遍地产生还是为了实现事业本身，使人们普遍地发生变化是必需的，这种变化只有在实际运动中，在**革命**中才有可能实现；因此，革命之所以必需，不仅是因为没有任何其他的办法能够推翻**统治**阶级，而且还因为**推翻**统治阶级的那个阶级，只有在革命中才能抛掉自己身上的一切陈旧的肮脏东西，才能胜任重建社会的工作。③

---

① 马克思加了边注："这些人所关心的是维持现在的生产状况"。——编者注

② 手稿中删去以下这句话"消灭在……统治下活动的现代形式"。马克思在这里所说的"消灭劳动"是指消灭资本主义私有制统治下的异化劳动。关于这种说法的含义，并见本卷第570—573、579—582页。关于异化劳动，可参看马克思《1844年经济学哲学手稿》。——编者注

③ 手稿中删去以下这段话："至于谈到革命的这种必要性，所有的共产主义者，不论是法国的、英国的或德国的，早就一致同意了，而圣布鲁诺却继续心安理得地幻想，认为'现实的人道主义'即共产主义所以取代'唯灵论的地位'（唯灵论根本没有什么地位）只是为了赢得崇敬。他继续幻想：那时候'灵魂将得救，人间将成为天国，天国将成为人间。'（神学家总是念念不忘天国）'那时候欢乐和幸福将要永世高奏天国的和谐曲'（第140页）194。当末日审判——这一切都要在这一天发生，燃烧着的城市火光在天空的映照将是这一天的朝霞——突然来临的时候，当耳边响起由这种'天国的和谐曲'传出的有炮声为之伴奏、有断头台为之击节的《马赛曲》和《卡马尼奥拉曲》旋律的时候；当卑贱的'群众'高唱着ça ira, ça ira并把'自我意识'吊在路灯柱上195的时候，我们这位神圣的教父将会大吃一惊。圣布鲁诺毫无根据地为自己描绘了一幅'永世欢乐和幸福'的振奋人心的图画。'费尔巴哈的爱的宗教的追随者'对这种'欢乐和幸福'似乎另有独特的想法，他们在谈到革命的时候，强调的是与'天国的和谐曲'截然不同的东西。我们没有兴致来事先构想圣布鲁诺在末日审判这一天的行为。至于应当把进行革命的无产者了解为反抗自我意识的'实体'或想要推翻批判的'群众'，还是了解为还没有足够的浓度来消化鲍威尔思想的一种精神'流出体'，这个问题也确实难以解决。"——编者注

由此可见，这种历史观就在于：从直接生活的物质生产出发阐述现实的生产过程，把同这种生产方式相联系的、它所产生的交往形式即各个不同阶段上的市民社会理解为整个历史的基础，从市民社会作为国家的活动描述市民社会，同时从市民社会出发阐明意识的所有各种不同的理论产物和形式，如宗教、哲学、道德等等，而且追溯它们产生的过程。这样做当然就能够完整地描述事物了（因而也能够描述事物的这些不同方面之间的相互作用）。① 这种历史观和唯心主义历史观不同，它不是在每个时代中寻找某种范畴，而是始终站在现实历史的**基础**上，不是从观念出发来解释实践，而是从物质实践出发来解释各种观念形态，由此也就得出下述结论：意识的一切形式和产物不是可以通过精神的批判来消灭的，不是可以通过把它们消融在"自我意识"中或化为"怪影"、"幽灵"、"怪想"② 等等来消灭的，而只有通过实际地推翻这一切唯心主义谬论所由产生的现实的社会关系，才能把它们消灭；历史的动力以及宗教、哲学和任何其他理论的动力是革命，而不是批判。这种观点表明：历史不是作为"源于精神的精神"消融在"自我意识"③ 中而告终的，历史的每一阶段都遇到一定的物质结果，一定的生产力总和，人对自然以及个人之间历史地形成的关系，都遇到前一代传给后一代的大量生产力、资金和环境，尽管一方面这些生产力、资金和环境为新的一代所改变，但另一方面，它们也预先规定新的一代本身的生活条件，使它得到一定的发展和具有特殊的性质。由此可见，这种观点表明：人创造环境，同样，环境也创造人。每个个人和每一代所遇到的现成的东西：生产力、资金和社会交往形式的总和，是哲学家们想象为"实体"和"人的本质"的东西的现实基础，是他们加以神化并与之斗争的东西的现实基础，这种基础尽管遭到以"自我意识"和"唯一者"的身份出现的哲学家们的反抗，但它对人们的发展所起的作用和影响却丝毫也不因此而受到干扰。各代所遇到的这些生活条件还决定着这样的情况：历史上周期性地重演的革命动荡是否强大到足以摧毁现存一切的基础；如果还没有具备这些实行全面变革的物质因素，就是说，一方面还没有一定的生产力，另一方面还没有形成不仅反抗旧社会的个别条件，而且反抗旧的"生活生产"本身、反抗旧社会所依据的"总和活动"的革命群众，那么，正如共产主义的历史所证明的，尽管这种变革的**观念**已经表述过千百次，但这对于实际发展没有任何意义。

迄今为止的一切历史观不是完全忽视了历史的这一现实基础，就是把它仅仅看成与历史进程没有任何联系的附带因素。因此，历史总是遵照在它之外的某种尺度来编写的；现实的生活生产被看成是某种非历史的东西，而历史的东西则被看成是某种脱离日常生活的东西，某种处于世界之外和超乎世界之上的东西。这样，就把人对自然界的关系从历史中排除出去了，因而造成了自然界和历史之间的对立。因此，这种历史观只能在历史上看到重大政治历史事件，看到宗教的和一般理论的斗争，而且在每次描述某一历史时代的时候，它都不得不赞同**这一时代的幻想**。

……

---

① 马克思加了边注："**费尔巴哈**"。——编者注
② 麦·施蒂纳《唯一者及其所有物》一书中的用语。——编者注
③ 布·鲍威尔《评路德维希·费尔巴哈》一文中的用语。——编者注

[Ⅲ]

统治阶级的思想在每一时代都是占统治地位的思想。这就是说，一个阶级是社会上占统治地位的**物质**力量，同时也是社会上占统治地位的**精神**力量。支配着物质生产资料的阶级，同时也支配着精神生产资料，因此，那些没有精神生产资料的人的思想，一般地是隶属于这个阶级的。占统治地位的思想不过是占统治地位的物质关系在观念上的表现，不过是以思想的形式表现出来的占统治地位的物质关系；因而，这就是那些使某一个阶级成为统治阶级的关系在观念上的表现，因而这也就是这个阶级的统治的思想。此外，构成统治阶级的各个个人也都具有意识，因而他们也会思维；既然他们作为一个阶级进行统治，并且决定着某一历史时代的整个面貌，那么，不言而喻，他们在这个历史时代的一切领域中也会这样做，就是说，他们还作为思维着的人，作为思想的生产者进行统治，他们调节着自己时代的思想的生产和分配；而这就意味着他们的思想是一个时代的占统治地位的思想。例如，在某一国家的某个时期，王权、贵族和资产阶级为夺取统治而争斗，因而，在那里统治是分享的，那里占统治地位的思想就会是关于分权的学说，于是分权就被宣布为"永恒的规律"。

……

[Ⅳ]
—

个人力量（关系）由于分工而转化为物的力量这一现象，不能靠人们从头脑里抛开关于这一现象的一般观念的办法来消灭①，而只能靠个人重新驾驭这些物的力量，靠消灭分工的办法来消灭。没有共同体，这是不可能实现的。只有在共同体中，个人才能获得全面发展其才能的手段，也就是说，只有在共同体中才可能有个人自由。在过去的种种冒充的共同体中，如在国家等等中，个人自由只是对那些在统治阶级范围内发展的个人来说是存在的，他们之所以有个人自由，只是因为他们是这一阶级的个人。从前各个人联合而成的虚假的共同体，总是相对于各个人而独立的；由于这种共同体是一个阶级反对另一个阶级的联合，因此对于被统治的阶级来说，它不仅是完全虚幻的共同体，而且是新的桎梏。在真正的共同体的条件下，各个人在自己的联合中并通过这种联合获得自己的自由。

各个人的出发点总是他们自己，不过当然是处于既有的历史条件和关系范围之内的自己，而不是意识形态家们所理解的"纯粹的"个人。然而在历史发展的进程中，而且正是由于在分工范围内社会关系的必然独立化，在每一个人的个人生活同他的屈从于某一劳动部门以及与之相关的各种条件的生活之间出现了差别。这不应当理解为，似乎像食利者和资本家等等已不再是有个性的个人了，而应当理解为，他们的个性是由非常明确的阶级关系决定和规定的，上述差别只是在他们与另一阶级的对立中才出现，而对他们本身来说，上述差别只是在他们破产之后才产生。在等级中（尤其是在部落中）这种现象还是隐蔽的，例如，贵族总是贵族，平民总是平民，不管他的其他

---

① 恩格斯加了边注："（费尔巴哈：存在和本质）"。

路·费尔巴哈在《未来哲学原理》中关于存在和本质的论点，参看本卷第549—550页。——编者注

关系如何；这是一种与他的个性不可分割的品质。有个性的个人与阶级的个人的差别，个人生活条件的偶然性，只是随着那本身是资产阶级产物的阶级的出现才出现。只有个人相互之间的竞争和斗争才产生和发展了这种偶然性本身。因此，各个人在资产阶级的统治下被设想得要比先前更自由些，因为他们的生活条件对他们来说是偶然的；事实上，他们当然更不自由，因为他们更加屈从于物的力量。等级的差别特别显著地表现在资产阶级与无产阶级的对立中。当市民等级、同业公会等等起来反对农村贵族的时候，他们的生存条件，即在他们割断了封建的联系以前就潜在地存在着的动产和手艺，表现为一种与封建土地所有制相对立的积极的东西，因此起先也具有一种特殊的封建形式。当然，逃亡农奴认为他们先前的农奴地位对他们的个性来说是某种偶然的东西。但是，在这方面，他们只是做了像每一个挣脱了枷锁的阶级所做的事，此外，他们不是作为一个阶级解放出来的，而是零零散散地解放出来的。其次，他们并没有越出等级制度的范围，而只是形成了一个新的等级，在新的处境中也还保存了他们过去的劳动方式，并且使这种劳动方式摆脱已经和他们所达到的发展阶段不相适应的桎梏，从而使它得到进一步的发展。

相反，对于无产者来说，他们自身的生活条件，即劳动，以及当代社会的全部生存条件都已变成一种偶然的东西，单个无产者是无法加以控制的，而且也没有任何**社会**组织能够使他们加以控制。单个无产者的个性和强加于他的生活条件即劳动之间的矛盾，对无产者本身是显而易见的，特别是因为他从早年起就成了牺牲品，因为他在本阶级的范围内没有机会获得使他转为另一个阶级的各种条件。

注意，不要忘记，单是维持农奴生存的必要性和大经济的不可能性（包括把小块土地分给农奴），很快就使农奴向封建主缴纳的贡赋降低到各种代役租和徭役地租的平均水平，这样就使农奴有可能积累一些动产，便于逃出自己领主的领地，并使他有希望上升为市民，同时还引起了农奴的分化。可见逃亡农奴已经是半市民了。由此也可以清楚地看到，掌握了某种手艺的农奴获得动产的可能性最大。

由此可见，逃亡农奴只是想自由地发展他们已有的生存条件并让它们发挥作用，因而归根结底只达到了自由劳动；而无产者，为了实现自己的个性，就应当消灭他们迄今面临的生存条件，消灭这个同时也是整个迄今为止的社会的生存条件，即消灭劳动。因此，他们也就同社会的各个人迄今借以表现为一个整体的那种形式即同国家处于直接的对立中，他们应当推翻国家，使自己的个性得以实现。

————

从上述一切可以看出①，某一阶级的各个人所结成的、受他们的与另一阶级相对立的那种共同利益所制约的共同关系，总是这样一种共同体，这些个人只是作为一般化的个人隶属于这种共同体，只是由于他们还处在本阶级的生存条件下才隶属于这种共同体；他们不是作为个人而是作为阶级的成员处于这种共同关系中的。而在控制了自己的生存条件和社会全体成员的生存条件的革命无产者的共同体中，情况就完全不同

————

① 手稿中删去以下这句话："在每一个历史时代获得解放的个人只是进一步发展自己已有的、对他们来说是既有的生存条件。"——编者注

了。在这个共同体中各个人都是作为个人参加的。它是各个人的这样一种联合（自然是以当时发达的生产力为前提的），这种联合把个人的自由发展和运动的条件置于他们的控制之下。而这些条件从前是受偶然性支配的，并且是作为某种独立的东西同单个人对立的。这正是由于他们作为个人是相互分离的，是由于分工使他们有了一种必然的联合，而这种联合又因为他们的相互分离而成了一种对他们来说是异己的联系。过去的联合决不像《社会契约论》①中所描绘的那样是任意的，而只是关于这样一些条件的必然的联合（可以对照例如北美合众国和南美诸共和国形成的情况），在这些条件下，各个人有可能利用偶然性。这种在一定条件下不受阻碍地利用偶然性的权利，迄今一直称为个人自由。——这些生存条件当然只是各个时代的生产力和交往形式。

————

共产主义和所有过去的运动不同的地方在于：它推翻一切旧的生产关系和交往关系的基础，并且第一次自觉地把一切自发形成的前提看做是前人的创造，消除这些前提的自发性，使这些前提受联合起来的个人的支配。因此，建立共产主义实质上具有经济的性质，这就是为这种联合创造各种物质条件，把现存的条件变成联合的条件。共产主义所造成的存在状况，正是这样一种现实基础，它使一切不依赖于个人而存在的状况不可能发生，因为这种存在状况只不过是各个人之间迄今为止的交往的产物。这样，共产主义者实际上把迄今为止的生产和交往所产生的条件看做无机的条件。然而他们并不以为过去世世代代的意向和使命就是给他们提供资料，也不认为这些条件对于创造它们的个人来说是无机的。有个性的个人与偶然的个人之间的差别，不是概念上的差别，而是历史事实。在不同的时期，这种差别具有不同的含义，例如，等级在18世纪对于个人来说就是某种偶然的东西，家庭或多或少地也是如此。这种差别不是我们为每个时代划定的，而是每个时代本身在既存的各种不同的因素之间划定的，而且不是根据概念而是在物质生活冲突的影响下划定的。在后来时代（与在先前时代相反）被看做是偶然的东西，也就是在先前时代传给后来时代的各种因素中被看做是偶然的东西，是曾经与生产力发展的一定水平相适应的交往形式。生产力与交往形式的关系就是交往形式与个人的行动或活动的关系。（这种活动的基本形式当然是物质活动，一切其他的活动，如精神活动、政治活动、宗教活动等都取决于它。当然，物质生活的这样或那样的形式，每次都取决于已经发达的需求，而这些需求的产生，也像它们的满足一样，本身是一个历史过程，这种历史过程在羊或狗那里是没有的（这是施蒂纳顽固地提出来反对人的主要论据②），尽管羊或狗的目前形象无疑是历史过程的产物——诚然，不以它们的意愿为转移。）个人相互交往的条件，在上述这种矛盾产生以前，是与他们的个性相适合的条件，对于他们来说不是什么外部的东西；在这些条件下，生存于一定关系中的一定的个人独力生产自己的物质生活以及与这种物质生活有关的东西，因而这些条件是个人的自主活动的条件，并且是由这种自主活动产生出

① 让·雅·卢梭《社会契约论，或政治权利的原则》1762年阿姆斯特丹版。——编者注
② 麦·施蒂纳《施蒂纳的评论者》一文中的议论；并见麦·施蒂纳《唯一者及其所有物》1845年莱比锡版第443页。——编者注

来的。① 这样，在矛盾产生以前，人们进行生产的一定条件是同他们的现实的局限状态，同他们的片面存在相适应的，这种存在的片面性只是在矛盾产生时才表现出来，因而只是对于后代才存在。这时人们才觉得这些条件是偶然的桎梏，并且把这种视上述条件为桎梏的意识也强加给先前的时代。

这些不同的条件，起初是自主活动的条件，后来却变成了自主活动的桎梏，这些条件在整个历史发展过程中构成各种交往形式的相互联系的序列，各种交往形式的联系就在于：已成为桎梏的旧交往形式被适应于比较发达的生产力，因而也适应于进步的个人自主活动方式的新交往形式所代替；新的交往形式又会成为桎梏，然后又为另一种交往形式所代替。由于这些条件在历史发展的每一阶段都是与同一时期的生产力的发展相适应的，所以它们的历史同时也是发展着的、由每一个新的一代承受下来的生产力的历史，从而也是个人本身力量发展的历史。

由于这种发展是自发地进行的，就是说它不是按照自由联合起来的个人制定的共同计划进行的，所以它是以各个不同的地域、部落、民族和劳动部门等等为出发点的，其中的每一个起初都与别的不发生联系而独立地发展，后来才逐渐与它们发生联系。其次，这种发展非常缓慢；各种不同的阶段和利益从来没有被完全克服，而只是屈从于获得胜利的利益，并在许多世纪中和后者一起延续下去。由此可见，甚至在一个民族内，各个人，即使撇开他们的财产关系不谈，都有各种完全不同的发展；较早时期的利益，在它固有的交往形式已经为属于较晚时期的利益的交往形式排挤之后，仍然在长时间内拥有一种相对于个人而独立的虚假共同体（国家、法）的传统权力，一种归根结底只有通过革命才能被打倒的权力。由此也就说明：为什么在某些可以进行更一般的概括的问题上，意识有时似乎可以超过同时代的经验关系，以致人们在以后某个时代的斗争中可以依靠先前时代理论家的威望。

相反，有些国家，例如北美的发展是在已经发达的历史时代起步的，在那里这种发展异常迅速。在这些国家中，除了移居到那里去的个人而外没有任何其他的自发形成的前提，而这些个人之所以移居那里，是因为他们的需要与老的国家的交往形式不相适应。可见，这些国家在开始发展的时候就拥有老的国家的最进步的个人，因而也就拥有与这些个人相适应的、在老的国家里还没有能够实行的最发达的交往形式。这符合于一切殖民地的情况，只要它们不仅仅是一些军用场所或交易场所。迦太基、希腊的殖民地以及11世纪和12世纪的冰岛可以作为例子。类似的关系在征服的情况下也可以看到，如果在另一块土地上发展起来的交往形式被现成地搬到被征服国家的话。这种交往形式在自己的祖国还受到以前时代遗留下来的利益和关系的牵累，而它在这些地方却能够而且应当充分地和不受阻碍地确立起来，尽管这是为了保证征服者拥有持久的政权（英格兰和那不勒斯在被诺曼人征服[203]之后，获得了最完善的封建组织形式）。

征服这一事实看起来好像是同整个这种历史观矛盾的。到目前为止，暴力、战争、掠夺、抢劫等等被看做是历史的动力。这里我们只能谈谈主要之点，因此，我们举一个最显著的例子：古老文明被蛮族破坏，以及与此相联系重新开始形成种新的社会结

---

① 马克思加了边注："交往形式本身的生产"。——编者注

构（罗马和蛮人，封建制度和高卢人，东罗马帝国和土耳其人）。对进行征服的蛮族来说，正如以上所指出的，战争本身还是一种通常的交往形式；在传统的、对该民族来说唯一可能的粗陋生产方式下，人口的增长越来越需要新的生产资料，因而这种交往形式越来越被加紧利用。相反，在意大利，由于地产日益集中（这不仅是由购买和负债引起的，而且还是由继承引起的，当时一些古老的氏族由于生活放荡和很少结婚而逐渐灭亡，他们的财产转入少数人手里），由于耕地变为牧场（这不仅是由通常的、至今仍然起作用的经济原因引起的，而且也是由掠夺来的和进贡的谷物的输入以及由此造成的意大利谷物没有买主的现象引起的），自由民几乎完全消失了，就是奴隶也在不断地死亡，而不得不经常代之以新的奴隶。奴隶制仍然是整个生产的基础。介于自由民与奴隶之间的平民，始终不过是流氓无产阶级。总之，罗马始终只不过是一个城市，它与各行省之间的联系几乎仅仅是政治上的联系，因而这种联系自然也就可能为政治事件所破坏。

———

有一种最普通的观点认为，迄今为止在历史上只有**占领**才具有决定意义。蛮人**占领**了罗马帝国，这种占领的事实通常被用来说明从古代世界向封建制度的过渡。但是在蛮人的占领下，一切都取决于被占领国家此时是否已经像现代国家那样发展了工业生产力，或者被占领国家的生产力主要是否只是以它的联合和共同体为基础。其次，占领是受占领的对象所制约的。如果占领者不依从被占领国家的生产条件和交往条件，就完全无法占领银行家的体现于证券中的财产。对于每个现代工业国家的全部工业资本来说，情况也是这样。最后，无论在什么地方，占领都是很快就会结束的，已经不再有东西可供占领时，必须开始进行生产。从这种很快出现的生产的必要性中可以得出如下结论：定居下来的征服者所采纳的共同体形式，应当适应于他们面临的生产力发展水平，如果起初情况不是这样，那么共同体形式就应当按照生产力来改变。这也就说明了民族大迁徙后的时期到处可见的一件事实，即奴隶成了主人，征服者很快就接受了被征服民族的语言、教育和风俗。

封建制度决不是现成地从德国搬去的。它起源于征服者在进行征服时军队的战时组织，而且这种组织只是在征服之后，由于在被征服国家内遇到的生产力的影响才发展为真正的封建制度的。这种形式到底在多大程度上受生产力的制约，这从企图仿效古罗马来建立其他形式的失败尝试（查理大帝，等等）中已经得到证明。

———

在大工业和竞争中，各个人的一切生存条件、一切制约性、一切片面性都融合为两种最简单的形式——私有制和劳动。货币使任何交往形式和交往本身成为对个人来说是偶然的东西。因此，货币就是产生下述现象的根源：迄今为止的一切交往都只是在一定条件下个人的交往，而不是作为个人的个人的交往。这些条件可以归结为两点：积累起来的劳动，或者说私有制，以及现实的劳动。如果二者缺一，交往就会停止。现代的经济学家如西斯蒙第、舍尔比利埃①等人自己就把个人的联合同资本的联合

---

① 安·埃·舍尔比利埃《富人或穷人》1840 年巴黎—日内瓦版。——编者注

对立起来。但是，另一方面，个人本身完全屈从于分工，因此他们完全被置于相互依赖的关系之中。私有制，就它在劳动的范围内同劳动相对立来说，是从积累的必然性中发展起来的。起初它大部分仍旧保存着共同体的形式，但是在以后的发展中越来越接近私有制的现代形式。分工从最初起就包含着劳动**条件**——劳动工具和材料——的分配，也包含着积累起来的资本在各个所有者之间的劈分，从而也包含着资本和劳动之间的分裂以及所有制本身的各种不同的形式。分工越发达，积累越增加，这种分裂也就发展得越尖锐。劳动本身只能在这种分裂的前提下存在。

（各个民族的个人——德国人和美国人——的自身能力，已经通过种族杂交而产生的能力，——因此德国人是白痴式的；在法、英等国是异族人移居于已经发达的土地上，在美国是异族人移居于一块全新的土地上，而在德国，土著居民安居不动。）

——

因此，这里显露出两个事实。第一，生产力表现为一种完全不依赖于各个人并与他们分离的东西，表现为与各个人同时存在的特殊世界，其原因是，各个人——他们的力量就是生产力——是分散的和彼此对立的，而另一方面，这些力量只有在这些个人的交往和相互联系中才是真正的力量。[①] 因此，一方面是生产力的总和，生产力好像具有一种物的形式，并且对个人本身来说它们已经不再是个人的力量，而是私有制的力量，因此，生产力只有在个人是私有者的情况下才是个人的力量。在以前任何一个时期，生产力都没有采取过这种对于作为个人的个人的交往无关紧要的形式，因为他们的交往本身还是受限制的。另一方面是同这些生产力相对立的大多数个人，这些生产力是和他们分离的，因此这些个人丧失了一切现实的生活内容，成了抽象的个人，然而正因为这样，他们才有可能**作为个人**彼此发生联系。

他们同生产力并同他们自身的存在还保持着的唯一联系，即劳动，在他们那里已经失去了任何自主活动的假象，而且只能用摧残生命的方式来维持他们的生命。而在以前各个时期，自主活动和物质生活的生产是分开的，这是因为它们是由不同的人承担的，同时，物质生活的生产由于各个人本身的局限性还被认为是自主活动的从属形式，而现在它们竟互相分离到这般地步，以致物质生活一般都表现为目的，而这种物质生活的生产即劳动（劳动现在是自主活动的唯一可能的形式，然而正如我们看到的，也是自主活动的否定形式）则表现为手段。

这样一来，现在情况就变成了这样：各个人必须占有现有的生产力总和，这不仅是为了实现他们的自主活动，而且从根本上说也是为了保证自己的生存。这种占有首先受所要占有的对象的制约，即受发展成为一定总和并且只有在普遍交往的范围里才存在的生产力的制约。因此，仅仅由于这一点，占有就必须带有同生产力和交往相适应的普遍性质。对这些力量的占有本身不外是同物质生产工具相适应的个人才能的发挥。仅仅因为这个缘故，对生产工具一定总和的占有，也就是个人本身的才能的一定总和的发挥。其次，这种占有受进行占有的个人的制约。只有完全失去了整个自主活动的现代无产者，才能够实现自己的充分的、不再受限制的自主活动，这种自主活动

---

① 恩格斯加了边注："西斯蒙第"。——编者注

就是对生产力总和的占有以及由此而来的才能总和的发挥。过去的一切革命的占有都是有限制的；各个人的自主活动受到局限性的生产工具和有局限性的交往的束缚，他们所占有的是这种有局限性的生产工具，因此他们只是达到了新的局限性。他们的生产工具成了他们的财产，但是他们本身始终屈从于分工和自己的生产工具。在迄今为止的一切占有制下，许多个人始终屈从于某种唯一的生产工具；在无产者的占有制下，许多生产工具必定归属于每一个个人，而财产则归属于全体个人。现代的普遍交往，除了归属于全体个人，不可能归属于各个人。

其次，占有还受实现占有所必须采取的方式的制约。占有只有通过联合才能实现，由于无产阶级本身固有的本性，这种联合又只能是普遍性的，而且占有也只有通过革命才能得到实现，在革命中，一方面迄今为止的生产方式和交往方式的权力以及社会结构的权力被打倒，另一方面无产阶级的普遍性质以及无产阶级为实现这种占有所必需的能力得到发展，同时无产阶级将抛弃它迄今的社会地位遗留给它的一切东西。

只有在这个阶段上，自主活动才同物质生活一致起来，而这又是同各个人向完全的个人的发展以及一切自发性的消除相适应的。同样，劳动向自主活动的转化，同过去受制约的交往向个人本身的交往的转化，也是相互适应的。随着联合起来的个人对全部生产力的占有，私有制也就终结了。在迄今为止的历史上，一种特殊的条件总是表现为偶然的，而现在，各个人本身的独自活动，即每一个人本身特殊的个人职业，才是偶然的。

哲学家们在不再屈从于分工的个人身上看到了他们名之为"人"的那种理想，他们把我们所阐述的整个发展过程看做是"人"的发展过程，从而把"人"强加于迄今每一历史阶段中所存在的个人，并把"人"描述成历史的动力。这样，整个历史过程就被看成是"人"的自我异化过程，实质上这是因为，他们总是把后来阶段的一般化的个人强加于先前阶段的个人，并且把后来的意识强加于先前的个人。① 借助于这种从一开始就撇开现实条件的本末倒置的做法，他们就可以把整个历史变成意识的发展过程了。

（选自《马克思恩格斯文集》第 1 卷，人民出版社 2009 年版，第 512—545 页、第 550—551 页、第 570—582 页。）

注　释

183　大·施特劳斯的主要著作《耶稣传》（1835—1836 年蒂宾根版第 1—2 卷）开创了对宗教的哲学批判，并使黑格尔学派开始分裂为老年黑格尔派和青年黑格尔派。

　　　老年黑格尔派强调黑格尔的体系，对德国三月革命（见注 241）前的社会和政治实践持保守的甚至反动的态度。因此，他们也被称做右翼黑格尔

---

① 马克思加了边注："自我异化"。——编者注

派，其成员有格·加布勒、卡·道布、汉宁和亨·莱奥。

青年黑格尔派注重黑格尔的辩证方法，对基督教和普鲁士国家持批判态度，他们也被称做左翼黑格尔派，其主要成员有大·施特劳斯、麦·施蒂纳、阿·卢格、鲍威尔兄弟等，路·费尔巴哈一度也是该派成员。——512。

184 狄亚多希是马其顿亚历山大大帝的将领们，他们在亚历山大死后为争夺权力而彼此进行残酷的厮杀。在这场争斗的过程中（公元前4世纪末至3世纪初），亚历山大的帝国这个不巩固的、实行军事管理的联盟分裂为许多单独的国家。——513。

185 "震撼世界的"一词是《维干德季刊》上一篇匿名文章的用语（见该杂志1845年第4卷第327页）。——516。

186 "交往"（Verkehr）这个术语在《德意志意识形态》中含义很广。它包括单个人、社会团体以及国家之间的物质交往和精神交往。马克思和恩格斯在这部著作中指出：物质交往，首先是人们在生产过程中的交往，这是任何其他交往的基础。《德意志意识形态》中所用的"交往形式"、"交往方式"、"交往关系"、"生产关系和交往关系"这些术语，表达了马克思和恩格斯在这个时期形成的生产关系概念。——520。

187 马克思和恩格斯使用的术语 Stamm，在本文中译为"部落"。在19世纪中叶的历史科学中，这个术语的含义比现在广泛。它是指渊源于共同祖先的人们的共同体，包括近代所谓的"氏族"和"部落"。美国的民族学家路·亨·摩尔根在其主要著作《古代社会》（1877年）中第一次把"氏族"和"部落"这两个概念区分开来，并下了准确的定义。摩尔根指明，氏族是原始公社制度的基层单位，从而为原始社会的全部历史奠定了科学的基础。恩格斯在《家庭、私有制和国家的起源》（见《马克思恩格斯文集》第4卷）一书中总结了摩尔根的这些发现，全面地解释了氏族和部落这两个概念的内容。——521。

188 李奇尼乌斯土地法是公元前367年在古罗马通过的一项法律，又称李奇尼乌斯法。该法律对于把公有地转交个人使用的权利作了某种限制，并规定撤销部分债务。该法反对大土地占有制，反对扩大贵族的特权，反映了平民的经济地位和政治地位有所加强。根据罗马的传统说法，该法是罗马护民官李奇尼乌斯和塞克斯蒂乌斯制定的。——522。

189 内战指在罗马发生的内战，通常是指罗马统治阶级各集团之间从公元前2世纪末至公元前30年持续进行的斗争。这些内战连同日益尖锐的阶级矛盾和奴隶起义加速了罗马共和国的衰亡，并导致罗马帝国的建立。——522。

190 在恩格斯的《家庭、私有制和国家的起源》（见《马克思恩格斯文集》第4卷）以及《法兰克时代》（见《马克思恩格斯全集》中文第2版第25卷）中均有关于日耳曼人军事制度的论述。——522。

191 马克思和恩格斯在这里和后面的论述，主要涉及路·费尔巴哈的著作《未来哲学原理》，并且从中引用了费尔巴哈的一些用语。——528。

11　市民社会（bürgerliche Gesellschaft）这一术语出自黑格尔《法哲学原理》第182节（见《黑格尔全集》1833年柏林版第8卷）。在马克思的早期著作中，这一术语有两重含义。广义地说，是指社会发展各历史时期的经济制度，即决定政治制度和意识形态的物质关系总和；狭义地说，是指资产阶级社会的物质关系。因此，应按照上下文作不同的理解。——13、30、124、214、308、502、540。

192　重大政治历史事件的德文原文是Haupt-und Staatsaktion，其原意是"大型政治历史剧"，指17世纪和18世纪上半叶德国巡回剧团演出的戏剧。这些戏剧用夸张的、同时也用粗俗的和笑剧的方式展现悲剧性的历史事件。

　　　这个词的引申意义是指重大的政治历史事件。德国历史科学中的一个流派"客观的历中编纂学"就是在这个意义上使用这个词的。莱·兰克是该派的主要代表之一。他把Haupt-und Staatsaktion看做是需要陈述的重要主题。"客观的历史编纂学"看重国家的政治和外交历史，宣称外交政治高于国内政治，无视人们的社会关系及其在历史中的积极作用。——540。

193　大陆体系或大陆封锁是法国皇帝拿破仑第一在拿破仑战争期间为反对英国而采取的一项重要的经济政治措施。1805年法国舰队被英国舰队消灭后，拿破仑于1806年11月21日颁布了《柏林敕令》，禁止欧洲大陆各国同英国进行贸易。参加大陆体系的有西班牙、那不勒斯、荷兰、普鲁士、丹麦和奥地利。根据1807年的蒂尔西特条约的秘密条款，俄国加入了大陆体系。1812年拿破仑在俄国遭到失败后，所谓的大陆体系便瓦解了。——541。

194　指布·鲍威尔的论文《评路德维希·费尔巴哈》，载于1845年《维干德季刊》第3卷。——543。

195　《马赛曲》、《卡马尼奥拉曲》、《ça ira》（意为：就这么办）都是18世纪末法国资产阶级革命时期的革命歌曲。《ça ira》这首歌曲结尾的叠句是："好！就这么办，就这么办，就这么办。把贵族吊在路灯柱上！"——543。

203　英格兰于1066年被诺曼底公爵、征服者威廉征服。

　　　1130年宣告成立的西西里王国包括西西里和以那不勒斯为中心的南意大利。西西里王国的建国方针是由诺曼征服者的首领罗·基斯卡德于11世纪下半叶制定的。——577。

二十四、共产党宣言

一个幽灵，共产主义的幽灵，在欧洲游荡。为了对这个幽灵进行神圣的围剿，旧欧洲的一切势力，教皇和沙皇、梅特涅和基佐、法国的激进派和德国的警察，都联合起来了。

有哪一个反对党不被它的当政的敌人骂为共产党呢？又有哪一个反对党不拿共产主义这个罪名去回敬更进步的反对党人和自己的反动敌人呢？

从这一事实中可以得出两个结论：

共产主义已经被欧洲的一切势力公认为一种势力；

现在是共产党人向全世界公开说明自己的观点、自己的目的、自己的意图并且拿党自己的宣言来反驳关于共产主义幽灵的神话的时候了。

为了这个目的，各国共产党人集会于伦敦，拟定了如下的宣言，用英文、法文、德文、意大利文、佛拉芒文和丹麦文公布于世。

一　资产者和无产者①

至今一切社会的历史②都是阶级斗争的历史。

自由民和奴隶、贵族和平民、领主和农奴、行会师傅③和帮工，一句话，压迫者和被压迫者，始终处于相互对立的地位，进行不断的、有时隐蔽有时公开的斗争，而每一次斗争的结局都是整个社会受到革命改造或者斗争的各阶级同归于尽。

在过去的各个历史时代，我们几乎到处都可以看到社会完全划分为各个不同的等

---

① 恩格斯在1888年英文版上加了一个注："资产阶级是指占有社会生产资料并使用雇佣劳动的现代资本家阶级。无产阶级是指没有自己的生产资料，因而不得不靠出卖劳动力来维持生活的现代雇佣工人阶级。"——编者注

② 恩格斯在1888年英文版上加了一个注："这是指有**文字**记载的全部历史。在1847年，社会的史前史、成文史以前的社会组织，几乎还没有人知道。后来，哈克斯特豪森发现了俄国的土地公有制，毛勒证明了这种公有制是一切条顿族的历史起源的社会基础，而且人们逐渐发现，农村公社是或者曾经是从印度到爱尔兰的各地社会的原始形态。最后，摩尔根发现了**氏族**的真正本质及其对**部落**的关系，这一卓绝发现把这种原始共产主义社会的内部组织的典型形式揭示出来了。随着这种原始公社的解体，社会开始分裂为各个独特的、终于彼此对立的阶级。关于这个解体过程，我曾经试图在《家庭、私有制和国家的起源》（1886年斯图加特第2版）中加以探讨。"——编者注

③ 恩格斯在1888年英文版上加了一个注："行会师傅就是在行会中享有全权的会员，是行会内部的师傅，而不是行会的首领。"——编者注

级，看到社会地位分成多种多样的层次。在古罗马，有贵族、骑士、平民、奴隶，在中世纪，有封建主、臣仆、行会师傅、帮工、农奴，而且几乎在每一个阶级内部又有一些特殊的阶层。

从封建社会的灭亡中产生出来的现代资产阶级社会并没有消灭阶级对立。它只是用新的阶级、新的压迫条件、新的斗争形式代替了旧的。

但是，我们的时代，资产阶级时代，却有一个特点：它使阶级对立简单化了。整个社会日益分裂为两大敌对的阵营，分裂为两大相互直接对立的阶级：资产阶级和无产阶级。

从中世纪的农奴中产生了初期城市的城关市民；从这个市民等级中发展出最初的资产阶级分子。

美洲的发现、绕过非洲的航行，给新兴的资产阶级开辟了新天地。东印度和中国的市场、美洲的殖民化、对殖民地的贸易、交换手段和一般商品的增加，使商业、航海业和工业空前高涨，因而使正在崩溃的封建社会内部的革命因素迅速发展。

以前那种封建的或行会的工业经营方式已经不能满足随着新市场的出现而增加的需求了。工场手工业代替了这种经营方式。行会师傅被工业的中间等级排挤掉了；各种行业组织之间的分工随着各个作坊内部的分工的出现而消失了。

但是，市场总是在扩大，需求总是在增加。甚至工场手工业也不再能满足需要了。于是，蒸汽和机器引起了工业生产的革命。现代大工业代替了工场手工业；工业中的百万富翁、一支一支产业大军的首领、现代资产者，代替了工业的中间等级。

大工业建立了由美洲的发现所准备好的世界市场。世界市场使商业、航海业和陆路交通得到了巨大的发展。这种发展又反过来促进了工业的扩展，同时，随着工业、商业、航海业和铁路的扩展，资产阶级也在同一程度上发展起来，增加自己的资本，把中世纪遗留下来的一切阶级排挤到后面去。

由此可见，现代资产阶级本身是一个长期发展过程的产物，是生产方式和交换方式的一系列变革的产物。

资产阶级的这种发展的每一个阶段，都伴随着相应的政治上的进展[①]。它在封建主统治下是被压迫的等级，在公社[②]里是武装的和自治的团体，在一些地方组成独立的城市共和国[③]，在另一些地方组成君主国中的纳税的第三等级[④]；后来，在工场手工业时期，它是等级君主国[⑤]或专制君主国中同贵族抗衡的势力，而且是大君主国的主要基础；最后，从大工业和世界市场建立的时候起，它在现代的代议制国家里夺得了独占

① "相应的政治上的进展"在1888年英文版中是"这个阶级的相应的政治上的进展"。——编者注
② 恩格斯在1888年英文版上加了一个注："法国的新兴城市，甚至在它们从封建主手里争得地方自治和'第三等级'的政治权利以前，就已经称为'公社'了。一般说来，这里是把英国当做资产阶级经济发展的典型国家，而把法国当做资产阶级政治发展的典型国家。"
　　恩格斯在1890年德文版上加了一个注："意大利和法国的市民，从他们的封建主手中买得或争得最初的自治权以后，就把自己的城市共同体称为'公社'。"——编者注
③ 在1888年英文版中这里加上了"（例如在意大利和德国）"。——编者注
④ 在1888年英文版中这里加上了"（例如在法国）"。——编者注
⑤ "等级君主国"在1888年英文版中是"半封建君主国"。——编者注

的政治统治。现代的国家政权不过是管理整个资产阶级的共同事务的委员会罢了。

资产阶级在历史上曾经起过非常革命的作用。

资产阶级在它已经取得了统治的地方把一切封建的、宗法的和田园诗般的关系都破坏了。它无情地斩断了把人们束缚于天然尊长的形形色色的封建羁绊，它使人和人之间除了赤裸裸的利害关系，除了冷酷无情的"现金交易"，就再也没有任何别的联系了。它把宗教虔诚、骑士热忱、小市民伤感这些情感的神圣发作，淹没在利己主义打算的冰水之中。它把人的尊严变成了交换价值，用**一种**没有良心的贸易自由代替了无数特许的和自力挣得的自由。总而言之，它用公开的、无耻的、直接的、露骨的剥削代替了由宗教幻想和政治幻想掩盖着的剥削。

资产阶级抹去了一切向来受人尊崇和令人敬畏的职业的神圣光环。它把医生、律师、教士、诗人和学者变成了它出钱招雇的雇佣劳动者。

资产阶级撕下了罩在家庭关系上的温情脉脉的面纱，把这种关系变成了纯粹的金钱关系。

资产阶级揭示了，在中世纪深受反动派称许的那种人力的野蛮使用，是以极端怠惰作为相应补充的。它第一个证明了，人的活动能够取得什么样的成就。它创造了完全不同于埃及金字塔、罗马水道和哥特式教堂的奇迹；它完成了完全不同于民族大迁徙[34]和十字军征讨[35]的远征。

资产阶级除非对生产工具，从而对生产关系，从而对全部社会关系不断地进行革命，否则就不能生存下去。反之，原封不动地保持旧的生产方式，却是过去的一切工业阶级生存的首要条件。生产的不断变革，一切社会状况不停的动荡，永远的不安定和变动，这就是资产阶级时代不同于过去一切时代的地方。一切固定的僵化的关系以及与之相适应的素被尊崇的观念和见解都被消除了，一切新形成的关系等不到固定下来就陈旧了。一切等级的和固定的东西都烟消云散了，一切神圣的东西都被亵渎了。人们终于不得不用冷静的眼光来看他们的生活地位、他们的相互关系。

不断扩大产品销路的需要，驱使资产阶级奔走于全球各地。它必须到处落户，到处开发，到处建立联系。

资产阶级，由于开拓了世界市场，使一切国家的生产和消费都成为世界性的了。使反动派大为惋惜的是，资产阶级挖掉了工业脚下的民族基础。古老的民族工业被消灭了，并且每天都还在被消灭。它们被新的工业排挤掉了，新的工业的建立已经成为一切文明民族的生命攸关的问题；这些工业所加工的，已经不是本地的原料，而是来自极其遥远的地区的原料；它们的产品不仅供本国消费，而且同时供世界各地消费。旧的、靠本国产品来满足的需要，被新的、要靠极其遥远的国家和地带的产品来满足的需要所代替了。过去那种地方的和民族的自给自足和闭关自守状态，被各民族的各方面的互相往来和各方面的互相依赖所代替了。物质的生产是如此，精神的生产也是如此。各民族的精神产品成了公共的财产。民族的片面性和局限性日益成为不可能，于是由许多种民族的和地方的文学形成了一种世界的文学。①

---

① "文学"一词德文是"Literatur"，这里泛指科学、艺术、哲学、政治等等方面的著作。——编者注

资产阶级，由于一切生产工具的迅速改进，由于交通的极其便利，把一切民族甚至最野蛮的民族都卷到文明中来了。它的商品的低廉价格，是它用来摧毁一切万里长城、征服野蛮人最顽强的仇外心理的重炮。它迫使一切民族——如果它们不想灭亡的话——采用资产阶级的生产方式；它迫使它们在自己那里推行所谓的文明，即变成资产者。一句话，它按照自己的面貌为自己创造出一个世界。

资产阶级使农村屈服于城市的统治。它创立了巨大的城市，使城市人口比农村人口大大增加起来，因而使很大一部分居民脱离了农村生活的愚昧状态。正像它使农村从属于城市一样，它使未开化和半开化的国家从属于文明的国家，使农民的民族从属于资产阶级的民族，使东方从属于西方。

资产阶级日甚一日地消灭生产资料、财产和人口的分散状态。它使人口密集起来，使生产资料集中起来，使财产聚集在少数人的手里。由此必然产生的结果就是政治的集中。各自独立的、几乎只有同盟关系的、各有不同利益、不同法律、不同政府、不同关税的各个地区，现在已经结合为一个拥有**统一的**政府、**统一的**法律、**统一的**民族阶级利益和**统一的**关税的**统一的**民族。

资产阶级在它的不到一百年的阶级统治中所创造的生产力，比过去一切世代创造的全部生产力还要多，还要大。自然力的征服，机器的采用，化学在工业和农业中的应用，轮船的行驶，铁路的通行，电报的使用，整个整个大陆的开垦，河川的通航，仿佛用法术从地下呼唤出来的大量人口——过去哪一个世纪料想到在社会劳动里蕴藏有这样的生产力呢？

由此可见，资产阶级赖以形成的生产资料和交换手段，是在封建社会里造成的。在这些生产资料和交换手段发展的一定阶段上，封建社会的生产和交换在其中进行的关系，封建的农业和工场手工业组织，一句话，封建的所有制关系，就不再适应已经发展的生产力了。这种关系已经在阻碍生产而不是促进生产了。它变成了束缚生产的桎梏。它必须被炸毁，它已经被炸毁了。

起而代之的是自由竞争以及与自由竞争相适应的社会制度和政治制度、资产阶级的经济统治和政治统治。

现在，我们眼前又进行着类似的运动。资产阶级的生产关系和交换关系，资产阶级的所有制关系，这个曾经仿佛用法术创造了如此庞大的生产资料和交换手段的现代资产阶级社会，现在像一个魔法师一样不能再支配自己用法术呼唤出来的魔鬼了。几十年来的工业和商业的历史，只不过是现代生产力反抗现代生产关系、反抗作为资产阶级及其统治的存在条件的所有制关系的历史。只要指出在周期性的重复中越来越危及整个资产阶级社会生存的商业危机就够了。在商业危机期间，总是不仅有很大一部分制成的产品被毁灭掉，而且有很大一部分已经造成的生产力被毁灭掉。在危机期间，发生一种在过去一切时代看来都好像是荒唐现象的社会瘟疫，即生产过剩的瘟疫。社会突然发现自己回到了一时的野蛮状态；仿佛是一次饥荒、一场普遍的毁灭性战争，使社会失去了全部生活资料；仿佛是工业和商业全被毁灭了。这是什么缘故呢？因为社会上文明过度，生活资料太多，工业和商业太发达。社会所拥有的生产力已经不能再促进资产阶级文明和资产阶级所有制关系的发展；相反，生产力已经强大到这种关系所不能适应的地步，它已经受到这种关系的阻碍；而它一着手克服这种障碍，就使整个资产阶级社会陷入混乱，就使资产阶级所有制的存在受到威胁。资产阶级的关系已经太狭窄了，再容纳不了它本身所造成的财富了。资产阶级用什么办法来克服这种危机呢？一方面不得不消灭大量生产力，另一方面夺取新的市场，更加彻底地利用旧的市场。这究竟是怎样的一种办法呢？这不过是资产阶级准备更全面更猛烈的危机的办法，不过是使防止危机的手段越来越少的办法。

资产阶级用来推翻封建制度的武器，现在却对准资产阶级自己了。但是，资产阶级不仅锻造了置自身于死地的武器；它还产生了将要运用这种武器的人——现代的工人，即**无产者**。

随着资产阶级即资本的发展，无产阶级即现代工人阶级也在同一程度上得到发展；现代的工人只有当他们找到工作的时候才能生存，而且只有当他们的劳动增殖资本的时候才能找到工作。这些不得不把自己零星出卖的工人，像其他任何货物一样，也是一种商品，所以他们同样地受到竞争的一切变化、市场的一切波动的影响。

由于推广机器和分工，无产者的劳动已经失去了任何独立的性质，因而对工人也失去了任何吸引力。工人变成了机器的单纯的附属品，要求他做的只是极其简单、极其单调和极容易学会的操作。因此，花在工人身上的费用，几乎只限于维持工人生活和延续工人后代所必需的生活资料。但是，商品的价格，从而劳动的价格[36]，是同它的生产费用相等的。因此，劳动越使人感到厌恶，工资也就越减少。不仅如此，机器越推广，分工越细致，劳动量①也就越增加，这或者是由于工作时间的延长，或者是由于在一定时间内所要求的劳动的增加，机器运转的加速，等等。

现代工业已经把家长式的师傅的小作坊变成了工业资本家的大工厂。挤在工厂里的工人群众就像士兵一样被组织起来。他们是产业军的普通士兵，受着各级军士和军官的层层监视。他们不仅仅是资产阶级的、资产阶级国家的奴隶，他们每日每时都受机器、受监工、首先是受各个经营工厂的资产者本人的奴役。这种专制制度越是公开地把营利宣布为自己的最终目的，它就越是可鄙、可恨和可恶。

手的操作所要求的技巧和气力越少，换句话说，现代工业越发达，男工也就越受到女工和童工的排挤。对工人阶级来说，性别和年龄的差别再没有什么社会意义了。他们都只是劳动工具，不过因为年龄和性别的不同而需要不同的费用罢了。

当厂主对工人的剥削告一段落，工人领到了用现钱支付的工资的时候，马上就有资产阶级中的另一部分人——房东、小店主、当铺老板等等向他们扑来。

以前的中间等级的下层，即小工业家、小商人和小食利者，手工业者和农民——所有这些阶级都降落到无产阶级的队伍里来了，有的是因为他们的小资本不足以经营大工业，经不起较大的资本家的竞争；有的是因为他们的手艺已经被新的生产方法弄得不值钱了。无产阶级就是这样从居民的所有阶级中得到补充的。

无产阶级经历了各个不同的发展阶段。它反对资产阶级的斗争是和它的存在同时开始的。

---

① "劳动量"在1888年英文版中是"劳动负担"。——编者注

最初是单个的工人，然后是某一工厂的工人，然后是某一地方的某一劳动部门的工人，同直接剥削他们的单个资产者作斗争。他们不仅仅攻击资产阶级的生产关系，而且攻击生产工具本身①；他们毁坏那些来竞争的外国商品，捣毁机器，烧毁工厂，力图恢复已经失去的中世纪工人的地位。

在这个阶段上，工人是分散在全国各地并为竞争所分裂的群众。工人的大规模集结，还不是他们自己联合的结果，而是资产阶级联合的结果，当时资产阶级为了达到自己的政治目的必须而且暂时还能够把整个无产阶级发动起来。因此，在这个阶段上，无产者不是同自己的敌人作斗争，而是同自己的敌人的敌人作斗争，即同专制君主制的残余、地主、非工业资产者和小资产者作斗争。因此，整个历史运动都集中在资产阶级手里；在这种条件下取得的每一个胜利都是资产阶级的胜利。

但是，随着工业的发展，无产阶级不仅人数增加了，而且结合成更大的集体，它的力量日益增长，而且它越来越感觉到自己的力量。机器使劳动的差别越来越小，使工资几乎到处都降到同样低的水平，因而无产阶级内部的利益、生活状况也越来越趋于一致。资产者彼此间日益加剧的竞争以及由此引起的商业危机，使工人的工资越来越不稳定；机器的日益迅速的和继续不断的改良，使工人的整个生活地位越来越没有保障；单个工人和单个资产者之间的冲突越来越具有两个阶级的冲突的性质。工人开始成立反对资产者的同盟②；他们联合起来保卫自己的工资。他们甚至建立了经常性的团体，以便为可能发生的反抗准备食品。有些地方，斗争爆发为起义。

工人有时也得到胜利，但这种胜利只是暂时的。他们斗争的真正成果并不是直接取得的成功，而是工人的越来越扩大的联合。这种联合由于大工业所造成的日益发达的交通工具而得到发展，这种交通工具把各地的工人彼此联系起来。只要有了这种联系，就能把许多性质相同的地方性的斗争汇合成全国性的斗争，汇合成阶级斗争。而一切阶级斗争都是政治斗争。中世纪的市民靠乡间小道需要几百年才能达到的联合，现代的无产者利用铁路只要几年就可以达到了。

无产者组织成为阶级，从而组织成为政党这件事，不断地由于工人的自相竞争而受到破坏。但是，这种组织总是重新产生，并且一次比一次更强大、更坚固、更有力。它利用资产阶级内部的分裂，迫使他们用法律形式承认工人的个别利益。英国的十小时工作日法案[37]就是一个例子。

旧社会内部的所有冲突在许多方面都促进了无产阶级的发展。资产阶级处于不断的斗争中：最初反对贵族；后来反对同工业进步有利害冲突的那部分资产阶级；经常反对一切外国的资产阶级。在这一切斗争中，资产阶级都不得不向无产阶级呼吁，要求无产阶级援助，这样就把无产阶级卷进了政治运动。于是，资产阶级自己就把自己的教育因素③即反对自身的武器给予了无产阶级。

其次，我们已经看到，工业的进步把统治阶级的整批成员抛到无产阶级队伍里去，

---

① 这句话在1888年英文版中是"他们不是攻击资产阶级的生产关系，而是攻击生产工具本身"。——编者注
② 在1888年英文版中这里加上了"（工联）"。——编者注
③ "教育因素"在1888年英文版中是"政治教育和普通教育的因素"。——编者注

或者至少也使他们的生活条件受到威胁。他们也给无产阶级带来了大量的教育因素。①

最后，在阶级斗争接近决战的时期，统治阶级内部的、整个旧社会内部的瓦解过程，就达到非常强烈、非常尖锐的程度，甚至使得统治阶级中的一小部分人脱离统治阶级而归附于革命的阶级，即掌握着未来的阶级。所以，正像过去贵族中有一部分人转到资产阶级方面一样，现在资产阶级中也有一部分人，特别是已经提高到能从理论上认识整个历史运动的一部分资产阶级思想家，转到无产阶级方面来了。

在当前同资产阶级对立的一切阶级中，只有无产阶级是真正革命的阶级。其余的阶级都随着大工业的发展而日趋没落和灭亡，无产阶级却是大工业本身的产物。

中间等级，即小工业家、小商人、手工业者、农民，他们同资产阶级作斗争，都是为了维护他们这种中间等级的生存，以免于灭亡。所以，他们不是革命的，而是保守的。不仅如此，他们甚至是反动的，因为他们力图使历史的车轮倒转。如果说他们是革命的，那是鉴于他们行将转入无产阶级的队伍，这样，他们就不是维护他们目前的利益，而是维护他们将来的利益，他们就离开自己原来的立场，而站到无产阶级的立场上来。

流氓无产阶级是旧社会最下层中消极的腐化的部分，他们在一些地方也被无产阶级革命卷到运动里来，但是，由于他们的整个生活状况，他们更甘心于被人收买，去干反动的勾当。

在无产阶级的生活条件中，旧社会的生活条件已经被消灭了。无产者是没有财产的；他们和妻子儿女的关系同资产阶级的家庭关系再没有任何共同之处了；现代的工业劳动，现代的资本压迫，无论在英国或法国，无论在美国或德国，都是一样的，都使无产者失去了任何民族性。法律、道德、宗教在他们看来全都是资产阶级偏见，隐藏在这些偏见后面的全都是资产阶级利益。

过去一切阶级在争得统治之后，总是使整个社会服从于它们发财致富的条件，企图以此来巩固它们已经获得的生活地位。无产者只有废除自己的现存的占有方式，从而废除全部现存的占有方式，才能取得社会生产力。无产者没有什么自己的东西必须加以保护，他们必须摧毁至今保护和保障私有财产的一切。

过去的一切运动都是少数人的，或者为少数人谋利益的运动。无产阶级的运动是绝大多数人的，为绝大多数人谋利益的独立的运动。无产阶级，现今社会的最下层，如果不炸毁构成官方社会的整个上层，就不能抬起头来，挺起胸来。

如果不就内容而就形式来说，无产阶级反对资产阶级的斗争首先是一国范围内的斗争。每一个国家的无产阶级当然首先应该打倒本国的资产阶级。

在叙述无产阶级发展的最一般的阶段的时候，我们循序探讨了现存社会内部或多或少隐蔽着的国内战争，直到这个战争爆发为公开的革命，无产阶级用暴力推翻资产阶级而建立自己的统治。

我们已经看到，至今的一切社会都是建立在压迫阶级和被压迫阶级的对立之上的。但是，为了有可能压迫一个阶级，就必须保证这个阶级至少有能够勉强维持它的奴隶

---

① "大量的教育因素"在1888年英文版中是"启蒙和进步的新因素"。——编者注

般的生存的条件。农奴曾经在农奴制度下挣扎到公社成员的地位，小资产者曾经在封建专制制度的束缚下挣扎到资产者的地位。现代的工人却相反，他们并不是随着工业的进步而上升，而是越来越降到本阶级的生存条件以下。工人变成赤贫者，贫困比人口和财富增长得还要快。由此可以明显地看出，资产阶级再不能做社会的统治阶级了，再不能把自己阶级的生存条件当做支配一切的规律强加于社会了。资产阶级不能统治下去了，因为它甚至不能保证自己的奴隶维持奴隶的生活，因为它不得不让自己的奴隶落到不能养活它反而要它来养活的地步。社会再不能在它统治下生存下去了，就是说，它的生存不再同社会相容了。

资产阶级生存和统治的根本条件，是财富在私人手里的积累，是资本的形成和增殖；资本的条件是雇佣劳动。雇佣劳动完全是建立在工人的自相竞争之上的。资产阶级无意中造成而又无力抵抗的工业进步，使工人通过结社而达到的革命联合代替了他们由于竞争而造成的分散状态。于是，随着大工业的发展，资产阶级赖以生产和占有产品的基础本身也就从它的脚下被挖掉了。它首先生产的是它自身的掘墓人。资产阶级的灭亡和无产阶级的胜利是同样不可避免的。

二 无产者和共产党人

共产党人同全体无产者的关系是怎样的呢？

共产党人不是同其他工人政党相对立的特殊政党。

他们没有任何同整个无产阶级的利益不同的利益。

他们不提出任何特殊的①原则，用以塑造无产阶级的运动。

共产党人同其他无产阶级政党不同的地方只是：一方面，在无产者不同的民族的斗争中，共产党人强调和坚持整个无产阶级共同的不分民族的利益；另一方面，在无产阶级和资产阶级的斗争所经历的各个发展阶段上，共产党人始终代表整个运动的利益。

因此，在实践方面，共产党人是各国工人政党中最坚决的、始终起推动作用的部分②；在理论方面，他们胜过其余无产阶级群众的地方在于他们了解无产阶级运动的条件、进程和一般结果。

共产党人的最近目的是和其他一切无产阶级政党的最近目的一样的：使无产阶级形成为阶级，推翻资产阶级的统治，由无产阶级夺取政权。

共产党人的理论原理，决不是以这个或那个世界改革家所发明或发现的思想、原则为根据的。

这些原理不过是现存的阶级斗争、我们眼前的历史运动的真实关系的一般表述。废除先前存在的所有制关系，并不是共产主义所独具的特征。

一切所有制关系都经历了经常的历史更替、经常的历史变更。

---

① “特殊的”在1888年英文版中是“宗派的”。——编者注

② “最坚决的、始终起推动作用的部分”在1888年英文版中是“最先进的和最坚决的部分，推动所有其他部分前进的部分”。——编者注

例如，法国革命废除了封建的所有制，代之以资产阶级的所有制。

共产主义的特征并不是要废除一般的所有制，而是要废除资产阶级的所有制。

但是，现代的资产阶级私有制是建立在阶级对立上面、建立在一些人对另一些人的剥削①上面的产品生产和占有的最后而又最完备的表现。

从这个意义上说，共产党人可以把自己的理论概括为一句话：消灭私有制。

有人责备我们共产党人，说我们要消灭个人挣得的、自己劳动得来的财产，要消灭构成个人的一切自由、活动和独立的基础的财产。

好一个劳动得来的、自己挣得的、自己赚来的财产！你们说的是资产阶级财产出现以前的那种小资产阶级的、小农的财产吗？那种财产用不着我们去消灭，工业的发展已经把它消灭了，而且每天都在消灭它。

或者，你们说的是现代的资产阶级的私有财产吧？

但是，难道雇佣劳动、无产者的劳动，会给无产者创造出财产来吗？没有的事。这种劳动所创造的是资本，即剥削雇佣劳动的财产，只有在不断产生出新的雇佣劳动来重新加以剥削的条件下才能增殖的财产。现今的这种财产是在资本和雇佣劳动的对立中运动的。让我们来看看这种对立的两个方面吧。

做一个资本家，这就是说，他在生产中不仅占有一种纯粹个人的地位，而且占有一种社会的地位。资本是集体的产物，它只有通过社会许多成员的共同活动，而且归根到底只有通过社会全体成员的共同活动，才能运动起来。

因此，资本不是一种个人力量，而是一种社会力量。

因此，把资本变为公共的、属于社会全体成员的财产，这并不是把个人财产变为社会财产。这里所改变的只是财产的社会性质。它将失掉它的阶级性质。

现在，我们来看看雇佣劳动。

雇佣劳动的平均价格是最低限度的工资，即工人为维持其工人的生活所必需的生活资料的数额。因此，雇佣工人靠自己的劳动所占有的东西，只够勉强维持他的生命的再生产。我们决不打算消灭这种供直接生命再生产用的劳动产品的个人占有，这种占有并不会留下任何剩余的东西使人们有可能支配别人的劳动。我们要消灭的只是这种占有的可怜的性质，在这种占有下，工人仅仅为增殖资本而活着，只有在统治阶级的利益需要他活着的时候才能活着。

在资产阶级社会里，活的劳动只是增殖已经积累起来的劳动的一种手段。在共产主义社会里，已经积累起来的劳动只是扩大、丰富和提高工人的生活的一种手段。

因此，在资产阶级社会里是过去支配现在，在共产主义社会里是现在支配过去。在资产阶级社会里，资本具有独立性和个性，而活动着的个人却没有独立性和个性。

而资产阶级却把消灭这种关系说成是消灭个性和自由！说对了。的确，正是要消灭资产者的个性、独立性和自由。

在现今的资产阶级生产关系的范围内，所谓自由就是自由贸易、自由买卖。

但是，买卖一消失，自由买卖也就会消失。关于自由买卖的言论，也像我们的资

---

① "一些人对另一些人的剥削"在1888年英文版中是"少数人对多数人的剥削"。——编者注

产者的其他一切关于自由的大话一样，仅仅对于不自由的买卖来说，对于中世纪被奴役的市民来说，才是有意义的，而对于共产主义要消灭买卖、消灭资产阶级生产关系和资产阶级本身这一点来说，却是毫无意义的。

我们要消灭私有制，你们就惊慌起来。但是，在你们的现存社会里，私有财产对十分之九的成员来说已经被消灭了；这种私有制之所以存在，正是因为私有财产对十分之九的成员来说已经不存在。可见，你们责备我们，是说我们要消灭那种以社会上的绝大多数人没有财产为必要条件的所有制。

总而言之，你们责备我们，是说我们要消灭你们的那种所有制。的确，我们是要这样做的。

从劳动不再能变为资本、货币、地租，一句话，不再能变为可以垄断的社会力量的时候起，就是说，从个人财产不再能变为资产阶级财产①的时候起，你们说，个性被消灭了。

由此可见，你们是承认，你们所理解的个性，不外是资产者、资产阶级私有者。这样的个性确实应当被消灭。

共产主义并不剥夺任何人占有社会产品的权力，它只剥夺利用这种占有去奴役他人劳动的权力。

有人反驳说，私有制一消灭，一切活动就会停止，懒惰之风就会兴起。

这样说来，资产阶级社会早就应该因懒惰而灭亡了，因为在这个社会里劳者不获，获者不劳。所有这些顾虑，都可以归结为这样一个同义反复：一旦没有资本，也就不再有雇佣劳动了。

所有这些对共产主义的物质产品的占有方式和生产方式的责备，也被扩展到精神产品的占有和生产方面。正如阶级的所有制的终止在资产者看来是生产本身的终止一样，阶级的教育的终止在他们看来就等于一切教育的终止。

资产者唯恐失去的那种教育，对绝大多数人来说是把人训练成机器。

但是，你们既然用你们资产阶级关于自由、教育、法等等的观念来衡量废除资产阶级所有制的主张，那就请你们不要同我们争论了。你们的观念本身是资产阶级的生产关系和所有制关系的产物，正像你们的法不过是被奉为法律的你们这个阶级的意志一样，而这种意志的内容是由你们这个阶级的物质生活条件来决定的。

你们的利己观念使你们把自己的生产关系和所有制关系从历史的、在生产过程中是暂时的关系变成永恒的自然规律和理性规律，这种利己观念是你们和一切灭亡了的统治阶级所共有的。谈到古代所有制的时候你们所能理解的，谈到封建所有制的时候你们所能理解的，一谈到资产阶级所有制你们就再也不能理解了。

消灭家庭！连极端的激进派也对共产党人的这种可耻的意图表示愤慨。

现代的、资产阶级的家庭是建立在什么基础上的呢？是建立在资本上面，建立在私人发财上面的。这种家庭只是在资产阶级那里才以充分发展的形式存在着，而无产者的被迫独居和公开的卖淫则是它的补充。

---

① 在 1888 年英文版中这里加上了"变为资本"。——编者注

资产者的家庭自然会随着它的这种补充的消失而消失，两者都要随着资本的消失而消失。

你们是责备我们要消灭父母对子女的剥削吗？我们承认这种罪状。

但是，你们说，我们用社会教育代替家庭教育，就是要消灭人们最亲密的关系。

而你们的教育不也是由社会决定的吗？不也是由你们进行教育时所处的那种社会关系决定的吗？不也是由社会通过学校等等进行的直接的或间接的干涉决定的吗？共产党人并没有发明社会对教育的作用；他们仅仅是要改变这种作用的性质，要使教育摆脱统治阶级的影响。

无产者的一切家庭联系越是由于大工业的发展而被破坏，他们的子女越是由于这种发展而被变成单纯的商品和劳动工具，资产阶级关于家庭和教育、关于父母和子女的亲密关系的空话就越是令人作呕。

但是，你们共产党人是要实行公妻制的啊。整个资产阶级异口同声地向我们这样叫喊。

资产者是把自己的妻子看做单纯的生产工具的。他们听说生产工具将要公共使用，自然就不能不想到妇女也会遭到同样的命运。

他们想也没有想到，问题正在于使妇女不再处于单纯生产工具的地位。

其实，我们的资产者装得道貌岸然，对所谓的共产党人的正式公妻制表示惊讶，那是再可笑不过了。公妻制无需共产党人来实行，它差不多是一向就有的。

我们的资产者不以他们的无产者的妻子和女儿受他们支配为满足，正式的卖淫更不必说了，他们还以互相诱奸妻子为最大的享乐。

资产阶级的婚姻实际上是公妻制。人们至多只能责备共产党人，说他们想用正式的、公开的公妻制来代替伪善地掩蔽着的公妻制。其实，不言而喻，随着现在的生产关系的消灭，从这种关系中产生的公妻制，即正式的和非正式的卖淫，也就消失了。

有人还责备共产党人，说他们要取消祖国，取消民族。

工人没有祖国。决不能剥夺他们所没有的东西。因为无产阶级首先必须取得政治统治，上升为民族的阶级①，把自身组织成为民族，所以它本身还是民族的，虽然完全不是资产阶级所理解的那种意思。

随着资产阶级的发展，随着贸易自由的实现和世界市场的建立，随着工业生产以及与之相适应的生活条件的趋于一致，各国人民之间的民族分隔和对立日益消失。

无产阶级的统治将使它们更快地消失。联合的行动，至少是各文明国家的联合的行动，是无产阶级获得解放的首要条件之一。

人对人的剥削一消灭，民族对民族的剥削就会随之消灭。民族内部的阶级对立一消失，民族之间的敌对关系就会随之消失。

从宗教的、哲学的和一切意识形态的观点对共产主义提出的种种责难，都不值得详细讨论了。

人们的观念、观点和概念，一句话，人们的意识，随着人们的生活条件、人们的

---

① "民族的阶级"在1888年英文版中是"民族的领导阶级"。——编者注

社会关系、人们的社会存在的改变而改变，这难道需要经过深思才能了解吗？

思想的历史除了证明精神生产随着物质生产的改造而改造，还证明了什么呢？任何一个时代的统治思想始终都不过是统治阶级的思想。

当人们谈到使整个社会革命化的思想时，他们只是表明了一个事实：在旧社会内部已经形成了新社会的因素，旧思想的瓦解是同旧生活条件的瓦解步调一致的。

当古代世界走向灭亡的时候，古代的各种宗教就被基督教战胜了。当基督教思想在18世纪被启蒙思想击败的时候，封建社会正在同当时革命的资产阶级进行殊死的斗争。信仰自由和宗教自由的思想，不过表明自由竞争在信仰领域①里占统治地位罢了。

"但是"，有人会说，"宗教的、道德的、哲学的、政治的、法的观念等等在历史发展的进程中固然是不断改变的，而宗教、道德、哲学、政治和法在这种变化中却始终保存着。

此外，还存在着一切社会状态所共有的永恒真理，如自由、正义等等。但是共产主义要废除永恒真理，它要废除宗教、道德，而不是加以革新，所以共产主义是同至今的全部历史发展相矛盾的。"

这种责难归结为什么呢？至今的一切社会的历史都是在阶级对立中运动的，而这种对立在不同的时代具有不同的形式。

但是，不管阶级对立具有什么样的形式，社会上一部分人对另一部分人的剥削却是过去各个世纪所共有的事实。因此，毫不奇怪，各个世纪的社会意识，尽管形形色色、千差万别，总是在某些共同的形式中运动的，这些形式，这些意识形式，只有当阶级对立完全消失的时候才会完全消失。

共产主义革命就是同传统的所有制关系实行最彻底的决裂；毫不奇怪，它在自己的发展进程中要同传统的观念实行最彻底的决裂。

不过，我们还是把资产阶级对共产主义的种种责难撇开吧。

前面我们已经看到，工人革命的第一步就是使无产阶级上升为统治阶级，争得民主。

无产阶级将利用自己的政治统治，一步一步地夺取资产阶级的全部资本，把一切生产工具集中在国家即组织成为统治阶级的无产阶级手里，并且尽可能快地增加生产力的总量。

要做到这一点，当然首先必须对所有权和资产阶级生产关系实行强制性的干涉，也就是采取这样一些措施，这些措施在经济上似乎是不够充分的和无法持续的，但是在运动进程中它们会越出本身②，而且作为变革全部生产方式的手段是必不可少的。

这些措施在不同的国家里当然会是不同的。

但是，最先进的国家几乎都可以采取下面的措施：

1. 剥夺地产，把地租用于国家支出。

2. 征收高额累进税。

---

① "信仰领域"在1872、1883和1890年德文版中是"知识领域"。——编者注

② 在1888年英文版中这里加上了"使进一步向旧的社会制度进攻成为必要。"——编者注

3. 废除继承权。

4. 没收一切流亡分子和叛乱分子的财产。

5. 通过拥有国家资本和独享垄断权的国家银行，把信贷集中在国家手里。

6. 把全部运输业集中在国家手里。

7. 按照共同的计划增加国家工厂和生产工具，开垦荒地和改良土壤。

8. 实行普遍劳动义务制，成立产业军，特别是在农业方面。

9. 把农业和工业结合起来，促使城乡对立①逐步消灭。②

10. 对所有儿童实行公共的和免费的教育。取消现在这种形式的儿童的工厂劳动。把教育同物质生产结合起来，等等。

当阶级差别在发展进程中已经消失而全部生产集中在联合起来的个人③的手里的时候，公共权力就失去政治性质。原来意义上的政治权力，是一个阶级用以压迫另一个阶级的有组织的暴力。如果说无产阶级在反对资产阶级的斗争中一定要联合为阶级，通过革命使自己成为统治阶级，并以统治阶级的资格用暴力消灭旧的生产关系，那么它在消灭这种生产关系的同时，也就消灭了阶级对立的存在条件④，消灭了阶级本身的存在条件，从而消灭了它自己这个阶级的统治。

代替那存在着阶级和阶级对立的资产阶级旧社会的，将是这样一个联合体，在那里，每个人的自由发展是一切人的自由发展的条件。

三 社会主义的和共产主义的文献

1. 反动的社会主义

（甲）封建的社会主义

法国和英国的贵族，按照他们的历史地位所负的使命，就是写一些抨击现代资产阶级社会的作品。在法国的 1830 年七月革命[38] 和英国的改革运动[39] 中，他们再一次被可恨的暴发户打败了。从此就再谈不上严重的政治斗争了。他们还能进行的只是文字斗争。但是，即使在文字方面也不可能重弹复辟时期⑤的老调了。为了激起同情，贵族们不得不装模作样，似乎他们已经不关心自身的利益，只是为了被剥削的工人阶级的利益才去写对资产阶级的控诉书。他们用来泄愤的手段是：唱唱诅咒他们的新统治者的歌，并向他叽叽咕咕地说一些或多或少凶险的预言。

---

① "对立"在 1872、1883 和 1890 年德文版中是"差别"。——编者注

② 在 1888 年英文版中这一条是："把农业和工业结合起来；通过把人口更平均地分布于全国的办法逐步消灭城乡差别。"——编者注

③ "联合起来的个人"在 1888 年英文版中是"巨大的全国联合体"。——编者注

④ "消灭了阶级本身的存在条件"在 1872、1883 和 1890 年德文版中是"消灭了阶级本身"。——编者注

⑤ 恩格斯在 1888 年英文版上加了一个注："这里所指的不是 1660—1689 年英国的复辟时期，而是 1814—1830 年法国的复辟时期。"——编者注

这样就产生了封建的社会主义，半是挽歌，半是谤文，半是过去的回音，半是未来的恫吓；它有时也能用辛辣、俏皮而尖刻的评论刺中资产阶级的心，但是它由于完全不能理解现代历史的进程而总是令人感到可笑。

为了拉拢人民，贵族们把无产阶级的乞食袋当做旗帜来挥舞。但是，每当人民跟着他们走的时候，都发现他们的臀部带有旧的封建纹章，于是就哈哈大笑，一哄而散。

一部分法国正统派[40]和"青年英国"[41]，都演过这出戏。

封建主说，他们的剥削方式和资产阶级的剥削不同，那他们只是忘记了，他们是在完全不同的、目前已经过时的情况和条件下进行剥削的。他们说，在他们的统治下并没有出现过现代的无产阶级，那他们只是忘记了，现代的资产阶级正是他们的社会制度的必然产物。

不过，他们毫不掩饰自己的批评的反动性质，他们控告资产阶级的主要罪状正是在于：在资产阶级的统治下有一个将把整个旧社会制度炸毁的阶级发展起来。

他们责备资产阶级，与其说是因为它产生了无产阶级，不如说是因为它产生了革命的无产阶级。

因此，在政治实践中，他们参与对工人阶级采取的一切暴力措施，在日常生活中，他们违背自己的那一套冠冕堂皇的言辞，屈尊拾取金苹果①，不顾信义、仁爱和名誉去做羊毛、甜菜和烧酒的买卖。②

正如僧侣总是同封建主携手同行一样，僧侣的社会主义也总是同封建的社会主义携手同行的。

要给基督教禁欲主义涂上一层社会主义的色彩，是再容易不过了。基督教不是也激烈反对私有财产，反对婚姻，反对国家吗？它不是提倡用行善和求乞、独身和禁欲、修道和礼拜来代替这一切吗？基督教的社会主义，只不过是僧侣用来使贵族的怨愤神圣化的圣水罢了。

（乙）小资产阶级的社会主义

封建贵族并不是被资产阶级所推翻的、其生活条件在现代资产阶级社会里日益恶化和消失的唯一阶级。中世纪的城关市民和小农等级是现代资产阶级的前身。在工商业不很发达的国家里，这个阶级还在新兴的资产阶级身旁勉强生存着。

在现代文明已经发展的国家里，形成了一个新的小资产阶级，它摇摆于无产阶级和资产阶级之间，并且作为资产阶级社会的补充部分不断地重新组成。但是，这一阶级的成员经常被竞争抛到无产阶级队伍里去，而且，随着大工业的发展，他们甚至觉察到，他们很快就会完全失去他们作为现代社会中一个独立部分的地位，在商业、工场手工业和农业中很快就会被监工和雇员所代替。

在农民阶级远远超过人口半数的国家，例如在法国，那些站在无产阶级方面反对资产阶级的著作家，自然是用小资产阶级和小农的尺度去批判资产阶级制度的，是从

---

① "金苹果"在1888年英文版中是"工业树上掉下来的金苹果"。——编者注

② 恩格斯在1888年英文版上加了一个注："这里主要是指德国，那里的土地贵族和容克通过管事自行经营自己的很大一部分土地，他们还开设大规模的甜菜糖厂和土豆酒厂。较富有的英国贵族还没有落到这种地步；但是，他们也知道怎样让人家用他们的名义创办颇为可疑的股份公司，以补偿地租的下降。"——编者注

小资产阶级的立场出发替工人说话的。这样就形成了小资产阶级的社会主义。西斯蒙第不仅对法国而且对英国来说都是这类著作家的首领。

这种社会主义非常透彻地分析了现代生产关系中的矛盾。它揭穿了经济学家的虚伪的粉饰。它确凿地证明了机器和分工的破坏作用、资本和地产的积聚、生产过剩、危机、小资产者和小农的必然没落、无产阶级的贫困、生产的无政府状态、财富分配的极不平均、各民族之间的毁灭性的工业战争，以及旧风尚、旧家庭关系和旧民族性的解体。

但是，这种社会主义按其实际内容来说，或者是企图恢复旧的生产资料和交换手段，从而恢复旧的所有制关系和旧的社会，或者是企图重新把现代的生产资料和交换手段硬塞到已被它们突破而且必然被突破的旧的所有制关系的框子里去。它在这两种场合都是反动的，同时又是空想的。

工场手工业中的行会制度，农业中的宗法经济。这就是它的结论。

这一思潮在它以后的发展中变成了一种怯懦的悲叹。①

（丙）德国的或"真正的"社会主义

法国的社会主义和共产主义的文献是在居于统治地位的资产阶级的压迫下产生的，并且是同这种统治作斗争的文字表现，这种文献被搬到德国的时候，那里的资产阶级才刚刚开始进行反对封建专制制度的斗争。

德国的哲学家、半哲学家和美文学家，贪婪地抓住了这种文献，不过他们忘记了：在这种著作从法国搬到德国的时候，法国的生活条件却没有同时搬过去。在德国的条件下，法国的文献完全失去了直接实践的意义，而只具有纯粹文献的形式。它必然表现为关于真正的社会、关于实现人的本质的无谓思辨。这样，第一次法国革命的要求，在18世纪的德国哲学家看来，不过是一般"实践理性"的要求，而革命的法国资产阶级的意志的表现，在他们心目中就是纯粹的意志、本来的意志、真正人的意志的规律。

德国著作家的唯一工作，就是把新的法国的思想同他们的旧的哲学信仰调和起来，或者毋宁说，就是从他们的哲学观点出发去掌握法国的思想。

这种掌握，就像掌握外国语一样，是通过翻译的。

大家知道，僧侣们曾经在古代异教经典的手抄本上面写上荒诞的天主教圣徒传。德国著作家对世俗的法国文献采取相反的做法。他们在法国的原著下面写上自己的哲学胡说。例如，他们在法国人对货币关系的批判下面写上"人的本质的外化"，在法国人对资产阶级国家的批判下面写上所谓"抽象普遍物的统治的扬弃"，等等。

这种在法国人的论述下面塞进自己哲学词句的做法，他们称之为"行动的哲学"、"真正的社会主义"、"德国的社会主义科学"、"社会主义的哲学论证"，等等。

法国的社会主义和共产主义的文献就这样被完全阉割了。既然这种文献在德国人手里已不再表现一个阶级反对另一个阶级的斗争，于是德国人就认为：他们克服了

---

① 在1888年英文版中这一句是："最后，当顽强的历史事实把自我欺骗的一切醉梦驱散的时候，这种形式的社会主义就化为一种可怜的哀愁。"——编者注

"法国人的片面性"，他们不代表真实的要求，而代表真理的要求，不代表无产者的利益，而代表人的本质的利益，即一般人的利益，这种人不属于任何阶级，根本不存在于现实界，而只存在于云雾弥漫的哲学幻想的太空。

这种曾经郑重其事地看待自己那一套拙劣的小学生作业并且大言不惭地加以吹嘘的德国社会主义，现在渐渐失去了它的自炫博学的天真。

德国的特别是普鲁士的资产阶级反对封建主和专制王朝的斗争，一句话，自由主义运动，越来越严重了。

于是，"真正的"社会主义就得到了一个好机会，把社会主义的要求同政治运动对立起来，用诅咒异端邪说的传统办法诅咒自由主义，诅咒代议制国家，诅咒资产阶级的竞争、资产阶级的新闻出版自由、资产阶级的法、资产阶级的自由和平等，并且向人民群众大肆宣扬，说什么在这个资产阶级运动中，人民群众非但一无所得，反而会失去一切。德国的社会主义恰好忘记了，法国的批判（德国的社会主义是这种批判的可怜的回声）是以现代的资产阶级社会以及相应的物质生活条件和相当的政治制度为前提的，而这一切前提当时在德国正是尚待争取的。

这种社会主义成了德意志各邦专制政府及其随从——僧侣、教员、容克和官僚求之不得的、吓唬来势汹汹的资产阶级的稻草人。

这种社会主义是这些政府用来镇压德国工人起义的毒辣的皮鞭和枪弹的甜蜜的补充。

既然"真正的"社会主义就这样成了这些政府对付德国资产阶级的武器，那么它也就直接代表了一种反动的利益，即德国小市民的利益。在德国，16世纪遗留下来的、从那时起经常以不同形式重新出现的小资产阶级，是现存制度的真实的社会基础。

保存这个小资产阶级，就是保存德国的现存制度。这个阶级胆战心惊地从资产阶级的工业统治和政治统治那里等候着无可幸免的灭亡，这一方面是由于资本的积聚，另一方面是由于革命无产阶级的兴起。在它看来，"真正的"社会主义能起一箭双雕的作用。"真正的"社会主义像瘟疫一样流行起来了。

德国的社会主义者给自己的那几条干瘪的"永恒真理"披上一件用思辨的蛛丝织成的、绣满华丽辞藻的花朵和浸透甜情蜜意的甘露的外衣，这件光彩夺目的外衣只是使他们的货物在这些顾客中间增加销路罢了。

同时，德国的社会主义也越来越认识到自己的使命就是充当这种小市民的夸夸其谈的代言人。

它宣布德意志民族是模范的民族，德国小市民是模范的人。它给这些小市民的每一种丑行都加上奥秘的、高尚的、社会主义的意义，使之变成完全相反的东西。它发展到最后，就直接反对共产主义的"野蛮破坏的"倾向，并且宣布自己是不偏不倚地超乎任何阶级斗争之上的。现今在德国流行的一切所谓社会主义和共产主义的著作，除了极少数的例外，都属于这一类卑鄙龌龊的、令人委靡的文献。①

---

① 恩格斯在1890年德文版上加了一个注："1848年的革命风暴已经把这个可恶的流派一扫而光，并且使这一流派的代表人物再也没有兴趣搞社会主义了。这一流派的主要代表和典型人物是卡尔·格律恩先生。"——编者注

2. 保守的或资产阶级的社会主义

资产阶级中的一部分人想要消除社会的弊病，以便保障资产阶级社会的生存。

这一部分人包括：经济学家、博爱主义者、人道主义者、劳动阶级状况改善派、慈善事业组织者、动物保护协会会员、戒酒协会发起人以及形形色色的小改良家。这种资产阶级的社会主义甚至被制成一些完整的体系。

我们可以举蒲鲁东的《贫困的哲学》作为例子。

社会主义的资产者愿意要现代社会的生存条件，但是不要由这些条件必然产生的斗争和危险。他们愿意要现存的社会，但是不要那些使这个社会革命化和瓦解的因素。他们愿意要资产阶级，但是不要无产阶级。在资产阶级看来，它所统治的世界自然是最美好的世界。资产阶级的社会主义把这种安慰人心的观念制成半套或整套的体系。它要求无产阶级实现它的体系，走进新的耶路撒冷，其实它不过是要求无产阶级停留在现今的社会里，但是要抛弃他们关于这个社会的可恶的观念。

这种社会主义的另一种不够系统、但是比较实际的形式，力图使工人阶级厌弃一切革命运动，硬说能给工人阶级带来好处的并不是这样或那样的政治改革，而仅仅是物质生活条件即经济关系的改变。但是，这种社会主义所理解的物质生活条件的改变，绝对不是只有通过革命的途径才能实现的资产阶级生产关系的废除，而是一些在这种生产关系的基础上实行的行政上的改良，因而丝毫不会改变资本和雇佣劳动的关系，至多只能减少资产阶级的统治费用和简化它的财政管理。

资产阶级的社会主义只有在它变成纯粹的演说辞令的时候，才获得自己的适当的表现。

自由贸易！为了工人阶级的利益；保护关税！为了工人阶级的利益；单人牢房！为了工人阶级的利益。这才是资产阶级的社会主义唯一真实的结论。

资产阶级的社会主义就是这样一个论断：资产者之为资产者，是为了工人阶级的利益。

3. 批判的空想的社会主义和共产主义

在这里，我们不谈在现代一切大革命中表达过无产阶级要求的文献（巴贝夫等人的著作）。

无产阶级在普遍激动的时代、在推翻封建社会的时期直接实现自己阶级利益的最初尝试，都不可避免地遭到了失败，这是由于当时无产阶级本身还不够发展，由于无产阶级解放的物质条件还没有具备，这些条件只是资产阶级时代的产物。随着这些早期的无产阶级运动而出现的革命文献，就其内容来说必然是反动的。这种文献倡导普遍的禁欲主义和粗陋的平均主义。

本来意义的社会主义和共产主义的体系，圣西门、傅立叶、欧文等人的体系，是在无产阶级和资产阶级之间的斗争还不发展的最初时期出现的。关于这个时期，我们在前面已经叙述过了（见《资产阶级和无产阶级》①）。

诚然，这些体系的发明家看到了阶级的对立，以及占统治地位的社会本身中的瓦解因素的作用。但是，他们看不到无产阶级方面的任何历史主动性，看不到它所特有的任何政治运动。

由于阶级对立的发展是同工业的发展步调一致的，所以这些发明家也不可能看到无产阶级解放的物质条件，于是他们就去探求某种社会科学、社会规律，以便创造这些条件。

社会的活动要由他们个人的发明活动来代替，解放的历史条件要由幻想的条件来代替，无产阶级的逐步组织成为阶级要由一种特意设计出来的社会组织来代替。在他们看来，今后的世界历史不过是宣传和实施他们的社会计划。

诚然，他们也意识到，他们的计划主要是代表工人阶级这一受苦最深的阶级的利益。在他们的心目中，无产阶级只是一个受苦最深的阶级。

但是，由于阶级斗争不发展，由于他们本身的生活状况，他们就以为自己是高高超乎这种阶级对立之上的。他们要改善社会一切成员的生活状况，甚至生活最优裕的成员也包括在内。因此，他们总是不加区别地向整个社会呼吁，而且主要是向统治阶级呼吁。他们以为，人们只要理解他们的体系，就会承认这种体系是最美好的社会的最美好的计划。

因此，他们拒绝一切政治行动，特别是一切革命行动；他们想通过和平的途径达到自己的目的，并且企图通过一些小型的、当然不会成功的试验，通过示范的力量来为新的社会福音开辟道路。

这种对未来社会的幻想的描绘，在无产阶级还很不发展，因而对本身的地位的认识还基于幻想的时候，是同无产阶级对社会普遍改造的最初的本能的渴望相适应的。②

但是，这些社会主义和共产主义的著作也含有批判的成分。这些著作抨击现存社会的全部基础。因此，它们提供了启发工人觉悟的极为宝贵的材料。它们关于未来社会的积极的主张，例如消灭城乡对立③、消灭家庭、消灭私人营利、消灭雇佣劳动、提倡社会和谐、把国家变成纯粹的生产管理机构——所有这些主张都只是表明要消灭阶级对立，而这种阶级对立在当时刚刚开始发展，它们所知道的只是这种对立的早期的、不明显的、不确定的形式。因此，这些主张本身还带有纯粹空想的性质。

批判的空想的社会主义和共产主义的意义，是同历史的发展成反比的。阶级斗争越发展和越具有确定的形式，这种超乎阶级斗争的幻想，这种反对阶级斗争的幻想，就越失去任何实践意义和任何理论根据。所以，虽然这些体系的创始人在许多方面是革命的，但是他们的信徒总是组成一些反动的宗派。这些信徒无视无产阶级的历史进展，还是死守着老师们的旧观点。因此，他们一贯企图削弱阶级斗争，调和对立。他

---

① 指《共产党宣言》第一章《资产者和无产者》。——编者注

② 这段话在1872、1883和1890年德文版中是："这种对未来社会的幻想的描绘，是在无产阶级还很不发展，因而对本身的地位的认识还基于幻想的时候，从无产阶级对社会普遍改造的最初的本能的渴望中产生的。"——编者注

③ "城乡对立"在1888年英文版中是"城乡差别"——编者注

们还总是梦想用试验的办法来实现自己的社会空想，创办单个的法伦斯泰尔，建立国内移民区，创立小伊加利亚，① 即袖珍版的新耶路撒冷。而为了建造这一切空中楼阁，他们就不得不呼吁资产阶级发善心和慷慨解囊。他们逐渐地堕落到上述反动的或保守的社会主义者的一伙中去了，所不同的只是他们更加系统地卖弄学问，狂热地迷信自己那一套社会科学的奇功异效。

因此，他们激烈地反对工人的一切政治运动，认为这种运动只是由于盲目地不相信新福音才发生的。

在英国，有欧文派[21]反对宪章派[42]，在法国，有傅立叶派[22]反对改革派[43]。

四　共产党人对各种反对党派的态度

看过第二章之后，就可以了解共产党人同已经形成的工人政党的关系，因而也就可以了解他们同英国宪章派和北美土地改革派[44]的关系。

共产党人为工人阶级的最近的目的和利益而斗争，但是他们在当前的运动中同时代表运动的未来。在法国，共产党人同社会主义民主党②联合起来反对保守的和激进的资产阶级，但是并不因此放弃对那些从革命的传统中承袭下来的空谈和幻想采取批判态度的权利。

在瑞士，共产党人支持激进派，但是并不忽略这个政党是由互相矛盾的分子组成的，其中一部分是法国式的民主社会主义者，一部分是激进的资产者。

在波兰人中间，共产党人支持那个把土地革命当做民族解放的条件的政党，即发动过 1846 年克拉科夫起义[45]的政党。

在德国，只要资产阶级采取革命的行动，共产党就同它一起去反对专制君主制、封建土地所有制和小资产阶级。

但是，共产党一分钟也不忽略教育工人尽可能明确地意识到资产阶级和无产阶级的敌对的对立，以便德国工人能够立刻利用资产阶级统治所必然带来的社会的和政治的条件作为反对资产阶级的武器，以便在推翻德国的反动阶级之后立即开始反对资产阶级本身的斗争。

共产党人把自己的主要注意力集中在德国，因为德国正处在资产阶级革命的前夜，因为同 17 世纪的英国和 18 世纪的法国相比，德国将在整个欧洲文明更进步的条件下，

---

① 恩格斯在 1888 年英文版上加了一个注："法伦斯泰尔是沙尔·傅立叶所设计的社会主义移民区；伊加利亚是卡贝给自己的理想国和后来他在美洲创立的共产主义移民区所起的名称。"

恩格斯在 1890 年德文版上加了一个注："国内移民区是欧文给他的共产主义的模范社会所起的名称。法伦斯泰尔是傅立叶所设计的社会宫的名称。伊加利亚是卡贝所描绘的那种共产主义制度的乌托邦幻想国。"——编者注

② 恩格斯在 1888 年英文版上加了一个注："当时这个党在议会中的代表是赖德律-洛兰，在著作界的代表是路易·勃朗，在报纸方面的代表是《改革报》。'社会主义民主党'这个名称在它的发明者那里是指民主党或共和党中或多或少带有社会主义色彩的一部分人。"

恩格斯在 1890 年德文版上加了一个注："当时在法国以社会主义民主党自称的政党，在政治方面的代表是赖德律-洛兰，在著作界的代表是路易·勃朗；因此，它同现今的德国社会民主党是有天壤之别的。"——编者注

拥有发展得多的无产阶级去实现这个变革，因而德国的资产阶级革命只能是无产阶级革命的直接序幕。

总之，共产党人到处都支持一切反对现存的社会制度和政治制度的革命运动。

在所有这些运动中，他们都强调所有制问题是运动的基本问题，不管这个问题的发展程度怎样。

最后，共产党人到处都努力争取全世界民主政党之间的团结和协调。

共产党人不屑于隐瞒自己的观点和意图。他们公开宣布：他们的目的只有用暴力推翻全部现存的社会制度才能达到。让统治阶级在共产主义革命面前发抖吧。无产者在这个革命中失去的只是锁链。他们获得的将是整个世界。

全世界无产者，联合起来！

卡·马克思和弗·恩格斯写于 1847 年 12 月—1848 年 1 月底　　原文是德文

1848 年 2 月以小册子形式在伦敦出版　　中文根据《马克思恩格斯全集》德文版第 4 卷翻译

（选自《马克思恩格斯文集》第 2 卷，人民出版社 2009 年版，第 30-67 页。）

注　释

34　民族大迁徙指公元 3—7 世纪日耳曼、斯拉夫及其他部落向罗马帝国的大规模迁徙。4 世纪上半叶，日耳曼部落中的西哥特人因遭到匈奴人的进攻侵入罗马帝国。经过长期的战争，西哥特人于 5 世纪在西罗马帝国境内定居下来，建立了自己的国家。日耳曼人的其他部落也相继在欧洲和北非建立了独立的国家。民族大迁徙对摧毁罗马帝国的奴隶制度和推动西欧封建制度的产生起了重要的作用。——34。

35　十字军征讨指 11—13 世纪西欧天主教会、封建主和大商人打着从伊斯兰教徒手中解放圣地耶路撒冷的宗教旗帜，主要对东地中海沿岸伊斯兰教国家发动的侵略战争。因参加者的衣服上缝有红十字，故称“十字军”。十字军征讨前后共八次，历时近 200 年，最后以失败而告终。十字军征讨给东方国家的人民带来了深重的灾难，也使西欧国家的人民遭受惨重的牺牲，但是，它在客观上也对东西方的经济和文化交流起到了一定的促进作用。——34、138。

36　马克思和恩格斯在他们的早期著作中曾经使用“出卖劳动”、“劳动价格”这些概念。马克思后来纠正了这一说法，认为工人出卖的不是他们的劳动，而是他们的劳动力。恩格斯在《〈雇佣劳动与资本〉1891 年单行本导言》中对此作了详细说明（见《马克思恩格斯文集》第 1 卷第 708—709 页）。——38。

37　英国工人阶级从 18 世纪末开始争取用立法手段限制工作日，从 19 世纪 30 年代起，广大无产阶级群众投入争取十小时工作日的斗争。十小时工作日法案是英国议会在 1847 年 6 月 8 日通过的，作为法律于 1848 年 5 月 1 日起生效。该法律将妇女和儿童的日劳动时间限制为 10 小时。但是，许多英国工厂主并不遵守这项法律，他们寻找种种借口把工作日从早晨 5 时半延续到晚上 8 时半。工厂视察员伦·霍纳的报告就是很好的证明（参看《马克思恩格斯文集》第 5 卷第 314—330 页）。

恩格斯在《十小时工作日问题》和《英国的十小时工作日法》（见《马克思恩格斯全集》中文第 2 版第 10 卷）中对该法案作了详细分析。关于英国工人阶级争取正常工作日的斗争，马克思在《资本论》第一卷第八章（见《马克思恩格斯文集》第 5 卷第 267—350 页）中作了详细考察。——41。

38　七月革命指 1830 年 7 月爆发的法国资产阶级革命。1814 年拿破仑第一帝国垮台后，代表大土地贵族利益的波旁王朝复辟，竭力恢复封建专制统治，压制资本主义的发展，限制言论自由和新闻出版自由，加剧了资产阶级同贵族地主的矛盾，激起了人民的反抗，1830 年 7 月 27—29 日巴黎爆发革命，推翻了波旁王朝。金融资产阶级攫取了革命果实，建立了以奥尔良公爵路易-菲力浦为首的代表金融贵族和大资产阶级利益的"七月王朝"。——54、80、235。

39　改革运动指英国工业资产阶级发动的议会改革运动。英国资产阶级为了同土地贵族争夺政治权力，在 19 世纪 20 年代末提出了改革议会选举制度的要求，经过几年斗争，在人民群众的支持下，迫使英国议会于 1832 年 6 月通过了选举法改革法案。这次改革削弱了土地贵族和金融贵族的政治垄断，加强了工业资产阶级在议会中的地位。但是，由于财产资格的限制，为争取选举制度改革而斗争的主力军工人和手工业者仍未获得选举权。——54。

40　正统派是法国代表大土地贵族和高级僧侣利益的波旁王朝（1589—1792 年和 1814—1830 年）长系的拥护者。1830 年波旁王朝第二次被推翻以后，正统派结成政党。在反对以金融贵族和大资产阶级为支柱的当政的奥尔良王朝时，一部分正统派常常抓住社会问题进行蛊惑宣传，标榜自己维护劳动者的利益，使他们不受资产者的剥削。——55、86、99、126、341、510。

41　"青年英国"是由英国托利党中的一些政治活动家和著作家组成的集团，成立于 19 世纪 40 年代初，主要代表人物是本·迪斯累里及托·卡莱尔等。他们维护土地贵族的利益，对资产阶级日益增长的经济势力和政治势力不满，企图用蛊惑手段把工人阶级置于自己的影响之下，并利用他们反对资产阶级。——55。

21　欧文派指英国空想社会主义者罗·欧文的拥护者。欧文认为，人是环境的产物，只有实现社会主义才能克服社会的一切罪恶。他曾在美国试办共产主义移民区，实行集体劳动和生产资料公有，最后宣告失败。欧文反对宪章运动，不主张工人开展政治斗争。认为靠知识的传播可以消除社会弊病，解决社会矛盾，并把希望寄托在统治者身上。——13、21、64。

42　宪章派指宪章运动的参加者。宪章运动是 19 世纪 30—50 年代中期英国工人的政治运动，其口号是争取实施人民宪章。人民宪章要求实行普选权并为保障工人享有此项权利而创造种种条件。宪章派的领导机构是"宪章派全国协会",机关报是《北极星报》,左翼代表人物是乔·哈尼、厄·琼斯等。恩格斯称宪章派是"近代第一个工人政党"(见《马克思恩格斯文集》第3卷第517页)。按照列宁所下的定义,宪章运动是"世界上第一次广泛的、真正群众性的、政治上已经成型的无产阶级革命运动"(见《列宁全集》中文第2版第36卷第292页)。宪章运动出现过三次高潮,其衰落的原因在于英国工商业垄断的加强,工人阶级政治上的不成熟,以及英国资产阶级用超额利润收买英国工人阶级上层("工人贵族"),造成了英国工人阶级中机会主义倾向的增长,其表现就是工联领袖放弃了对宪章运动的支持。——64。

22 傅立叶派指法国空想社会主义者沙·傅立叶的拥护者。傅立叶认为,现存制度应当由理想的和谐制度所取代。在这种和谐制度下,社会的基层单位是工农结合与城乡结合的生产消费协作社法郎吉(Phalange)。在法郎吉中,人人参加劳动,劳动者和资本家都可以入股,产品按资本、劳动和才能进行分配。协作社成员居住和劳动的场所称做法伦斯泰尔(Phalanstere)。傅立叶派在法国和美国都曾进行过法郎吉移民区实验,这些实验均以失败告终。——13、21、64

43 改革派又称《改革报》派,是聚集在法国《改革报》周围的一个政治集团,包括一些小资产阶级民主共和主义者和小资产阶级社会主义者。其首领是赖德律-洛兰和路易·勃朗等人。他们主张建立共和国并实行民主改革和社会改革。——64。

44 北美土地改革派即全国土地改革派,又称美国"全国改革协会",成立于1845年,是一个以手工业者和工人为核心的政治团体,宗旨是无偿地分给每一个劳动者一块土地。19世纪40年代后半期,协会宣传土地改革,反对种植场奴隶主和土地投机分子,并提出实行十小时工作制、废除农奴制、取消常备军等民主要求。许多德国手工业侨民参加了这一土地改革运动。——65。

45 波兰人民为争取民族解放曾准备在1846年2月举行起义。起义的主要发起人是波兰的革命民主主义者埃·邓波夫斯基等人。但是,由于波兰小贵族的背叛以及起义的领袖遭普鲁士警察逮捕,总起义未能成功。仅在从1815年起由奥地利、普鲁士和俄国共管的克拉科夫举行了起义,起义者在2月22日获胜并建立了国民政府,发表了废除封建徭役的宣言。克拉科夫起义在1846年3月初被镇压。1846年11月,奥地利、普鲁士和俄国签订了关于把克拉科夫并入奥地利帝国的条约。——65、83。

第四部分　列宁著作

二十五、进一步，退两步（节选）

（1904 年 2—5 月）

（十八）稍微谈谈辩证法。两个变革

只要大体上看一看我们党内危机的发展经过，我们就不难看出，斗争双方的基本成分，除了小小的例外，始终没有改变。这是我们党内革命派和机会主义派之间的斗争。可是，这个斗争经过了各种不同的阶段，而每个想透彻了解在这方面堆积如山的大量文字材料的人，每个想透彻了解那许许多多片断的例证、孤立的引文、个别的责难等等的人，都必须对每个斗争阶段的特点有一确切的认识。

我们可以把彼此显然不同的一些主要阶段列举如下：（1）关于党章第 1 条问题的争论。这是关于基本组织原则问题的纯思想斗争。我和普列汉诺夫处在少数地位。马尔托夫和阿克雪里罗得提出机会主义条文，投到机会主义者怀抱中去。（2）《火星报》组织由于中央委员会候选人名单问题——是佛敏还是瓦西里耶夫参加五人小组，是托洛茨基还是特拉温斯基参加三人小组——发生了分裂。我和普列汉诺夫争得了多数（9 票对 7 票），这在某种程度上正是由于我们在党章第 1 条的问题上占少数。马尔托夫同机会主义者的联盟，用事实证明了组委会事件使我产生的种种担心。（3）继续就党章细节进行争论。机会主义者又来援救马尔托夫。我们又处于少数地位，并为少数在中央机关内的权利而斗争。（4）七个极端机会主义者退出代表大会。我们成了多数并在选举中战胜了联盟（火星派少数派、"泥潭派"以及反火星派的联盟）。马尔托夫和波波夫拒绝接受我们所提出的两个三人小组中的席位。（5）代表大会闭会以后因增补问题而发生无谓争吵。无政府主义行为和无政府主义词句猖獗。"少数派"中最不彻底和最不坚定的分子占上风。（6）普列汉诺夫为了避免分裂而采取了"用温和的手段杀死"的政策。"少数派"占领中央机关报编辑部和总委员会，并且竭力攻击中央委员会。无谓争吵继续充斥一切。（7）对中央委员会的第一次攻击被打退。无谓争吵似乎开始稍微平息下来，这样便有可能比较心平气和地讨论两个纯系思想性质而又使全党极为关心的问题：（一）我们党在第二次代表大会上分成"多数派"和"少数派"从而代替了一切旧的划分这个事实的政治意义和原因何在？（二）新《火星报》在组织问题上的新立场的原则意义何在？

每个阶段都有其完全独特的斗争情势和直接的攻击目标；每个阶段都可以说是一个总的战役中的一次战斗。不研究每次战斗的具体情况，就丝毫不能了解我们的斗争。研究了这一点，我们就会明显地看出，发展确实是按着辩证的道路，矛盾的道路行进的：少数变成多数，多数变成少数；各方时而转守为攻，时而转攻为守；思想斗争的出发点（党章第1条）"被否定"，让位给充斥一切的无谓争吵①，但以后就开始"否定的否定"，我们在各占一个中央机关的情况下勉强同上帝赐予的妻子"和睦相处"，又回到纯思想斗争的出发点上来，但是这个"正题"已由"反题"的一切成果所充实，变成了高一级的合题，这时在党章第1条问题上的孤立的偶然的错误已经发展成为组织问题上的机会主义观点的所谓体系，这时这种现象同我们党的分成革命派和机会主义派这种根本划分的联系已经愈来愈清晰地呈现在大家面前。总而言之，不仅燕麦是按照黑格尔的规律生长的，而且俄国社会民主党人也是按照黑格尔的规律互相斗争的。

可是，无论什么时候都不应当把马克思主义使之用脚立地后接受过来的伟大的黑格尔辩证法，同那种为某些从我党革命派滚向机会主义派的政治活动家的曲折路线进行辩护的庸俗手法混为一谈，不应当把它同那种将各种特定的声明，将同一过程中不同阶段发展的各种特定的因素搅成一团的庸俗态度混为一谈。真正的辩证法并不为个人错误辩护，而是研究不可避免的转变，根据对发展过程的全部具体情况的详尽研究来证明这种转变的不可避免性。辩证法的基本原理是：没有抽象的真理，真理总是具体的……同时也不应当把这个伟大的黑格尔辩证法同那种可以用"脑袋钻不进，就把尾巴塞进去"（mettere la coda dove non va il capo）这句意大利谚语来形容的庸俗的处世秘诀混为一谈。

我们党内斗争的辩证发展总起来说可归结为两个变革。党代表大会是一个真正的变革，如马尔托夫同志在他的《又一次处在少数地位》中所正确指出的那样。少数派里爱说俏皮话的人也说得对，他们说：世界是由革命推动的，所以我们就进行了一次革命！他们在代表大会以后确实进行了一次革命；一般来讲，说世界是由革命推动的，这也是正确的。可是，每次具体革命的具体意义，还不能用这句一般的名言来断定，如果把令人难忘的马霍夫同志的令人难忘的说法换个样子，那么可以说：有的革命类似反动。为了断定一次具体的革命究竟是向前还是向后推动了"世界"（我们党），就必须知道实行变革的实际力量究竟是党内的革命派还是机会主义派，就必须知道鼓舞战士的究竟是革命原则还是机会主义原则。

我们的党代表大会在全部俄国革命运动史上是独一无二的，空前未有的。秘密的革命党第一次从黑暗的地下状态走到光天化日之下，向大家表明了我们党内斗争的整个进程和结局，表明了我们党以及它的每个比较重要的部分在纲领、策略和组织问题上的全部面貌。我们第一次摆脱了小组自由散漫和革命庸俗观念的传统，把几十个极不相同的集团结合在一起，这些集团过去往往是彼此极端敌对，彼此只是由思想力量

---

① 如何把无谓争吵和原则分歧区分开来这个难题，现在已经自行解决：凡是涉及增补问题的都是无谓争吵；凡是涉及分析代表大会上的斗争，涉及党章第1条问题以及关于向机会主义和无政府主义转变问题的争论的都是原则分歧。

联系起来的，它们准备（在原则上准备）为了我们第一次实际创立起来的伟大整体——**党**而牺牲所有一切集团的特点和集团的独立性。可是，在政治上，牺牲并不是轻易作出的，而是经过战斗作出的。由于取消组织而引起的战斗，不可避免地成了异常残酷的战斗。公开的自由斗争的清风变成了狂风。这阵狂风扫除了——扫除得太好了！——所有一切小组的利益、情感和传统的残余，第一次创立了真正党的领导机构。

然而，称呼什么是一回事，而实际上是什么又是一回事。在原则上为了党牺牲小组习气是一回事，而放弃自己的小组又是一回事。清风对那些习惯于腐败的庸俗观念的人，还是太新鲜了。"党没有经得住它自己的第一次代表大会的考验"，像马尔托夫同志在他的《又一次处在少数地位》中正确地（偶然正确地）指出的那样。为组织被取消而感到的委屈实在太大了。狂风使我们党的巨流底下的全部渣滓重新泛起，这些渣滓为过去的失败进行报复。旧的顽固的小组习气压倒了还很年轻的党性。党内被击溃的机会主义派，由于偶然得到阿基莫夫这一猎获物而加强了自己的力量，又对革命派占了——当然是暂时的——优势。

结果就产生了新《火星报》，这个新《火星报》不得不发展和加深它的编辑们在党的代表大会上所犯的错误。旧《火星报》曾教人学会革命斗争的真理。新《火星报》却教人去学处世秘诀：忍让与和睦相处。旧《火星报》是战斗的正统派的机关报。新《火星报》却使机会主义死灰复燃——主要是在组织问题上。旧《火星报》光荣地遭到了俄国机会主义者和西欧机会主义者的憎恶。新《火星报》"变聪明了"，它很快就会不再以极端机会主义者对它的赞扬为耻了。旧《火星报》一往直前地朝着自己的目标前进，言行一致。新《火星报》，它的立场的内在的虚伪性，必然产生——甚至不以任何人的意志和意识为转移——政治上的伪善。它大骂小组习气，是为了掩护小组习气对党性的胜利。它假惺惺地斥责分裂，似乎除了少数服从多数，可以设想用什么其他手段来防止一个多少有组织的、多少名副其实的党发生分裂。它声明必须考虑革命舆论，同时却隐瞒阿基莫夫们的赞扬，并制造一些卑鄙的谣言来诬蔑我们党内革命派的委员会①。这是多么可耻啊！他们把我们的旧《火星报》糟蹋到了何等地步啊！

进一步，退两步……在个人的生活中，在民族的历史上，在政党的发展中，都有这种现象。革命的社会民主党的原则，无产阶级的组织和党的纪律，必定获得完全的胜利，怀疑这一点，即使是片刻怀疑，也是一种行同严重犯罪的意志薄弱的表现。我们已经取得了许多成就，我们应当继续努力奋斗，不因遭到挫折而灰心丧气；我们应当坚持斗争，鄙弃那些庸俗的小组争吵的方法，尽一切可能来保卫用极大精力建立起来的全俄一切社会民主党人的统一的党内联系，力求通过顽强而有步骤的工作使全体党员特别是工人充分地自觉地了解党员义务，了解第二次党代表大会上的斗争，了解我们的分歧的一切原因和演变，了解机会主义的严重危害性：机会主义在组织工作方面也像在我们的纲领和我们的策略方面一样无能为力地屈从于资产阶级心理，一样不加批判地接受资产阶级民主派的观点，一样削弱无产阶级的阶级斗争的武器。

---

① 为了进行这项可爱的事业，甚至已经制定了一种固定不变的格式：据我们的某某通讯员报告，多数派的某某委员会虐待少数派的某某同志。

无产阶级在争取政权的斗争中，除了组织，没有别的武器。无产阶级被资产阶级世界中居于统治地位的无政府竞争所分散，被那种为资本的强迫劳动所压抑，总是被抛到赤贫、粗野和退化的"底层"，它所以能够成为而且必然会成为不可战胜的力量，就是因为它根据马克思主义原则形成的思想一致是用组织的物质统一来巩固的，这个组织把千百万劳动者团结成一支工人阶级的大军。在这支大军面前，无论是已经衰败的俄国专制政权还是正在衰败的国际资本政权，都是支持不住的。不管有什么曲折和退步，不管现代社会民主党的吉伦特派讲些什么机会主义的空话，不管人们怎样得意地赞美落后的小组习气，不管他们怎样炫耀和喧嚷**知识分子**的无政府主义，这支大军一定会把自己的队伍日益紧密地团结起来。

　　（选自《列宁专题文集　论无产阶级政党》，人民出版社 2009 年版，第 153-159 页。）

二十六、马克思主义的三个来源和三个组成部分[49]

（1913 年 3 月）

马克思学说在整个文明世界中引起全部资产阶级科学（官方科学和自由派科学）极大的仇视和憎恨，这种科学把马克思主义看做某种"有害的宗派"。也不能期望有别的态度，因为建筑在阶级斗争上的社会是不可能有"公正的"社会科学的。**全部**官方的和自由派的科学都这样或那样地为雇佣奴隶制**辩护**，而马克思主义则对这种奴隶制宣布了无情的战争。期望在雇佣奴隶制的社会里有公正的科学，正像期望厂主在应不应该减少资本利润来增加工人工资的问题上会采取公正态度一样，是愚蠢可笑的。

不仅如此，哲学史和社会科学史都十分清楚地表明：马克思主义同"宗派主义"毫无相似之处，它绝不是**离开**世界文明发展大道而产生的一种故步自封、僵化不变的学说。恰恰相反，马克思的全部天才正是在于他回答了人类先进思想已经提出的种种问题。他的学说的产生正是哲学、政治经济学和社会主义极伟大的代表人物的学说的**直接继续**。

马克思学说具有无限力量，就是因为它正确。它完备而严密，它给人们提供了决不同任何迷信、任何反动势力、任何为资产阶级压迫所作的辩护相妥协的完整的世界观。马克思学说是人类在 19 世纪所创造的优秀成果——德国的哲学、英国的政治经济学和法国的社会主义的当然继承者。

现在我们就来简短地说明一下马克思主义的这三个来源以及它的三个组成部分。

一

马克思主义的哲学就是**唯物主义**。在欧洲全部近代史中，特别是 18 世纪末叶，在同一切中世纪废物、同农奴制和农奴制思想展开决战的法国，唯物主义成了唯一彻底的哲学，它忠于一切自然科学学说，仇视迷信、伪善行为及其他等等。因此，民主的敌人便竭尽全力来"驳倒"、败坏和诋毁唯物主义，维护那些不管怎样总是为宗教辩护或支持宗教的各种哲学唯心主义。

马克思和恩格斯最坚决地捍卫了哲学唯物主义，并且多次说明，一切离开这个基础的倾向都是极端错误的。在恩格斯的著作《路德维希·费尔巴哈》和《反杜林论》

里最明确最详尽地阐述了他们的观点，这两部著作同《共产党宣言》一样，都是每个觉悟工人必读的书籍。

但是，马克思并没有停止在18世纪的唯物主义上，而是把哲学向前推进了。他用德国古典哲学的成果，特别是用黑格尔体系（它又导致了费尔巴哈的唯物主义）的成果丰富了哲学。这些成果中主要的就是**辩证法**，即最完备最深刻最无片面性的关于发展的学说，这种学说认为反映永恒发展的物质的人类知识是相对的。不管那些"重新"回到陈腐的唯心主义那里去的资产阶级哲学家的学说怎样说，自然科学的最新发现，如镭、电子、元素转化，都出色地证实了马克思的辩证唯物主义。

马克思加深和发展了哲学唯物主义，而且把它贯彻到底，把它对自然界的认识推广到对**人类社会**的认识。马克思的**历史唯物主义**是科学思想中的最大成果。过去在历史观和政治观方面占支配地位的那种混乱和随意性，被一种极其完整严密的科学理论所代替，这种科学理论说明，由于生产力的发展，如何从一种社会生活结构中发展出另一种更高级的结构，例如从农奴制中生长出资本主义。

正如人的认识反映不依赖于它而存在的自然界即发展着的物质那样，人的**社会认识**（即哲学、宗教、政治等等的不同观点和学说）反映社会的**经济制度**。政治设施①是经济基础的上层建筑。我们看到，例如现代欧洲各国的各种政治形式，都是为巩固资产阶级对无产阶级的统治服务的。

马克思的哲学是完备的哲学唯物主义，它把伟大的认识工具给了人类，特别是给了工人阶级。

二

马克思认为经济制度是政治上层建筑借以树立起来的基础，所以他特别注意研究这个经济制度。马克思的主要著作《资本论》就是专门研究现代社会即资本主义社会的经济制度的。

马克思以前的古典政治经济学是在最发达的资本主义国家英国形成的。亚当·斯密和大卫·李嘉图通过对经济制度的研究奠定了**劳动价值论**的基础。马克思继续了他们的事业。他严密地论证了并且彻底地发展了这个理论。他证明：任何一个商品的价值，都是由生产这个商品所消耗的社会必要劳动时间的数量决定的。

凡是资产阶级经济学家看到物与物之间的关系（商品交换商品）的地方，马克思都揭示了**人与人之间的关系**。商品交换表现着各个生产者之间通过市场发生的联系。**货币**意味着这一联系愈来愈密切，把各个生产者的全部经济生活不可分割地联结成一个整体。**资本**意味着这一联系进一步发展：人的劳动力变成了商品。雇佣工人把自己的劳动力出卖给土地、工厂和劳动工具的占有者。工人用工作日的一部分来抵偿维持本人及其家庭生活的开支（工资），工作日的另一部分则是无报酬地劳动，为资本家创

---

① 原文为"учреждение"，是指和一定理论观点相适应的制度、组织和机构。——编者注

造**剩余价值**，这也就是利润的来源，资本家阶级财富的来源。

剩余价值学说是马克思经济理论的基石。

工人的劳动所创造的资本压迫工人，使小业主破产，造成失业大军。大生产在工业中的胜利是一眼就能看到的，但是在农业中我们也看到同样的现象：资本主义大农业的优势日益扩大，采用机器愈来愈广泛，农民经济纷纷落入货币资本的绞索，由于技术落后而日益衰败和破产。在农业方面，小生产的衰败的形式虽然不同，但是它的衰败也是无可争辩的事实。

资本打击小生产，同时使劳动生产率不断提高，并且造成大资本家同盟的垄断地位。生产本身日益社会化，使几十万以至几百万工人联结成一个有条不紊的经济机体，而共同劳动的产品却被一小撮资本家所占有。生产的无政府状态愈来愈严重，危机日益加深，争夺市场的斗争愈来愈疯狂，人民群众的生活愈来愈没有保障。

资本主义制度在使工人愈来愈依赖资本的同时，创造着联合劳动的伟大力量。

马克思考察了资本主义的发展过程，从商品经济的最初萌芽，从简单的交换一直到资本主义的高级形式，到大生产。

一切资本主义国家（无论老的或新的）的经验，使工人中一年比一年多的人清楚地看到了马克思这一学说的正确性。

资本主义在全世界获得了胜利，但是这一胜利不过是劳动对资本的胜利的前阶。

<h1 style="text-align:center">三</h1>

当农奴制被推翻，"**自由**"资本主义社会出现的时候，一下子就暴露出这种自由意味着压迫和剥削劳动者的一种新制度。于是反映这种压迫和反对这种压迫的各种社会主义学说就立刻产生了。但是最初的社会主义是**空想**社会主义。这种社会主义批判资本主义社会，谴责它，咒骂它，幻想消灭它，臆想较好的制度，劝富人相信剥削是不道德的。

但是空想社会主义没有能够指出真正的出路。它既不会阐明资本主义制度下雇佣奴隶制的本质，又不会发现资本主义发展的规律，也不会找到能够成为新社会的创造者的**社会力量**。

然而，在欧洲各国，特别是在法国，导致封建制度即农奴制崩溃的汹涌澎湃的革命，却日益明显地揭示了**阶级斗争**是整个发展的基础和动力。

战胜农奴主阶级而赢得政治自由，没有一次不遇到拼命的反抗。没有一个资本主义国家，不是经过资本主义社会各阶级间你死我活的斗争，才在比较自由和民主的基础上建立起来。

马克思的天才就在于他最先从这里得出了全世界历史所提示的结论，并且彻底地贯彻了这个结论。这个结论就是**阶级斗争**学说。

只要人们还没有学会透过任何有关道德、宗教、政治和社会的言论、声明、诺言，揭示出这些或那些阶级的**利益**，那他们始终是而且会永远是政治上受人欺骗和自己欺骗自己的愚蠢的牺牲品。只要那些主张改良和改善的人还不懂得，任何一个旧设施，不管它怎样荒谬和腐败，都由某些统治阶级的势力在支撑着，那他们总是会受旧事物拥护者的愚弄。要粉碎这些阶级的反抗，**只有一个办法**，就是必须在我们所处的社会中找出一种力量，教育它和组织它去进行斗争，这种力量可以（而且按它的社会地位来说**应当**）成为能够除旧立新的力量。

只有马克思的哲学唯物主义，才给无产阶级指明了如何摆脱一切被压迫阶级至今深受其害的精神奴役的出路。只有马克思的经济理论，才阐明了无产阶级在整个资本主义制度中的真正地位。

在全世界，从美洲到日本，从瑞典到南非，无产阶级的独立组织正在不断增加。无产阶级一面进行阶级斗争，一面受到启发和教育，他们逐渐摆脱资产阶级社会的偏见，日益紧密地团结起来并且学习怎样衡量自己的成绩，他们正在锻炼自己的力量并且在不可遏止地成长壮大。

（选自《列宁专题文集　论马克思主义》，人民出版社 2009 年版，第 66-72 页。）

注　释

49　《马克思主义的三个来源和三个组成部分》一文是为纪念马克思逝世三十周年而写的，发表于 1913 年 3 月《启蒙》杂志第 3 期。——66。

二十七、哲学笔记（节选）

（1895—1916 年）

谈谈辩证法问题[48]（1915 年）

统一物之分为两个部分以及对它的矛盾着的部分的认识（参看拉萨尔的《赫拉克利特》一书第 3 篇（《论认识》）开头所引的斐洛关于赫拉克利特的一段话[①]），是辩证法的**实质**（是辩证法的"本质"之一，是它的基本的特点或特征之一，甚至可说是它的基本的特点或特征）。黑格尔也正是这样提问题的（亚里士多德在其著作《形而上学》中经常为此**绞尽脑汁**，并跟赫拉克利特即跟赫拉克利特的思想**作斗争**[②]）。

辩证法内容的这一方面的正确性必须由科学史来检验。对于辩证法的这一方面，通常（例如在普列汉诺夫那里）没有予以足够的注意：对立面的同一被当做**实例**的总和［"例如种子"；"例如原始共产主义"。恩格斯也这样做过。但这是"为了通俗化"……］，而不是当做**认识的规律**（**以及**客观世界的规律）。

在数学中，+和-，微分和积分。

在力学中，作用和反作用。

在物理学中，正电和负电。

在化学中，原子的化合和分解。

在社会科学中，阶级斗争。

对立面的同一（它们的"统一"，也许这样说更正确些？虽然同一和统一这两个术语的差别在这里并不特别重要。在一定意义上二者都是正确的），就是承认（发现）自然界的（也**包括**精神的和社会的）**一切**现象和过程具有矛盾着的、**相互排斥的**、对立的倾向。要认识在"**自己运动**"中、自生发展中和蓬勃生活中的世界一切过程，就要把这些过程当做对立面的统一来认识。发展是对立面的"斗争"。有两种基本的（或两种可能的？或两种在历史上常见的？）发展（进化）观点：认为发展是减少和增加，是重复；**以及**认为发展是对立面的统一（统一物之分为两个互相排斥的对立面以及它们

---

① 见《列宁全集》第 2 版第 55 卷第 300 页。——编者注

② 见列宁《亚里士多德〈形而上学〉一书摘要》（同上书，第 313 页）。——编者注

之间的相互关系）。

按第一种运动观点，**自己**运动，它的**动力**、它的**泉源**、它的动因都被忽视了（或者这个泉源被移到**外部**——移到上帝、主体等等那里去了）；按第二种观点，主要的注意力正是放在认识"**自己**"运动的**泉源**上。

第一种观点是僵死的、平庸的、枯燥的。第二种观点是活生生的。**只有**第二种观点才提供理解一切现存事物的"自己运动"的钥匙，才提供理解"飞跃"、"渐进过程的中断"、"向对立面的转化"、旧东西的消灭和新东西的产生的钥匙。

对立面的统一（一致、同一、均势）是有条件的、暂时的、易逝的、相对的。相互排斥的对立面的斗争是绝对的，正如发展、运动是绝对的一样。

注意：顺便说一下，主观主义（怀疑论[13]和诡辩论等等）和辩证法的区别在于：在（客观）辩证法中，相对和绝对的差别也是相对的。对于客观辩证法说来，相对中有绝对。对于主观主义和诡辩论说来，相对只是相对，因而排斥绝对。

马克思在《资本论》中首先分析资产阶级社会（商品社会）里最简单、最普通、最基本、最常见、最平凡、碰到过亿万次的**关系**：商品交换。这一分析从这个最简单的现象中（从资产阶级社会的这个"细胞"中）揭示出现代社会的**一切**矛盾（或**一切**矛盾的萌芽）。往后的叙述向我们表明这些矛盾和这个社会——在这个社会的各个部分的总和中、从这个社会的开始到终结——的发展（**既**是生长**又**是运动）。

一般辩证法的阐述（以及研究）方法也应当如此（因为资产阶级社会的辩证法在马克思看来只是辩证法的局部情况）。从最简单、最普通、最常见的等等东西开始；从**任何一个命题**开始，如树叶是绿的，伊万是人，茹奇卡是狗[49]等等。在这里（正如黑格尔天才地指出过的）就已经有辩证法：**个别就是一般**（参看亚里士多德《形而上学》，施韦格勒译，第2卷第40页，第3篇第4章第8—9节："因为当然不能设想：在个别的房屋之外还存在着一般房屋。"——"οὐ γὰρ ἂν θείημεν εἶναί τινα οἰχίαν παρὰ ταζ τινὰζ οἰχίαζ."）。这就是说，对立面（个别跟一般相对立）是同一的：个别一定与一般相联而存在。一般只能在个别中存在，只能通过个别而存在。任何个别（不论怎样）都是一般。任何一般都是个别的（一部分，或一方面，或本质）。任何一般只是大致地包括一切个别事物。任何个别都不能完全地包括在一般之中，如此等等。任何个别经过千万次的过渡而与另一**类**的个别（事物、现象、过程）相联系，如此等等。**这里已经有**自然界的**必然性**、客观联系等概念的因素、胚芽了。这里已经有偶然和必然、现象和本质，因为我们在说伊万是人，茹奇卡是狗，**这**是树叶等等时，就把许多特征作为**偶然的东西抛掉**，把本质和现象分开，并把二者对立起来。

可见，在**任何一个命题**中，很像在一个"单位"（"细胞"）中一样，都可以（而且应当）发现辩证法**一切**要素的胚芽，这就表明辩证法本来是人类的全部认识所固有的。而自然科学则向我们揭明（这又是要用**任何极简单**的实例来揭明）客观自然界也具有同样的性质，揭明个别向一般的转变，偶然向必然的转变，对立面的过渡、转化、相互联系。辩证法**也就是**（黑格尔和）马克思主义的认识论：正是问题的这一"**方面**"（这不是问题的一个"方面"，而是问题的**实质**）普列汉诺夫没有注意到，至于其他的马克思主义者就更不用说了。

*　　*　　*

不论是黑格尔（见《逻辑学》），不论是自然科学中现代的"认识论者"、折中主义者、黑格尔主义的敌人（他不懂黑格尔主义！）保尔·福尔克曼（参看他的《认识论原理》第……页[50]）都把认识看做一串圆圈。

> 哲学上的"圆圈"：〔是否一定要以**人物**的年代先后为顺序呢？
>
> 　　　　　　　　　　　　　　　　　　　　　不！〕
>
> 古代：从德谟克利特到柏拉图以及赫拉克利特的辩证法。
> 文艺复兴时代：笛卡儿对伽桑狄（斯宾诺莎？）。
> 近代：霍尔巴赫——黑格尔（经过贝克莱、休谟、康德）
> 　　　　黑格尔——费尔巴哈——马克思。

辩证法是**活生生**的、多方面的（方面的数目永远增加着的）认识，其中包含着无数的各式各样观察现实、接近现实的成分（包含着从每个成分发展成整体的哲学体系），——这就是它比起"形而上学的"唯物主义来所具有的无比丰富的内容，而形而上学的唯物主义的根本**缺陷**就是不能把辩证法应用于反映论，应用于认识的过程和发展。

从粗陋的、简单的、形而上学的唯物主义的观点看来，哲学唯心主义不过是胡说。相反地，从**辩证**唯物主义的观点看来，哲学唯心主义是把认识的某一特征、某一方面、某一侧面，**片面地**、夸大地、überschwengliches（狄慈根）[51]发展（膨胀、扩大）为**脱离了物质**、**脱离了**自然的、神化了的绝对。唯心主义就是僧侣主义。这是对的。但（"**更确切些**"和"**除此而外**"）哲学唯心主义是**经过人的无限复杂的（辩证的）认识的一个成分**而通向僧侣主义的**道路**。

人的认识不是直线（也就是说，不是沿着直线进行的），而是无限地近似于一串圆圈、近似于螺旋的曲线。这一曲线的任何一个片断、碎片、小段都能被变成（被片面地变成）独立的完整的直线，而这条直线能把人们（如果只见树木不见森林的话）引到泥坑里去，引到僧侣主义那里去（在那里统治阶级的阶级利益就会把它**巩固起来**）。直线性和片面性，死板和僵化，主观主义和主观盲目性就是唯心主义的**认识论**根源。而僧侣主义（哲学唯心主义）当然有**认识论**的根源，它不是没有根基的，它无疑是一朵**无实花**，然而却是生长在活生生的、结果实的、真实的、强大的、全能的、客观的、绝对的人类认识这棵活树上的一朵无实花。

（选自《列宁专题文集　论辩证唯物主义和历史唯物主义》，人民出版社 2009 年版，第 148—152 页。）

注　释

51　社会革命党人是俄国最大的小资产阶级政党社会革命党的成员。该党是 1901

年底—1902 年初由一些民粹派团体联合而成的。社会革命党人否认无产阶级和农民之间的阶级差别，抹杀农民内部的矛盾，否认无产阶级在资产阶级民主革命中的领导作用。在土地问题上，社会革命党人主张消灭土地私有制，按照平均使用原则将土地交村社支配，发展各种合作社。在策略方面，社会革命党人采用了社会民主党人进行群众性鼓动的方法，但主要斗争方法还是搞个人恐怖。在第一次世界大战期间，社会革命党的大多数领导人采取了社会沙文主义的立场。

1917 年二月革命后，随着广大的小资产阶级群众参加政治生活，社会革命党的影响和党员人数激增（1917 年 5 月已达 50 万）。社会革命党人和孟什维克在苏维埃中，在土地委员会中都占多数。社会革命党中央实行妥协主义和阶级调和的政策，积极支持资产阶级临时政府，党的首领亚·费·克伦斯基、尼·德·阿夫克森齐耶夫、维·米·切尔诺夫、谢·列·马斯洛夫参加了临时政府。1917 年七月事变时期，社会革命党公开转向资产阶级方面。社会革命党中央的妥协政策造成党的分裂，左翼于 1917 年 12 月组成了一个独立政党——左派社会革命党。

1917 年十月革命后，社会革命党人（右派和中派）公开进行反苏维埃的活动，建立地下组织，1918 年 6 月被开除出全俄中央执行委员会。1918—1920 年国内战争时期，他们进行反对苏维埃政权的武装斗争，对共产党和苏维埃国家的领导人实行个人恐怖。社会革命党人推行所谓"第三种力量"的蛊惑政策，在 1918 年充当了小资产阶级反革命活动的主要组织者，在各地参与建立反革命"政府"，实际上为资产阶级和地主的反革命统治扫清了道路。1919 年 8 月，一部分社会革命党人组成了人民派，同苏维埃政权合作。该党的极右派则同白卫分子结成公开联盟。内战结束后，社会革命党重新成了俄国国内反革命势力的领导。他们提出"没有共产党人参加的苏维埃"的口号，组织了一系列的叛乱。这些叛乱被平定后，1922 年社会革命党彻底瓦解。——78、168、180。

48　《马克思学说的历史命运》一文是为纪念马克思逝世三十周年而写的，发表于 1913 年 3 月 1 日（14 日）《真理报》第 50 号。——61。

13　指《国际工人协会成立宣言》（见《马克思恩格斯全集》第 1 版第 16 卷第 5—14 页）。——6。

49　《马克思主义的三个来源和三个组成部分》一文是为纪念马克思逝世三十周年而写的，发表于 1913 年 3 月《启蒙》杂志第 3 期。——66。

50　《马克思和恩格斯通信集》一文是列宁为 1913 年 9 月德文版四卷本《马克思和恩格斯通信集（1844—1883 年）》（参看注 10）的出版而计划写的一篇长文的开头部分。1913 年 10 月 30 日或 31 日（11 月 12 日或 13 日）列宁写信给妹妹玛·伊·乌里扬诺娃，说他已读完德文版四卷本《马克思和恩格斯通信集》，认为其中有很多有意义的东西，准备为《启蒙》杂志写一篇关于这部通信集的文章（参看《列宁全集》第 2 版第 53 卷第 244 号文献）。列宁的《马克思和恩格斯通信集》一文原打算发表在 1914 年的《启蒙》杂志上，1913 年 12 月 14 日（27 日）《无产阶级真理报》第 7 号曾就此作过报道，但是这篇文章没有写完。直到 1920 年 11 月 28 日恩格斯诞辰一百周年时，文章才在《真理报》第 268 号上发表。列宁在文章付排前，给它加了一个副标题：《恩格斯是共产主义的创始人之一》，同时加了一个脚注，说明这是 1913 年或 1914 年初写的一篇未完成的文章的开头。——73。

二十八、国家与革命（节选）

马克思主义关于国家的学说与无产阶级在
革命中的任务（1917年8—9月）

第一章

阶级社会和国家

1. 国家是阶级矛盾不可调和的产物

　　马克思的学说在今天的遭遇，正如历史上被压迫阶级在解放斗争中的革命思想家和领袖的学说常有的遭遇一样。当伟大的革命家在世时，压迫阶级总是不断迫害他们，以最恶毒的敌意、最疯狂的仇恨、最放肆的造谣和诽谤对待他们的学说。在他们逝世以后，便试图把他们变为无害的神像，可以说是把他们偶像化，赋予他们的**名字**某种荣誉，以便"安慰"和愚弄被压迫阶级，同时却阉割革命学说的内容，磨去它的革命锋芒，把它庸俗化。现在资产阶级和工人运动中的机会主义者在对马克思主义做这种"加工"的事情上正一致起来。他们忘记、抹杀和歪曲这个学说的革命方面，革命灵魂。他们把资产阶级可以接受或者觉得资产阶级可以接受的东西放在第一位来加以颂扬。现在，一切社会沙文主义者都成了"马克思主义者"，这可不是说着玩的！那些德国的资产阶级学者，昨天还是剿灭马克思主义的专家，现在却愈来愈频繁地谈论起"德意志民族的"马克思来了，似乎马克思培育出了为进行掠夺战争而组织得非常出色的工人联合会！

　　在这种情况下，在对马克思主义的种种歪曲空前流行的时候，我们的任务首先就是要**恢复**真正的马克思的国家学说。为此，必须大段大段地引证马克思和恩格斯本人的著作。当然，大段的引证会使文章冗长，并且丝毫无助于通俗化。但是没有这样的引证是绝对不行的。马克思和恩格斯著作中所有谈到国家问题的地方，至少一切有决定意义的地方，一定要尽可能完整地加以引证，使读者能够独立地了解科学社会主义创始人的全部观点以及这些观点的发展，同时也是为了确凿地证明并清楚地揭示现在占统治地位的"考茨基主义"对这些观点的歪曲。

　　我们先从传播最广的弗·恩格斯的《家庭、私有制和国家的起源》一书讲起，这本书已于1894年在斯图加特出了第6版。我们必须根据德文原著来译出引文，因为俄文译本虽然很多，但多半不是译得不全，就是译得很糟。

> 恩格斯在总结他所作的历史的分析时说："国家决不是从外部强加于社会的一种力量。国家也不像黑格尔所断言的是'伦理观念的现实'，'理性的形象和现实'。[153] 毋宁说，国家是社会在一定发展阶段上的产物；国家是表示：这个社会陷入了不可解决的自我矛盾，分裂为不可调和的对立面而又无力摆脱这些对立面。而为了使这些对立面，这些经济利益互相冲突的阶级，不致在无谓的斗争中把自己和社会消灭，就需要有一种表面上站在社会之上的力量来抑制冲突，把冲突保持在'秩序'的范围以内；这种从社会中产生但又居于社会之上并且日益同社会相异化的力量，就是国家。"（德文第6版第177—178页）① 这一段话十分清楚地表达了马克思主义关于国家的历史作用和意义这一问题的基本思想。国家是阶级矛盾**不可调和**的产物和表现。在阶级矛盾客观上**不能**调和的地方、时候和条件下，便产生国家。反过来说，国家的存在证明阶级矛盾不可调和。

对马克思主义的歪曲正是从这最重要的和根本的一点上开始的，这种歪曲来自两个主要方面。

一方面，资产阶级的思想家，特别是小资产阶级的思想家——他们迫于无可辩驳的历史事实不得不承认，只有存在阶级矛盾和阶级斗争的地方才有国家——这样来"稍稍纠正"马克思，把国家说成是阶级**调和**的机关。在马克思看来，如果阶级调和是可能的话，国家既不会产生，也不会保持下去。而照市侩和庸人般的教授和政论家们说来（往往还善意地引用马克思的话作根据！），国家正是调和阶级的。在马克思看来，国家是阶级**统治**的机关，是一个阶级**压迫**另一个阶级的机关，是建立一种"秩序"来抑制阶级冲突，使这种压迫合法化、固定化。在小资产阶级政治家看来，秩序正是阶级调和，而不是一个阶级对另一个阶级的压迫；抑制冲突就是调和，而不是剥夺被压迫阶级用来推翻压迫者的一定的斗争手段和斗争方式。

例如，在1917年革命中，当国家的意义和作用问题正好显得极为重要，即作为立刻行动而且是大规模行动的问题在实践上提出来的时候，全体社会革命党人[51]和孟什维克一下子就完全滚到"国家""调和"阶级这种小资产阶级理论方面去了。这两个政党的政治家写的无数决议和文章，都浸透了这种市侩的庸俗的"调和"论。至于国家是一定阶级的统治机关，这个阶级**不可能**与同它对立的一方（同它对抗的阶级）调和，这是小资产阶级民主派始终不能了解的。我国社会革命党人和孟什维克根本不是社会主义者（我们布尔什维克一直都在这样证明），而是唱着准社会主义的高调的小资产阶级民主派，他们对国家的态度就是最明显的表现之一。

另一方面，"考茨基主义"对马克思主义的歪曲要巧妙得多。"在理论上"，它既

---

① 见《马克思恩格斯选集》第4卷人民出版社1972年版第166页。——编者注

不否认国家是阶级统治的机关，也不否认阶级矛盾不可调和。但是，它忽视或抹杀了以下一点：既然国家是阶级矛盾不可调和的产物，既然它是站**在社会之上**并且"**日益同社会相异化**"的力量，那么很明显，被压迫阶级要求得解放，不仅非进行暴力革命不可，**而且非消灭**统治阶级所建立的、体现这种"异化"的国家政权机构不可。这个在理论上不言而喻的结论，下面我们会看到，是马克思对革命的任务作了具体的历史的分析后十分明确地得出来的。正是这个结论被考茨基……"忘记"和歪曲了，这一点我们在下面的叙述中还要详细地证明。

2. 特殊的武装队伍，监狱等等

恩格斯继续说："……国家和旧的氏族〈或克兰〉组织[154]不同的地方，第一点就是它按地区来划分它的国民。……"

我们现在觉得这种划分"很自然"，但这是同血族或氏族的旧组织进行了长期的斗争才获得的。

> "……第二个不同点，是公共权力的设立，这种公共权力已不再同自己组织为武装力量的居民直接符合了。这种特殊的公共权力之所以需要，是因为自从社会分裂为阶级以后，居民的自动的武装组织已经成为不可能了。……
>
> 这种公共权力在每一个国家里都存在。构成这种权力的，不仅有武装的人，而且还有物质的附属物，如监狱和各种强制机关，这些东西都是以前的氏族〈克兰〉社会所没有的。……"①

恩格斯在这里阐明了被称为国家的那种"力量"的概念，即从社会中产生但又居于社会之上并且日益同社会相异化的力量的概念。这种力量主要是什么呢？主要是拥有监狱等等的特殊的武装队伍。

应该说这是特殊的武装队伍，因为任何国家所具有的公共权力已经"不再"同武装的居民，即同居民的"自动的武装组织""直接符合"了。

同一切伟大的革命思想家一样，恩格斯也竭力促使有觉悟的工人去注意被流行的庸俗观念认为最不值得注意、最习以为常的东西，被根深蒂固的甚至可说是顽固不化的偏见奉为神圣的东西。常备军和警察是国家政权的主要强力工具，但是，难道能够不是这样吗？

19世纪末，大多数欧洲人认为只能是这样。恩格斯的话正是对这些人说的。他们没有经历过，也没有亲眼看到过一次大的革命。他们完全不了解什么是"居民的自动的武装组织"。对于为什么要有特殊的、居于社会之上并且同社会相异化的武装队伍（警察、常备军）这个问题，西欧和俄国的庸人总是喜欢借用斯宾塞或米海洛夫斯基的几句话来答复，说这是因为社会生活复杂化、职能分化等等。

这种说法似乎是"科学的"，而且很能迷惑一般人；它掩盖了社会分裂为不可调和

---

① 见《马克思恩格斯选集》第4卷人民出版社1972年版第166—167页。——编者注

地敌对的阶级这个主要的基本的事实。

如果没有这种分裂，"居民的自动的武装组织"，就其复杂程度、技术水平等等来说，固然会不同于拿着树棍的猿猴群或原始人或组成克兰社会的人们的原始组织，但这样的组织是可能有的。

这样的组织所以不可能有，是因为文明社会已分裂为敌对的而且是不可调和地敌对的阶级。如果这些阶级都有"自动的"武装，就会导致它们之间的武装斗争。于是国家形成了，特殊的力量即特殊的武装队伍建立起来了。每次大革命在破坏国家机构的时候，我们都看到赤裸裸的阶级斗争，我们都清楚地看到，统治阶级是如何力图恢复替它服务的特殊武装队伍，被压迫阶级又是如何力图建立一种不替剥削者服务，而替被剥削者服务的新型的同类组织。

恩格斯在上面的论述中从理论上提出的问题，正是每次大革命实际地、明显地而且是以大规模的行动提到我们面前的问题，即"特殊的"武装队伍同"居民的自动的武装组织"之间的相互关系问题。我们在下面会看到，欧洲和俄国历次革命的经验是怎样具体地说明这个问题的。

现在我们再来看恩格斯的论述。

他指出，有时，如在北美某些地方，这种公共权力极其微小（这里指的是资本主义社会中罕见的例外，指的是帝国主义以前时期北美那些自由移民占多数的地方），但一般说来，它是在加强：

> "……随着国内阶级对立的尖锐化，随着彼此相邻的各国的扩大和它们人口的增加，公共权力就日益加强。就拿我们今天的欧洲来看吧，在这里，阶级斗争和侵略竞争已经使公共权力猛增到势将吞食整个社会甚至吞食国家的高度。……"这段话至迟是在上一世纪90年代初期写的。恩格斯最后的序言注明的日期是1891年6月16日。当时向帝国主义的转变，无论就托拉斯的完全统治或大银行的无限权力或大规模的殖民政策等等来说，在法国还是刚刚开始，在北美和德国更要差一些。此后，"侵略竞争"进了一大步，尤其是到了20世纪第二个10年的初期，世界已被这些"竞争的侵略者"，即进行掠夺的大国瓜分完了。从此陆海军备无限增长，1914—1917年由于英德两国争夺世界霸权即由于瓜分赃物而进行的掠夺战争，使贪婪的国家政权对社会一切力量的"吞食"快要酿成大灾大难了。

恩格斯在1891年就已指出，"侵略竞争"是各个大国对外政策最重要的特征之一，但是在1914—1917年，即正是这个竞争加剧了许多倍而引起了帝国主义战争的时候，社会沙文主义的恶棍们却用"保卫祖国"、"保卫共和国和革命"等等词句来掩盖他们维护"自己"资产阶级强盗利益的行为！

3. 国家是剥削被压迫阶级的工具

为了维持特殊的、站在社会之上的公共权力，就需要捐税和国债。

恩格斯说："……官吏既然掌握着公共权力和征税权，他们就作为社会机关而站在社会之上。从前人们对于氏族〈克兰〉社会的机关的那种自由的、自愿的尊敬，即使他们能够获得，也不能使他们满足了……"于是制定了官吏神圣不可侵犯的特别法律。"一个最微不足道的警察"却有比克兰代表更大的"权威"，然而，即使是文明国家掌握军权的首脑，也会对"不是用强迫手段获得"社会"尊敬"的克兰首领表示羡慕。①

这里提出了作为国家政权机关的官吏的特权地位问题。指出了这样一个基本问题：究竟什么东西使他们居于社会之上？我们在下面就会看到，这个理论问题在1871年如何被巴黎公社实际地解决了，而在1912年又如何被考茨基反动地抹杀了。

"……由于国家是从控制阶级对立的需要中产生的，同时又是在这些阶级的冲突中产生的，所以，它照例是最强大的、在经济上占统治地位的阶级的国家，这个阶级借助于国家而在政治上也成为占统治地位的阶级，因而获得了镇压和剥削被压迫阶级的新手段。……"不仅古代国家和封建国家是剥削奴隶和农奴的机关，"现代的代议制的国家"也"是资本剥削雇佣劳动的工具。但也例外地有这样的时期，那时互相斗争的各阶级达到了这样势均力敌的地步，以致国家权力作为表面上的调停人而暂时得到了对于两个阶级的某种独立性。……"②17世纪和18世纪的专制君主制，法兰西第一帝国和第二帝国的波拿巴主义，德国的俾斯麦，都是如此。

我们还可以补充说，在开始迫害革命无产阶级以后，在苏维埃由于小资产阶级民主派的领导而已经软弱无力，资产阶级又还没有足够的力量来直接解散它的时候，共和制俄国的克伦斯基政府也是如此。

恩格斯继续说，在民主共和国内，"财富是间接地但也是更可靠地运用它的权力的"，它所采用的第一个方法是"直接收买官吏"（美国），第二个方法是"政府和交易所结成联盟"（法国和美国）。③

目前，在任何民主共和国中，帝国主义和银行统治都把这两种维护和实现财富的无限权力的方法"发展"到了非常巧妙的地步。例如，在俄国实行民主共和制的头几个月里，也可以说是在社会革命党人和孟什维克这些"社会党人"同资产阶级在联合政府中联姻的蜜月期间，帕尔钦斯基先生暗中破坏，不愿意实施遏止资本家、制止他们进行掠夺和借军事订货盗窃国库的种种措施，而在帕尔钦斯基先生退出内阁以后

---

① 见《马克思恩格斯选集》第4卷人民出版社1972年版第167—168页。——编者注
② 见《马克思恩格斯选集》第4卷人民出版社1972年版第168页。——编者注
③ 见《马克思恩格斯选集》第4卷人民出版社1972年版第169页。——编者注

（接替他的自然是同他一模一样的人），资本家"奖赏"给他年薪 12 万卢布的肥缺，这究竟是怎么一回事呢？是直接的收买，还是间接的收买？是政府同辛迪加结成联盟，还是"仅仅"是一种友谊关系？切尔诺夫、策列铁里、阿夫克森齐耶夫、斯柯别列夫之流究竟起着什么作用？他们是盗窃国库的百万富翁的"直接"同盟者，还是仅仅是间接的同盟者？

"财富"的无限权力在民主共和制下**更可靠**，是因为它不依赖政治机构的某些缺陷，不依赖资本主义的不好的政治外壳。民主共和制是资本主义所能采用的最好的政治外壳，所以资本一掌握（通过帕尔钦斯基、切尔诺夫、策列铁里之流）这个最好的外壳，就能十分巩固十分可靠地确立自己的权力，以致在资产阶级民主共和国中，无论人员、无论机构、无论政党的**任何**更换，都不会使这个权力动摇。

还应该指出，恩格斯十分肯定地认为，普选制是资产阶级统治的工具。他显然是考虑到了德国社会民主党的长期经验，说普选制是"测量工人阶级成熟性的标尺。在现今的国家里，普选制不能而且永远不会提供更多的东西"①。

小资产阶级民主派，如我国的社会革命党人和孟什维克，以及他们的同胞兄弟西欧一切社会沙文主义者和机会主义者，却正是期待从普选制中得到"更多的东西"。他们自己相信而且要人民也相信这种荒谬的想法：普选制"在**现今**的国家里"能够真正体现大多数劳动者的意志，并保证实现这种意志。

我们在这里只能指出这种荒谬的想法，只能指出，恩格斯这个十分明白、准确而具体的说明，经常在"正式的"（即机会主义的）社会党的宣传鼓动中遭到歪曲。至于恩格斯在这里所唾弃的这种想法的全部荒谬性，我们在下面谈到马克思和恩格斯对**"现今的"**国家的看法时还会详细地加以阐明。

恩格斯在他那部流传最广的著作中，把自己的看法总结如下：

> "所以，国家并不是从来就有的。曾经有过不需要国家、而且根本不知国家和国家权力为何物的社会。在经济发展到一定阶段而必然使社会分裂为阶级时，国家就由于这种分裂而成为必要了。现在我们正在以迅速的步伐接近这样的生产发展阶段，在这个阶段上，这些阶级的存在不仅不再必要，而且成了生产的直接障碍。阶级不可避免地要消失，正如它们从前不可避免地产生一样。随着阶级的消失，国家也不可避免地要消失。在自由平等的生产者联合体的基础上按新方式组织生产的社会，将把全部国家机器放到那时它应该去的地方，即放到古物陈列馆去，同纺车和青铜斧陈列在一起。"②

这一段引文在现代社会民主党的宣传鼓动书刊中很少遇到，即使遇到，这种引用也多半好像是对神像鞠一下躬，也就是为了例行公事式地对恩格斯表示一下尊敬，而<u>丝毫</u>不去考虑，先要经过多么广泛而深刻的革命，才能"把全部国家机器放到古物陈

---

① 见《马克思恩格斯选集》第 4 卷人民出版社 1972 年版第 169 页。——编者注
② 见《马克思恩格斯选集》第 4 卷人民出版社 1972 年版第 170 页。——编者注

列馆去"。他们甚至往往不懂恩格斯说的国家机器究竟是什么。

4. 国家"自行消亡"和暴力革命

恩格斯所说的国家"自行消亡"这句话是这样著名，这样经常地被人引证，又这样清楚地表明了通常那种把马克思主义篡改为机会主义的手法的实质，以致对它必须详细地考察一下。现在我们把谈到这句话的整段论述援引如下：

"无产阶级将取得国家政权，并且首先把生产资料变为国家财产。但是，这样一来它就消灭了作为无产阶级的自身，消灭了一切阶级差别和阶级对立，也消灭了作为国家的国家。到目前为止还在阶级对立中运动着的社会，都需要有国家，即需要一个剥削阶级的组织，以便维持它的外部的生产条件，特别是用暴力把被剥削阶级控制在当时的生产方式所决定的那些压迫条件下（奴隶制、农奴制或依附农制、雇佣劳动制）。国家是整个社会的正式代表，是社会在一个有形的组织中的集中表现，但是，说国家是这样的，这仅仅是说，它是当时独自代表整个社会的那个阶级的国家：在古代是占有奴隶的公民的国家，在中世纪是封建贵族的国家，在我们的时代是资产阶级的国家。当国家终于真正成为整个社会的代表时，它就使自己成为多余的了。当不再有需要加以镇压的社会阶级的时候，当阶级统治和根源于至今的生产无政府状态的生存斗争已被消除，而由此产生的冲突和极端行动也随着被消除了的时候，就不再有什么需要镇压了，也就不再需要国家这种实行镇压的特殊力量了。国家真正作为整个社会的代表所采取的第一个行动，即以社会的名义占有生产资料，同时也是它作为国家所采取的最后一个独立行动。那时，国家政权对社会关系的干预将先后在各个领域中成为多余的事情而自行停止下来。那时，对人的统治将由对物的管理和对生产过程的领导所代替。国家不是'被废除'的，**它是自行消亡的**。应当以此来衡量'自由的人民国家'这个用语，这个用语在鼓动的意义上暂时有存在的理由，但归根到底是没有科学根据的；同时也应当以此来衡量所谓无政府主义者提出的在一天之内废除国家的要求。"（《反杜林论（欧根·杜林先生在科学中实行的变革）》德文第3版第301—303页）①

我们可以确有把握地说，在恩格斯这一段思想极其丰富的论述中，被现代社会党的社会主义思想实际接受的只有这样一点：和无政府主义的国家"废除"说不同，按马克思的观点，国家是"自行消亡"的。这样来削剪马克思主义，无异是把马克思主义变成机会主义，因为这样来"解释"，就只会留下一个模糊的观念，似乎变化就是缓慢的、平稳的、逐渐的，似乎没有飞跃和风暴，没有革命。对国家"自行消亡"的普遍的、流行的、大众化的（如果能这样说的话）理解，无疑意味着回避革命，甚至是否定革命。

---

① 见《马克思恩格斯选集》第3卷人民出版社1972年版第320—321页。——编者注

实际上，这样的"解释"是对马克思主义最粗暴的、仅仅有利于资产阶级的歪曲，所以产生这种歪曲，从理论上说，是由于忘记了我们上面完整地摘引的恩格斯的"总结性"论述中就已指出的那些极重要的情况和想法。

第一，恩格斯在这段论述中一开始就说，无产阶级将取得国家政权，"这样一来也消灭了作为国家的国家"。这是什么意思，人们是"照例不"思索的。通常不是完全忽略这一点，就是认为这是恩格斯的一种"黑格尔主义的毛病"。其实这句话扼要地表明了最伟大的一次无产阶级革命的经验，即1871年巴黎公社的经验，关于这一点，我们在下面还要详细地加以论述。实际上恩格斯在这里所讲的是以无产阶级革命来"消灭"**资产阶级的**国家，而他讲的自行消亡是指社会主义革命**以后无产阶级**国家制度残余。按恩格斯的看法，资产阶级国家不是"自行消亡"的，而是由无产阶级在革命中来"**消灭**"的。在这个革命以后，自行消亡的是无产阶级的国家或半国家。

第二，国家是"实行镇压的特殊力量"。恩格斯这个出色的极其深刻的定义在这里说得十分清楚。从这个定义可以得出这样的结论：资产阶级对无产阶级，即一小撮富人对千百万劳动者"实行镇压的特殊力量"，应该由无产阶级对资产阶级"实行镇压的特殊力量"（无产阶级专政）来代替。这就是"消灭作为国家的国家"。这就是以社会的名义占有生产资料的"行动"。显然，以一种（无产阶级的）"特殊力量"来代替另一种（资产阶级的）"特殊力量"。**这样一种**更替是决不能通过"自行消亡"来实现的。

第三，恩格斯所说的"自行消亡"，甚至更突出更鲜明地说的"自行停止"，是十分明确而肯定地指"国家以整个社会的名义占有生产资料"**以后**即社会主义革命**以后**的时期。我们大家都知道，这时"国家"的政治形式是最完全的民主。但是那些无耻地歪曲马克思主义的机会主义者，却没有一个人想到恩格斯在这里所说的就是**民主**的"自行停止"和"自行消亡"。乍看起来，这似乎是很奇怪的。但是，只有那些没有想到民主**也**是国家、因而在国家消失时民主也会消失的人，才会觉得这是"不可理解"的。资产阶级的国家只有革命才能"消灭"。国家本身，就是说最完全的民主，只能"自行消亡"。

第四，恩格斯在提出"国家自行消亡"这个著名的原理以后，立刻就具体地说明这个原理是既反对机会主义者又反对无政府主义者的。而且恩格斯放在首位的，是从"国家自行消亡"这个原理中得出的反对机会主义者的结论。

可以担保，在1万个读过或听过国家"自行消亡"论的人中，有9990人完全不知道或不记得恩格斯从这个原理中得出的结论**不仅**是反对无政府主义者的。其余的10个人中可能有9个人不知道什么是"自由的人民国家"，不知道为什么反对这个口号就是反对机会主义者。历史竟然被写成这样！伟大的革命学说竟然这样被人不知不觉地篡改成了流行的庸俗观念。反对无政府主义者的结论被千百次地重复，庸俗化，极其简单地灌到头脑中去，变成固执的偏见。而反对机会主义者的结论，却被抹杀和"忘记了"！

"自由的人民国家"是70年代德国社会民主党人的纲领性要求和流行口号。这个口号除了对于民主概念的市侩的、夸张的描写，没有任何政治内容。由于当时是在合法地用这个口号暗示民主共和国，恩格斯也就从鼓动的观点上同意"暂时"替这个口号"辩护"。但这个口号是机会主义的，因为它不仅起了粉饰资产阶级民主的作用，而且表现出不懂得社会主义对任何国家的批评。我们赞成民主共和国，因为这是在资本主义制度下对无产阶级最有利的国家形式。但是，我们决不应该忘记，即使在最民主的资产阶级共和国里，人民仍然摆脱不了当雇佣奴隶的命运。其次，任何国家都是对被压迫阶级"实行镇压的特殊力量"。因此**任何国家都不是自由的，都不是人民的**。在70年代，马克思和恩格斯一再向他们党内的同志解释这一点。[155]

第五，在恩格斯这同一本著作中，除了大家记得的关于国家自行消亡的论述，还有关于暴力革命意义的论述。恩格斯从历史上对于暴力革命的作用所作的评述变成了对暴力革命的真正的颂扬。但是，"谁都不记得"这一点，这个思想的意义在现代社会党内是照例不谈、甚至照例不想的，这些思想在对群众进行的日常宣传鼓动中也不占任何地位。其实，这些思想同国家"自行消亡"论是紧紧联在一起的，是联成一个严密的整体的。

请看恩格斯的论述：

"……暴力在历史中还起着另一种作用〈除作恶以外〉，革命的作用；暴力，用马克思的话说，是每一个孕育着新社会的旧社会的助产婆[①]；它是社会运动借以为自己开辟道路并摧毁僵化的垂死的政治形式的工具——关于这些，杜林先生一个字也没有提到。他只是带着叹息和呻吟的口吻承认这样一种可能性：为了推翻进行剥削的经济，也许需要暴力，这很遗憾！因为暴力的任何应用都会使应用暴力的人道德堕落。尽管每一次革命的胜利都引起了道德上和精神上的巨大高涨，他还要这么说！而且这话是在德国说的，在那里，人民可能被迫进行的暴力冲突至少有一个好处，即扫除三十年战争[79]的屈辱在民族意识中造成的奴才气。而这种枯燥的、干瘪的、软弱无力的传教士的思维方式，竟要强迫历史上最革命的政党来接受！"（德文第3版第193页；第2编第4章末）[②]

怎样才能把恩格斯从1878年起至1894年即快到他逝世的时候为止，一再向德国社会民主党人提出的这一颂扬暴力革命的论点，同国家"自行消亡"的理论结合在一个学说里呢？

人们通常是借助折中主义把这两者结合起来，他们随心所欲（或者为了讨好当权者），无原则地或诡辩式地时而抽出这个论述时而抽出那个论述，而且在100次中有99次（如果不是更多的话）正是把"自行消亡"论摆在首位。用折中主义代替辩证法，这就是目前正式的社会民主党书刊中在对待马克思主义的态度上最常见最普遍的现象。这种做法，自然并不新鲜，甚至在希腊古典哲学史上也是可以见到的。把马克思主义

---

① 参看《马克思恩格斯选集》第2卷人民出版社1972年版第256页。——编者注
② 见《马克思恩格斯选集》第3卷人民出版社1972年版第223—224页。——编者注

篡改为机会主义的时候，用折中主义冒充辩证法最容易欺骗群众，能使人感到一种似是而非的满足，似乎考虑到了过程的一切方面、发展的一切趋势、一切相互矛盾的影响等等，但实际上并没有对社会发展过程作出任何完整的革命的解释。

我们在前面已经说过，在下面还要更详尽地说明，马克思和恩格斯关于暴力革命不可避免的学说是针对资产阶级国家说的。资产阶级国家由无产阶级国家（无产阶级专政）代替，**不能**通过"自行消亡"，根据一般规律，只能通过暴力革命。恩格斯对暴力革命的颂扬同马克思的屡次声明完全符合（我们可以回忆一下，《哲学的贫困》和《共产党宣言》这两部著作的结尾部分①，曾自豪地公开声明暴力革命不可避免；我们还可以回忆一下，约在 30 年以后，马克思在 1875 年批判哥达纲领[156]的时候，曾无情地抨击了这个纲领的机会主义），这种颂扬决不是"过头话"，决不是夸张，也决不是论战伎俩。必须系统地教育群众**这样**来认识而且正是这样来认识暴力革命，这就是马克思和恩格斯**全部**学说的基础。现在占统治地位的社会沙文主义流派和考茨基主义流派对马克思和恩格斯学说的背叛，最突出地表现在这两个流派都把**这方面的**宣传和鼓动忘记了。

无产阶级国家代替资产阶级国家，非通过暴力革命不可。无产阶级国家的消灭，即任何国家的消灭，只能通过"自行消亡"。

马克思和恩格斯在研究每一个革命形势，分析每一次革命的经验教训时，都详细而具体地发展了他们的这些观点。我们现在就来谈谈他们学说中这个无疑是最重要的部分。

第二章

国家与革命。1848—1851 年的经验

……

3. 1852 年马克思对问题的提法②

1907 年，梅林把 1852 年 3 月 5 日马克思给魏德迈的信摘要登在《新时代》杂志[17]上（第 25 年卷第 2 册第 164 页）。在这封信里有这样一段精彩的论述：

> "至于讲到我，无论是发现现代社会中阶级的存在还是发现这些阶级间的斗争，都不是我的功劳。在我以前很久，资产阶级的历史学家就叙述过这种阶级斗争的历史发展，资产阶级的经济学家也对这些阶级作过经济的剖析。我新做的工作就是证明了：（1）阶级的存在仅仅同生产的一定的历史发展阶段相联系；（2）阶级斗争必然导致无产阶级专政；

---

① 见《马克思恩格斯选集》第 1 卷人民出版社 1972 年版第 160—161 页和第 285—286 页。——编者注
② 第 2 版增加的一节。

（3）这个专政本身不过是达到消灭一切阶级和达到无阶级社会的过渡。……"①

在这一段话里，马克思极其鲜明地表达了两点：第一，他的学说同先进的和最渊博的资产阶级思想家的学说之间的主要的和根本的区别；第二，他的国家学说的实质。

马克思学说中的主要之点是阶级斗争。人们时常这样说，这样写。但这是不正确的。根据这个不正确的看法，往往会对马克思主义进行机会主义的歪曲，把马克思主义篡改为资产阶级可以接受的东西。因为阶级斗争学说**不是**由马克思**而是**由资产阶级**在**马克思**以前**创立的，一般说来是资产阶级**可以接受**的。谁要是**仅仅**承认阶级斗争，那他还不是马克思主义者，他还可以不超出资产阶级思想和资产阶级政治的范围。把马克思主义局限于阶级斗争学说，就是阉割马克思主义，歪曲马克思主义，把马克思主义变为资产阶级可以接受的东西。只有承认阶级斗争、**同时也**承认**无产阶级专政**的人，才是马克思主义者。马克思主义者同平庸的小资产者（以及大资产者）之间的最深刻的区别就在这里。必须用这块试金石来检验是否**真正**理解和承认马克思主义。无怪乎当欧洲的历史**在实践上**向工人阶级提出这个问题时，不仅一切机会主义者和改良主义者，而且所有"考茨基主义者"（动摇于改良主义和马克思主义之间的人），都成了**否认**无产阶级专政的可怜的庸人和小资产阶级民主派。1918 年 8 月即本书第 1 版刊行以后很久出版的考茨基的小册子《无产阶级专政》，就是**口头上**假意承认马克思主义而**实际上**市侩式地歪曲马克思主义和卑鄙地背弃马克思主义的典型（见我的小册子《无产阶级革命和叛徒考茨基》1918 年彼得格勒和莫斯科版②）。

以过去的马克思主义者卡·考茨基为主要代表的现代机会主义，完全符合马克思对**资产阶级**立场所作的上述评语，因为这种机会主义把承认阶级斗争的领域局限于资产阶级关系的领域。（而在这个领域内，在这个领域的范围内，任何一个有知识的自由主义者都不会拒绝"在原则上"承认阶级斗争！）机会主义恰巧**不把**承认阶级斗争**贯彻**到最主要之点，**贯彻**到从资本主义向共产主义**过渡**的时期，**贯彻**到推翻资产阶级并完全**消灭**资产阶级的时期。实际上，这个时期必然是阶级斗争空前残酷、阶级斗争的形式空前尖锐的时期，因而这个时期的国家就不可避免地应当是**新型**民主的（对无产者和一般穷人是民主的）和**新型**专政的（对资产阶级是专政的）国家。

其次，只有懂得**一个**阶级的专政不仅对一般阶级社会是必要的，不仅对推翻了资产阶级的**无产阶级**是必要的，而且对介于资本主义和"无阶级社会"即共产主义之间的整整一个**历史时期**都是必要的，——只有懂得这一点的人，才算掌握了马克思国家学说的实质。资产阶级国家的形式虽然多种多样，但本质是一样的：所有这些国家，不管怎样，归根到底一定都是**资产阶级专政**。从资本主义向共产主义过渡，当然不能不产生非常丰富和多样的政治形式，但本质必然是一样的：都是**无产阶级专政**。[161]

……

---

① 见《马克思恩格斯选集》第 4 卷人民出版社 1972 年版第 332—333 页。——编者注
② 见《列宁全集》第 2 版第 35 卷第 229--327 页。——编者注

第五章

国家消亡的经济基础

马克思在他的《哥达纲领批判》（即 1875 年 5 月 5 日给白拉克的信，这封信直到 1891 年才在《新时代》第 9 年卷第 1 册上发表，有俄文单行本）① 中对这个问题作了最详尽的说明。在这篇出色的著作中，批判拉萨尔主义的论战部分可以说是遮盖了正面论述的部分，即遮盖了对共产主义发展和国家消亡之间的联系的分析。

1. 马克思如何提出问题

如果把马克思在 1875 年 5 月 5 日给白拉克的信同我们在前面研究过的恩格斯在 1875 年 3 月 28 日给倍倍尔的信粗略地对照一下，也许会觉得马克思比恩格斯带有浓厚得多的"国家派"色彩，也许会觉得这两位著作家对国家的看法有很大差别。

恩格斯建议倍倍尔根本抛弃关于国家的废话，把国家一词从纲领中完全去掉而用"公团"一词来代替；恩格斯甚至宣布公社已经不是原来意义上的国家。而马克思却谈到"未来共产主义社会的国家制度"②，这就是说，似乎他认为就是在共产主义下也还需要国家。

但这种看法是根本不对的。如果仔细研究一下就可以知道，马克思和恩格斯对国家和国家消亡问题的看法是完全一致的，上面所引的马克思的话指的正是**正在消亡的**国家制度。

很清楚，确定**未来的**"消亡"的日期，这是无从谈起的，何况它显然还是一个很长的过程。马克思和恩格斯之间仿佛存在差别，是因为他们研究的题目不同，要解决的任务不同。恩格斯的任务是要清楚地、尖锐地、概括地向倍倍尔指明，当时流行的（也是拉萨尔颇为赞同的）关于国家问题的偏见是十分荒谬的。而马克思只是在论述另一个题目即共产主义社会的**发展**时，顺便提到了**这个**问题。

马克思的全部理论，就是运用最彻底、最完整、最周密、内容最丰富的发展论去考察现代资本主义。自然，他也就要运用这个理论去考察资本主义的**即将到来的**崩溃和**未来**共产主义的**未来的**发展。

究竟根据什么**材料**可以提出未来共产主义的未来发展问题呢？

这里所根据的是，共产主义是从资本主义中**产生出来**的，它是历史地从资本主义中发展出来的，它是资本主义所**产生**的那种社会力量发生作用的结果。马克思丝毫不想制造乌托邦，不想凭空猜测无法知道的事情。马克思提出共产主义的问题，正像一个自然科学家已经知道某一新的生物变种是怎样产生以及朝着哪个方向演变才提出该生物变种的发展问题一样。

① 见《马克思恩格斯选集》第 3 卷人民出版社 1972 年版第 3—25 页。——编者注
② 见《马克思恩格斯选集》第 3 卷人民出版社 1972 年版第 21 页。——编者注

马克思首先扫除了哥达纲领在国家同社会的相互关系问题上造成的糊涂观念。

他写道："……现代社会就是存在于一切文明国度中的资本主义社会，它或多或少地摆脱了中世纪的杂质，或多或少地由于每个国度的特殊的历史发展而改变了形态，或多或少地有了发展。'现代国家'却随国境而异。它在普鲁士德意志帝国同在瑞士不一样，在英国同在美国不一样。所以，'现代国家'是一种虚构。

但是，不同的文明国度中的不同的国家，不管它们的形式如何纷繁，却有一个共同点：它们都建立在资本主义多少已经发展了的现代资产阶级社会的基础上。所以，它们具有某些根本的共同特征。在这个意义上可以谈'现代国家制度'，而未来就不同了，到那时'现代国家制度'现在的根基即资产阶级社会已经消亡了。

于是就产生了一个问题：在共产主义社会中国家制度会发生怎样的变化呢？换句话说，那时有哪些同现在的国家职能相类似的社会职能保留下来呢？这个问题只能科学地回答；否则，即使你把'人民'和'国家'这两个词联接一千次，也丝毫不会对这个问题的解决有所帮助。……"①

马克思这样讥笑了关于"人民国家"的一切空话以后，就来提出问题，并且好像是告诫说：要对这个问题作出科学的解答，只有依靠确实肯定了的科学材料。

由整个发展论和全部科学十分正确地肯定了的首要的一点，也是从前被空想主义者所忘记、现在又被害怕社会主义革命的现代机会主义者所忘记的那一点，就是在历史上必然会有一个从资本主义向共产主义**过渡**的特殊时期或特殊阶段。

2. 从资本主义到共产主义的过渡

马克思继续写道："……在资本主义社会和共产主义社会之间，有一个从前者变为后者的革命转变时期。同这个时期相适应的也有一个政治上的过渡时期，这个时期的国家只能是**无产阶级的革命专政**。……"②

这个结论是马克思根据他对无产阶级在现代资本主义社会中的作用的分析，根据关于这个社会发展情况的材料以及关于无产阶级与资产阶级对立的利益不可调和的材料所得出的。

从前，问题的提法是这样的：无产阶级为了求得自身的解放，应当推翻资产阶级，夺取政权，建立自己的革命专政。

现在，问题的提法已有些不同了：从向着共产主义发展的资本主义社会过渡到共产主义社会，非经过一个"政治上的过渡时期"不可，而这个时期的国家只能是无产阶级的革命专政。

这个专政和民主的关系又是怎样的呢？

我们看到，《共产党宣言》是干脆把"无产阶级转化成统治阶级"和"争得民

---

① 见《马克思恩格斯选集》第 3 卷人民出版社 1972 年版第 20—21 页。——编者注

② 见《马克思恩格斯选集》第 3 卷人民出版社 1972 年版第 21 页。——编者注

主"① 这两个概念并列在一起的。根据上述一切，可以更准确地断定民主在从资本主义向共产主义过渡时是怎样变化的。

在资本主义社会里，在它最顺利的发展条件下，比较完全的民主制度就是民主共和制。但是这种民主制度始终受到资本主义剥削制度狭窄框子的限制，因此它实质上始终是少数人的即只是有产阶级的、只是富人的民主制度。资本主义社会的自由始终与古希腊共和国的自由即奴隶主的自由大致相同。由于资本主义剥削制度的条件，现代的雇佣奴隶被贫困压得喘不过气，结果都"无暇过问民主"，"无暇过问政治"，大多数居民在通常的平静的局势下都被排斥在社会政治生活之外。

德国可以说是证实这一论断的最明显的例子，因为在这个国家里，宪法规定的合法性保持得惊人地长久和稳定，几乎有半世纪之久（1871—1914 年），而在这个时期内，同其他国家的社会民主党相比，德国社会民主党又做了多得多的工作来"利用合法性"，来使工人参加党的比例达到举世未有的高度。

这种在资本主义社会里能看到的有政治觉悟的积极的雇佣奴隶所占的最大的百分比究竟是多少呢？1500 万雇佣工人中有 100 万是社会民主党党员！1500 万雇佣工人中有 300 万是工会会员！

极少数人享受民主，富人享受民主，——这就是资本主义社会的民主制度。如果仔细地考察一下资本主义民主的结构，那么无论在选举权的一些"微小的"细节上（似乎是微小的）（居住年限、妇女被排斥等等），或是在代表机构的办事手续上，或是在行使集会权的实际障碍上（公共建筑物不准"叫化子"使用！），或是在纯粹资本主义的办报原则上，等等，到处都可以看到对民主制度的重重限制。用来对付穷人的这些限制、例外、排斥、阻碍，看起来似乎是很微小的，特别是在那些从来没有亲身体验过贫困、从来没有接近过被压迫阶级群众的生活的人（这种人在资产阶级的政论家和政治家中，如果不占百分之九十九，也得占十分之九）看起来是很微小的，但是这些限制加在一起，就把穷人排斥和推出政治生活之外，使他们不能积极参加民主生活。

马克思正好抓住了资本主义民主的这一**实质**，他在分析公社的经验时说：这就是容许被压迫者每隔几年决定一次究竟由压迫阶级中的什么人在议会里代表和镇压他们！②

但是从这种必然是狭隘的、暗中排斥穷人的、因而也是彻头彻尾虚伪骗人的资本主义民主向前发展，并不像自由派教授和小资产阶级机会主义者所想象的那样，是简单地、直线地、平稳地走向"日益彻底的民主"。不是的。向前发展，即向共产主义发展，必须经过无产阶级专政，不可能走别的道路，因为再没有其他人也没有其他道路能够**粉碎**剥削者资本家的**反抗**。

而无产阶级专政，即被压迫者先锋队组织成为统治阶级来镇压压迫者，不能仅仅只是扩大民主。除了把民主制度大规模地扩大，使它**第一次**成为穷人的、人民的而不

---

① 见《马克思恩格斯选集》第 1 卷人民出版社 1972 年版第 272 页。——编者注

② 参看《马克思恩格斯选集》第 2 卷人民出版社 1972 年版第 376 页。——编者注

是富人的民主制度**之外**，无产阶级专政还要对压迫者、剥削者、资本家采取一系列剥夺自由的措施。为了使人类从雇佣奴隶制下面解放出来，我们必须镇压这些人，必须用强力粉碎他们的反抗，——显然，凡是实行镇压和使用暴力的地方，也就没有自由，没有民主。

读者总还记得，恩格斯在给倍倍尔的信中很好地阐明了这一点，他说："无产阶级需要国家不是为了自由，而是为了镇压自己的敌人，一到有可能谈自由的时候，国家本身就不再存在了。"①

人民这个大多数享有民主，对人民的剥削者、压迫者实行强力镇压，即把他们排斥于民主之外，——这就是民主在从资本主义向共产主义**过渡**时改变了的形态。

只有在共产主义社会中，当资本家的反抗已经彻底粉碎，当资本家已经消失，当阶级已经不存在（即社会各个成员在同社会生产资料的关系上已经没有差别）的时候，——**只有**在那个时候，"国家才会消失，**才有可能**谈自由"。只有在那个时候，真正完全的、真正没有任何例外的民主才有可能，才会实现。也只有在那个时候，民主才开始**消亡**，道理很简单：人们既然摆脱了资本主义奴隶制，摆脱了资本主义剥削制所造成的无数残暴、野蛮、荒谬和丑恶的现象，也就会逐渐**习惯于**遵守多少世纪以来人们就知道的、千百年来在一切行为守则上反复谈到的、起码的公共生活规则，而不需要暴力，不需要强制，不需要服从，**不需要**所谓国家这种实行强制的**特殊机构**。

"国家**消亡**"这个说法选得非常恰当，因为它既表明了过程的渐进性，又表明了过程的自发性。只有习惯才能够发生而且一定会发生这样的作用，因为我们在自己的周围千百万次地看到，如果没有剥削，如果根本没有令人气愤、引起抗议和起义而使**镇压**成为必要的现象，那么人们是多么容易习惯于遵守他们所必需的公共生活规则。

总之，资本主义社会里的民主是一种残缺不全的、贫乏的和虚伪的民主，是只供富人、只供少数人享受的民主。无产阶级专政，向共产主义过渡的时期，将第一次提供人民享受的、大多数人享受的民主，同时对少数人即剥削者实行必要的镇压。只有共产主义才能提供真正完全的民主，而民主愈完全，它也就愈迅速地成为不需要的东西，愈迅速地自行消亡。

换句话说，在资本主义下存在的是原来意义上的国家，即一个阶级对另一个阶级、而且是少数人对多数人实行镇压的特殊机器。很明显，剥削者少数要能有系统地镇压被剥削者多数，就必须实行极凶狠极残酷的镇压，就必须造成大量的流血，而人类在奴隶制、农奴制和雇佣劳动制下就是这样走过来的。

其次，在从资本主义向共产主义**过渡**的时候镇压**还是**必要的，但这已经是被剥削者多数对剥削者少数的镇压。实行镇压的特殊机构，特殊机器，即"国家"，**还是**必要的，但这已经是过渡性质的国家，已经不是原来意义上的国家，因为由**昨天**还是雇佣奴隶的多数人去镇压剥削者少数人，相对来说，还是一件很容易、很简单和很自然的事情，所流的血会比镇压奴隶、农奴和雇佣工人起义流的少得多，人类为此而付出的代价要小得多。而且在实行镇压的同时，还把民主扩展到绝大多数居民身上，以致对

---

① 见《马克思恩格斯选集》第 3 卷人民出版社 1972 年版第 30 页。——编者注

实行镇压的**特殊机器**的需要就开始消失。自然，剥削者没有极复杂的实行镇压的机器就镇压不住人民，但是**人民**镇压剥削者却只需要有很简单的"机器"，即几乎可以不要"机器"，不要特殊的机构，而只需要有简单的**武装群众的组织**（如工兵代表苏维埃，——我们先在这里提一下）。

最后，只有共产主义才能够完全不需要国家，因为**没有人**需要加以镇压了，——这里所谓"没有人"是指**阶级**而言，是指对某一部分居民进行有系统的斗争而言。我们不是空想主义者，我们丝毫也不否认**个别人**采取极端行动的可能性和必然性，同样也不否认有镇压**这种**行动的必要性。但是，第一，做这件事情用不着什么实行镇压的特殊机器，特殊机构，武装的人民自己会来做这项工作，而且做起来非常简单容易，就像现代社会中任何一群文明人强行拉开打架的人或制止虐待妇女一样。第二，我们知道，产生违反公共生活规则的极端行动的根本社会原因是群众受剥削和群众贫困。这个主要原因一消除，极端行动就必然开始"**消亡**"。虽然我们不知道消亡的速度和过程怎样，但是，我们知道这种行动一定会消亡。而这种行动一消亡，国家也就随之**消亡**。

关于这个未来，马克思并没有陷入空想，他只是较详细地确定了**现在**所能确定的东西，即共产主义社会低级阶段和高级阶段之间的差别。

3. 共产主义社会的第一阶段

马克思在《哥达纲领批判》中，详细地驳斥了拉萨尔关于劳动者在社会主义下将领取"不折不扣的"或"全部的劳动产品"的思想。马克思指出，从整个社会的全部社会劳动中，必须扣除后备基金、扩大生产的基金和机器"磨损"的补偿等等，然后从消费品中还要扣除用做管理费用以及用于学校、医院、养老院等等的基金。

马克思不像拉萨尔那样说些含糊不清的笼统的话（"全部劳动产品归劳动者"），而是对社会主义社会必须怎样管理的问题作了冷静的估计。马克思**具体地**分析了这种没有资本主义存在的社会的生活条件，他说：

> "我们这里所说的〈在分析工人党的纲领时〉是这样的共产主义社会，它不是在它自身基础上已经**发展了**的，恰好相反，是刚刚从资本主义社会中**产生出来**的，因此它在各方面，在经济、道德和精神方面都还带着它脱胎出来的那个旧社会的痕迹。"① 就是这个刚刚从资本主义脱胎出来的在各方面还带着旧社会痕迹的共产主义社会，马克思称之为共产主义社会的"第一"阶段或低级阶段。

生产资料已经不是个人的私有财产。它们已归全社会所有。社会的每个成员完成一定份额的社会必要劳动，就从社会领得一张凭证，证明他完成了多少劳动量。他根据这张凭证从消费品的社会储存中领取相应数量的产品。这样，扣除了用做社会基金

---

① 见《马克思恩格斯选集》第 3 卷人民出版社 1972 年版第 10 页。——编者注

的那部分劳动量，每个劳动者从社会领回的正好是他给予社会的。

似乎"平等"就实现了。

但是，当拉萨尔把这样的社会制度（通常叫做社会主义，而马克思称之为共产主义的第一阶段）说成是"公平的分配"，说成是"每人有获得同等劳动产品的平等的权利"的时候，他是错误的，于是马克思对他的错误进行了分析。

马克思说：这里确实有"平等的权利"，但这**仍然是**"资产阶级权利"，这个"资产阶级权利"同任何权利一样，**是以不平等为前提的**。任何权利都是把同一标准应用在**不同**的人身上，即应用在事实上各不相同、各不同等的人身上，因而"平等的权利"就是破坏平等，就是不公平。的确，每个人付出与别人同等份额的社会劳动，就能领取同等份额的社会产品（作了上述各项扣除之后）。

然而各个人是不同等的：有的强些，有的弱些；有的结了婚，有的没有结婚，有的子女多些，有的子女少些，如此等等。

> 马克思总结说："……因此，在提供的劳动相同、从而由社会消费基金中分得的份额相同的条件下，某一个人事实上所得到的比另一个人多些，也就比另一个人富些，如此等等。要避免所有这些弊病，权利就不应当是平等的，而应当是不平等的。……"①

可见，在共产主义第一阶段还不能做到公平和平等，因为富裕的程度还会不同，而不同就是不公平。但是人**剥削**人已经不可能了，因为已经不能把工厂、机器、土地等**生产资料**攫为私有了。马克思通过驳斥拉萨尔泛谈**一般**"平等"和"公平"的含糊不清的小资产阶级言论，指出了共产主义社会的**发展进程**，说明这个社会最初**只能**消灭私人占有生产资料这一"不公平"现象，却**不能**立即消灭另一不公平现象："按劳动"（而不是按需要）分配消费品。

庸俗的经济学家，包括资产阶级教授，包括"我们的"杜冈在内，经常谴责社会主义者，说他们忘记了人与人的不平等，说他们"幻想"消灭这种不平等。我们看到，这种谴责只能证明资产阶级思想家先生们的极端无知。②

马克思不仅极其准确地估计到了人们不可避免的不平等，而且还估计到：仅仅把生产资料转归全社会公有（通常所说的"社会主义"）还**不能消除**分配方面的缺点和"资产阶级权利"的不平等，只要产品"按劳动"分配，"资产阶级权利"就会**继续通行**。

> 马克思继续说道："……但是这些弊病，在经过长久阵痛刚刚从资本主义社会产生出来的共产主义社会第一阶段，是不可避免的。权利决不能超出社会的经济结构以及由经济结构制约的社会的文化发展。……"③

---

① 见《马克思恩格斯选集》第 3 卷人民出版社 1972 年版第 12 页。——编者注
② 对杜冈的批判，还可参看《列宁全集》第 2 版第 24 卷第 390—393 页。——编者注
③ 见《马克思恩格斯选集》第 3 卷人民出版社 1972 年版第 12 页。——编者注

因此，在共产主义社会的第一阶段（通常称为社会主义），"资产阶级权利"没有完全取消，而只是部分地取消，只是在已经实现的经济变革的限度内取消，即只是在同生产资料的关系上取消。"资产阶级权利"承认生产资料是个人的私有财产。而社会主义则把生产资料变为公有财产。在这个范围内，也只是在这个范围内，"资产阶级权利"才不存在了。

但是它在它的另一部分却依然存在，依然是社会各个成员间分配产品和分配劳动的调节者（决定者）。"不劳动者不得食"这个社会主义原则已经实现了；"对等量劳动给予等量产品"这个社会主义原则也已经实现了。但是，这还不是共产主义，还没有消除对不同等的人的不等量（事实上是不等量的）劳动给予等量产品的"资产阶级权利"。

马克思说，这是一个"弊病"，但在共产主义第一阶段是不可避免的，因为，如果不愿陷入空想主义，那就不能认为，在推翻资本主义之后，人们立即就能学会不要任何权利准则而为社会劳动，况且资本主义的废除不能立即为这种变更创造经济前提。

可是，除了"资产阶级权利"以外，没有其他准则。所以就这一点说，还需要有国家在保卫生产资料公有制的同时来保卫劳动的平等和产品分配的平等。

国家正在消亡，因为资本家已经没有了，阶级已经没有了，因而也就没有什么阶级可以镇压了。

但是，国家还没有完全消亡，因为还要保卫那个确认事实上的不平等的"资产阶级权利"。要使国家完全消亡，必须有完全的共产主义。

4. 共产主义社会的高级阶段

马克思接着说：

> "……在共产主义社会高级阶段，在迫使个人奴隶般地服从分工的情形已经消失之后；在脑力劳动和体力劳动的对立也随之消失之后；在劳动已经不仅仅是谋生的手段，而且本身成了生活的第一需要之后；在随着个人的全面发展生产力也增长起来，而集体财富的一切源泉都充分涌流之后，——只有在那个时候，才能完全超出资产阶级权利的狭隘眼界，社会才能在自己的旗帜上写上：'各尽所能，按需分配'。"①

只是现在我们才可以充分地认识到，恩格斯无情地讥笑那种把"自由"和"国家"这两个名词连在一起的荒谬见解，是多么正确。还有国家的时候就没有自由。到有自由的时候就不会有国家了。

国家完全消亡的经济基础就是共产主义的高度发展，那时脑力劳动和体力劳动的对立已经消失，因而现代社会不平等的最重要的根源之一也就消失，而这个根源光靠把生产资料转为公有财产，光靠剥夺资本家，是决不能立刻消除的。

---

① 见《马克思恩格斯选集》第 3 卷人民出版社 1972 年版第 12 页。——编者注

这种剥夺会使生产力有蓬勃发展的**可能**。我们看到，资本主义目前已经在令人难以置信地**阻碍**这种发展，而在现代已经达到的技术水平的基础上本来是可以大有作为的，因此我们可以绝对有把握地说，剥夺资本家一定会使人类社会的生产力蓬勃发展。但是，生产力将以什么样的速度向前发展，将以什么样的速度发展到打破分工、消灭脑力劳动和体力劳动的对立、把劳动变为"生活的第一需要"，这都是我们所不知道而且也**不可能**知道的。

因此，我们只能谈国家消亡的必然性，同时着重指出这个过程是长期的，指出它的长短将取决于共产主义**高级阶段**的发展速度，而把消亡的日期或消亡的具体形式问题作为悬案，因为现在还**没有**可供解决这些问题的材料。

当社会实现"各尽所能，按需分配"的原则时，也就是说，当人们已经十分习惯于遵守公共生活的基本规则，他们的劳动生产率已经极大地提高，以致他们能够自愿地**尽其所能**来劳动的时候，国家才会完全消亡。那时，就会超出"资产阶级权利的狭隘眼界"，超出这种使人像夏洛克那样冷酷地斤斤计较，不愿比别人多做半小时工作，不愿比别人少得一点报酬的狭隘眼界。那时，分配产品就无需社会规定每人应当领取的产品数量；每人将"按需"自由地取用。

从资产阶级的观点看来，很容易把这样的社会制度说成是"纯粹的乌托邦"，并冷嘲热讽地说社会主义者许诺每个人都有权利向社会领取任何数量的巧克力糖、汽车、钢琴等等，而对每个公民的劳动不加任何监督。就是今天，大多数资产阶级"学者"也还在用这样的嘲讽来搪塞，他们这样做只是暴露他们愚昧无知和替资本主义进行自私的辩护。

说他们愚昧无知，是因为没有一个社会主义者想到过要"许诺"共产主义高级发展阶段的到来，而伟大的社会主义者在**预见**这个阶段将会到来时所设想的前提，既不是现在的劳动生产率，也**不是现在的**庸人，这种庸人正如波米亚洛夫斯基作品中的神学校学生一样，很会"无缘无故地"糟蹋社会财富的储存和提出不能实现的要求。

在共产主义的"高级"阶段到来以前，社会主义者要求社会和国家对劳动量和消费量实行**极严格的**监督，不过这种监督应当从剥夺资本家和由工人监督资本家**开始**，并且不是由官吏的国家而是由**武装工人**的国家来实行。

说资产阶级思想家（和他们的走卒，如策列铁里先生、切尔诺夫先生之流）替资本主义进行自私的辩护，正是因为他们一味争论和空谈遥远的未来，而**不谈目前政治**上的迫切问题：剥夺资本家，把**全体**公民变为**一个大"辛迪加"**即整个国家的工作者和职员，并使这整个辛迪加的全部工作完全服从真正民主的国家，即**工兵代表苏维埃国家**。

其实，当博学的教授，以及附和教授的庸人和策列铁里先生、切尔诺夫先生之流谈到荒诞的乌托邦，谈到布尔什维克的蛊惑人心的许诺，谈到"实施"社会主义不可能做到的时候，他们指的正是共产主义的高级阶段，但是无论是谁都不仅没有许诺过，而且连想也没有想到过"实施"共产主义的高级阶段，因为这根本无法"实施"。

这里我们也就接触到了社会主义和共产主义在科学上的差别问题，这个问题在上面引用的恩格斯说"社会民主党人"这个名称不正确的一段话里已经谈到。共产主义第一阶段或低级阶段同共产主义高级阶段之间的差别在政治上说将来也许很大，但现在在资本主义下来着重谈论它就很可笑了，把这个差别提到首要地位的也许只有个别无政府主义者（在克鲁泡特金之流、格拉弗、科尔纳利森和其他无政府主义"大师"们已经"像普列汉诺夫那样"变成了社会沙文主义者，或者如少数没有丧失廉耻和良心的无政府主义者之一格耶所说，变成了无政府主义卫国战士以后，如果无政府主义者当中还有人丝毫没有学到什么东西的话）。

但是社会主义同共产主义在科学上的差别是很明显的。通常所说的社会主义，马克思把它称做共产主义社会的"第一"阶段或低级阶段。既然生产资料已成为**公有财产**，那么"共产主义"这个名词在这里也是可以用的，只要不忘记这还**不是**完全的共产主义。马克思的这些解释的伟大意义，就在于他在这里也彻底地运用了唯物主义辩证法，即发展学说，把共产主义看成是**从资本主义中**发展出来的。马克思没有经院式地臆造和"虚构"种种定义，没有从事毫无意义的字面上的争论（什么是社会主义，什么是共产主义），而是分析了可以称为共产主义在经济上成熟程度的两个阶段的东西。

在第一阶段，共产主义在经济上还**不**可能完全成熟，完全摆脱资本主义的传统或痕迹。由此就产生一个有趣的现象，这就是在共产主义第一阶段还保留着"**资产阶级权利的狭隘眼界**"。既然在**消费品**的分配方面存在着资产阶级权利，那当然一定要有**资产阶级国家**，因为如果没有一个能够**强制**人们遵守权利准则的机构，权利也就等于零。

可见，在共产主义下，在一定的时期内，不仅会保留资产阶级权利，甚至还会保留资产阶级国家，——但没有资产阶级！

这好像是奇谈怪论，或只是一种玩弄聪明的辩证把戏，那些没有花过一点功夫去研究马克思主义的极其深刻的内容的人，就常常这样来谴责马克思主义。

其实，无论在自然界或在社会中，实际生活随时随地都使我们看到新事物中有旧的残余。马克思并不是随便把一小块"资产阶级"权利塞到共产主义中去，而是抓住了**从资本主义脱胎**出来的社会里那种在经济上和政治上不可避免的东西。

在工人阶级反对资本家以争取自身解放的斗争中，民主具有巨大的意义。但是民主决不是不可逾越的极限，它只是从封建主义到资本主义和从资本主义到共产主义的道路上的阶段之一。

民主意味着平等。很明显，如果把平等正确地理解为消灭**阶级**，那么无产阶级争取平等的斗争以及平等的口号就具有极伟大的意义。但是，民主仅仅意味着**形式上**的平等。一旦社会全体成员**在占有生产资料方面**的平等即劳动平等、工资平等实现以后，在人类面前不可避免地立即就会产生一个问题：要更进一步，从形式上的平等进到事实上的平等，即实现"各尽所能，按需分配"的原则。至于人类会经过哪些阶段，通过哪些实际措施达到这个最高目的，那我们不知道，也不可能知道。可是，必须认识到：通常的资产阶级观念，即把社会主义看成一种僵死的、凝固的、一成不变的东西的这种观念，是非常荒谬的；实际上，**只是**从社会主义实现时起，社会生活和个人生活的各个领域才会开始出现迅速的、真正的、确实是群众性的即有**大多数**居民参加然后有全体居民参加的前进运动。

民主是国家形式，是国家形态的一种。因此，它同任何国家一样，也是有组织有系统地对人们使用暴力，这是一方面。但另一方面，民主意味着在形式上承认公民一律平等，承认大家都有决定国家制度和管理国家的平等权利。而这一点又会产生如下的结果：民主在其发展的某个阶段首先把对资本主义进行革命的阶级——无产阶级团结起来，使他们有可能去打碎、彻底摧毁、彻底铲除资产阶级的（哪怕是共和派资产阶级的）国家机器即常备军、警察和官吏，代之以武装的工人群众（然后是人民普遍参加民兵）这样一种**更**民主的机器，但这仍然是国家机器。

在这里，"量转化为质"，因为**这样**高度的民主制度，是同越出资产阶级社会的框子、开始对社会进行社会主义的改造相联系的。如果真是**所有的人**都参加国家管理，那么资本主义就不能支持下去。而资本主义的发展又为真是"所有的人"**能够**参加国家管理创造了**前提**。这种前提就是：在一些最先进的资本主义国家中已经做到的人人都识字，其次是千百万工人已经在邮局、铁路、大工厂、大商业企业、银行业等等巨大的、复杂的、社会化的机构里"受了训练并养成了遵守纪律的习惯"。

在这种**经济**前提下，完全有可能在推翻了资本家和官吏之后，在一天之内立刻着手由武装的工人、普遍武装的人民代替他们去**监督**生产和分配，**计算**劳动和产品。（不要把监督和计算的问题同具有科学知识的工程师和农艺师等等的问题混为一谈，这些先生今天在资本家的支配下工作，明天在武装工人的支配下会更好地工作。）

计算和监督，——这就是把共产主义社会**第一阶段**"调整好"，使它能正常地运转所必需的**主要条件**。在这里，**全体**公民都成了国家（武装工人）雇用的职员。**全体**公民都成了**一个**全民的、国家的"辛迪加"的职员和工人。全部问题在于要他们在正确遵守劳动标准的条件下同等地劳动，同等地领取报酬。对这些事情的计算和监督已被资本主义**简化**到了极点，而成为非常简单、任何一个识字的人都能胜任的手续——进行监察和登记，算算加减乘除和发发有关的字据。[①]

当**大多数**人对资本家（这时已成为职员）和保留着资本主义恶习的知识分子先生们开始独立进行和到处进行这种计算即这种监督的时候，这种监督就会成为真正包罗万象的、普遍的和全民的监督，对它就绝对无法逃避、"无处躲藏"了。

整个社会将成为一个管理处，成为一个劳动平等和报酬平等的工厂。

但是，无产阶级在战胜资本家和推翻剥削者以后在全社会推行的这种"工厂"纪律，决不是我们的理想，也决不是我们的最终目的，而只是为了彻底肃清社会上资本主义剥削制造成的卑鄙丑恶现象**和为了继续**前进所必需的一个**阶段**。

当社会全体成员或者哪怕是大多数成员**自己**学会了管理国家，自己掌握了这个事业，对极少数资本家、想保留资本主义恶习的先生们和深深受到资本主义腐蚀的工人们"调整好"监督的时候，对任何管理的需要就开始消失。民主愈完全，它成为多余的东西的时候就愈接近。由武装工人组成的、"已经不是原来意义上的国家"的"国家"愈民主，则任何国家就会愈迅速地开始消亡。

------

① 当国家的最主要职能简化为由工人自己来进行的这样一种计算和监督的时候，国家就不再是"政治国家"，"社会职能就由政治职能变为简单的管理职能"（参看上面第4章第2节恩格斯同无政府主义者的论战）。

因为当**所有的人**都学会了管理，都来实际地独立地管理社会生产，对寄生虫、老爷、骗子等等"资本主义传统的保持者"独立地进行计算和监督的时候，逃避这种全民的计算和监督就必然会成为极难得逞的、极罕见的例外，可能还会受到极迅速极严厉的惩罚（因为武装工人是重实际的人，而不是重感情的知识分子；他们未必会让人跟自己开玩笑），以致人们对于人类一切公共生活的简单的基本规则就会很快从**必须遵守**变成**习惯于遵守**了。

到那时候，从共产主义社会的第一阶段过渡到它的高级阶段的大门就会敞开，国家也就随之完全消亡。

（选自《列宁专题文集　论马克思主义》，人民出版社 2009 年版，第 178-194 页、第 205-207 页、第 254-273 页）

注　释

153　乔·威·弗·黑格尔在他的《法哲学原理》的结尾部分阐述了国家的理论。马克思对黑格尔这一理论的详细分析和批判见《黑格尔法哲学批判》（《马克思恩格斯全集》第 1 版第 1 卷第 245—404 页）和《〈黑格尔法哲学批判〉导言》（《马克思恩格斯选集》第 1 卷人民出版社 1972 年版第 1—15 页）。——179。

51　社会革命党人是俄国最大的小资产阶级政党社会革命党的成员。该党是 1901 年底—1902 年初由一些民粹派团体联合而成的。社会革命党人否认无产阶级和农民之间的阶级差别，抹杀农民内部的矛盾，否认无产阶级在资产阶级民主革命中的领导作用。在土地问题上，社会革命党人主张消灭土地私有制，按照平均使用原则将土地交村社支配，发展各种合作社。在策略方面，社会革命党人采用了社会民主党人进行群众性鼓动的方法，但主要斗争方法还是搞个人恐怖。在第一次世界大战期间，社会革命党的大多数领导人采取了社会沙文主义的立场。

　　1917 年二月革命后，随着广大的小资产阶级群众参加政治生活，社会革命党的影响和党员人数激增（1917 年 5 月已达 50 万）。社会革命党人和孟什维克在苏维埃中，在土地委员会中都占多数。社会革命党中央实行妥协主义和阶级调和的政策，积极支持资产阶级临时政府，党的首领亚·费·克伦斯基、尼·德·阿夫克森齐耶夫、维·米·切尔诺夫、谢·列·马斯洛夫参加了临时政府。1917 年七月事变时期，社会革命党公开转向资产阶级方面。社会革命党中央的妥协政策造成党的分裂，左翼于 1917 年 12 月组成了一个独立政党——左派社会革命党。

　　1917 年十月革命后，社会革命党人（右派和中派）公开进行反苏维埃的活动，建立地下组织，1918 年 6 月被开除出全俄中央执行委员会。1918—1920 年国内战争时期，他们进行反对苏维埃政权的武装斗争，对共产党和苏维埃国家的领导人实行个人恐怖。社会革命党人推行所谓"第三种力量"的蛊惑政策，在1918年充当了小资产阶级反革命活动的主要组织者，在各地参与建立反革命"政府"，实际上为资产阶级和地主的反革命统治扫清了道路。1919年8月，一部分社会革命党人组成了人民派，同苏维埃政权合作。该党的极右派则同白卫分子结成公开联盟。内战结束后，社会革命党重新成了俄国国内反革命势力的领导。他们提出"没有共产党人参加的苏维埃"的口号，组织了一系列的叛乱。这些叛乱被平定后，1922年社会革命党彻底瓦解。——78、168、180。

154 氏族组织是原始社会的社会组织形式。氏族是基本的社会经济单位，由有血缘关系的亲族组成，内部严禁通婚。若干氏族为一个部落，若干部落结成部落联盟。在氏族组织中，人们适应当时生产力发展的水平，过着原始共产主义的生活：生产资料公有，集体从事生产，产品平均分配，没有阶级，没有剥削。氏族约产生于旧石器时代晚期，最初为母权制，到新石器时代的晚期逐步过渡到父权制。氏族组织随着私有财产的出现和国家的产生而解体。关于氏族组织，可参看马克思的《路易斯·亨·摩尔根〈古代社会〉一书摘要》（见《马克思恩格斯全集》第1版第45卷第328—571页）和恩格斯的《家庭、私有制和国家的起源》（见《马克思恩格斯选集》第4卷人民出版社1972年版第1—175页）。

克兰是克尔特民族（主要是爱尔兰人、苏格兰人和威尔士人）对氏族的称呼。——181。

155 指马克思的《哥达纲领批判》（第4节）、恩格斯的《反杜林论》以及恩格斯1875年3月18—28日给奥·倍倍尔的信（参看《马克思恩格斯选集》第3卷人民出版社1972年版第19—25、320—321和26—33页）。——192。

79 三十年战争指1618—1648年以德意志为主要战场的欧洲国际性战争。这场战争起因于天主教与新教之间的矛盾以及欧洲各国的政治冲突和领土争夺。参加战争的一方是哈布斯堡同盟，包括奥地利和西班牙的哈布斯堡王朝、德意志天主教诸侯，它们得到教皇和波兰的支持。另一方是反哈布斯堡联盟，包括德意志新教诸侯、法国、瑞典、丹麦，它们得到荷兰、英国、俄国的支持。战争从捷克起义反对哈布斯堡王朝的统治开始，几经反复，以哈布斯堡同盟失败告终。根据1648年签订的威斯特伐利亚和约，瑞典、法国等得到了德意志大片土地和巨额赔款。经过这场战争，德意志遭到严重破坏，在政治上更加处于四分五裂的状态。——106、193。

156 哥达纲领即德国社会主义工人党纲领。这个纲领是在德国两个社会党——爱森纳赫派（1869年成立的社会民主工党）和拉萨尔派（1863年成立的全德工人联合会）——于1875年5月在哥达举行的合并代表大会上通过的。哥达纲领比爱森纳赫派的纲领倒退了一步，它是爱森纳赫派不惜一切代价追求合并、向拉萨尔派作了无原则的妥协和让步的产物。纲领宣布党的目的是解放工人阶级和建立社会主义社会，但是回避了社会主义革命和无产阶级夺取政权的问题，并写进了一系列拉萨尔主义的论点，如所谓"铁的工资规律"，所谓对无产阶级说来其他一切阶级都是反动的一帮，工人阶级只有通过普选权和由国家帮助建立生产合作社才能达到自己的目的，应当用一切合法手段建立所谓"自由国家"等。马克思和恩格斯对哥达纲领的草案作了彻底的批判（见《马克思恩格斯选集》第 3 卷人民出版社 1972 年版第 1—25 页），但是他们的意见没有被认真考虑。哥达纲领于 1891 年被爱尔福特纲领代替。——194。

17　《新时代》杂志（《Die Neue Zeit》）是德国社会民主党的理论刊物，1883—1923 年在斯图加特出版。1890 年 10 月前为月刊，后改为周刊。1917 年 10 月以前编辑为卡·考茨基，以后为亨·库诺。1885—1895 年间，杂志发表过马克思和恩格斯的一些文章。恩格斯经常关心编辑部的工作，并不时帮助它纠正背离马克思主义的倾向。为杂志撰过稿的还有威·李卜克内西、保·拉法格、格·瓦·普列汉诺夫、罗·卢森堡、弗·梅林等国际工人运动活动家。《新时代》杂志在介绍马克思主义基本理论、宣传俄国 1905—1907 年革命等方面做了有益的工作。随着考茨基转到机会主义立场，1910 年以后，《新时代》杂志成了中派分子的刊物。第一次世界大战期间，它持中派立场，实际上支持社会沙文主义者。——32、103、114、205。

161　关于无产阶级专政有多种多样形式的论点，列宁最早是在 1916 年写的《论面目全非的马克思主义和"帝国主义经济主义"》（见《列宁全集》第 2 版第 28 卷第 115—170 页）一文中提出来的。但这篇文章直到 1924 年才在杂志上公开发表。列宁在 1919 年写的《无产阶级专政时代的经济和政治》和 1923 年写的《论我国革命》（《列宁全集》第 2 版第 37 卷第 263—277 页和第 43 卷第 369—372 页）中也都涉及了这一问题。——207。

二十九、帝国主义是资本主义的
最高阶段（节选）

（1916 年 1—6 月）

十　帝国主义的历史地位

我们已经看到，帝国主义就其经济实质来说，是垄断资本主义。这就决定了帝国主义的历史地位，因为在自由竞争的基础上、而且正是从自由竞争中生长起来的垄断，是从资本主义社会经济结构向更高级的结构的过渡。必须特别指出能够说明我们研究的这个时代的垄断的四种主要形式，或垄断资本主义的四种主要表现。

第一，垄断是从发展到很高阶段的生产集中生长起来的。这指的是资本家的垄断同盟卡特尔、辛迪加、托拉斯。我们看到，这些垄断同盟在现代经济生活中起着多么大的作用。到 20 世纪初，它们已经在各先进国家取得了完全的优势。如果说，最先走上卡特尔化道路的，是那些实行高额保护关税制的国家（德国和美国），那么实行自由贸易制的英国也同样表明了垄断由生产集中产生这个基本事实，不过稍微迟一点罢了。

第二，垄断导致加紧抢占最重要的原料产地，尤其是资本主义社会的基础工业部门，即卡特尔化程度最高的工业部门，如煤炭工业和钢铁工业所需要的原料产地。垄断地占有最重要的原料产地，大大加强了大资本的权力，加剧了卡特尔化的工业和没有卡特尔化的工业之间的矛盾。

第三，垄断是从银行生长起来的。银行已经由普通的中介企业变成了金融资本的垄断者。在任何一个最先进的资本主义国家中，为数不过三五家的最大银行实行工业资本同银行资本的"人事结合"，集中支配着占全国资本和货币收入很大部分的几十亿几十亿资金。金融寡头给现代资产阶级社会中所有一切经济机构和政治机构罩上了一层依附关系的密网，——这就是这种垄断的最突出的表现。

第四，垄断是从殖民政策生长起来的。在殖民政策的无数"旧的"动机以外，金融资本又增加了争夺原料产地、争夺资本输出、争夺"势力范围"（即进行有利的交易、取得租让、取得垄断利润等等的范围）直到争夺一般经济领土的动机。例如，当欧洲大国在非洲的殖民地占非洲面积十分之一的时候（那还是 1876 年的情况），殖民政策可以用非垄断的方式，用所谓"自由占领"土地的方式发展。但是，当非洲十分之九的面积已经被占领（到 1900 年时）、全世界已经瓜分完毕的时候，一个垄断地占有殖民地、因而使瓜分世界和重新瓜分世界的斗争特别尖锐起来的时代就不可避免地到来了。

垄断资本主义使资本主义的一切矛盾尖锐到什么程度，这是大家都知道的。只要指出物价高涨和卡特尔的压迫就够了。这种矛盾的尖锐化，是从全世界金融资本取得最终胜利时开始的过渡历史时期的最强大的动力。

垄断，寡头统治，统治趋向代替了自由趋向，极少数最富强的国家剥削愈来愈多的弱小国家，——这一切产生了帝国主义的这样一些特点，这些特点使人必须说帝国主义是寄生的或腐朽的资本主义。帝国主义的趋势之一，即形成为"食利国"、高利贷国的趋势愈来愈显著，这种国家的资产阶级愈来愈依靠输出资本和"剪息票"为生。如果以为这一腐朽趋势排除了资本主义的迅速发展，那就错了。不，在帝国主义时代，某些工业部门，某些资产阶级阶层，某些国家，不同程度地时而表现出这种趋势，时而又表现出那种趋势。整个说来，资本主义的发展比从前要快得多，但是这种发展不仅一般地更不平衡了，而且这种不平衡还特别表现在某些资本最雄厚的国家（英国）的腐朽上面。

论述德国大银行的那本著作的作者里塞尔谈到德国经济发展的速度时说："德国前一个时代（1848—1870 年）的进步并不太慢，但是同德国现时代（1870—1905 年）整个经济特别是银行业发展的速度比起来，就好像拿旧时邮车的速度同现代汽车的速度相比一样；现代汽车行驶之快，对于不小心的行人和坐汽车的人都是很危险的。"这个已经异常迅速地生长起来的金融资本，正因为生长得这样迅速，所以它不反对转向比较"安稳地"占有殖民地，而这些殖民地是要用不单是和平的手段从更富有的国家手里夺取的。美国近几十年来经济的发展比德国还要快，正因为如此，最新的美国资本主义的寄生性特征就表现得特别鲜明。另一方面，就拿共和派的美国资产阶级同君主派的日本或德国的资产阶级作比较，也可以看出：在帝国主义时代，它们之间极大的政治差别大大减弱了，这倒不是因为这种差别根本不重要，而是因为在所有这些场合谈的都是具有明显寄生性特征的资产阶级。

许多工业部门中的某一部门、许多国家中的某一国家的资本家获得了垄断高额利润，在经济上就有可能把工人中的某些部分，一时甚至是工人中数量相当可观的少数收买过去，把他们拉到该部门或该国家的资产阶级方面去反对其他一切部门或国家。帝国主义国家因瓜分世界而加剧的对抗，更加强了这种趋向。于是形成了帝国主义同机会主义的联系，这种联系在英国表现得最早而且最鲜明，因为某些帝国主义发展特点的出现，在英国比在其他国家早得多。有些作家，例如尔·马尔托夫，爱用一种"官场的乐观主义的"（同考茨基、胡斯曼一样）论断，来回避帝国主义同工人运动中的机会主义相联系这个现在特别引人注目的事实，说什么假如正是先进的资本主义会加强机会主义，或者，假如正是待遇最好的工人倾向于机会主义，那么反对资本主义的人们的事业就会没有希望了，等等。不要看错了这种"乐观主义"的意义：这是对机会主义的乐观主义，这是用来掩护机会主义的乐观主义。其实，机会主义特别迅速和特别可恶的发展，决不能保证机会主义取得巩固的胜利，正像健康的身体上的恶性脓疮的迅速发展，只能加速脓疮破口而使身体恢复健康一样。在这方面最危险的是这样一些人，他们不愿意了解：反对帝国主义的斗争，如果不同反对机会主义的斗争密切联系起来，就是空话和谎言。

根据以上对帝国主义的经济实质的全部论述可以得出一个结论，即应当说帝国主义是过渡的资本主义，或者更确切些说，是垂死的资本主义。在这一方面特别耐人寻味的是，资产阶级经济学家在描述最新资本主义时也常用"交织"、"不存在孤立状态"等等这样一些说法；他们也说什么银行"就其任务和发展而言，不是带有单纯私有经济性质的企业，而是日益超出单纯私有经济调节范围的企业"。而就是讲这话的里塞尔，却又非常郑重地宣称，马克思主义者关于"社会化"的"预言""并没有实现"！

"交织"这个说法说明了什么呢？它只抓住了我们眼前发生的这个过程的最引人注目的一点。它表明观察者只看到一棵棵的树木而看不到森林。它盲目地复写表面的、偶然的、紊乱的现象。它暴露出观察者被原始材料压倒了，完全没有认识这些材料的含义和意义。股票的占有，私有者的关系，都是"偶然交织在一起的"。但是隐藏在这种交织现象底下的，构成这种交织现象的基础的，是正在变化的社会生产关系。既然大企业变得十分庞大，并且根据对大量材料的精确估计，有计划地组织原料的供应，其数量达几千万居民所必需的全部原料的 $\frac{2}{3}$ 甚至 $\frac{3}{4}$，既然运送这些原料到最便利的生产地点（有时彼此相距数百里数千里）是有步骤地进行的，既然原料的依次加工直到制成许多种成品的所有工序是由一个中心指挥的，既然这些产品分配给数千万数万万的消费者是按照一个计划进行的（在美、德两国，煤油都是由美国煤油托拉斯销售的），那就看得很清楚，摆在我们面前的就是生产的社会化，而决不是单纯的"交织"；私有经济关系和私有制关系已经变成与内容不相适应的外壳了，如果人为地拖延消灭这个外壳的日子，那它就必然要腐烂，——它可能在腐烂状态中保持一个比较长的时期（在机会主义的脓疮迟迟不能治好的最坏情况下），但终究不可避免地要被消灭。

德国帝国主义的狂热崇拜者舒尔采—格弗尼茨惊叹道：

"如果领导德国银行的责任归根到底是落在十来个人身上，那么现在他们的活动对于人民福利说来，就比大多数国务大臣的活动还要重要〈在这里，把银行家、大臣、工业家和食利者"交织"的情形忘掉，是更有利的……〉……如果把我们所看到的那些趋势的发展情况彻底想一番，那么结果就会是：一国的货币资本汇集在银行手里；银行又互相联合为卡特尔；一国寻找投资场所的资本都化为有价证券。到那时就会实现圣西门的天才预言：'现在生产的无政府状态是同经济关系的发展缺乏统一的调节这个事实相适应的，这种状态应当被有组织的生产所代替。指挥生产的将不是那些彼此隔离、互不依赖、不知道人们经济要求的企业家；这种事情将由某种社会机构来办理。有可能从更高的角度去观察广阔的社会经济领域的中央管理委员会，将把这种社会经济调节得有利于全社会，把生产数据交给适当的人运用，尤其是将设法使生产和消费经常处于协调的状态。现在有一种机构已经把某种组织经济工作的活动包括在自己的任务以内了，这种机构就是银行。'我们现在还远远没有实现圣西门的这些预言，但是我们已经走在实现这一预言的道路上：这是和马克思本人所设想的马克思主义不同的马克思主义，不过只是形式上不同。"①

这真是对马克思的一个绝妙的"反驳"，这样就从马克思的精确科学分析倒退到圣西门的猜测上去了，那虽然是天才的猜测，但终究只是猜测而已。

（选自《列宁专题文集　论资本主义》，人民出版社 2009 年版，第 208-213 页。）

---

① 《社会经济概论》第 146 页。

三十、论粮食税（新政策的意义及其条件）[121]（节选）

（1921 年 4 月 21 日）

论粮食税、贸易自由、租让制

1921 年春天形成了这样的政治形势：要求必须立刻采取迅速的、最坚决的、最紧急的办法来改善农民的生活状况和提高他们的生产力。

为什么不是改善工人的生活状况，而是改善农民的生活状况呢？

因为要改善工人的生活状况，就需要有粮食和燃料。从整个国家经济的角度来看，现在最大的"阻碍"正是这方面引起的。要增加粮食的生产和收成，增加燃料的收购和运输，非得改善农民的生活状况，提高他们的生产力不可。应该从农民方面开始。谁若不明白这一点，谁若认为把农民提到第一位就等于"放弃"或者类似放弃无产阶级专政，那他简直是不动脑筋，只会空谈。无产阶级专政就是无产阶级对政治的领导。无产阶级作为一个领导阶级、统治阶级，应当善于指导政治，以便首先去解决最迫切而又最"棘手的"任务。现在最迫切的就是采取那种能够立刻提高农民经济生产力的办法。只有**经过这种办法**才能做到既改善工人生活状况，又巩固工农联盟，巩固无产阶级专政。那些想**不经过这种办法**来改善工人生活状况的无产者或无产阶级代表，**实际上**只会成为白卫分子和资本家的帮凶。这是因为不经过这种办法，就无异是把工人的行会利益置于阶级利益之上，就无异是为了工人眼前的暂时的局部的利益，而牺牲整个工人阶级的利益，牺牲工人阶级专政的利益，牺牲工农为反对地主、资本家而结成的联盟的利益，牺牲工人阶级在争取劳动摆脱资本桎梏的斗争中的领导作用的利益。

总之，首先必须采取紧急的、认真的措施来提高农民的生产力。要做到这点，就非认真改变粮食政策不可。这种改变就是用粮食税来代替余粮收集制，而这种代替是与交完粮食税之后的贸易自由，至少是与地方经济流转中的贸易自由相联系的。

用粮食税来代替余粮收集制这一政策的实质何在呢？

关于这点，现在非常广泛地流行着一些不正确的观念。这些观念所以不正确，大部分是由于人们不深入研究过渡的实质，不自问一下，究竟这一过渡是从什么过渡到什么。照他们看来，这似乎是从共产主义过渡到资产阶级制度。为了批驳这种错误看法，我不得不引用我在1918年5月说过的话。

粮食税，是从极度贫困、经济破坏和战争迫使我们所实行的特殊的"战时共产主义"向正常的社会主义的产品交换过渡的一种形式。而正常的社会主义的产品交换，又是从带有小农占人口多数所造成的种种特点的社会主义向共产主义过渡的一种形式。

特殊的"战时共产主义"就是：我们实际上从农民手里拿来了全部余粮，甚至有时不仅是余粮，而是农民的一部分必需的粮食，我们拿来这些粮食，为的是供给军队和养活工人。其中大部分，我们是借来的，付的都是纸币。我们当时不这样做就不能在一个经济遭到破坏的小农国家里战胜地主和资本家。我们取得了胜利（尽管世界上一些最强大的国家都支持我国的剥削者）这一事实不仅表明，工人和农民在谋求自身解放的斗争中能创造出什么样的英勇奇迹。这一事实也表明，当孟什维克、社会革命党人[27]、考茨基之流说我们实行这种"战时共产主义"是一种**过错**时，他们实际上起了资产阶级走狗的作用。应当说我们实行"战时共产主义"是一种功劳。

但同样必须知道这个功劳的真正限度。"战时共产主义"是战争和经济破坏迫使我们实行的。它不是而且也不能是一项适应无产阶级经济任务的政策。它是一种临时的办法。在小农国家内实现本阶级专政的无产阶级，其正确政策是要用农民所必需的工业品去换取粮食。只有这样的粮食政策才能适应无产阶级的任务，只有这样的粮食政策才能巩固社会主义的基础，才能使社会主义取得完全的胜利。

粮食税就是向这种粮食政策的过渡。我国的经济破坏至今还十分严重，战争（昨天已经进行过，由于资本家的贪婪和恶毒，明天还可能爆发）所造成的负担还把我们压得喘不过气来，以致我们还拿不出工业品向农民换取我们所必需的**全部**粮食。我们了解到这一点，所以才实行粮食税，即把最必需（对军队和工人来说）的粮食作为税收征来，其余的粮食我们将用工业品去交换。

同时还不应该忘记下面这一点：贫困和经济破坏到了这种程度，竟使我们不能**立刻**恢复大规模的社会主义的国营工厂的生产。要做到这一点，就必须在各大工业中心有大量粮食和燃料的储备，必须以新机器代替破旧机器，等等。根据经验，我们深信不能马上做到这一点，同时我们也知道，经过这场破坏性的帝国主义战争之后，甚至连最富裕和最先进的国家，也要在一定的、相当长的年限内才能完成这个任务。可见，在一定程度上帮助恢复小工业是必要的，因为它不需要机器，不需要国家的和大批的原料、燃料和粮食的储备，却能够立刻给农民经济以相当帮助并提高其生产力。

这样，结果又会怎样呢？

结果小资产阶级和资本主义就会在一定的（即使只是地方性的）贸易自由基础上复活。这是毫无疑问的。无视这样的事实便太可笑了。

试问，有必要这样做吗？能够证明这样做是对的吗？这样做不危险吗？

类似的问题还可以提出很多，但这些问题多半只能暴露出提这些问题的人的幼稚无知（说得轻一点）。

请看我在1918年5月是怎样确定我国经济现有的各种社会经济结构的成分（组成部分）的。从宗法式的即半野蛮的直到社会主义的这五种结构、五个层次（或者说组成部分）都是存在的，这一点谁也否认不了。在一个小农国家内，不言而喻是小农

"结构"，即部分是宗法式的、部分是小资产阶级的"结构"占着优势。既然有交换，那么，小经济的发展就是小资产阶级的发展，就是资本主义的发展；这是无可争辩的真理，这是政治经济学的初步原理，而且被日常经验甚至是普通百姓的观察所证实。

社会主义的无产阶级面对着这样的经济现实，能采取什么样的政策呢？是从社会主义大工厂的生产中拿出小农所需要的**全部**产品来向小农交换粮食和原料吗？这是一个最理想的最"正确的"政策，这种政策我们已开始实行了。但是，我们现在不可能，根本不可能拿出所需要的**全部**产品，而且也不可能很快就拿出来，至少在全国电气化第一批工程完成之前是拿不出来的。那该怎么办呢？或者是试图完全禁止、堵塞一切私人的非国营的交换的发展，即商业的发展，即资本主义的发展，而这种发展在有千百万小生产者存在的条件下是不可避免的。一个政党要是试行**这样的**政策，那它就是在干蠢事，就是自杀。说它在干蠢事，是因为这种政策在经济上行不通；说它在自杀，是因为试行这类政策的政党，必然会遭到失败。老实说，有些共产党员执行的正是这样的政策，所以在"思想、言论和行动"上犯了错误。我们要努力纠正这些错误。一定要纠正这些错误，否则后果将不堪设想。

或者是（这是最后一种**可行的**和唯一合理的政策）不去试图禁止或堵塞资本主义的发展，而努力把这一发展纳入**国家资本主义**的轨道。这在经济上是可行的，因为凡是有自由贸易成分以至任何资本主义成分的地方，都已经有了——这种或那种形式、这种或那种程度的——国家资本主义。

苏维埃国家即无产阶级专政能不能同国家资本主义结合、联合和并存呢？

当然能够。我在1918年5月就反复论证过这一点，并且我相信在1918年5月就已经证明了这一点。此外，当时我还证明说，与小私有者的（小宗法式的和小资产阶级的）自发势力比较，国家资本主义是一个进步。现在有些人犯了很多错误，就是因为他们只把国家资本主义同社会主义相对照或相比较，而在当前的政治经济情况下，也应该把国家资本主义同小资产阶级生产作一番比较。

全部问题，无论是理论上的还是实践上的问题，在于找出正确的方法，即应当怎样把不可避免的（在一定程度上和在一定期限内不可避免的）资本主义的发展纳入国家资本主义的轨道，靠什么条件来做成这件事，怎样保证在不久的将来把国家资本主义变成社会主义。

为了解决这个问题，首先应当尽可能明确地想到，在我们苏维埃体系内，在我们苏维埃国家范围内，国家资本主义实际上将是怎样的，而且可能是怎样的。

苏维埃政权怎样把资本主义的发展纳入国家资本主义的轨道，苏维埃政权怎样"培植"国家资本主义，可以说明这一点的最简单的事例，就是租让。现在我们这里，大家都一致认为租让是必要的，但并不是所有的人都考虑过租让有什么意义。就各种社会经济结构及其相互关系来看，苏维埃制度下的租让是什么呢？这就是苏维埃政权即无产阶级的国家政权为反对小私有者的（宗法式的和小资产阶级的）自发势力而和国家资本主义订立的一种合同、同盟或联盟。承租人就是资本家。他按资本主义方式经营，是为了获得利润，他同意和无产阶级政权订立合同，是为了获得高于一般利润的额外利润，或者是为了获得用别的办法得不到或极难得到的原料。苏维埃政权获得的利益，就是发展生产力，就是立刻或在最短期间增加产品数量。譬如说，我们有100个油田、矿山和林区。我们不能全部开发，因为我们的机器、粮食和运输工具都不够。由于同样原因，已经开发的产区我们工作得也不好。正由于大企业的开发工作做得不好、不充分，因此小私有者的自发势力在各方面都猖獗起来：附近的（以至整个的）农民经济遭到削弱，它的生产力受到破坏，农民对苏维埃政权愈来愈不信任，盗窃公共财物的现象时常发生，小规模的（但是最危险的）投机倒把活动大量出现，等等。苏维埃政权"培植"租让制这种国家资本主义，就是加强大生产来反对小生产，加强先进生产来反对落后生产，加强机器生产来反对手工生产，增加可由自己支配的大工业产品的数量（即提成），加强由国家调整的经济关系来对抗小资产阶级无政府状态的经济关系。租让政策执行得恰当而谨慎，无疑能帮助我们迅速（在某种不大的程度上）改进生产状况，改善工人和农民的生活，——当然要以某些牺牲作代价，要以把千百万普特最宝贵的产品交给资本家作代价。租让在什么程度上和什么条件下对我们有利而无害，这要取决于力量的对比，取决于斗争，因为租让也是一种斗争形式，是阶级斗争在另一种形式下的继续，而决不是用阶级和平来代替阶级斗争。至于斗争的方式如何，将由实践来表明。

租让制这种国家资本主义，和苏维埃体系内其他形式的国家资本主义比较起来，大概是最简单、明显、清楚和一目了然的形式。在这里，我们和最文明先进的西欧资本主义直接订立正式的书面合同。我们确切知道自己的得失、自己的权利和义务，我们确切知道租让的期限，如果合同规定有提前赎回的权利，我们也确切知道提前赎回的条件。我们给世界资本主义一定的"贡赋"，在某些方面向他们"赎买"，从而立刻在某种程度上使苏维埃政权的地位得到加强，使我们经营的条件得到改善。在租让方面，任务的全部困难就在于，当订立租让合同时，一切都要经过深思熟虑，反复权衡，而订立之后还要善于监督该合同的执行。这方面困难无疑是有的，而错误在初期大概也是不可避免的，但这些困难，与社会革命的其他任务比较，尤其是与发展、推行、培植国家资本主义的其他形式比较，还是极其微小的。

由于要实行粮食税，党和苏维埃机关全体工作人员的最重要任务，就是要把"租让"（即和"租让制的"国家资本主义相类似的）政策的原则和原理运用到自由贸易及地方流转等等的其他资本主义形式上去。

拿合作社来说吧。粮食税法令[122]立即引起了对合作社条例的修改和合作社"自由"与权利的一定的扩大，并不是没有原因的。合作社也是国家资本主义的一种形式，但它却不那样简单，不那样明显和一目了然，而比较复杂，因此它使我国政权在实践上遇到的困难更多。小商品生产者合作社（这里所说的不是工人合作社，而是在小农国家中占优势的典型的小商品生产者合作社）必然会产生出小资产阶级的、资本主义的关系，促进这种关系的发展，把小资本家提到首位，给他们以最大的利益。既然小业主占优势，既然有交换的可能和必要，那么事情也只能是这样。在俄国目前情况下，合作社有自由，有权利，就等于资本主义有自由，有权利。无视这一明显的真理，便是干蠢事或犯罪。

但在苏维埃政权下，"合作制"资本主义和私人资本主义不同，是国家资本主义的一个变种，正因为如此，所以目前它对我们是有利的，有好处的，当然这只是在一定程度上。既然粮食税意味着可以自由出卖剩下的（纳税以后的）余粮，那么我们就必须竭力设法把资本主义的**这种**发展（因为买卖自由、贸易自由**就是**资本主义的发展）纳入合作制资本主义的轨道。从便于计算、监督、监察以及便于推行国家（这里指苏维埃国家）和资本家之间的合同关系说来，合作制资本主义和国家资本主义相类似。合作社这一商业形式比私营商业有利，有好处，不仅是由于上述一些原因，而且是由于合作社便于把千百万居民以至全体居民联合起来，组织起来，而这种情况，从国家资本主义进一步过渡到社会主义的观点来看，又是一大优点。

我们把国家资本主义的两种形式——租让和合作社比较一下。租让的基础是大机器工业，合作社的基础则是手工的、部分甚至是宗法式的小生产。租让在每一份租让合同中，只关系到一个资本家，或者一个公司，一个辛迪加，一个卡特尔，一个托拉斯。合作社则包括成千上万、甚至千百万个小业主。租让容许有、甚至要求有确切的合同和确切的期限。合作社则既不能有十分确切的合同，也不能有十分确切的期限。撤销合作社法令，要比解除租让合同容易得多，但中断租让合同就意味着一下子干脆地立即与资本家断绝在经济上的联盟或"共居"的实际关系，而撤销合作社法令也好，颁布任何法令也好，都不仅不能一下子就中断苏维埃政权与小资本家的实际"共居"关系，而且根本不能断绝实际的经济关系。"监视"承租人容易，"监视"合作社工作者困难。由租让向社会主义过渡，是由一种大生产形式向另一种大生产形式过渡。由小业主合作社向社会主义过渡，则是由小生产向大生产过渡，就是说，是比较复杂的过渡，但是它一旦获得成功，却能包括比较广大的居民群众，却能把根深蒂固的旧的关系，社会主义以前的，甚至资本主义以前的即最顽固地反抗一切"革新"的那些关系彻底铲除。租让政策一旦获得成功，就会使我们获得为数不多、但却具有现代先进资本主义水平的模范的——和我们的相比较——大企业；经过几十年以后，这些企业就会完全归我们所有。合作制政策一旦获得成功，就会使我们把小经济发展起来，并使小经济比较容易在相当期间内，在自愿联合的基础上过渡到大生产。

再拿国家资本主义的第三种形式来说。国家把作为商人的资本家吸引过来，付给他们一定的佣金，由他们来销售国家的产品和收购小生产者的产品。第四种形式就是：国家把国有的企业或油田、林区、土地等租给企业资本家，而且租借合同与租让合同极为相似。对于国家资本主义这后两种形式，我们根本没有人谈过，根本没有人想过，根本没有人注意过。这种情况的产生，倒不是由于我们又强又聪明，而是由于我们又弱又愚蠢。我们害怕正视"卑微的真理"，往往受"令人鼓舞的谎言"[123]所摆布。我们经常爱谈论"我们"是从资本主义向社会主义过渡，却没有明确地想到这个"我们"究竟是指谁。我在1918年5月5日的文章中列举的我国经济中社会经济的一切——一切，绝无例外——组成部分，一切不同的结构，必须予以重视，务必使这一清楚的概念不致被遗忘。"我们"，无产阶级的先锋队，无产阶级的先进部队，正直接向社会主义过渡，但先进部队只是整个无产阶级中的一小部分，而无产阶级又只是全体居民群众中的一小部分。所以为了使"我们"能顺利地完成我们直接向社会主义过渡的任务，就必须懂得，需要经过哪些**中间的**途径、方法、手段和辅助办法，才能使

资本主义以前的各种关系过渡到社会主义。关键就在这里。

看一下俄罗斯联邦的地图吧。在沃洛格达以北、顿河畔罗斯托夫及萨拉托夫东南、奥伦堡和鄂木斯克以南、托木斯克以北有一片片一望无际的空旷地带，可以容下几十个文明大国。然而主宰这一片片空旷地带的却是宗法制度、半野蛮状态和十足的野蛮状态。那么在俄国所有其余的穷乡僻壤又是怎样的呢？乡村同铁路，即同那连结文明、连结资本主义、连结大工业、连结大城市的物质脉络往往相隔几十俄里，而只有羊肠小道可通，确切些说，是无路可通。到处都是这样。这些地方不也是到处都是宗法制度、奥勃洛摩夫精神[124]和半野蛮状态占优势吗？

试问能不能由这种在俄国占优势的状态，直接过渡到社会主义去呢？是的，在某种程度上是可能的，但必须有一个条件，现在我们有了一部业已完成的科学巨著[107]，知道这个条件是什么。这个条件就是电气化。如果我们能建立起几十座区域电站（现在我们知道：这些电站可以而且应该在哪里建立以及如何建立），如果我们能把电力从这些电站送到每个村子，如果我们能得到足够数量的电动机及其他机器，那么从宗法制度到社会主义就不需要或者几乎不需要过渡阶段和中间环节了。我们很清楚，实现这"一个"条件，单是完成第一批工程，就至少要花上十年工夫，至于缩短这一期限，那只有等到无产阶级革命在英、德、美这些国家中获得胜利的时候才有可能。

在最近这几年，必须善于考虑那些便于从宗法制度、从小生产过渡到社会主义的中间环节。"我们"直到现在还常常爱这样议论："资本主义是祸害，社会主义是幸福。"但这种议论是不正确的，因为它忘记了现存的各种社会经济结构的总和，而只从中抽出了两种结构来看。

同社会主义比较，资本主义是祸害。但同中世纪制度、同小生产、同小生产者涣散性引起的官僚主义比较，资本主义则是幸福。既然我们还不能实现从小生产到社会主义的直接过渡，所以作为小生产和交换的自发产物的资本主义，在一定程度上是不可避免的，所以我们应该利用资本主义（特别是要把它纳入国家资本主义的轨道）作为小生产和社会主义之间的中间环节，作为提高生产力的手段、途径、方法和方式。

拿官僚主义问题来说，从经济方面来看一看这个问题吧。在1918年5月5日，官僚主义还没有引起我们注意。十月革命才过了半年，我们自上而下地摧毁旧官僚机构才过了半年，我们还没有感觉到这个祸害。

又过了一年。在1919年3月18日至23日举行的俄国共产党第八次代表大会[125]上，通过了新党纲，在这个党纲中，我们讲得很直率，我们不怕承认祸害，而愿意暴露它，揭穿它，使人人唾弃它，唤起同祸害作斗争的想法、意志、我们说，毅力和行动，**"官僚主义就在苏维埃制度内部部分地复活起来"。**①

又过了两年。1921年春，即在苏维埃第八次代表大会[110]（1920年12月）讨论了官僚主义问题以后，在俄国共产党第十次代表大会（1921年3月）[115]总结了同分析官僚主义有极密切关系的争论以后，我们把**这个**祸害看得更清楚，更明确，更严重了。官僚主义的经济根源是什么呢？这种根源主要有两个方面：一方面是已发展起来的资

---

① 见《列宁全集》第2版第36卷第408页。——编者注

产阶级正是为了反对工人的（部分地也是为了反对农民的）革命运动而需要官僚机构，首先是军事的、其次是法庭等等的官僚机构。这种现象我们这里是没有的。我们的法庭是反资产阶级的阶级法庭，我们的军队是反资产阶级的阶级军队。官僚主义并不在军队里面，而是在为军队服务的机关里面。我们这里官僚主义的经济根源是另外一种：小生产者的分散性和涣散性，他们的贫困、不开化，交通的闭塞，文盲现象的存在，缺乏农工业之间的**流转**，缺乏两者之间的联系和协作。这在很大程度上是国内战争的结果。那时我们四面被封锁，被包围，与全世界隔绝，以后又与南方产粮区、与西伯利亚、与产煤区隔绝，我们无法恢复工业。那时我们不得不果断地实行"战时共产主义"，不畏最大的艰险：我们宁可忍受半饥饿、甚至比半饥饿更坏的生活，也无论如何要捍卫住工农政权；尽管经济破坏空前严重，流转停顿，我们也要把它捍卫住。把社会革命党人和孟什维克吓坏了的情况（他们实际上往往是出于恐惧，出于害怕，才去追随资产阶级的）并没有把我们吓倒。我们的做法在一个被封锁的国家中，在一个被包围的要塞内曾是取得胜利的条件，然而正是到了1921年春，在最后一批白卫军彻底被驱逐出俄罗斯联邦领土以后，却暴露出它的坏的一面。在一个被包围的要塞内，可以而且只能"堵塞"一切流转；由于群众发扬了非凡的英勇精神，这种情况可以忍受三年之久。此后，小生产者的破产更厉害了。大工业的恢复又往后拖，往后推了。于是，官僚主义作为"包围状态"的后果，作为小生产者涣散性和受压制状态的上层建筑，就充分暴露了出来。

应当大胆承认这一祸害，以便更坚决地同它作斗争，以便一次又一次地从头做起——在我国的一切建设部门中，我们还不得不多次反复地从头做起，改正没有做好的事，选择各种完成任务的途径。既然大工业的恢复要推迟，既然工业和农业之间流转"被堵塞"的情况已经到了不堪忍受的地步，那就是说，我们应该致力于较容易做到的事情，即恢复小工业。从这方面来帮助我们的事业，把被战争和封锁弄得摇摇欲坠的建筑物的这一边先支撑起来。要用一切办法坚决发展流转，不要害怕资本主义，因为在我国（经济上剥夺了地主和资产阶级，政治上有工农政权）给予资本主义活动的范围，是相当狭小而"适度"的。这就是粮食税的基本精神，这就是粮食税的经济意义。

党和苏维埃机关的所有工作人员，必须全力以赴、全神贯注地培养和唤起各地方在经济建设事业中较大的主动性——省里的要大；县里的更大；乡和村里的还要大——其目的就是要迅速地振兴农民经济（即使是使用"小笔"资金在小范围里这样做也好），靠发展附近的小工业来帮助农民经济。全国统一的经济计划要求把这件事作为注意和关怀的中心，作为各项"突击"工作的中心。在这里，也就是在最接近极广泛极深厚的"基础"的地方所取得的某种改善，能使我们在最短时间内更积极更顺利地把大工业恢复起来。

粮食工作者过去只知道一个基本指令：收集100%的余粮。现在则是另一个指令了，这就是要在最短期间内征收100%的粮食税，而后再用大工业和小工业的产品换取100%的余粮。一个征收了75%的粮食税、又用大小工业的产品换取了75%（指第二个百分数内的）的余粮的人，同另一个征收了100%的粮食税和换取了55%（指第二个百分数内的）的余粮的人相比，前者做的事情对国家更有利。粮食工作者的任务愈来愈复杂了。一方面，这是国库的任务。征收粮食税要尽量快，要尽量合理。另一方面，这又是总的经济任务。要努力循着扩大和巩固农业和工业间的流转这一方向来指导合作社，来帮助小工业，来发挥地方的主动性和创造性。我们还很不善于做这件事；官僚主义就是一个证明。我们应当大胆承认，在这方面**还有很多东西可以而且应当向资本家学习**。我们要一个个省、一个个县、一个个乡、一个个村地来比较实际经验的总结：在某个地方，私人资本家和小资本家取得了什么什么成绩。他们得到的利润大概有多少。这就是我们"为了学习"而付出的费用或酬金。为了学习要不惜破费，只要能学到东西就行。而在邻近的地方，采用办合作社的办法取得了什么什么成绩。合作社的利润有多少。至于第三个地方，则用纯粹国营的、纯粹共产主义的方式取得了什么什么成绩（这第三种情况在目前是罕见的例外）。

任务就在于每个区域的经济中心，每个省执行委员会所属的经济会议[126]，应把交纳粮食税后余粮如何"流转"的各种试验或办法立即安排好，并把这一工作提到首位。几个月之后，就应当有一些实际结果，以便加以比较和研究。本地盐或外来盐；从中部地区运来的煤油；手工木材加工业；靠当地原料生产一些虽不很重要、但对农民却有用的必需品的手工业；"绿煤"（利用当地小水力来发电），等等——这一切全都应当利用起来，目的是想方设法活跃工业和农业间的流转。谁能在这方面取得最大的成绩，即使是用私人资本主义的办法，甚至没有经过合作社，没有把这种资本主义直接变为国家资本主义，那他给全俄社会主义建设事业带来的益处，也比那些只是"关心"共产主义纯洁性，只是为国家资本主义和合作社起草规章、条文、细则，而实际上却不去推动流转的人，要多得多。

有人可能会认为这是奇谈怪论：私人资本主义能成为社会主义的帮手吗？

但这一点也不是奇谈怪论，而是经济上完全无可争辩的事实。既然这个小农国家，经历了战争和封锁，在运输业方面遭到严重破坏，而在政治上是由掌握运输业和大工业的无产阶级领导的，那么根据这些前提必然得出这样的结论：第一，地方流转在目前具有头等意义，第二，有可能通过私人资本主义（更不用说国家资本主义）来促进社会主义。

少争论些字眼吧。直到现在，我们在这方面的毛病还非常大。多积累一些各种各样的实际经验吧，多研究研究这些经验吧。常常有这样的情况：模范的地方工作，哪怕是很小范围内的地方工作，往往比中央许多部门的国家工作具有更重要的全国性意义。我国目前在农民经济方面，特别在用工业品交换剩余农产品方面的情况恰恰就是这样。在上述方面，即使只是一个乡的模范工作，也比"模范地"改善某个人民委员部的中央机关具有更大的全国性意义。这是因为我们的中央机关在三年半来竟已沾染了某些有害的因循习气；我们还不能大大地迅速地改善这种机关，我们还不知道应该怎么办。要帮助中央机关作比较彻底的改善，帮助它增加大批新生力量，帮助它有成效地与官僚主义作斗争，帮助它克服有害的因循习气，这种帮助应当来自地方，来自下层，来自一个不大的"整体的"模范工作，这里需要的正是"整体"，即不是一种经济，不是一个经济部门，不是一个企业，而是**全部**经济关系的**总和**，是**整个**经济流转——哪怕是在不大的地方范围内——的**总和**。

我们中间一切必须留在中央机关工作的人，将要——即使是在有限的、力所能及的范围内——继续改善机关工作和清除其中的官僚主义。但在这方面，主要的帮助来自地方，今后也一定来自地方。据我看来，我们在地方上的情况一般比中央要好，这也是可以理解的，因为官僚主义这一祸害，自然是集中在中央；在这方面，莫斯科不能不是一个糟糕的城市，而且算得上是全国最糟糕的"地方"。在地方上有两种倾向；坏倾向比好倾向要少。坏倾向就是：混到共产党里来的旧官吏、地主、资产者以及其他败类滥用职权，他们有时做出违法乱纪、欺压农民等恶劣行为。这就需要用恐怖手段进行清洗：就地审判，立即枪决。让马尔托夫之流、切尔诺夫之流以及诸如此类的非党市侩去捶胸大叫："感谢上帝，我不像'他们'，向来不赞成恐怖手段。"这些傻瓜是"不赞成恐怖手段"的，因为他们为自己挑了这样的角色，即充当帮助白卫分子愚弄工人和农民的奴才。社会革命党人和孟什维克是"不赞成恐怖手段"的，因为他们所扮演的角色，就是打着"社会主义"旗帜**带领群众去受白卫分子的恐怖统治**。俄罗斯的克伦斯基执政时期和科尔尼洛夫叛乱[127]，西伯利亚的高尔察克叛乱，格鲁吉亚的孟什维主义都证明了这一点，芬兰、匈牙利、奥地利、德国、意大利、英国及其他国家的第二国际和"第二半"国际[128]的英雄们也证明了这一点。让那些帮助白卫分子使用恐怖手段的奴才们去自吹自擂，说他们否定任何恐怖手段吧。而我们还是要说出一个严酷而不容置疑的真理：在那些经历了1914—1918年帝国主义战争后的空前危机、旧的联系中断、阶级斗争激烈的国家里（世界各国都是如此），和伪君子及空谈家说的正相反，没有恐怖手段是绝对不行的。或者是美国式、英国式（爱尔兰）、意大利式（法西斯分子）、德国式、匈牙利式以及其他形式的白卫分子的、资产阶级的恐怖手段，或者是红色的、无产阶级的恐怖手段。中间道路是没有的，没有也不可能有"第三条道路"。

好倾向就是：有成效地与官僚主义作斗争，非常注意工人和农民的需要，非常关心经济的振兴，提高劳动生产率，发展地方上农业和工业间的流转。这种好倾向虽然比坏倾向多，但毕竟还嫌太少。可是这些好倾向是有的。各地都在培养那些经受过国内战争和艰苦生活考验的新的年轻的有朝气的共产主义力量。至于经常不断地把这种力量从下面提拔上来，我们做得还很不够很不够。这一点可以而且必须更广泛更坚决地做下去。某些工作人员可以而且应当调离中央机关到地方上去工作：他们以县和**乡**的领导者身份，在那里**模范地**做好**整个**经济工作，就会有很大的贡献，就能比有的中央机构做出更重要的**有全国意义的**事业。这是因为模范工作是培养工作人员的园地，是可供仿效的榜样，有了榜样，仿效就会比较容易了，何况我们还能从中央给以帮助，使各地都来广泛地"仿效"这种榜样。

利用交清粮食税后的余粮和利用小工业主要是手工业来发展农业和工业之间的"流转"问题，实质上就是要求**地方上**发挥独立的、熟悉情况的、巧妙的**首创精神**，所以，从全国观点看来，一个模范县和一个模范乡的工作在目前具有非常重要的意义。例如，在军事上，在最近的对波战争期间，我们就没有害怕违背官僚主义的等级制，没有害怕"降低官衔"，没有害怕把共和国革命军事委员会[129]委员（仍保留他们在中央机关的高级职务）调到下面去工作。为什么现在不可以把全俄中央执行委员会某些委员，或者某些部务委员，或者其他身任要职的同志们，调到下面去工作，甚至是担任县的、乡的工作呢？我们确实还没有"官僚化"到这样的程度，还不至于因为下调就"感到难堪"。而且我们这里可以找到几十个乐意担负这种工作的中央工作人员。我们这样做了，全共和国的经济建设事业就会得到非常大的好处，模范乡或模范县将起到不仅是巨大的，而且简直是有决定意义的历史作用。

顺便说说，必须指出在与投机倒把活动作斗争这一问题的原则提法上所作的必要的改变，这虽是小问题，但却是很有意义的。凡是不逃避国家的监督的"正当"贸易，我们都应当加以支持，发展这种贸易对我们是有利的。投机倒把活动，如果从政治经济学意义上来理解，那它和"正当"贸易就区分不开来。贸易自由就是资本主义，资本主义就是投机倒把，无视这一点是很可笑的。

怎么办呢？难道宣布投机倒把活动可以不受制裁吗？

不。应当重新审查和修改关于投机倒把活动的一切法令，宣布一切**盗窃公共财物行为**，一切直接或间接、公开或秘密地**逃避国家监督、监察和计算的行为**，都要受到制裁（事实上要比从前更严厉三倍地加以惩办）。正是要这样来提出问题（人民委员会已经开始这样做，就是说，人民委员会已下令开始重新审查关于投机倒把活动的法令），才能做到把某种程度上不可避免的、而且为我们所必需的资本主义发展纳入**国家**资本主义的轨道。

结束语

现在来总结一下。

粮食税是从战时共产主义到正常的社会主义产品交换的过渡。

经济的极度破坏因1920年的歉收而更加严重，同时大工业又不可能迅速恢复，所以我们迫切需要实行这一过渡。

结论：首先改善农民的生活状况。方法：实行粮食税，发展农业和工业间的流转，发展小工业。

流转就是贸易自由，就是资本主义。它有助于克服小生产者的涣散性，并且在某种程度上也有助于同官僚主义作斗争，在这一限度内，流转对我们是有利的。至于限度的大小，这要由实践和经验来确定。只要无产阶级牢牢掌握着政权，牢牢掌握着运输业和大工业，无产阶级政权在这方面就没有什么可以害怕的。

反对投机倒把活动的斗争应转变为反对盗窃公共财物、反对逃避国家监察、计算和监督的斗争。我们要通过实行这样的监督把在一定限度内是不可避免的并为我们所必需的资本主义纳入国家资本主义的轨道。

在活跃农业和工业间的流转方面，应全面、大力、坚决地发挥地方的首创精神、创新精神和扩大它们的独立程度。要研究这方面的实际经验。这种经验要尽可能多种多样。

支援为农业服务并帮助农业发展的小工业；为了支援它，在一定程度上也要供给它一些国家的原料。把原料留着不去加工，是极大的罪恶。

不要害怕让共产党员去向资产阶级专家"学习"，其中也包括向商人，向办合作社的小资本家，向资本家"学习"。向他们学习，虽与我们过去向军事专家学习在形式上有所不同，但在实质上是一样的。"学习"成绩，只有靠实践经验来检查：要比自己身旁的资产阶级专家做得好，要会用各种办法振兴农业，振兴工业，发展农业和工业间的流转。多花点"学费"并不可惜：为了学习要不惜破费，只要能学到东西就行。

要竭力帮助广大劳动者，接近他们，从他们中间提拔成百成千的非党工作人员来做经济工作。而对于实际上不外乎是换上了时髦的喀琅施塔得式非党服装的孟什维克和社会革命党人这样一些"非党人员"，那就要小心地把他们关在监狱里，或者把他们打发到柏林马尔托夫那里，让他们去自由地领略纯粹民主的种种妙趣，去自由地和切尔诺夫、米留可夫以及格鲁吉亚的孟什维克们交流思想吧。

1921 年 4 月 21 日

（选自《列宁专题文集　论社会主义》，人民出版社 2009 年版，第 215-234 页。）

注　释

121　《论粮食税（新政策的意义及其条件）》这本小册子是在俄共（布）第十次代表大会闭幕后不久于 1921 年 3 月底开始写的，4 月 21 日完稿。小册子于 5 月初由国家出版社刊印，接着又发表于 6 月出版的《红色处女地》杂志第 1 期。苏俄各地出版社随后相继翻印，中央和地方的报刊也都全文或摘要转载。同年，小册子被译成德文、法文和英文，刊载于《共产国际》杂志第 17 期。

　　俄共（布）中央曾专门作出决定，要求各级党委按照列宁《论粮食税》的基本精神向劳动人民解释新经济政策的实质和意义。——215。

27　社会革命党人是俄国最大的小资产阶级政党社会革命党的成员。该党是 1901 年底—1902 年初由一些民粹派团体联合而成的。社会革命党人否认无产阶级和农民之间的阶级差别，抹杀农民内部的矛盾，否认无产阶级在资产阶级民主革命中的领导作用。在土地问题上，社会革命党人主张消灭土地私有制，按照平均使用原则将土地交村社支配，发展各种合作社。在策略方面，社会革命党人采用了社会民主党人进行群众性鼓动的方法，但主要斗争方法还是搞个人恐怖。在第一次世界大战期间，社会革命党的大多数领导人采取了社会沙文主义的立场。

　　1917 年二月革命后，随着广大的小资产阶级群众参加政治生活，社会革命党的影响和党员人数激增（1917 年 5 月已达 50 万）。社会革命党人和孟什维克在苏维埃中，在土地委员会中都占多数。社会革命党中央实行妥协主义和阶级调和的政策，积极支持资产阶级临时政府，党的首领亚·费·克伦斯基、尼·德·阿夫克森齐耶夫、维·米·切尔诺夫、谢·列·马斯洛夫参加了临时政府。1917 年七月事变时期，社会革命党公开转向资产阶级方面。社会革命党中央的妥协政策造成党的分裂，左翼于 1917 年 12 月组成了一个独立政党——左派社会革命党。

　　1917 年十月革命后，社会革命党人（右派和中派）公开进行反苏维埃的活动，建立地下组织，1918 年 6 月被开除出全俄中央执行委员会。1918—1920 年国内战争时期，他们进行反对苏维埃政权的武装斗争，对共产党和苏维埃国家的领导人实行个人恐怖。社会革命党人推行所谓"第三种力量"的蛊惑政策，在 1918 年充当了小资产阶级反革命活动的主要组织者，在各地参与建立反革命"政府"，实际上为资产阶级和地主的反革命统治扫清了道路。1919 年 8 月，一部分社会革命党人组成了人民派，同苏维埃政权合作。该党的极右派则同白卫分子结成公开联盟。内战结束后，社会革命党重新成了俄国国内反革命势力的领导。他们提出"没有共产党人参加的苏维埃"的口号，组织了一系列的叛乱。这些叛乱被平定后，1922 年社会革命党彻底瓦解。——20、47、51、82、144、172、207、214、217、236、241、250、308、328。

122　粮食税法令即《关于以实物税代替余粮、原料收集制的决定》，是 1921 年 3 月 21 日全俄中央执行委员会根据俄共（布）第十次代表大会的决议通过的，公布于 3 月 23 日。为执行这一决定，人民委员会于 3 月 28 日批准、29 日颁布了《关于 1921—1922 年实物税税额的决定》和《关于在已完成收集余粮任务的各省实行粮食、饲料、马铃薯和干草自由交换的法令》。自 4 月 21 日起，人民委员会又陆续通过了确定粮食、马铃薯、油料和其他农产品的实物税税额的决定。——222。

123　引自俄国诗人亚·谢·普希金的抒情诗《英雄》。这首诗采取"诗人"和"友人"对话的形式，诗中的"诗人"认为：拿破仑冒着生命危险去传染病院同患黑死病的士兵握手表示慰问一事，虽经历史学家考证并非事实，但一句"令人鼓舞的谎言"，要比千万个"卑微的真理"更加可贵。此处列宁是反普希金诗原意引用的。——224。

124　奥勃洛摩夫精神（奥勃洛摩夫习气）意为因循守旧、懒散懈怠。奥勃洛摩夫是俄国作家伊·亚·冈察洛夫的长篇小说《奥勃洛摩夫》的主人公，他是一个怠惰成性、害怕变动、终日耽于幻想、对生活抱消极态度的地主。——224、310、330。

107　指俄罗斯电气化计划。该计划是根据列宁提出的任务并在他的指导下由俄罗斯国家电气化委员会制定的，是一部 600 多页的巨著。计划规定，除恢复和改建现有的电站外，在 10—15 年内建设 30 座区域电站，包括 20 座火电站和 10 座水电站，总装机容量为 175 万千瓦；总的年发电量达到 88 亿度，而 1913 年俄国的年发电量为 19 亿度。根据计划，工业品产量将比 1913 年的产量增加 80%—100%，比 1920 年增加许多倍。——182、186、225、239。

125　俄共（布）第八次代表大会于 1919 年 3 月 18—23 日在莫斯科举行。参加代表大会的有 301 名有表决权的代表和 102 名有发言权的代表，共代表 313 766 名党员。列入大会议程的问题是：中央委员会的总结报告；俄共（布）纲领；共产国际的建立；军事状况和军事政策；农村工作；组织工作；选举中央委员会。

列宁主持了大会，作了俄共（布）中央委员会的工作报告、关于党纲和农村工作的报告，并就军事问题发了言。

代表大会的中心问题是讨论并通过新党纲。第七次代表大会选出的纲领委员会已经通过了列宁的党纲草案，但是鉴于委员会内存在分歧，在第八次代表大会上就党纲问题作报告的除代表多数派的列宁外，还有代表少数派的尼·伊·布哈林。布哈林提议把关于资本主义和小商品生产的条文从纲领中删去，而只限于论述纯粹的帝国主义。他认为帝国主义是特殊的社会经济形态。布哈林和格·列·皮达可夫还提议把民族自决权的条文从党纲中删去。列宁批判了他们的这些错误观点。代表大会先基本通过党纲草案，然后在纲领委员会对草案作了最后审订后于 3 月 22 日予以批准。

代表大会解决的另一个重要问题是对中农的态度问题。列宁论证了党对中农的新政策，即在依靠贫苦农民，对富农斗争并保持无产阶级的领导作用的条件下从中立中农的政策转到工人阶级与中农建立牢固的联盟的政策。早在 1918 年 11 月底列宁就提出了这个口号。代表大会通过了列宁起草的《关于对中农的态度的决议》。

在代表大会的工作中，关于军事状况问题、关于党的军事政策问题、关于红军的建设问题占了相当重要的地位。在大会上，所谓的"军事反对派"反对中央委员会的提纲。他们维护游击主义残余，否认吸收旧的军事专家的必要性，反对在军队中建立铁的纪律。在会上发言的大多数代表谴责了"军事反对派"，同时也对共和国革命军事委员会主席列·达·托洛茨基轻视军队中党的领导的行为以及他的老爷作风和独裁者派头提出了尖锐的批评，代表大会批准了根据列宁的论点制定的军事问题决议。

代表大会在关于组织问题的决议中反击了萨普龙诺夫—奥新斯基集团，这个集团否认党在苏维埃中的领导作用，主张把人民委员会和全俄中央执行委员会主席团合并起来。代表大会否决了联邦制建党原则，认为必须建立一个集中统一的共产党和领导党的全部工作的统一的中央委员会。代表大会规定了中央委员会的内部组织机构，即中央设政治局、组织局和书记处。代表大会选出了由 19 名委员和 8 名候补委员组成的中央委员会。——226。

110　指全俄苏维埃第八次代表大会。

全俄苏维埃第八次代表大会于 1920 年 12 月 22—29 日在莫斯科举行。出席大会的代表有 2 537 名，其中有表决权的代表 1 728 名，有发言权的代表 809 名。按党派区分，代表中有共产党员 2 284 名，党的同情者 67 名，无党派人士 98 名，孟什维克 8 名，崩得分子 8 名，左派社会革命党人 2 名，另外还有一些其他党派的成员。

这次代表大会是在国内战争胜利结束、经济战线成为主要战线的时候召开的。大会议程是：全俄中央执行委员会和人民委员会关于对外对内政策的报告，俄罗斯电气化；恢复工业和运输业；发展农业生产和帮助农民经济；改善苏维埃机关工作和同官僚主义作斗争；选举全俄中央执行委员会。议程上的主要问题预先在俄共（布）党团会议上进行讨论。

大会的工作是在列宁的直接领导下进行的。代表大会根据列宁所作的全俄中央执行委员会和人民委员会关于对外对内政策的报告，以压倒多数票通过了完全赞同政府工作的决议。大会通过了在列宁倡议下制定的国家电气化计划和列宁起草的关于电气化报告的决议（见《列宁全集》第2版第40卷第192—193页）。大会审议了人民委员会1920年12月14日通过的关于加强和发展农民农业经济的措施的法案，并一致通过了这一法案。大会通过了一个关于苏维埃建设的详尽决定。这个决定对中央和地方政权机关和经济管理机关的相互关系作了调整。大会还批准了劳动国防委员会的新条例，选举了由300名委员和100名候补委员组成的新的全俄中央执行委员会。——186、226、239。

115 这里选收了列宁有关俄共（布）第十次代表大会的两件文献。

俄共（布）第十次代表大会于1921年3月8—16日在莫斯科举行。参加代表大会的有717名有表决权的代表和418名有发言权的代表，共代表732 521名党员。列入代表大会议程的问题是：中央委员会的政治报告；中央委员会的组织报告；监察委员会的报告；政治教育总委员会和党的宣传鼓动工作；党在民族问题方面的当前任务；党的建设；工会及其在国家经济生活中的作用；关于以实物税代替余粮收集制；社会主义共和国在资本主义包围中；俄共（布）驻共产国际代表的报告；关于党的统一和无政府工团主义倾向；选举党的领导机关。此外，代表大会还听取了党史委员会的报告并在秘密会议上讨论了军事问题。这次代表大会通过了有关国家政治生活和经济生活的根本性问题的一些决定，规定了俄国从资本主义向社会主义过渡的具体途径。

列宁领导了代表大会的工作。他就大会议程上的主要问题——关于俄共（布）中央委员会的政治工作、关于以实物税代替余粮收集制、关于党的统一和无政府工团主义倾向——作了报告，并起草了大会的最重要的决议草案。大会根据列宁的报告通过了关于以实物税代替余粮收集制这一从战时共产主义转向新经济政策的具有历史意义的决议。代表大会特别重视党的统一问题。大会通过了列宁起草的《关于党的统一的决议》（见《列宁全集》第2版第41卷第78—83页），要求立即解散削弱党、破坏党的统一的一切派别集团，并授权中央委员会对进行派别活动的中央委员采取直到开除出党的极端措施。大会还通过了列宁起草的《关于我们党内的工团主义和无政府主义倾向的决议》（同上书，第84—87页），指出工人反对派的观点是小资产阶级无政府主义动摇性的表现。在党的建设方面，代表大会通过了扩大党内民主、改善党员素质的决定，并向中央委员会发出进行清党的指示。代表大会还通过了监察委员会条例，规定设立中央监察委员会和各省监察委员会，这对于巩固党和改善国家机关有重要意义。

代表大会总结了工会问题的争论，以绝大多数票通过了《关于工会的作用和任务的决议》。这个决议重申了工会是共产主义的学校的论点，规定了工会的作用和任务，并提出了扩大工会民主的措施。代表大会还通过了《党在民族问题方面的当前任务的决议》，要求彻底消除从前的被压迫民族的事实上的不平等现象，并谴责了大国沙文主义和地方民族主义这两种在民族问题上的错误倾向。代表大会选出了由 25 名委员和 15 名候补委员组成的新的中央委员会。——195、226。

126 省经济会议是劳动国防委员会的地方机关，根据全俄苏维埃第八次代表大会（1920 年 12 月）《关于地方经济管理机构的决议》成立，隶属于省苏维埃执行委员会。成立省经济会议是为了协调经济系统各人民委员部（最高国民经济委员会、农业人民委员部、粮食人民委员部、劳动人民委员部和财政人民委员部）所属地方机关的工作。省经济会议由省国民经济委员会主席、粮食委员、劳动局长、财政局长、土地局长和省工会理事会主席组成，省执行委员会主席兼任省经济会议主席。——228、266。

127 科尔尼洛夫叛乱是发生在 1917 年 8 月的一次俄国资产阶级和地主的反革命叛乱。叛乱的头子是俄军最高总司令、沙皇将军拉·格·科尔尼洛夫。叛乱的目的是要消灭革命力量，解散苏维块，在国内建立反动的军事独裁，为恢复君主制作准备。立宪民主党在这一反革命阴谋中起了主要作用。临时政府首脑亚·费·克伦斯基是叛乱的同谋者，但是在叛乱发动后，他既害怕科尔尼洛夫在镇压布尔什维克党的同时也镇压小资产阶级政党，又担心人民群众在扫除科尔尼洛夫的同时也把他扫除掉，因此就同科尔尼洛夫断绝了关系，宣布其为反对临时政府的叛乱分子。

叛乱于 8 月 25 日（9 月 7 日）开始。科尔尼洛夫调动第 3 骑兵军扑向彼得格勒，彼得格勒市内的反革命组织也准备起事。布尔什维克党是反对科尔尼洛夫叛乱斗争的领导者和组织者。按照列宁的要求，布尔什维克党在反对科尔尼洛夫的同时，并不停止对临时政府及其社会革命党、孟什维克仆从的揭露。彼得格勒工人、革命士兵和水兵响应布尔什维克党中央的号召，奋起同叛乱分子斗争，三天内有 15 000 名工人参加赤卫队。叛军推进处处受阻，内部开始瓦解。8 月 31 日（9 月 13 日），叛乱正式宣告平息。在群众压力下，临时政府被迫下令逮捕科尔尼洛夫及其同伙，交付法庭审判。——230。

128 指在革命群众压力下退出了伯尔尼国际的各国中派社会党筹建的国际组织。这一组织在 1921 年 2 月 22—27 日举行的维也纳代表会议上成立，通称第二半国际或维也纳国际，正式名称是国际社会党联合会。参加这一组织的有英国独立工党、德国独立社会民主党等 10 多个中派社会党以及俄国的孟什维克和社会革命党。奥地利社会民主党的弗·阿德勒任总书记。成立第二半国际的真正目的是阻碍广大群众转向共产国际。第二半国际的领袖们（阿德勒、奥·鲍威尔、罗·格里姆、阿·克里斯平、让·龙格、尔·马尔托夫、维·米·切尔诺夫等）口头上批评第二国际，实际上在无产阶级运动的一切主要问题上都执行机会主义的中派路线。1923年5月，在革命浪潮开始低落的形势下，第二半国际同伯尔尼国际合并为社会主义工人国际。——230、243、289、307、318。

129　共和国革命军事委员会（1923年8月28日起改称苏联革命军事委员会）1918—1934年是全国最高军事当局的集体管理制机关。根据1918年9月2日全俄中央执行委员会的决定而成立。共和国革命军事委员会的主席是陆海军人民委员，由全俄中央执行委员会批准任命。共和国革命军事委员会的委员是由人民委员会批准任命的。共和国革命军事委员会统一指导所有军事主管部门和军事机关的工作，领导苏联武装力量的建设，制定苏维埃国家国防方面的基本的战略性作战任务。军事主管部门的所有机关和负责人员均隶属于它。共和国革命军事委员会根据俄共（布）中央的指示进行工作，并受俄共（布）中央的直接监督。——232。

后 记

马克思主义是我们立党立国、兴党强国的根本指导思想。习近平同志指出，马克思主义经典著作蕴含和集中体现着马克思主义基本原理，是马克思主义理论的本源和基础，要精读马克思主义经典的代表性著作，掌握好这个"看家本领"。为了进一步推动高校师生和社会公众读经典、学理论，我们组织编写了《马克思恩格斯列宁经典著作选编》。

本书依据中共中央马克思恩格斯列宁斯大林著作编译局编译的《马克思恩格斯文集》《列宁专题文集》2009 年版，《马克思恩格斯选集》《列宁选集》2012 年版，以及《马克思恩格斯全集》《列宁全集》最新版，按照"突出重点，精选精学"标准，从中选出马克思、恩格斯、列宁最具代表性的 30 部/篇作品。这些文献立足马克思主义基本原理，涵盖了辩证唯物主义、历史唯物主义、马克思主义政治经济学、科学社会主义等具有代表性的理论观点，蕴含了较为全面的马克思主义的立场、观点、方法。本书可以作为各级各类高校的马克思主义经典著作教材，作为广大党员干部、人民群众学习马克思主义理论的学习材料，也可以作为高校师生学习研究马克思主义理论的辅导教材。

本书由全国高校思政课名师工作室（天津师范大学）教学科研团队合作完成。其中名师工作室主持人杨仁忠负责总体设计、篇目选择、修改通稿定稿工作，吴建永协助完成相应工作。编委会成员有：天津师范大学杨仁忠、吴建永、沈文玮、贾丽民、刘慧、刘舒、焦冉、云付平、黄亚明、吴倩、叶盛杰，大连理工大学薛晋锡，天津大学林颐，天津科技大学郑小伟，天津商业大学王坤、高瑞华，天津财经大学王可，天津职业技术师范大学刘晶、王东浩，天津理工大学晋利珍、孔祥润，天津城建大学马静等同志。

本书得到了教育部高校思想政治理论课研究专项：全国高校思政课名师工作室建设项目（21SZJS12010065）的出版支持，同时也得到了天津师范大学"全国重点马克思主义学院"建设经费的资助，对此表示感谢。

本书的出版得到了经济管理出版社的大力支持，深表感谢。

杨仁忠

2023 年 10 月 6 日